Wolfgang Hädecke

Heinrich Heine

Eine Biographie

Rowohlt

Umschlaggestaltung Wolfgang Kenkel
unter Verwendung einer Radierung von Ludwig Emil Grimm /
Archiv für Kunst und Geschichte, Berlin

Veröffentlicht im Rowohlt Taschenbuch Verlag GmbH,
Reinbek bei Hamburg, Mai 1989
Coypright © 1985 by Carl Hanser Verlag München Wien
Druck und Bindung Clausen & Bosse, Leck
Printed in Germany
1480-ISBN 3 499 15975 9

Inhalt

Prolog 7

I. Kapitel
1797–1819

Eine aufstrebende Familie 31
Kinderzeit, Traumzeit 47
Napoleon, Schallmayer und das rote Sefchen 64
Schöne Wiege meiner Leiden 86

II. Kapitel
1819–1825

Das Bonner Jahr 107
Konfrontation 121
Berlin 137
Ein Dichter tritt auf 158
Dr. jur. Heinrich Heine 176

III. Kapitel
1825–1831

Nach Norden 193
Nach Süden 205
Der Streit mit Platen 220
Die neue Prosa 236
Der Weg nach Paris 256

IV. Kapitel
1831–1843

Wie ein Fisch im Wasser 271
Frankreich und Deutschland 294
Mathilde 317
Feinde und Freunde 331
Poesie und Politik 362

V. Kapitel
1843–1848

Deutschland Deutschland 389
Die neuen Genossen 414
Der Erbschaftsstreit 430
Selbstporträt mit Hintergrund 447

VI. Kapitel
1848–1856

Revolution und Krankheit 463
Späte Kämpfe 483
Späte Werke 497
Das letzte Jahr 520

Epilog 533

Anhang 545

Prolog

Im Februar 1846 verfaßt Heinrich Heine in Paris ein Schriftstück, das in der Geschichte der Weltliteratur seinesgleichen sucht; er nennt es »Memoire«. Einen Hamburger Gegner als Autor vortäuschend und auf den Erbschaftsstreit mit seinem reichen Vetter Carl zielend, schreibt der Dichter eine Schmähschrift gegen sich selbst. Er erscheint darin als eine sich überall vordrängende Person, deren Leben, deren schriftstellerische Tätigkeit eine ununterbrochene Reihe von Skandalen darstellt. Er spricht von der inneren Ruchlosigkeit seines Wesens, dem beleidigten Eigendünkel, dem albernen Hochmut, der es nicht ertragen kann, »daß andere Mitglieder der Familie sich in sozialer Stellung über ihn erhoben und ihn so tief unter sich zurückgelassen haben«. Er bezeichnet sich als frivol, taktlos, hochfahrend, faselnd, böswillig und hirnverbrannt, seinen Witz als gesinnungslos, inkonsequent und ebenfalls frivol. Er führt einen Mann vor, der »von sich selbst prahlerisch wähnt, daß er der Stolz der Welt sey«, ein verdorbenes Genie, welches mit großer Geschicklichkeit auszubeuten weiß, daß es, krank, dürftig und exiliert, »von Millionären unterdrückt« wird; Heine fügt wörtlich hinzu: »Das Märtyrerthum des Exils ist in seinem Munde eine Beleidigung vieler edlen jüngeren Männer deren Verirrung man beklagen kann deren Gesinnung aber jedem Vaterlandsfreunde Achtung einflößen muß.« Das »Memoire« kündigt an, daß Heine eine Denkschrift gegen seine eigene Sippe abfassen wolle, worin er vor allem die Familie seines verstorbenen Onkels Salomon »mit den bittersten Verhöhnungen zu begeifern« plane; er drohe mit einem Prozeß gegen die Familie, um die regelmäßige Weiterzahlung der vom Onkel mündlich zugesicherten, doch in seinem Testament nicht erwähnten Pension zu erzwingen; er wolle also »seine juristischen Kenntnisse zum ersten Mal in seinem Leben wider den Sohn des Mannes verwenden, auf dessen Kosten er Jurisprudenz studierte«, nämlich gegen Carl. Heine setzt auch sein schriftstellerisches Können und sein Publikum herab: Er billigt sich allenfalls ein gewisses unverkennbares Talent zu, Dinge und Zustände leicht aufzufassen und mit Leichtigkeit darzustellen: »Ein gewisser Witz bey dem ihm seine Gewissenlosigkeit selbst das Heiligste anzutasten zu Hilfe kommt hat ihm in Deutschland ein Publikum erworben um das ihn gewiß kein gesinnungsvoller Schriftsteller beneidet.« Ihm spendeten nämlich nur die untersten Schichten der Leserschaft Beifall; der Pöbel aber, dem er immer geschmeichelt habe, werde ihm auch bei künftigen rohesten Verunglimpfungen der Familie applaudieren; im übrigen werde die Nachwelt Heine wenig Beachtung schenken, diese verdienten nur Männer von Charakter und Konsequenz: »Das Talent vergeht, nur der Charakter bleibt.«

Mit diesem Satz, Nachhall von Börnes Verdikt gegen Heine, endet das »Memoire«. Was sich heute wie eine Parodie Heines auf seine Feinde, auf den Wust von Verleumdungen und Vorurteilen gegen den Dichter liest, ist 1846 bitter ernst gemeint: Heine läßt die Schmähschrift durch den befreundeten Publizisten Karl Grün der »Kölnischen Zeitung« als Anzeige übergeben; er schickt den Entwurf seinem Freund, dem Berliner Schriftsteller Varnhagen, mit der absurden Auflage, den Verleumdungen in der berühmten »Augsburger Allgemeinen Zeitung« zu widersprechen, Heines Wert herauszustreichen und gleichzeitig den widerstrebenden Vetter gegen den Argwohn zu verteidigen, er wolle dem Dichter die Pension entziehen; es soll Carl Heine unmöglich werden, die Pension nicht oder nur verkürzt zu zahlen, ohne sich zu »prostituiren«. Varnhagen soll auch den jungen Ferdinand Lassalle auffordern, eine vehemente Entgegnung »im Tone entrüsteter und indignirter Jugend« zu schreiben.

Das »Memoire« ist sicher aus Krankheit, aus Verzweiflung über den scheinbar aussichtslosen Erbschaftsstreit mit Carl zu verstehen, doch auch aus einer geradezu unheimlich anmutenden Einsicht Heines in sich selbst – und aus jener Kindlichkeit, die er nie verloren hat, die mit seinem künstlerischen Genie unlöslich verbunden ist und durch die er sich Ärger und Feinde machte; auch die naive Hoffnung, das »Memoire« könne bewirken, was Heine sich vorstellte, hätte nur neuen Ärger, neue Angriffe hervorgerufen, wenn es veröffentlicht worden wäre. Das ist nicht geschehen: Varnhagen, Heines treuester Rezensent, sein unbestechlicher und beharrlicher Verteidiger, lehnt die geforderte Hilfe rundheraus ab; er beschwört Heine, auf den Abdruck des »Memoires« zu verzichten, und nennt das Vorhaben eine Torheit. Das »Memoire« bleibt ohnehin ungedruckt in Köln liegen; Heine läßt es stillschweigend zurückziehen.

Als er es schreibt, hat er bereits zwanzig Jahre einer spektakulären Karriere hinter sich; er ist der umstrittenste deutsche Dichter und wird es bis weit über seinen Tod hinaus bleiben: Die einen heben ihn in den Himmel, die anderen wünschen ihn zum Teufel. Die einen preisen sein Genie, die anderen schwärzen ihn als Juden, als charakter- und vaterlandslosen Gesellen an. Die einen feiern ihn als Revolutionär, die anderen beschuldigen ihn der Gesinnungslosigkeit. Die einen glauben jeder Legende, die über ihn umläuft, die anderen halten fast alles für Legende, was die Biographie ausmacht. Dauerhaft bleibt die Schmähung, die Heine sich beim »Memoire« in verwegener Anstrengung zunutze machen wollte – es enthält nur einen Teil der stereotypen Aburteilungen, die, im Gewande der Literaturkritik, stets auf den Mann, auf den Charakter oder Nicht-Charakter zielen; »Kein deutscher Dichter hat schon zu Lebzeiten so heftige Reaktionen ausgelöst wie Heine«, schreibt Reich-Ranicki; seit 1822 bildet sich ein »einheitlicher Wortschatz« (Briegleb) gegen ihn heraus, ein Kanon von Urteilsklischees; seitdem muß Heine, mit Brieglebs Worten, eine »feindliche Wirkungsgeschichte« bekämpfen.

In der großen Textsammlung von Galley und Estermann, wo die Heine-Rezeption von 1821 bis 1831 dokumentiert ist, kann man nachlesen, wie sich die feindliche Wirkungsgeschichte aufbaut: Die Kritik wirft dem jungen Autor lauter Sünden gegen den Zweck der Poesie vor, eine trübselige, verkehrte Ansicht des Lebens, ein feindliches Prinzip, schneidende Dissonanz, wilde Zerstörungslust, die Verzerrung edler Schönheit durch kaltes Hohnlächeln. Die Rede ist von künstlerischer Frechheit, von Zerrissenheit, Satanismus, Lebensschlacke, Übermut, Leichtfertigkeit und Boshaftigkeit, die kaum ihresgleichen haben; die Rezensenten monieren das

Scheußliche, Gräßliche und wild Verzerrte der Heineschen Poesie, die grellen Übertreibungen, die Genußsucht und Unflätigkeit des Dichters – schon 1823 attestiert ihm der Redakteur Raabski aus Posen »seine garstige Schmeißfliegennatur«. Biedermeierliche Prüderie geißelt Heines angebliche Unmoral, seine Unarten und Unschicklichkeiten, die »ärgsten Zoten und Gemeinheiten«, die »Fleischpartien« in den Liebesgedichten, die Nacktheiten und Schamlosigkeiten, die bei den »Bessern« nie Glück machen werden; diese Bessern werden immer wieder beschworen, und selbstredend zählt sich insbesondere der jeweilige Kritiker zu ihnen. Man erregt sich, »daß ein Jüngling, wie dieser Heine, einer solchen Sprache sich erfrecht«; Willibald Alexis, selbst kein unbekannter Autor der Restaurationszeit, und ein Kritiker der Münchner Zeitschrift »Eos«, vielleicht Heines Erzfeind Ignaz von Döllinger, wüten so heftig gegen »das Kothige« in Heines Dichtung, daß der Verdacht auf Fäkal-Komplex bei beiden Kritikern naheliegt. Heines grundlegend witzig-ironische Darstellung vieler Gegenstände, auch der politischen, macht ihn ebenfalls verdächtig: Wer so viel Witz hat und auch an ernsten Themen erprobt, der kann keine Gesinnung haben! Sogar verständnisvolle Kritiker tadeln seine allgegenwärtige Ironie; ein Hamburger Verfasser, wahrscheinlich Heines Maler-Freund Lyser, rügt, es sei »ächt heinesch, jedes Verhältniß zu ironisiren, ohne Rücksicht, ob heilig oder profan, ja ohne Rücksicht darauf, ob vielleicht *Rück*sichten nöthig wären«.

Ständig wird Heine aufgefordert, seinen poetischen Freveln etwas Schönes und Heiliges entgegenzustellen. Gleichzeitig versuchen manche Rezensenten, die Bedeutung des aufsehenerregenden Neuerers herabzusetzen, ihm baldiges Vergessenwerden zu prophezeien; ein Kritiker blamiert sich mit der Vorhersage, »daß dieser Geniefresser über kurz oder lang, breit und geplatzt im Wege liegen und den überschnappten Athem ausblasen wird«. Die feindliche Wirkungsgeschichte gegen Heine erreicht in einigen Rezensionen vor 1831 einen ersten Höhepunkt: Schon 1827 fordert der Hamburger Kritiker Kratz nach dem zweiten Band der »Reisebilder« zur Unterdrückung »eines so Verderben bringenden

Machwerks« auf und ruft den Deutschen der »bessern Art«, die es besitzen, offen zu: »Verbrennt es!« In der Münchener Zeitschrift »Eos«, wo Heine von Anfang an gehaßt wird, wirft man ihm aus Anlaß der »Reisebilder IV« Huldigungen an die »Venus cloacina«, das Waten im Kot vor und nennt das Buch »ein schmähliches Erzeugnis der verworfensten Judenfrechheit«, ein »Produkt der höchsten sittlichen Fäulniß, in welchem sich Blasphemien, Obscönitäten und Sansculotismus an nichtswürdiger Schändlichkeit überbieten«. Kurz darauf steigert sich das Wüten gegen Heine in einem Buch des Hamburger Gymnasiallehrers Eduard Meyer zu massiver antisemitischer Beschimpfung, wovon noch die Rede sein wird. So ist der Grundstein zu Heines Verleumdungsgeschichte gelegt; sie wird bis in unsere Zeit fortdauern, die gängigsten Klischees – Frechheit und Schmutz, Frivolität und Schamlosigkeit, Eitelkeit und Gesinnungslosigkeit – werden wiederkehren, ebenso der elendeste aller Vorwürfe, den tragischerweise Börne zuerst erhob: Ein Talent, doch kein Charakter.

Selbstverständlich ist Heine von der frühen Kritik auch gelobt worden – wie hätte er mit vier Büchern in sechs Jahren berühmt werden können, wenn seine Bedeutung nicht sogleich erkannt worden wäre! Er wird als genialer, höchst genialer Geist gerühmt, der gleich einem Vulkan erscheint, als ein die Erscheinungen der äußeren und der inneren Welt tief und lebhaft auffassendes Gemüt. Er ist eine kraftvolle Natur, ein großer Dichter mit angeborenem Ausdrucksvermögen, voll Originalität, die immer wieder hervorgehoben wird, mit Fülle der Gedanken, selbständiger Schöpferkraft, Wahrheit der Empfindung. Er ist ganz Herr des Stoffes, nichts von allem, was er sieht, ist für ihn tot, er ist eine rücksichtslos offene Subjektivität, zu kräftig in seiner Individualität, um sich selbst je vergessen zu können. Keine Seite schreibt er, die nicht Vortreffliches enthielte, er ist ein scharfer Beobachter, ein ebenso scharfer Stilist; er schafft herrliche, leuchtende, kühne romantische Poesie, er bietet tiefgeschaute Eigentümlichkeiten, reiche Beziehungen, leicht bewegte Gestalten, namentlich im Lied herrscht eine eigentümliche Gewandtheit, Gedrängtheit und Fülle, Klarheit und Anmut. Zugleich preist man die Neuheit des Sonderbaren, Kecken, Kräftigen, ja fast Verwegenen, Heines höchst sinnreichen und anziehenden Humor – mehrere Kritiker nennen ihn einen großen Humoristen, er wird mit Jean Paul verglichen. Vor allem an der frühen Prosa rühmen die Rezensenten die originelle Mischung von Heiterkeit und Ernst, von Laune und Rührung, von Tiefe und scherzender Leichtigkeit, von Beschreibung, Erzählung und Dialog, von »philosophischer Betrachtung, caustischem Witz und erfreuenden Humor« – nur lassen es die meisten Kritiker nicht bei solchem Lob bewenden. Fast alle mischen in Bewunderung und Anerkennung Vorbehalte, Zweifel, Einschränkungen, und fast alle Einwände zielen auch bei ihnen weniger auf das Werk als auf den Mann, der es schreibt, durch das Werk hindurch auf den »Charakter«. Das beste Beispiel ist Varnhagen, der an sich auch Heines verwegensten Würfen, den kühnsten Neuerungen Lob spendet, aber dennoch, als gehe es ohne solchen Kotau vor den biedermeierlichen Moral- und Harmonievorstellungen nicht ab, immer Tadel beimischt, etwa in seiner Besprechung der »Reisebilder I« (1826): Heines Gefühlsart habe »manches Dunkel und manche Verwilderung«, Heines Wagnisse gingen bis zum Frevelhaften, seine Freiheiten bis zur Frechheit, sein Mutwille werde Ausgelassenheit, seine Willkür verschmähe auch das Gemeine nicht.

Man sieht, daß auch die Terminologie des befreundeten Kritikers und Ratgebers dem Zeitgeist verhaftet ist – wie soll man da Gerechtigkeit von der Meute jener Klein-Schriftsteller erwarten, die längst vergessen wären, namenlos verscharrt in den Brockhausschen Blättern, wie Heine in der Börne-Denkschrift spottet, hätten sie sich nicht über ihn hergemacht, dessen Größe sie ahnen und den sie herabzuziehen versuchen, indem sie sich »sittlich« über ihn erheben, als »die Bessern« gegenüber dem Schamlosen, dem Frevler, dem Chamäleon, dem Charakterlosen. Zumindest als tief zwiespältig stellen sie ihn hin, als einen Mann ohne inneres Gesetz, schwankend in jedem Wind, unermeßlich ruhmsüchtig und eitel; und in der Pariser Zeit verschärfen sich die Urteile noch, denn nun kommen zu den Rezensenten, die Heine zausen, noch die zahlreichen ungebetenen Besucher;

sie schicken Momentaufnahmen des Dichters, der sie oft unwillig empfängt und rücksichtslos mystifiziert, sie schicken Gerüchte und Anrüchigkeiten über den Exilierten im französischen Sündenbabel nach Deutschland, wo sie begierig gedruckt und gern geglaubt werden. Nun steckt gewiß eine gehörige Portion Heuchelei in der Empörung dieser Heine-Kritiker. Darauf hat, in einer der genauesten, verständnisvollsten Gesamtwürdigung Heines, der Israeli Alex Bein hingewiesen: Heines sogenannte Schamlosigkeit, schreibt er, sei in Wirklichkeit das unbefangene Aussprechen der Wahrheit gewesen, die er für sich entdeckte; der Wandel seiner Anschauungen, der ihm so oft vorgeworfen wurde, sei in der Ehrlichkeit seines Blickes nach außen und nach innen begründet – viele seiner Leser aber hätten das als Schamlosigkeit empfunden oder vorgegeben, es so zu empfinden, weil er das unbefangen aussprach, was sie im Innersten ihres Herzens spürten, aber nicht selbst auszusprechen wagten.

Heine hat einiges dazu beigetragen, daß sein Charakterbild, von der Parteien Haß und Gunst verwirrt, in der Literaturgeschichte schwankt. Ihn beherrscht eine offenbar unbezwingliche, naturgegebene Lust am Witz und an der Mystifikation, vor der niemand sicher sein kann; Börne, beispielsweise, scheint selten erkannt zu haben, was Heine ernst meint und was nicht. »Ich zeige mich oft in unrühmlichen Lichte«, schreibt er 1835 in klarer Selbsterkenntnis an den befreundeten Komponisten Meyerbeer, »die meisten Menschen persiflire oder mystifizire ich... kurz, es ist viel bedenkliches über mich zu sagen.« Heine sei als Witzbold unklug, von sich selbst fortgerissen gewesen, meint Brod zu Recht; viele Leute vertragen seine unglaublich scharfe Zunge nicht – Heine habe, sagt der befreundete Schriftsteller Heinrich Laube, ein philisterhaft gutes Herz, aber eine böse Zunge, und der westfälische Adlige Ludwig von Diepenbrock-Grüter notiert schon 1826 eine Selbstkritik Heines: Er habe ein Taubenherz, welches sich durch einen Geierschnabel ausspreche. Auch Freunde kann er in verletzendster Weise behandeln, besonders wenn er empfindlich und krank ist – und dabei mag er, der alle verspottet, selber nur ungern verspottet sein, was das Auskommen mit ihm nicht erleichtert. Freunde leiden auch unter seiner – oft krankheitsbedingten – Verdrießlichkeit, Grämlichkeit, Unausstehlichkeit: das sind seine eigenen Worte.

Überdies läßt er sich manchmal mit Leuten ein, die seinem Ruf schaden wie der Abenteurer Wit von Dörring, mit dem er 1828 in München Umgang hat, eine schillernde Figur, ursprünglich liberaler Schriftsteller, später Denunziant seiner politischen Freunde, selbst mehrfach eingesperrt, mit Heine schon seit 1827 in Hamburg bekannt – Heines Interesse an derlei dubiosen Leuten ist sicher primär künstlerisch, ihn faszinieren schillernde Charaktere, die Vorbilder für Werk-Gestalten werden könnten; den wirklichen Freunden muß dieser Umgang peinlich gewesen sein, so ist wohl auch Rahel Varnhagens böse Äußerung zu verstehen: Heine werde sich immer wieder besudeln.

Schwer zu verkraften ist für die Zeitgenossen, schwer zu entschlüsseln für den Biographen Heines Selbstdarstellung, sein vielfältiges Rollenspiel, die Selbststilisierung. Er lebt »nach Rollenbildern seiner eignen Imagination« (Sternberger); Selbstdarstellung in ständig wechselnden Masken ist sein Lebenselement, weswegen der voreilige Schluß vom Ich des Werkes auf die biographische Tatsächlichkeit bei Heine besonders irreführend ist. Er ist sich sein Leben lang die interessanteste Person, die er kennt; die Versuchung ist riesengroß, diese Person immer neu auszuschmücken und zu verwandeln. Der Vorwurf der Eitelkeit liegt zwar nahe, trifft aber nicht den Kern bei einem Dichter, der niemals auf bloße Abbildung der Wirklichkeit aus ist, sondern diese und sich selbst stilisiert und überhöht; eher liegt eine fundamentale, sowohl unbefangene als auch sehr bewußte Egozentrik vor, die sich zugleich als Ausdruck überindividueller, gesellschaftlicher, ja historischer Verhältnisse versteht. Allerdings erzeugt sie auch die Heine-Legende, die Maskerade, die Pose, den gelegentlichen Zynismus, das Gewebe »of cross-talk and misinformation«, von dem Jeffrey L. Sammons spricht, manchmal auch den Vorwurf der Lüge, der auf Heine am allerwenigsten zutrifft, was sogar sein bedeutendster Feind, Ludwig Börne, zugeben muß: »Gab es je einen Menschen, den die Natur bestimmt hat, ein ehrlicher Mann zu seyn, so ist es Heine und auf diesem Wege könnte er sein Glück machen. Er kann keine fünf Minuten, keine zwanzig Zeilen heucheln, keinen Tag, keinen halben Bogen lügen.«

Das Charakterbild Heines kompliziert sich auch dadurch, daß die Maskierung, die Selbststilisierung von einem Augenblick zum anderen in den größten Freimut, die kindlichste, zutraulichste Offenheit umschlagen kann. »Ich verstelle mich gar nicht«, sagt Heine treuherzig über sich selbst, »ich spreche wie mir der Schnabel gewachsen, ich schreibe in aller Unschuld und Einfalt, was mir in den Sinn kommt.« So bietet er seinen Feinden die offene Flanke; offen enthüllt er seine vielfältigen Widersprüche und behauptet trotzdem die innere Einheitlichkeit von Werk und Leben, Kunst und Person. Damit werden die wenigsten Zeitgenossen fertig; die wenigsten verstehen zum Beispiel, daß Heine den Widerspruch zwischen Kunst und Politik in seinem Schaffen nicht anerkennt, weil für ihn jedes eigene Werk, auch das hochpolitische, zugleich strengstem Kunstanspruch genügen soll und dadurch eine Einheitlichkeit entsteht, die auch heute noch nicht überall anerkannt ist.

Heine erschwert uns das tiefere Verständnis seiner ungewöhnlichen, verwirrenden Person schließlich durch Selbstverbergung und Selbstcamouflage. Sie hängen mit der Selbststilisierung zusammen, liegen aber auch auf einer anderen Ebene: im privaten, intimen Bereich. Hier hütet Heine Geheimnisse, von denen einige niemals aufgedeckt werden können, die wir als Geheimnisse, ja als Rätsel stehen lassen müssen. Besonders in der erotischen Sphäre, die das gierige, heuchlerische, oft selbst frivole Interesse von Publikum und Kritik erregt, und zwar bis ins letzte Lebensjahr, zieht Heine die Schleier vor und läßt die Neugierigen lästern, tuscheln und spekulieren: Nicht ein einziges Mal nennt er den Namen seiner Cousine Amalie, die er unglücklich geliebt haben muß; niemand weiß, wer die »Verschiedenen« seiner freimütigen Pariser Liebesgedichte sind – falls sie überhaupt eine faktische Rolle in seinem Leben gespielt haben. Auch sein Leben mit Mathilde sucht er fast ängstlich, fast selbst ein wenig biedermeierlich gegen die Öffentlichkeit abzuschirmen, was die verborgene Geilheit philiströser Phantasie erst recht angestachelt hat: »die Bessern« bewerfen den Dichter mit dem Schmutz, in dem er sich angeblich gewälzt hat.

Heine hat auch seine Leser mit souveräner Willkür behandelt. Selbstverständlich ist er unter den Bedingungen des aufkommenden kapitalistischen Literaturmarktes von seinem Publikum abhängig, als einer der ersten freiberuflichen Schriftsteller, die sich auf diesen Markt wagen; es ist schon auffällig, wie oft er seine Leser im Werk direkt anspricht. Andererseits provoziert er sie, er schmeichelt ihnen nicht, er erklärt schon früh, zur Anerkennung des neuen Genies und Talents müsse man das abgestumpfte deutsche Gemüt foltern, und je stabiler sein Ruhm wird, desto öfter zeigt er ein starkes Überlegenheitsbewußtsein, das ihm auch wieder verübelt wird.

Heines oft erstaunliches Selbstbewußtsein irritiert auch heute noch manche Heine-Forscher. Es ist das Selbstgefühl eines kraftvollen Einzelgängers, ohne Unterstützung durch eine Gruppe oder gar eine eigene Zeitschrift, für die er keine Mittel hat; es ist das Rang-Bewußtsein eines jungen jüdischen Dichters, dem es binnen weniger Jahre gelingt, sich im deutschen Sprachraum durchzusetzen, obwohl alle wissen, daß er Jude ist, und nicht wenige ihn deshalb in den Dreck ziehen. Ein solches Selbstbewußtsein erregt Ärger. Im Börne-Buch schreibt Heine 1840 über sein Werk: »Es war groß; ich merkte es an der schmerzlichen Erweiterung der Seele, woraus eben diese Schöpfungen hervorgingen... und ich merkte es auch an der Kleinheit der Zwerge, die davor stehen und schwindlicht hinaufblinzeln... Ihr Blick reicht nicht bis zur Spitze, und sie stoßen sich nur die Nasen an dem Piedestal jener Monumente, die ich in der Literatur Europas aufgepflanzt habe, zum ewigen Ruhme des deutschen Geistes.« Die Pünktchen sind von Heine selbst, keine Auslassungszeichen – ein solcher Stolz macht Skandal; er erregt Mißverständnisse und Neid: auch Ludwig Börne hat Heinrich Heine beneidet. Heine weiß selbst, daß sein Rang ihm nicht nur Glück bringt. 1837 erinnert er seinen Bruder Maximilian daran, »wie alle Bekümmernisse meines Lebens nicht durch eigene Schuld entstanden sind, sondern sich als nothwendige Folge meiner sozialen Stellung und meiner geistigen Begabung erklären lassen. Du weißt, daß die Größe des Charakters und des Talentes in unserer Zeit nicht verziehen werden, wenn man ob dieses Verbrechens sich nicht durch eine Unzahl kleiner Schlechtigkeiten die allerhöchste und allerniedrigste Verzeihung erkaufen will!«

Es wird noch gezeigt werden, daß Heine sich auch außerhalb des »Memoires« selbstkritisch, ja selbstquälerisch zur eigenen Person äußert, daß er sich erbarmungslos selbst verspottet, daß es also nicht nur den stolzen Heine gibt – im übrigen aber braucht er sein starkes Selbstgefühl, um ernste Gefährdungen und Belastungen, Unsicherheiten und Ängste auszugleichen oder wenigstens abzufangen. Heinrich Heine hat, zum Beispiel, die merkwürdigsten Schwierigkeiten mit seinem Geburtsdatum. Das ursprüngliche Datum, den 13. Dezember 1797, verschiebt er in allen schriftlichen Äußerungen seit dem Taufschein vom 28. 6. 1825, dem Übertritt zum Christentum, um zwei Jahre auf 1799. Schon 1819 bezeichnet er sich vor dem Bonner Universitätsgericht als 19jährig; allerdings gibt er zwischen 1821 und 1824 wieder mehrfach das Jahr 1797 an. Beim Promotionsgesuch vom 16. 4. 1825 schreibt er, sicher aus Versehen, sogar 1779, beim Heiratsgesuch 1841 den 31. statt des 13. Dezembers. Noch 1853 weist er in einem Brief an die Schwester Charlotte die Behauptung seiner Mutter zurück, daß er 1797 geboren sei. Standesämter gab es damals noch nicht, die amtlichen Unterlagen zu Geburt und Beschneidung sind in Düsseldorf, Heines Familienpapiere in Hamburg verbrannt; aktenmäßig konnte also nichts mehr geklärt werden: das mußte Thesen und Spekulationen über Heines Gründe für die Daten-Fälschung hervorrufen; befriedigend ist keine, wir tappen im Dunkeln. Die Vermutung, Heine sei unehelich geboren, weil das Düsseldorfer Rabbinat seinem Vater Samson die Niederlassung und den Eltern die konventionelle jüdische Trauung verweigert habe, ist inzwischen widerlegt: Niemals hätte Samson Heine als Vater eines unehelichen Sohnes angesichts der strengen jüdischen Sexualmoral die Ehrenämter bekommen können, die er schon 1797 bekleidete; niemals hätte die Mutter auf 1797 bestanden, wenn sie ihren Erstgeborenen unehelich zur Welt gebracht hätte.

Mehr Wahrscheinlichkeit hat eine Begründung, die Heine 1851 in einem Brief an den französischen Literaten Taillandier anklingen läßt: daß die Familie sein Geburtsdatum 1815 um zwei Jahre zurückverlegt habe, weil sie ihn vor dem preußischen Militärdienst, nämlich in der Landwehr, schützen wollte. Warum Heine diese Fiktion freilich bis zum Lebensende bewahrt haben soll, bleibt unerklärt; wenn er seine Brüder Max und Gustav, Offiziere im russischen beziehungsweise österreichischen Heer, vor Unehre schützen wollte (auch bei ihnen könnten die Geburtsjahre gefälscht worden sein), so hätte er Taillandier ebenfalls keine Andeutung machen dürfen; auch schreibt er der Schwester 1853 mahnend und mysteriös: »Was das Datum meiner Geburt betrifft, so bemerke ich Dir daß ich laut meinem Taufschein den 13 Dezember 1799 geboren bin, und zwar zu Düsseldorf am Rhein, wie Dir ebenfalls bekannt sein wird. Da alle unsere Familienpapiere durch die Feuersbrünste in Altona und Hamburg zu Grunde gegangen, und in den Düsseldorfer Archiven das Datum meiner Geburt nicht richtig angegeben sein kann, aus Gründen die ich nicht sagen will, so ist obiges Datum allein authentisch jedenfalls authentischer als die Erinnerungen meiner Mutter, deren alterndes Gedächtniß keine verloren gegangne Papiere ersetzen kann.« Was sind das für Gründe, die er der vertrauten Schwester nicht sagen will? Warum unterstellt er der geliebten Mutter, daß sie sich nicht an das Geburtsdatum ihres Ältesten, ihres berühmten und kranken Sorgenkindes erinnern kann? Wir wissen es nicht, wir werden es wohl nie erfahren; hier liegt – man hört es am ernsten Tonfall des Briefes – eines der erwähnten Geheimnisse Heines begraben; es war wohl eine Last, die ihn drückte.

Heinrich Heine hat auch mit seinem Namen eigentümliche Schwierigkeiten. Seine Eltern nennen ihn Harry, vielleicht nach einem englischen Geschäftsfreund des Vaters. Der Düsseldorfer Rabbi Scheuer gibt den Vornamen 1809 in einer Liste jüdischer Kinder verstümmelt mit »Hery« wieder; vielleicht war »Harry« aber auch die weltliche Version des jüdischen Vornamens Chaim oder Heymann. Nun gab es in Düsseldorf den »Dreckmichel«, eine Art Straßenfeger oder

Müllmann, der mit Karren und Esel durch die Stadt zog: »Der Mann sah aus wie sein Gewerbe, und der Esel, welcher seinerseits wie sein Herr aussah, hielt still vor den Häusern oder setzte sich in Trab, je nachdem die Modulation war, womit der Michel ihm das Wort ›Haarüh‹ zurief. War solches sein wirklicher Name oder nur ein Stichwort? Ich weiß nicht, doch so viel ist gewiß, daß ich durch die Ähnlichkeit jenes Wortes mit meinem Namen Harry außerordentlich viel Leid von Schulkameraden und Nachbarskindern auszustehen hatte. Um mich zu nergeln, sprachen sie ihn ganz so aus, wie der Dreckmichel seinen Esel rief«, schreibt Heine in den 1853/54 verfaßten, erst posthum erschienenen »Memoiren«-Fragment, das mit dem »Memoire« von 1846 nichts zu tun hat; und selbst wenn er hier ausschmückt: Er hat unter dem Spott über seinen Vornamen gelitten. Erst spät, als sein Bruder Gustav ihn 1851 in Paris besucht und mit »Haarüh« begrüßt, kann er über den Scherz lachen; der seltsame Ruf des Dreckmichels ist übrigens in drei Varianten vom »Rheinischen Wörterbuch« verzeichnet.

Im engeren Familienkreis heißt Heine meist Harry, er selbst unterschreibt bis zuletzt die Briefe an seine Mutter mit dem Kindernamen. Daß er am christlichen Taufnamen Heinrich ebenfalls keine rechte Freude hatte, ist offenkundig und hängt wohl auch mit seinen Gewissensbissen wegen der Taufe zusammen. Auf Buchtiteln sieht er am liebsten nur die Abkürzung »H.« und zürnt Campe sehr, als der Verleger ohne Erlaubnis das ohnehin heikle Börne-Buch als »Heinrich Heine über Ludwig Börne« herausbringt. Auch in Frankreich hat er mit Namen und Vornamen, die beide mit dem dort relativ seltenen »h« anlauten, kein Glück. Er beklagt sich in den »Memoiren«, daß französischen Ohren der Vorname Heinrich nicht zusage; Franzosen übersetzen ihn also in »Henri«; sie können auch »Henri Heine« nie recht aussprechen, bei den meisten heißt er »Mr. Enri Enn«, viele ziehen diese zu »Enrienne« zusammen, einige nennen ihn gar »Un rien« – ein Nichts. Eine andere Namensversion hört der ziemlich entsetzte Laube, als der Türwächter an Heines Wohnung die Anwesenheit des Dichters meldet, »indem er den lichten, offenen Namen Heine so zusammengedrückt aussprach, wie der Franzose den ›Haß‹ bezeichnet«, also wie »haine«. In manchen Briefen an Franzosen sucht Heine der Kalamität auszuweichen, indem er »Heiné« schreibt. Welche Gefährdungen, Hemmungen, Komplexe und Konflikte verbergen sich hinter dem lebenslangen Kampf Heines mit dem Namen und um ihn? Vielleicht das Gefühl, nicht nur eine, sondern zwei oder mehrere Personen in sich zu tragen, die miteinander in Widerstreit geraten, einander aber auch zu außergewöhnlichen Leistungen beflügeln können? Heine vollbringt sie; der Mann, dem seine Namen mißfallen, macht sich einen großen Namen in der Öffentlichkeit.

Heinrich Heine ist krank. Schon in seiner Jugend hat er übersensible, reizbare Nerven; seine Lärmempfindlichkeit ist extrem, er kann das Ticken einer Uhr im Zimmer nicht ertragen. Seit 1820 klagt er in den Briefen über Krankheitserscheinungen, zunächst über das Kopfleiden, später auch über das Augenübel; 1832 setzen die ersten Lähmungen ein. Der Göttinger Freund Wedekind notiert 1824, »daß Heines Aussehen, je nach seinem körperlichen Befinden, beständig wechselte«. Das mag zum Teil die unterschiedlichen Schilderungen seines Aussehens erklären – übrigens ist er körperlich klein, das könnte zum Zwang beigetragen haben, ein kräftiges Selbstwertgefühl zu entwickeln. Heine kennt die Auswirkungen seiner Krankheit und führt die erwähnte Unausstehlichkeit auf sie zurück: »Es liegt in meinem Charakter, oder besser gesagt in meiner Krankheit, daß ich in Momenten des Mißmuthes meine besten Freunde nicht schone und sie sogar auf die verletzendste Weise persiflire und malträtire«, schreibt er 1823 dem Berliner Literaten Joseph Lehmann, und schon 1826 weiß er, daß er wahrscheinlich nie wieder gesund werden kann; er muß sich also mit der Krankheit einrichten: »Dem hauptsächlichsten Unglück meines Lebens kann nicht abgeholfen werden. Ich bin krank und empfindlich. Durch letzteres vertreibe ich meine Freunde oder jedenfalls verärgere ich sie.«

Er stellt sich der Krankheit; er kämpft gegen sie an, obwohl ihm viele das nicht glauben, sondern ihn für einen Hypochonder halten; immer wieder behaupten Leute, er rede sich sein Kranksein nur ein. Er entwickelt eine außergewöhnliche Tapferkeit in der Krankheit: auch sein achtjähriges Sterben in der »Matratzengruft« ist nahezu beispiellos in der Geschichte der Weltliteratur, ebenso die geistige Klarheit, die ungebrochene Schaffenskraft bis in die letzten Lebensstunden. Krankheit und Kraft schließen sich bei diesem Dichter also nicht aus; er kränkelt oft und früh, ist aber eine kräftige Natur; er kann hochgradig nervös, schwer krank und trotzdem voller Energie sein, was das Auskommen mit ihm sicher nicht erleichtert hat. Schon in der »Reise von München nach Genua«, Ende der zwanziger Jahre, gibt er der Krankheit eine tiefere Bedeutung, verleiht er dem Kranksein eine eigene Würde: »Kranke Menschen sind immer wahrhaft vornehmer als gesunde; denn nur der kranke Mensch ist ein Mensch, seine Glieder haben eine Leidensgeschichte, sie sind durchgeistet.« Wer über Heines Leben und seine Persönlichkeit spricht, darf niemals von seiner Krankheit absehen.

Heinrich Heine ist Jude, auch davon darf niemand absehen. Er ist kein Ghetto-Jude wie Börne, er wird nicht streng orthodox erzogen, seine Familie hat Kontakt zu christlichen Nachbarn, er und seine Brüder besuchen christliche Schulen – trotzdem bekommt schon das Kind zu spüren, was Jude-Sein heißt. Eines Sonntags fragt Heine den Vater, wer sein Großvater gewesen sei. Samson Heine antwortet halb lachend, halb unwirsch: »Dein Großvater war ein kleiner Jude und hatte einen großen Bart.« Am nächsten Tag teilt der Junge die Neuigkeit arglos seinen Klassenkameraden in der Grundschule mit: »Kaum hatte ich diese Mitteilung gemacht, als sie von Mund zu Mund flog, in allen Tonarten wiederholt ward, mit Begleitung von nachgeäfften Tierstimmen. Die Kleinen sprangen über Tisch und Bänke, rissen von den Wänden die Rechentafeln, welche auf den Boden purzelten nebst den Tintenfässern, und dabei wurde gelacht, gemeckert, gegrunzt, gebellt, gekräht – ein Höllenspektakel, dessen Refrain immer der Großvater war, der ein kleiner Jude gewesen und einen großen Bart hatte.« Vom Rektor Dickerscheid bekommt Harry auch noch Prügel, weil er den Aufstand durch seine Erzählung verursacht hat: die ersten Prügel seines Lebens, behauptet er.

Heines Verhältnis zum Judentum ist ambivalent. Einerseits

beschäftigt ihn sein Volk notwendig ein Leben lang, sucht er sich Einsicht in Wesen, Religion und Kultur der Juden zu verschaffen, andererseits kritisiert er auch das Judentum freimütig und scharf, zumal die halbherzigen Reformjuden, die keine wirkliche Emanzipation zu fordern wagen; bei einigen Gelegenheiten übermannt ihn jüdischer Selbsthaß. Immer aber ist er bereit, für die Befreiung der Juden von Unterdrückung, Ghettoisierung und Verachtung einzutreten; er verbindet sogar sein Schreiben mit einem Wesenszug des jüdischen Volkes: Die Juden, schreibt er im Börne-Buch, sind nach Mahomet das Volk des Buches; das bekräftigt der jüdische Dichter, der mit Büchern in deutscher Sprache berühmt wird: »Hier üben sie ihr unveräußerliches Bürgerrecht, hier kann man sie nicht verjagen, hier sind sie stark und bewundrungswürdig.«

Die Kritik, die durch das Werk hindurch Heines Person treffen will, zielt, je bekannter er wird, immer öfter auch auf seine jüdische Herkunft. Manchmal bleibt das nur Anspielung; manchmal artet es zur wüsten Beschimpfung aus wie bei dem erwähnten Eduard Meyer: »*Börne* ist ein *Jude,* wie *Heine,* wie *Saphir*. Getauft oder nicht, das gilt gleichviel; denn es ist ein Misbrauch den Namen im Gegensatz eines Christen zu gebrauchen. Er bezeichnet nicht allein die Religion, sondern eine ganze Nationalität, und steht also den Germanen, Slaven und Griechen gegenüber, nicht nur den Muhammedanern oder Christen. Nicht den Glauben der Juden hassen wir, wie sie selbst uns gerne zu ihrer Entschuldigung glauben machen möchten, sondern die vielen häßlichen Eigenthümlichkeiten dieser Asiaten, die mit der Taufe nicht so leicht abgelegt werden können; die unter ihnen so häufige Unverschämtheit und Anmaßung, die Unsittlichkeit und Leichtfertigkeit, ihr vorlautes Wesen und ihre oft so gemeine Grundgesinnung.«

Gewiß ist Heine gegen antijüdische Attacken auch verteidigt worden. Der Literaturkritiker Wolfgang Menzel schreibt noch 1833: »Wenn Geister, wie Börne und Heine, auch fehlen, so ist doch viel Adel in ihnen, so viel vom heiligen Dichterfeuer, das durch die Jahrhunderte leuchtet, und in ihren Fehlern selbst so viel vom Geist der Zeit, daß selbst der edelste Richter, wenn sie vor ihm erscheinen, aufstehn wird, um ihrem Genius zu huldigen. Das Hepp Hepp rufende literarische Lumpengesindel wirft man aber billig vor die Tür hinaus.« Das Fatale ist nur, daß der gleiche Menzel wenige Jahre später selbst ins antisemitische Hep-Hep-Geschrei des Lumpengesindels einfällt, als er zum Sturm auf das Junge Deutschland bläst. »Der nie abzuwaschende Jude« wird Heine also bis an sein Lebensende folgen; und die antisemitischen Vipern kriechen ihm bis in unsere Tage nach.

Tragisch für ihn, wenn auch nicht unerklärlich, daß die große Mehrzahl der Juden ihn ebenso ablehnt wie viele Christen. Gabriel Riesser etwa, der Sprecher der Hamburger Reformjuden, ruft zwar dem Hetzer Meyer zu: »Ereifert euch, so viel ihr wollt, über *Heines* Leichtfertigkeit und Frivolität, aber ... laßt den Juden dabei aus dem Spiel.« Er selbst jedoch eifert sich gleichfalls über Heine, er schlägt mit den gleichen Argumenten auf den Dichter ein wie seine christlichen Feinde – Brieglieb spricht sogar von einer Ausstoßung Heines aus der jüdischen Emanzipationsbewegung durch Riesser, weil dieser darauf beharrt, »daß *Heine* mit den Juden und die Juden mit ihm nichts zu schaffen haben.« Das hat Heine nicht gehindert, bis ins Spätwerk hinein die Befreiung der Juden zu fordern; er ist vielleicht wirklich »der erste moderne Jude«, der völlig das Ghetto verlassen, der sich völlig »emanzipiert« hatte und in keinem »inneren Ghetto weiterlebte« (Bein). Heines gesellschaftliche Situation wird tragischerweise nicht dadurch erleichtert, daß sein Onkel Salomon als Jude einer der reichsten Männer Deutschlands ist; nicht umsonst nennt der Dichter das berühmte Haus des Onkels in Hamburg-Ottensen »Affrontenburg«, hier hat er, ungeachtet aller Geldgeschenke und gelegentlicher Gastlichkeit, schlimme Demütigungen erlitten, als armer, allerdings anspruchsvoller, in Geldsachen kindlich-naiver, zuweilen dreister Neffe und Vetter, der es allenfalls zum Dichter, aber nicht zu einem geachteten bürgerlichen Beruf bringen wird und der niemals ernster Anwärter auf eine Tochter des Hauses sein kann. Die Erniedrigungen treffen Heine persönlich und gesellschaftlich ins Herz; sie schärfen seinen Blick für soziale und politische Mißstände; letzten Endes hat auch ein so unseliges Dokument wie das »Memoire« von 1846 hier seinen Ursprung.

Das ist die Ausgangslage. Um dem Außenseiter Heine gerecht zu werden, benötigen wir einen Begriff von Charakter, der die Fülle der Eigenschaften, den Reichtum der Anlagen, die Komplexität der Erscheinungen würdigt, Komplexität als Verflechtung des Individuellen mit dem Gesellschaftlichen, unter Einschluß schärfster Gegensätze – das ist noch verwickelter als Zwiespältigkeit: »Man müßte eher sagen Viel-Spältigkeit« (Bein), eine Eigenart, die auf Heines innerem Reichtum beruht, eine ungewöhnliche Fähigkeit, alles aufzugreifen, sich ständig zu wandeln und nicht an einer Sache zu hängen. Heine verfügt über ein außerordentlich feines Wahrnehmungsvermögen für Außen-Eindrücke, auf die er blitzschnell reagieren kann; er unterliegt einem sehr schnellen Wechsel der Vorstellungen und Empfindungen, die er aufnimmt – er nimmt rascher, mehr und vielfältiger auf als die meisten Menschen; er folgt »den leisesten Stockungen oder Schwingungen der Nerven«, wie Laube schreibt, und diese Sensibilität ist die Voraussetzung für das außerordentliche Werk, den weitesten Blick, die geniale Intuition, die scharfe Analyse, die umfassende Welt-Schau: »Ein großer Geist sieht alles in großen Verhältnissen, ist von Kindheit auf universalhistorisch.« Das ist nochmals Laube, der damit auf die überindividuellen Bedingungen von Heines Charakter verweist, denn dieser Dichter ist *auch* der feinfühlige Seismograph einer hochkomplizierten Übergangszeit, der prognostische Darsteller großer gesellschaftlicher Prozesse und weltgeschichtlicher Zusammenhänge, ein Entdecker neuester sozialer Bewegungen, ein Verkünder von Revolutionen, die erst im 20. Jahrhundert stattfinden werden – viele Ströme des Zeitalters fließen in diesem Geist zusammen, er setzt sich ihren Impulsen offen, ungescheut aus, er *verkörpert* diese schwierige, gärende, verwickelte erste Jahrhunderthälfte wie kein anderer deutscher Dichter außer Büchner, er *lebt* sein Zeitalter, er lebt unerhört gern und stark, er bewundert nichts so sehr wie angeborene Kraft; ungeachtet seiner Leiden ist Heine ein Freund der Liebe und der Schönheit, ein Verschwender seiner überreichen Gaben, großzügig und kindlich, schwärmerisch und sehr scharfsinnig, ein Bewunderer der Vernunft, ein Entlarver aller Narren, die ihn hassen, nicht zu Unrecht, wie er weiß: auch er kann leidenschaftlich hassen.

Eine besonderen Haß erregende Fähigkeit Heines ist sein untrüglicher Blick hinter alle Fassaden und Kulissen. Wissend um die eigene innere Zwiespältigkeit im Guten wie im Bösen, kann er davon ausgehen, »daß eine gütige oder böse Fee ihm die seltene Gabe in die Wiege gelegt hatte, bei allen Personen, Dingen und Begriffen im gleichen Augenblick nicht nur die Vorderseite, sondern auch die Kehrseite der Medaille zu sehen. Dieses Gefühl der Ambivalenz aller Werte begleitete Heine durch sein ganzes Leben und fand Ausdruck in allen seinen Schriften und Äußerungen... Immer sah Heine zugleich beide Seiten der Medaille, das Große und das Kleine, das Erhabene und das Lächerliche. Hier ist der Urgrund seiner sogenannten Ironie, hier auch der Grund für viele Feindschaft und wenig Freunde. So erklärt sich, was die Gegner ihm als ›Charakterlosigkeit‹ vorwarfen und was besser als seine Objektivität zu bezeichnen wäre« (Eisner).

Er ist ein großer, ein vielseitiger, aber kein harmonischer Charakter. Er weiß das; manchmal beneidet er die glücklichen Naturen, die in sich ruhen; er ist keine solche glückliche – man kann auch sagen: Goethesche Natur: Er ist zerrissen, aber der Riß, der durch sein Herz geht, ist »der große Weltriß«, der die Erde zerteilt – und die Vorbedingung seines Schreibens, das den Scheinfrieden der harmoniesüchtigen Restaurationsepoche stört, in der Europa zwar von großen Kriegen verschont bleibt, der innere Unfriede aber um so stärker brodelt. Heine deckt ihn auf, mit aggressivem Witz, grellen Dissonanzen, in Sprüngen, Brüchen und Demaskierungen, die eine verlogene Harmonisierung aufheben: die Zerrissenheit, der Mangel an Harmonie schließt künstlerische Produktivität ein. Daß auch Heine, wenn schon keinem Harmonie-Ideal, so doch einer eigenen und eigenartigen seelischen Ökonomie folgt, hat Wolfgang Kuttenkeuler durch die kühne Übertragung einer Selbstdarstellung Thomas Manns auf Heine vermutet: »Ich bin ein Mensch des

Gleichgewichts. Ich lehne mich instinktiv nach links, wenn der Kahn rechts zu kentern droht – und umgekehrt.« Träfe das auf Heine zu, läge freilich ein sehr heikles, subjektives, objektiv weder nachahmbares noch übertragbares Gleichgewicht vor, das keinen Absolutheitsanspruch *einer* Bestrebung, *einer* ausschließlichen Überzeugung zuließe, eben dadurch aber etwas völlig anderes als die Heine immer vorgeworfene Gesinnungs- oder Charakterlosigkeit wäre; nur haben das viele Zeitgenossen nicht verstanden.

Ein großer, ein »vielspältiger«, doch kein harmonischer Charakter: der muß auch Schatten werfen. Heines wirkliche Schwächen darf keine Biographie verschweigen: daß er sich, beispielsweise, vor gewissen Kompromissen und Berührungen nicht ekelt; oder daß er in Geldsachen niemals Unabhängigkeit von anderen gewinnt; oder daß er dem bedeutenden Menschen, als den er sich sieht, nicht bloß Selbststilisierung, sondern auch einen Schuß Scharlatanerie zugesteht – dies und anderes wird an den entsprechenden Stellen des Lebensganges dargestellt werden. Dabei ist aber nicht zu vergessen: Heine kämpft allein, er geht allenfalls zeitweilige Bündnisse ein; er kämpft außerhalb literarischer oder sozialer Gruppen, schützt sich nicht, sitzt zwischen allen Stühlen – darum ist es leicht, ihn anzugreifen, leicht, ihn zum Straucheln zu bringen, wenn auch nicht zu Fall, leicht, ihn zu verletzen, leicht, ihn zu unmäßigen Reaktionen zu reizen und manchmal auch ins Unrecht zu setzen.

Dies aber ist das Wichtigste: Heine ist in allem, was er denkt, schreibt und tut, unbedingt Künstler, Dichter; niemals gibt er den Kunstanspruch auf, und wenn es an wenigen Stellen von Werk und Lebenszeugnis so klingt, als sei ihm der Titel des politischen Kämpfers, des Freiheitskriegers, des Tribunen wichtiger als sein Künstlertum, so erklären sich solche Äußerungen aus einer momentanen Kampfsituation. Das Höchste bleibt für ihn die Kunst, sie hat er von Anfang an gewollt; er hat, ungeachtet aller Bestrebungen nach einem bürgerlichen Beruf, nie etwas anderes sein wollen als ein deutscher Dichter, und dieser Wunsch stand für ihn niemals *im prinzipiellen* Gegensatz zu seinem politisch-sozialen Kampf, zur Emanzipation, zur Revolution: darin liegt die

Einheit seines Werkes, auf der er so unbeirrt besteht, womit er allerdings die meisten Zeitgenossen überfordert, für die Einheit Systematik bedeutet: die fehlt ihm freilich, er denkt, sieht, hört, fühlt und schreibt »assoziativ, nicht systematisch«, aber gerade dadurch hängt bei ihm alles mit allem zusammen, untersteht der »Idee«, der er dient und die er ausdrücken will. Von seinem Leser aber verlangt Heine Verständnis dafür, »daß meine poetischen, ebenso gut wie meine politischen, theologischen und philosophischen Schriften einem und demselben Gedanken entsprossen sind, und daß man die einen nicht verdammen darf, ohne den anderen allen Beifall zu entziehen«.

Das ist 1837 geschrieben; die meisten Kritiker gehen da nicht mit, sie sind wohl überfordert, sie reagieren, urteilen und schimpfen, als lebten sie und der Dichter in zwei verschiedenen Epochen. Tatsächlich ist Heine ein Neuerer in fast allem, was er schreibt, und fast allen Zeitgenossen weit voraus. Er überragt sie in der Breite, Fülle und Tiefe des poetischen Talents, an politischem Weitblick, an Einsicht in soziale, politische, religiöse, philosophische Phänomene und Zusammenhänge, an vibrierender Vorhersage des Kommenden. Er weiß das genau, er ist stolz darauf und spricht es arglos aus: »Auch war ich ihnen so weit vorausgeschritten, daß sie mich nicht mehr sahen, und in ihrer Kurzsichtigkeit glaubten, ich wäre zurückgeblieben.« Selbst Rahel Varnhagen versteht nicht, daß viele Äußerungen und Reaktionen Heines *aus Überlegenheit* entsprangen und eben deswegen zuweilen verzerrt, provokant, scheinbar arrogant oder zynisch klingen: So weit voraus zu sein ist ja keineswegs nur Glück, künstlerischer Höchstrang bedeutet nicht unbedingt Stabilität, er kann auch eine Last sein: »Ich kam immer in der Welt überall zu frühe; dieses und meine falsche Posizion, die das Exil mit sich führt, waren mein Unglück.« Das ist aber nicht Heines Grundgefühl; im wesentlichen ist er stolz auf sein Dichter-Amt, er ist stark genug, es ganz auszufüllen. Das bestätigt schon Ludwig von Diepenbrock-Grüters erstaunte Beobachtung aus dem Jahre 1826: »Merkwürdig ist mir sein Vertrauen auf seine geistige Kraft. In solcher Fülle habe ich es kaum für möglich gehalten.«

Das vorliegende Buch zeichnet die Entfaltung dieser außergewöhnlichen Kraft in Leben und Werk Heines nach. Sein Verfasser traut dem Wort des Dichters, wo immer das biographisch zu verantworten ist; wo es unmöglich ist, unterstellt er dem Dichter nicht Unwahrhaftigkeit. Der Verfasser fühlt sich ihm nicht »sittlich« überlegen; er findet Heines Werk faszinierend, er findet sein Leben auf eine dramatische Weise beispielhaft und lehrreich. Im Gang der Untersuchung wird, über den Prolog hinaus, der Dichter Gelegenheit zu einer ausführlichen Selbstdarstellung bekommen; er wird sagen, wie er sich sieht, und so das verzweifelte »Memoire« aufheben, das am Anfang dieses Buches steht. Im Laufe der Untersuchung wird auch ein Grundmuster von Heines Verhalten sichtbar werden, das in einigen entscheidenden Situationen und Menschen-Beziehungen seinen Lebensgang, sein Fühlen und Denken, sein Schreiben und Urteilen bestimmt – in einigen, nicht in allen: dieser Dichter kann nicht in ein psychologisches Raster gezwängt werden. Ein Hauptziel dieser Biographie ist es, Heinrich Heine das widerfahren zu lassen, was ihm bei Lebzeiten selten zuteil wurde, wofür er aber in jedem Sinne, für sich und für andere, ein Leben lang gekämpft hat: Gerechtigkeit.

I. Kapitel

1797–1819

Eine aufstrebende Familie

Heinrich Heine wurde höchstwahrscheinlich am 13. Dezember 1797 in Düsseldorf geboren, im gleichen Jahr wie Annette von Droste-Hülshoff, Jeremias Gotthelf und Franz Schubert. Sein Vater war der zugezogene Textilhändler Samson Heine (1764-1828), seine Mutter die Düsseldorfer Arzttochter Peira (Peierche) van Geldern, die sich später meist Betty nannte. Die Vorfahren beider Eltern gehörten zur privilegierten Kaste der Hofjuden, genauer: jener »Hoffaktoren«, die an zahlreichen deutschen Fürstenhöfen des 17. bis 19. Jahrhunderts eine bedeutsame Rolle spielten und mit dem Aufkommen des modernen absolutistischen Staates, der kapitalistischen Wirtschaftsordnung eng verbunden waren. Die Institution der Hoffaktoren gehörte zu den Herrschaftsinstrumenten der absoluten Fürsten; Hoffaktoren repräsentierten die Hochfinanz: Sie belieferten Fürsten und Höfe mit Waren, die Münzen mit Münzmetall, sie versorgten die Armeen in Krieg und Frieden, sie förderten erfolgversprechende Wirtschaftsunternehmen, gingen auf kommerzielle und diplomatische Missionen ins In- und Ausland; sie befriedigten die Geld- und Luxusbedürfnisse ihrer Fürsten, die ihnen dafür Titel, Gehälter, Befreiung von Schutzgeld und Ghettozwang, besondere Privilegien wie Beamtenstatus und jederzeitigen Zugang zum Thron gewährten. Hoffaktoren waren eine Art jüdischer Aristokratie, abgehoben von den weniger begünstigten übrigen Glaubensgenossen, wenn auch manchmal Vorkämpfer der Judenemanzipation und häufig führende Köpfe in den israelitischen Gemeinden. Heines ständige Betonung der Vornehmheit von Eltern und Verwandten mag *auch* ein Abglanz der Sonderstellung seiner Vorfahren sein, einer übrigens immer gefährdeten Stellung: Hoffaktoren und ihre Macht waren gänzlich von der Gunst des jeweiligen Herrschers abhängig; verlustbringende Geschäfte, Ungnade des Fürsten oder sein Tod konnten den jähen Sturz des Hofjuden bewirken.

Auch Heines mütterliche und väterliche Vorfahren, die gewiß nicht zu den *großen* deutschen Hoffaktoren gehörten, erlebten wechselvolle Schicksale. Der Ur-Urgroßvater Isaak

Heine, der offenbar aus Rinteln an der Weser stammte, ließ sich in Bückeburg nieder; dort stand die »Stammburg«, wie Heine im »Wintermärchen« das Haus mit dem späteren Gasthof »Zur Falle« nannte. Isaak erhielt 1682 seinen Schutzbrief, war bereits 1691 Sprecher der Bückeburger Juden und um 1696 Hoflieferant und Hofbankier des Grafen von Schaumburg-Lippe. 1705 fiel er in Ungnade und sollte, wie alle Juden der Grafschaft, ausgewiesen werden; nur mit Hilfe seines Vetters, des reichen Hofjuden Leffmann Behrens aus Hannover, gelang es, die Ausweisung abzuwenden und die bevorzugte Stellung bei Hofe wiederzugewinnen. Weitere drei Generationen hindurch blieben Isaaks Nachkommen Hoffaktoren in Bückeburg; Isaak wurde 1722 zusammen mit seinem Sohn Salomon auch noch Hofjude des Grafen Simon Heinrich von Detmold, mit dem sehr hohen Jahresgehalt von 350 Talern. Doch schon ein Jahr später verlor er dieses Amt; sein Sohn David Simon siedelte nach Hannover über; dort lebte auch dessen Sohn Heymann (Chaim) Heine, der Großvater des Dichters, der kleine Jude mit dem großen Barte, ein streng orthodoxer Mann. Er muß wirklich, wie Heine in den »Memoiren« bemerkt, außer dem Bart noch andere rühmliche Eigenschaften besessen haben: In erster Ehe war er mit Edel Gans verheiratet, der Tochter eines reichen Hannoveraner Juden, nach ihrem Tod mit Mathe Eva Popert, der Tochter des wohlhabenden Bankiers Meyer Samson Popert in Altona; der Tod von Ehegatten, die Wiederverheiratung waren zu jener Zeit an der Tagesordnung. Erstmals taucht mit den Poperts Hamburg am Familienhorizont auf, Heines »schöne Wiege meiner Leiden«, wie er die Stadt 1819 nennen wird – er scheint übrigens merkwürdig wenig von diesem Großvater, vom Hoffaktorentum der *väterlichen* Vorfahren gewußt zu haben: sollte ihm Samson, der Vater, so wenig erzählt haben, weil er sich im Vergleich zu den erfolgreicheren Vorfahren und Brüdern schämte? In Samsons Generation zeigt sich nämlich die Vitalität der aufstrebenden Familie, jene Kraft, von der auch der Dichter zehren wird: Heymann und Mathe Eva Heine, deren Schönheit Heine in den »Memoiren« rühmt und die nach dem Tode des Gatten 1780 mit den Kindern nach Hamburg übersiedelte, hatten sechs Söhne, von denen drei geschäftlich sehr erfolgreich waren: Isaak, der Älteste, ging als Bankier nach Bordeaux, seine Söhne Armand und Michel gründeten das Bankhaus Heine in Paris; Salomon Heine (1767-1844) wurde steinreich und verheiratete seinen Sohn Carl mit der ebenfalls reichen Cécile Furtado aus dem Pariser Bankhaus F. Oppenheim und Co.; Hertz Heine, der dem dichtenden Neffen wohlgesonnene Onkel Henry (1774-1855), wurde angesehener Wechselmakler in Hamburg – mit diesen Brüdern konnte Samson auf die Dauer nicht mithalten, mag auch sein späterer Bankrott nicht von ihm allein verschuldet gewesen sein. Heines Vater soll Proviantmeister und ein Günstling des Welfenherzogs Ernst von Cumberland gewesen sein, der 1837 König von Hannover wurde; sicher ist das aber so wenig wie die Behauptung, Samson habe im Dienste des Herzogs während der Revolutionskriege die Feldzüge in Brabant und Flandern mitgemacht und sei danach in Düsseldorf angekommen. Erhaltene Briefe und Geschäftsanzeigen beweisen allerdings, daß er Französisch-Kenntnisse hatte; Heinemanns Vermutung, Samson sei im ersten Koalitionskrieg 1793 an der Lieferung von Nachschub für die hannoversche Armee durch jüdische Händler beteiligt gewesen, könnte durchaus zutreffen. Samson kann aber ebenso gut aus Hamburg oder Hannover gekommen sein, und bestimmt kam er nicht mit zwölf Pferden, wie der Dichter in den »Memoiren« augenzwinkernd erzählt: einen wohlhabenden Samson Heine hätte die Düsseldorfer Judengemeinde sicher freundlicher behandelt, als es tatsächlich geschah.

Die Familie van Geldern – Heine nannte sie gern de Geldern, auf diese Weise adlige Abstammung suggerierend; in Wirklichkeit deutet der Name auf holländische Herkunft hin – Bettys Sippe also erlebte ähnliche Auf- und Abstiege wie die Heinesche. In der gleichen Generation wie Isaak Heine war der Ur-Urgroßvater Joseph Jakob (»Juspa«) van Geldern Hofkammeragent, Milizprovisor, Hofbankier und Hofjuwelier des Kurfürsten Johann Wilhelm in Düsseldorf; er durfte 1712 ein Haus in der Neußer Straße bauen, das auch als erste Düsseldorfer Synagoge diente; schon 1710 war er Hoffaktor des Kurfürsten von Hannover geworden.

Als reichster Jude Düsseldorfs zahlte er 1718 fast ein Zehntel des gesamten jüdischen Tributs und war Obervorgänger der Juden von Jülich, Berg und Cleve. Der Glanz dieser Stellung, die den Rang der Heineschen Hoffaktorenämter sicher übertraf, verblaßte unter Juspas Sohn Lazarus, der zunächst mit zwei Brüdern Pächter der staatlichen Akzise war und 1727 ebenfalls zum Hoffaktor von Jülich und Berg avancierte, dann aber durch einen Erbschaftsstreit viel Vermögen verlor und geschäftliche Rückschläge erlitt. Immerhin erlosch das Ansehen der Familie van Geldern nicht: Heines Großvater Gottschalk heiratete eine Tochter der bekannten jüdischen Familie Bock aus Siegen, war ein angesehener Arzt und wurde ebenfalls Obervorgänger der Juden von Jülich, Berg und Cleve. Gottschalks Söhne studierten Medizin in Duisburg; Joseph wurde kurfürstlicher Leibarzt und starb 1796, ein Jahr nach seinem Vater – im gleichen Jahr traf Samson Heine in Düsseldorf ein und lernte Peira van Geldern kennen, Gottschalks jüngste Tochter.

Es muß Liebe auf den ersten Blick gewesen sein, was beide zusammenführte, auch wenn beide in für damalige Zeit relativ hohem Heiratsalter waren, er dreiunddreißig, sie fünfundzwanzig. Samson – das ist bisher wenig beachtet worden – befreite Peira van Geldern aus einer ernsten Krise, wie man ihren auf Deutsch, doch in hebräischen Lettern geschriebenen Briefen an die Weseler Freundin Hendelche (Helena) Jacob Israel entnehmen kann: Der Tod von Vater und Bruder hatte sie schwer getroffen, die aufopfernde Pflege der Kranken ihre Gesundheit angegriffen: »Heftige Gemüthsbeunruhigungen«, schrieb sie am 27. Mai 1796, »verursachen mir auch immer körperliche Leiden, und dies ist die Schuld, daß ich Ihnen noch nicht nach dem Tod meines zweiten Vaters, meines Bruders geschrieben habe, denn die ängstliche Unruhe und das immerwährende Nachtwachen hatte meine sonst unerschütterliche Gesundheit so zerrüttet, daß wenn mich nicht das strenge und scharfe Verbot der Ärzte, die liebevolle Sorgfalt meiner Geschwister, und die dringende Bitte meiner Freunde, vom Krankenbett entfernt hätten, so wäre ich sicher auch eine Beute des Todes geworden... Vergebens suchten meine Freunde mich mit dem

Unglück meiner Mitmenschen zu trösten; meines Nachbars Wunde heilet die meine nicht.« In die persönliche Bedrückung mischte sich Sorge wegen der politischen Verhältnisse, der kriegerischen Auseinandersetzungen, der Zerstörungen in der Stadt, worüber sie noch Ende Juni klagte; nur zwei Monate später, Anfang September, war ihr einziger Kummer, daß »mein Heine« am nächsten Tag wieder abreiste: durch ihn hatte sie ihre Heiterkeit wiedergefunden. Sie liebte diesen Mann, und sie erkämpfte sich die Ehe mit ihm gegen ablehnende jüdische Gemeindeälteste.

Der Widerstand der Gemeinde gegen die Aufnahme Samsons hing mit der Lage der Düsseldorfer Juden zusammen. Düsseldorf, damals eine Stadt von etwa 16000 Einwohnern und seit 1796 erstmals unter französischer Besatzung, beherbergte ungefähr drei- bis vierhundert Juden; 1806, als die Stadt zum Großherzogtum Berg geschlagen wurde, sollen es nach Max Brod 570 gewesen sein. Sie lebten nicht im Ghetto, sondern inmitten der christlichen Bevölkerung – ein erheblicher Vorteil gegenüber der Mehrzahl deutscher Juden: In Frankfurt, zum Beispiel, mußten sogar Hoflieferanten noch in der Judengasse wohnen. Doch hatte die »Freiheit« der Düsseldorfer Juden, bevor sie durch Napoleon die bürgerliche Gleichberechtigung bekamen, ebenfalls ihre Grenzen. Es galten strenge Beschränkungen für Eheschließungen, die jüdische Bevölkerung sollte möglichst klein gehalten werden. Veit hat diese Einschränkungen dargestellt: Heiratswillige Juden brauchten eine ausdrückliche Erlaubnis der deutschen Behörden; sie wurde nur dann erteilt, wenn Vakanzen für die Gründung eines neuen jüdischen Haushalts da waren. Die jüdischen Gemeindevorsteher hatten diese Verfügung als »bestenfalls nur unwillige Agenten« durchzuführen. Samsons Situation war zusätzlich dadurch kompliziert, daß er nicht in Düsseldorf geboren, sondern zugezogen war. Er brauchte daher außer der Heiratserlaubnis auch eine Zuzugsgenehmigung, die man damals »Stättigkeitserlaubnis« nannte. Veit weist den früher geäußerten Verdacht zurück, die Gemeindeältesten hätten das junge Paar schikanieren wollen; sie hätten vielmehr die Rechte der ansässigen Juden gewahrt und seien über den ortsfremden Ehekandidaten wenig erbaut gewesen; die kleine Gemeinde hatte ohnehin schwer zu kämpfen und wollte sich nicht durch einen möglicherweise Mittellosen zusätzlich belasten. Das ist glaubhaft; allerdings zeigt der Brief, in dem Peira van Geldern der Freundin Hendelche am 8. 11. 1796 den Sieg über alle Widerstände meldet, die Gemeindevorsteher in ungünstigem Licht: Sie versuchten die Heirat offenbar auch dann noch zu verhindern, als Heines Mutter durch ihre Tatkraft die behördliche Genehmigung bekommen hatte.

Wie dem auch gewesen sei: Die Hochzeit konnte am 1. 2. 1797 stattfinden, das Paar ließ sich im heutigen Haus Bolkerstraße 53 nieder, wo Heine, in einem der Hintergebäude, geboren wurde. Samsons Geschäft wurde ebenfalls im Haus Bolkerstraße eingerichtet, außerdem verkaufte er seine Waren in einer Bude auf dem Marktplatz. Betty Heine hat den Widerstand der jüdischen Gemeinde niemals vergessen; sie zog die Kinder nicht streng orthodox auf, sondern eher aufgeklärt-liberal, obwohl die wichtigen jüdischen Rituale in der Familie sicher eingehalten wurden. Wo die Grenzen der Liberalität für den orthodox erzogenen Samson lagen, zeigt die glaubwürdige Schlußpassage der »Memoiren«: Samson waren »einige irreligiöse Spöttereien« Harrys zu Ohren gekommen; darauf hielt der Vater dem Sohn eine Standpauke: Er liebe die Philosophie nicht, die Betty ihren Jungen bei Rektor Schallmayer studieren lasse, doch sei das ihre Sache; Harry möge auch denken, was er wolle, er solle es aber nicht laut sagen: »Denn du würdest mir im Geschäft schaden, wenn meine Kunden erführen, daß ich einen Sohn habe, der nicht an Gott glaubt; besonders die Juden würden keine Velveteens mehr bei mir kaufen und sind ehrliche Leute, zahlen prompt und haben auch recht, an der Religion zu halten. Ich bin dein Vater und also älter als du und dadurch auch erfahrener; du darfst mir also aufs Wort glauben, wenn ich mir erlaube, dir zu sagen, daß der Atheismus eine große Sünde ist.«

Übrigens könnte Samson Heine selbst zum schließlichen Nachgeben der jüdischen Gemeindevorsteher beigetragen haben: Immerhin wurde der zunächst zurückgewiesene Fremde bereits 1797 zum Vorsteher der »Chevrah Gemiluth

Chasodim Ve'Chevrah Tehilim« gewählt, einer frommen Gesellschaft zur Ausübung menschenfreundlicher Handlungen und zum Rezitieren von Psalmen; außerdem war Samson Mitglied der »Chevrah Kadischah«, einer Beerdigungsgesellschaft – eine erstaunliche Veränderung, ein bemerkenswerter Aufstieg, der wohl tatsächlich auch durch Samsons angenehmes Wesen, seinen Charme bewirkt wurde, während Betty sicher entschieden fordernd, emanzipiert, aber auch unnachgiebig und starrköpfig vorging.

Sie wollte diese Ehe, sie liebte und beherrschte den Mann, nur nicht im Geschäft, wo sie keinen Einfluß hatte und nach alter Tradition der Mann herrschte; Samsons Bankrott konnte sie nicht verhindern. Sie duldete seine kleinen Freuden, die nicht viel kosteten, zum Beispiel die Offiziers-Rolle in der Bürgergarde. Pferde und Hunde nahm sie ihm weg oder redete sie ihm aus. Sie gebar vier Kinder und nahm ihre Erziehung in die Hand, wohl wissend, daß nur sie selbst, nicht Samson ihnen den Weg zum sozialen Aufstieg, zur Assimilation bahnen konnte; insofern ist die Familie Heine keine traditionelle Familie, in der der Hausvater patriarchalisch alle wichtigen Entscheidungen fällt. Die Kinder stiegen auf: Der Älteste wurde ein berühmter Dichter, was der Mutter immer etwas unheimlich geblieben sein muß; die Tochter Charlotte (1800-1899) heiratete den angesehenen Hamburger »Commissionaire« Moritz Embden – zwei Kinder aus dieser Ehe, Maria (später della Rocca) und Ludwig, stiegen in den Adel auf; der Sohn Gustav (1805-1886) machte zunächst eine landwirtschaftliche Ausbildung, wurde später österreichischer Offizier, schließlich Herausgeber des konservativen Wiener »Fremdenblattes« und starb als Baron von Heine-Geldern; Maximilian, der Jüngste (1807-79), wurde Arzt am Zarenhof und später auch geadelt. Betty Heine war energisch, willensstark, aufrichtig und mitfühlend in ihren Absichten; in einem Brief an Hendelche vom 1.1.1796 verwahrte sie sich ausdrücklich gegen den Verdacht, sie sei eine empfindsame Schwärmerin. Sie besaß eine sichere Beobachtungsgabe und einen klaren Verstand, wie später Heinrich Heine: »Ihre Vernunft und ihre Empfindung waren die Gesundheit selbst«, heißt es in den »Memoiren« – Betty

Heine war auch körperlich gesund, eine kleine, schmale Frau, sie überlebte den schwerkranken Sohn und wurde achtundachtzig Jahre alt (wir haben leider nur ein Altersbild von ihr, es zeigt ein kräftiges, gut geschnittenes Gesicht unter einer Haube); von ihr, falls Heines Krankheit auch erblich bedingt war, hatte er sie nicht. Anders als Goethe, hatte er auch die Frohnatur, die Lust zu fabulieren nicht von der Mutter, im Gegenteil: sie hätte ihm, wohl in abschreckender Erinnerung an ihren berüchtigten Onkel Simon van Geldern, den »Chevalier«, von dem noch die Rede sein wird, die poetische Begabung, die Neigung zum Phantastischen und Romantischen am liebsten ausgetrieben: »Sie hatte... eine Angst vor Poesie, entriß mir jeden Roman, den sie in meinen Händen fand, erlaubte mir keinen Besuch des Schauspiels, versagte mir alle Teilnahme an Volksspielen, überwachte meinen Umgang, schalt die Mägde, welche in meiner Gegenwart Gespenstergeschichten erzählten, kurz, sie tat alles mögliche, um Aberglauben und Poesie von mir zu entfernen.«

Dabei stellt Heine seine Mutter in den »Memoiren« als hochgebildete, aufgeklärte, kultivierte Frau, als Rousseau-Anhängerin und Deistin vor – aber hier wirkt wieder die Lust an der Stilisierung mit, und wie beim Vater geht es Heine um gesellschaftliche und charakterliche Erhöhung: Betty hatte, schrieb der Sohn, im Elternhaus eine gelehrte Bildung genossen, sie nahm an den medizinischen Studien der Brüder teil, sprach fließend Latein, Englisch, Französisch. Mag sein, daß sie die Literatur des 18. Jahrhunderts gelesen hat, vielleicht sogar Rousseau, sicherlich hat sie allerlei Kenntnisse erworben und ein gutes Urteilsvermögen entwickelt – aber das übrige in bezug auf ihre Bildung und ihre adlige Herkunft hat der Sohn aus Liebe zu ihr und weil er die Mutter so sehen wollte, erdichtet. Die Grenzen ihrer Bildung zeigt das fehlerhafte Deutsch ihrer Briefe; eines allerdings stimmt: »Erziehungswesen war ihr Steckenpferd«. Lieblingsobjekt, schließlich beinahe Opfer ihres pädagogischen Ehrgeizes, der das Streben nach höherer gesellschaftlicher Stellung einschloß, war Harry Heine.

Sie malte ihm Karrieren aus, und zwar je nach den

Zeitumständen. Zuerst blendete sie die Pracht des französischen Kaiserreiches, sie träumte für Harry »die goldensten Epauletten oder die brodiertesten Ehrenchargen am Hofe des Kaisers« und ließ ihm zusätzlich zum Schulunterricht noch Privatstunden in Mathematik und Naturwissenschaften erteilen. Nach Napoleons Sturz faszinierte sie der Aufstieg des Hauses Rothschild, dem der Sohn später näher stand, als sie ahnen konnte: »Sie beschloß daher jetzt, daß ich eine Geldmacht werden sollte, und jetzt mußte ich fremde Sprachen, besonders Englisch, Geographie, Buchhalten, kurz alle auf den Land- und Seehandel und Gewerbskunde bezüglichen Wissenschaften studieren.« Nach Samsons Bankrott bestimmten sie und Onkel Salomon, der das Studium bezahlte, Harry zur Jurisprudenz; Mutter und Onkel drängten ihn auf falsche Wege und erschwerten so seine Selbstfindung, Heine hat die Mutter aber erst spät kritisiert, und dann auch nur in einer gestrichenen Lesart der »Memoiren«: »Ich folgte gehorsam ihren ausgesprochenen Wünschen, jedoch gestehe ich, daß sie schuld war an der Unfruchtbarkeit meiner meisten Versuche und Bestrebungen in bürgerlichen Stellen, da dieselben niemals meinem Naturell entsprachen. Letzteres, weit mehr als die Weltbegebenheiten, bestimmte meine Zukunft.« Sein Naturell aber bestimmte ihn zum Künstler, er wollte nichts anderes werden als ein deutscher Dichter – merkwürdig, daß Bettys mütterlicher Instinkt das nicht heraussspürte, daß ihr das grundlegende emotionale Verständnis für den Sohn augenscheinlich fehlte!

Einen anderen Schaden – wenn es einer ist! – richtete sie ungewollt und unschuldig an: Indem sie die Kinder von vornherein aufklärerisch-liberal erzog, löste sie die Familie aus den inneren Bindungen ans Judentum, ohne zugleich eine andere kulturelle Integration schaffen zu können. Das verschärfte die Außenseiter-Position des jungen Dichters, dem die familiäre Rückendeckung beim Durchsetzungskampf ebenso fehlte wie die literarische; es förderte jene eigentümliche Traditionslosigkeit Heines, die Hans Mayer beschreibt: »Diese Familie Heine gehört keiner etablierten Gesellschaft an; sie steht wahrhaft zwischen den Generationen und Systemen. Eigentlich auch zwischen den Sprachen. So wird Heine zum einzigartigen Fall des Menschen ganz ohne Tradition, zunächst aber auch fast ohne Ressentiment. Er ist am Beginn seiner Laufbahn gleichsam Kaspar Hauser, der die Welt um sich herum ganz neu zum ersten Male erlebt, alle Dinge und Beziehungen von außen betrachtet, als einer, der sich nirgends verbunden fühlt. Daher kennt Heine auch nicht die Ehrfurcht vor dem Überlieferten: weder vor gesellschaftlicher noch geistiger Tradition... Das mußte Ärgernis geben: der Mensch ohne Tradition, ohne geistige und gesellschaftliche Abhängigkeit, der alles wie ein Kind, wie ein boshaftes Kind, von außen betrachtet, um es zu betasten, zu schmekken, zu zerreißen. Das hatte es vorher nie in Deutschland gegeben.« Die letzten beiden Sätze deuten darauf hin, daß Heines singuläre, durch Bettys Erziehung mitgeschaffene Außenseiter-Rolle auch seine enorme Stärke ausmachte: Sie ermöglichte große, neuartige, frische, kühne Literatur. Einen schwächeren Charakter als ihn hätte die Traditionslosigkeit wahrscheinlich zerstört. Daß diese Situation auch Heines Krankheit mit hervorgerufen hat, ist freilich ebenfalls wahrscheinlich; die möglichen psychosozialen Ursachen dieser Krankheit werden an mehreren Lebensstationen deutlich werden. Selbstverständlich ahnte Betty Heine nicht, für welche Verwicklungen in Leben und Seele des Sohnes sie mitverantwortlich war, und er hat es ihr nie gesagt.

Übrigens machte sie, als er den juristischen Doktorhut an den Nagel hängte, eine noch ernstere Miene als gewöhnlich, bereute auch, daß sie ihn nicht dem geistlichen Stande gewidmet hatte, wozu es auch Pläne gegeben zu haben scheint – und gab schließlich »die Oberleitung meines Lebens« auf. Diese Freigabe hat dazu beigetragen, daß der Dichter seiner Mutter ein Leben lang Liebe, Verehrung und Bewunderung entgegenbrachte; besonders seit seiner Übersiedlung nach Paris vergötterte er sie in seinen Briefen, er lobte sie, er schmeichelte ihr, er kritisierte sie nie, mit Ausnahme der Bemerkung zum Geburtsjahr. Heine hing überhaupt sehr an seiner engeren Familie, aber die Briefe an die Mutter (und an Charlotte, manche sind an beide Frauen gerichtet) sind besonders herzlich, voller Liebe und Sorge um sie und immer voller Schonung; bis zum äußerst möglichen

Zeitpunkt verschwieg er ihr die Schwere der Krankheit; er gab ihr Kosenamen wie »alte Gluck«, »alte Katz«, »alte süße Katz«, »du alt Mausel«; gelegentlich neckte er sie auch, nannte sie »alte Schachtel« oder schrieb: »Und nun reiche mir die alte liebe Schnautze.« Leonhardts Feststellung trifft zu, daß Heine geradezu einen Mutterkult betrieben habe (insofern verhielt er sich beinahe biedermeierlich!) – aus der Ferne, sollte man aber hinzufügen, es fragt sich nämlich, wie die beiden miteinander ausgekommen wären, wenn Heine Deutschland nicht verlassen hätte.

Es ist kein Widerspruch zum Mutterkult, daß Heine seiner Mutter nie Einblick ins Innere seines Fühlens, Denkens und Schreibens gab, wobei sie ihm offenbar entgegenkam: »Über meine wirkliche Denkart hat sie sich nie eine Herrschaft angemaßt.« Sie war nie seine geistige Vertraute, sie durfte allenfalls kleine Besorgungen beim Verleger Campe erledigen; ihre Briefe enthielten hauptsächlich Familiennachrichten und bezeugten die Sorge um den fernen Sohn, sie sind eher trocken geschrieben. Kein Widerspruch zum Mutterkult, denn Heines Bindung an seine Mutter liegt auf einer ganz anderen Ebene als der geistigen, künstlerischen; es ist eine Beziehung verborgener Erotik, die Betty gar nicht, Heine wohl recht genau bewußt war. Er hat seiner Mutter mehrere Gedichte gewidmet, in denen die delikate Wahrheit steckt, zum Beispiel dieses Sonett:

> Im tollen Wahn hatt' ich dich einst verlassen,
> Ich wollte gehn die ganze Welt zu Ende,
> Und wollte sehn ob ich die Liebe fände,
> Um liebevoll die Liebe zu umfassen.
>
> Die Liebe suchte ich auf allen Gassen,
> Vor jeder Thüre streckt' ich aus die Hände,
> Und bettelte um gringe Liebesspende, –
> Doch lachend gab man mir nur kaltes Hassen.
>
> Und immer irrte ich nach Liebe, immer
> Nach Liebe, doch die Liebe fand ich nimmer,
> Und kehrte um nach Hause, krank und trübe.

> Doch da bist du entgegen mir gekommen,
> Und ach! was da in deinem Aug' geschwommen,
> Das war die süße, langgesuchte Liebe.

Das Gedicht, wohl Anfang 1821 entstanden, drückt Heines Schmerz über die unerwiderte Liebe zu Amalie, aber auch eine sehr delikate, heikle, ja gefährliche Liebe zur Mutter aus, denn was dem jungen Dichter da als Glück erscheint: Geborgenheit und Erlösung in den mütterlichen Armen, *muß* ja in seine erotischen Beziehungen zu anderen Frauen hineinwirken – nicht direkt, sondern über verschlungene seelische Wege; Forscher wie Leonhardt, Sammons und Greiner sind schwer zu widerlegen, wenn sie Betty in eine Reihe mit den anderen Frauen in Heines Leben stellen und die Beziehungen zu ihnen durch die Mutter-Bindung beeinflußt sehen. Leonhardt nennt Betty sogar »Heines treueste Liebe«, Greiner betrachtet die Polarität zwischen der Mutter und Napoleon als die bestimmende Konstellation seiner Jugendentwicklung und fügt hinzu, daß Heines Liebe in ihrer echtesten Gestalt Sohnesliebe sei, das Verhältnis zu seiner Mutter die sicherste und unerschütterlichste Beziehung, die Heine jemals zu einer Frau gehabt habe. Das ist im Hinblick auf Heines ebenso unerschütterliche Beziehung zu Mathilde sicher zweifelhaft; aber gewiß war Heines Erotik kompliziert und widersprüchlich, so »vielspältig« wie seine ganze Persönlichkeit: Inspiriert von weiblicher Bewunderung, nennt er die Frauen »die große Nation«, sie sind eine der großen Passionen seines Lebens, und zugleich spricht er ihnen jeglichen Charakter ab, findet sie teuflisch, treulos, sphinxhaft – Heine denkt nicht daran, für die Emanzipation der Frauen zu kämpfen. Dieses widersprüchliche Verhalten ist durch die Mutter-Bindung entscheidend, vielleicht verhängnisvoll geprägt, die Bindung an die Mutter hat sein Verhältnis zu anderen Frauen auch *gestört:* Heine findet zum Beispiel keine geistig und künstlerisch ebenbürtige Lebenspartnerin, obwohl er mehrere außergewöhnliche Frauen kennt – er will und kann sie vielleicht nicht finden: »Ich bin verdammt, nur das niedrigste und thörichtste zu lieben... begreifen Sie wie das einen Menschen quälen muß, der sehr stolz und sehr geistreich ist?« schreibt er 1835 an Laube, die Pünktchen sind wiederum von ihm selbst und beredt genug. Woher dieses Verdammt-Sein kommt, sagt eine der rätselhaftesten und abgründigsten Stellen in den »Memoiren«: »So viel wirst du gemerkt haben, teurer Leser, daß die Inokulation der Liebe, welche meine Mutter in meiner Kindheit versuchte, keinen günstigen Erfolg hatte. Es stand geschrieben, daß ich von dem großen Übel, den Pocken des Herzens, stärker als andere Sterbliche heimgesucht werden sollte.« Das steht im Manuskript des »Memoiren«-Fragments, dicht hinter der Klage, daß Frauenliebe eine schreckliche Krankheit sei – Heine wußte, was seine Mutter in seinem Liebesleben bedeutete, um nicht zu sagen: anrichtete; daß er gerade ihr klagte, wenn er Kummer mit Mathilde hatte, paßt durchaus ins Bild. Ins Bild paßt aber auch ein Satz über den Vater, der nach allem, was von der Liebe zur Mutter gesagt wurde, überraschen könnte: »Er war von allen Menschen derjenige, den ich am meisten auf dieser Erde geliebt.« Die Mutter hat den Sohn geprägt und gelenkt, aber auch gebannt. Der Vater läßt ihm freie Bahn, mahnt einmal, aber zwingt ihm nichts auf: es ist leicht und schön, ihn zu lieben, vielleicht liebt er einen auch auf eine anstrengungslose, gar nicht fordernde Weise, großzügig und gütig – es ist vergnüglich, noch in der »Matratzengruft« über ihn zu schreiben und ihn zu erhöhen; man spürt, welchen Spaß Heine die Passagen über Samson Heine gemacht haben. Da es kaum Briefe, Dokumente und Selbstzeugnisse zur Persönlichkeit Samsons gibt, sind wir auf Heines Schilderung angewiesen; man glaubt dem Dichter auch die Erschütterung über den Tod des Vaters, obwohl, aller Liebe ungeachtet, Samson ebenfalls kein tieferes Verständnis für ihn und für das Werk aufbringt.

Heine hat viel Erdichtetes über seinen Vater hinterlassen: Samson, schreibt er, sei ein wahrhaft vornehmer Mann gewesen; er habe von seiner Soldatenzeit her riskantes Spiel geliebt und Schauspielerinnen protegiert; er sei mit den berühmten zwölf Pferden in Düsseldorf eingezogen; Pferde und Hunde seien seine Passion gewesen; er habe seinen Untergebenen als kommandierender Offizier der Bürgergarde in der Hauptwache überreichlich Wein spendiert; als

Armenpfleger habe er den Bedürftigen noch zusätzlich hohe Beträge gezahlt. Das sind schöne, heitere Fiktionen über Samson, und eine der schönsten ist der ironische Vergleich der Bürgergarde mit Napoleons Nationalgarde: »Den Garden meines Vaters fehlte es nicht an einer gewissen Tapferkeit, zumal wo es galt, eine Batterie von Weinflaschen, deren Schlünde vom größten Kaliber, zu erstürmen. Aber ihr Heldenmut war doch von einer anderen Sorte als die, welche wir bei der alten Kaisergarde fanden. Letztere starb und übergab sich nicht, während die Gardisten meines Vaters immer am Leben blieben und sich oft übergaben.«

Beinahe jede Erdichtung über Samson hat aber einen wahren Kern. Der Zugereiste, von dessen überraschend schnell erworbenen Ämtern in der jüdischen Gemeinde schon die Rede war, erscheint tatsächlich, erstmals 1803, in der Liste der Düsseldorfer Armenpfleger, und zwar für die Bolkerstraße; er muß also Ansehen unter seinen Mitbürgern genossen haben. Samson Heine diente damit einer sehr fortschrittlichen Einrichtung: Angeregt durch den Hofkammerrat Theodor Joseph Lenzen, der eine allgemeine Armenversorgungsanstalt vorschlug, entstand in Düsseldorf ein kommunales soziales Netz für die Armen; jeder Hilfsbedürftige sollte unterstützt werden, die katholische Kirche gab bei der Gründung ihr gesamtes Armenvermögen, die evangelische und die jüdische Gemeinde spendeten jährlich einen ansehnlichen Betrag, mit anderen Zuschüssen und den Spenden der Bevölkerung konnte die Armenkasse im Jahr an die zwanzigtausend Reichstaler auswerfen. Die Stadt war in Bezirke eingeteilt, die alle ihren Vorstand und ihre Armenpfleger wählten – Heine durfte schon stolz sein auf dieses Amt des Vaters. Und wenn Samson auch aus Geldgründen keine großen Beträge zuschießen konnte: es ist glaubhaft, daß er ein guter, beliebter Armenpfleger war, der Schmeicheleien, wie sie Heine schildert, auf sich zog und durch seine bestechende Höflichkeit auch zu armen Leuten auffiel.

Mit Sicherheit war er Offizier der Bürgermiliz, die Heine Bürgergarde nennt und die auf französische Anordnung von 1806 bis 1811 bestand, Jäger-, Füsilier- und Grenadierkompanien mit eingeschränkter Polizeifunktion. Samson Heine hatte »eine grenzenlose Vorliebe für den Soldatenstand oder vielmehr für das Soldatenspiel«, schrieb der Dichter und meinte damit: Der Vater liebte Uniform, Prunk, Schau, Defilée, aber sicher nicht kriegerisches Heldentum, ob er nun an den erwähnten Feldzügen teilgenommen hat oder nicht. Die Bürgermiliz bot Samson Heine die Möglichkeit, die Isolation der jüdischen Kaufleute in der Bürgerschaft weiter zu lockern und sein gesellschaftliches Ansehen zu heben. Die vielen geleerten Flaschen während Samsons Wachkommando sind sicher Legenden: Das Reglement der Bürgermiliz verbot den Alkoholgenuß streng, obwohl Zechereien vorgekommen sein müssen; immerhin sind drei Paragraphen des Reglements ausschließlich diesem Problem gewidmet.

Die Uniform wird Heines Vater gut gestanden haben. Er war wohl ein stattlicher Mann, vielleicht gar ein Damenmann, wie Sammons unter Anspielung auf Major Crampas in Fontanes »Effi Briest« vermutet, also etwas, das Heine vielleicht selbst gern gewesen wäre. Heine nennt den Vater von dem kein Bild existiert, schön; der Sohn beschreibt ein Porträt des neunzehnjährigen Samson, das beim Brand von Betty Heines Hamburger Wohnung verlorenging; das Bild soll den Vater in roter Hannoverscher Uniform gezeigt haben und ließ wohl erkennen, »daß die Schönheit meines Vaters etwas Weibliches hatte«, womit Heine die männliche Schönheit Salomon Heines scharf kontrastiert. Schon diese Details zeigen, daß Heine das Äußere seines Vaters sehr viel genauer schildert als das der Mutter; es ist, als liege ein Tabu über einer *solchen* Schilderung der Frau, die ihn geboren und sein Leben so stark beeinflußt hat. Heine stellt Samsons Körperformen als »weich und zärtlich geründet« dar, sie verschwimmen im Unbestimmten, das Porträt des Vaters ist in Heines Augen ein Rokoko-Porträt, wozu Puder und Haarbeutel passen; es zeigt »den Charakter einer Zeit, die eben keinen Charakter besaß, die minder die Schönheit als das Hübsche, das Niedliche, das Kokett-Zierliche liebte« – so wird das mangelnde »Format« Samson Heines auch gesellschaftlich erklärt, in Körpergestalt und Physiognomie drückt sich die Epoche aus: eine sehr Heinesche Interpretation. Übrigens erzählt der Dichter, daß sein Vater später fett wurde und schon in seiner

Jugend nicht mager war; er rühmt aber eine körperliche Eigenart, die man an ihm selbst mehrfach hervorgehoben hat: die weiße, »schöne, feingeschnittene, vornehme Hand«.

Welche Eigenschaften besaß aber nun dieser Charakter aus einer Zeit ohne Charakter? »Eine grenzenlose Lebenslust war ein Hauptzug im Charakter meines Vaters, er war genußsüchtig, frohsinnig, rosenlaunig. In seinem Gemüte war beständig Kirmes, und wenn auch manchmal die Tanzmusik nicht sehr rauschend, so wurden doch immer die Violinen gestimmt. Immer himmelblaue Heiterkeit und Fanfaren des Leichtsinns. Eine Sorglosigkeit, die des vorigen Tages vergaß und nie an den kommenden Morgen denken wollte. Dieses Naturell stand im wunderlichsten Widerspruch mit der Gravität, die über sein strengruhiges Antlitz verbreitet war und sich in der Haltung und in jeder Bewegung des Körpers kundgab.« Auch die Einsilbigkeit Samsons stand in Widerspruch zu seiner Lebenslust, die er dem Sohn als wichtigste Gabe vererbt hat; die Wortkargheit hing vielleicht auch mit seiner norddeutschen Herkunft zusammen – Heine war übrigens froh darüber, die gute Hannoversche Aussprache vom Vater gelernt zu haben, er nannte das Rheinische seiner Heimat ein fatales Kauderwelsch, »zu Düsseldorf noch einigermaßen erträglich, aber in dem benachbarten Köln wahrhaft ekelhaft«. Samson Heine war ein gutherziger, recht eitler Mann, elegant und sinnlich, willensschwach und lenkbar, kein »männlicher« Mann, kein Patriarch wie sein Bruder Salomon, kein Verstandesmensch wie seine Frau, aber mit einer seismographischen Gabe, die der Sohn ebenfalls von ihm hatte: »Er witterte mit seinen geistigen Fühlhörnern, was die Klugen erst langsam durch Reflektion begriffen. Er dachte weniger mit dem Kopfe als mit dem Herzen und hatte das liebenswürdigste Herz, das man sich denken kann.« Man versteht, daß dieser Mann geschäftlich nicht dauerhaft reüssieren konnte, auch wenn ihm die Alleinschuld am Bankrott nicht zugeschrieben werden kann: da wirkten Zeit-Umstände mit, die noch dargestellt werden sollen.

Trotzdem hatte Heine recht, wenn er seinem Vater berechnenden Kaufmannsgeist absprach: »Seine Tätigkeit war eigentlich nur eine unaufhörliche Geschäftigkeit.« Sie schloß allerdings Widerstand gegen den drohenden Zusammenbruch des Geschäfts nicht aus. In fast allen Äußerungen des Dichters zu seinem Vater spürt man die innere Affinität zu ihm. Das gilt auch von dem spielerischen Zug in Samsons Charakter, den Rosenthal hervorgehoben hat: die Fähigkeit, sich nicht unterkriegen zu lassen, sondern immer deutliche Distanz zur Realität zu halten; so konnte Samson auch widrige Geschehnisse noch »als souveräner Beobachter dichterisch-spielend behandeln«. Die charakterliche Nähe Heines zum Vater drückt sich am stärksten in einem schon früher erwähnten Wesenszug Heines aus, den er sich, wie gerade die »Memoiren« zeigen, bis in die letzten Lebensjahre bewahrte und der ihm, zusammen mit der unversieglichen Kraft seines sprühenden Witzes, die schrecklichen Leiden in der »Matratzengruft« auszuhalten half: »Er war wirklich ein großes Kind mit einer kindlichen Naivität.« Das Kind Harry Heine wird die väterliche Kindlichkeit schon früh sympathetisch gespürt haben; der todkranke Dichter erinnert sich dieser Kindlichkeit in posthumer Identifikation; der Meister dichterischer Porträtkunst widmet eines der schönsten dem Vater und macht so einen Menschen unsterblich, der ohne seinen berühmten Sohn dem Vergessenwerden anheimgefallen wäre.

Kinderzeit, Traumzeit

»Ich habe dieses Elend mit zur Welt gebracht. Es lag schon mit mir in der Wiege, und wenn meine Mutter mich wiegte, so wiegte sie es mit, und wenn sie mich in den Schlaf sang, so schlief es mit mir ein, und es erwachte, sobald ich wieder die Augen aufschlug.« Das schreibt Heine 1827 am Ende von »Ideen. Das Buch Le Grand«. Mit diesen Sätzen meint er die düstere, melancholische Seite seines Wesens, die ihm angeboren war, er meint aber nicht die Kindheit selbst, die er in diesem großartigen Prosawerk erstmals offen und ausführlich darstellt: Sie war verhältnismäßig glücklich. Die turbulenten Zeitumstände – Heine lebte als Kind und junger Mann abwechselnd unter bergisch-pfalzbayrischer, französischer und preußischer Herrschaft – regten seinen wachen Geist an; die Hänseleien wegen seiner jüdischen Herkunft waren noch erträglich; auch hatte er Freunde, Spielgefährten, Geschwister, Tiere und eine interessante kleinstädtische Umgebung. Freilich sind die zuverlässigen Nachrichten über diese Kindheit nicht zahlreich, Anekdotisches und Legendäres, vom Dichter selbst oder von Verwandten aufgebracht, von Charlotte, Max, der Nichte Maria, überwuchern schon die Frühzeit: Der dreijährige Harry Heine tritt so heftig nach dem Hündchen der Mutter, daß es ein Bein bricht; der Siebenjährige schläft im heißen Sommer zum Entsetzen von Familie und Nachbarn auf dem nur zwei Fuß breiten Gesims am Fenster ein, die angstbebende, doch resolute Mutter rettet ihn vorm Absturz; der Neunjährige weigert sich, am Sabbat beim Feuerlöschen zu helfen, pflückt aber zum Schrecken der Kinder an einem anderen Schabbes Weintrauben – mit dem Mund, denn nur mit den Händen, so soll er schlau behauptet haben, ist es verboten; der Freund Joseph Neunzig wirft Harry beim Spiel versehentlich einen Stein an den Kopf, Blut fließt – später, während ihres gemeinsamen Bonner Studiums, soll Harry das als Öffnen seiner poetischen Ader gedeutet haben; als kleiner Junge läßt Harry, um zu erproben, ob sie wirklich unbeschädigt auf die Beine gelangt, die Katze der Familie vom Dach fallen, ein just vorbeireitender Kosak spießt sie mit der Lanze auf – Rankenwerk, das man gern anschaut, auch wenn es über die Persönlichkeit des Kindes Harry Heine wenig sagt, es sei denn, man schließe aus der Weintrauben-Anekdote schon auf seine originelle Intelligenz, seinen überlegenen Witz. Das Bild von Heines Kindheit vernebelt sich noch zusätzlich, da im Werk auftauchende wichtige Personen wie die fromme Ursula, die ihn auf dem Arm trug, die schöne Johanna, die die besten Sagen wußte, und besonders die kleine Veronika, die in »Ideen« leitmotivisch immer wiederkehrt und die der Junge im Särglein gesehen haben will, sich dokumentarisch nicht identifizieren lassen.

Die glaubwürdigste Aussage über das Kind Harry Heine

aus seiner nächsten Umgebung ist wahrscheinlich Charlottes Erinnerung: »Mein Bruder war ein sehr lebhaftes Kind, und es war eine schwierige Aufgabe ihn zu beschäftigen.« Harry Heine war ein sehr temperamentvoller, eigenwilliger Junge, Verstand und Phantasie waren früh ausgeprägt, er war leicht zu beeindrucken und zu entflammen. Die späteren Krankheitserscheinungen äußerten sich *körperlich* noch nicht, selbst wenn sie erblich bedingt waren, eine ernsthafte Kinderkrankheit ist nicht bekannt, wohl aber Zartheit und die von Ärzten vermutete, wahrscheinlich angeborene neuropathische Veranlagung, die hohe Reizbarkeit der Nerven, zum Beispiel die Lärmempfindlichkeit, Phänomene, die auf künftige Krankheit vorausweisen, aber auch mit seinen besten Talenten zusammenhängen – der verfeinerten Einbildungskraft, der seismographischen Begabung, der Sprachsensibilität. Von den Personen, die außerhalb der weiteren Familie eine Rolle spielten, gewinnen nur wenige Profil, so die Zippel aus den »Memoiren«, eine noch nicht sehr alte Frau, die eigentlich Sybille hieß, seine erste Wärterin war, auch später noch im Heineschen Haus blieb und einmal, als eine vom Armenpfleger Heine betreute alte Frau Flader Harry wegen seines hübschen Aussehens übertriebene Komplimente gemacht haben soll, dem Kind dreimal auf den Kopf spuckte, um Eitelkeit und Krankheit von ihm abzuwenden – ein alter Volksglaube, der auch in der Heine bekannten Literatur über Aberglauben mehrfach vorkommt.

Von Kindheitsfreunden sind hauptsächlich der erwähnte Joseph Neunzig und Fritz von Wizewsky deutlicher umrissen: Neunzig als Spielfreund katholischer Herkunft, Jahrgang 1797 wie Harry, Sohn eines Bäckers und Bierbrauers, mit dem er gemeinsam zur Schule ging, 1819/20 in Bonn studierte, Heine Jura, Neunzig Medizin, er war später Arzt in Gerresheim. Fritz von Wizewsky – Heine nennt ihn Wilhelm – starb als Junge vor seinen Augen. Heine gab sich die – unbeabsichtigte – Schuld an seinem Tod, er hat den Unfall zweimal, in »Ideen« und im »Romanzero«-Gedicht »Erinnerung« (1851), geschildert; im Gedicht behauptet der Todkranke, er beneide den Freund um den frühen Tod: Fritz und Harry, Schulkameraden im Franziskaner-Kloster, spielten an der Düssel, Harry animierte den Freund, ein ins Wasser gefallenes Kätzchen herauszuholen, lustig stieg Fritz auf ein Brett über dem Bach, »riß das Kätzchen aus dem Wasser, fiel aber selbst hinein, und als man ihn herauszog, war er naß und tot. Das Kätzchen hat noch lange Zeit gelebt.«

Deutlich sind auch einige Kinderspiele. Heines berühmtes, Charlotte gewidmetes Gedicht »Mein Kind, wir waren Kinder« wird sie getreulich schildern: Da war der Hof, das Hühnerhäuschen, die alte Katze, die man wie eine Person anredete; da waren die Kisten, aus denen Harry und die Schwester, des beliebten Reimesuchens überdrüssig, eines Tages einen Turm bauten, hinter dem sich Charlotte versteckte; sie konnte sich nicht befreien, die Kisten schwankten, und ihr bestes Kleid zerriß – solche normalen Kindheitserlebnisse führen uns noch nicht auf die Spur des späteren Dichters.

Gewichtiger sind Harrys sehr frühe Schulerfahrungen. Betty Heine, den sozialen Aufstieg des Sohnes ebenso vor Augen wie sein unbändiges Temperament, schickte ihn ab September 1801 zur Kinderschule der Frau Hindermans: da war er noch nicht vier, und vielleicht hatte die Mutter ihm tatsächlich schon mit Kreide auf einer Tür im Haus etwas Schreiben beigebracht, wie Charlotte behauptete. Frau Hindermans soll eine fünfzigjährige, sehr strenge Jungfer gewesen sein, die hart strafte; Harry bekam den Stock wohl nicht, obgleich er nicht stillsitzen konnte: er nennt ja die Schläge von Rektor Dickerscheid die ersten Prügel seines Lebens. Er war der einzige Junge unter einem Dutzend Mädchen, die auf jeden Fall geschlagen wurden; in einem seiner delikatesten Gedichte, »Citronia«, hat er die Szene verewigt: »Die kleinen Globen«, also die nackten Hinterteile der Mädchen, rosig, lilienfarben oder violengelb, bezauberten ihn, er beklagte, daß die Lehrerin sie braun und blau schlug: »Citronia hab ich genannt / Das wunderbare Zauberland«, an das er sich noch so spät erinnert, es ist einer der frühesten erotischen Eindrücke Heines: »Dein Bild, du erste Blüte meiner Minne«, das Bild hat sich ihm unauslöschlich eingeprägt, »Citronia« ist ja ein spätes Gedicht. Aus solchen Eindrücken auf sexuelle Frühreife zu schließen, wie es Rahmer tat, ist verfehlt: viele

Kinder haben ähnliche Erlebnisse, ohne frühreif zu sein; die Besonderheit von Harry Heines Erlebnissen besteht nur darin, daß er sie nicht verdrängt, sondern sich lange und stark, im »Citronia«-Gedicht auch sehnsüchtig erinnert.

1803 wurde Heine in die jüdische Privatschule des Herrn Rintelsohn, eines entfernten Verwandten aus Hamburg, und am 1. August 1804 in die Normalschule des früheren Franziskanerklosters unter Rektor Dickerscheid aufgenommen – die Tracht Prügel vom Rektor, die der kleine Jude mit dem großen Barte ausgelöst hatte, prägte sich ihm ebenso tief ein wie die kleinen Globen und ihre Schändung. Bei Rintelsohn, dessen Schule in der Ratinger Straße lag, erhielt Harry jüdischen Religionsunterricht, der auch nach dem Übertritt in die Normalschule noch eine Zeitlang fortgesetzt wurde; bei Rintelsohn erwarb er gewisse Kenntnisse des Hebräischen, die unsicher waren, wie Heines spätere unkorrekte Wiedergabe hebräischer Wörter zeigt; mit diesen Kenntnissen konnte Heine sicher gerade Bar Mitzwah, also mit 13 Jahren konfirmiert werden; bei der Feierlichkeit mußten junge Juden gewisse Hebräisch-Kenntnisse nachweisen. Soviel Pietät gegenüber dem althergebrachten Glauben hatte Betty Heine also noch, daß sie dem Sohn einige Elemente dieses Glaubens, seiner Rituale und seiner Sprache vermitteln ließ. Werke und Briefe des Dichters beweisen, daß er die wichtigen jüdischen Feste kannte und mit der Familie einhielt; man denke etwa an die genaue Schilderung eines Seder-Abends, mit dem das große Pessach-Fest beginnt, im »Rabbi von Bacherach«. Heine kannte gewisse jüdische Gebete, Sitten, Gebräuche und Speisen; solche Kenntnisse machen keinen zum Dichter, doch mögen sie Heines Interesse für jüdische Kultur, Kunst und Wissenschaft gefördert haben, das besonders in der Berliner Zeit nach 1821 und in der letzten Lebensphase, zur Zeit der sogenannten religiösen Wende, auffällt.

Harry erhielt auch Privatunterricht in einigen nichtsprachlichen Künsten: mit wenig Erfolg, in den Berichten darüber blüht wieder die Legende. Dem Violinlehrer soll Harry gar nichts abgelernt haben, aber die Anekdote, daß Betty eines Tages, entzückt und erstaunt über liebliche Geigenmusik, das Unterrichtszimmer betrat und den Sohn auf dem Sofa liegend fand, während der Lehrer seine schönsten Kompositionen fiedelte, ist sehr hübsch. Seinen Tanzlehrer soll Harry aus dem Fenster geworfen haben, auf einen Misthaufen, was kaum glaublich ist; daß er aber, wie Max behauptete, nach dem fehlgeschlagenen Unterricht nie wieder tanzte, klingt wahrscheinlich – man hört mehrfach, daß Mathilde leidenschaftlich gern tanzte und Heine ihr das erlaubte, von Tanzkünsten des Dichters ist dagegen nichts überliefert. Mit ziemlicher Sicherheit erhielt Harry Zeichenunterricht bei Lambert Cornelius, dem Inspektor der Düsseldorfer Kunstakademie und Bruder des Nazarener-Malers Peter Cornelius. Heines Schilderung der Hand des berühmten Malers, die seine kindliche Hand beim Zeichnen von Gesichtskonturen führte, ist reine Erfindung; Peter Cornelius jedenfalls wußte nichts davon, hat seinerseits aber auch eine unbewiesene Geschichte erzählt: Er will, als er seinen Bruder einmal in der Elementarklasse vertrat und die Jungen furchtbaren Lärm machten, Harry mit dem Malstock schwer verdroschen haben – auch das sicher eine Erfindung; Cornelius könnte sich über Heines Erfindung, doch auch über die ironischen Verse des Dichters in »Lobgesänge auf König Ludwig«, im »Wintermärchen« geärgert haben. Gerhard Söhns Annahme, daß der Zeichenunterricht immerhin Heines künstlerische Urteilsfähigkeit gestärkt habe, ist nicht von der Hand zu weisen, wenn man an seine französischen Ausstellungsberichte und manche Bild-Schilderung in anderen Werken denkt.

Für die Entwicklung des poetischen Talents waren andere Erfahrungen wichtiger: Harry Heine las, sobald er lesen konnte, besessen, und dieses Lesen ging vielfältig in sein Werk ein. Sammons hat darauf hingewiesen, daß dieses Werk Spuren eines gewaltigen Betrags an konventionellem und unkonventionellem Lernen aus Büchern belege; Heine hatte für solches Lesen Ausdauer, wenn auch nicht immer ein präzises Gedächtnis. Jedenfalls brachte ihm sein Lesen auch Wissen, das er nutzen konnte: Im Streit mit Platen wird Heine aus genauer Kenntnis der Platenschen Gedichte schöpfen und angreifen, im Gegensatz zu seinem Kontrahenten, der eingestandenermaßen wenig von Heine kannte. Heines leidenschaftliches Lesen begann also in der Kindheit; es ist durchaus denkbar, daß er nachts in der kalten Stube las, wie Charlotte, allerdings für die spätere Kindheit, erzählt hat, Betty konnte ihn auch nicht hindern, die poetischen Bücher zu lesen, die sie ihm verwehren wollte, zumal der große Anreger seiner Leselust aus ihrer eigenen Familie kam: Es war ihr älterer Bruder Simon van Geldern (1768-1833).

Wenn dieser Name fällt, stehen wir an der Schwelle zu Harry Heines entscheidenden Kindheitserfahrungen. Simon van Geldern bewohnte das Haus »Arche Noä«, Mertensgasse 1, das er von seinem Vater geerbt hatte und das im Zweiten Weltkrieg zerstört wurde. Onkel Simon war ein Kauz, dem der Dichter in den »Memoiren« ein kurioses Denkmal gesetzt hat: »Eine kleine, gehäbige Figur, mit einem bläßlichen, strengen Gesichte, dessen Nase zwar griechisch gradlinigt, aber gewiß um ein Drittel länger war, als die Griechen ihre Nasen zu tragen pflegten. In seiner Jugend, sagte man, sei diese Nase von gewöhnlicher Größe gewesen, und nur durch die üble Gewohnheit, daß er sich beständig daran zupfte, soll sie sich so ungebührlich in die Länge gezogen haben. Fragten wir Kinder den Ohm, ob das wahr sei, so verwies er uns solche respektwidrige Rede mit großem Eifer und zupfte sich dann wieder an der Nase.« Heine schildert diesen wichtigen Onkel als einen Sonderling, altfränkisch gekleidet, mit kurzen Beinkleidern, weißseidenen Strümpfen, Schnallenschuhen und einem Zopf, der zum Ziehen geradezu verlockte; er schildert ihn als einen Charakter: »War aber das Äußere des Mannes nicht geeignet, Respekt einzuflößen, so war sein Inneres, sein Herz, desto respektabler, und es war das bravste und edelmütigste Herz, das ich hier auf Erden kennen lernte.« Heine lobt also, wie bei seinem Vater, besonders das gute Herz des Onkels, der »kein sinnenfeindlicher Asket« war: Er liebte Kirmesfeste, Wein und Krammetsvögel mit Wacholderbeeren; vor allem aber liebte er die Idee, die er für wahr und gut erkannte, für die er bis zum heimlichen Märtyrertum eintrat, die Heine aber nicht näher erläutert hat. Simon hatte nie studiert, lebte in seinem Haus und schrieb, schrieb offenbar ungemein viel, herzlich schlecht und wahrscheinlich anonym; es sind keine Veröffentlichungen unter seinem Namen gefunden worden. Heine schildert die Schreiberei des Onkels: »Von rastlosem Fleiße, überließ er sich hier allen seinen gelehrten Liebhabereien und Schnurrpfeifereien, seiner Bibliomanie und besonders seiner Wut des Schriftstellerns, die er besonders in politischen Tagesblättern und obskuren Zeitschriften ausließ.« Der Bibliomane hatte großen Einfluß auf Harrys geistige Bildung. Er schenkte dem Neffen Bücher, öffnete ihm seine an Klassikern, doch auch an Tagesbroschüren reiche Bibliothek und gestattete ihm, auf dem Söller der »Arche Noä« in Kisten mit Büchern und Schriften von Großvater Gottschalk zu stöbern. Dieser Söller wurde zu Heines wichtigstem Kindheits-Ort. Er schildert ihn in den »Memoiren« mit liebevoller, sanft-ironischer Genauigkeit als »eine staubige Rumpelkammer, ein Hospital für inkurablen Hausrat, eine Salpetrière für alte Möbel«; er verzeichnet präzise die alte Angorakatze, die ihm wie eine verwunschene Prinzessin vorkam, die zerbrochene Wiege seiner Mutter, den verrosteten Galanteriedegen des Großvaters, den ausgestopften Papagei der Großmutter, einen großen grünen Mops aus Porzellan, Bettys alte Flöte, »Weltkugeln, die wunderlichsten Planetenbilder und Kolben und Retorten«. In den Kisten fand er astrologische, alchimistische und medizinische Bücher: »Der beste und kostbarste Fund jedoch, den ich in den bestäubten Kisten machte, war ein Notizbuch von der Hand eines Bruders meines Großvaters, den man den Chevalier oder den Morgenländer nannte, und von welchem die alten Muhmen immer soviel zu singen und zu sagen wußten.« Auch dieser berühmte Großonkel Heines hieß Simon van Geldern. Er lebte von 1720 bis 1788, die Muhmen waren seine beiden unverheirateten Schwestern, er selbst war der anrüchige, wenn auch faszinierende Außenseiter seiner Familie.

Die Faszination spiegelt sich in Heines begeisterter Schilderung des Abenteurers, den er bewundert und beneidet hat und über dessen Lebensgang wir inzwischen Genaueres wissen, als Heine erfuhr und erzählen konnte. Der Chevalier wurde in Wien geboren und kam einjährig nach Düsseldorf. Er genoß im Hause seines Vaters Lazarus eine vorzügliche Bildung, besonders Sprachen, die ihm auf seinen großen Reisen zustatten kamen. Das väterliche Geschäft interessiert ihn nicht, so schied er 1747 im Streit von seinem Vater. Seitdem führte er ein Wanderleben, ruhelos, verwegen bis zur Unverfrorenheit – ein merkwürdiges Doppelleben in zwei ganz verschiedenen Bereichen: Einerseits trat er als gläubiger und gelehrter Jude auf und präsentierte sich jüdischen Gemeinden als Pilger aus dem Morgenland mit den besten Empfehlungen bedeutender jüdischer Geistlicher, andererseits war er Weltmann, der »Chevalier van Geldern« oder »de Gueldres«, der an europäischen Fürstenhöfen und in Adelskreisen verkehrte, in auffälligen orientalischen Gewändern umherging, mehrere Sprachen beherrschte, sich als Kenner der klassischen und der neueren Literatur auswies und bei den Damen offenbar große Erfolge hatte.

Der Chevalier hatte nie einen festen Beruf (ein Versuch, in den diplomatischen Dienst zu gelangen, scheiterte). Er hatte immer Geldprobleme, war immer auf Spenden der Gemeinden angewiesen; manchmal half er sich durch den Verkauf seltener Bücher, die er stets bei sich hatte, oder von Juwelen; manchmal spielte er auch um Geld. Rosenthal vergleicht Heines Großonkel mit Casanova und Cagliostro, er war ein Scharlatan, doch kein Betrüger, und bis an sein Lebensende ein bewußter Jude. Er machte drei große Reisen ins Heilige Land. Er besuchte 1760 Voltaire in dessen Landhaus »Les Délices« bei Genf, lebte zeitweilig in Holland, in England, in Italien, tauchte immer wieder in Deutschland auf und kam überall durch, nur in seiner Geburtsstadt Wien nicht: ausgerechnet dort verdächtigten ihn 1764 Frau und Tochter eines Leibgardisten Maus, wo er gewohnt hatte, des unsittlichen Benehmens, er kam 12 Tage ins Gefängnis und wurde dann ausgewiesen. Falscher Verdacht und Ausweisung kränkten ihn schwer, jahrelang versuchte er vergeblich, die Vertreibung rückgängig zu machen. Er hatte zu verschiedenen Zeiten Beziehungen zu den Fürstenhöfen von Kurpfalz, Preußen und Ansbach-Bayreuth, Hessen-Darmstadt und Mecklenburg-Strelitz sowie zahlreiche Kontakte zum Hof

Ludwigs XV. und zu anderen gewichtigen Persönlichkeiten Frankreichs. Fürstliche Gunst verschaffte ihm die Ernennung zum Hof-Cabbalisten, Geheimen Magischen Rath und Agenten seiner Hochfürstlichen Durchlaucht, des Landgrafen und Erbprinzen von Hessen-Darmstadt, weil dieser die Geburt seines Sohnes auf den magischen Einfluß des »Morgenländers« zurückführte. Als man seine kabbalistischen Dienste nicht mehr benötigte, schenkte man ihm 1778 einen Alterssitz im elsässischen Buxweiler, wo er 1788 starb.

Dort nahm sein Leben noch eine letzte, überraschende, ja bedeutsame Wende. Der Abbé Henri Grégoire aus dem nicht weit entfernten Emberménil, vor der Französischen Revolution mit Graf Mirabeau und anderen Abgeordneten der Nationalversammlung Sprecher des liberalen Parlamentsflügels, suchte 1785 Simon van Gelderns Unterstützung für seine Schrift »Essai sur la régéneration physique, morale et politique des Juifs«. Er reichte sie zu einem Preisausschreiben der Königlichen Akademie der Wissenschaften in Metz ein, bekam einen der drei Preise und publizierte den Essay 1789; Grégoire und seine politischen Freunde machten ihn in der Nationalversammlung zur Basis ihres Kampfes für die bürgerliche Gleichberechtigung der Juden, die mit dem Dekret vom 13. November 1791 Gesetz wurde. Rosenthal bemerkt zu Recht, daß auf diese Weise der Außenseiter, das schwarze Schaf der angesehenen Hofjuden-Familie van Geldern »einen entscheidenden Beitrag zum Wohle seiner Glaubens- und Stammesgenossen (und der Demokratie im allgemeinen) leisten konnte; und daß dieser Beitrag letzten Endes für seine betroffenen Mitmenschen größere Bedeutung hatte als all das, was seine hochmögenden Kritiker in der Familie alle zusammen für das Allgemeinwohl vollbracht haben«.

Der Chevalier hinterließ zwei Tagebücher und lose Aufzeichnungen; das erste Diarium, das von der Kindheit bis zum Jahre 1756 reicht, fand Heine in der »Arche Noä«. Schon die fremdartigen Schriftzeichen haben ihn verzaubert; er hielt sie für arabische, syrische und koptische Buchstaben, in Wirklichkeit waren es hauptsächlich hebräische kursive Schriftzeichen, mit französischen Anmerkungen in lateinischer Schrift vermischt. Instinktiv muß er die innere seelische

Verwandtschaft, die Kongenialität mit dem Abenteurer gespürt haben: dort kam er her, dort fand er, was die Mutter ihm verwehrte, über zwei Generationen hinweg traf er den zutiefst Verwandten, und die Gemeinsamkeiten zwischen dem Chevalier und dem Dichter sind wirklich erstaunlich, wenn man beider Charaktere und Lebensläufe vergleicht: Beide waren Vorkämpfer der jüdischen Emanzipation; beide reisten gern und setzten sich Abenteuern aus; beide waren kräftige Naturen, lebenslustig, mit einem Hang zum Genuß, mit einem kindlichen Verhältnis zum Geld, das sie verschwendeten, aber nicht liebten, wodurch sie erst recht in monetäre Verlegenheit und finanzielle Abhängigkeit von Geldgebern gerieten. Beide hatten einen Hang zum Risiko, zum Übermut, der ihnen auch schaden konnte: »Nur sein eigener Übermut konnte ihn ins Verderben stürzen«, schrieb Heine über seinen Großonkel und kennzeichnete damit auch sich selbst. Der Morgenländer hat sich ebenfalls schriftstellerisch betätigt; er verfaßte zum Beispiel ein Oratorium »The Israelites on Mount Horeb« in französischen Versen, das mit einer englischen Vorrede 1773 in London erschien. Großonkel und Großneffe mochten Frauen und spielten gelegentlich, der Chevalier öfter als der Dichter; beide verfehlten die diplomatische Laufbahn und überhaupt den bürgerlichen Beruf, für den sie wesensmäßig ungeeignet waren; beide hatten einen scharlatanischen Zug, den Heine sich immer zugestand, der bei Simon van Geldern aber stärker ausgeprägt war; beide waren die schwarzen Schafe ihrer Familien, deren sämtliche Angehörige sie doch weit überragten.

Es ist nicht exakt datierbar, wann Heine den Chevalier und sein Tagebuch entdeckte. War er acht, zehn oder doch schon zwölf Jahre alt, als der Abenteurer seine Phantasie besetzte? Wie dem auch sei: die Bewegung, die Harrys Entdeckung auf dem Söller auslöste, die Erregung der Nerven war heftig und nachhaltig: »Alles, was man von ihm erzählte, machte einen unauslöschlichen Eindruck auf mein junges Gemüt, und ich versenkte mich so tief in seine Irrfahrten und Schicksale, daß mich manchmal am hellen, lichten Tage ein unheimliches Gefühl ergriff und es mir vorkam, als sei ich selbst mein seliger Großoheim und als erlebte ich nur eine Fortsetzung des Lebens jenes längst Verstorbenen!« In den Nachtträumen identifiziert sich Harry ganz mit Simon van Geldern; mit Grauen fühlte er, daß er noch ein anderer war als der reale Harry Heine: »Dieser wunderliche Zustand dauerte wohl ein Jahr, und obgleich ich wieder ganz zur Einheit des Selbstbewußtseins kam, blieben doch geheime Spuren in meiner Seele. Manche Idiosynkrasien, manche fatale Sympathien und Antipathien, die gar nicht zu meinem Naturell passen, ja sogar manche Handlungen, die im Widerspruch mit meiner Denkweise sind, erkläre ich mir mit Nachwirkungen aus jener Traumzeit, wo ich mein eigener Großoheim war. Wenn ich Fehler begehe, deren Entstehung mir unbegreiflich erscheint, schiebe ich sie gern auf Rechnung meines morgenländischen Doppelgängers.«

Auf seine Rechnung geht aber auch eine schon mehrfach erwähnte künstlerische Eigenart Heines: So wie er in der Traumzeit Phantasie und Wirklichkeit, Dichtung und Wahrheit manchmal nicht zu trennen vermochte, was ihn bis an die Grenze der Persönlichkeitsspaltung trieb, so stilisierte und verwandelte er später die Realität; die für ihn so bezeichnende Mischung von Erlebnis und Erfindung, von Wiedergabe und Erhöhung der äußeren und inneren Wirklichkeit hat ihren Ursprung in der Traumzeit; insofern kann der Einfluß des Chevaliers, den Heine als sehr bedeutenden Menschen zeichnete, der »mutig in die Paläste der Großen« drang, gar nicht überschätzt werden, so wenig direkte Spuren dieses Einflusses, von den »Memoiren« abgesehen, im Werk nachzuweisen sind. Es sei hinzugefügt, daß Heine die Scharlatanerie des Großoheims ausdrücklich zu den Attributen dieses bedeutenden Menschen zählt, ja, zu den notwendigen Eigenschaften bedeutender Menschen überhaupt: »Und welcher bedeutende Mensch ist nicht ein bißchen Charlatan? Die Charlatane der Bescheidenheit sind die schlimmsten mit ihrem demütig tuenden Dünkel! Wer gar auf die Menge wirken will, bedarf einer charlatanischen Zutat.« Hier spricht Heine unüberhörbar von sich selbst: Der Dichter, der auf die Menge wirken will, der Gesellschaftskritiker Heine leugnet den eigenen scharlatanischen Zug nicht, er interpretiert ihn aus den gegebenen gesellschaftlichen Bedingungen, die der Neuerer vorfindet, und von der Warte später Rechenschaftslegung als unvermeidlich und notwendig; für die biedermeierliche Moral war das schwer zu ertragen.

Damals und später gelangte Heine aus Traumzeiten immer zur Einheit des Selbstbewußtseins, zur Wirklichkeit zurück. Die lokale und regionale Wirklichkeit des Kindes Harry Heine war Düsseldorf und das Rheinland; er nahm sie tief in sich auf. Heine war immer ein Stadtmensch, ein Stadt-Dichter: als Erwachsener wird er erst die Großstadt, dann die Weltstadt suchen – der Knabe träumte davon noch nicht, er wuchs in einer Kleinstadt auf, die allerdings Residenzstadt war und von weltgeschichtlichen Ereignissen berührt wurde. Die Bolkerstraße lag mitten in der schönen, altertümlichen Altstadt, der Rhein, das Schloß und das Denkmal des Kurfürsten Jan Wellem waren nahe; als der Vater 1809, damals noch nicht vom Ruin bedroht, das gegenüberliegende größere Haus Nr. 655 kaufte, mußte Harry den Spielort nicht wechseln. Übrigens bleibt das Geburtshaus in Heines Schilderung fast konturlos, nur »der Hühnerwinkel, worin mich mein Vater gewöhnlich einsperrte, wenn ich Trauben genascht«, erscheint plastisch. Söhn vermutet sogar, daß die aus dem 19. Jahrhundert stammenden Fotos vom Hinterhaus den baulichen Zustand in Heines Kindheit nicht wiedergeben und das Hofgebäude nur ein Stall, eine Remise gewesen sein könnte.

Zum Raum der Kindheit gehört der Rhein und mit dem Strom die Natur, die rheinische Landschaft. Heine ist ein Stadt-Dichter, einer der ersten Darsteller berühmter Metropolen des aufkommenden Industriezeitalters; er ist aber ebenso, ja noch früher ein Natur-Dichter, ein Dichter der mittel- und niederrheinischen Landschaft. Der Rhein ist ihm immer gegenwärtig, im Gegensatz zur Elbe, die trotz langer Hamburger Aufenthalte im Werk nur selten erscheinen wird: »Die Rheinlandschaft hat ihm Traum- und Lebensbilder, Schwermut und sonnige Laune, Licht und Schatten, Sagen und Legenden geschenkt. Kein anderer Strom ist in Heines Versen so gegenwärtig wie dieser. Hier ist der Rhein der Vater der dichtenden Kraft, und wer nach den Archetypen und strukturellen Schemata von Heines dichterischer Phantasie sucht, wird unfehlbar auf den Rheinstrom stoßen. Nicht daß der Rhein beschrieben würde, aber er lebt als solcher; er symbolisiert zugleich eine Urkraft der Natur und die reiche Vergangenheit, die Vereinigung des Zeitlosen mit dem Zeitbedingten, des Mythischen und des Geschichtlichen. Der Rhein ist mit den Anfängen seines Gemüts- und Seelenlebens innig verbunden: er fließt nicht weit vom Düsseldorfer Marktplatz, und wenn man in der Stadtgemeinschaft das eine Element der Entdeckung der Welt durch das Kind erblicken muß, liegt das andere in dem nahe vorbeifließenden Rhein, dem bald erschreckend mächtigen, bald sonnig flimmernden Strom. Er ist die andere Welt: nicht das Reich des Menschen, sondern das Reich der Naturkräfte« (Grappin).

Flüsse und Ströme spielen in Heines Werk überhaupt eine bedeutsame Rolle: da spiegelt sich Kindheitserfahrung wider, denn Flußlandschaften sind bei Heine oft Rheinlandschaften: Die berühmte Loreley sitzt auf einem Rhein-Felsen; in mehreren anderen Gedichten ist der Rhein Ort des Geschehens; der Rabbi von Bacherach flieht mit seiner schönen Frau vor dem Pogrom stromaufwärts nach Frankfurt: Vater Rhein begrüßt, Caput V des »Wintermärchens«, 1843 den heimkehrenden Dichter und erkundigt sich nach den »lieben kleinen Französchen«. Das letzte Beispiel zeigt, daß der Rhein nicht *nur* das Reich der Naturkräfte verkörpert; der Strom hat für Heine auch eine politische Bedeutung: Schon in den letzten Jahren des 18. Jahrhunderts, als er geboren wurde, war der Strom die Grenze zu Frankreich; über den Rhein zogen die französischen Soldaten, die Erben der großen Revolution, zogen der von Heine bewunderte Napoleon und der Tambour und Trommler Le Grand in Düsseldorf ein, über den Rhein wurden sie 1813/14 wieder vertrieben; während des Studiums in Bonn am Rhein kam Heine erstmals mit der Burschenschaft in Berührung und mit den Behörden in Konflikt; über den Rhein ging er 1831 nach Frankreich, über den Strom kehrte er 1843 nach Deutschland zurück. Die politischen und militärischen Ereignisse am Rhein gingen auch ins Werk ein: Im »Buch Le Grand« stellt Heine die Rheinlandschaft, aber auch die Napoleonzeit dar, drei volle Capita des »Wintermärchens« spielen in Köln am

Rhein, Dom und Dombau, der politische Hintergrund des Baus tauchen mehrfach auf. Heine liebte den Strom als bedeutsames Element seiner Kindheits-Landschaft und als Schauplatz großer historischer Ereignisse; darum versicherte er im Vorwort zu »Deutschland. Ein Wintermärchen« sehr nachdrücklich, daß er den Rhein niemals an Frankreich abtreten werde, wie man ihm, dem Franzosen-Freund, immer wieder unterstellt hat: »Seid ruhig, ich werde den Rhein nimmermehr den Franzosen abtreten, schon aus dem ganz einfachen Grunde: weil mir der Rhein gehört. Ja, mir gehört er, durch unveräußerliches Geburtsrecht, ich bin des freien Rheins noch weit freierer Sohn, an seinem Ufer stand meine Wiege, und ich sehe gar nicht ein, warum der Rhein irgend einem Andern gehören soll als den Landeskindern.«

Heines starke Bindung an Düsseldorf ist gelegentlich bestritten worden. 1842 behauptete ein Besucher Heines in Paris, Müller zu Königswinter, der Dichter habe keine enge Beziehung zu Düsseldorf. Tatsächlich besuchte Heine seine Vaterstadt auf dem Weg nach Göttingen am 21. September 1820 zum letzten Mal und übernachtete nicht einmal. Das muß aber nicht auf mangelnde innere Verbindung zu Düsseldorf hindeuten: Heine wird auch aus Scham, aus schmerzlicher Erinnerung und Trauer über den kürzlichen Bankrott Samsons und den Umzug der Familie nach Hamburg rasch weitergereist sein; auch widerte ihn der nun preußische Charakter der Stadt an, den er im »Buch Le Grand« mit beißendem Spott schilderte. Spätere Äußerungen bezeugen seine – gewiß durch Ironie gebrochene – Anhänglichkeit an die Stadt, wo er aufwuchs: »Das Licht der Welt erblickte ich an den Ufern jenes schönen Stromes, wo auf den grünen Bergen die Torheit wächst und im Herbst gepflückt, gekeltert, in Fässer gegossen und ins Ausland geschickt wird... O, da ist ein schönes Land, voll Lieblichkeit und Sonnenschein. Im blauen Strome spiegeln sich die Bergesufer mit ihren Burgruinen und Waldungen und altertümlichen Städten.«

Bei dieser fast romantischen Schilderung hat Heine allerdings auch Bonn vor Augen, wo er ein recht glückliches Studienjahr verbrachte. Die Geburtsstadt hebt er aber im gleichen Buch noch zweimal ausdrücklich hervor. Einmal grenzt er sie gegen sieben andere Städte ab, die angeblich auf ihn als ihren Sohn Anspruch erheben werden, wobei er in heiterem Selbstbewußtsein darauf anspielt, daß im alten Griechenland sieben Städte um die Ehre stritten, Heimat Homers gewesen zu sein: »Ja, Madame, dort bin ich geboren und ich bemerke dieses ausdrücklich für den Fall, daß etwa, nach meinem Tode, sieben Städte – Schilda, Krähwinkel, Polkwitz, Bockum, Dülken, Göttingen und Schöppenstädt – sich um die Ehre streiten, meine Vaterstadt zu sein.« Im selben Kapitel schreibt er außerdem: »Die Stadt Düsseldorf ist sehr schön, und wenn man in der Ferne an sie denkt und zufällig dort geboren ist, wird einem wunderlich zumute. Ich bin dort geboren, und es ist mir, als müßte ich gleich nach Hause gehn.« Man muß diese Stelle, um sie recht zu würdigen, mit einem völlig konträren Satz über das Heine verhaßte und von ihm verhöhnte Göttingen vergleichen: »Die Stadt selbst ist schön, und gefällt einem am besten, wenn man sie mit dem Rücken ansieht.«

Gibt es in Heines Wesen und Verhalten Züge, die auf seine rheinische Herkunft hinweisen? Windfuhr schreibt, daß Witz, Satire, kommerzieller Sinn, Freimut bis zur Frechheit, Offenheit bis zur Selbstentblößung und Selbstbespiegelung *auch* rheinische Eigenschaften seien – auch! Immerhin haben schon Zeitgenossen Heines auf rheinische Wesenszüge im Charakter des Dichters hingewiesen. Der Schriftsteller Heinrich Künzel brachte 1842 Heines Offenheit, Unverstelltheit und Kindlichkeit mit seiner rheinischen Herkunft in Verbindung: »Das ist seine deutsche, idyllische, ächtdichterische Rheinnatur, denn vom Rhein und aus seiner idyllischen Natur stammen seine Dichterträume, seine Seelenklänge, seine Liebeslieder und Mährchen, die Eigenthümlichkeit und Musik seiner Sprache.« Levin Schücking überlieferte von einem Besuch 1846 sogar eine direkte Äußerung Heines: »Der Rhein, von dem Sie kommen, ist der Strom der Erinnerung für mich! Mein ganzes Herz hängt an ihm; ich bin nicht nur von Geburt, sondern auch von Natur Rheinländer.« Heine meinte damit wohl das rheinisch-heitere Element seines Wesens, das er als eine Art Korrektiv für seine bekannte Neigung zur Traurigkeit, zur Melancholie empfand – man sieht aber schon am Zitat von

Künzel, das Heines »vielspältige« Persönlichkeit nicht abdeckt, daß die Kategorie des Rheinischen zur Deutung von Verhalten und Wesensart des Dichters nur begrenzt tauglich ist.

Heines Herkunft aus Düsseldorf und dem Rheinland schlägt sich am wenigsten sprachlich nieder. Er verabscheute, wie gesagt, den rheinischen Dialekt; entsprechend gering ist die Aufnahme rheinischen Wortgutes im Werk. Heines bekannte Unsicherheit im Gebrauch von Dativ und Akkusativ kann rheinischen, doch auch jiddischen Ursprungs sein; dasselbe gilt für gewisse Wortübernahmen – Heine hat das Jiddische gewiß gut gekannt und vielleicht zu Hause gehört und gesprochen; so ist Hans Mayers Bemerkung zu verstehen, daß Heine eigentlich auch zwischen den Sprachen gestanden habe. Um so deutlicher erkennbar sind aber rheinische Themen, Ereignisse und Personen, die ins Werk eingegangen sind. Die »Memoiren« und »Ideen. Das Buch Le Grand« spiegeln Heines Beziehungen zur rheinischen Bevölkerung wider. Denkbar, daß er an Karnevalstagen mit seinen Freunden in der Stadt umhergezogen ist und die Freunde von ihm verfaßte humoristische Lieder zu den Klängen eines Leierkastens gesungen haben; ganz sicher, daß er stadtbekannte Düsseldorfer Originale im »Buch Le Grand« authentisch und dichterisch glanzvoll porträtiert hat: Figuren wie der dünne Schneider Kilian, der tolle Alouisius, der besoffene krumme Gumperz haben wirklich gelebt, und vielleicht auch der krumme Hermann, der die köstlichen Apfeltörtchen feilbot, der alte pfälzische Invalide, der allgewaltige Gassenvogt sowie Nachbars-Pitter und der lange Kurz, mit denen Heine beim Einzug der Franzosen auf das große Kurfürstenpferd geklettert sein will und die er in einer einzigen Satz-Periode umwerfend geschildert hat: »Nachbars-Pitter und der lange Kurz hätten bei dieser Gelegenheit beinahe den Hals gebrochen, und das wäre gut gewesen, denn der eine entlief nachher seinen Eltern, ging unter die Soldaten, desertierte, und wurde in Mainz totgeschossen, der andere aber machte späterhin geographische Untersuchungen in fremden Taschen, wurde deshalb ein wirkendes Mitglied einer öffentlichen Spinnanstalt, zerriß die eisernen

Bande, die ihn an diese und an das Vaterland fesselten, kam
glücklich über das Wasser, und starb in London durch eine
allzu enge Krawatte, die sich von selber zugezogen, als ihm
ein königlicher Beamter das Brett unter den Beinen wegriß.«
Mit dem Einzug der Franzosen sind wir bereits mitten im
Strudel der geschichtlichen Ereignisse, die Harry Heine in
Düsseldorf erlebte. Auf ihrem Höhepunkt wird ein Mann
erscheinen, der den Dichter sein Leben lang beschäftigt,
begeistert und irritiert hat: Napoleon Bonaparte.

Napoleon, Schallmayer und das rote Sefchen

1797, in Heines Geburtsjahr, erobert Napoleon in einer
militärischen Blitzaktion die Lombardei und wird als Retter
Frankreichs gefeiert. Beim Friedensschluß von Campo Formio im Oktober 1797 muß Österreich der Abtretung des
linken Rheinufers (63 000 qkm und 3,5 Millionen Einwohner) zustimmen, Düsseldorf liegt nun an der Grenze zu
Frankreich. Napoleons Aufstieg ist unaufhaltsam: Nach dem
Staatsstreich vom 18. Brumaire 1799 wird er Erster Konsul
und übt eine »demokratisch eingekleidete Militärdiktatur«
aus; 1804 wird er Kaiser der Franzosen.

»Ich bitte dich, lieber Leser, halte mich nicht für einen
unbedingten Bonapartisten; meine Huldigung gilt nicht den
Handlungen, sondern nur dem Genius des Mannes. Unbedingt
liebe ich ihn nur bis zum achtzehnten Brumaire – da verriet er
die Freiheit. Und er tat es nicht aus Notwendigkeit, sondern
aus geheimer Vorliebe für Aristokratismus«, wird Heine
1828 schreiben und so seine anhaltende Faszination durch den
großen Korsen ausdrücken, aber zugleich dessen Doppelgesicht beschreiben. Napoleon ist ja einerseits der Vollender der
Revolution, die ihn emporhob und ohne die er niemals mit 24
Jahren Frankreichs jüngster General geworden wäre. Er ist
bestrebt, an die Stelle der früheren Feudalgesellschaft endgültig eine bürgerliche Gesellschaft freier Eigentümer zu setzen;

er stützt die Bourgeoisie, die Klasse der Besitzenden, ohne die eine Revolution unmöglich gewesen wäre und die den alten Adel ablösen wird; so fördert er die Entwicklung des aufkommenden Industriekapitalismus. Er sichert den Staat gegen die monarchistische Konterrevolution, doch auch gegen linke Republikaner: der Verschwörer Babeuf, dessen radikale Gleichheitslehre Heines Vorstellung vom Kommunismus entscheidend prägen sollte, wird 1797 hingerichtet. Napoleon schafft das große Gesetzeswerk des Code civil, dessen Vorzüge die Bürger des Großherzogtums Berg, auch die Juden, genießen werden. Der »Code Napoléon« gewährleistet die persönliche Freiheit der Bürger, ihre Gleichheit vor dem Gesetz, öffentliche Gerichtsverhandlungen, wie sie auch der Jurist Heine später energisch befürworten wird. Der Code garantiert privates Eigentum, Zivil-Ehe und Ehescheidung und ist ein Dokument des Kampfes um die Menschenrechte. Napoleon strafft und zentralisiert die Verwaltung (in Düsseldorf wird unter französischer Herrschaft auch die lokale Armenpflege zentralisiert); er spezialisiert die Bürokratie als Beamtentum; er zentralisiert das Schulwesen, das staatlich kontrolliert wird und das auch der Schüler Harry Heine kennenlernen muß. Napoleon öffnet Mutigen und Tüchtigen Karrieren nach seinem eigenen Beispiel, unabhängig von Geburtsprivilegien, was dem sozialen Aufsteiger Heine imponiert. Napoleon führt die Neuorganisation der Armee als »demokratisches« Volksheer zu Ende; militärische Leistung entscheidet über soldatische Karriere.

Auf der anderen Seite ist der Korse selbst ein Gegenrevolutionär, ein Herrscher, der ins 18. Jahrhundert zurückverweist und die Freiheit in der Tat verrät: Keine andere als die bonapartistische Gesinnung ist zugelassen, nur die Nation und die Treue zum Kaiser zählen wirklich. Schon als Erster Konsul hat er die alleinige Gesetzesinitiative, ernennt er Senatoren, Beamte, Offiziere, Richter und beherrscht den Staatsrat, den er später als Kaiser immer seltener konsultiert. Die liberale Opposition, zum Beispiel die von Heine freilich verspottete der Madame de Staël, wird zum Schweigen gebracht oder ins Exil getrieben. Das Regime herrscht mit einem starken Polizeiapparat, mit Pressezensur und Spitzelwesen. In späteren Regierungsjahren neigt Napoleon zur Selbstvergottung, zum militärischen Abenteurertum und zum Hegemoniestreben, er sieht sich auf einer Höhe mit der Heiligen Johanna, mit Karl dem Großen, dessen Grab er 1804 in Aachen besucht, von der rheinischen Bevölkerung übrigens begeistert begrüßt. Er verbindet sich schließlich sogar mit einer der ältesten europäischen Dynastien, was Heine später die Vermählung zwischen dem Sohn der Revolution und der Tochter der Vergangenheit nennen wird. Die Mitglieder von Bonapartes Familie werden Prinzen und Prinzessinnen, Minister und Generäle erhalten außergewöhnliche Privilegien. 1807 schafft der Imperator einen Neuadel mit traditionellen Titeln und Majoraten, wofür zum Teil die besetzten deutschen Staaten aufkommen müssen. Für die Armee wird rigoros eingezogen, entsprechend viele junge Männer desertieren.

Bis 1815 führt das nachrevolutionäre Frankreich fast pausenlos Krieg; Heines Frühzeit ist bis zum 18. Lebensjahr davon überschattet, ohne daß er als Kind darunter gelitten hätte. Auch mit dem Krieg setzt Napoleon zunächst die Tradition der Revolution fort, die ja vor den eigenen inneren Schwierigkeiten in den Krieg floh – es ist fraglich, ob die gegenrevolutionären Mächte Europas von sich aus, ohne die entschiedene militärische Herausforderung durch Frankreich, vier Koalitionskriege geführt hätten. Revolutionärer Patriotismus demokratisiere den Krieg, schreibt der französische Historiker Bergeron, das Nationalgefühl werde immer mehr das einigende Element der »grande nation«, es umfasse alle Schichten des französischen Volkes, der Krieg habe als erster die Massen in den Staat integriert, das revolutionäre und kaiserliche Frankreich biete Europa vor allem das Modell eines Volkes, das sich als Nation konstituiert habe, indem es das Ständewesen zerschlagen habe. Ein demokratischer Nationalismus nehme sich gegen alle europäischen Könige der Verwirklichung der »Aufklärung« an. Das ist eine Sicht, die Heine sicher geteilt hätte; allerdings sah er auch, daß der Krieg schließlich zum reinen Eroberungskrieg ausartet, den sogar eine überlegene Armee mit allgemeiner Wehrpflicht, mit der neuartigen Tirailleurtaktik statt der alten starren Schlachtordnung, mit Selbstversorgung der Truppe durch Requirierung, mit Masseneinsatz von Soldaten und großen Entscheidungsschlachten nicht endlos durchhalten kann, auch wenn die Masse der Soldaten und des Volkes bis zuletzt treu zum Kaiser hält, was sich ebenfalls in Heines Werk widerspiegelt, und die Idee des Kreuzzuges zur Befreiung der anderen Völker die Kämpfer lange Zeit beflügelt haben wird.

Napoleons Armee scheint lange unbesiegbar; er unterwirft sich den Kontinent. Die Niederlage der deutschen Großmächte Österreich und Preußen ist total, Preußen schrumpft im Frieden zu Tilsit 1807 auf die Hälfte seines Territoriums und wäre ohne die Hilfe des Zaren vielleicht von der Landkarte verschwunden. Napoleon bestimmt das Schicksal Deutschlands zu Beginn des 19. Jahrhunderts: »Am Anfang war Napoleon. Die Geschichte der Deutschen, ihr Leben und ihre Erfahrungen in den ersten eineinhalb Jahrzehnten des 19. Jahrhunderts, in denen die ersten Grundlagen eines modernen Deutschland gelegt worden sind, steht unter seinem überwältigenden Einfluß. Die Politik war das Schicksal, und sie war seine Politik: Krieg und Eroberung, Ausbeutung und Unterdrückung, Imperium und Neuordnung. Zwischen Anpassung und Widerstand verliefen die Handlungsmöglichkeiten der Völker und der anderen Staaten. Selten haben alle Bereiche des Lebens so sehr im Zeichen der Machtpolitik und des Drucks von außen gestanden; auch die großen Reformen, die Staat und Gesellschaft umprägten, sind, freiwillig oder unfreiwillig, davon geprägt worden.« (Nipperdey).

Das französische Modell wirkt mit seinen revolutionären Impulsen in fast allen europäischen Staaten, die Napoleons Hegemoniestreben bekämpfen; in Deutschland sind die Veränderungen durchgreifend. Im Reichsdeputationshauptschluß von 1803 werden alle geistlichen Gebiete außer Mainz, 45 der 51 Reichsstädte, viele kleinere Fürstentümer und Grafschaften auf die größeren Staaten verteilt, vor allem auf Baden, Bayern, Preußen und Württemberg; 350 Reichsritterschaften verlieren ihre Reichsunmittelbarkeit. 16 west- und süddeutsche Staaten gründen 1806 unter französischem

Protektorat den Rheinbund, dem sich außer Preußen, Österreich, Braunschweig und Kurhessen alle deutschen Staaten anschließen. Das ist der offene Abfall vom »Heiligen Römischen Reich Deutscher Nation«, das mit dem Verzicht des Österreichers Franz II. auf die Kaiserkrone am 6. August 1806 endet. Ferner entstehen auf Napoleons Befehl ganz neue Staaten: das Königreich Westfalen, das Großherzogtum Berg und das Großherzogtum Frankfurt; Heines Geburtsstadt fällt damit unter unmittelbare französische Herrschaft. Zwar müssen die Rheinbundstaaten den Franzosen Heeresfolge leisten, doch genießt die Besatzungsmacht in diesen Gebieten auch Ansehen, weil sie wichtige Reformen mitbringt und wenigstens versucht, sie zu verwirklichen. In Berg und Westfalen wird sogar der »Code Napoléon« eingeführt, die Juden erhalten nach dem Vorbild des erwähnten Dekrets von 1791 die bürgerliche Gleichberechtigung – kein Wunder, daß Heine und wohl auch sein Vater mit Bonaparte sympathisieren!

Die besiegten Staaten leiten selbst ebenfalls Reformen ein, deren Geist sich schon im 18. Jahrhundert regte; das gilt besonders für Preußen: der Zusammenbruch von 1806 hat blutig verdeutlicht, daß die alte Gesellschaft, der absolutistische Staat morsch und überlebt war. Die Reformen kommen von oben, sie sind mit Namen wie Stein, Hardenberg, Gneisenau, Wilhelm von Humboldt verknüpft und werden von einer aufgeklärten Beamtenschaft getragen. Zum Komplex der Reformen gehören die Aufhebung der Leibeigenschaft, die Verwaltungsreform, die Städteordnung und die Heeresreform mit der Bildung der Landwehr, die Nipperdey eine Institution der Zukunft nennt, was die Familie Heine ganz anders sah. Reformiert werden Universität und Gymnasium; 1810, nach Schließung der Universität Halle durch die Franzosen, wird die Universität Berlin im neuhumanistischen Geist gegründet; hochangesehene Gelehrte wie Schleiermacher, Fichte, Niebuhr, von Savigny erhalten Professuren, Hegel folgt 1818; Heine wird zwei Jahre in Berlin verbringen und bei bedeutenden Hochschullehrern studieren. 1812 erhalten die Juden auch in Preußen die Gleichberechtigung. Alle diese Reformen werden heftig bekämpft;

vor allem der Adel wehrt sich, die Reformen bleiben stecken, sie werden nach 1815 zurückgenommen oder versanden; besonders schwierig sind Verfassungen durchzusetzen, der preußische König bricht nach dem Sieg über Napoleon sein Versprechen, dem Land eine Konstitution zu geben, was Heines kritische Haltung zu Preußen verstärken wird – der Impuls zur Erneuerung aber wird nicht mehr erlahmen, auch die Restauration nach Napoleons endgültiger Niederlage kann die neuen Ideen nur unterdrücken, nicht aber für immer aufhalten – der junge Dichter Heinrich Heine ist seit den frühen zwanziger Jahren einer ihrer entschiedensten Vorkämpfer.

Napoleon hat in Deutschland bedeutende Bewunderer gehabt, so etwa Hegel, der am 13. Oktober 1806, als die Franzosen Jena besetzen und der Kaiser dort eintrifft, an Niethammer schreibt: »Den Kaiser – diese Weltseele – sah ich durch die Stadt zum Recognosciren herausreiten; – es ist in der Tat eine wunderbare Empfindung, ein solches Individuum zu sehen, das hier auf einen Punkt konzentriert, auf einem Pferde sitzend, über die Welt übergreift und sie beherrscht.« Bekannt ist vor allem Goethes Bewunderung für Napoleon, der mit dem Dichter beim Fürstentag in Erfurt 1808 sprach; Goethe hat die Befreiungskriege, den Sieg der antinapoleonischen Allianz mit starker innerer Reserve betrachtet. Der Kaiser hat auch im Volk Sympathien, besonders im Rheinland; die große nationalpatriotische Bewegung, die Heine später als von oben verordnet, als befohlenen Patriotismus ansieht, hat keineswegs sofort die ganze Bevölkerung der neugeordneten deutschen Staaten mitgerissen. Nur verfolgt die Weltseele zu Pferde eine Politik, die sie viele Sympathien kostet und schließlich zu Fall bringt: Die Franzosen verhängen die Kontinentalsperre gegen England, die zwar nicht allen Wirtschaftszweigen Absatzmärkte nimmt, aber eine allgemeine Teuerung sowie ständige Kontrollen und Schikanen mit sich bringt. Hinzu kommt das Kontinentalsystem: Frankreich, Holland und Italien werden durch Zölle gegen deutsche Exporte abgeschirmt, während Deutschland französischen Exporten offen steht und der deutsche Transithandel ständigen Zoll-Schikanen ausgesetzt ist. Wirtschaftliche

Zusammenbrüche sind also unvermeidlich, auch als nach 1815 englische Billigwaren den deutschen Markt überschwemmen; Samson Heine wird damals ebenfalls in den Strudel gezogen. Der Haß gegen die Eroberer wächst mit den sich häufenden Truppenaushebungen, den Requisierungen, den Menschenverlusten in Napoleons verzehrenden Feldzügen und den Belästigungen der Zivilbevölkerung – schon 1806 dürfte Betty Heine über die Einquartierung gestöhnt haben, die Harry begeistert begrüßt haben will, weil durch sie der berühmte Le Grand ins Haus gekommen sein soll: dokumentiert sind Einquartierung und Tambour nicht. Je weniger Napoleon Europa eine feste Ordnung zu geben vermag, je verzweifelter seine Versuche werden, durch Kriegszüge von dieser Unfähigkeit abzulenken, desto mehr verfällt seine Anhängerschaft in Deutschland, und zwar schon vor dem größenwahnsinnigen Einfall in Rußland: Rekrutierung, Steuerpolitik, nationalistische Arroganz, Zensur, Unterdrückung der freien Meinung tun ein übriges, um auch die Intellektuellen zu ernüchtern, die dem Kaiser anhingen – noch in den dreißiger Jahren wird Ludwig Börne Heine kritisieren, weil dieser trotz der Einsicht in die Doppelgesichtigkeit Bonapartes den Kaiser weiter bewundert.

1797, in Heines Geburtsjahr, ist Deutschland von der industriellen Revolution noch nicht ergriffen. Was da aufkommt und die europäische Lebenswelt zu Heines Zeit unerhört verändern wird: die kapitalistische Produktionsweise, die maschinelle Massengüterproduktion, eine rapide Vermehrung des Reichtums, die Erweiterung tatsächlicher oder suggerierter menschlicher Bedürfnisse, eine radikale Veränderung der Beziehungen zwischen den Menschen und ihrer natürlichen Umwelt durch das Fabrik- und Maschinenwesen, große Arbeitermassen und Kollektive – Heine wird es nicht in Deutschland, sondern in Großbritannien, während seiner englischen Reise 1827, und später in Frankreich kennenlernen; der »Industrialismus« wird ihn stark interessieren, in späteren Jahren auch irritieren. Bis weit in sein Mannesalter hinein bleibt sein Geburtsland eine Agrargesellschaft mit gewichtigem handwerklichen Gewerbe sowie etwas Manufaktur und Bergbau (1824 wird der junge Dichter zwei Gruben während seiner Harzreise besichtigen). 1822 arbeiten in Preußen nur 25 von 1000 männlichen Personen über 14 Jahre in Fabriken, noch 1846 sind es nur 5 Prozent. Auch die Bevölkerungsverteilung zeigt die Sozialstruktur: Noch bis weit ins 19. Jahrhundert hinein lebt die überwältigende Mehrheit der Menschen in Dörfern und Kleinstädten – Heine, der viele Jahre seines Lebens in großen Städten wohnt, hat eine völlig andere Welterfahrung als die große Masse seiner Zeitgenossen. Diese leben in einem ökonomisch und technologisch rückständigen Land, die Verkehrsverhältnisse sind schlecht, das Land ist dauernd Kriegsschauplatz, Unternehmertum steht, gemessen an Adel und Landbesitz, noch nicht hoch im Kurs. Die Situation verschärft sich nach 1815: Großbritannien hat in großem Umfang die deutschen Exportmärkte übernommen, es wehrt sich mit Zöllen gegen deutsche Getreideexporte und vergrößert so den allgemein feststellbaren Abstand zwischen sich industrialisierenden Ländern und solchen ohne diese Entwicklung, auch im Hinblick auf Deutschland. Gewiß gibt es auch hier schon um 1800 vereinzelte Ansätze, die die spätere, um 1835 kräftig einsetzende, um 1850 mächtig expandierende Industrialisierung ankündigen: Die ländliche Überbevölkerung beginnt in die Städte abzuwandern; im linksrheinischen Gebiet und in Preußen begünstigen die Reformen das Fabrikwesen und die Mechanisierung der Produktion, die ersten mechanischen Baumwollspinnereien, Wasserdampfmaschinen, Kokshochöfen und Dampfmaschinen im Bergbau werden schon in den zwei Jahrzehnten vor 1800 eingeführt, aber als Friedrich König 1810 bis 1814 die erste Druckmaschine entwickelt, ein für den kapitalistischen Literaturmarkt sehr wichtiges Instrument, tut er es in England, weil er in Deutschland nicht das nötige Kapital findet. Gewiß: die von den Franzosen gebauten Chausseen fördern das Transportwesen, und die im Rheinland von ihnen gegründeten Industrie- und Handelskammern spielen für die spätere Industrialisierung Deutschlands eine Rolle. Doch die *Hoch*industrialisierung seines Vaterlandes hat Heine nicht mehr erlebt, wohl aber die ständige Stärkung der französischen Industrie- und Finanzbourgeoisie, mit der er Kontakt hat, und das Aufkommen eines zum Teil verelendeten Massenproletariats, der Arbeiterbewegung und des Kommunismus: es war ihm an der Wiege nicht gesungen, daß er seit den frühen vierziger Jahren zugleich fasziniert und erschreckt dieses Aufkommen darstellen und sich vorübergehend mit Marx, dem erbarmungslosen Kritiker und Analytiker des Kapitalismus und dem Verkünder der sozialistischen Revolution, anfreunden würde.

Um 1797 und in den folgenden Jahrzehnten zeichnen sich auch in Deutschland, obgleich später und langsamer als in England oder Frankreich, die Umrisse der bürgerlichen Gesellschaft ab, die auf Rechtsgleichheit der Staatsbürger beruht; die alte Ständegesellschaft mit ihrer Rechtsungleichheit beginnt zu verfallen. Der Dichter Heinrich Heine wird ein Vorkämpfer, doch auch einer der ersten und schärfsten Kritiker der bürgerlichen Gesellschaft, ihrer Bourgeoisie wie ihrer Philister. Da der Adel bis tief ins 19. Jahrhundert hinein seine Privilegien verteidigt und behält, auch von Teilen des Bürgertums als erstrebenswertes Aufstiegsziel angesehen wird und weiterhin Bürger geadelt werden können (siehe Heines Brüder), wird der Dichter auch diese zählebigen Relikte der Vergangenheit angreifen. Sie behindern die Entwicklung der bürgerlichen Gesellschaft, die durch die Reformen des Jahrhundertanfangs gefördert wird. Der Entstehungsprozeß der neuen Gesellschaft zeigt die Symptome einer komplizierten Übergangsperiode, einer Epoche, die Heine beispielhaft repräsentiert und hellsichtig analysiert. Feste Werte und Ordnungen, wie sie die ständische Gesellschaft bereit- und aufrechterhielt, brechen zusammen. Individualität und Individualismus, die sich in den großen geistigen Strömungen des 18. Jahrhunderts herausbildeten, entfalten, verfeinern und komplizieren sich, eine neuartige, schöpferische, aber nicht ungefährdete Subjektivität entsteht und sieht sich vor verlockende Entfaltungsmöglichkeiten, doch auch vor viele politische, soziale, wirtschaftliche, kulturelle und ebenso innermenschliche, psychische Konflikte gestellt, vor denen die Mehrzahl der Bürger aller Schichten ins Idyll, in die falschen Harmonie- und Moralvorstellungen der Biedermeierzeit flieht. Daß Heine so unbeirrbar, so kühn, so entwaffnend offen von sich selbst spricht – sein radikaler Subjektivismus also hat ja auch gesellschaftliche Ursachen, ist nicht nur persönliche Eigenart, schon gar nicht Marotte, Tick oder Eitelkeit, wie es philiströse Moral-Prediger ihm immer wieder vorwerfen. Daß dieses Heraustreten des einzelnen Menschen aus den festen sozialen Bindungen, den Traditionen der ständischen Gesellschaft auch Gefährdung, Entfremdung, Angst, »Zerrissenheit« hervorruft, ist eigentlich selbstverständlich; insofern repräsentiert der »zerrissene« Heine die aufkommende neue Gesellschaft beispielhafter als seine bürgerlichen Kritiker, denen er weit vorauseilt und die sich den außerordentlichen Spannungen der langanhaltenden Übergangsepoche nicht ebenso offen und mutig stellen wie er. Allerdings gewinnt Heines Repräsentanz des Zeitalters durch seine ganz besondere Ausgangslage, durch seine »vielspältigen« künstlerischen und persönlichen Eigenarten auf einmalige, den Biedermeier-Bürger irritierende, aufschreckende und empörende Weise Kontur und Format.

Im Jahre 1797 hatte die Residenzstadt Düsseldorf bereits eine französische Besatzung. Das Herzogtum Berg, seit 1685 mit Kurpfalz, seit 1777 auch mit Bayern in Personalunion verbunden, wurde in der napoleonischen Zeit zum »Ausgleichsobjekt« größerer Mächte. Im September 1795 besetzten die Franzosen Düsseldorf, die pfalzbayrische Besatzung der Festung kapitulierte kampflos. Unter dem Kurfürsten Maximilian Joseph IV. (1799-1806) zog die Besatzung 1801, nach dem Friedensschluß von Luneville, wieder ab; vorher wurden die Festungswälle geschleift. Seit 1804 wurde das Herzogtum vom Statthalter des Kurfürsten, Herzog Wilhelm von Bayern, verwaltet. Im März 1806 übergab Maximilian Joseph das Gebiet an Frankreich, und zwar zugunsten der bayrischen Königswürde. Herzog Wilhelm verließ am 20. März die Residenz; am 21. März vormittags 11 Uhr wurde das Übergabe-Dekret des Kurfürsten am Rathaus angeschlagen; der künftige bayrische König bedankte sich bei seinen völlig überraschten bisherigen Untertanen für ihre Treue. Der neue Großherzog, Napoleons Schwager Joachim Murat, nahm am 26. März die Huldigung der Stände entgegen. Als er 1808 König von Neapel wurde, kam das Großherzogtum direkt unter Napoleons Hoheit; Jacques Claude Graf Beugnot verwaltete es für Napoléon-Louis, den vierjährigen Neffen des Kaisers. 1815 wurde Berg schließlich preußisch – den Bewohnern eines solchen Staates war die Treue zu Dynastien, die das Dekret des Abgedankten rühmte, wahrlich nicht abzuverlangen.

Entsprechend ironisch ist Heines berühmte Schilderung der Ereignisse von 1806, die er sozusagen vor der Haustür miterlebte: »Damals waren die Fürsten noch keine geplagte Leute wie jetzt, und die Krone war ihnen am Kopfe festgewachsen, und des Nachts zogen sie noch eine Schlafmütze darüber, und schliefen ruhig, und ruhig zu ihren Füßen schliefen die Völker, und wenn diese des Morgens erwachten, so sagten sie: ›Guten Morgen, Vater!‹ und jene antworteten: ›Guten Morgen, liebe Kinder!‹ Aber es wurde plötzlich anders; als wir eines Morgens zu Düsseldorf erwachten, und ›Guten Morgen, Vater!‹ sagen wollten, da war der Vater abgereist, und in der ganzen Stadt war nichts als stumpfe Beklemmung, es war überall eine Art Begräbnisstimmung, und die Leute schlichen schweigend nach dem Markte, und lasen den langen papiernen Anschlag auf der Türe des Rathauses.« Dreimal zitiert Heine spöttisch den Satz: »Der Kurfürst läßt sich bedanken«; am nächsten Tage aber ertönte erstmals die französische Trommel, sah er erstmals einen französischen Tambourmajor – die Huldigung will er, wie gesagt, auf dem Denkmals-Pferd erlebt haben: »Und während ich selber Vivat rief, hielt ich mich fest an den alten Kurfürsten. Und das tat Not, denn mir wurde ordentlich schwindlig, ich glaubte schon, die Leute ständen auf den Köpfen, weil sich die Welt herumgedreht, das Kurfürstenhaupt mit der Allongeperücke nickte und flüsterte: ›Halt fest an mir!‹ – und erst durch das Kanonieren, das jetzt auf dem Walle losging, ernüchterte ich mich, und stieg vom Kurfürstenpferd langsam wieder herab.«

Dieser hintersinnigen Schilderung, die in fast jeder Formulierung etwas anderes, ja Gegensätzliches meint, als sie aussagt, folgt wenige Seiten später das Porträt des Trommlers und Tambours Le Grand, der Symbolfigur Heines für die kaiserliche Armee. Wir wissen nicht, ob es ein reales Vorbild, etwa einen einquartierten Trommler in der Bolkerstraße gegeben hat; denkbar wäre es immerhin – der kleine, schnurrbärtige Franzose, dessen Trommeln den Knaben Harry Heine die Weltgeschichte gelehrt haben soll, war zur Repräsentanz seines Kaisers und der Großen Armee gewiß vortrefflich geeignet, und diese Armee war wohl wirklich eine Art Lieblingsmodell Heines, weil in ihr nur die eigenen Fähigkeiten, nicht die Herkunft eines Soldaten über die Karriere entschieden.

Fünf Jahre später sah Heine den Kaiser selbst bei seinem einzigen Besuch in Düsseldorf. Der außerordentliche Eindruck, den er empfing, ist nicht überraschend; man weiß, daß Napoleon auf viele Leute eine ungewöhnliche Wirkung ausübte. Die *Darstellung* von Bonapartes Einzug in Düsseldorf ist allerdings ein Meisterstück Heinescher Stilisierung: Er verlegte die Besuchszeit vom November 1811 ins blühende Frühjahr und schilderte den Einzug des Kaisers ähnlich dem Einzug Jesu in Jerusalem, freilich nicht ohne ironische Tupfer: »Aber wie ward mir erst, als ich ihn selber sah, mit hochbegnadigten, eigenen Augen, ihn selber, Hosiannah! den Kaiser. Es war eben in der Allee des Hofgartens zu Düsseldorf. Als ich mich durch das gaffende Volk drängte, dachte ich an die Taten und Schlachten, die mir Monsieur Le Grand vorgetrommelt hatte, mein Herz schlug den Generalmarsch – und dennoch dachte ich zu gleicher Zeit an die Polizeiverordnung, daß man bei fünf Taler Strafe nicht mitten durch die Allee reiten dürfe. Und der Kaiser mit seinem Gefolge ritt durch die Allee, die schauernden Bäume beugten sich vorwärts, wo er vorbeikam, die Sonnenstrahlen zitterten furchtsam neugierig durch das grüne Laub, und am blauen Himmel oben schwamm sichtbar ein goldner Stern. Der Kaiser trug seine scheinlose grüne Uniform und das kleine, welthistorische Hütchen. Er ritt ein weißes Rößlein, und das ging so ruhig stolz, so sicher, so ausgezeichnet – wäre ich damals Kronprinz von Preußen gewesen, ich hätte dieses Rößlein beneidet. Nachlässig, fast hängend, saß der Kaiser, die eine Hand hielt hoch den Zaum, die andere klopfte gutmütig den Hals des Pferdchens – Es war eine sonnigmarmorne Hand, eine mächtige Hand, eine von den beiden

Händen, die das vielköpfige Ungeheuer der Anarchie gebändigt und den Völkerzweikampf geordnet hatten – und sie klopfte gutmütig den Hals des Pferdes.«

Heine schildert dann das ebenfalls marmorfarbene Gesicht, das ihn an Griechen und Römer erinnert, Napoleons erwärmendes und beruhigendes Lächeln, die Lippen, die nur zu pfeifen brauchten, und alle tanzten nach seinem Willen, das Auge, klar wie der Himmel, die zuckende Stirn mit den »Siebenmeilenstiefel-Gedanken«, deren jeder »einem deutschen Schriftsteller, Zeit seines Lebens, vollauf Stoff zum Schreiben gegeben« hätte – auch das ist Huldigung und Stilisierung, eine Erhöhung des ohnehin sehr Hochgestellten: Heine dankt ihm, der seinem Volk die Gleichberechtigung brachte, was er, bei aller späteren Kritik, niemals vergaß. Indirekt verdankt er Napoleon auch die Verfügung vom 14. Oktober 1814, die ihn im französischen Exil vor einer möglichen Ausweisung schützte: Die Verordnung gab allen zwischen 1791 und 1801 in Düsseldorf Geborenen das Recht, in Frankreich zu wohnen; Heine wird sie gekannt haben, als er den Kaiser schilderte. Es ist übrigens sehr aufschlußreich, was er von der Franzosenzeit außerdem ins Werk aufnahm und was nicht: Er kommt in fast allen Lebensphasen auf Napoleon zurück, wie wir noch sehen werden. Er schildert die aus Kriegsgefangenschaft heimkehrenden besiegten Soldaten, die »Grenadiere« und den sterbenden Le Grand, den Tambour im Hofgarten, wo der junge Heine in einer Geste bewegender Symbolik die Trommel mit dem Degen zersticht – die Szene ist selbstverständlich erfunden oder stark stilisiert. Nur einmal schildert der Dichter die *Befreiung* von Napoleonischer Herrschaft positiv: im 1815 entstandenen Gedicht »Deutschland«, von ihm niemals zum Druck bestimmt, von Heines Bonner Studienfreund Friedrich Steinmann, der zahlreiche Heine-Fälschungen beging, 1829 unerlaubt in seiner Zeitschrift »Allgemeine Unterhaltungsblätter« veröffentlicht. Nirgends hat Heine den Triumph der Verbündeten ähnlich verherrlicht wie den Einzug Napoleons; er erwähnt aber die traurigen Umstände, unter denen er 1815 Preuße wurde: Er war ja Preuße durch das Recht der Eroberung. Der Gesellschaftskritiker Heine wird Preußen, einen der großen Sieger über Frankreich, hassen und verspotten; über die kriegsentscheidende Völkerschlacht wird er 1840 im Börne-Buch einen Bericht Rahel Varnhagens wiedergeben: Als man den Ausgang der Schlacht bei Leipzig noch nicht wußte, sei plötzlich die Magd ins Zimmer gestürzt, mit dem Angstschrei: ›der Adel hat gewonnen‹. Diese plebejische Deutung von Napoleons Niederlage war Heine offensichtlich aus der Seele gesprochen.

Es versteht sich, daß die Kindheitserlebnisse mit den Franzosen und ihrem korsischen Kaiser allesamt poetisiert und verfärbt worden sind, auch aus der jeweiligen politischen Position des Dichters. Ehe Heine eigenständige politische Positionen erreichte, huldigte er bis zum Beginn seiner Studienzeit einem zeitgemäßen, konformistischen, unreifen Patriotismus, der auch das »Deutschland«-Gedicht hervorbrachte. Der Achtjährige, der auf dem Denkmal saß, wußte noch gar nichts von Politik, er genoß die historischen Ereignisse naiv: daß die Schule am Tage der Huldigung ausfiel, war ein außerordentliches Ereignis, nur leider kein dauerhaftes: »Den andern Tag war die Welt wieder ganz in Ordnung, und es war wieder Schule, nach wie vor, und es wurde wieder auswendig gelernt nach wie vor.«

Harry Heine besuchte seit dem 1. August 1804 die an diesem Tag eröffnete 2. Normalschule im ehemaligen Franziskaner-Kloster, Citadellstraße; das Gebäude hat den Krieg überstanden. Über Heines dortige Schulzeit ist wenig bekannt; Rektor Dickerscheid war tatsächlich ein Prügel-Pädagoge, was in den Akten ebenso belegt ist wie seine Entfernung von der Schule, auf die Heine in den »Memoiren« anspielt: Der Rektor verschwand 1812 spurlos, unter dem Verdacht der Unzucht mit seinen Schülern. In der »Harzreise« erinnert sich Heine beim Anblick von Klausthaler Schulkindern, »wie ich einst selbst, als kleines Bübchen, in einer dumpf-katholischen Klosterschule zu Düsseldorf den ganzen lieben Vormittag von der hölzernen Bank nicht aufstehen durfte, und so viel Latein, Prügel und Geographie ausstehen mußte, und dann ebenfalls unmäßig jauchzte und jubelte, wenn die alte Franziskanerglocke endlich zwölf schlug«. Heine könnte damit schon auf das Lyzeum anspielen, das ebenfalls im Franziskanerkloster untergebracht war und dessen Vorbereitungsklasse unter Lehrer Asthöver er ab September 1807 besuchte. Hier lernte er seinen späteren Freund Christian Sethe kennen, der 1798 in Cleve geboren war und aus einer preußischen Beamtenfamilie stammte – er war Heines einziger Vertrauter in der Amalien-Affäre, studierte mit ihm 1819 in Bonn und 1822 in Berlin; danach verloren sich die Freunde aus den Augen. Harry gelangte im April 1810 in die unterste, bereits im Oktober 1810 in die mittlere und ein Jahr später in die obere Klasse; ab Herbst 1812 gehörte er zur »Philosophischen Classe« des Rektors Schallmayer, die Programmschrift des Lyzeums von 1812/13 überliefert eine Liste von dreizehn Schülern dieser Klasse, sie enthält Heines Namen und ist ein weiterer Beweis für das Geburtsjahr 1797, denn als Dreizehnjähriger wäre er gewiß nicht in diese Klasse aufgenommen worden, obwohl er in den »Memoiren« behauptet, alle Systeme der freien Denker seien ihm schon in seinem dreizehnten Lebensjahr vorgetragen worden. Übrigens war im damaligen Düsseldorf der Besuch von Gymnasien und Lyzeen durch jüdische Schüler ungewöhnlich, Bettys Söhne bildeten eine Ausnahme.

Die Schule hatte Tradition. Sie wurde 1545 durch den Humanisten Johann Monheim gegründet und kam im frühen 17. Jahrhundert unter jesuitische Leitung. Nach Auflösung des Ordens 1777 geriet die Schule in eine Krise; 1806 bekam sie eine neue Organisation und nannte sich nach französischem Vorbild Lyzeum. Am 18.1.1814 wurde sie in ein »Gymnasium illustre« umgewandelt, die Prima wurde zweijährig, Harry hätte ein weiteres Jahr zur Schule gehen müssen, um Abitur zu machen. An der Schule soll strenge Disziplin geherrscht haben, was sicher auch im Sinne der französischen Verwaltung war, allerdings gab es 1807 öffentliche Klagen über die Disziplinlosigkeit der Schüler, Schallmayer wurde, freilich nur vorübergehend, von der Schulleitung entbunden – er hatte sich nicht nach dem Rektorat gedrängt, es war ihm auferlegt worden. Aegidius Jacob Schallmayer (1757-1817) war Harry Heines wichtigster Lehrer, ein Mann, wie ihn ein gesellschaftlicher Aufsteiger in entscheidenden Bildungsjahren braucht. Er trat 1774 in den Minoritenorden ein, wurde nach dem Studium der Philosophie und Theologie Minoritenprofessor an der Bonner Akademie und nach deren Auflösung Lehrer. Am Düsseldorfer Lyzeum unterrichtete er seit Mai 1805 Religion, Rhetorik, Logik, Stilübung und Moral. Er war katholischer Geistlicher wie die meisten Lehrer der Schule, aber zugleich Freigeist. Schon in Bonn gehörte er zu den rheinischen Aufklärern, war ein Anhänger Kants und kritisierte den Anspruch der katholischen Kirche, allein seligmachend zu sein. Einige Widersacher erhoben denn auch Bedenken gegen seine Anstellung in Düsseldorf, doch der kurpfälzische Minister Hompesch vertraute Schallmayer und nannte ihn einen »Mann von hellem Kopf und ausgebreiteten Kenntnissen«. Unter ihm wurde das Lyzeum, dessen Leitung dem körperlich schwächlichen, auch ängstlichen Mann stets Mühe machte, von spätaufklärerischen Ideen geleitet – die Systeme der freien Denker wird er Harry Heine wirklich gelehrt haben, wenn auch nicht alle; Heines Interesse für Philosophie begann in Schallmayers Klasse.

Schallmayer mag die ungewöhnliche, wenn auch nicht unbedingt schulische Begabung des Jungen erkannt haben, obwohl das durch Müller von Königswinter überlieferte Urteil des Lehrers, Heine werde entweder ein großer Mann oder ein großer Halunke werden, nirgends sonst belegt ist. Heine hat über Schallmayer nur freundlich geschrieben und gesprochen; da wird mitgewirkt haben, daß der Rektor, offenbar ein Bekannter der Familie, Betty Heine bei der Ausbildung ihres Ältesten beriet. In diesen Zusammenhang gehört auch Schallmayers angeblicher Rat, Harry solle katholischer Priester werden; in den »Geständnissen« malt er sich in einer sehr komischen Passage aus, wie er schließlich zum Papst aufsteigt, dem alle frommen Christen den Fuß küssen.

Die Frage, wie gut das Lyzeum war und was Heine dort lernen konnte, das ihn über die Schulzeit hinaus trug, ist nicht leicht zu beantworten. Auf jeden Fall bot das Curriculum, mit relativ rasch wechselnden Detailveränderungen, ein breites Fächerangebot: Deutsch, Latein, Griechisch (Heine kannte zumindest die Anfangsgründe davon, trotz der Bemerkung im Bonner Abiturzeugnis, daß er Griechisch nicht gelernt habe) und selbstverständlich viel Französisch, das auch Unterrichtssprache anderer Fächer war, dazu Mathematik, Geographie, Naturkunde, Geschichte und Mythologie, Religion und selbstverständlich Philosophie. Windfuhr spricht dem Lyzeum gutes Niveau zu und verweist darauf, daß mehrere Lehrer, so der Abbé Daulnoy und der Deutschlehrer Schram, durch Buchpublikationen hervortraten; Heine erwähnt das auch selbst. Lückenhafte Bildung kann nach Windfuhrs Ansicht jedenfalls nicht die Ursache gewesen sein, daß Heine in der nachgeholten Reifeprüfung nur die niedrigste Note erhielt.

Und Heines eigenes Urteil über das Lyzeum und seine Lehrer? Es ist zwiespältig, doch nicht unfreundlich. Heine lobt, wie gesagt, Schallmayer und seinen Philosophieunterricht. In den »Geständnissen« lobt er seine katholischen Lehrer sogar pauschal: »Katholische Priester waren es, denen ich als Kind meinen ersten Unterricht verdankte; sie leiteten meine ersten Geistesschritte. Auch in der höhern Unterrichtsanstalt zu Düsseldorf, welche unter der französischen Regierung das Lyceum hieß, waren die Lehrer fast lauter katholische Geistliche, die sich alle mit ernster Güte meiner Geistesbildung annahmen.« Heine lobt schließlich ihre lateinisch abgefaßten Chrestomathien und Leitfaden und spielt sie gegen die schlechteren preußischen Lehrbücher nach 1815 aus. Diese positiven Urteile entstammen der Spätzeit, Heine sah in milderem Licht, was er früher kritisiert und verspottet hatte: Im »Buch Le Grand« verdammt er das Auswendiglernen, insbesondere der »verba irregularia«; vor dem wüsten Bild eines großen, gekreuzigten Christus, das im Kreuzgang des Klosters hing, will er oft gebetet haben, der Heiland möge doch zusehen, daß er die unregelmäßigen Verben im Kopf behalte – diese Bemerkungen lassen auf Drill und wenig kindgemäße Didaktik schließen. Heine beklagt ironisch, daß das Lateinische äußerst verwickelt sei, und gibt den Mönchen des Mittelalters nicht ganz unrecht, die das Griechische eine Sprache des Teufels nannten – es gelang seinen Lehrern also wohl nicht, ein lebendiges Interesse für alte Sprachen bei ihm zu erwecken.

Zwiespältig ist auch Heines Urteil über den zweiten Lehrer, den er genauer porträtiert, den Abbé Daulnoy, der Französisch und deutsche Geschichte lehrte und den er gleich zweimal, im »Buch Le Grand« und in den »Memoiren«, vorstellt. Daulnoy, 1765 geboren, ein emigrierter französischer Geistlicher, unterrichtete bis 1805 in Dortmund, danach an Heines Schule; 1817 ging er ans Großherzoglich Nassauische Landesgymnasium in Weilburg, 1820 nach Frankreich zurück. Er publizierte unter anderem einen »Vollständigen Cursus zur Erlernung der französischen Sprache«, der seit 1798 viele Auflagen erlebte, und einen »Abrégé des règles de l'art poétique« (1810). Heine behauptet zwar, daß es ihm in der französischen Klasse Daulnoys »am allerbesten erging«, gesteht aber dann, daß er mit dem Französischen ebenfalls Schwierigkeiten hatte (er wird sie auch im Exil nie ganz loswerden). Zum Beleg erzählt er eine der besten Anekdoten, die er über sich verbreitet hat: »Wohl sechsmal erging an mich die Frage: ›Henri, wie heißt der Glaube auf französisch?‹ Und sechsmal, und immer weinerlicher, antwortete ich: ›Das heißt le crédit‹. Und beim siebenten Male, kirschbraun im Gesicht, rief der wütende Examinator: ›Es heißt la religion‹ – und es regnete Prügel, und alle Kameraden lachten.« Mehr als die Prügel verübelte Heine dem Abbé, daß dieser ihn anhand der selbstverfaßten Poetik französische Metrik, »den faden Abhub der alten Schule von Batteux« eintrichterte und ihn obendrein zwingen wollte, französische Verse nach den Gesetzen dieser Metrik zu verfassen, die »gewiß Prokrustes erfunden« hat: »Ich hätte für Frankreich sterben können, aber französische Verse machen – nimmermehr.« Windfuhr könnte freilich recht haben mit der Feststellung, daß trotz dieser Abneigung Harrys »bereits hier der Grund für Heines feinnervige Formkunst gelegt wurde. Heine wurde nicht erst durch den Metriker und Formkünstler August Wilhelm Schlegel in dieser Richtung ausgebildet, sondern auf einer niedrigeren Stufe schon in der Schule.« Freilich blieb auch Heines Abneigung gegen französische Poesie und Metrik erhalten, trotz seiner Bekanntschaft, ja

Freundschaft mit bedeutenden französischen Dichtern wie Gérard de Nerval.

Und wie sah die Schule ihren späteren berühmten Schüler, was leistete er in ihr? Er scheiterte nicht, und er ragte nicht heraus. Direktor Kortüm, der den erkrankten Schallmayer 1813 als Schulleiter ablöste und das Gymnasium neu ordnete, stellte am 16. 9. 1819, als Heine das Abitur nachholen mußte, ein Zeugnis mit der Bemerkung aus, Harry habe in Hinsicht seines Fleißes und seines Betragens zu den vorzüglichsten Schülern gehört; von seinen Leistungen war keine Rede. Zwei Drittel der Schüler des Lyzeums erhielten zwischen 1810 und 1813 eine Prämie für gute Leistungen, Harry offensichtlich nicht. Er war kein Schul-Typ; die strenge Zucht, die man anstrebte, behagte ihm nicht, die Aussicht auf ein zweites Prima-Jahr schreckte ihn ab: Heine verließ das Gymnasium am 29. 9. 1814 ohne Abschluß, nahm allerdings in einigen Fächern noch eine Zeitlang am Unterricht teil.

Ungebrochen war seine Lese-Lust. Sie mag dann und wann auch von der Schule angeregt worden sein, beispielsweise die Lafontaine-Lektüre, die Heine in den »Florentinischen Nächten« erwähnt. Spätestens seit 1812 war er ein ungewöhnlich reger Benutzer der Düsseldorfer Landesbibliothek, die in seiner Jugend bereits über 20 000 Bände enthielt. Eberhard Galley setzt an, daß zwischen 1812 und 1816 alle Eintragungen im Ausleihbuch unter dem Namen Heine den fünfzehn- bis neunzehnjährigen Harry meinen; er hätte demnach außer einigen mathematischen vor allem literarische Werke ausgeliehen, insbesondere Lessing und Herder, aber auch Albrecht von Haller, Schiller, Uz, dazu Shakespeare, Racine, Voltaire, Molière und Diderot. Die Ausleihliste bestätigt Heines eigene Berichte über intensives Lesen in der Düsseldorfer Bibliothek, sie enthält aber nicht dasjenige Buch, das in seiner Frühzeit den stärksten Eindruck auf ihn machte – er hat diesen Eindruck gleich zweimal dargestellt: in der »Stadt Lucca« und im Vorwort, das er als Auftragsarbeit zu seinem Lieblingsbuch schrieb: »Don Quichotte«. Beide Schilderungen stimmen fast wörtlich überein, beide nennen den Roman »das erste Buch, das ich gelesen habe, nachdem ich schon in ein verständiges Knabenalter getreten, und des

Buchstabenwesens einigermaßen kundig war.« In beiden Darstellungen herrscht wieder Traumzeit, Phantasie und Wirklichkeit gehen ineinander über: »In meiner kindlichen Ehrlichkeit nahm ich alles für baren Ernst«, schreibt der Dichter, und da er laut las, konnten »Vögel und Bäume, Bach und Blumen alles mit anhören«, mit ihm die bittersten Tränen darüber vergießen, wie dem edlen Ritter mitgespielt wurde; die Szenerie aber ist, wie bei Napoleons Einzug und beim Sterben von Le Grand, der Düsseldorfer Hofgarten: eine erneute Huldigung an Napoleon, denn erst die Niederlegung der Festungswälle auf seinen Befehl – es gab ein französisches Verschönerungsedikt vom 17. 12. 1811 – machte die Erweiterung der schönen Parkanlage möglich.

Außer solchen erregenden, unvergeßlichen Lektüre-Erlebnissen kann auch die Vermittlung von Poesie durch einen wichtigen Menschen ein dichterisches Talent wecken und fördern. Gern möchten Heines Leser glauben, daß sein geheimnisvolles Jugenderlebnis mit einer schönen Vermittlerin und Vorsängerin von Volksliedern nicht nur herrlich erfundene und geschilderte Traumzeit ist, sondern erlebte Wirklichkeit, daß er dem Mädchen, dessen unheimliche Schönheit und Eigenart den Sechzehnjährigen hingerissen haben soll, wirklich begegnet ist: der Scharfrichterstochter Josefa, dem roten Sefchen mit dem blutfarbenen Haar. Wir wissen, daß Heine Volkspoesie mündlich überliefert bekam; er nennt die schöne Johanna mit den besten Sagen und – im »Wintermärchen« – seine Amme mit Liedern, Märchen und der Sage vom Kaiser Rotbart. Das rote Sefchen stellt er im Schlußteil der »Memoiren« als die eigentliche Vermittlerin des Volksliedes vor: »Sie wußte viele alte Volkslieder und hat vielleicht bei mir den Sinn für diese Gattung geweckt, wie sie gewiß den größten Einfluß auf den erwachenden Poeten übte, so daß meine ersten Gedichte der ›Traumbilder‹, die ich bald darauf schrieb, ein düstres und grausames Kolorit haben, wie das Verhältnis, das damals seine blutrünstigen Schatten in mein junges Leben und Denken warf.« Die Glaubwürdigkeit des Josefa-Erlebnisses ist noch öfter bezweifelt worden als die der Begegnung mit Amalie, auf die Heine mit dem letzten zitierten Satz anspielt: Vorgänge und Personen erschienen zu grotesk, zu unwahrscheinlich und phantastisch, die Figuren aus dem Scharfrichter-Milieu nicht nachweisbar, jedenfalls bis vor einigen Jahren nicht; das häufige Erscheinen des Scharfrichter-Motivs im Werk konnte allerdings niemand übersehen.

Heine will durch die Zippel auf Josefas Familie gestoßen sein. Sie spuckte ihm nämlich nach den übertriebenen Komplimenten der alten Flader nicht nur dreimal auf den Kopf, sie führte ihn auch zu einer »Hexe«, die ihm Scheitel und andere Körperstellen bestrich: »Jene Frau nannte man die Meisterin oder auch die Göchin, weil sie aus Goch gebürtig war, wo auch ihr verstorbener Gatte, der das verzweifelte Gewerbe eines Scharfrichters betrieb, sein Domizil hatte.« Die Göchin (oder Göcherin, wie Heine sie ebenfalls nennt) verkaufte »Totenfinger« an Gastwirte, das waren die Finger gehenkter Diebe, die das Bier wohlschmeckend machen sollten; sie trieb Liebeszauber, nahm Entmannungen vor, indem sie »das Ding« abschnitt, aber auch Rückgaben gegen »Kostgeld«, mit entsprechenden Verwechslungen der »Dinger«, was Heine abgründig-komisch schildert. Josefa war ihre spröde, »durch die Unehrlichkeit ihrer Geburt« in einer Scharfrichter-Familie einsame, gesellschaftlich isolierte Nichte, sechzehn Jahre alt, mager, »plötzlich aufgeschossen zu einer hohen, schlanken Gestalt«, und »da sie kein Korsett und kein Dutzend Unterröcke trug, so glich ihre eng anliegende Kleidung dem nassen Gewand einer Statue. Keine marmorne Statue konnte freilich mit ihr an Schönheit wetteifern, da sie das Leben selbst und jede Bewegung die Rhythmen ihres Leibes, ich möchte sagen sogar die Musik ihrer Seele offenbarte.« Eines der Lieder, die ihm Josefa vorsang, zitiert Heine auszugsweise, das »Lied von der Otilje«, eine bekannte Volksballade, die in vielen europäischen Ländern vorkommt. Das fragmentarische Zitat stammt, wie Galley gezeigt hat, mit mehreren niederrheinischen Fassungen des Liedes überein.

Sefchens Eltern starben früh, die Göchin nahm sie zu sich und gab sie nach dem Tod ihres Mannes, als sie nach Düsseldorf umzog, zum Großvater, welcher ebenfalls Scharfrichter war und im Westfälischen wohnte. Nach seinem Tod kehrte Josefa vierzehnjährig zurück. Heine erzählt schaurige Geschichten von Scharfrichter-Gastmählern beim Großvater, besonders die Geschichte vom ungeheuren Richtschwert des Alten, das die Scharfrichter in einer Mondnacht vergruben, nachdem es hundert arme Sünder geköpft hatte. Die Göchin grub es Jahre später wieder aus und verwahrte es mit anderem Gerät in ihrer Rumpelkammer. Eines Tages zeigte es Josefa Harry, und da sie es in beiden Händen hielt und sich nicht wehren konnte, will er sie geküßt haben. »Ich küßte sie nicht bloß aus zärtlicher Neigung, sondern auch aus Hohn gegen die alte Gesellschaft und alle ihre dunklen Vorurteile, und in diesem Augenblick loderten in mir auf die ersten Flammen jener zwei Passionen, welchen mein späteres Leben gewidmet blieb: die Liebe für schöne Frauen und die Liebe für die französische Revolution.«

Das ist nicht nur vom Dichter geschaffene Legende. Erfunden ist sicher vieles: die Geschichte mit dem Schwert etwa, die phantastischen Fähigkeiten und Umtriebe der Göchin, von der sich bis jetzt keine dokumentarische Spur fand, vielleicht auch der Kuß – der geheimnisvollen, bezaubernden Sechzehnjährigen, die Heine *schildert,* war der gleichaltrige Harry erotisch gewiß nicht gewachsen, sie wirkt überlegen. Das heißt aber nicht, daß Heine gar keinem Mädchen aus dem Scharfrichter-Milieu begegnet sei. Galley weist völlig richtig darauf hin, daß Heine in den »Memoiren« schließlich seine Jugenderlebnisse darstellen wollte; dabei hat er sicher literarisch arrangiert, doch sollte man ohne Beweise des Gegenteils die dargestellten Personen als tatsächliche Begegnungen Heines stehen lassen. Galley hat eine Scharfrichter-Familie Edel aufgespürt, die seit 1694 mit drei Generationen in Düsseldorf lebte; Hans Eugen Bühler und Gregor Hövelmann haben inzwischen die Biographie des Scharfrichters Heinrich Edel (1725-1803) und seines Sohnes Peter Wilhelm recherchiert: Dieser wurde 1772 geboren und heiratete 1798 Hendrina Jansen, die ebenfalls aus einer Scharfrichter-Familie stammte; das dritte von zehn Kindern, die 1801 geborene Elisabetha Wilhelmina Josepha Edel, hat wohl den *Rufnamen* Josepha getragen, und da es in

Düsseldorf damals nur die eine Scharfrichter- und Abdecker-Familie gab, kann sie durchaus Heines rotes Sefchen gewesen sein. Daß wichtige Lebensumstände des Mädchens von Heines Darstellung abweichen, erklärt sich aus der kräftigen Stilisierung, die der Dichter auch hier vornimmt und durch die er vielleicht auch Josephas Familie schützen will. Jedenfalls wertet er die Begegnung zum Liebeserlebnis auf, er erhöht das Mädchen und seine Erfahrung mit ihr, er macht sie zu einer Art Muse seiner frühesten Dichtung – die *wirkliche* Josepha Edel wäre beim Zusammentreffen mit dem sechzehnjährigen Harry erst zwölf Jahre alt gewesen und hätte kaum die Faszination ausstrahlen können, der er erlegen sein will. Vielleicht trägt Heine deswegen die Behauptung, beim Kuß seien seine beiden Lebenspassionen erstmals aufgeflammt, mit leicht ironischem Unterton vor? Ein realer Kern der Begegnung mit Josepha Edel aber bleibt trotz der poetischen Ausschmückung erhalten: Die Verbindung mit einer gesellschaftlich verachteten Sippe kann dem Jungen Heine eine Vorahnung seiner eigenen künftigen Außenseiter-Stellung vermittelt, sie kann ihn auch gestärkt haben, diese Stellung zu akzeptieren und zu ertragen.

Schöne Wiege meiner Leiden

Harry Heine verließ das Gymnasium nicht, nur weil er die Lust an der Schule verloren hatte und seine Mutter eine Rothschild-Karriere für ihn erträumte: Sein Vater hätte ihm das gewünschte Studium sowieso nicht bezahlen können. Mit Samson Heines Stoffhandel ging es seit 1811 unaufhaltsam bergab, obwohl er noch 1809 für 10 500 Reichstaler das größere Haus gekauft hatte. Als er Ende Juli 1813 vorübergehend die Hauptkollekte der Bergischen Klassenlotterie für das Arrondissement Düsseldorf übernahm, versuchte er sich eine zusätzliche Einnahmequelle zu erschließen. Die Kollekte brachte aber wohl nicht den erhofften Gewinn, Samson gab sie wieder auf. Frühere Behauptungen, Heines Vater sei ein schlechter Geschäftsmann gewesen, werden in der neuesten Forschung angezweifelt: So ergeben die durch Schulte aus dem Düsseldorfer Hauptstaatsarchiv erschlossenen Repertoirien und Urkunden der Notare, die in Samsons Geschäft als zuständige Rechtspfleger die eingehenden Wechselproteste behandelten, nicht nur eine vollständige Chronik des geschäftlichen Niedergangs, sie bezeugen auch Samsons vielfältige kaufmännische Aktivitäten und seinen Kampf gegen den drohenden Bankrott. Er hatte einen umfangreichen Geschäftsverkehr, auch mit dem Ausland, vor und nach der Kontinentalsperre besonders mit England. Er bezog große Warensendungen oft ohne Vorauszahlungen, was auf geschäftliches Ansehen, aber auch auf Bürgschaften seiner Hamburger Brüder zurückgehen könnte. Dank guter Beziehungen nach Frankfurt – er besuchte regelmäßig die Messen – gaben ihm dortige Bankhäuser kurzfristig Kredite und sicherten die Finanzierung seiner Einkäufe. Er verfügte über einen reichen Warenvorrat mit einer beachtlichen Auswahl an Stoffen, wie man einer Annonce in den »Großherzoglichen Bergischen Wöchentlichen Nachrichten« vom 12. Dezember 1809 entnehmen kann. Samsons Geschäft hätte also florieren können, aber die kritische Wirtschaftslage nach einer Napoleonischen Geldkrise von 1810 brachte ihn wie viele andere Kaufleute in Bedrängnisse, vor denen er schließlich kapitulieren mußte. Zur gleichen Zeit, da sein Bruder in Hamburg seinen fabelhaften finanziellen Aufschwung erlebte, hagelte es bei Samson Heine Wechsel und Wechselproteste; wiederholt war er illiquid; er war zwar ein tüchtiger Einkäufer, aber er fand immer weniger Absatzmöglichkeiten im rücksichtslosen Konkurrenzkampf der rheinischen Kaufleute; außerdem waren seine eigenen Schuldner, hauptsächlich linksrheinische Händler, durch die Wirtschaftskrise zahlungsunfähig geworden. So mußte er bereits am 7. März 1816 erklären, daß er seinem Bruder Henry in Hamburg 10000 Gulden als Darlehen schulde, wofür er sein Haus Bolkerstraße 655 zum Pfand gab. Am 12. November mußte er sogar zugeben, daß er bei Salomon 85218 Reichstaler Schulden hatte, und bot ihm dafür die Übertragung der Waren und der Außenstände an (von beiden gibt Schulte exakte Listen). Salomon nahm das Angebot jedoch nicht an und ließ die Firma Heine liquidieren, wie wir noch zeigen werden.

Unter solchen Umständen erschien eine kaufmännische Ausbildung Harrys den Eltern vernünftig. Der Vater hoffte wohl, in ihm einen geschäftlichen Helfer zu finden: wirkliche Einsicht ins Wesen und die Neigung seines Sohnes bewies er damit nicht. Seit Oktober 1814 besuchte Harry die Handelsschule Vahrenkampf, dort erhielt er Unterricht in Handelslehre und in Fremdsprachen, auch im Englischen. Sein Interesse war allerdings gering, er übersetzte aus Jux Homer und Ovid ins Jiddische.

Im September 1815 begleitete er seinen Vater zur Messe; in Frankfurt sollte er eine kaufmännische Lehre beginnen. Er war zunächst Volontär im Bankhaus Rindskopf, dann bei einem Spezereiwarenhändler: beide Versuche scheiterten vollständig, Harry kehrte am 9. November nach Düsseldorf zurück. »Ich lernte bei dieser Gelegenheit, wie man einen Wechsel ausstellt, und wie Muskatnüsse aussehen«, schreibt der Dichter selbstironisch in den »Memoiren«. Immerhin lernte er in Frankfurt auch das bedrängte Leben der Ghetto-Juden kennen und sah im Lesekabinett der Loge »L'Aurore naissante«, wohin ihn Samson mitgenommen hatte, erstmals Ludwig Börne. Daß dieser damals schon Theaterkritiken schrieb, wie Heine am Anfang des Börne-Buches behauptet, ist entweder eine Mystifikation oder ein Irrtum.

Offensichtlich sind in den Monaten nach dem Frankfurter Debakel intensive Verhandlungen zwischen Düsseldorf und Hamburg geführt worden, denn Anfang Juni 1816 verließ Harry Heine, mit achtzehneinhalb Jahren noch ohne abgeschlossene Ausbildung, seine Vaterstadt und kam am 6. Juni in Hamburg an. Er nahm eine Wohnung in der Großen Bleiche Nummer 307 und begann eine Lehre im Kontor des Bankhauses Heckscher & Co., wo er unter strenger Kontrolle des Onkels Salomon und seines Buchhalters Aaron Hirsch arbeitete. Er hatte weiterhin keine innere Neigung zum Kaufmannsberuf und nannte Hamburg im Brief an Christian Sethe vom 6. Juli 1816, seinem ersten erhaltenen Brief überhaupt, »ein verludertes Kaufmannsnest«, fügte aber im zweiten Brief an den Freund (vom 27. Oktober 1816) hinzu, daß er viel dichte und die »ungeheure Handelsspekulationen« ihm nicht viel zu schaffen machten. Er absolvierte die Ausbildung offenbar zufriedenstellend, denn Salomon richtete ihm im Mai 1818 am Graskeller 139 unter dem Namen »Harry Heine & Co.« ein Manufakturwarengeschäft für den Verkauf englischer Stoffe ein, das 1819 in den Bankrott von Samson Heine hineingezogen wurde. Der Umzug nach Hamburg war der erste wichtige Einschnitt in Heines Leben: Erstmals verließ er das Elternhaus für lange Zeit; erstmals griff der allmächtige Patriarch Salomon in seinen Werdegang ein; erstmals versuchte sich Heine jahrelang in einem bürgerlichen Beruf; erstmals lebte er in einer Großstadt, erstmals trat er als Dichter vor die Öffentlichkeit, wenn auch noch unter Pseudonym; und schließlich sah er Amalie, die Tochter des reichen Onkels, seine geliebte Cousine wieder, warb um sie und wurde abgewiesen.

Salomon Heine war die stärkste Persönlichkeit im Leben des Dichters. Ein Mann von Charakter, doch ohne Bildung (seine Briefe sind in einem schauderhaften Deutsch geschrieben), ein energischer, willensstarker Patriarch, der die gesamte weit verzweigte Familie beherrschte, ein Finanzgenie, das die Wirtschaftskrise glänzend überstand, obwohl es auch in Hamburg zahlreiche Konkurse gab, einer der wenigen Juden, die von der herrschenden Gesellschaftsschicht der Hansestadt aufgenommen und anerkannt wurden – es ist unmöglich, ihn und sein Verhältnis zum Neffen an so früher Stelle schon *erschöpfend* zu charakterisieren, Salomon Heine wird an wichtigen Stationen und Wendepunkten im Lebensgang des Dichters wiederkehren. In gewisser Hinsicht war auch er ein gesellschaftlicher Aufsteiger. Allerdings ist die von seinem Bewunderer Joseph Mendelssohn nach dem Tode des Bankiers 1845 verbreitete Behauptung, Salomon sei siebzehnjährig mit einem Paar Lederhosen und mit sechzehn Groschen in der Tasche von Hannover nach Hamburg gegangen, wo er vom armen Wechselausträger zum Millionär aufstieg, pure Legende, die der Bankherr wohl selbst »gern und mit Stolz zu erzählen pflegte«. Salomon Heine arbeitete zunächst in der Bank seiner Verwandten Popert, wurde später Wechselmakler und gründete 1797 mit seinem

Freund Marcus Abraham Heckscher eine eigene Bank unter dem Namen »Heckscher & Co.«. 1793 hatte er Betty Goldschmidt geheiratet, die ihm 10000 Bankomark Mitgift in die Ehe brachte, sein gesamtes übriges Vermögen will er selbst erworben haben. Der Ehe entstammten die Kinder Friederike (1797-1823), der Heines erste überlieferte Stammbucheintragung gewidmet ist, Fanny (1798-1829), Amalie (1799-1837), Hermann (1804-1831), Therese (1807-1880) und Carl (1810-1865). Salomon Heine überlebte also fünf seiner sieben Kinder, Amalie und Carl, vielleicht auch Therese spielten im Leben des Dichters eine bedeutende Rolle. Salomon betrieb Devisen-, doch niemals Aktienspekulationen wie später Carl; er vermied bedenkliche Geschäfte, war von peinlicher Genauigkeit in allen kaufmännischen Angelegenheiten, aber spendete und half auch großzügig, ab 1819 unterhielt er die ganze Familie Samson Heines. Als Harry Heine in Hamburg ankam, führte der Onkel bereits sein großes Haus in Ottensen, wo Harry beispielsweise Blücher kennenlernte, den er damals noch begeistert lobte (eine der sehr seltenen politischen Äußerungen dieser Periode). Schon im zweiten Brief an Sethe, wo die große Liebesenttäuschung im Mittelpunkt steht, kritisiert Heine den Bankier und deutete erste Konfrontationen an: »Mein Oheim lebt auf dem Lande. Dort geht es sehr geziert und geschwänzelt zu, und der freye unbefangene Sänger sündigt sehr oft gegen die Etiquette. Diplomatisches Federvieh, Millionäre, hochweise Senatoren etc. etc. sind keine Leut für mich.« Da ist der Neunzehnjährige schon in der Außenseiterposition gegenüber der Verwandtschaft, von der er sich nie ganz lösen, von der er stets abhängig bleiben und für die er auch immer wieder herzliche Zuneigung empfinden wird, zumeist ohne echte Erwiderung. Mit seinen Gedichten kommt der »freye unbefangene Sänger« sowieso nicht an, und über seine Stellung in der Hamburger Gesellschaft hat er von Anfang an keine Illusionen: »Der Neffe vom großen (???) Heine ist zwar *überall* gern gesehen und empfangen; schöne Mädchen schielen nach ihm hin, und die Busentücher steigen höher, und die Mütter kalkulieren«, er aber bleibt lieber allein, denn er weiß, daß die kalkulierenden Mütter und die schielenden Töchter ihm sofort den Rücken zukehren würden, wenn sich die Kalkulationen als falsch herausstellten, der junge Mann sich als das erwiese, was er wirklich ist: der arme Verwandte. Schon der Neunzehnjährige erkennt also seine Lage im Hause des Onkels genau; es ist Heines Tragik, es ist eine seiner wirklichen Schwächen, daß er sich sein Leben lang nicht aus dieser Lage, aus der Abhängigkeit vom Geld der bourgeoisen Verwandten befreien kann. Dabei wird sein starker Familiensinn, der immer wieder bei den Verwandten Hilfe sucht, ebenso mitgewirkt haben wie die jüdische Sitte, daß der reiche Jude dem armen Juden helfen soll und der arme Jude sich dieser Hilfe nicht schämen muß; trotzdem war diese Ankettung an Salomon und sein Geld für Heines seelische Entwicklung schädlich und für seinen Stolz eine ständige Kränkung, die er unbewußt freilich gesucht und gebraucht haben könnte wie die Liebes-Enttäuschung.

Denn im Verhältnis zu seinem mächtigen Onkel wird erstmals jenes Grund-Muster Heineschen Verhaltens deutlich, auf das im Prolog hingewiesen wurde und das in einigen wesentlichen Beziehungen und Lebenslagen des Dichters erscheint: Einerseits tritt er dem Onkel kritisch gegenüber, versucht sich in der bourgeoisen Umgebung zu behaupten und abzugrenzen, läßt sich nicht aus Hamburg wegschicken, als der Onkel das, vielleicht um ihn von Amalie fernzuhalten, im November 1816 plant; er schreibt trotz Salomons Unverständnis weiter seine Gedichte; am Ende des Hamburger Aufenthalts setzt er durch, daß er den ungeliebten Kaufmannsberuf an den Nagel hängen und auf Salomons Kosten studieren darf, er siegt also über den Onkel. Andererseits aber unterwirft er sich dessen Wünschen, beugt sich der Ausbildungsfuchtel, begibt sich in finanzielle Abhängigkeit für sein ganzes weiteres Leben, hängt auf eine merkwürdig demütige Weise an diesem Onkel, macht sich klein vor ihm, leidet unter ihm und scheint dieses Leiden unbewußt zu genießen. Heines Unterwürfigkeit zeigt sich am krassesten nach Salomons Tod: Beim letzten Zusammentreffen, August 1844, hatte der Onkel dem Neffen im Streit sogar einen Stockschlag versetzt, wofür er sich entschuldigte; nach Empfang der Todesnachricht schrieb Heine an Charlotte, er gäbe die Hälfte seiner übrigen Lebensjahre, wenn er den Onkel nur drei oder fünf Jahre hätte behalten können: »Mir sagte er viel Hartes, er hat diesen Sommer mir in der Aufregung sogar einen Schlag mit dem Stock gegeben – ach Gott! wie gern bekäme ich wieder meine Schläge.«

Es ist schwierig, die Ursprünge dieses widersprüchlichen Verhaltens, dieser Mischung aus Stolz und Unterwürfigkeit, Selbstbewußtsein und Demut, Aufbegehren und Leidens-Lust zu ergründen; vorschnelle Psychologisierungen helfen nicht weiter. Sicher lassen sich ererbte charakterliche Grundstrukturen vermuten, Vorgegebenes, das Heine mit Willenskraft nicht beeinflussen kann. Auch die Mutterbindung wird an der Herausbildung seines Verhaltens mitgewirkt haben, obwohl es gerade im Verhältnis zu Betty Heine weniger deutlich zutage tritt als gegenüber dem Onkel, später gegenüber Campe und Mathilde: Stolz und Widersetzlichkeit zeigt Heine seiner Mutter nämlich niemals so auftrumpfend wie dem Onkel oder dem Verleger, Aufbegehren überhaupt nicht, statt dessen entzieht er sich ihr und schirmt sich ab, wo er sich behaupten muß und nicht beugen kann; im übrigen hängt er hingebungsvoll, nachgiebig, treu an ihr fest, er hängt an ihr wie an Salomon, Campe, Mathilde, man kann dieses Hängen durchaus doppelsinnig verstehen. Heines weiterer Lebensgang wird zeigen, daß das Grundmuster seines Verhaltens besonders in einigen langdauernden, spannungsreichen menschlichen Beziehungen als Konstante erscheint. Auf keinen Fall kann man das Grundmodell aber als einziges, allumfassendes Raster an Heines »vielspältige« Persönlichkeit legen; auch das wäre eine bedenkliche Vereinfachung.

Die Frage, ob es wirklich eine unerwiderte, lange nachwirkende Liebe Heines zu seiner schönen und reichen Cousine Amalie (und vielleicht später zu Therese) gegeben hat, ist in der Heine-Forschung umstritten. Dazu trug der Dichter selbst bei: Nie nannte er Amaliens Namen, wenn er von seiner Liebe sprach oder schrieb. In den Briefen an Sethe hieß sie allerdings Molly, das war schon sehr deutlich, und Heine ermahnte sich auch, nur kein »leises Wörtlein« herauszulassen, weil sonst »zwei große wohlbekannte blaue Augen mich

Studieren ...

... auf Kosten der Verwandtschaft schafft langjährige Abhängigkeiten. Wer unabhängig leben will, der studiert am besten zuerst einmal die Möglichkeiten, selbst zu Vermögen zu kommen.

Pfandbrief und Kommunalobligation

Meistgekaufte deutsche Wertpapiere - hoher Zinsertrag - bei allen Banken und Sparkassen

Verbriefte Sicherheit

anstarren würden; die habe ich zwar sehr lieb, sind aber glaub' ich nur zu kalt«. Noch 1850 wich Heine aus, als die Schriftstellerin Fanny Lewald ihn auf Amalie ansprach, und nur einmal, im Brief an Varnhagen vom 19. Oktober 1827, gab er zu erkennen, daß Amalie, die 1821 den ostpreußischen Gutsbesitzer Friedländer heiratete, seine Molly war: »Ich bin im Begriff diesen Morgen eine dicke Frau zu besuchen, die ich in 11 Jahren nicht gesehen habe, und der man nachsagt ich sey einst verliebt in sie gewesen. Sie heißt Me Friedländer aus Königsberg, so zu sagen eine Cousine von mir.« Auch diese Äußerung, deren Jahresangabe falsch sein muß, ist eher vertuschend als enthüllend; allerdings folgt später im Brief der hintergründige, Heines Wiedersehensstimmung metaphorisch umschreibende Satz: »Die Welt ist dumm und fade und unerquicklich und riecht nach vertrockneten Veilchen.« Max Brod schreibt, Heines Schweigen über Amalie und die realen Umstände seiner Liebe zu ihr sei rührend, es sei ein tiefes, keusches Schweigen des als unkeusch verschrieenen Dichters – sicher hatte dieses Schweigen aber auch handfestere Gründe als Keuschheit und Takt gegenüber der Cousine: Heine wollte nicht mit indiskreten Äußerungen seine unentbehrliche Unterstützung durch Salomon und Carl gefährden.

Die schwer durchschaubare Sachlage führte zu äußerst kontroversen Auffassungen über das Gewicht dieser frühen Liebe und ihren Niederschlag im Charakter und im Werk Heines. Kein ernsthafter Heine-Kenner liest und deutet heute das »Buch der Lieder« noch so wie einst Ernst Elster: als lyrische Autobiographie. Sonst aber findet man scheinbar unvereinbare Ansichten über Tatsache und Bedeutung des Amalien-Erlebnisses und damit den biographischen Gehalt von Heines früher Lyrik, die ihn schließlich weltberühmt gemacht hat, aber auch von Prosawerken wie »Ideen. Das Buch Le Grand«. Brod nahm, was die Wirkung der enttäuschten Liebe angeht, einen extremen Standpunkt ein, für ihn war diese Enttäuschung der Schlüssel zu Heines weiterem Leben und Verhalten: Die Bedeutung dieser Liebe, meinte er, könne gar nicht überschätzt werden, sie begründe Heines ressentimentale Haltung, seine Menschenverachtung, sie bilde die unheilvollen Gaben des Spotts, der Frivolität aus, sie jage Heine in eine Reihe leichter, unbefriedigender, immer neu aufstachelnder Bindungen, die sich rasch wieder lösten, ganz ähnlich wie bei Byron. So weit gehen Heine-Experten wie Windfuhr, Kruse, Mende oder Grappin nicht; sie betrachten aber die unerwiderte Liebe zu Amalie als Lebensfaktum, das in Heines Poesie, vor allem in die frühe Lyrik der »Traumbilder«, der »Jungen Leiden«, des »Lyrischen Intermezzos« und der »Heimkehr« hineinwirkt. Windfuhr deutet das Bild der Geliebten im »Buch der Lieder« als Umsetzung, nicht als Nacherzählung der Amalien-Erfahrung, dabei werde die Cousine, die in Wirklichkeit ohne Tiefe, ohne komplizierte Erlebnisformen war, verfeinert und erhöht. Windfuhr – er steht hier exemplarisch für die Bejaher von Heines Amalien-Erlebnis – sieht in ihr die Zentralerfahrung für die frühe Liebesdichtung, doch nicht für das Gesamtwerk; er glaubt sogar, Harry habe anfangs auf Erwiderung seiner Liebe hoffen können. An der Tatsache und dem Gewicht dieser Erfahrung für Heines weiteres Verhalten zweifelt Windfuhr nicht: »Heine interpretierte seitdem alle auf ihn bezüglichen Erfahrungen als allgemeine Erfahrungen. Liebe schlechthin wurde für ihn unglückliche Liebe.«

Andere Heine-Forscher zweifeln aber ganz entschieden. Einige ihrer wichtigsten Argumente seien vorgestellt: Gesicherte Daten wie Harrys enges Verhältnis zu seinen Cousinen, seine mehrfache Verzweiflung über Amalie reichen nicht aus zur Konstruktion einer alles verzehrenden Leidenschaft, für die ein Leben zu kurz ist (Leonhardt); die Liebesverhältnisse zu den Hamburger Cousinen genügten nicht, um den Erlebnishorizont von Heines Liebesliedern auszufüllen (Fingerhut, der sich eingehend mit Heines Selbstdarstellung und Selbststilisierung beschäftigt hat); die Geschichte der großen unerwiderten Liebe Heines zu seinen Cousinen sei beinahe vollständig eine Kreation von Literaturhistorikern, die nach demselben Prinzip arbeiteten, mit dem rührende Geschichten über kaum erkennbare höfische Minnedichter konstruiert würden (Sammons); die Gedichte, die sich auf Amalie beziehen sollen, seien meist fünf Jahre nach der Zurückweisung und mindestens zweieinhalb Jahre, nachdem Heine die Cousine gesehen habe, geschrieben worden (Rose, der eine akribische Untersuchung der frühen Liebeslyrik schrieb); der unerhörte Zehn-Wochen-Flirt sei nicht Heines Lebenswunde und Lebensmitte, die jungen Damen in der schloßartigen Villa an der Elbe seien zierliche Püppchen aus einem Karussell, Kunstfiguren, Heine verwandele ja alles in Kunst, seine wahrsten Impulse seien Kunst (Raddatz). Einige Zweifler sind ihrer Zweifel allerdings nicht so ganz sicher. Sammons zum Beispiel gibt zu, daß Heine eine unerwiderte »infatuation for his cousin Amalie« erlitten habe, was soviel heißt wie Betörung, Verblendung, Verliebtheit, Vernarrtheit; Philipp F. Veit, der das *große* Liebeserlebnis ebenfalls anzweifelt, glaubt immerhin, daß Amalie ihrem Cousin den Vorwand, wenn nicht gar die Inspiration für eine beträchtliche Anzahl von Liebesgedichten verschafft habe.

Einige scheinbar unversöhnliche Gegensätze in den dargestellten Ansichten zum Amalien-Erlebnis lassen sich aufheben, wenn man es ähnlich »vielspältig« auffaßt wie Heines gesamte Persönlichkeit, sein Verhalten, sein Werk und wenn man die Liebesenttäuschung in den Kontext *aller* Hamburger Erfahrungen einordnet. Heine hat Amalie geliebt, sie hat ihn abgewiesen und dadurch tief verletzt: davon muß man ausgehen. Die folgenden Fakten scheinen gesichert: Heine lernte Amalie wahrscheinlich 1814 kennen, entweder in Düsseldorf, wo Salomon Heine mit seinen Kindern zu Gast war, oder in Hamburg, das Harry mit Samson besucht haben könnte. Er könnte sie beim Februar-Besuch 1815, als er sich in Friederikes Stammbuch eintrug, wiedergesehen haben. Die Briefe an Sethe machen die Annahme eines frühen Kennenlernens zwingend: Zwei Jahre hatte er sie nicht gesehen, Sethe war genau eingeweiht und bekam in den Briefen neue Informationen. Bei Harrys Ankunft in Hamburg war Amalie noch für vier Wochen verreist. »Endlich kam sie, und sah und siegte in einem Augenblick«, schrieb Paul Beyer schon 1911 und nicht ohne Pathos, aber so wird es gewesen sein. Ende Oktober 1816 wußte Heine bereits, daß sie ihn nicht liebte, wollte es aber noch nicht wahrhaben, wie der zweite Brief an Sethe zeigt. Besonders quälend war es für ihn, daß man die beiden offenbar voneinander fernhielt: »*In ihrer Nähe seyn,* und doch ewig lange Wochen nach ihrem alleinseeligmachenden Anblick oft vergebens schmachten, u – u – und – und – O! – O! – O Christian! da kann auch das frömste und reinste Gemüth in wilder wahnsinniger Gottlosigkeit auflodern.« Es gibt noch eine förmliche Stammbucheintragung für Amalie vom 19. November 1817 im Ottenser Landhaus, vom 1. Januar 1818 einen Neujahrsglückwunsch in ein Exemplar von Adolf Müllners Schicksalstragödie »Die Schuld« – die Hoffnungslosigkeit seiner Liebe war Harry Heine zu dieser Zeit klar.

An der Tiefe und Nachhaltigkeit dieser Liebesenttäuschung sollten wir nicht zweifeln. Es ist ausgeschlossen, daß der knapp Neunzehnjährige schon in den Briefen an Sethe, den wichtigsten Zeugnissen für seine Liebe zu Amalie, stilisiert, erfunden und geschauspielert hat; der Aufruhr seiner Gefühle ist echt, die Briefe belegen, genau wie etliche Gedichte dieser Zeit, durch ihre eindringliche Sprache Heines Erwachen als Dichter. Ebenso ist es ausgeschlossen, daß die *Fülle* der Liebesgedichte, die Heine seit 1815 fast zehn Jahre lang schrieb, ohne eine erschütternde erotische Erfahrung und Enttäuschung entstanden wäre. Eine andere Frau aber, die Heine damals geliebt hat, gab es nicht; es war Amalie. Selbstverständlich *kann* eine nur wenige Monate dauernde Liebesbegegnung weitreichende Folgen für den Lebensweg und die Dichtung eines jungen Poeten haben – Harry Heine war damals glücklicherweise schon stark genug, nicht als Werther zu enden, trotz der widrigen Umstände, unter denen die Liebe ihn traf. Selbstverständlich *kann* ein starkes Liebeserlebnis auch nach Jahren noch Gedichte hervorbringen, die Erschütterung kann immer wieder aufsteigen und nachhallen, die Erinnerung übermächtig werden: Erinnerung ist eine wichtige Inspiration für Dichtung. Allerdings – und auch das ist selbstverständlich – *zerbrach* Heine nicht an dieser Enttäuschung, obwohl er noch 1840 seinem französischen Freund Gérard de Nerval bekannt zu haben scheint, wie stark die Erinnerung war: »Wir litten beide an einer Krankheit! Wir sangen beide die Hoffnungslosigkeit einer Jugendliebe tot, wir singen noch immer und sie stirbt doch nicht.« Selbstverständlich begann Heine zu einem nicht exakt bestimmbaren Zeitpunkt Anfang der zwanziger Jahre seine Liebeserfahrung zu poetisieren, zu stilisieren, auch zu petrarkisieren, wie noch zu zeigen sein wird; wir können das »Buch der Lieder« nicht als *Chronik* seiner gescheiterten Liebe zu Amalie (und möglicherweise zu Therese) lesen und deuten. Und selbstverständlich war die enttäuschte Liebe nicht die einzige Ursache von Heines Verdüsterung, seiner unendlich traurigen, herzbewegenden, todessüchtigen, später aber auch ironischen, in Spott und Selbstverspottung endenden Liebeslyrik: gleichzeitig mit der unglücklichen Liebe erfährt Harry Heine im Hause seines Onkels die gesellschaftliche Deklassierung, auch durch die arroganten »Kunstfiguren« seiner Cousinen; gleichzeitig erlebt er die abstoßende Welt des Schachers, die Hamburger Bourgeoisie, müht er sich im ungeliebten Beruf ab, sieht er das Geschäft seines Vaters zusammenbrechen, wird er am Ende selbst durch Samson mit der Firma »Harry Heine & Co.« in den Bankrott hineingezogen, spürt er den untergründigen Antisemitismus in der Hansestadt – ein ganzer Komplex von Bedrängnissen ruft Heines Verdüsterung, aber auch seine Gegenwehr hervor. Die Liebeskatastrophe, die ins Bild gehört, wenn man eine »vielspältige« Analyse der ersten Hamburger Zeit und ihrer Folgen vornimmt, ist nur das *Leiterlebnis* einer umfassenderen Katastrophe, in der Harry Heine leicht hätte untergehen können, der er aber unter Aufbietung aller Kräfte die Stirn bietet. Allerdings erlebt er die Liebesenttäuschung besonders heftig, daher der Strom von Gedichten über Jahre hinweg; die Enttäuschung hat ja auch einen noch jungen, unvorbereiteten Mann getroffen.

Freilich himmelt dieser junge Mann Amalie nicht nur an und schreibt Gedichte auf sie, er verbindet mit seiner Werbung auch sehr reale Interessen: Seit er in Ottensen verkehrt, will er seinen Anteil von Salomons Reichtum haben, er wird nie aufhören, das zu fordern, so als stehe ihm das zu – Amalie (oder Therese?) wäre die glänzende Partie gewesen, die ihm eine ausgezeichnete gesellschaftliche Stellung und das materiell sorgenfreie Leben gebracht hätte, das er immer erträumte und nie gewann. Für Amalie jedoch kam der junge Mann, der Lehrling im Geschäft ihres Vaters, der arme Vetter, dessen Liebesgedichte sie »so bitter und schnöde gedemütigt« hat, überhaupt nicht in Betracht. Ihr Zukünftiger mußte aus der High-Society kommen, in die ihre Familie gerade aufgestiegen war; es verwundert beinahe, daß sie mit dem ostpreußischen Gutsbesitzer Friedländer zufrieden war. Noch ein anderer Gesichtspunkt ist wichtig: Zwar nahm die Zahl der Liebesheiraten am Anfang des 19. Jahrhunderts zu, besonders in den wohlhabenden Bürgerschichten, doch ist es fraglich, ob diese Entwicklung Salomons Familie schon erreicht hatte. Amalies Ehe mit Friedländer und Thereses Ehe mit Adolf Halle, dem Präsidenten des Hamburger Handelsgerichts, gründeten sicher nicht primär auf Liebe. Salomon erwartete von seinen Töchtern eine gute Partie, die das gesellschaftliche Ansehen der Familie noch steigerte; man weiß nicht, ob Amalie die Erwartungen der Familie an die Töchter schon verinnerlicht hatte, als Harry um sie warb und sie ihn abwies, oder ob sie anfangs nicht abgeneigt war und der Vater ihr die Flausen austrieb.

Von den bisher dargestellten Ereignissen und Konflikten abgesehen, wissen wir wenig über Heines erste Hamburger Zeit. Seine Arbeit in der Bank und der Firma »Harry Heine & Co.«, sein Alltagsleben, seine Wohnungen und Gepflogenheiten wurden nirgends ausführlich geschildert, Freunde scheint Heine damals nicht gefunden zu haben. »Ich lebe hier ganz isolirt«, schrieb er schon im zweiten Brief an Sethe; ein einsamer junger Mann lebte volle drei Jahre in einer Stadt, für die er eine Art Haßliebe empfand: »Wahr ist es, es ist ein verludertes Kaufmannsnest hier. Huren genug, aber keine Musen«, konstatiert er nach dem ersten Monat; am 27. 10. 1816 fügte er hinzu, »daß in dieser Schacherstadt nicht das mindeste Gefühl für Poesie zu finden ist«. Es wäre ihm im Kaufmannsberuf »ungeheuer schädlich« gewesen, hätte er seine Gedichte unter vollem Namen veröffentlicht, also wich er in ein Pseudonym aus. Ob er Hamburgs Huren schon damals aufgesucht hat, ist unklar; später tat er es ungeniert. Trotz ihres Kaufmannsgeistes bot die Stadt, die damals etwa 120000 Einwohner hatte, dem jungen Dichter gewisse Anregungen: Er konnte Theater besuchen; er konnte im Alsterpavillon, wo er gern saß, Leute beobachten und kennenlernen;

er machte die Bekanntschaft seines Vetters Hermann Schiff, der später selbst ein talentierter Autor war und dessen Roman »Schief-Levinche« Heine schätzte. Ob er auch mit anderen Hamburger Literaten zusammentraf, ist nicht bekannt; allerdings muß er Karl Trummer, den Herausgeber der Zeitschrift »Hamburgs Wächter«, gekannt haben, denn dort erschienen seine ersten Gedichte. Es ist ungeklärt, ob Heine engere Verbindungen zum »Neuen Israelitischen Tempelverein« hatte, der am 11. Dezember 1817 gegründet wurde; Salomon Heine, der dem Verein nahestand und sich nicht taufen ließ, gab seinen Kindern und Verwandten in religiösen Angelegenheiten Freiheit – Harry war von dieser Seite also keinem Zwang ausgesetzt. Sollte er Kontakte zu den Hamburger Reformjuden unterhalten haben, wie Mende behauptet, so gingen sie sicher nicht tief – Hartmut Kircher hat mit Recht darauf hingewiesen, daß der jüdische Glaube für Heine kein Halt in der Liebesenttäuschung war.

Im Juni 1819 konnte er Hamburg verlassen und nach Düsseldorf zurückkehren. Vorher hatten sich die Ereignisse um das väterliche Geschäft dramatisch zugespitzt: Im August 1818 mußte der schwer bedrängte Samson Heine plötzlich eine Serie von Wechseln auf Hamburger Firmen ziehen, vor allem auf die des eigenen Sohnes, wovon nicht nur Harry bedroht, sondern auch Salomon betroffen war – das Grundkapital zum Geschäft des Neffen stammte ja von ihm. Die Wechsel wurden als ungedeckt zurückgewiesen; Harry Heines häufige Abwesenheit von seiner Wohnung und seinem Geschäft, die früher einfach mit seiner Unlust am Kaufmannsberuf erklärt wurde, hatte triftigere Gründe: Auch er hätte, falls ihn die väterlichen Wechsel erreichten, erklären müssen, daß «Harry Heine & Co.» nicht zahlen werde – eine schlimme Situation, zumal Harrys Firma möglicherweise eine Filiale der väterlichen war und erst durch sie in den Abgrund gerissen wurde. Daß Heine ein unfähiger Geschäftsmann war, ist keineswegs erwiesen; seine späteren zähen und geschickten Verhandlungen mit Campe beweisen eher das Gegenteil; freilich ging es da um Werkhonorare und Vorschüsse, nicht um englische Tuche.

Nach dem verzweifelten Angebot Samsons, Salomon alle

Waren und Außenstände zur Schuldentilgung zu überlassen, griff der Bankier ein. Er war das auch dem eigenen geschäftlichen Ruf schuldig: die Trennung von Heckscher stand bevor, Salomon Heine, der damals bereits eine Million Mark besaß, gründete am 1. Januar 1819 sein eigenes Bankhaus. Er schickte Aaron Hirsch Ende 1818 nach Düsseldorf; der Beauftragte zahlte für Samson Heine Wechsel im Werte von 7166 Reichstalern und übernahm das Warenlager, in das Heines Vater sein gesamtes Bargeld gesteckt hatte. Im Februar und März 1819 wickelte Hirsch die Liquidation von Samsons Firma ab, »Harry Heine & Co.« wurde ebenfalls liquidiert. Wohl um Samsons Widerstand zu brechen, beantragten Salomon und Henry Heine die Entmündigung ihres unglücklichen Bruders wegen Geistesschwäche. Samson war tatsächlich krank. Seit 1814 litt er an Epilepsie; eine Vernehmung in Hamburg, wo er sich seit Anfang 1819 aufhielt, mußte wegen zweier epileptischer Anfälle abgesetzt werden. Der Entmündigungsantrag, den auch ein sechsköpfiger Familienrat, darunter Samsons Schwager und zeitweiliger Geschäftsführer Simon van Geldern aus der »Arche Noä«, im April 1819 befürwortete, wurde vom zuständigen Düsseldorfer Gericht offenkundig verworfen. Jedenfalls fehlen bis heute Beweise, daß der Antrag durchging: In Düsseldorf wußte man wohl, daß Samson zwar krank, doch bei klarem Verstande war.

Es ist nicht bekannt, ob Harry am Familienrat teilgenommen hat. Kurze Zeit arbeitete er noch in Salomons Bankhaus, dann bewilligte ihm der Onkel, wohl auch nach Bettys Intervention, 400 Taler jährlich für ein Jura-Studium. Er verließ Hamburg Mitte Juni 1819, kehrte aber noch oft dorthin zurück (Kruse hat bis 1831 zwölf weitere Aufenthalte ermittelt): fast so, als ziehe ihn die dort erlittene Kränkung an, als müsse er den Schmerz immer neu anfachen – schon im Abschiedsgedicht von 1819 wird aus dem verluderten Kaufmannsnest die berühmte »schöne Wiege meiner Leiden«, ein »schönes Grabmal meiner Ruh«; das doppelte Oxymoron am Anfang dieses Gedichts, das zu Heines ersten Meister-Stücken zählt, drückt seine Haßliebe zu Hamburg vollkommen aus:

Schöne Wiege meiner Leiden,
Schönes Grabmahl meiner Ruh,
Schöne Stadt ich muß dich meiden, –
Lebe wohl! ruf' ich dir zu.

Lebe wohl, du heilge Schwelle,
Wo da wandelt Liebchen traut;
Lebe wohl, du heilge Stelle,
Wo ich sie zuerst geschaut.

Hätt' ich dich doch nie gesehen,
Schöne Herzensköniginn!
Nimmer wär es dann geschehen,
Daß ich jetzt so elend bin.

Nie wollt' ich dein Herze rühren,
Liebe hab' ich nie erfleht;
Nur ein stilles Leben führen
Wollt' ich, wo dein Odem weht,

Doch du drängst mich selbst von hinnen,
Bittre Worte spricht dein Mund;
Wahnsinn wühlt in meinen Sinnen,
Und mein Herz ist krank und wund.

Und die Glieder matt und träge
Schlepp' ich fort am Wanderstab,
Bis mein müdes Haupt ich lege
Ferne in ein kühles Grab.

Dies ist die erstgedruckte Fassung; später änderte Heine den dritten Vers auf bezeichnende Weise: »Schöne Stadt, wir müssen scheiden« – da ist die Wiederkehr einbezogen, vom Meiden keine Rede mehr.

Beim Abschied von Hamburg hat Heine erst etwa dreißig Gedichte geschrieben, das ist eine bescheidene Zahl. Hinweise, daß er untaugliche Texte vernichtet hat, gibt es nicht. Trotz der geringen Zahl ist Heine ab 1815 als Dichter ganz präsent: plötzlich, fast ohne erkennbare Vorbereitung und Entwicklung. Die erhaltenen Texte vor 1815 – ein harmloses Hochzeitsgedicht für David Rintelsohn, den Sohn seines

Lehrers (1812), der fast wörtlich aus einem Almanach abgeschriebene Vierzeiler zum Hochzeitstag seiner Eltern 1813 – sind literarisch unbedeutend und kündigen nichts Späteres an. In dem Jahr vor Heines Abreise nach Hamburg aber entstehen so unterschiedliche Texte wie das patriotische Gedicht »Deutschland«, sechs »Traumbilder«, düstere und gespenstische Nachtstücke mit dem zentralen Todesmotiv, die Wünnebergiade, Heines erste, sogleich scharfe, ja erbarmungslose Personen-Satire auf einen Düsseldorfer Gymnasiasten Wünneberg; und das zarte »Anfangs wollt' ich fast verzagen«, das dem Düsseldorfer Schulfreund Gustav Friedrich von Untzer gewidmet, also kein Liebesgedicht war – eine bemerkenswerte Vielfalt der Themen und Tonarten für einen achtzehnjährigen Anfänger. In Hamburg entstehen weitere »Traumbilder«, einige Minne-Gedichte, die nicht frei von Sentimentalität sind und ins »Buch der Lieder« nicht aufgenommen werden, Einzelstücke wie das Gedicht auf Klopstocks Grab »Als ich ging nach Ottensen hin« (ebenfalls nicht im »Buch der Lieder«) und die ersten jener Liebesgedichte, deren – im Vergleich zu den explosiv-schaurigen »Traumbildern« – sanfte Tonart dem Dichter *sofort* beim Schreiben bewußt ist und zu denen auch »Lebewohl« gehört: »Wie in Honig getauchter Schmerz« nennt sie Heine im zweiten Brief an Sethe und gibt so die Metapher gleich mit, die ihre Eigenart ausdrückt.

In Hamburg hatte Heine seine erste Veröffentlichung unter dem Pseudonym »Sy. Freudhold Riesenharf«, einem Anagramm aus »Harry Heine, Düsseldorf«. In vier Februar- und März-Ausgaben der Zeitschrift »Hamburgs Wächter« erschienen insgesamt sechs Gedichte, die beiden ersten, »Der Traum« (später »Traumbild II«) und »Die Weihe« (nicht im »Buch der Lieder«) am 18. Februar. Kruse nennt die Zeitschrift moralisierend, katholisierend, voller Liebe für das Mittelalter, restaurativ und national. Das irritierte Heine damals anscheinend nicht: er wollte diese Erstveröffentlichung, er suchte die künstlerische Bestätigung, die ihm auch über die sonstigen Kümmernisse hinweghalf, und er fand sie, wenn er sich auch vorerst hinter dem ausgefallenen Pseudonym verstecken mußte – er fand sie allein, kein literarischer

»Fachmann« außer Trummer half ihm dabei. Bedeutende Redakteure, Kritiker, Ratgeber und schließlich Schriftsteller-Kollegen werden ihm erst während des Studiums begegnen: da war er bereits auf seiner Bahn. Den Anfang setzte er allein, und er war stolz darauf.

II. Kapitel

1819–1825

Das Bonner Jahr

Im Sommer 1819 bereitete sich Harry Heine mit Joseph Neunzig in Nachhilfestunden bei einem Jesuitenlehrer auf die nachzuholende Reifeprüfung vor. Ende September verließ er Düsseldorf, Mitte Oktober bezog er eine Wohnung in Bonn, Josephsstraße 5. Möglicherweise bekam er eine vorläufige Genehmigung zum Studienbeginn; Anfang Dezember bestand er die Prüfung mit der niedrigsten Note »3«: die lange Unterbrechung der Schulausbildung tat offensichtlich ihre Wirkung. Harrys Deutschaufsatz über den Zweck akademischer Studien soll, laut Neunzig, eine Satire über die Notwendigkeit von Schreibbänken in den Hörsälen gewesen sein, im Lateinischen wurden ihm »unsichere Sprachkenntniß und zu wenig Uebung« bescheinigt. Heine studierte zwei Semester in Bonn; das Sommersemester begann am 4. 4. 1820. Im März 1820 besuchte er das Kloster Nonnenwerth und Rolandseck, im Mai machte er Bootsfahrten nach Godesberg. Im Juni zog er sich zur Erholung und zum Schreiben nach Beuel auf die gegenüberliegende Rheinseite zurück. Mitte August beschloß er, nach Göttingen zu wechseln; im September wurde er in Bonn exmatrikuliert und verließ die Stadt. Ob Betty Heine tatsächlich vor Studienbeginn ihren Schmuck verkauft hat, wie der Dichter in den »Memoiren« erzählt, ist nicht zu klären; die materielle Lage der Familie spricht eigentlich gegen dieses Opfer, andererseits ist nicht sicher, ob Salomon die Unterstützung sofort zahlte.

Heine begann sein Studium in einer dramatischen Zeit. Am 23. März 1819 hatte der Student Karl Sand den politisch reaktionären Schriftsteller August von Kotzebue ermordet, der verdächtigt wurde, Spitzeldienste für die russische Regierung zu leisten. Am 5. Mai wurde Sand hingerichtet; am 1. August beschlossen Preußen und Österreich in der Teplitzer Punktuation Demagogen-Verfolgungen; am 20. September nahm der Deutsche Bundestag die berüchtigten »Karlsbader Beschlüsse« an: Die Mainzer Zentraluntersuchungskommission gegen nationale und liberale Bestrebungen wurde gebildet, die Burschenschaft verboten;

der Presse und den Universitäten drohte scharfe Überwachung; für Druckwerke unter 20 Bogen wurde die Vor-, für Bücher über 20 Bogen die Nachzensur verordnet. Die Unterdrückungsmaßnahmen trafen auch die junge Bonner Universität. Ursprünglich im Zuge der Bildungsreform als dritte preußische Hochschule nach Berlin und Breslau geplant und als eine Art geistiger Vorposten im unruhigen, von den bürgerlichen Freiheiten des Code Napoléon zehrenden Rheinland gegründet, nahm sie die Vorlesungen im Wintersemester 1818/19 bereits unter Einschränkungen auf: Ernst Moritz Arndt, der bekannteste Wortführer der nationalen Bewegung, und August Wilhelm von Schlegel erhielten zwar ihre Professuren, andere Berufungen aber wurden aus politischen Gründen verhindert. So begann, wie an anderen deutschen Universitäten, der Kampf gegen das *freiheitliche* Erbe der antinapoleonischen Erhebung, aber auch gegen Patrioten, die für einen deutschen Nationalstaat eintraten und in Konflikt mit den Interessen der Partikularfürsten gerieten. So ergab sich die paradoxe Lage, daß Liberale und Nationale gleichermaßen verfolgt wurden: Der engstirnige Nationalist Turnvater Friedrich Ludwig Jahn, den Heine später rigoros angriff, erhielt 1819 Festungshaft und stand noch 1840 unter Polizeiaufsicht; der sehr populäre Arndt, ein Deutschtümler und Franzosenhasser, doch auch ein Streiter für Verfassung, Pressefreiheit und politische Rechte des Volkes, geriet ebenfalls ins Räderwerk der restaurativen Unterdrückungsmaschinerie. Er publizierte 1818, als Professor zensurfrei, den vierten Teil von »Geist der Zeit«, worin er unerschrocken seine unbequemen Ansichten aussprach und den preußischen Polizeistaat angriff. Die Neugründung der Universität schien gefährdet, die Zensurfreiheit der Hochschule wurde abgeschafft, der Rektor ermahnt, daß Seine Majestät »keinen Lehrer auf preußischen Hochschulen dulden könnten, der solche Grundsätze aufstellen, und solche unschickliche und unnütze Dinge vortragen würde, wie diese Schrift enthalte«. Arndt erlebte im Juli 1819, ebenso wie die Brüder Welcker, Jura-Professoren, eine Haussuchung, Papiere und Bücher wurden konfisziert, ein ganzes Bataillon Infanterie wurde zur Absicherung der Aktion in die Stadt gezogen. Im Herbst 1820 wurde Arndt unter Weiterzahlung seines Gehalts suspendiert und durfte danach zwanzig Jahre nicht lehren – die ganze Erbärmlichkeit des Restaurationsregimes zeigte sich in solchen Maßnahmen gegen Vorkämpfer der Befreiung von napoleonischer Fremdherrschaft, der deutschen Einheit.

Nach den Karlsbader Beschlüssen erhielt die Bonner Universität wie alle preußischen Hochschulen einen Regierungsbevollmächtigten und einen Universitätsrichter, der mit Zustimmung des Polizeiministers ernannt wurde, im Rang eines ordentlichen Professors stand, statt des Rektors die akademische Disziplinargewalt ausübte und jederzeit die Bonner Polizei anfordern konnte. Die Zensurmaßnahmen wurden verschärft, zahlreiche Untersuchungen gegen Professoren und Studenten geführt, alle Vorlesungen überwacht, Professoren sogar in ihrem Privatleben und ihrer Privatlektüre bespitzelt. Kaum in Bonn angekommen, wurde auch Harry Heine von der politischen Reglementierung betroffen. Er nahm am 18. Oktober auf dem Kreuzberg an einem Fackelzug zur Erinnerung an die Leipziger Völkerschlacht teil, wobei Reden gehalten, Hochrufe ausgebracht und Lieder gesungen wurden; Arndt war anwesend. Die Behörden reagierten mit Verhören. Am 26. November wurde Heine vom Universitätsrichter Mittermaier vernommen; er zog sich geschickt aus der Affäre und stellte sich auf intelligente Weise dumm; er vergaß diese erste Konfrontation mit dem restaurativen Machtapparat aber nie, obwohl sie ohne direkte Folgen für ihn blieb. Im Gedicht »Sohn der Thorheit!«, Heines zweitem Deutschland-Gedicht, das in Bonn entstand und Anfang 1822 als »Deutschland. Ein Fragment« in der Zeitschrift »Der Zuschauer« erschien, spiegelt sich seine Enttäuschung über die Restauration nach 1815 wider: Das Deutschland, in dem Verfechter der nationalen Einheit zu revolutionären Demagogen gestempelt und verfolgt wurden, war nicht das Land seiner patriotischen Wunschträume:

Lausch' ich jetzt im Sang der Wogen,
Klingt viel andre Melodey:
Schöner Traum ist längst verflogen,
Schöner Wahn brach längst entzwei.

Schau' ich jetzt von meinem Berge
In das deutsche Land hinab:
Seh ich nur ein Völklein Zwerge
Kriechend auf der Riesen Grab.

Muttersöhnchen gehn in Seide,
Nennen sich des Volkes Kern,
Schurken tragen Ehrgeschmeide,
Söldner brüsten sich als Herr'n.

Der Universitätsrichter fragte Heine übrigens auch: »Wurde der Burschenschaft kein Lebehoch gebracht?« Das war eine Fang-Frage: die Burschenschaften wurden ja nach Karl Sands Mord an Kotzebue verboten und waren den Regierungen ein Dorn im Auge. Das allgemeine Verbot setzte sich gegen den hinhaltenden Widerstand von Studenten und Professoren nicht überall sofort durch: Die Bonner »Allgemeinheit«, im Sommer 1819 gegründet und bald die Hälfte der 400 Studenten umfassend, konnte sich noch bis zum Juni 1820 halten, dann wurde auch sie aufgelöst. Seitdem gab es nur noch die nach der regionalen Herkunft organisierten Landsmannschaften, deren Hauptinteresse Trinkgelagen und Duellen galt. Duelle waren offenbar nicht auszurotten, obwohl der Bundestag im April 1820 Pistolen-Duelle strikt verboten hatte; auch Heine scheint sich damals wegen einer antisemitischen Beleidigung auf Säbel duelliert zu haben. Das Treiben der Landsmannschaften sollte er in Göttingen noch zur Genüge kennen lernen. In Bonn schloß er sich der »Allgemeinheit« an, besuchte geheime Treffen, war aber kein Aktivist: dazu sah er die Burschenschaften wohl von vornherein zu kritisch – Windfuhr weist darauf hin, daß schon Heines Antworten vor dem Universitätsrichter keinen Enthusiasmus für sie verrieten, sondern eher unterkühlt und wohl absichtlich salopp gegeben wurden. Immerhin war die Burschenschaft um 1820 die fortschrittlichste studentische

Gruppierung; die Konstitution der Allgemeinen Deutschen Burschenschaft vom 18. Oktober 1818 proklamierte »Einheit, Freiheit und Gleichheit aller Burschen untereinander, Gleichheit aller Rechte und Pflichten«, das waren demokratische Ansätze; die Bonner »Allgemeinheit« bestand nicht einmal auf christlich-deutscher Ausbildung wie etwa die Jenaer oder die Gießener Burschenschaften, auch Juden wurden aufgenommen. Die »Allgemeinheit« kümmerte sich hauptsächlich um die studentische Kommunikation, man wanderte, sang, feierte und machte Bootsfahrten auf dem Rhein. Die rigorose Überwachung ließ offene politische Aktivitäten nicht zu, aber politikfrei war die »Allgemeinheit« nicht, wie schon der Fackelzug zeigte. Sie war zwar weder republikanisch noch fanatisch national, doch gab es eine patriotische Grundstimmung. Heine teilte diese Stimmung zunächst; seine Studien deutscher Geschichte, Literatur und Sprache könnten durchaus vom burschenschaftlichen Geist beeinflußt worden sein. Allmählich aber löste er sich vom Patriotismus, denn er sah die burschenschaftliche Tendenz zu Teutomanie und Chauvinismus bei gleichzeitiger politischer Ohnmacht. So beginnt das Sonett »Die Nacht auf dem Drachenfels«, vermutlich 1820 aus Anlaß einer studentischen Maifeier geschrieben und dem Studienfreund Fritz von Beughem gewidmet, zwar patriotisch-romantisch, im Schlußterzett aber »bricht« der Dichter die feierliche Stimmung mit jener Ironie, für die seine Lyrik bald berühmt, in den Augen mancher Leute auch berüchtigt wurde:

> Sieh nun, mein Freund, so eine Nacht durchwacht' ich
> Auf hohem Drachenfels, doch leider bracht' ich
> Den Schnupfen und den Husten mit nach Hause.

Es ist nur auf den ersten Blick befremdlich, daß Heine trotz der politischen Bedrängnisse ein relativ glückliches Jahr in Bonn verbrachte: Der Studienbeginn öffnete dem jungen jüdischen Aufsteiger und Außenseiter die neue Welt, das neue Leben, von dem er im Kaufmannsberuf lange genug geträumt hatte. Erstmals genoß er ein intellektuelles Klima, das seinen Neigungen und seinem geistigen Rang entsprach; das half ihm, den politischen Druck zu ertragen. Heines Studium war durch zwei Besonderheiten gekennzeichnet: Er legte es von vornherein, wahrscheinlich auf Grund genauer Vorüberlegungen in der Hamburger Zeit, breit, fast universell an, und er war ein ungewöhnlich fleißiger, eifriger, ernsthafter, interessierter, bewußter Student, was ihm alle Professoren in den Testaten bescheinigten. Sicher spielte bei dieser Einstellung zum Studium die Tatsache mit, daß er nicht direkt von der Schulbank kam und mehrere Jahre älter war als die »normalen« Studienanfänger. Die Intensität, mit der Harry Heine studierte, die breite Auffächerung der Gegenstände, der Rang bedeutender Lehrer, die lebendige Anregung durch wache Studienkollegen geben dem Studium entscheidendes Gewicht für seine geistige Entwicklung und damit für seine Dichtung: »Weltanschauung und Kunstverständnis des Schriftstellers sind in ihren wichtigsten Zügen grundgelegt durch sein Universitätsstudium in Bonn, Göttingen und Berlin... Heine will die verschiedenartigsten Kenntnisse aufnehmen: Geschichte, dann Philosophie, politische Theorie und Ökonomie, verschiedene Literaturwissenschaften, alle Bereiche der Rechtswissenschaft. Er sucht nicht nur flüchtige Begegnungen mit aktuellen Einzelwissenschaften. Er rezipiert den Entwicklungsstand der verschiedenen Disziplinen auf eine Weise, die ihn in die Lage setzt, in die wissenschaftliche Diskussion einzugreifen und darin wesentliche Entwicklungen zu befördern. Heines Wissenschaftskritik steht im Zentrum seiner Bemühungen, die Ziele der Aufklärung zeitgemäß, auf der Grundlage der Hegelschen Philosophie, voranzutreiben. Heines wissenschaftliche Studien und sein schriftstellerischer Kampf ordnen sich ein in den großen Streit für oder gegen die Ideen der Französischen Revolution« (Kanowsky).

Dazu legte er in Bonn die Fundamente; Jurisprudenz spielte dabei eher eine Randrolle. Jura wählte damals die jüdische Oberschicht für diejenigen Söhne, die kein Interesse am Kaufmannsberuf zeigten; Heine beugte sich der Wahl von Onkel und Mutter, belegte in Bonn aber nur je eine juristische Pflichtvorlesung pro Semester. Zunächst hörte er »Encyclopedie, Methodologie und Institutionen des römischen

Rechts« bei Karl Theodor Welcker, einem entschiedenen Gegner der Historischen Rechtsschule, deren Wegbereiter seit den neunziger Jahren der von Welcker schon 1813 scharf angegriffene Gustav Hugo, Heines späterer Göttinger Doktorvater, und deren eigentlicher Begründer sein Berliner Lehrer Friedrich Karl von Savigny war. Welcker vertrat das vernunftrechtliche Naturrecht und wies Heines Rechtsdenken die Richtung, noch bevor er die Historische Schule direkt kennenlernte. Im Sommersemester belegte er »Institutionen des römischen Rechts« bei Ferdinand Mackeldey und fand diese Veranstaltung widerwärtig trocken, pure Wissensgelehrsamkeit ohne geistigen Horizont – Gelehrte wie Mackeldey bestimmten weitgehend sein Urteil zur Jurisprudenz, vor allem zum römischen Recht; immer wieder beklagte er sich in Briefen über die Öde des Jurastudiums, und noch in den »Memoiren« schreibt er: »Von den sieben Jahren, die ich auf deutschen Universitäten zubrachte, vergeudete ich drei schöne blühende Lebensjahre durch das Studium der römischen Kasuistik, der Jurisprudenz, dieser illiberalsten Wissenschaft.«

Das Hauptgewicht legte Heine während des Bonner Studienjahres auf Geschichte, Literatur und Sprachwissenschaft. Nach seinen eigenen Angaben hörte er im Wintersemester bei Schlegel »Geschichte der deutschen Sprache und Poesie«, bei Arndt »Geschichte des deutschen Volkes und Reiches« sowie »Tacitus: de moribus Germanorum«, bei Johann Gottlieb Radlof »Urgeschichte der Deutschen«, im Sommersemester 1820 bei Schlegel »Historisch-kritische Erklärung des Nibelungenlieds »und »Metrik, Prosodie und Declamation«, bei Karl Dietrich Hüllmann »Culturgeschichte«, »Germanisches Staatsrecht des Mittelalters« und »Französische Geschichte«. Kanowsky nimmt mit einigem Recht an, daß Heine auch Schlegels »Vorlesung über das akademische Studium« hörte, die an die 250 Interessenten anlockte, mehr als die Hälfte der Bonner Studenten; Heine hat mit Sicherheit auch Professor Helferich Bernhard Hundeshagen gekannt, der praktische und theoretische Baukunst lehrte und ebenfalls über das Nibelungenlied las: »Wenn Hundeshagen nächsten Sommer über Niblungen lesen wird, so möchte mich dieses wahrscheinlich nach Bonn zurückziehen«, schrieb er am 29. Oktober 1820 aus Göttingen. Diese Hochschätzung Hundeshagens überrascht ein wenig, denn die wichtigsten Bonner Lehrer Heines, die ihn am ehesten hätten zurückziehen müssen, waren zweifellos Schlegel, Arndt und Hüllmann.

Hüllmann, erster und verdienstvoller Rektor der Bonner Universität, forschte vor allem im Bereich Sozial- und Wirtschaftsgeschichte. Kanowsky hat zusammengestellt, was Heine von ihm lernen konnte: Hüllmann, antiromantischer Gegner der verbreiteten Mittelalter-Schwärmerei, die Harry Heine anfangs unkritisch mitmachte, legte Fundamente für Heines spätere Mittelalter-Kritik; unter Hüllmanns Einfluß lernte er Geschichte umfassend zu verstehen: nicht nur als Politik, sondern unter Einschluß von Wissenschaften und Künsten, Wirtschaft und Handel, kulturellen und religiösen Institutionen. Schließlich wurden auch Heines Skepsis gegenüber der Republik, seine offen zugegebene Neigung zur Monarchie, die wenig mit restaurativem Monarchismus zu tun hatte, und seine Überzeugung von der historischen Bedingtheit aller Staatsformen durch Hüllmann angeregt. Eine direkte Bestätigung dieser Einflüsse gab Heine selbst allerdings nicht; er äußerte sich nur einmal, in »Nordsee III«, knapp und nicht ohne Anerkennung über Hüllmann, bei dem er in Bonn ausgiebig hörte.

Ernst Moritz Arndt, der wichtigste Ideologe und Inspirator der Befreiungskriege, war um 1820 der beliebteste Bonner Professor; Herzlichkeit, unprätentiöses Verhalten und die politische Verfolgung trugen zu dieser Hochachtung bei. Er las über deutsche Geschichte aus leidenschaftlicher Überzeugung, die uns heute als schwärmerischer, nicht selten fanatischer Nationalismus erscheint. Arndts persönliche Integrität, seine Tapferkeit in der Demagogenverfolgung respektierte Heine auch dann noch, als er die Deutschtümelei bereits hinter sich hatte. Der Nationalismus, wie ihn Arndt vertrat, wurde später Heines Hauptfeind, gegen den er sich sogar mit den gefürchteten Kommunisten verbünden wollte; Arndt selbst, dessen Geschichtsauffassung er ebenfalls rasch hinter sich ließ, attackierte er erst nach 1831, dann aber scharf: »Wie schön war der Name Arndts, ehe er, auf höheres Geheiß, jenes schäbige Büchlein geschrieben, worin er wie ein Hund wedelt und hündisch, wie ein wendischer Hund die Sonne des Julius anbellt.« Gemeint ist Arndts Schrift »Die Frage über die Niederlande und die Rheinlande« (1831), wo er die Julirevolution verurteilt. Die Bemerkung steht in Heines äußerst aggressiver Vorrede zu »Französische Zustände«, er zeigt Arndt, Schleiermacher und Ranke dort als Leute, denen das preußische Restaurations-Regime das Rückgrat gebrochen hat.

Den stärksten Einfluß übte Schlegel in Bonn auf den jungen Dichter aus, und einige dieser Wirkungen hielten an, als Heine längst mit Schlegel gebrochen und ihn verspottet hatte. Mit Schlegel begegnete Heine erstmals ein Literat und Kunsttheoretiker von internationalem Rang – gewiß kein bedeutender Dichter, aber ein brillanter Theoretiker, durch seine Zeitschrift »Athenäum« (1798-1801) auch ein Mitbegründer der deutschen romantischen Schule, ein genialer Shakespeare-, Dante- und Calderon-Übersetzer. Heine traf ihn im rechten Augenblick: »Der geistig ungeformte jugendliche Poet hungerte nach literarischer Lehre, nach kritischen Prinzipien und begründeten Ansichten« (Kurz). Schlegel, der in Bonn übrigens keine dogmatisch-romantische Position einnahm, wirkte zunächst durch seine Vorlesungen: Erstmals bekam Heine hier genauere Vorstellungen von Sprach- und Literaturwissenschaft, von wissenschaftlicher Quellen-Erschließung und den literarischen Gattungen; Schlegels Hochschätzung Luthers übertrug sich auf Heine und blieb für immer bestehen. Schlegel wies seinen Schüler nachdrücklich auf spanische Romanzen, Goethes Lyrik und das Volkslied hin, dessen Kenntnis sich nun ebenso vertiefte wie die von Shakespeare und Cervantes. Über die Vorlesungen hinaus schulte Schlegel den jungen, aufnahmewilligen Poeten in der dichterischen Feinarbeit, besonders im Bereich der Metrik, er las und beurteilte Heines Gedichte, gab Heine Ratschläge, die er mit großer Gewissenhaftigkeit prüfte und befolgte; er half ihm im Winter 1819/20 über eine Schreibkrise hinweg und regte weitere Byron-Übersetzungen an; die ersten Übertragungen, »Lebewohl« und »An Inez«, waren wohl noch in Düsseldorf entstanden. Die metrische Meisterschaft, auf die Heine stets stolz war, seine geniale Handhabung der Zäsuren verdankte er – neben seinem Düsseldorfer Lehrer Daulnoy – entscheidend August Wilhelm Schlegel. Der Lehrer und Mentor gab ihm auch einen Begriff vom streng am Text arbeitenden, feilenden Dichter, den Heine nie mehr aufgab; durch Schlegel lernte er verantwortungsvoll in der Sprache, mit dem sorgfältig gewählten und verwendeten Wort arbeiten. Er verdankte Schlegel also viel und huldigte dem Meister in drei Sonetten, die der Berliner »Gesellschafter« im Mai 1821 veröffentlichte; noch 1824 nannte er Schlegel Wedekind gegenüber einen Koloß der Metrik, wenn auch nicht der Poesie, und noch in den »Französischen Zuständen« (1832), der »Romantischen Schule« (1834) stehen neben bissigen, auch ins Intime zielenden Angriffen Lob und Anerkennung für den großen Übersetzer, den Vermittler altdeutscher und ausländischer Dichtung; auch leugnet Heine den starken Eindruck nicht, den er von Schlegels Persönlichkeit in Bonn empfing: »Es war, mit Ausnahme des Napoleon, der erste große Mann den ich damals gesehen, und ich werde nie diesen erhabenen Anblick vergessen.« Die folgende ironische Schilderung von Schlegels eitlem, pompösen Auftreten in Bonn ist sicher leicht stilisiert, stimmt aber mit anderen zeitgenössischen Urteilen über Schlegels Eitelkeit überein und läßt Heines frühere Bewunderung immer noch durchschimmern: »Herr A. W. Schlegel trug aber Glacéhandschuhe und war ganz nach der neuesten Pariser Mode gekleidet; er war noch ganz parfümiert von guter Gesellschaft und Eau de mille fleurs; er war die Zierlichkeit und die Eleganz selbst, und wenn er vom Großkanzler von England sprach, setzte er hinzu ›mein Freund‹, und neben ihm stand sein Bedienter in der freiherrlichst Schlegelschen Hauslivree, und putzte die Wachslichter, die auf silbernen Armleuchtern brannten, und nebst einem Glase Zuckerwasser vor dem Wundermanne auf dem Katheder standen. Livreebedienter! Wachslichter! silberne Armleuchter! mein Freund der Großkanzler von England! Glacéhandschuh! Zuckerwasser! welche unerhörte Dinge im Kollegium eines deutschen Professors! Dieser Glanz blendete uns junge Leute nicht wenig, und mich besonders, und ich machte auf Herrn Schlegel damals drei Oden, wovon jede anfing mit den Worten: O du, der du, usw.« – was übrigens für die drei Sonette nicht stimmt, Heine ironisiert hier im nachhinein seine Neigung zu einem Vorbild, von dem er sich rasch befreit hat.

Ins Bild des Bonner Jahres gehört auch eine Gruppe junger Leute. Viele wären vergessen, wenn sie nicht in Heines Biographie auftauchten, Namen wie Pelmann, Bölling, Roersch, Joesten, Falkenberg sagen uns nichts mehr, Hoffmann von Fallersleben erscheint nur am Rande, Neunzig und Sethe kennen wir schon aus Düsseldorf. Einige von ihnen machten sich einen Namen – die Frage, ob der Ausdruck *Freunde* passend wäre, wird später erörtert werden, wenn von Heines Fähigkeit oder Unfähigkeit zur Freundschaft die Rede ist. Da war Johann Friedrich Dieffenbach, Mediziner wie Neunzig, dessen Schneide-Lust an Hunden und Katzen der Dichter im Börne-Buch ironisiert; er war später ein bedeutender Chirurg in Berlin, Heines Versuch, ihn 1846 in schwerer Krankheit zu konsultieren, machte die preußische Regierung durch eine Verhaftungsdrohung zunichte. Da war Friedrich Steinmann, ein junger Autor und später der schon erwähnte Heine-Fälscher, gegen dessen Aktivitäten Heine merkwürdigerweise erst 1843 protestierte. Heine begegnete Wolfgang Menzel, dem späteren Redakteur, Literaturkritiker und -historiker, in Bonn Vorstand der »Allgemeinheit«; er rächte sich in seinen »Denkwürdigkeiten« durch eine etwas boshafte Schilderung für Heines böse Streitschrift »Über den Denunzianten« (1837): Unter den Jünglingen, die sich um ihn drängten, war angeblich besonders eifrig »der kleine Jude Heinrich Heine, der einen langen dunkelgrünen Rock bis auf die Füße und eine goldene Brille trug, die ihn bei seiner fabelhaften Häßlichkeit und Aufdringlichkeit noch lächerlicher machte, weshalb man ihn unter dem Namen Brillenfuchs vielfach verspottete. Aber er war geistreich und wurde daher von uns Älteren gegen die Spötter geschützt.« Schließlich ist Johann Baptist Rousseau zu erwähnen, später ebenfalls Zeitschriftenredakteur, als Poet so mäßig begabt wie Steinmann, 1802 geboren, trotz seiner Jugend in Bonn Heines Nachhilfelehrer in Latein und sein literarischer Vertrauter, dem er sich als Autor der Gedichte in »Hamburgs Wächter« zu erkennen gab: »Allmählich rückte Heine, der damals in Bonn für einen äußerst närrischen Kauz galt und von den Studenten als ein Idiot zum besten gehalten wurde, mit Manuskripten und der Zeitschrift ›Der Wächter‹ heraus, legte mir Gedichte von Freudhold Riesenharf vor, den er für einen seiner intimsten Hamburger Freunde ausgab, und bat mich um ein Urteil darüber; ihm schienen sie keinen Schuß Pulver wert. Als ich, in Heine durchaus nicht den Verfasser vermutend, mein Entzücken darüber aussprach und trotz des bestimmtesten und wohl gar massiven Einsprechens jenen Riesenharf für ein Genie erster Größe halten zu müssen erklärte, fiel Heine mir plötzlich wie wahnsinnig um den Hals, weinte und jubelte durcheinander.«

In der Bonner Zeit konnte Heine also das tarnende Pseudonym aufgeben: Am 18. August 1820 erschien, als erste Publikation unter seinem vollen Namen, der von Schlegel inspirierte kleine Aufsatz »Die Romantik« im »Rheinisch-Westfälischen Anzeiger« des Hammer Verlegers Schultz. Wie in der Hamburger Zeit entstanden in Bonn etwa 30 Gedichte, die Tragödie »Almansor« wurde in Beuel begonnen. Wie bei den Hamburger Gedichten ist die Breite von Thematik und Tonarten beachtlich: Neben dem schon vorgestellten Deutschland-Gedicht »Sohn der Thorheit« und dem Drachenfels-Sonett schrieb Heine in Bonn zwei weitere Traumbilder, mehrere Lieder, die drei Sonette an Schlegel, vielleicht schon einige der Fresko-Sonette an Christian Sethe, sechs Stammbuch- und Widmungsgedichte und, unter dem Einfluß Schlegels und der Lektüre spanischer Poesie, etwa zehn Romanzen. Zwei von ihnen, »Die Grenadiere« und »Belsatzar«, sind die ersten Heine-Gedichte von weltliterarischem Rang. Sie unterscheiden sich inhaltlich stark von den übrigen Romanzen, von den Traumbildern und Liedern der Bonner Zeit, deren Hauptthematik die enttäuschte Liebe, die Mischung von Liebes- und Todesmotiven ist; sie wird es für Heines Lyrik noch mehrere Jahre bleiben. Die neuen Byron-Übertragungen waren »Gut Nacht« aus »Childe Harold. Erster Gesang« und »Manfred«, I. Aufzug, 1. Szene, dazu

Verse Coleridges aus »Christabel«, die Byron seinem »Lebewohl« vorangestellt hatte.

Die Liebesgedichte und ein Brief an Fritz von Beughem, am 15. Juli in Beuel geschrieben und mit dem prächtigen Widmungssonett »Mein Friz lebt nun im Vaterland der Schinken« beginnend, zeigen deutlich, daß Heine auch in Bonn nicht ungetrübt glücklich war. Zwar schildert er sein Verhältnis zu Schlegel fast enthusiastisch: »Je öfter ich zu ihm komme, desto mehr finde ich welch ein großer Kopf er ist.« Zwar ist er froh, daß Schlegel ihm über seine poetische Unfruchtbarkeit im vorigen Winter hingweggeholfen hat, die Heine übrigens mit erotischer Ablenkung erklärt: »Auch ich hab mahl (schöner Busen halber) die Musen vernachläßigt.« Der Grundton des Briefes aber ist dunkel, »da ich jetzt ein höchst *trauriges, kränklendes* und *einsames* Leben führe«. Dafür gibt es mehrere Gründe: Erstmals klagt Heine – und zwar noch an einer weiteren Stelle des Briefes – über Kränkeln und Krankheit, die Anspannung des Studiums scheint seine Gesundheit angegriffen zu haben; das wird sich in Göttingen und Berlin wiederholen. Zweitens haben keine neuen Freunde die abgereisten ersetzt: »Neue Freundschaften zu suchen, ist bey dem jetzigen Zustand der Dinge ein mißliches und unrathsames Geschäft«; die Anspielung auf die politische Zwangslage ist unüberhörbar. Zum dritten plagt ihn der alte Liebesschmerz: »O lieber Friz! die Dornen ritzen mich jeden Augenblick; aber sie können mich nicht mehr so sehr wehe thun wie sonst. Denn ich sehe jetzt ein daß die Menschen Narren sind wenn sie über große Schmerzen klagen. Der Schmerz ist nicht so groß, aber die Brust, die ihn beherbergen soll, ist gewöhnlich zu eng.« Zum ersten Mal schlägt Heine hier ein Thema an, das er, auf andere wie auf sich selbst gemünzt, immer wieder aufnehmen wird: das Thema der menschlichen Narrheit, die seiner Dichtung so reiche Nahrung gab.

Einen letzten Grund seiner Verdüsterung erwähnt Heine im Brief nicht: das traurige Schicksal seiner Familie, das sein Bonner Jahr überschattet. Anfang März 1820 ziehen seine Eltern und Geschwister nach Hamburg; im ersten erhaltenen Brief an Charlotte vom 22. März erkundigt sich Heine besorgt danach. Von Hamburg aus reist Samson mehrfach nach Oldesloe, um durch Kuren von seiner Epilepsie geheilt zu werden; am 4. Juli 1820 versuchen Salomon und Henry Heine, einen Daueraufenthalt für den kranken Bruder in Oldesloe zu erreichen. Das Gesuch, das der Advokat Rathgen im Auftrag der Brüder an den dänischen König richtet, ist ein menschlich und gesellschaftlich aufschlußreiches und betrübliches Dokument. Es wird beantragt, »daß gedachter ihr an einem durch epileptische Zufälle veranlaßten Blöd und Stumpfsinn leidender Bruder Samson Heine um die Oldesloer Salzbäder *fortwährend* gebrauchen zu können, als deren fortwährender Gebrauch durch seine Ärzte angeraten ist, sich häuslich in Oldesloe mit seiner Familie niederlassen und zu wohnen begeben dürfe«. Die Behauptung vom Blöd- und Stumpfsinn Samsons liegt auf der Linie des Entmündigungsantrags, kann aber außerdem taktische Gründe haben: Auch in Oldesloe dürfen Juden nicht frei zuziehen, denn sie könnten ja ökonomische Konkurrenten christlicher Kaufleute werden! Darum erklären die Bittsteller, daß gegen Samsons Daueraufenthalt um so weniger Bedenken bestünden, »als hier nicht eine Concession zur häuslichen Niederlassung dieses Bekenners des mosaischen Glaubens in Oldesloe nachgesucht wird, *um Handels oder sonstige Geschäfte dorten führen oder bürgerliche Betriebe haben zu dürfen, als wodurch die dortigen Handeltreibenden oder gleiche Betriebe führenden Bürger in ihren wohlerworbenen Rechten gekränkt werden könnten«;* Samson soll »dorten blos das zu seinem Unterhalt von den Supplicanten ausgesetzte Geld verzehren«. Dem Gesuch wird erst am 24. April 1821 stattgegeben; doch siedelt die Familie schon im gleichen Frühjahr nach Lüneburg über, wo sie bis Mitte 1828 wohnen wird: Friedrich Hirth hat, wohl mit gutem Grund, vermutet, daß die Auflage von Bürgermeister und Rat der Stadt Oldesloe, auf Samsons Namen ein unbedingt schuldenfreies Haus zu kaufen, von seinen Brüdern nicht akzeptiert worden sei, deswegen die Übersiedlung nach Lüneburg.

Samson Heine ist ernsthaft krank, wie ein dem Gesuch beigelegtes Attest des Hamburger Arztes Dr. Cohn vom 3. Juli bezeugt, das auch die Folgen der Epilepsie beschreibt:

»Erwähnte Krankheit war gewöhnlich mit apoplectischen Zufällen verbunden, die sehr leicht eine förmliche apoplexia bewirken können, indem dessen Gehirn durch die oft erlittenen Erschütterungen so wohl als durch besondere körperliche Anlage, eine vollkommene Disposition zur apoplexia erhalten hat. Nicht weniger ist dessen nach dem Anfalle nachgebliebener bewußtloser Zustand und Geistesschwäche zu berücksichtigen; da aus demselben der nachgebliebene Eindruck in sensorium commune mit Gewißheit hervorgehet.« Sieht man von der unhaltbaren Behauptung der Geistesschwäche ab: Samsons Zustand ist betrüblich. Am 17. August 1820, einen Monat vor Heines letztem Besuch in Düsseldorf, wird das Haus in der Bolkerstraße versteigert – der geschäftliche Niedergang ist besiegelt, die Abhängigkeit der Familie von Salomon vollständig; auch unter dem Eindruck dieser Katastrophe wechselt Heine die Universität, um sich in Göttingen stärker dem Brotstudium zu widmen.

Konfrontation

Heine sah die schweren Enttäuschungen nicht voraus, die ihn in Göttingen erwarteten. Nach dem eintägigen Besuch in Düsseldorf wanderte er »in östreichischen Landwehrtagemärschen« durch Westfalen, besuchte Hagen und Unna und machte in Hamm bei Fritz von Beughem mehrere Tage Station; dort lernte er den Herausgeber des »Rheinisch-Westfälischen Anzeigers«, den Verlagsbuchhändler Heinrich Schultz, und dessen Kompagnon Wundermann kennen. Danach besuchte er Sethe in Soest; mit dem Postwagen, schließlich wieder zu Fuß reiste er durch die Paderborner Heide nach Göttingen. Er nahm im Haus 460, heute Jüdenstraße 16, eine Wohnung, nahm im »Hof von England« beim Gastwirt Michaelis am Mittagstisch teil und wurde am 4. Oktober 1820 immatrikuliert.

Schon nach wenigen Wochen schrieb er den Freunden Steinmann, Rousseau und Beughem halb verzweifelte, halb trotzig-selbstironische Briefe. Metaphorisch schilderte er »diese ganze Familie *Schmerz*«, »die blinde Großmutter *Wehmuth*« und das »*Fräulein Reue*«, das ihm zugreinte: »*Du hättest in Bonn bleiben sollen.*« Er klagte über den steifen, pedantischen Ton in Göttingen, über »patente Pomadenhengste, Prachtausgaben wässrichter Prosaiker, plastisch ennuyante Gesichter« und über sein abgeschiedenes Leben, in dem er die Freunde schmerzlich vermißte: »Nur gut ochsen kann man hier. Das war's auch, was mich herzog.« Das Pflichtgefühl, nicht zuletzt gegenüber Eltern und Onkel, hatte ihn zu einem schweren Fehler verleitet; die Verwicklungen, in die er bald geriet und die ihn schon nach vier Monaten aus Göttingen vertrieben, wirken wie in unbewußter Absicht herbeigeführt, auch wenn er unter ihnen litt.

Die Göttinger Universität, noch wenige Jahre zuvor die wichtigste deutsche und eine der bedeutendsten europäischen Hochschulen, war dabei, ihren großen Ruf zu verlieren. In den dreißiger Jahren des 18. Jahrhunderts gegründet, wurde sie vorbildlich durch ihr freies, vielfältiges Studienangebot und lockte berühmte Gelehrte an: den Naturwissenschaftler, Arzt und Dichter Albrecht von Haller mit seinen bahnbrechenden physiologischen, anatomischen und botanischen Forschungen, den Begründer der klassischen Philologie Christian Gottlob Heyne, den politisch wagemutigen Historiker und Publizisten August Ludwig Schlözer und den Physiker, Philosophen und Schriftsteller Georg Christoph Lichtenberg. Auch 1820 hatte die Universität noch bedeutende Gelehrte, aber der akademische Alltag war dem sensiblen Neuling unerträglich. Über die schlechte Atmosphäre klagten auch andere Zeitgenossen: »In Göttingen herrscht ein kalter, egoistischer, verschlossener Ton. Man sucht eine Ehre darin, fremd und abstoßend zu sein. Man sitzt jahrelang bei Tisch und Kollegium nebeneinander, ohne ein Wort miteinander zu wechseln.« Die Beziehungen zwischen Professoren und Studenten war zumeist kalt und förmlich, ja verächtlich. Das Universitätsklima bestimmte der niedersächsische Adel, dem zu begegnen eine schockartige Erfahrung für Heine war; nicht einmal in Hamburg war er auf eine solche gleichzeitig borniert und rohe Arroganz gestoßen, wie sie

Strodtmann schon 1867 treffend beschrieb: »Seit je hatte hier eine schroffe Scheidung der Adligen, besonders der hochmütigen hannövrischen Junker, und der Bürgerlichen geherrscht, und der exklusive Korpsgeist der Landsmannschaften wucherte hier in ungemilderter Roheit.« Das Duell-Unwesen trieb trotz der Verbote üppige Blüten; Kommerse, Saufereien und studentische Sittenverderbnis kennzeichneten den Universitätsalltag. Die erst im Herbst 1820 gegründete Burschenschaft »Allgemeinheit« – die Karlsbader Beschlüsse wurden in Göttingen nicht sonderlich streng angewendet – hatte einen sehr schweren Stand gegen die Landsmannschaften, die ständig Auseinandersetzungen und Duelle provozierten.

Gewiß gab es auch Lichtblicke für den Neuankömmling. Bei Professor Benecke, einem hervorragenden Kenner der mittelalterlichen Poesie, an den ihn Schlegel empfohlen hatte, hörte er die vierstündige »Anleitung zur Kenntnis, zum sicheren Verstehen, und zur richtigen Beurteilung der altdeutschen Dichtung«. Stärker als bei Schlegel und mit größerer philologischer Strenge arbeitete Heine hier an mittelalterlichen Originaltexten, hauptsächlich an Minnelyrik. Sarkastisch vermerkte er in den Briefen an die Freunde, daß von über tausend deutschen Studenten ganze neun dieser ausgezeichneten Veranstaltung beiwohnten. Bedeutsam war auch Heines Begegnung mit dem Historiker Georg Sartorius. Dieser mutige Gegner der Restauration, ein Freund Goethes, vertiefte Heines fortschrittliches Geschichtsbild durch Mittelalter-Kritik, Skepsis gegenüber der Deutschtümelei, Romantik-Kritik, Adels-Kritik, die Idee eines Volkskönigs und den entschiedenen Hinweis auf die »große Suppenfrage«. Sartorius schätzte Heines Gedichte und öffnete ihm sein Haus, Heine dankte ihm in einem Sonett; Sartorius war der einzige Professor, mit dem er nach der Promotion noch Verbindung hielt.

Heine lernte auch mehrere interessante Kommilitonen kennen: Philipp Spitta, den späteren Kirchenlied-Dichter, Verfasser des vielgelesenen Bandes »Psalter und Harfe«, den Philologen Heinrich Straube, der im ersten Halbjahr 1818 die »Wünschelruthe«, Göttingens einzige, romantisch orientierte

Zeitschrift herausgegeben hatte und für einige Zeit Heines Vertrauter, auch in seinem Liebes-Unglück, wurde, sowie Hans Ferdinand Maßmann, den Heine später zum Inbegriff altdeutscher Rückständigkeit auserkor und mit seinem Spott überschüttete.

Im übrigen hatte Heine das Pech, in eine Duell-Affäre verwickelt zu werden und mit der Burschenschaft über Kreuz zu geraten. Eines Tages brach beim Mittagessen ein Streit über die Frage aus, ob eine Verbindung von Studenten die andere in Verruf erklären dürfe. Heine war dagegen, behauptete, daraus entstehe »Schweinerey« und verwies auf einen offenbar gerade aktuellen Heidelberger Fall. Ein Student Wiebel widersprach ihm: »Das ist Schweinerey, was Sie da sagen.« Heine ließ Wiebel durch den Mitstudenten Vallender auf Pistolen fordern. Wiebel nahm an, das Duell sollte in Münden stattfinden, kam aber nicht zustande, weil die Universitätsbehörden Wind davon bekamen und die Kontrahenten unter Hausarrest stellten. In einer mehrtägigen Verhandlung vor dem Universitätsgericht, bei der Heine und Wiebel zunächst starrsinnig auftraten, wurde schließlich eine Versöhnung herbeigeführt: »Beyden wurde bey geschärfter Relegation das Duell mit einander untersagt.« Das Protokoll der Verhandlung liest sich heute wie ein Stück schlechten absurden Theaters; Heines Duell-Forderung, überhaupt seine Neigung zum Duellieren, will einem rückständig und bedenklich erscheinen, doch gibt Sammons dafür eine einleuchtende Erklärung, die mit Heines hoher Empfindlichkeit zusammenhängt: Von manchen Leuten als wenig tapfer verleumdet, nervös und manchmal wirklich sehr um seine persönliche Sicherheit besorgt, gab er gleichzeitig dem Mut »einen hohen Rang in seiner Werthierarchie«; die Bereitschaft zum Duell, meint Sammons, war also eine Art kompensatorischen Verhaltens, das Duell selbst »ein Mittel, sich zu behaupten, wenn er sich außergewöhnlich schlecht behandelt fühlte«. Sollte Heine das Duell etwa mit der Absicht herausgefordert haben, sich von Göttingen zu befreien, so erreichte er sein Ziel: Trotz der erwähnten Versöhnung erhielt er nämlich Ende Januar 1821 das »Consilium abeundi« für ein halbes Jahr; nur wegen momentaner Kränklichkeit mußte er Göttingen nicht sofort verlassen.

Die Relegation fiel mit einer anderen Unannehmlichkeit zeitlich so eng zusammen, daß man an eine innere Verbindung glauben könnte, die sich aber, zum Beispiel auf der personellen Ebene, nicht belegen läßt: »Heine wurde aus der Göttinger Burschenschaft wegen Vergehens gegen die Keuschheit, begangen in der ›Knallhütte‹ zu Bovenden, ausgestoßen, und, da er trotzdem, als ob nichts vorgefallen wäre, am folgenden Tage auf dem Burschenhause erschien, aus diesem mit Gewalt hinausgeworfen«, wie ein angeblicher Zeuge viele Jahre später mitteilte. Leonhardt hat dargestellt, wie lächerlich dieser Vorwurf unter damaligen Göttinger Verhältnissen war: Unkeuschheit scheine ein großes Wort, wo der Professor Lichtenberg ungeschoren mit einer Minderjährigen hatte zusammenleben können, es sei denkbar, daß Heine »unkeusch« war, doch undenkbar, daß alle anderen Studenten keusch gewesen seien. Der Vorwurf – Kanowsky vermutet einen Bordellbesuch, wie er unter Göttinger Studenten gang und gäbe war – war ein Vorwand: Ein geheimer Burschentag hatte am 29. 9. 1820 in Dresden in einer Verfassung beschlossen, Juden seien wegen des »christlich-teutschen Charakters« der Burschenschaft »als solche, die kein Vaterland haben und für unseres kein Interesse haben können, nicht aufnahmefähig, außer wenn erwiesen ist, daß sie sich christlich-teutsch für unser Volk ausbilden wollen«. Diesen Nachweis konnte und wollte Heine nicht führen, also schloß man ihn unter einem dubiosen Vorwand aus. Die Ansichten darüber, wie diese Ächtung auf Heine wirkte, gehen in der Forschung weit auseinander: Kanowsky meint, wegen des offenen Charakters der Göttinger »Allgemeinheit« habe Heine gar nicht offiziell ausgeschlossen werden können; den antijüdischen Hintergrund der Brüskierung erwähnt er gar nicht. Windfuhr nimmt an, der Ausschluß habe Heine wegen seiner erwähnten inneren Distanz zur Burschenschaft nicht erschüttern können. Dagegen vermuten Galley und Grappin, Heine sei tief verletzt worden, und diese Deutung ist die naheliegende: Es gibt zwar keine direkte – etwa briefliche – Äußerung Heines zum Ausschluß, doch beginnt die volle Konfrontation des Dichters mit den politischen und gesellschaftlichen Zuständen Deutschlands gewiß nicht zufällig in der Zeit nach dem Hinauswurf. Die Kränkung hat getroffen, der junge jüdische Außenseiter und Patriot ist abgewiesen worden – die Wendung persönlicher Erfahrung, persönlichen Leids ins Gesellschaftliche, die ja gerade Windfuhr als kennzeichnend für den verletzbaren Heine dargestellt hat, ist nach der Niederlage in der Burschenschaft besonders auffällig; Heine empfindet sie als Herausforderung, die er annimmt.

Die Verflechtung von persönlichem, gesellschaftlichem und künstlerischem Schicksal zeigt sich in dieser Zeit noch auf andere Weise: Heine schickt genau in der Phase starker äußerer und innerer Bedrängnis das Manuskript eines Gedichtbands »Traum und Lied« an den Leipziger Verleger Brockhaus. Er beruft sich auf Schlegels Lob und begründet die thematisch einseitige, meist nur »erotische Sachen« umfassende Auswahl politisch, »da mich leidige Verhältnisse zwingen, jedes Gedicht, dem man irgendeine politische Deutung unterlegen könnte, zu unterdrücken«. Wir kennen den Inhalt der Sammlung nicht genau, sicher enthielt sie aber die Mehrzahl der bisher geschriebenen Gedichte, vielleicht auch einige neu entstandene wie »Gespräch auf der Paderborner Heide« und Stücke aus den Fresko-Sonetten. Brockhaus lehnte ab »mit der äußerst zierlichen und höflichsten Antwort: daß er gar zu sehr in diesem Augenblick mit Verlagsartikeln überladen sei«.

Der junge Dichter hatte auch Schwierigkeiten mit seiner Tragödie »Almansor«. Sein erstes längeres Werk forderte ihm starke Anstrengung ab, er rang mit Stoff und Form, und er ahnte sein Scheitern als Dramatiker voraus. Am 29. Oktober 1820 schrieb er noch: »Wenn das Stück auch nicht gefallen wird, so wird es doch wenigstens ein großes Aufsehen erregen.« Anfang Februar 1821 schien diese Illusion schon halbwegs zerstoben (halbwegs, denn Heine beendete das Stück und veröffentlichte es auch): »Der strenge Kritiker, der unerbittliche Dramaturg trägt eine ganz anders geschliffene Brille, schüttelt den Kopf und erklärt das Ganze – für eine schöne Drahtfigur. *Eine Tragödie muß drastisch sein – murmelt er*, und das ist das Todesurtheil der meinigen. – Hab ich kein dramatisches Talent? Leicht möglich.« Das vorausgeahnte Scheitern als Tragödiendichter wog für Heine um so schwerer, als er sich in seinem Stück *ganz* darzustellen versuchte: »In diesem Stück habe ich mein eigenes Selbst hineingeworfen, mit sammt meinen Paradoxen, meiner Weisheit, meiner Liebe, meinem Hasse und meiner ganzen Verrücktheit.« Noch vor der Abreise nach Hamburg am 6. Feburar 1821 muß er die Nachricht von Amaliens Verlobung mit Friedländer bekommen, in Hamburg muß er die Geliebte wiedergesehen haben, Heines Liebesqual wurde neu angefacht; die Rückkehr zur schönen Wiege seiner Leiden wühlte ihn auf: »Ich habs ja vorausgewußt«, schrieb er an Straube, »und habs Dir auch vorausgesagt. Kaum betrat ich das Weichbild Hamburgs so wars mir plötzlich, als ob ich nie dieses Nest verlassen hätte und alles was ich in jenen 2 Jahren der Abwesenheit erlebt, gedacht und gefühlt erlosch aus meinem Gedächtniß.« Er spielte mit dem Gedanken an Selbstmord: »Von meinem Willen hängt die Katastrophe ab, und es kostet mir nur ein Loth Pulver um dem Helden des Stücks die Narrenkappe vom Kopfe zu donnern.« Die Theater-Metapher für die Lebenskatastrophe, das Narrenmotiv, gegen sich selbst gerichtet – diese Vorstellungen werden wiederkehren; für jetzt rettete sich Heine ins »hübsche gelle Lachen«: »Ja wenn die weitklaffende Todeswunde meines Herzens sprechen könnte, so spräche sie: ich lache.« Er richtete dieses Lachen auch gegen die bourgeoise Philisterwelt um ihn herum:

> Ich lache ob den Gimpeln und den Laffen,
> Die mich anglotzen starr und lauwarm nüchtern,
> Ich lache ob den kalten Bocksgesichtern,
> Die hämisch mich beschnüffeln und begaffen.

Das gelle und reichlich angestrengte Lachen verging ihm bei der Familie in Oldesloe: »Ich habe meine Familie in einem höchsttraurigen Zustand vorgefunden. Mein Vater leidet noch immer an seiner Gemüthskrankheit«, schrieb er und meinte damit offensichtlich Samsons Depressionen infolge der epileptischen Anfälle und des Bankrotts, der Abhängigkeit vom reichen Bruder; es gibt keinen Hinweis, daß auch Harry den Vater für *geistes*krank und für entmündigungsreif hielt. Eine gute Entscheidung fiel aber in Hamburg: Der Onkel schien ihm das Consilium abeundi nicht verübelt zu haben, denn nach Gesprächen mit ihm bekam Heine zwei weitere Jahre Studium bewilligt. Die Wahl des Studienortes, Berlin, gefiel ihm, Ende März 1821 betrat er die Hauptstadt Preußens, eine Metropole der Restauration.

Die politische Situation Deutschlands, die Heine in der Berliner Zeit genau beobachtete und die er als Folge gesamteuropäischer, restaurativer Verhältnisse durchschaute, beeinflußte seinen weiteren Weg als Schriftsteller entscheidend. Die Sieger über Napoleon bestimmten als »Heilige Allianz« auch die europäischen Geschicke der Nachkriegszeit. Auf großen Kongressen legten Rußland, England, Österreich und Preußen den politischen Status quo fest, der sich als europäische Friedensordnung darstellte. Das Hauptziel war die Verhinderung von Kriegen und Revolutionen, insbesondere Unruhen, die von Frankreich ausgingen. Deshalb wurde das nachnapoleonische Frankreich schon 1818 wieder in den Kreis der Großmächte aufgenommen, deren Vorherrschaft Frieden, Sicherheit und Ordnung in Europa garantieren sollte. Zweifellos beherrschte nach der Niederwerfung des *napoleonischen* Frankreich, nach einem Vierteljahrhundert der Kriege, Krisen, Revolutionen eine starke Friedenssehnsucht, der Wunsch nach Ruhe und Ordnung, die europäischen Völker. Der Friede, der erreicht wurde, war jedoch ein fauler, ein bloß militärisch-diplomatischer Friede, ein Scheinfriede, der permanenten inneren Unfrieden geradezu provozierte. Gesiegt hatte das alte monarchisch-dynastische Prinzip, wie die rasche Eingliederung des *bourbonischen* Frankreich in die Allianz zeigt; alle Gliedstaaten hatten dieses Prinzip zu akzeptieren. Gesiegt hatte die alte Aristokratie, das Junkertum; geschlagen waren die nationalen, liberalen, demokratischen Kräfte; sie wurden als Demagogen verfolgt; revolutionäre oder nationale Aufstände (Italien, Polen) wurden bekämpft; nur so waren Friede und kollektive Sicherheit nach außen zu garantieren. Im Inneren der Staaten erwies sich der Sieg über Napoleon, der folgende Friede als Betrug an den Kämpfern für politische Freiheit und nationale Einheit: Nur süddeutsche Staaten (Bayern, Baden, Württemberg, Hessen-Darmstadt) bekamen so etwas wie repräsentative Verfassungen, die Metternich und der Deutsche Bund immerhin duldeten, weil ihre Beseitigung auch wieder friedensstörend gewesen wäre. Preußen und Österreich aber ließen keine Verfassungen zu, was die deutsche Geschichte auf Jahrzehnte verhängnisvoll bestimmen wird; in Preußen brach König Friedrich Wilhelm III. sein am 22. Mai 1815 gegebenes Verfassungsversprechen. Preußen blieb daher bis 1848 ohne Konstitution, nur Provinzialstände wurden 1822 zugelassen. In Österreich verfügte Metternich, spiritus rector der Heiligen Allianz und der Restauration, daß nur altständische Verfassungen im Sinne der Bundesakte seien, sein Sekretär Friedrich Gentz, später wie sein Meister ein sentimentaler Verehrer von Heines Liebeslyrik, aber ein Verfolger des politischen Kritikers Heine, lieferte 1819 mit seiner Programmschrift »Über den Unterschied zwischen den landständischen und Repräsentativverfassungen« die ideologische Rechtfertigung dieser Auffassung. Das alles konnte man 1815 sicher noch nicht absehen: In Preußen stagnierten die Reformen nicht sofort nach Kriegsende, im Rheinland, wo der Code Napoléon eingeführt war, wurde 1818 die Durchsetzung des preußischen Rechts sogar aufgeschoben; aber mit der Entlassung Wilhelm von Humboldts als Minister für ständische Angelegenheiten am 31. Dezember 1819 war die Reformzeit in Preußen beendet, mit der Wiener Schlußakte von 1820, deren Artikel 13 den deutschen Bundesstaaten nur landständische Verfassungen erlaubte und nicht einmal für sie Fristen setzte, war die Verfassungsbewegung faktisch abgewürgt.

Ins Bild der neuen »Friedensordnung« paßte auch kein deutscher Nationalstaat, sondern nur der »Deutsche Bund«. Er war außenpolitisch wenig beweglich, innenpolitisch restaurativ bis reaktionär, stark genug, um Hegemonieansprüche anderer Mächte einzuschränken, zu schwach, um selbst hegemoniale Bestrebungen zu verfolgen. Preußen und Österreich neutralisierten ihre Machtansprüche gegenseitig, so daß ein gut organisierter nationaler Bundesstaat, den wahrscheinlich auch die anderen europäischen Großmächte kaum zugelassen hätten, nicht zustande kam. Nutznießer dieser Fehlentwicklung waren jene deutschen Fürsten, die Napoleons territoriale und dynastische Neuordnung überstanden hatten. Die von Heine geteilte Enttäuschung der auf politische, gesellschaftliche Erneuerung und nationale Einheit Hoffenden war tief, vielfach traumatisch; Verzweiflungstaten wie die von Karl Sand lieferten den restaurativen Regierungen Vorwand und Rechtfertigung für polizeistaatliche Maßnahmen, wie sie die Karlsbader Beschlüsse vorsahen, die der panischen Furcht der Regierenden entsprangen. Das politische Leben erstarrte, was Heine in Berlin sofort erkannte; das freie Wort geriet unter die Fuchtel von Bespitzelung und Zensur: schon die ersten, noch vorsichtigen politischen Äußerungen Heines stehen unter dem Zeichen der Zensur, auf Jahrzehnte hinaus wird er, wenn er in Deutschland veröffentlichen will, mit der Schere im Kopf schreiben, die Zensur unterlaufen und überlisten müssen – er entwickelte darin schließlich eine geniale Fertigkeit und ging gleichzeitig immer wieder an die Grenze des Riskierbaren.

Einige Historiker neigen dazu, den Wert des restaurativen Scheinfriedens zu über-, den Druck der Zwangsmaßnahmen zu unterschätzen; dem muß widersprochen werden, ohne daß ein undifferenziertes Bild von Restauration und Biedermeier gemalt werden soll. Gewiß war der Polizeistaat jener Epoche nicht totalitär wie heutige Polizeistaaten. Gewiß verhinderte schon der deutsche Föderalismus die »perfekte« Gleichschaltung und Unterdrückung; gewiß wurde die Zensur in Bayern, Württemberg oder Sachsen-Weimar, wo Goethe lebte und sie mitzuverantworten hatte, eher lässig gehandhabt. Inkonsequente Zensur war aber auch willkürlich, sie konnte jederzeit zuschlagen, und insgesamt war der politische Druck würgend, die – individuell wie kollektiv – unbewußten Auswirkungen der Gewaltherrschaft, die sogleich dargestellt werden sollen, zeigen das.

Der Staat, dessen Hauptstadt Heine anscheinend furchtlos betrat (er hat den Aufenthalt in Berlin als eine große, schwierige, aber auch verlockende Kraftprobe verstanden) stand Metternichs Österreich an repressiver Härte nicht nach, was ja schon die Beispiele Arndt und Jahn zeigten. Preußen war als einer der großen Sieger aus den Befreiungskriegen hervorgegangen. Beim Territorialschacher nach dem Kriege bekam es unter anderem Westfalen, die Rheinprovinz und zwei Fünftel von Sachsen; freilich gelangte es nicht zur territorialen Einheit wie Österreich, sondern zerfiel in zwei unzusammenhängende, wirtschaftlich und konfessionell verschiedenartige Gebiete. Diese territoriale Zersplitterung mag zur Erklärung eines seltsamen Widerspruchs beitragen: Preußen war dem vordringenden *ökonomisch-technischen* Neuerungen gegenüber offen und liberal wie kaum ein anderer europäischer Staat; allen politischen, sozialen, gesellschaftlichen, kulturellen Neuerungen aber, die teilweise im Gefolge der industriellen Revolution auftraten, mißtrauten die Regierenden in Berlin abgrundtief, besonders seit sich die Reformgegner etwa ab 1817 um den Kronprinzen formierten und den wenig standfesten, wortbrüchigen König immer stärker beeinflußten – fast scheint es so, als habe sich dieses auseinanderfließende Staatsgebilde nur durch besonderen innenpolitischen Druck behaupten können.

Keine Staatsmacht kann jedoch die großen gesellschaftlichen, ökonomischen, sozialen, psychosozialen Veränderungen durch politische Maßnahmen steuern: sie laufen beinahe eigengesetzlich ab, verschärfen die Konflikte und schüren die traumatischen Erfahrungen; keiner wittert das rascher und weiß das genauer als der junge Dichter, der 1821 in Berlin einzieht. Wohl ist die Restaurationszeit noch weitgehend vortechnisch, die meisten Menschen leben weiter ländlich-bodenständig, und viele sind arm; überall, auch im Bürgertum, fehlt es an Geld: Der sogenannte Pauperismus sei mit dem Biedermeier eng verbunden, schreibt Friedrich Sengle in seinem Monumentalwerk über diese Epoche. Gleichzeitig aber schiebt sich die industriekapitalistische, technisch gesteuerte bürgerliche Gesellschaft nach vorn und untergräbt die alten, angeblich ehrfürchtig geschützten Strukturen und Traditionen; die neue Gesellschaft, mit ihren expandierenden Kollektiven, wird unübersichtlich, massenhaft, unpersönlich – und kalt; dagegen schützt keine Zensur: »Die neue

Gesellschaft ist kalt, weil sie ›vermittelt‹, unpersönlich, abstrakt wird« (Sengle). Und auch der moderne Staat ist kalt. Er schützt die Bürger nur noch scheinbar, in Wirklichkeit duckt er sie und kann ihnen bloß Scheinfrieden, eine längst angefressene, freilich starr verteidigte Ideologie von Frieden, Ruhe, Ordnung, Tradition, Harmonie, Sittlichkeit und Schönheit anbieten – die Menschen, in ihrer Friedenssehnsucht, scheinen ihr auf den ersten Blick zu trauen. Aber nicht mehr im Unbewußten, denn hinter den Fassaden, Masken, verzweifelt bewahrten Glücks-Bildern und »Idealen« lauern Unfrieden, Unglück, Unsicherheit, Umsturz. Gerade solche unbewußten Einstellungen prägen das Verhalten der Menschen in der Biedermeier-Epoche – Sengle zitiert Immermann, Heines zeitweiligen Weggefährten, einen im Grunde konservativen, doch unbestechlichen, zuverlässigen Beobachter: »Die unbewußten Eindrücke sind im gesellschaftlichen Körper oft die mächtigsten, und er hat ein noch zärteres Gemeingefühl als der Organismus des Leibes.« Dieser Satz könnte von Heine sein.

Anders ausgedrückt: Die Restaurations- und Biedermeier-Gesellschaft ist neurotisch krank, und diejenigen sind am kränksten, die es nicht wahrhaben wollen, die gesund zu sein behaupten und die Kritiker dieser Gesellschaft krankhaft schelten. Vor dem enormen Druck einer Übergangsperiode, deren Anforderungen nur die kräftigsten Geister standhalten, zieht sich die Masse der deutschen Bürger in eine macht*bedrohte,* nicht macht*geschützte* Innerlichkeit zurück, die als heile Welt idealisiert wird. Ruhe, Ordnung, Harmonie, Frieden, Gemütlichkeit, Idyll, Häuslichkeit – all das, was wir Biedermeier nennen, wird der erlebten, gespürten, verdrängten oder abgewehrten Unordnung entgegengesetzt; Philistertum, das sich den Wirren der Zeit überlegen dünkt, malt sich eine schöne, harmonische, beschauliche Welt im kleinen aus, Volk und Staat werden als Familie geträumt, der Monarch erscheint noch einmal als Vater, an dem man hängt wie weiland die Düsseldorfer an ihrem abtrünnigen Kurfürsten; Störenfriede der Ordnung wie Heine werden gehaßt. Lebenszentrum sind Familie und Haus – es ist wie ein Fanal, daß Heine nach dem Bankrott des Vaters nie mehr in einem eigenen Haus leben wird, denn auch viele andere, nicht nur die Ärmeren, nicht nur die städtischen Unterschichten, sondern auch zahlreiche Bürgerliche können sich kein Eigenheim leisten und müssen mit Mietwohnungen vorlieb nehmen; diese Wohnform breitet sich aus. Aber auch der Wunschtraum solcher Bürger ohne Hausbesitz ist das von außen nicht gestörte Glück im biedermeierlich-behaglichen Heim, Traulichkeit hinter drapierten und gerafften Gardinen. In dieser abgeschirmten kleinen Welt soll die harmonische Familie gedeihen, und zwar nicht mehr die Familie alter Prägung, die Lebens- und Produktionsgemeinschaft, wo Lehrlinge, Gesellen, Dienstboten einbezogen sind, sondern die private, nach außen weitgehend abgeschlossene Kern- oder Einzelfamilie, Eltern und Kinder, denen man sich zärtlich zuwendet, Kindheit bekommt jetzt einen Eigenwert. Die Ehe ist selbstverständlich so heilig wie die Monarchie, die Scheidung, das außereheliche Liebesverhältnis verpönt, Eros und Sexus eher erschreckend, obwohl bei wohlhabenden Bürgern die Zahl der Liebesheiraten steigt. Auch das Ansehen der bürgerlichen Frau wächst, was ihre Lage nicht unbedingt erleichtert: Sie wird bewundert, aber auch kontrolliert, sie ist zugleich angebetet und unfrei, sie gilt als zart und schonungsbedürftig, man treibt einen Mutterkult mit ihr, doch sie hat sich auch den strengen Geboten der Schicklichkeit zu fügen, man muß sie gegen Unmoral oder das, was man dafür hält, sorgsam schützen, auch in ihrer Lektüre: daher die wütenden Angriffe der Biedermeier-Kritiker (mit wenigen Ausnahmen Männer), der berühmten »Bessern« gegen den »frivolen« Heine.

Schutz sollen Heim und Familie, Staat und Vaterland dem Bürger (nur von ihm und vom Adel ist jetzt die Rede; die Unterschichten spielen im dargestellten Zeitraum noch keine kulturelle Rolle) auch gegen die Vereinzelung des Individuums gewähren, denn der Einzelmensch erscheint als einsam und ausgesetzt, Individualismus wird gefürchtet, gilt als gefährlich, abwegig, chaotisch, auch als unwahr; nicht das Individuum, die Gattung Mensch ist wichtig. Das entsprach auch der Ansicht Hegels, für den der Mensch erst im Gang der Weltgeschichte, durch Einbindung ins Allgemeine zu sich selbst kommt. Alle Schutz- und Selbstschutz-Versuche des Biedermeier-Bürgers sind aber vergebens, der ersehnte Friede stellt sich nicht dauerhaft ein. Die Schärfe, mit der Störenfriede wie Heine angegriffen werden, ist verräterisch: Die Heftigkeit verweist auf Abwehrmechanismen der Angreifer, die über die Entlarver des inneren Unfriedens herfallen, obwohl sie im Grunde wissen, daß nicht sie, die »Bessern«, das wirkliche Bild der Epoche geben, sondern die Störenfriede. Unter der geglätteten Oberfläche, hinter den schönen Fassaden, den zugezogenen Gardinen, in den Herzen, Seelen, Köpfen und Nerven der Menschen herrschen Unruhe, innerer Zwiespalt und Zerrissenheit; der große Weltriß geht nicht nur durch Heines Herz, wenn auch die Intellektuellen, die Künstler ihn besonders deutlich fühlen und ihre Zerrissenheit nicht leugnen. Weltschmerz, Trauer, Unbehagen, jähe Stimmungsumschwünge, auch Selbstbespiegelung, Selbstmitleid, Narzißmus und Sentimentalität und Melancholie breiten sich aus. Was Lord Byron, mit dem der frühe Heine so oft verglichen und dem, wie Heine, das eigene Leiden zum Leiden der Welt wird, als *Weltschmerz* empfindet und ausspricht, erleiden viele Zeitgenossen, gerade auch die Harmonie-Süchtigen, die sprachlos bleiben, ihre Lage nicht durchschauen, das ersehnte Glück nicht finden oder sich ihre Traumata nicht eingestehen: *eigentlich* sprechen die Störenfriede für sie, aber sie wollen auch das nicht wahrhaben. Viele werden darüber krank an Seele, Nerven und Gemüt – Immermann spricht von einer weitverbreiteten Hamlet-Stimmung in dieser Zeit; das mag, wörtlich genommen, übertrieben sein, so viele Hamlets gibt es zu keiner Zeit; als Metapher für eine Grund-Stimmung, ein Epochen-Leiden, das auch in den unbewußten Schichten des gesellschaftlichen Körpers wütet, trifft Immermanns Beobachtung zu: »Es müssen gewaltige Spannungen gewesen sein, welche die Kinder dieser Nachkriegszeit in sich trugen. Sie erschienen oft unerträglich. Darum erlahmten und verstummten viele frühzeitig... Das Gefühl der Krise ist für die meisten Angehörigen der Biedermeiergeneration unausweichlich«, resumiert Sengle.

Dies um so mehr, als die Krise auch den Glauben, die

Religion befallen hat. Noch lebt die Masse der Menschen zwar im Glauben an ein Glück im Jenseits; auch führt die Friedenssehnsucht nach Jahrzehnten der Unruhe Menschen zum Glauben, zur Kirche zurück, wo sie Halt zu finden hoffen. Noch nehmen auch Schriftsteller wie Heine trotz beißender Kritik an Christentum und Kirche, am Bündnis von Thron und Altar die Religion als Grundpfeiler der menschlichen Gesellschaft und des menschlichen Lebens ernst – das Unterbewußtsein des Individuums wie des gesellschaftlichen Körpers aber »weiß« wider alle Hoffnung, wider alles Wunschdenken, daß der Glaube nicht mehr trägt, daß Glaube, Religion und Kirche auf die *letzten* Fragen nach Lebenssinn und Lebenswert in einer aus den Fugen geratenen Welt, einer expandierenden, sich komplizierenden und erkaltenden Gesellschaft keine wirklichen Antworten mehr geben können.

Die beschriebene Lage lastet schwer auf der sich bildenden politisch-literarischen Opposition; es nimmt wunder, daß sie nicht zerbricht, oder genauer: erstickt. Das geschieht aber nicht; diese Opposition ist nicht totzukriegen, sie gewinnt an Boden und Einfluß, sie lernt, aus der schwierigen Lage das Beste zu machen, sie erkundet in immer neuen Anläufen die Grenzen des Publizierbaren, sie lernt mit der Schere im Kopf zu schreiben, ohne sich zu kompromittieren, sie beweist Mut, ohne heroisch sein zu wollen – gerade auch Heine, dem noch heute manchmal Furchtsamkeit vorgeworfen wird und dessen Werdegang in den zwanziger Jahren das genaue Gegenteil beweist. Sein Mut, auch gegenüber der Macht, ist allerdings odysseisch, voller Listen, Finten, Volten und voll unaufhörlichen Maskenspiels. Fast intuitiv weiß er die bedrückenden Verhältnisse einzuschätzen, die Gegner zu nehmen, die Gefahren zu unterlaufen; ja, er gewinnt, er übt und bewahrt sich unter ständigem Druck eine unverwechselbare, eine manchmal einfach unglaubliche Leichtigkeit des Ausdrucks, wie sie nur wenigen Oppositionellen gelingt: die meisten verkrampfen unter dem Druck, sie sehen sich in eine ungewollt schroffe Kampfstellung gedrängt; sie gebärden sich radikaler, als sie sind und sein wollen – so schaffen die Mächtigen der Restaurationszeit genau den Radikalismus, den sie fürchten. Mancher Radikalismus ist eher rhetorisch, so bei einigen Jung-Deutschen (freilich: Heinrich Laube wird noch in den dreißiger Jahren als ehemaliger Burschenschaftler in Preußen zu Festungshaft verurteilt – überhaupt geraten bürgerliche Autoren leichter ins Räderwerk als Adlige, die sich mehr Kritik leisten können, wie etwa Heines späterer Bewunderer Fürst Pückler-Muskau, der den verurteilten Laube unbehelligt auf seinem Gut beherbergen kann, oder Bettina von Arnim, die Friedrich Wilhelm IV. von Preußen in der sozialen Frage direkt angeht); manche oppositionelle Schriftsteller werden überschätzt oder überschätzen sich selbst, so die meisten Jung-Deutschen. Bedrängend für alle, die sich nicht ins biedermeierliche Heim verkriechen wollen, ist der Zwang zu Entscheidungen, die doch schwer zu fällen sind; das führt auch bei Kritikern der Restaurationsgesellschaft zu starrem Beharren auf einmal bezogenen Positionen, aber auch zu plötzlichen Frontwechseln: Der erst jakobinische, dann nationaldemokratische Rebell Joseph Görres, der noch 1819 wegen seiner Schrift »Teutschland und die Revolution« ins Exil getrieben wird, ist 1827, als Heine in München ankommt, schon Professor und ein Wortführer der katholischen Reaktion; Wolfgang Menzel, ehemaliger Burschenschaftler, wohlwollender Beobachter und Kritiker der jungen oppositionellen Literatur, schwenkt plötzlich ins Lager ihrer Feinde und Verfolger ab. Insgesamt muß die literarisch-politische Opposition damit rechnen, daß revolutionäre Einstellung und scharfe Gesellschaftskritik die Mehrheit der Bürger nicht überzeugen und aktivieren, sondern ihr Mißbehagen steigern, ihre Feindseligkeit verfestigen. Auch ist die Opposition in sich nicht einig, sie kann es gar nicht sein; entschiedene Demokraten sind innerhalb dieser Minderheit selbst nur eine Minorität; es gibt Streit innerhalb der Opposition – Heines jahrzehntelange Auseinandersetzung mit den Republikanern, seine Weigerung, sich zum »Jungen Deutschland« zu zählen, ist dafür symptomatisch.

Unter solchen Voraussetzungen kommt der dreiundzwanzigjhährige Dichter in Berlin an, betritt er den literarischen und politischen Schauplatz. Wie er sich dort durchsetzt; wie er in wenigen Jahren mit vier Büchern der wichtigste junge

Dichter Deutschlands wird; wie er mit seinen Gedichten, aber vor allem mit seiner »Reisebilder«-Prosa ganz neue literarische Maßstäbe setzt; wie er, der Außenseiter, durch dieses revolutionäre Werk zum ersten Sprecher der oppositionellen jungen Generation wird; wie er, in schwierige Konflikte verwickelt und immer kränkelnd, den gewaltigen Spannungen der Epoche standhält, das ist erregend und in einigen Situationen atemberaubend.

Berlin

»Hier ist alles still und todt... Hier ist alles still... Hier ist alles todtstill.« Diese Sätze aus drei Briefen der Berliner Zeit beschreiben die Lage in Preußens Hauptstadt. Der Druck der Reaktion lastete schwer auf ihr, das öffentliche politische Leben war erstorben. Königshaus, Adel und Militär regierten, der Adel hatte die Schlüsselpositionen inne; der Militärstand, schrieb Heine in den »Briefen aus Berlin«, war der angesehenste; militärisch gradlinig war sogar die äußere Anlage der Stadt. Die wichtigsten Staatsentscheidungen der Hofdiplomatie waren geheim, die Einberufung der Landstände ersetzte keine Verfassung. Das wirtschaftlich aufstrebende, aber politisch einflußlose Bürgertum und erst recht die machtlosen Unterschichten wurden in untertanenhafter Liebe zum Königshaus gehalten. Die Karlsbader Beschlüsse wurden in Preußen rigoros angewendet. Die Universität wurde scharf überwacht; Hegel, auf den viele schauten, wich vor dem Druck der Reaktion zurück und erklärte, jedenfalls nach außen hin, mit dem derzeitigen preußischen Staat sei die höchste Entwicklungsstufe der Geschichte erreicht. Die Zensur belastete das kulturelle Leben, ließ nur eine kriecherische Tagespresse zu und traf besonders bedeutende Talente: Der schon kranke E. T. A. Hoffmann wurde wegen »Meister Floh« dümmsten politischen Verdächtigungen ausgesetzt, am Krankenbett verhört und mit einem Disziplinarverfahren, mit Versetzung bedroht. Die Lesebibliotheken wurden einer polizeilichen Kontrolle unterworfen und mußten ihre Kataloge vorlegen. Der Brockhaus-Verlag unterstand strenger Zensur, die nur im Mai 1822 für wenige Tage aufgehoben wurde; der Oberzensor Schöll kreidete Brockhaus, dessen Konversationslexikon ein Riesenerfolg war, vor allem an, »daß er der großen Lesewelt allgemein verständliche Bücher bot und daß er namentlich die Belehrung und Bildung der Massen in's Auge faßte«; das war offenbar staatsgefährdend. Heine selbst brach seine »Briefe aus Berlin« für den »Rheinisch-Westfälischen Anzeiger« im September 1822 ab, nachdem die Zensur beim 3. Brief scharf gestrichen hatte. Sein Bericht »Über Polen« erregte ebenfalls Ärger – auf die polnische Frage reagierten die Berliner Behörden ohnehin allergisch: Berlin war der Studienort der jungen Polen aus der preußisch regierten Provinz Posen; die Überwachung der Universität, die auch zum Verbot der Landsmannschaften und der Burschenschaft »Arminia« führte, traf die polnischen Studenten hart. Heine hatte, vor allem durch seinen Freund Eugen von Breza, gute Kontakte zu ihnen und schätzte sie; mehrfach erwähnte er in den »Briefen aus Berlin« Vernehmungen, Relegationen, Verhaftungen polnischer Studenten.

Die restaurative Politik griff auch in andere Bereiche über: König Friedrich Wilhelm III. zwang seinen Untertanen gegen heftigen Widerstand orthodoxer Protestanten eine neue kirchliche Liturgie auf, die eine Einschränkung der Predigten, dafür aber den verstärkten »Gebrauch von Leuchten, Meßgewändern, lateinischen Hymnen, ja selbst der Privatbeichte« empfahl. Heine hörte eine Predigt Schleiermachers, der seit 1810 Professor für Theologie war und sich durch seinen Widerstand gegen diese katholisierenden Maßnahmen liberaler Gesinnung verdächtig machte. Gravierender war für Heine der Anschlag der preußischen Reaktion auf das Edikt zur Judenbefreiung von 1812. Schon bald nach 1815 hatte die Regierung jüdischen Kriegsteilnehmern, die ihr Leben im Krieg gegen Frankreich eingesetzt hatten, die versprochenen Staatsstellen verweigert; im Juni 1822 sprach eine Kabinettsordre Juden das Recht auf höhere Militärränge ab, und am 18. August 1822 hob eine weitere Kabinettsordre das Recht von Juden auf, akademische Schul- und Lehrämter auszuüben, eine Einschränkung, die Heine beunruhigte und empörte. Wie an höchsten Stellen über Juden gedacht wurde, belegt eine Äußerung des preußischen Innenministers Schuckmann aus dem Jahre 1816: »Es gibt... gewiß rechtliche und achtbare einzelne Juden, und ich kenne dergleichen selbst; aber der Charakter dieses Volkes im Ganzen ist doch noch fortwährend aus niederträchtiger Eitelkeit, schmutziger Habsucht und listiger Gaunerei und Intrige zusammengesetzt und es ist unmöglich, daß ein Volk, welches mit Nationalgeist sich selber achtet, sie für seines gleichen achten kann.« Das ist Antisemitismus; auf diesem Boden wucherten die verbreitete Berliner Judenfeindschaft und die antisemitischen Attacken gegen oppositonelle jüdische Autoren.

Dabei hätte die wirtschaftliche Entwicklung der Stadt liberalere Einstellungen nahegelegt. Berlin, die größe deutsche Stadt, die jüngste europäische Metropole, hatte 1820 bereits 200 000 Einwohner. Seit 1810 gab es Gewerbefreiheit, die auch Heine guthieß, im Jahre 1822 die erste Gewerbeausstellung. Die Industrie wuchs, besonders die Textilbranche; die Dampfmaschine zog ein, Heine erwähnte ihre Verwendung beim Bau der neuen Schinkelschen Schloßbrücke. Freilich hatte die neue Entwicklung, die ohnehin die alten Strukturen nicht einfach beseitigen konnte, auch ihre Schattenseiten: Das reich werdende Bürgertum, jüdisch wie christlich, verfiel der Faszination des »rasenden Geldes«, wie Heine es nannte; der Hof verdiente seinen Reichtum nicht selber, die Hauptstadt nutzte die Produktionskapazität ländlicher Gebiete für sich aus: Bauern, Handwerker und das Bürgertum produzierten vor allem für die Bedürfnisse dieses Hofes. Zugleich strömten zahlreiche vom Lande vertriebene Arbeitsuchende in die Stadt, ohne immer Arbeit zu finden; so entstand eine neue Armut als Kehrseite des neuen Reichtums; nicht zufällig fragte Heine im ersten »Brief aus Berlin« nach der Idee des Mittagessens für arme Schlucker, wirft er gerade in der Berlin-Zeit mehrfach und entschieden die soziale Frage auf.

Trotz der widrigen politischen Verhältnisse genießt Heine zunächst das Leben in Berlin. Wie schon in Bonn, läßt er sich animiert auf die neue Umwelt ein: »Jetzt will ich durch die Stadt laufen.« Er läuft und flaniert unermüdlich, er sieht sich alles an, Königstraße, Schloßplatz, Lustgarten, Tiergarten, Domkirche, Friedrichstraße, Akademieuhr, die elegante Welt Unter den Linden, wo es ihn bei der Vorstellung durchschauert, daß Lessing oder der Alte Fritz einmal gerade hier gestanden haben könnten; er sieht die Frauen, die Prostituierten, über die er ganz offen schreibt, die Restaurants und Cafés: Reichmann, Josty, das Café Royal, da kann er schwärmen, schwelgen oder schimpfen (Heine aß immer gern und gut, trank aber wenig Alkohol). Er besucht die neue Börsenhalle und ist begeistert vom Lesezimmer mit über 100 Zeitungen (Heine war ein großer Journalist und ein unersättlicher Zeitungsleser). Er muß oft und lange durch die Stadt gelaufen sein, deren Gesamtanlage er »neu, schön und regelmäßig«, doch etwas nüchtern findet (Heine ging immer gern zu Fuß; noch als sehr kranker Mann ging er in Paris aus, so oft er konnte; er fuhr aber auch gern Droschke). Er stürzt sich ins Theater- und Musikleben, das in Berlin eine sehr große Rolle spielt, »la capitale de la musique« nennt der berühmte Geiger Boucher, der gerade gastiert, die Stadt – das ist die Sphäre der Ablenkung für die politisch niedergehaltene Bevölkerung. »Der heftige Parteikampf von Liberalen und Ultras, wie wir ihn in andern Hauptstädten sehen, kann bei uns nicht zum Durchbruch kommen, weil die königliche Macht, kräftig und parteilos schlichtend, in der Mitte steht. Aber dafür sehen wir in Berlin oft einen ergötzlichern Parteikampf, den in der Musik«, bemerkt Heine ironisch – und kämpft mit, für Weber und seinen »Freischütz«, dessen Uraufführung er erlebt und auf dessen ungeheuer populäres, an jeder Straßenecke ertönendes »Jungfernkranz«-Lied er seine erste große Satire schreibt – für Weber, gegen Spontini, der damals in Berlin dirigiert, und Heine durchschaut rasch, daß der musikalische Parteikampf nur scheinbar unpolitisch ist – denn Spontinis donnernde Opern sind die Musik und das Theater der »Noblesse«, also des Adels, des Königshauses. Der Monarch geht fast jeden Abend ins Theater, dieses Theater ist kein Ort der Aufklärung mehr wie zu Lessings Zeit, sondern der Schauplatz aristokratischer Selbstakklamation und seichter Unterhaltung. In die Spielpläne wird »von oben« eingegriffen: Kleists »Prinz von Homburg« darf nicht gegeben werden, weil eine preußische Prinzessin einen ihrer Ahnen darin verunglimpft sieht; ein wirklich kritisches Theaterpublikum fehlt.

Heine ist für Weber, aber nicht kritiklos, wie seine Satire zeigt, und nicht aus Patriotismus. Im Theater schärft sich sein Blick für die Macht- und Klassenverhältnisse, hier und auf den Redouten, den Maskenbällen, die er gern besucht. Er beobachtet dort die innere Zerrissenheit, den inneren Unfrieden des restaurativen Berlin, in den »Briefen aus Berlin« fällt das Stichwort »zerrissen«: »Es ist hier ungemein viel geselliges Leben, aber es ist in lauter Fetzen zerrissen. Es ist ein Nebeneinander vieler kleiner Kreise, die sich immer mehr zusammen zu ziehen als auszubreiten suchen. Man betrachte nur die verschiedenen Bälle hier; man sollte glauben, Berlin bestände aus lauter Innungen. Der Hof und die Minister, das diplomatische Corps, die Zivilbeamten, die Kaufleute, die Offiziere usw. usw., alle geben sie eigene Bälle, worauf nur ein zu ihrem Kreise gehöriges Personal erscheint.« Die Ausnahme bilden nur die Subskriptionsbälle, bei denen alle Schichten zugelassen sind.

Ausnahmen waren auch die Salons bekannter Berliner Damen, der Elise von Hohenhausen, der Jüdinnen Henriette Herz und Rahel Varnhagen. Hier waren die Grenzen der »Innungen« aufgehoben, hier wurden Frauen und Männer, Adlige und Bürgerliche, Juden und Christen gleichermaßen geachtet, hier gab es keine Einschränkungen der Gesprächsthemen, sondern sogar einen Hauch von Opposition, hier zählten Persönlichkeit und die Fähigkeit zum Dialog. Rahel (1771-1833) hatte, als Rahel Levin, schon 1790 bis 1806 einen Salon im Dachgeschoß der elterlichen Wohnung, Jägerstraße, geführt, wo die Brüder Humboldt und Tieck, Schleiermacher, Jean Paul, Adam Müller und Gentz verkehrten; seit 1819 hatte sie ihren Salon in der Französischen, ab 1827 in der Mauerstraße. Er war ein wirkliches geistiges Zentrum. Die Varnhagens bewunderten Goethe und Hegel und suchten diesen Enthusiasmus auf ihre Besucher zu übertragen. Sie huldigten liberalen Ideen, sie kritisierten die Restaurationsgesellschaft, den reaktionären preußischen Staat und das Metternichsche System, hielten aber gleichzeitig Kontakt zu Friedrich von Gentz, dem Vertrauten Metternichs. Rahels Biograph Scurla hat sogar vermutet, daß es damals wenige Privathäuser gegeben habe, wo so rückhaltlos offen gesprochen, soviel Information aus Preußen, Deutschland und Westeuropa wenigstens einem kleineren Kreis von Intellektuellen zugänglich gemacht wurde. Von Friedrich Gubitz, dem Herausgeber des »Gesellschafters«, empfohlen, besuchte Heine die Varnhagens seit Mai 1821 oft. Er lernte dort unter anderem Chamisso, Alexander von Humboldt, Hegel, Schleiermacher, Fouqué, Alexis, den Dramatiker Michael Beer, einen Bruder des Komponisten Meyerbeer, und nicht zuletzt Rahels jüngeren Bruder Ludwig Robert und dessen schöne Frau Friederike kennen, der er einige Gedichte widmete. Rahel wird bis zu ihrem, Varnhagen bis zu Heines Tod dem Dichter eine treue, aber kritische Freundschaft bewahren. Rahel, die Tochter eines wohlhabenden Kaufmanns, gehörte zum »kleinen Kollektiv preußischer Ausnahmejuden«, wie Hannah Arendt das nennt, und versuchte ihr Judentum abzuschütteln. Das gelang ihr selbstverständlich nicht, wohl aber gelang ihr die Assimilation an die führenden Kreise der Berliner geistigen Welt – sie war also eine jüdische Aufsteigerin und Heine schon von daher verwandt. Sie setzte sich die höchsten geistigen Anforderungen, und weil sie nicht nur gegen die Benachteiligung der Juden, sondern auch gegen starke Selbstzweifel anzukämpfen hatte, war ihr Aufstieg so konfliktreich wie der Heines; wahrscheinlich hätte sie ihr Ziel ohne Varnhagens Hilfe gar nicht erreicht. Sie war 1821 fünfzigjährig, also nach damaligen Vorstellungen beinahe eine alte Frau, nach allen Berichten äußerlich unansehnlich, ja häßlich, nach allen Berichten aber auch eine Persönlichkeit von ungewöhnlicher Ausstrahlung, besonders durch ihre Rede – eine alternde, von Krankheit zusammengekrümmte Frau, eine Fee, ja eine Hexe, wie Grillparzer sie ein paar Jahre später schilderte, doch eine Frau, die ihn bezauberte, sobald sie sprach, und nach Heines Urteil »die geistreichste Dame, die ich je kennen gelernt«.

Karl August Varnhagen von Ense (1785-1858), ihr fast

vierzehn Jahre jüngerer Gatte, war Heines Düsseldorfer Landsmann und von Hause aus ebenfalls arm. Auch ihm gelang der gesellschaftliche Aufstieg. Er war Offizier in österreichischen und in russischen Diensten, nahm an den Befreiungskriegen teil, fuhr mit Hardenberg zum Wiener Kongreß und nach Paris und wurde 1816 sogar preußischer Gesandter am badischen Hof in Karlsruhe. 1819 wurde er jedoch wegen seiner liberalen Gesinnung abberufen und war seitdem als Geheimer Legationsrat mit Pension zur Disposition gestellt. Er war kein Mann der Tat, sondern ein Beobachter und Chronist der Epoche, der zahlreiche Verbindungen hatte und umfangreiche Tagebücher schrieb. Die Urteile über ihn sind unterschiedlich – in Hannah Arendts nahezu gehässiger Darstellung erscheint er als Parvenu und Emporkömmling, der sich seinen Vorgesetzten andiente und ganz damit zufrieden war, wenn er in hohen und höchsten Kreisen freundlich empfangen wurde. Seine Tagebücher verraten aber einen sehr kritischen Beobachter des Zeitgeschehens, und 1848 trat er auf die Seite der Radikalen. Varnhagen vergötterte Rahel, die ihn vielleicht nicht geliebt hat und ihm an Witz, Originalität und Sprachkraft überlegen war.

»Da er fein und absonderlich ist«, schrieb sie 1830 rückblickend an Gentz über Heine, »verstand ich ihn oft, und er mich, wo andere ihn nicht vernahmen, das gewann ihn mir; und er nahm mich als Patronin. Ich lobte ihn wie alle, gern, und ließ ihm nichts durchgehen, sah ich's vor dem Druck.« Die Briefstelle zeigt die Ebenen, wo sie Heine traf: Kongenialität, Mütterlichkeit, Einfluß, um nicht zu sagen: Erziehung. In Poesie und Leben versuchte sie das junge Genie zu bändigen, ihm Maß zu geben, seine Ungebärdigkeit, seine überschäumende Lust am Witz, seine selbstbewußten Höhenflüge in klassische, am Goethe-Ideal ausgerichtete Bahnen zu lenken, doch auch den kranken, kleinmütigen Heine aufzurichten und zu erheitern. Seine unheimliche »Vielspältigkeit« war in ihr selbst, sie strafte sich selbst in ihm: »Sie sollen kein Brentano werden, ich leid' es nicht... Ernst hat der nötig, aber keinen Mund, ihn zu verschlucken... Heine muß ›wesentlich‹ werden, und sollte er Prügel haben.« Kein Dichter der jungen Generation stand ihr näher als er; die

Szene, da er sich über eine Tollheit von ihr ausschütten wollte vor Lachen, weil er sie selbst gern gesagt hätte, drückt die Übereinstimmung aus.

Varnhagen, von dem Eliza Marian Butler sagt, er sei Heines aufrichtigster, beständigster und dienstbarster Freund gewesen, half Rahel, den jungen Dichter zu fördern und den schwierigen Charakter zu beeinflussen, der ihm sicher etwas unheimlich war. Er teilte Rahels Sorge, Heine könne sich selbst zu Fall bringen – bezeichnend eine Briefstelle vom Sommer 1823, als Varnhagen ihn bald nach dem Weggang aus Berlin in Hamburg wiedertraf: Er habe öfters etwas scharf gegen Heine werden müssen, »damit er sich nicht bis zu schwindelnder Höhe verklettere und dann allzu gefährlich niederfalle«. Die Stelle läßt, wie andere Äußerungen Rahels und Varnhagens, ahnen, wie überlegen Heine den Freunden eines Tages sein wird – in Berlin nahm er die Kritik an, auch wenn sie schmerzte; da wirkte selbstverständlich die politische Übereinstimmung zwischen Heine und Varnhagen mit, bei Rahel auch das gemeinsame jüdische Schicksal; Hannah Arendt hat darauf hingewiesen, wie wichtig es für Rahel war, daß Heine, der in Berlin durch den »Jüdischen Verein« eine neue Sicht seiner Herkunft bekam, ihr versprach, entschieden und mit starker Stimme für die Emanzipation der Juden zu streiten. Heine war Varnhagens dankbar; er konnte nämlich, entgegen umlaufenden Klischee-Meinungen, sehr, er konnte lebenslang dankbar sein. Der Salon war für ihn eine Schule des Streitgesprächs, zum Beispiel mit dem scharfzüngigen Eduard Gans über Hegelsche Dialektik. Der Salon brachte ihm Anerkennung durch literarische Fachleute, er bekam Anhänger; Varnhagen trat für seine beiden ersten Bücher in die Arena, er und Rahel gaben ihm wichtige Anregungen zur Beschäftigung mit Goethe. Zwei Briefe bezeugen vor allem die *menschliche* Hilfe, die Heine durch Rahel und Varnhagen empfing: »Ihr Geist«, so schrieb er kurz vor seiner Abreise aus Berlin an Rahel »hat einen Contract geschlossen mit der Zeit; und wenn ich vielleicht nach einigen Jahrhunderten das Vergnügen habe Sie als die schönste und herrlichste aller Blumen, im schönsten und herrlichsten aller Himmelsthäler, wiederzusehen, so haben

Sie doch wieder die Güte mich arme Stechpalme (oder werde ich noch etwas Schlimmeres seyn?) mit Ihrem freundlichen Glanze und lieblichen Hauche, wie einen alten Bekannten, zu begrüßen. Sie thuen es gewiß; haben Sie ja schon Anno 1822 und 1823 Aehnliches gethan, als Sie mich kranken, bittern, mürrischen, poetischen und unausstehlichen Menschen mit einer Artigkeit und Güte behandelt, die ich gewiß in *diesem* Leben nicht verdient.« Und Varnhagen schrieb er am 17. Juni 1823 aus Lüneburg, aus großer Einsamkeit und krank, daß »mir immer lebendig vorschwebt, wie Sie beide mir so viel Gutes und Liebes erzeigt, und mich mürrischen, kranken Mann aufgeheitert, und gestärkt, und gehobelt, und durch Rath und That unterstützt, und mit Makaroni und Geistesspeise erquickt«. »Makaroni und Geistesspeise«: die Formulierung müßte Varnhagens entzückt haben, die Heine übrigens schon am 14. Januar 1823 gegenüber dem neuen »Waffenbruder« Karl Immermann aufs höchste gelobt hatte: sie als die geistreichste Dame, ihn als den einzigen, »auf den ich in diesem falschen Neste, mich verlassen kann«.

Heine verkehrte auch im Salon der Elise von Hohenhausen, die mit ihrem Mann, einem preußischen Regierungsrat und Gründer des »Sonntagsblattes«, 1820 von Minden nach Berlin gekommen war und Unter den Linden 59 ihre Dienstagskränzchen hielt. In diesem Salon herrschte ein wahrer Byronkult. Die Baronin hatte neben anderen Texten des englischen Dichters Byrons »Korsar« übersetzt und 1820 in Altona veröffentlicht; sie stellte ihren Gästen Heine als deutschen Byron vor, eine Bezeichnung, die auch in Rezensionen seiner ersten Gedichtbände auftauchte – sie schmeichelte Heine gewiß, obwohl er den Byronkult der Hohenhausen auch ironisierte: »Mit Byron treibt sie noch immer geistig Unzucht.« In ihrem Salon las Heine erstmals aus seinen Tragödien und dem »Lyrischen Intermezzo« vor. Daran erinnerte sich die Tochter Friedrike von Hohenhausen so: »Er mußte sich manche Ausstellung, manchen Tadel gefallen lassen, namentlich erfuhr er häufig einige Persiflage über seine poetische Sentimentalität, die wenige Jahre später ihm so warme Sympathie in den Herzen der Jugend erweckt hat. Ein Gedicht mit dem Schlusse: ›Und laut aufweinend stürz' ich mich zu ihren süßen Füßen‹ fand eine so lachende Opposition, daß er es nicht zum Druck gelangen ließ.« Das Gelächter mag stimmen, das andere ist falsch: Das Gedicht steht im »Lyrischen Intermezzo« und auch im »Buch der Lieder« – als ein Traum-Gedicht!

In einem Poeten-Kreis, dem heute vergessene Autoren wie der Lyriker und Theaterdichter Karl Köchy und der Dramatiker Friedrich von Uechtritz angehörten, begegnete Heine erstmals einem jungen Dichter von Rang: Christian Dietrich Grabbe. Der Kreis traf sich zu Lesungen von Stücken Shakespeares, Tiecks und Immermanns; Grabbe und Heine schrieben gerade Tragödien, das ergab gemeinsame Interessen. Grabbe selbst (so die »Memoiren«) oder Gubitz gab Heine den Erstling »Herzog Theodor von Gothland« zu lesen. Heine erkannte an dem ausgefallenen Wurf sofort Grabbes dramatisches Genie; er gab das Manuskript entweder an Rahel oder an Varnhagen weiter – die Reaktion war Entsetzen, das Ding sollte so rasch wie möglich wieder aus dem Haus. Grabbe war damals schon Alkoholiker. Sollten bei Lutter und Wegner oder im Café Stehely Zechereien des Kreises stattgefunden haben (Uechtritz bestritt das 1855 unter Hinweis auf den Geldmangel der jungen Leute), so hat Heine nicht mitgehalten, auch wenn er im zweiten Halbjahr 1822 etliche Sitzungen besuchte. Anfang 1823 kam es zum Streit – eine Anekdote will wissen, daß Heine und Grabbe immer Wortgefechte austrugen, bei denen Heine unterlag; seine Drohung, er werde sich mit der Feder an Grabbe rächen, soll dieser mit der Gegendrohung beantwortet haben, den Kontrahenten zu erstechen. Auch andere Mitglieder des Kreises griffen Heine an, vielleicht aus Neid auf seinen beginnenden Erfolg – in einem Brief sagte sich Heine vom Kreis los und behauptete, nie wirklich dazugehört zu haben. Ungeachtet des Bruches behielt er immer eine hohe Meinung von Grabbes dichterischem Rang; mehrfach plante er eine längere Arbeit über ihn; in den »Memoiren« setzte er ihm ein Denkmal und nannte ihn den deutschen Dramatiker, der Shakespeare am nächsten kam: »Aber all seine Vorzüge sind verdunkelt durch eine Geschmacklosigkeit, einen Zynismus und eine Ausgelassenheit, die das Tollste und Abscheulichste überbieten, das je ein Hirn zu Tage gefördert.« Grabbe war also ein betrunkener Shakespeare – übrigens verteidigte Heine Grabbes Mutter ausdrücklich gegen den von der Witwe des Dramatikers erhobenen Vorwurf, sie sei für seinen Alkoholismus verantwortlich, weil sie ihm schon als Kind Branntwein eingeflößt habe.

Heine hatte in Berlin noch zahlreiche andere literarische Kontakte; einige wichtigere seien hier genannt: Friedrich Gubitz druckte im »Gesellschafter« eine Reihe von Gedichten, machte die Zeitschrift so zur »Wiege meines Ruhms«, feilte an Heines Gedichten, was der Dichter scherzhaft »gubitzen« nannte, und vermittelte die erste Buchpublikation bei der Maurerschen Buchhandlung, wo der »Gesellschafter« erschien. Heine verkehrte mit seinem Vetter Hermann Schiff und bot ihm das Du an; er fand in Joseph Lehmann einen weiteren literarischen Ratgeber und zeitweiligen Freund; er sah E. T. A. Hoffmann im Café Royal, lernte ihn aber nicht mehr kennen; er hatte einen gewissen Kontakt zu Chamisso; er schätzte am erzkonservativen Romantiker Fouqué »das Gemüth dieses Mannes«; er legte einen Streit mit dem schreibenden Baron von Schilling bei, der sich in den »Briefen aus Berlin« angegegriffen fühlte; er verbrachte manche Donnerstagabende im Salon Veit; er verkehrte mit der Familie Beer und verfolgte die Entwicklung des Dramatikers Michael Beer aufmerksam – immerhin war Beer, wie er selbst, ein jüdischer Schriftsteller, der sich in einer christlich-deutschen Gesellschaft durchzusetzen versuchte. Und schließlich nahm er von Berlin aus die Verbindung mit Immermann auf, der sein erstes Buch, »Gedichte«, hervorragend rezensierte und dem Heine Ende 1822 in einem großen Brief Waffenbruderschaft anbot: »Kampf dem verjährten Unrecht, der herrschenden Thorheit und dem Schlechten! Wollen Sie mich zum Waffenbruder in diesem heiligen Kampfe, so reiche ich Ihnen freudig die Hand. Die Poesie ist am Ende doch nur eine schöne Nebensache.«

So viele Interessen und Ablenkungen ließen kein allzu intensives Studium zu, schon gar nicht in Heines »Fach«. Wir haben nur wenige Dokumente über die Berliner Studienzeit, die Humboldt-Universität besitzt lediglich den Immatrikulationsvermerk vom 4. 4. 1821 und das Abgangszeugnis mit ganzen drei bescheinigten Kollegien: Professor Hasse über Pandekten (Auszüge aus den Schriften römischer Juristen), Professor Schmalz über deutsches Recht und Professor Hegel über Philosophie der Weltgeschichte. Mit Sicherheit hörte Heine auch bei Friedrich Karl von Savigny (1779-1861), dem Begründer der Historischen Rechtsschule, deren Gegner Heine bekanntlich schon in Bonn wurde – Savigny, Bettina von Arnims Schwager, war ein glänzender Vortragender, ein eleganter, ja eitler Mann, dessen Stolz auf sein christushaftes Aussehen Heine im ersten »Brief aus Berlin« karikiert und dessen Judenfeindlichkeit ihm zuwider sein mußte; Savigny hatte die Berufung von Gans nach Berlin hintertrieben; auch seine Abneigung gegen den Code Napoléon mißfiel Heine. Sicher hörte er auch Vorlesungen über Indien und Sanskritliteratur, worauf ihn schon Schlegel hingewiesen hatte, dessen indische Studien Heine in einem kurzen Nachwort zu seinem Sonettkranz auf Schlegel würdigte. Besonders der junge Professor Franz Bopp, der Begründer der modernen Sprachwissenschaft, beeindruckte Heine; Bopp lenkte das eher schwärmerisch-romantische Indien-Interesse Heines in wissenschaftliche Bahnen, wozu wohl auch Hegels Bemerkungen über Indien beitrugen. Wichtige Anregungen bekam Heine schließlich von Friedrich August Wolf (1759-1824), der die moderne Altertumswissenschaft begründete und mit seiner Forderung nach umfassender Erkenntnis des Lebens der Griechen und Römer der klassischen Philologie neue Dimensionen öffnete. Wolf führte Heine ins Werk von Aristophanes ein; der Dichter, den Zeitgenossen als deutschen Aristophanes bezeichneten, wird von Wolf vor allem für seine berühmten Personen-Satiren gelernt haben.

Der bedeutendste Lehrer aber, dem Heine in Berlin begegnete, den er auch privat besuchte und in Rahels Salon traf, war selbstverständlich Georg Wilhelm Friedrich Hegel (1770-1831). Die Wirkungen von Hegels Philosophie auf Heine sollen später gewürdigt werden; Begegnungen mit dem Philosophen hat Heine an drei Stellen geschildert, die hier chronologisch wiedergegeben werden. In »Briefe über Deutschland« (»Bruchstücke 1844«) steht: »Er liebte mich sehr, denn er war sicher daß ich ihn nicht verriet.« Das bezieht sich wohl auch auf den heiklen Satz, den Hegel auf Heines unmutige Kritik am berühmt-berüchtigten Axiom »Alles was ist ist vernünftig« geantwortet haben soll: »Alles was vernünftig ist muß sein.« Die Antwort ist lange als von Heine überlieferte Anekdote aufgefaßt worden; durch 1981 aufgefundene Vorlesungsnachschriften ist sie als Äußerung Hegels fast wörtlich bestätigt worden. Laut »Briefe über Deutschland« soll Hegel außerdem die Sterne »nur ein leuchtender Aussatz am Himmel« genannt haben, was hieß: Himmlischen Lohn für tugendhafte Taten auf Erden gibt es nicht. Ende 1845 erzählte Heine dem jungen Lassalle die Sternen-Episode anders: Hegel habe plötzlich von hinten die Hand auf seine Schulter gelegt und gesagt: »Die Sterne sind's nicht; doch was der Mensch in sie hineinlegt, *das* eben ist's.« Da wußte Heine, »daß in diesem Manne, so undurchdringlich dessen Lehre für ihn sei, der Puls des Jahrhunderts zittere«. In den »Geständnissen« erzählt Heine 1854 die Episode noch einmal fast wörtlich so wie in »Briefe über Deutschland« – mit diesen Zeugnissen über Begegnungen müssen wir uns leider begnügen.

In diesen Briefen schreibt Heine übrigens auch: »Ich hielt ihn damals sogar für servil.« Er spielt damit auf Hegels Zurückweichen vor dem politischen Druck an, der an der Berliner Universität besonders hart war. Sie hatte noch nicht Göttingens Ruf, wuchs aber schnell; die Studenten spielten jedoch in der Hauptstadt eine ungleich geringere Rolle als in kleineren Universitätsorten. Die am 18. 8. 1820 neugegründete Burschenschaft »Arminia« – es ist unsicher, ob Heine zu ihr Kontakte hatte – wurde verfolgt; ständig gab es Untersuchungen und Verhaftungen, worüber Varnhagens Tagebücher beredt Auskunft geben. Sogar konservative Professoren wie Savigny wehrten sich gegen die Überwachung, eine geplante Zwangsaufsicht über alle Studenten konnte immerhin verhindert werden, verschärfte Fleißkontrollen aber sollten ihren Spielraum für politische Betätigung einschränken. Auch Heine wurde einmal wegen des Verdachts auf mangelnden Fleiß vor den Universitätsrichter Krause geladen, konnte sich aber durch Vorlesungen bei Hegel legitimieren.

Am 4. August 1822 wurde Heine auf Vorschlag von Eduard Gans in den Berliner »Verein für Cultur und Wissenschaft der Juden« aufgenommen. Er betrat damit nach Universität und Literatur-Leben den dritten Bereich seiner vielfältigen Berliner Aktivitäten. Der äußerlich überraschende Schritt hatte ernste Gründe: die bedrückende politische Gesamtlage; die Judenfeindschaft und die schrittweise Zurücknahme des Befreiungsedikts von 1812; die Enttäuschung durch die Burschenschaft; eine mit alldem erklärbare, wütende Abneigung Heines gegen alles Deutsche, die sich in einem brieflichen Ausbruch über dem armen Sethe entlud; die besondere Empfindlichkeit des jungen jüdischen Intellektuellen für Heimatlosigkeit und soziale Diffamierung; vielleicht auch die Sehnsucht nach einer Gemeinschaft Gleichgesinnter und der Rechtfertigungszwang des im bürgerlichen Sinne Erfolglosen vor den reichen jüdischen Verwandten – es gab also genug Gründe für den Beitritt, der die *umfassende* Auseinandersetzung Heines mit dem Judentum und der jüdischen Religion einleitete.

Äußerer Anlaß zur Gründung des Vereins waren die heftigen antisemitischen Ausschreitungen der »Hep-Hep«-Bewegung im Sommer und Herbst 1819. Jüdische Intellektuelle, unter ihnen Leopold Zunz, Eduard Gans und Heines späterer enger Freund Moses Moser gründeten, mit den Worten der Satzung, »eine Verbindung derjenigen Männer, welche in sich Kraft und Beruf zu diesem Unternehmen fühlen, um die Juden durch einen von innen heraus sich entwickelnden Bildungsgang mit dem Zeitalter und den Staaten, in denen sie leben, in Harmonie zu setzen«. Dazu mußten sie nach Mosers Worten riskieren, »im offenen Kampf gegen den Talmud aufzutreten, dessen verderblichen Einfluß für uns zu vernichten, wesentliche Bedingung einer nützlichen Judenreform ist«. Diese radikale Wendung gegen die jüdische Orthodoxie erklärt die begrenzte Mitgliederzahl und Wirksamkeit des Vereins, dessen Name vom Organisator, dem Hegelianer Eduard Gans, stammte. Gans hatte Hegels Idee in den Verein eingebracht, daß die europäischen Nationen »eine Familie nach dem allgemeinen Prinzip ihrer Gesetzgebung, ihrer Sitten, ihrer Bildung« seien; daraus zog

Gans eine für Heines künftigen Kosmopolitismus richtungweisende Folgerung: »Also ist die Forderung des heutigen Europa's, daß die Juden sich ihm ganz einverleiben sollen, eine aus der Nothwendigkeit seines Begriffes hervorgehende.« Der Verein verfolgte zunächst vier praktische Ziele: Er gründete ein wissenschaftliches Institut, dessen Vizesekretär Heine wurde, er gab unter der Leitung von Zunz seit dem Frühjahr die »Zeitschrift für die Wissenschaft des Judenthums« heraus, er richtete eine Unterrichtsanstalt für junge Ostjuden ein, und er legte ein Archiv an, das Materialien über die gesamte Tätigkeit des Vereins auf lange Sicht sammeln sollte.

Heine nahm erstmals am 29. September 1822, letztmalig am 11. Mai 1823 an den Vereinssitzungen teil. Am 23. Februar warnte er vor der Einführung eines eigenen Religionsbuches für die israelitische Jugend; am 16. März mußte er die Abfassung eines Zirkulars über die Gründung eines jüdischen Frauenvereins wegen seiner ständigen Unpäßlichkeit absagen. Einige Monate erteilte er jungen Juden Unterricht in Französisch, Deutsch und deutscher Geschichte; ein Schüler, Levin Braunhardt, gab darüber 1899(!) dem Heine-Forscher Gustav Karpeles eine hymnische Schilderung, die Heine als Patrioten, der die deutsche Vielstaaterei beklagt, als großartigen, begeisternden Pädagogen und glänzenden Rhetor zeigt: dem alten Mann hatte sich über acht Jahrzehnte hinweg die Erinnerung verklärt. Heine sah sich im Verein nicht als jüdischer Wissenschaftler, sondern als Dichter: Er faßte den Plan, die reichen Traditionen des jüdischen Volkes und seines Glaubens in Poesie umzusetzen. Dazu genügte die bloß äußerliche Kenntnis dieser Traditionen nicht – Heine suchte eine innere Verbindung zum Judentum und hoffte sie, auch im Interesse seiner dichterischen Pläne, im Berliner Verein zu finden. Es ist kein Zufall, sondern folgerichtig, daß Heine bald nach der Berliner Zeit den Plan zum Roman »Der Rabbi von Bacherach«, einem großen historischen Sittengemälde vom Leben und Leiden der Juden, faßte.

Wichtig waren auch einige menschliche Begegnungen im Verein. Neben Immanuel Wohlwill, mit dem Heine korrespondierte, und Ludwig Marcus, dem »kleinen Marcus«, dem er nach dessen Tod »Denkworte« widmete, standen Heine vor allem Gans, Zunz und Moser nahe. Eduard Gans (1798-1839) war bereits 1821 als scharfer Gegner der Historischen Rechtsschule und profilierter Hegel-Schüler bekannt. Seit 1819 hatte er sich um eine Professur an der Berliner Universität bemüht; er bekam sie erst nach der Taufe 1825. Er war Kosmopolit, Gegner des Nationalismus, Linksliberaler, ein sehr mutiger Kritiker der restaurativen Verhältnisse, ein ausgezeichneter Redner, der viele Studenten anlockte und zeitweilig Vorlesungsverbot hatte, ein Wegbereiter des Linkshegelianismus, der, auf Hegel fußend und ihn weiterdenkend, eine neue Schule der Rechtswissenschaft begründete. Gans vertiefte Heines Hegel-Verständnis und diskutierte mit ihm: »Mehr noch durch Wort als durch Schrift förderte Gans die Entwicklung des deutschen Freiheitssinnes, er entfesselte die gebundensten Gedanken und riß der Lüge die Larve ab«, schreibt Heine in »Ludwig Marcus Gedenkworte«; daß er Gans dort auch scharf angreift, weil er als erster das Schiff, sprich: den jüdischen Glauben verlassen hat, ist sicher auch ein Akt der Selbstbestrafung: Heine hat 1825 genau dasselbe getan – und es bald bereut. Über Leopold Zunz (1794-1886), den Begründer der modernen Judaistik, der seit 1839 eine jüdische Bibelübersetzung leitete, über die gottesdienstlichen Vorträge, die Namen und die synagogale Poesie der Juden schrieb und den todkranken Dichter noch 1855 in Paris besuchte, urteilte Heine bis zuletzt sehr freundlich: »Wie dürfte ich von jenem Vereine reden, ohne dieses vortrefflichen Zunz zu erwähnen, der in einer schwankenden Übergangsperiode immer die unerschütterlichste Unwandelbarkeit offenbarte und trotz seinem Scharfsinn, seiner Skepsis, seiner Gelehrsamkeit dennoch treu blieb bei dem selbstgegebenen Worte, der großmütigen Grille seiner Seele.« Dieselbe Treue zum jüdischen Glauben rühmt Heine auch an Moses Moser (1796-1838), der trotz anstrengender täglicher Arbeit in einer Berliner Bank unermüdlich für den Verein tätig war; als ihre Freundschaft schon längst zerbrochen war, setzte Heine dem toten Freund ein Denkmal: »Das tätigste Mitglied des Vereins, die eigentliche Seele desselben, war M. Moser, der vor einigen Jahren starb, aber schon im jugendlichsten Alter als einer der größten Gelehrten Deutschlands betrachtet werden konnte und nicht bloß die gründlichsten Kenntnisse in allen Wissenschaften besaß, sondern auch durchglüht war von dem großen Mitleid für die Menschheit, von der Sehnsucht, das Wissen zu verwirklichen in heilsamer Tat. Er war unermüdlich in philantropischen Bestrebungen, er war sehr praktisch und hat in scheinloser Stille an allen Liebeswerken gearbeitet. Das große Publikum hat von seinem Tun und Schaffen nichts erfahren, er focht und blutete inkognito, sein Name ist ganz unbekannt geblieben und steht nicht eingeschrieben im Martyrologium, in dem Adreßkalender der Tagesopfer.«

Kein führendes Mitglied des Vereins konnte sich lange darüber täuschen, daß seine Bestrebungen scheitern mußten. Die Mitgliederzahl blieb klein, das faktische Ergebnis war kärglich: »Die ganze Ausbeute jenes Vereins besteht in einigen historischen Arbeiten, in Geschichtsforschungen, worunter namentlich die Abhandlungen des Dr. Zunz über die spanischen Juden im Mittelalter zu den Merkwürdigkeiten der höheren Kritik gezählt werden müssen.« Heine hat für seinen »Rabbi«-Plan selbst davon gelernt, die Zeitschrift aber, die es nur auf drei Nummern brachte, vom Standpunkt des Schriftstellers vernichtend kritisiert. Er nannte das dritte Heft zum größten Teil »ungenießbar wegen der verwahrlosten Form«, unverständlich für ihn und viele Leser und warf den Verfassern »Corruptheit des Stils« vor. Immerhin bot er mehrmals an, Aufträge für den Verein in Hamburg zu übernehmen; zugleich führte die Kritik am Verein zu einer vertieften Einsicht in die Lage der westeuropäischen Juden: »Wir haben nicht mehr die Kraft einen Bart zu tragen, zu fasten, zu Hassen, und aus Haß zu dulden; das ist das Motiv unserer Reformazion.« Gewisse Gruppen seiner »rasendes Geld« scheffelnden Glaubensgenossen widerten Heine an: »Juden sind hier, wie überall, unausstehliche Schächerer und Schmutzlappen«, schrieb er im Juni 1823 aus Lüneburg und schilderte zugleich den »Rischeß«, den Judenhaß, gegen den er sich wehrte. In mehreren Briefen versicherte er Moser, daß er bei aller Kritik am westlichen Judentum, besonders an der jüdischen Religion, bedingungslos für die Emanzipation und

Gleichberechtigung der Juden eintreten werde: »Daß ich für die Rechte der Juden und ihre bürgerliche Gleichberechtigung enthousiastisch sein werde, das gestehe ich, und in schlimmen Zeiten, die unausbleiblich sind, wird der germanische Pöbel meine Stimme hören, daß es in deutschen Bierstuben und Palästen wiederschallt.« Im gleichen Brief stellte sich Heine als »der geborene Feind aller positiven Religionen« vor; diese Feindschaft betraf also nicht nur die jüdische Religion, »die zuerst jene Menschenmäkeley aufgebracht, die uns jetzt so viel Schmerzen verursacht«, sondern auch das Christentum: zur gleichen Zeit, da sich Heine mit dem jüdischen Glauben auseinandersetzte, fielen seine ersten scharfen Äußerungen zur christlichen Religon. Im selben Brief, der die Kraftlosigkeit der Westjuden beklagte, nannte er das Chr. (er benutzte diese Abkürzung) eine Idee: »Es giebt schmutzige Ideenfamilien, die in den Ritzen dieser alten Welt, der verlassenen Bettstelle des göttlichen Geistes, sich eingenistet, wie sich Wanzenfamilien einnisten in der Bettstelle eines polnischen Juden. Zertretet man eine dieser Ideen-Wanzen, so läßt sie einen Gestank zurück der Jahrtausende lang riechbar ist. Eine solche ist das Chr...., das schon vor 1800 Jahren zertreten worden, und das uns armen Juden seit der Zeit noch immer die Luft verpestet.«

Heines Blick für Judentum und jüdische Religion schärfte sich auch auf seiner ersten Auslandsreise. Sein Freund, der Gutsbesitzerssohn Eugen von Breza, der Berlin im März 1822 wegen der Verwicklung in eine heikle Liebesaffäre verlassen mußte, lud ihn zu einem Besuch Preußisch-Polens ein. »Ich sollte nach Dresden und Töplitz reisen, um meine Gesundheit herzustellen. Aber meine wilde Natur trieb mich nach den Wäldern Polens. Ich wollte das Land kennen lernen und einige befreundete Polen wiedersehen«, schrieb er am 1. September aus Gnesen. Er fuhr wohl am 7. August mit der Postkutsche in Berlin ab und war zwei Tage später in Posen. Er reiste sofort zu den Brezaschen Gütern nordöstlich Gnesen weiter; dort blieb er bis zum 14. August. Danach besuchte er in Posen auf Empfehlung von Gubitz den Volkstumsforscher Julius Maximilian Schottky, der ihm die Materialien zu einer Sammlung österreichischer Volkslieder zeigte und von dem er im Polen-Aufsatz ausführlich sprach. Er sah mehrere deutschsprachige Theateraufführungen und das Gastspiel der Krakauer Theatertruppe, war um den 1. September herum mit Breza in Gnesen, wo ihn hauptsächlich der Dom interessierte, ging nochmals nach Posen und zu Schottky und besuchte Vorstellungen der Leutnerschen Truppe; acht davon werden in »Über Polen« erwähnt. Weitere Details der Polen-Reise sind nicht dokumentiert, Heines Behauptung, er habe einen kurzen Abstecher in den russischen Teil gemacht, ist nicht zu belegen. Auf jeden Fall hatte er ausgiebig Gelegenheit, Eindrücke zu sammeln; er fand Polen äußerlich abscheulich: »Aber die Menschen in Polen sind gut.« Er beobachtete Adel, Bauern, Frauen und Juden; er fand, daß die Ostjuden in schrecklichem Elend, aber auch in der Kraft des Glaubens lebten, die er bei den westlichen Juden vermißte. Wahrscheinlich kehrte er zwischen dem 25. und dem 28. September nach Berlin zurück; jedenfalls nahm er am 28. September an einer Sitzung des Jüdischen Vereins teil.

Heines Bericht »Über Polen«, der mit den »Briefen aus Berlin« den Anfang seines Prosawerkes bildet, gehört ebenfalls noch in die Berliner Zeit, die für seine dichterische Entwicklung entscheidend war: In Bonn hatte er den Anschluß an literarische Kreise gefunden, in Berlin gelang ihm der künstlerische und publikatorische Durchbruch. Am 20. Dezember 1821 erschien Heines erstes Buch mit dem unauffälligen Titel »Gedichte« in der Maurerschen Buchhandlung, die späteren »Jungen Leiden«; am 9. April 1823 kam der Band »Tragödien; nebst einem Lyrischen Intermezzo« heraus (bei Dümmler, mit Maurer war Heine unzufrieden); das zweite Buch enthielt die Tragödien »Almansor« und »William Ratcliffe« sowie einen Gedicht-Zyklus, den er, im Gegensatz zu den Stücken, für »keinen Schuß Pulver werth« erklärte. Er verschickte seine Bücher unter anderem an Goethe, Uhland, Tieck, Adolf Müllner, Hundeshagen und Wilhelm Müller; Goethe schrieb er im Begleitbrief zu den »Gedichten« in gestochener Schrift: »Ich hätte hundert Gründe, Ew. Exzellenz meine Gedichte zu schicken. Ich will nur einen erwähnen: Ich liebe Sie.« Exzellenz antworteten nicht; sein zweites Buch schickte Heine an Goethe nur mit knapper, aber ehrfürchtiger Widmung. Als Lyriker blieb er außerordentlich produktiv; die ersten Gedichte des Zyklus »Heimkehr« entstanden noch in Berlin, er veröffentlichte Lyrik in verschiedenen Zeitschriften und Zeitungen – binnen kurzer Zeit schaffte er sich eine erstaunlich breite Publikationsbasis. Auch vertiefte sich seine Auffassung vom Dichter und seiner Rolle in der Welt, wofür drei kennzeichnende Stellen zitiert seien: »Ob man mich lobt oder tadelt, es rührt mich nicht, ich gehe meinen strengen Weg, den ich mahl als den besten erkannt habe. Einige sagen, er führt mich in den Dreck, andere sagen, er führe mich nach dem Parnaß, wieder andere sagen er führe direkt in die Hölle. Gleichviel, der Weg ist neu, und ich suche Abentheuer (1. 9. 1822). Aber wo der wahre Dichter auch sey, er wird gehaßt und angefeindet, die Pfennigsmenschen verzeihen ihm nicht daß er etwas mehr seyn will als sie, und das höchste, was er erreichen kann, ist doch nur ein Martyrthum (24. 12. 1822). Der ächte Dichter giebt nicht die Geschichte seiner eigenen Zeit sondern aller Zeiten, und darum ist ein ächtes Gedicht auch immer der Spiegel jeder Gegenwarth (3. 5. 1823).«

Der künstlerische Erfolg und das bemerkenswerte Selbstbewußtsein, das aus diesen Sätzen spricht, haben Heine im persönlichen Leben der Berliner Jahre nicht dauerhaft getragen; schon die Vorstellung vom Martyrthum läßt das erkennen. Ähnlich wie in Bonn häufen sich, besonders gegen Ende des Berliner Aufenthalts, die Klagen in Heines Briefen: Der Flaneur in den Straßen, der Theaterbesucher, der Freund der Salons ist innerlich oft unglücklich und trüber Stimmung: »O Christian«, schreibt er am 14. April 1822 an Sethe, »wüßtest Du, wie meine Seele nach Frieden lechzt, und wie sie doch täglich mehr und mehr zerrissen wird.« Wieder taucht das Schlüsselbild von der Zerrissenheit auf; Heine fühlt sich verfolgt und umstellt: »Des Tags verfolgt mich ein ewiges Mißtrauen, überall hör ich meinen Namen und hinterdrein ein höhnisches Gelächter.« Er ist krank; »Über Polen« hat er »unter dem Wasser der Sturzbäder geschrieben«; alle, die ihn kennen, berichten von seinen Klagen über Kopfschmerzen. »Wenn Heine zu mir kam«, erinnert sich Hermann Schiff, ein Mann von robuster Gesundheit, »pflegte er sich auf das Sofa zu legen und über Kopfschmerzen zu klagen. Es war einmal seine Art so.« Mit Kopfweh im Sofaeck sitzend: so erleben ihn viele, und manche halten das für Pose, für Hypochondrie. Das ist ein schwerer Irrtum; nur selten und vorübergehend ist Heine frei von Beschwerden, und die Anstrengungen der Arbeit tragen dazu ebenso bei wie die drückenden Zeit-Umstände. Heine hält ihnen zwar stand, er flüchtet niemals in ein Biedermeier-Idyll, aber er bezahlt mit gesundheitlicher Anfälligkeit für dieses Standhalten, insofern ist sein Kranksein auch ein gesellschaftliches Übel. Noch immer überschattet die unglückliche Liebe sein Leben: im August 1821 erfährt er, daß Amalie geheiratet hat; am 2. Februar schreibt er dem künftigen Schwager Moriz Emden, der sich gerade mit seiner Schwester Charlotte verlobt hat: »Ein trüber Unmuth wird mich auf immer von Hamburg zurückhalten«; in den Lobpreisungen Charlottes gegenüber dem Bräutigam – »Mein Lottchen ist Musik, ganz Ebenmaß und Harmonie« – steckt Eifersucht, aber wohl auch Ahnung künftigen Ärgers mit dem Schwager. »Krank, isolirt, angefeindet und unfähig, das Leben zu genießen, so leb ich hier«, meldet er Sethe im Januar 1823, und Steinmann gegenüber stellt er die ganze Berliner Zeit als eine Art »Martyrthum« dar: »Aergerliche Stürme, Verlust des Allerliebsten, Krankheit, und Unmuth und dergl. schöne Dinge mehr sind seit zwey Jahren die hervorstechenden Punkte in dem Leben Deines Freundes.« Das ist sicher einseitig dargestellt: Heine neigt zu Übertreibungen, doch sind die Klagen, ungeachtet des beginnenden Dichterruhms, den er sich so sehr wünscht, ernst zu nehmen. Ein ganz neuer Plan allerdings, der in späten Briefen der Berliner Zeit erstmals auftaucht, reißt ihn zeitweilig aus der trüben Laune: Er will sich in Frankreich niederlassen, wo er französisch schreiben und Diplomat werden will. Die Verwirklichung des Planes wird noch acht Jahre auf sich warten lassen, französisch schreiben und Diplomat sein wird er nie, aber der Gedanke setzt sich in ihm fest, so wie der Plan zu den »Memoiren«, die er Wohlwill gegenüber am 7. April 1823 zum ersten Mal erwähnt: »Wenn Du einst meine ›Memoiren‹ liest und einen Hamburger Menschentroß geschildert findest, wovon ich einige liebe, mehrere hasse und die meisten verachte, wirst du mich besser verstehen.« Und weil er einige vom Hamburger Troß liebt, weil er das Geld des Onkels braucht, wird er trotz des trüben Unmuts schon in Kürze wieder zur schönen Wiege seiner Leiden zurückkehren.

Ein Dichter tritt auf

Heines erstes Buch, der Lyrikband »Gedichte«, enthält auf 180 kleinformatigen Seiten 9 Traumbilder, 15 Minnelieder, 16 Romanzen, 21 Sonette samt 9 gemischten Gedichten und 4 Byron-Übersetzungen; der größere Teil dieser Texte ging später als »Junge Leiden« ins »Buch der Lieder« ein. Die Traumbilder, zumeist vor 1816 in Düsseldorf entstanden, sind die älteste Gruppe der Heineschen Poesie und bilden den ersten seiner zahlreichen Gedicht-Zyklen. Es sind balladeske Stücke von expressiver Wucht und greller Groteske, Nachtstücke voller Phantasiefiguren und Gespenster, düster, blutig und bizarr, Grab und Tod sind allgegenwärtig. Der junge Dichter will starke Effekte: dreimal begegnet dem lyrischen Ich, das selbstverständlich nicht immer mit Heine identisch sein muß, eine Maid, sie wäscht sein Totenkleid, zimmert seinen Sarg, schaufelt sein Grab; sein Liebchen heiratet, sie trinkt sein Blut, der Bräutigam schneidet einen Apfel auf: sein Herz; in der Geisterstunde steigen Diebe, Mörder, Selbstmörder, Gehenkte aus den Gräbern und erzählen mit schaurigem Humor, unter dem Gelächter der Zuhörer dialogisch ihre Geschichte: alle starben aus Liebe. Alle Traumbilder sind aus der Perspektive des lyrischen Ichs geschrieben. Heine hat Liebeslust und Liebesschmerz, Liebes- und Todesmotiv miteinander verwoben, das Thema der unglücklichen Liebe durchzieht alle Gedichte. Die Geliebte, die wie im Volkslied nie konkrete Züge annimmt, ist unerreichbar, auch wenn der Liebende seine ewige Seligkeit für sie gibt oder in »Liebestod und Totenliebe« (Storz) einwilligt: Romantische und persönliche Todessehnsucht gehen ineinander über. Traum und Wirklichkeit verschmelzen aber niemals in romantischer Weise miteinander, sie bleiben streng getrennt; gewöhnlich erwacht der Träumer jäh aus seinem Traum. Die Träume, ihre Gestalten, die wüsten Ereignisse bleiben also Fiktionen; auch liegen fast alle Träume in der Vergangenheit – so gewinnt das träumende, schreibende Ich Raum zu Reflexion und Distanz, der Dichter schaut zu, wie ihn die unheimlichen Visionen überfallen. Die Vermutung, daß Teile der Traumbilder auch dichtungskritisch zu verstehen seien, da schon der ganz junge, romantische Heine sich um seine Emanzipation von der Romantik sorge, scheint freilich gewagt: Einen so hohen Grad von Eigenreflexion kann man dem jungen Poeten wohl doch nicht zutrauen, der als Anfänger ohnehin aus vorhandenen Quellen kräftig schöpfen muß: Volkslied und Volksballade, romantische Dichtung, Gottfried August Bürger, Schauerballade, Gespenstergeschichte, vielleicht auch die schaudervolle Welt des roten Sefchens, werden unbefangen verarbeitet. Selbstverständlich soll die Grellheit der Visonen auch manche Schwäche des Anfängers verstecken; trotzdem sind die Traumbilder ein starker, in seiner düsteren Glut, seiner frechen Unbefangenheit auch unheimlicher Beginn, Ankündigung einer großen dichterischen Zukunft:

> Nun hast du das Kaufgeld, nun zögerst du noch?
> Blutfinst'rer Gesell, was zögerst du noch?
> Schon sitze ich harrend im Kämmerlein traut,
> Und Mitternacht naht schon – es fehlt nur die Braut.
>
> Viel schauernde Lüftchen vom Kirchhofe wehn;
> Ihr Lüftchen, ey! habt Ihr mein Bräutchen gesehn?
> Viel blasse Larven gestalten sich da,
> Umknixen mich grinsend, und nicken: O ja!

Über seine ersten *Lieder* schreibt Heine an Christian Sethe: »Das ist gewiß, daß sie viel sanfter und süßer sind; wie in Honig getauchter Schmerz.« Sie heben sich stark von den Traumbildern ab, obwohl diese auch »sanfte Stellen« haben.

Heines früheste Minne-Lieder bilden keinen einheitlichen Zyklus; es sind Ich-Gedichte, unstilisiert, unmaskiert und schlicht, frei von jeder Phantastik, durch das Haupt-Thema der unerwiderten Liebe ebenfalls Ausdruck seiner unglücklichen Neigung zu Amalie; einzelne Texte erreichen schon die Dichte, die fast epigrammatische Kürze und Konzentration, die Heine zwischen 1821 und 1824 unablässig verfeinert und vervollkommnet: »Heine schildert die inneren, seelischen Vorgänge ganz sparsam, nur soweit, daß die Phantasie des Lesers oder Hörers in eine bestimmte Richtung gelenkt wird und die innere Geschichte gleichsam von sich aus hinzufügt«, schreibt Hans Kaufmann dazu. Ein Beispiel ist »Erwartung«:

>   Morgens steh ich auf und frage:
>   Kommt feins Liebchen heut?
>   Abends sink' ich hin und klage:
>   Ausblieb sie auch heut.
>
>   In der Nacht mit meinem Kummer
>   Lieg ich schlaflos, wach;
>   Träumend, wie im halben Schlummer,
>   Wandle ich bey Tag.

Einige Minnelieder sind Madonnenlieder, die Heine später im »Buch der Lieder« ausgeschieden hat: aus künstlerischen Gründen, denn sie gehören zu seinen schwächeren Gedichten, doch auch wegen ihrer katholisierenden Tendenz: »Aber ich *muß* ja eine Madonna haben. Wird mir die Himlische die Irdische ersetzen?« fragt der junge Dichter in dem erwähnten Brief an Sethe; die entflammte Liebe weckt in ihm, erstmals und vorübergehend, religiöse Gefühle, die ihm vertraute rheinische Marienfrömmigkeit nimmt für kürzere Zeit poetische Gestalt an, Stephan Lochners Madonna im Kölner Dom bewegt Heine. Madonnenlyrik ist auch das andere erstveröffentlichte Gedicht Riesenharfs, »Die Weihe«:

> Einsam in der Waldkapelle,
> Vor dem Bild der Himmelsjungfrau,
> Lag ein frommer, bleicher Knabe
> Demuthsvoll dahingesunken.
>
> O Madonna! laß mich ewig
> Hier auf dieser Schwelle knien,
> Wollest nimmer mich verstoßen
> In die Welt so kalt und sündig.

Mit den besten frühen Liedern, zu denen auch »Schöne Wiege meiner Leiden« gehört, beginnt jene Lyrik Heines, die seinen Weltruhm begründete. Diese sanften, klagenden, gefühlvollen Lieder sind schlimm geschmäht worden, am ärgsten wohl von Karl Kraus in seinem Pamphlet »Heine und die Folgen«; an ihrer ungebrochenen weltweiten Beliebtheit hat das nichts geändert. Heine hat die sanft-süße Tonart seiner Lieder immer wieder aufgenommen – es ist sogar behauptet worden, er habe sich in den zwanziger Jahren zum Gefangenen seiner Lied-Dichtung gemacht, der große Ruhm dieser Gedichte stelle einen Pyrrhus-Sieg dar, weil sich Rhythmus und Reim des Liedes in diesen Jahren so fest in ihm verankert hätten, daß das »Singen und Klingen« ihn nicht mehr losließ und die Melodie seiner Lieder ihm zur Fessel geworden sei. Das geht gewiß zu weit; man könnte aber sagen, daß Heine in den Liedern seinen eigenen, eingehenden, verführerischen, ihn gelegentlich selbst verführenden Ton fand.

Die Romanzen haben mit den Traumbildern die dramatisch-balladeske Handlung und Struktur, mit den Liedern den Volkston, die Vierzeiler-Strophe und mit beiden das zentrale Liebes-Thema gemeinsam. Heine nimmt das von Schlegel und Fouqué gesetzte Vorbild der spanischen Romanze auf, zum Beispiel im frühen »Rodrigo« (»Don Ramiro« im »Buch der Lieder«), wo, wie im Madonnenlied »Die Weihe«, auch die spanischen reimlosen Trochäen erscheinen. Da die südliche Romanze nicht wie die nordische Ballade »alle Schauer der Geisterwelt laut und leise« durchwehen (Herder), tauchen Gespenster nur selten auf; wohl aber verwendet Heine, wie das spanische Modell, legendäre oder historische Gestalten als Handlungsträger, freilich auch nur in einigen Texten, zum Beispiel in den berühmten »Grenadieren« und im »Belsatzar«. Andere Romanzen unterscheiden sich in Form und Thema wenig von den Liedern, Heine schrieb sie unter dem Eindruck der Bonner Volkslied- und Volkston-Begeisterung um 1820.

Er verarbeitet das spanische Vorbild ohnehin frei. Gewiß ist die Ballade gegenüber den sehr subjektiven Liedern die zweite, die objektivierende Form seiner Poesie, und er wird sie, wie das Lied, bis ins Spätwerk beibehalten, doch schimmert in manchen Romanzen Subjektivität stärker durch als in den spanischen Vorbildern. Das zeigt sich schon in der anhaltenden Dominanz des Hauptthemas: Wenn in der vierteiligen Romanze vom armen Peter, die durch den Kontrast zwischen seinem »Werkeltagskleide« und dem Hochzeitsgeschmeide des Brautpaares auch eine soziale Komponente enthält, der Ärmste vor Liebesweh vergeht; wenn in »Der wunde Ritter« das Liebe-Tod-Motiv, die ungetreue Geliebte und wie in den Traumbildern der umarmte kalte Leib der Geliebten vorkommen, dann spürt man, daß Heine wieder, selbstverständlich in poetischer Umformung, von seinem persönlichen Elend spricht. Völlig frei davon sind eigentlich nur die beiden Meisterstücke, die merkwürdigerweise die Zensur passierten und von der Kritik nicht politisch angegriffen wurden. Dabei ist ihr politischer Gehalt offenkundig, doch wurde die Napoleon-Begeisterung in den »Grenadieren« vielleicht als historisches Kuriosum ohne innenpolitische, »demagogische« Tendenz geduldet, wie Katharina Mommsen vermutet; die politische Aussage von »Belsatzar«, das nicht nur durch die biblische Erzählung, sondern auch durch ein gleichnamiges Gedicht Byrons angeregt wurde, ist wohl nicht erkannt worden. Katharina Mommsen hat gezeigt, daß Heine, indem er in 42 Versen elfmal das Nomen »König« benutzt, aber nur zweimal Belsatzars Namen, ein tyrannisches Königtum kritisieren will, dem die Knechteschar Beifall brüllt, sprich: sich fügt wie Preußens Untertanen ihrem König. Heine stellt in beiden Balladen aber auch zwei Typen von Monarchen einander gegenüber:

den ihm verhaßten Tyrannen, dem die Untertanen zwar huldigen, den sie aber nicht lieben, und den Volkskaiser, der als Erbe der Französischen Revolution Volk und Soldaten durch eine große Idee mitreißt und den man übers Grab hinaus liebt: eigentlich eine für die Fürsten der Restaurationszeit erschreckende Vorstellung, die trotzdem nicht zum Verbot der »Grenadiere« führte.

Lieder, Romanzen und auch Traum-Gedichte schreibt Heine in allen Werk-Phasen, Sonette und Übersetzungen entstehen nur während des Studiums; die drei letzten, 1824 für Friederike Robert verfaßten Sonette wird Heine aber zwanzig Jahre später in den Zyklus »Verschiedene« der »Neuen Gedichte« aufnehmen. Schlegel hat den jungen Autor mit diesen Aufgaben herausgefordert: Er soll strenge Form an ihnen lernen. Das Sonett, um 1820 in Mode, bietet Heine mit seiner seit dem Spätmittelalter festgelegten Gestalt, noch stärker als die Romanze, objektivierende Möglichkeiten, etwa zur konzentrierten Reflexion, zur rationalen Darbietung von Gedankengängen. Er besteht die Probe der Herausforderung glänzend, etliche Sonette gehören zu den kräftigsten, am stärksten durchgeformten Frühgedichten; nur an einzelnen Stellen wirken Wortwahl und Metaphorik leicht angestrengt. Die meisten Sonette sind Widmungsgedichte: außer dem schon erwähnten Sonettkranz an Schlegel und den beiden großen, tiefgründigen Sonetten für die Mutter sind es die neun Gedichte an Christian Sethe mit dem rätselhaften Titel »Fresko-Sonette«. Hier zeigt sich Heine in schroffem Affront gegen Buben, Laffen, prunkenden Pöbel, Affen, Splitterrichter und Galgenpack (Worte wie diese erregten bei gewissen Kritikern als »Pöbelsprache« Anstoß); er will als Lumpenkerl gehen, weil die Lumpen in »Charaktermasken« prunken – das trifft Philister und Bourgeoisie. Erstmals erscheint, im schon früher erwähnten Sonett II, das Schlüsselwort »zerrissen«:

> Und wenn das Herz im Leibe zerrissen
> Zerrissen, und zerschnitten, und zerstochen, –
> Dann bleibt uns doch das schöne gelle Lachen.

In allen Fresko-Sonetten tritt das lyrische Ich auf, zurückhaltender als in den Liedern, doch immer noch stark; und auch das Liebchen fehlt nicht, es wird, genau wie der Freund, angesprochen, im sechsten Sonett ist sogar von einem Kuß die Rede, den der Dichter empfangen haben will. Der Freund wird vor den »sanften Engelsfrätzchen« gewarnt, deren scharfe Tatzen dem Dichter das Herz zerfleischt haben: da sind wir wieder beim Hauptthema, und folgerichtig klagt das Ich im 9. Sonett über sein krankes, zerbrochenes Herz; das erste Quartett zeigt aber, daß der Liebesschmerz zugleich ein gesellschaftlicher, ein Weltschmerz ist:

> Ich möchte weinen, doch ich kann es nicht;
> Ich möcht' mich rüstig in die Höhe heben,
> Doch kann ich's nicht; am Boden muß ich kleben,
> Umkrächzt, umzischt vom ekelm Wurmgezücht.

Die Arbeit an den Sonetten erweitert Heines Horizont und seine poetische Erfahrung, obwohl er diese kompakte Gedichtform bald aufgibt. Die Qualität der Sonette erkennt besonders klar Immermann: mit ihnen habe Heine ein dem Petrarca verwandtes Talent gezeigt; das wird Platen im Streit mit Heine und Immermann aufgreifen und ihn, antisemitisch, den »herrlichen Petrark des Laubhüttenfestes« nennen.

Auch Heines Byron-Übersetzungen sind dichterische Schul-Arbeiten. Die Wahl des englischen Dichters ist kein Zufall. Byron ist zeitweilig Heines Vorbild; noch bei seinem Tod 1824 nennt er ihn seinen Vetter: »Ja dieser Mann war groß, er hat im Schmerze neue Welten entdeckt, er hat den miserabelen Menschen und ihren noch miserableren Göttern prometheisch getrotzt«, schreibt er; diese Sätze wirken wie eine Selbstdarstellung, sie verkünden eine elementare Sympathie des Außenseiters für den Außenseiter, den Outcast, den einsamen Poeten, der nur dem eigenen Gesetz lebt, für den großen Verwandten, von dem Heine, laut Grappin, vor allem den Dichterstolz gelernt hat; dieser Stolz blieb ihm, auch als die Neigung zu Byron später abkühlte. Der Göttinger Freund Eduard Wedekind notiert am 20. Juni 1824 Heines

Äußerung, seine Übersetzungen seien »eine große Eitelkeit von mir« gewesen, Schlegel habe, wohl um seinen Ehrgeiz anzustacheln, Byron für unübersetzbar erklärt; als die Übersetzungen vorlagen, habe er gesagt, »es wäre wie Original«, und das trifft zu, wenn man innere Stimmigkeit, nicht Worttreue meint, die schon wegen Reim und Metrum nicht erreichbar ist. Übrigens kennzeichnet auch Heines Auswahl der übersetzten Texte die Seelenverwandtschaft zum großen englischen Dichter: »Lebewohl«, »An Inez« und »Gute Nacht« sind Gedichte von Abschied, Einsamkeit, Unrast, Heimatlosigkeit, sie mußten Heines Herz rühren und seinen poetischen Ehrgeiz herausfordern.

Trotz ständig wiederkehrender Mißstimmung, trotz Krankheit ist Heine in Berlin sehr produktiv. So kann schon siebzehn Monate nach dem ersten Buch ein zweites folgen: »Tragödien; nebst einem lyrischen Intermezzo«. Es markiert den Durchbruch Heines als eigenständiger Lyriker, obwohl von den 750 aufgelegten Exemplaren drei Jahre später, bei Heines Übergang zu Campe, erst 270 verkauft waren. Der Band enthält 66 Gedichte, alle ohne Einzeltitel, fast nur Lieder, von denen 46 schon gruppenweise in Zeitschriften wie »Gesellschafter« und »Aurora« abgedruckt waren (ein für Heine typisches Verfahren), die meisten Lieder epigrammatisch kurz, zwei- oder dreistrophige Vierzeiler, mindestens 20 von ihnen erstrangig, darunter so berühmte Gedichte wie »Auf Flügeln des Gesanges«, »Ein Fichtenbaum steht einsam«, »Am leuchtenden Sommermorgen«, »Es fällt ein Stern herunter« und »Nacht lag auf meinen Augen«. Der ganze Zyklus ist ein »Paßepartout zu meinem Gemüthslazarethe«, ein langer Leidens-Monolog über unglückliche Liebe, getragen von dem Bemühen, dem einen Thema immer neue Reize, Abstufungen und Verfeinerungen abzugewinnen – Gertrud Waseem vermutet, Heine habe durch unermüdliche Variationen das Thema und seinen Liebesschmerz überwinden wollen; genau weiß man das freilich nicht, so versunken scheint der Dichter in Lied und Leid:

> Aus meinen großen Schmerzen
> Mach' ich die kleinen Lieder,
> Die heben ihr klingend Gefieder
> Und flattern nach ihrem Herzen.

Ihr Herz aber bleibt kalt, und es fragt sich, ob die Herzenskälte der Frau nicht geradezu die Voraussetzung für die strömende Gedicht-Produktion ist, ob das, worunter Heine im Leben leidet, für seine Dichtung unentbehrlich ist, solange er das Hauptthema nicht hinter sich läßt. Heine gewinnt dem Thema allerdings jetzt durch eine neue Tonart neue Reize ab, die von nun an für seine Lyrik ebenso kennzeichnend sein wird wie Süße und Sanftheit: er arbeitet mit Stimmungsbrechung mittels Ironie und Selbstverspottung. Mit dem Ausdruck »meine kleine maliziös-sentimentale Lieder« kündigt Heine dem befreundeten Immermann diese neue Tonart an, mit der Heine die ihm vertraute romantische Ironie aufgreift, ihr aber eine andere Richtung gibt: Heines ironische Stimmungsbrechung wendet sich nicht gegen die Wirklichkeit, sondern gegen die *Abkehr* von ihr, sie bekämpft Melancholie, Gefühlsseligkeit und den großen Weltschmerz des Zeitalters, den der Dichter in der eigenen Brust trägt. Jetzt ironisiert Heine philiströse Liebes-Vorstellungen in »Sie saßen und tranken am Teetisch« mit Hilfe tollkühner Reimspiele; jetzt beißt die Liebste den Poeten beim (geträumten) Liebesspiel plötzlich in die Hand; jetzt träumt sich der Dichter als Schwalbe, Nachtigall und Gimpel, alle Vögel fliegen zu ihr, beim dritten aber bricht Heine die Stimmung:

> Wenn ich ein Gimpel wäre,
> So flög' ich gleich an dein Herz;
> Du bist ja hold den Gimpeln,
> und heilest Gimpelschmerz.

Mit dem neuen Ton gewinnt Heines Lyrik an Spannung, Farbe, Wirklichkeitsnähe, Spannweite und Dissonanz. Heine wird die verschiedenen Tonarten immer wieder aufnehmen; er wird sie mischen, die Brüche, Reibungen und Diskrepanzen, die so entstehen, sind gewollte Reize, schockierend für viele Zeitgenossen, zumal dieser Dichter so privat, so offen von sich selbst redet wie kaum einer vor ihm. Diese Verallgemeinerung persönlicher Konflikte und Erfahrungen, Heines Versuch, die Gesamtheit seines vielspältigen Wesens im Gedicht auszusprechen, und zwar mit einer unerhörten Leichtigkeit der Sprache – das erregte die bekannten Vorwürfe der Frivolität, der Frechheit und der Schamlosigkeit.

Der Neuerer, der sich in Leben und Gesellschaft bedenkenlos über Traditionen hinwegsetzt, stützt sich literarisch sehr wohl auf Überkommenes, ist sich dessen bewußt und spricht es aus. Heine lernt beispielsweise vom Volkslied und jener volkstümlichen romantischen Lyrik, die sich am Volkston orientiert. Einem dieser Dichter, Wilhelm Müller, macht er in erstaunlicher Bescheidenheit das Kompliment, daß er in seinem früh erwachten Bemühen, das deutsche Volkslied auf sich einwirken zu lassen, »erst in Ihren Liedern den reinen Klang und die wahre Einfachheit, wonach ich immer strebte« gefunden hat. Heine weiß allerdings genau, daß seine Einfachheit nicht naiv wie im wirklichen Volkslied ist, sondern raffiniert, kunstvoll, auch wenn sie sich prosaischer Redeweise annähert und dem Dichter die Lieder nur so hervorzusprudeln scheinen. Unter rasch sich komplizierenden gesellschaftlichen Verhältnissen, bei veränderten Begriffen und der Möglichkeit von Dichtung gegen Ende der »Kunstperiode« kann Heine nicht einfach auf das naive Modell zurückgreifen: »In meinen Gedichten hingegen ist nur die Form einigermaßen volksthümlich, der Inhalt gehört der conventionnellen Gesellschaft.« Dies auch deshalb, weil das lebende Modell der so exzessiv angedichteten Geliebten, die abweisende Cousine, der Oberschicht dieser Gesellschaft angehört, was sich in den Gedichten niederschlägt. Heines Adaption des Volksliedes ist in gewisser Weise selbst schon »gebrochen«; darum geht er mit den Vorbildern ungeniert um, verschweigt einerseits die gedruckten Vorlagen, übernimmt andererseits ohne Bedenken Zitate und ganze Dichtungen im Volkston, spielt frei mit Formen, Gestalten und Motiven und bricht auch die Stimmung des Volkstones ironisch.

Als Konsequenz der Stimmungsbrechung rückt Heine die Geliebte immer weiter von ihrem realen Vorbild ab. Er stilisiert sie, er inszeniert ein schillerndes Spiel der Masken und Konstellationen, dabei studiert und adaptiert er ein sehr altes poetisches Liebesmodell, das besser auf den dunklen Hintergrund seiner Liebeslyrik paßt als das Volksliedmuster – übernimmt es unbefangen und formt es auf eigentümliche Weise um. Schon Karl Immermann hat, nicht nur mit dem Blick auf die Sonette, Heines Verwandtschaft mit Petrarca hervorgehoben; die Heine-Forschung ist durch Windfuhrs bedeutsamen Aufsatz »Heine und der Petrarkismus« an diese Quelle zurückgeführt worden. Petrarcas berühmter »Canzoniere« schildert die unerfüllte Liebe zu Laura, einer verheirateten Frau; sie begann am Karfreitag 1327 und hielt über Lauras Tod hinaus an: »Die Kluft zwischen Wunsch und Erfüllung kann nicht überbrückt werden. Die sinnlichen Wunschträume des Dichters, sein ständiges Liebeswerben brechen sich an der Realität, der moralischen Standhaftigkeit Lauras im ersten Teil und dem Faktum ihres Todes im zweiten. Der Liebhaber wird zerrieben zwischen Hoffnung auf Glück und Verzweiflung über die Unerfüllbarkeit. Das Ergebnis ist eine oxymorische Liebe, ein dauerndes Schwanken zwischen der Süße und Bitterkeit des Liebeszustandes« (Windfuhr). Heines und Petrarcas Liebessystem ähneln einander stark. Der »Canzoniere« und das »Buch der Lieder« geben Klagelyrik aus erzwungenem Verzicht. Sie zeigen die Geliebte als unerreichbar für den Mann. Sie porträtieren die Frau mit ähnlichen Mitteln – das reicht bis zu typischen Äußerlichkeiten: blondes Haar, blaue Augen, Rubinenmund, Perlenreihe der Zähne. Auch die Naturkulissen, klagende und singende Nachtigallen, trauernde Blumen entsprechen einander bei beiden Dichtern. Das Grundmuster des Oxymorons, also des metaphorischen Widerspruchs, taucht bei Heine besonders dort auf, wo die Schönheit der Geliebten mit ihrer Eiseskälte, ihrem Betrug, ihrer Gleichgültigkeit konfrontiert wird, an denen der liebende Mann vergeht. Selbstverständlich ähneln sich Petrarcas und Heines Liebessysteme nur, sie gleichen einander nicht. Heine verändert das vorgefundene Muster nämlich auch: Er verpflanzt es vom strengen, schweren Sonett ins leichte Lied und erreicht dadurch eine breitere Leserschaft – das ist eine der

Voraussetzungen für seine außerordentliche Popularität als Lyriker.

Petrarkistische Formelhaftigkeit, ironische Brechung der Klage *und* der Formelhaftigkeit heben Heines Liebesschmerz selbstverständlich niemals auf. Es wurde schon gezeigt, daß Liebe und Leiden bei ihm eng verbunden sind und das lyrische Ich seiner erotischen Gedichte Leidenslust fühlt. Der Dichter baut dazu eine fast übermächtige Geliebte auf, verführerisch, doch kalt und herzlos, Nixe, Katze, Sphinx, Naturwesen ohne Gewissen und Seele, dabei immer von fataler Anziehungskraft – wegen ihrer Übermächtigkeit ist die Beziehung zu ihr auch nicht mit dem Grundmuster von Heines Verhalten zu fassen, die Frau ist *zu* überlegen, er kann sie gar nicht beherrschen wollen wie Onkel Salomon, Campe oder Mathilde, er kann ihr allenfalls vorübergehend entkommen, er kann versuchen, sich ironisch zu distanzieren und sich, im Traum, vorübergehend einreden, daß auch sie elend sei:

> Ja, du bist elend, und ich grolle nicht;
> Mein Lieb, wir sollen beide elend seyn!

Für diese kalte, seelenlose Geliebte, die er nicht aufhören kann zu lieben, mag sie noch so unwürdig oder grausam sein, gibt die berühmte Loreley geradezu das Modell ab, der Kontrast zwischen körperlicher Schönheit und Herzlosigkeit der Geliebten, das Leiden des Mannes an dieser Kälte ist das Hauptthema im »Buch der Lieder«.

Die Geliebte steht auch gesellschaftlich höher als ihr Anbeter; das zeigen eindrucksvoll die Gedichte, in denen der Mann sehnsüchtig auf der Straße steht und zu ihrem Fenster emporstarrt. Die gesellschaftliche Diffamierung im Liebeserlebnis verstärkt die Spannungen, die in dieser Lyrik aufgenommen und verarbeitet werden; diese Spannungen, diese inneren Gegensätze darf man angesichts der formalen Schlichtheit und Leichtigkeit von Heines Gedichten nicht übersehen. »Der Autor ist seinem Thema verfallen wie der Liebende seiner Gedichte der Geliebten«, schreibt Brummack, und das ist auch deswegen so, weil der erlittene

Schmerz nicht nur Liebesschmerz ist: in dieser Lyrik wird Liebesschmerz zum Weltschmerz, drückt sich Weltschmerz als Liebesschmerz aus. Deswegen ist auch die Pose unvermeidbar, die man so oft an Heine rügte; die Pose ist aber kein Ausdruck von Eitelkeit, sondern eine Maske des Leids und des Leidenden, der sich zuweilen nicht anders als posierend aussprechen kann. Die Pose zeigt an, daß Heine in der gescheiterten Liebe die Erfahrung von Fremdheit in der Welt, von Entfremdung zwischen den Menschen macht; das ist selbstverständlich *auch* eine gesellschaftliche Erfahrung. In der Liebeskatastrophe fließen alle schlimmen Erlebnisse des jungen Dichters während der Restaurationsepoche zusammen, insofern haben die »kleine maliziös-sentimentale Lieder« *auch* einen zeitkritischen Hintergrund. Das hat Immermann 1822 sofort gesehen, als er aus Heines erstem Buch »jenen bittren Grimm über eine nüchterne, unempfängliche Gegenwart, jene tiefe Feindschaft gegen die Zeit« heraushörte. Auch wegen dieser eigentümlichen Verschmelzung von Privatestem und Gesellschaftlichem kann sich Heine so schwer vom Liebesthema lösen; erst durch einen großen Formenwechsel, durch den Sprung in die neue Prosa wird ihm diese Lösung gelingen – *ganz* befreien wird er sich aber nie, und er wird das auch nicht wollen.

Mit den beiden ersten Büchern beginnt die verwickelte Rezeptionsgeschichte von Heines Werk: einerseits Lob, Popularität und Ruhm, andererseits die »feindliche Wirkungsgeschichte«. Er wird oft rezensiert; bis zum Weggang aus Berlin im Mai 1823 liegen für die »Gedichte« fast zwanzig Besprechungen und Notizen vor, das zweite Buch findet großen öffentlichen Widerhall, einige Kritiken sind so gewaltig im Umfang, wie sie heute kein Autor mehr bekommt. Immermann, Varnhagen, Elise von Hohenhausen, Köchy, Rousseau, Robert, Lehmann und Müllner schreiben über Heine; schon mit den ersten Besprechungen setzt der »Parteikampf« um ihn ein, und manchmal stehen die widersprüchlichsten Urteile im gleichen Text dicht nebeneinander. So liest man in einer einzigen Rezension die folgenden Urteile (sie ist mit »Schm.« gezeichnet, Galley/Estermann meinen aber, dies sei nicht Schleiermacher): »Dieses Buch besteht aus lauter Sünden gegen den Zweck der Poesie... In Heines Gedicht erblicken wir das unheimliche Bild jenes Engels, der von der Gottheit abfiel. Wir sehen hier: edle Schönheit, die verzerrt wird durch ein kaltes Hohnlächeln... Es ist sehr begreiflich, daß, obschon Hr. H. so unverzeihlich sündigt gegen den Zweck der Poesie, seine Gedichte dennoch beim großen Publikum so vielen Beifall finden, da die Sünde an sich schon interessanter ist als die Tugend... Bei H. findet aber noch ein andrer Umstand statt: je weniger er dem *Zwecke* der Poesie huldigt, desto mehr hat er das *Wesen* derselben begriffen und beachtet. Das ganze Wesen der Poesie lebt in diesen Gedichten... Hr. H. zeigt sich hier als großer Dichter, mit angeborenem, klaren Anschauungsvermögen, er raisonnirt und reflektirt nicht mit philosophisch poetischen Werten, sondern er gibt Bilder, die, in ihrer Zusammenstellung ein Ganzes formirend, die tiefsten philosophisch poetischen Gedanken erwecken.«

Weitgehend zwiespältig beurteilt die Kritik die beiden Tragödien, mit denen Heine wenig Glück hatte. »Almansor« spielt zur Zeit der Rechristianisierung Granadas 1492, durch die zwei befreundete maurische Familien und die sich liebenden Kinder Zuleima und Almansor getrennt werden. Zuleima wird Christin und soll einen Christen heiraten, der sehnsüchtige Almansor aber kehrt zurück, um sie zu gewinnen. Beide Liebenden sehen keine Hoffnung auf Glück und stürzen sich von einem Felsen in den Tod. Das Stück hat sicher einen bedeutenden historisch-religiösen Hintergrund: Der »geborene Feind aller positiven Religionen« sympathisiert mit den Moslems, was in der Restaurationszeit mißfällt. Ein solcher Hintergrund ergibt aber noch kein bühnenfähiges Trauerspiel; Heine hat das durchaus richtig geahnt. Das Stück hat dramaturgische Schwächen; das Festhalten an den drei aristotelischen Einheiten zwingt Heine zum Beispiel, die Vorgeschichte weitschweifig nachzuholen; in den Dialogen wuchern Lyrismen. Zwei zeitgenössische Urteile treffen den Nagel auf den Kopf: »Das Stück fesselt durch blühende Diktion, Romantik, Bilderreichthum und lebhafte Schilderung der Zeit, in welcher es spielt... Die undramatische Anlage und Entwickelung des Stückes wird noch undramatischer durch den lyrischen Pomp der Sprache.« Vielleicht war es wirklich, wie Windfuhr meint, Heines Unglück, daß gerade dieses undramatische Stück zuerst auf die Bühne kam und durchfiel (am 20. August 1823 in Braunschweig, trotz des bedeutenden Regisseurs Klingemann und unter grotesken Umständen: jemand streute gegen Ende der Aufführung das Gerücht aus, das Stück stamme von einem jüdischen Braunschweiger Geldwechsler namens Heine; da wurde es ausgepfiffen).

Damit war Heine als Dramatiker disqualifiziert und schrieb nach »William Ratcliffe« keine Tragödien mehr. Man mag das vielleicht bedauern, denn dieses Stück enthält mehr dramatische Substanz und zeigt größeres dramaturgisches Geschick. Es ist ein rasch geschriebener Einakter, ein Schauerstück im Genre der damals modischen Schicksalstragödien wie Grillparzers »Ahnfrau« oder Müllners »Schuld«. In zwei Generationen kämpfen zwei schottische Familien, die Ratcliffes und die Mac-Gregors, wegen verwickelter Liebesbeziehungen gegeneinander; William Ratcliffe, der Titel-Held, wird von Maria abgewiesen und rächt sich, indem er mehrere angenomme Bewerber umbringt; er endet durch Selbstmord. Ein fast maschinenhaft ablaufender Schicksalsmechanismus beherrscht das Stück, grelle theatralische Effekte erinnern an die »Traumbilder«, die enttäuschte Liebe verweist auf den biographischen Hintergrund. In Kneipengesprächen, die Ratcliffes Bande beim Gastwirt Tom führt, taucht kurz der Kontrast zwischen Satten und Hungerleidern auf, ein Rand-Aspekt, den Heine dreißig Jahre später ins Zentrum des ganzen Stückes zu rücken versuchte: »Am Herde des ehrlichen Tom im Ratcliffe brodelt schon die große Suppenfrage, worin jetzt tausend verdorbene Köche herumlöffeln, und die täglich schäumender überkocht.« Auch diese späte, sozialkritische Interpretation verlockte keinen zeitgenössischen Regisseur, den »Ratcliffe« zu inszenieren. Heine hatte mit dem Theater kein Glück; auch die Balletts der 40er Jahre, »Die Göttin Diana« und »Faust«, wurden nicht gespielt.

Wichtiger für Heines künstlerische und politische Entwicklung sind die frühen Prosaschriften, sie haben die Aufwertung verdient, wie sie Hermand und Pabel fordern. Heine schwankte freilich selbst im Urteil über die »Briefe aus Berlin«; auch deswegen hat man ihnen lange Zeit mangelnde Durchformung und politische Harmlosigkeit vorgeworfen. Das ist falsch und ungerecht; um die politische Qualität dieser Briefe zu beurteilen, muß man sie nicht mit Heines späteren zeitkritischen Werken, sondern mit den *normalen* Korrespondenzberichten und Städtenachrichten der Jahre nach den Karlsbader Beschlüssen vergleichen. Gegenüber deren Harmlosigkeit, Klatschsucht und Duckmäuserei wirken die an aufklärerischer Reiseliteratur geschulten Briefe Heines beinahe revolutionär, wenn er auch nicht frontal angreift, sondern mit scheinbar beiläufigen, zufälligen Spitzen arbeitet. Man muß sich vergegenwärtigen, was Heine in Zeiten strenger Zensur alles auszusprechen wagt: Er präsentiert die Aktivitäten eben dieser Zensur; er schildert Königshaus und Militär mit versteckten Spitzen und einer derart übertriebenen Liebenswürdigkeit, daß man sie schwerlich ernst nehmen kann; er geißelt die Moral des »rasenden Geldes« bei Christ und Jude: »Das ist die Börse. Dort schachern die Bekenner des alten und des neuen Testaments. Wir wollen ihnen nicht zu nahe kommen. O Gott, welche Gesichter! Habsucht in jeder Muskel.« Heine kritisiert das Hoftheater der »Noblesse« und Spontini, den mit dem Roten Adlerorden dekorierten Günstling des Königs; er berichtet über Verhaftungen und Relegationen an der Universität, über die Verfolgung polnischer Studenten, über die Revision der Leihbüchereien, die Streichung der Knarrpanti-Episode in Hoffmanns »Meister Floh«, über den Streit um die neue Liturgie. Es ist erstaunlich, was Heine im restaurativen Preußen alles vorbringt. Jost Hermand stellt deshalb auch mit Recht fest, das alles grenze stellenweise fast an Hochverrat.

Auch der Vorwurf mangelnder Durchformung ist falsch. Erstmals erscheinen nämlich in den »Briefen aus Berlin« Gestaltungsmittel, die Heine in den späteren Prosawerken zur Vollkommenheit entwickelt hat: Erstmals wendet er die Technik des schlaglichtartigen Witzes an; er komponiert stellenweise bereits assoziativ und in Sprüngen; er läßt andere

Personen aussprechen, was er selber denkt, so den erfundenen Kammermusikus in seinen Rede-Ketten; in Stadtgang und Kutschfahrt entwickelt er einen Reise-Topos, der auf die »Reisebilder« vorausweist; ständig bringt er, wie im späteren Prosawerk, die eigene Person direkt oder maskiert ins Spiel; auch findet man gelungene Ansätze zu Personen-Porträts, etwa von Spontini oder von Weber – alles Mittel, Berlin plastisch und originell darzustellen, vielleicht auch den Zensor abzulenken oder zu verwirren. Der bedeutende, obwohl noch nicht außerordentliche Rang der »Briefe aus Berlin« wird schließlich dadurch bestätigt, daß Heine einige Leitthemen seines Werkes hier zum ersten Mal aufgreift: die Verwerfung des Nationalismus zugunsten eines weltbürgerlichen Humanismus, das öffentliche Eintreten für den Code Napoléon, das früheste Lob des von Heine immer bewunderten Lessing und die früheste Kritik der von ihm verachteten Tendenzpoesie am Beispiel Theodor Körners.

Die »Briefe aus Berlin« sind also Wegweiser in der Laufbahn eines Autors, der sein großes, universales Thema, Emanzipation, der seine lebenslang festgehaltene »Idee« schon vor sich sieht und nach angemessenen Darstellungsformen sucht. Das gilt auch für den Bericht »Über Polen«, der schon durch Titel und Thema Anstoß erregen mußte: Offiziell gab es Polen ja nach der Teilung gar nicht mehr. Formal wirkt der Polen-Text weniger locker als die Berliner Briefe; die Themen sind übersichtlicher angeordnet, Heine baut größere Blöcke wie später in den »Englischen Fragmenten«: einleuchtend, wo es um Information über ein weitgehend unbekanntes Land geht. Heine strukturiert den Polenaufsatz durchgängig so, daß eine (stellenweise verdeckte) Konfrontation polnischer und deutsch-restaurativer Verhältnisse stattfindet; dabei schneiden die ebenfalls kritisierten polnischen Zustände insgesamt besser ab als die deutschen: Wenn Heine einige positive Züge des *polnischen* Adels herausarbeitet, so suggeriert er dem Leser, daß dem *deutschen* Adel diese Vorzüge fehlen; wenn er den im abstoßenden Elend lebenden polnischen Juden trotzdem Geschlossenheit und Kraft zubilligt, so kritisiert er zugleich die Westjuden, die nicht mehr die Kraft haben, nach dem alten, strengen

Glauben zu leben; wenn er die erschreckende Unterwürfigkeit der polnischen Bauern gegenüber den adligen Herren geißelt und fordert, sie müßten gemeinsam mit den Juden befreit werden, so kritisiert er durch seine Identifikation mit den Unterdrückten auch deutsche Unterwürfigkeit gegenüber dem Adel; wenn Heine die Schönheit, die Leichtigkeit der Polin, der »Weichsel-Aphrodite« rühmt, so setzt er sie über die ernsteren, starreren, philiströsen deutschen Frauen (daß dabei echt Heinesche Seitenhiebe auf den Charakter der Frauen *überhaupt* fallen, mag man beklagen: ein Vorkämpfer der *Frauen*-Emanzipation war Heine eben nie); wenn er polnische mit deutschsprachigen Theateraufführungen vergleicht, so läßt die Kritik an den armseligen deutschen Wandertruppen auch auf den Zustand des deutschen Theaters unter dem Zugriff der Zensur schließen. Heine verwickelt sich bei seiner Konfrontation polnischer und deutscher Verhältnisse stellenweise in Widersprüche: Er will zwar nach kurzer Reise nicht schon eine »Volkscharakteristik« der Polen geben, entgeht dieser Versuchung aber nicht überall, wie gewisse verallgemeinernde Formulierungen zeigen (der Adlige steht mehrmals für den Polen überhaupt!); auch widerspricht die Behauptung, die beste Grundlage für eine polnische Nationalliteratur, für Kultur überhaupt, gebe das Aufwachsen auf dem Lande, der eigenen Schreib- und Lebenspraxis, die entschieden städtisch ist. Heine sucht diese Widersprüche zu lösen, indem er als gemeinsames Ziel aller Nationen die allgemeine Menschenverbrüderung aufstellt; ganz gelingt ihm die Lösung jedoch nicht. Allerdings verfehlt die deutsche und auch die massive polnische Kritik von Isidor Raabski, der den Polen-Reisenden Heine »garstige Schmeißfliegennatur« nennt, ihr Ziel. Zweifellos hat Raabski in bezug auf eine Reihe faktischer Detail-Fehler in Heines Darstellung recht. Im übrigen tut er Heine schon dadurch unrecht, daß er selbst die Partei der Unterdrücker gegen die Unterdrückten ergreift, indem er beispielsweise den polnischen Adel gegen alle Kritik in Schutz nimmt und den Juden selbst die Schuld an ihrer elenden Lage gibt. Heine dagegen nimmt spontan Partei für die Armen, Ausgebeuteten und Entrechteten und versichert sie seiner brüderlichen Solidarität.

Dr. jur. Heinrich Heine

Warum verließ Heine Berlin? Fürchtete er, die angegriffene Gesundheit in der aufreibenden Hauptstadt nicht wiederherstellen zu können? Hoffte er, Onkel Salomon würde den erträumten Paris-Plan, vielleicht den Abbruch des Jura-Studiums billigen? Erkannte er, daß er zum Abschluß des Studiums eine Universität zum Ochsen ohne Ablenkung brauchte? Oder vertrieb ihn »der Schlag des aufgehobenen Edikts«, weil er nun als Jude nicht mehr auf ein Lehramt in Preußen hoffen konnte? Wahrscheinlich wirkten die verschiedenen Gründe zusammen; jedenfalls zog sich Heine bis Anfang 1824 zu den Eltern nach Lüneburg zurück, in »die Residenz der Langeweile«. Er fand die Familie in besserem Zustand als 1821 in Oldesloe; freilich war sie durch seine Buchveröffentlichungen eher irritiert. Verglichen mit Düsseldorf war Lüneburg eng: »Bildung ist hier gar keine; ich glaube auf dem Rathhause steht ein Culturableiter«, schrieb Heine im November 1823 seiner Schwester. Er hielt sich trotzdem bis 1827 noch mehrmals längere Zeit in Lüneburg auf und lernte dort kleinstädtisches Biedermeier kennen, das lokale Kultur-Bemühungen nicht ausschloß. Rudolf Christiani, promovierter Jurist, Advokat, ab 1824 provisorischer Stadtsekretär, politisch liberal (Heine wird ihn den »Mirabeau der Lüneburger Heide« nennen), literarisch gebildet, Goetheaner, führte Heine in die Bürgerkreise ein, die eine solche bescheidene Lokal-Kultur pflegten; er brachte auch Heines Gedichte in Umlauf, doch zog sich der junge Autor immer wieder auf sich selbst zurück: Die Kopfschmerzen machten ihn unleidlich, die Jurisprudenz, die er im stimmungsmäßig düsteren Herbst 1823 wieder aufnahm, raubte ihm Zeit; auch störte ihn der schon erwähnte Lüneburger Judenhaß, den er im engen Raum dieser Kleinstadt besonders stark empfand.

Dreimal floh er 1823 aus Lüneburg. Am 22. Juni war er zu Charlottes und Embdens Hochzeit auf dem Zollenspieker bei Hamburg, im Juli und September in Hamburg selbst; die Stadt zog ihn in unverminderter Haßliebe an: »Hamburg!!! mein Elisium und Tartarus zu gleicher Zeit!« Er wohnte in

Ottensen und kam mit dem Onkel recht gut aus; freilich hatten sie Streit, als Heine die vierteljährlich fälligen hundert Taler einmal mehrere Monate im voraus in Anspruch nahm. »Diese Eitermaterie« wird er in einem späteren Brief die unerfreuliche Art nennen, wie der Bankier in Gelddingen mit ihm umging; am 23. August 1823 versprach er Moser, »alles anzuwenden um mich so bald als möglich von der Güte meines Oheims loszureißen«. Das gelang ihm leider nie, obwohl er wußte, daß ihn aus dem »Hamburger Menschentroß« nur wenige mochten und manche gegen ihn intrigierten: »Ein mir feindliches Hundepack umlagert meinen Oheim.« Wie schon im Februar 1821, übermannten ihn in Hamburg die dunklen Erinnerungen: »Die alte Leidenschaft bricht nochmals mit Gewalt hervor. Ich hätte nicht nach Hamburg gehen sollen.« Da er außerdem an Moser schrieb, er wolle dem Freund in vertrauter Stunde zeigen, »wie die neue Thorheit auf der alten gepfropft ist«, da einige Gedichte im Zyklus »Die Heimkehr« Anspielungen auf Therese enthalten könnten, hat Elster bekanntlich auf Heines Liebe zur jüngeren Cousine geschlossen, woran heute kaum noch jemand ernsthaft glaubt; besonders William Rose hat nachgewiesen, daß Heines Gedichte nicht als Biographie einer Liebe zu lesen sind und keine beweiskräftigen Dokumente über eine Liebe Heines zu Therese vorliegen. Erwägenswert ist Veits Vermutung, daß Heine, um den begehrten Anteil von Salomons Reichtum zu bekommen, auf eine Ehe mit Therese spekulierte und diesen Plan auch nach der Promotion noch verfolgte; schon Hirth hat vermutet, daß der Dichter diese Hoffnung hegte und deswegen so verbissen Jura studierte; beweisbar sind auch diese Vermutungen nicht.

Verstärkt wurden Heines Hamburger Mißhelligkeiten durch die Feindseligkeit, die ihm, der bitter unter Judenhaß litt, auch von Juden entgegenschlug. Die halbherzigen Reform- oder Tempeljuden, denen Heine jedes »konsequente und rigoröse Rabinenthum« vorzog, haßten ihn, und er beurteilte sie in den Briefen an Moser vernichtend, grenzte sich stolz gegen sie ab: »Aber eben weil ich ein großer Mann bin oder wenigstens ein Mann, oder, wenn Du auch das nicht zugeben willst, ein ganzer Mensch, so konnte ich in Hamburg nicht gefallen. Das merkte ich bald und hielt mich fern von dem Judengesindel.« Der furchtbaren »Magie des Ortes« und den Mißhelligkeiten entkam Heine durch seine erste Nordseereise, einen Kuraufenthalt in Ritzebüttel bei Cuxhaven, wozu ihm Salomon sogar 10 Louisdor schenkte (30 verbrauchte er insgesamt). »Das Seebad, das ich hier brauche, bekömmt mir sehr gut; wären nur nicht die fatalen Gemüthsbewegungen«, schrieb er an Moser, »meine Nerven sind sehr gestärkt, und wenn die Kopfschmerzen nachlassen, werde ich noch in diesem Jahr viel Kräftiges schreiben.« Die Kopfschmerzen ließen aber nur vorübergehend nach, und Kräftiges bereitete sich zunächst nur vor: Heine war tief beeindruckt vom Meer. Anschaulich schildert er eine wegen schweren Sturmes abgebrochene Fahrt nach Helgoland; das Meer inspirierte die ersten See-Gedichte, in denen sich Heine weiter vom Thema der unerfüllten Liebe entfernen konnte.

Er schrieb 1823 auch einen beträchtlichen Teil der »Heimkehr«-Gedichte; und die großartigen, manchmal chaotischen, stets ungeheuer lebendigen Briefe dieser Phase gehören nicht zufällig zu den besten, die überliefert sind: Heine brauchte in Lüneburg den Kontakt zu den auswärtigen Freunden besonders dringend. Hauptempfänger war Moser, eine Art Posten des Dichters in Berlin. Ihm schilderte er die Lüneburger und Hamburger Erfahrungen, zu ihm sprach er sehr freimütig über Judentum, Religion und Politik, ihm versicherte er, daß er im Ernstfall immer für die Judenemanzipation streiten werde, ihm klagte er über die elenden Kopfschmerzen. Ihm forderte er alle möglichen Freundschaftsdienste ab, auch finanziell; gelegentlich schämte er sich dieser Forderungen, die Moser getreulich erfüllte: »Du bist wahrlich der Markis Posa und Creditor Deiner Freunde«, lobte er Moser. Auch mit Immermann hielt er weiter Verbindung; von Rousseau fürchtete er, »daß er sich mit meinen alten, grimmigsten Gegnern, mit den *Altdeutschen,* wieder verbunden«; Robert kündigte er die »Memoiren« an, dort werde er sehen, »wie mein ganzes trübes, drangvolles Leben in das Uneigennützigste, in die Idee übergeht«; Fouqué dankte er überschwenglich für dessen großes Widmungs- und Warngedicht »Du lieber, herzblutender Sänger«, in dem der ältere Dichter den jüngeren Kollegen vor den Abgründen romantischer Verwirrungen warnte und ihn zur Liebe Gottes ermahnte. Wohl weil Varnhagen nicht glaubte, daß Heine von Fouqué die Erlaubnis zur Mitteilung und zum Abdruck des Gedichts erbeten hatte, kam es in Hamburg, wo Heine bei Varnhagens Schwester Rosa Maria Assing verkehrte, zu einer Abkühlung: »Er hat bloß mahl den Einfall gehabt gegen mich den Antonio spielen zu wollen«, schrieb er, auf Goethes Tasso anspielend, an Robert und meldete zugleich, er habe sich artig gegen Frau Varnhagen betragen und nun den ganzen Goethe gelesen, er gefalle ihm sehr gut. Ein verlorengegangener Beitrag Heines für Varnhagens Sammlung »Goethe in den Zeugnissen der Mitlebenden« erschien dort nicht, und zwar wohl wegen Heines mangelnder Goethe-Kenntnis, nicht wegen der Verstimmung, die Heine bei seinem Berlin-Besuch im Frühjahr 1824 ohnehin ausräumte, obwohl er im Recht war: Er hatte Fouqué um Erlaubnis gebeten! Diese Freundschaft war ihm zu wichtig, da konnte er eine Kränkung durchaus verzeihen.

Am 24. Januar 1824 traf er zum zweiten Mal in Göttingen ein, fest entschlossen, sein Brotstudium zu beenden; über die Paris-Pläne hatte er mit Salomon wohl gar nicht gesprochen. Zwar nahm er sofort den Kontakt zu Sartorius wieder auf und lernte auch den Literaturtheoretiker Bouterwek kennen, doch die Jurisprudenz stand jetzt ganz im Vordergrund. Erneut hörte er die Pandekten, und zwar bei Georg Jakob Friedrich Meister: »Ja der Kerl ist göttlich, er ist idealisch in seiner Hölzernheit, er ist der vollkommenste Gegensatz von allem Poetischen und eben darum wird er wieder zur poetischen Figur.« Bei Hofrat Anton Bauer hörte Heine im Wintersemester 1824/25 »Das Criminal-Recht nebst dem Criminal-Prozeß«; Bauer, als Hofrat Rusticus in der »Harzreise« karikiert, war ein Gegner des Code Napoléon und des öffentlichen Gerichtsverfahrens, ein Befürworter der Todesstrafe; Heine, der für ein humanes Strafrecht eintrat, lehnte Bauers Ansichten scharf ab. Sein bedeutendster juristischer Lehrer war sein Doktorvater Gustav Hugo, ein international hochangesehener Wissenschaftler, der Wegbereiter der Historischen Schule. Heine lehnte deren Grundpositionen ab; er sah genau, daß die historische Herleitung grundlegender Rechtsnormen in einer restaurativen Gesellschaft auch politisch rückständige Ansichten und Institutionen rechtfertigen konnte. Seine persönliche Hochachtung für Hugo blieb davon unberührt.

Das Jura-Studium wurde zu einer langen Quälerei für ihn. Die Göttinger Briefe dieser Zeit sind voller Klagen und Seufzer: »Ich lebe sehr still. Das Corpus Juris ist mein Kopfkissen... O heiliger Justinean, erbarme dich meiner! So mancher Schöps hat dich kapirt, und ich muß verzagen!... Ich lebe hier sehr still, arbeite viel und werde unausstehlich gelehrt. So kann der Mensch sinken!... Meine Muse trägt einen Maulkorb, damit sie mich beim juristischen Strohdreschen mit ihren Melodien nicht störe.« Heines Lage wurde dadurch erschwert, daß er an seinen juristischen Fähigkeiten zweifelte. Moser gegenüber stellte er sich zwar einmal als guten Juristen dar, aber im Oktober 1824 gestand er kleinlaut: »Ich habe mich mit dem jus wie ein Verzweifelnder abgequält, und doch mag Gott wissen ob ich was los habe.« Die Abneigung gegen das Fach übertrug sich auf die Stadt. Schon vor der »Harzreise« mit ihrer bösen Göttingen-Satire, die zum Verbot des Buches in der Stadt führte, malte Heine ein schwarzes Bild von ihr; schon neun Tage nach der Ankunft plagte ihn die Langeweile. »Verfluchtes Nest-Göttingen« gab er als Absendeort eines Briefes an; vor der Berlin-Reise klagte er, daß ihn das Leben in Göttingen bis zur Entsetzlichkeit melancholisch mache; an die Roberts schrieb er im Mai 1824: »In ganz Göttingen ist kein Gesicht das mir gefällt.« Da übertrieb er aus Zorn oder Niedergeschlagenheit, denn als inzwischen bekannter Dichter fand er sehr wohl Freunde und Kollegen – wir nennen den späteren preußischen Kultusminister Karl Otto von Raumer, den angehenden Gymnasiallehrer Adolf Peters, den Heine wegen seiner dilettantischen Gedichte fürchterlich verspottete und der auch Rezenionen schrieb, die Juristen Ferdinand Oesterley und Ludwig Freiherr von Diepenbrock-Grüter, mit dem er viele heitere Stunden verbrachte und der später in Lüneburg die erwähnten Aufzeichnungen über ihn machte, vor allem aber Eduard Wedekind, dessen Tagebuch, ein wichtiges Dokument, ausführlich von Heine und den Debatten über Dichtung berichtete.

Das Göttinger Leben insgesamt fand Heine freilich öde, deshalb suchte er manchmal sogar Ablenkung bei der Landsmannschaft »Guestphalia«. Er arbeitete oft in der Bibliothek; trotz der Arbeitsanspannung schrieb er ständig. Hauptsächlich wegen seines Gedichts »Berlin! Berlin! du großes Jammerthal«, einer Volkslied-Bearbeitung, wurde Rousseaus Kölner Zeitschrift »Agrippina« im August 1824 verboten; Heine hat zeitweilig wieder mit Rousseau kooperiert. Wohl wegen seiner Schulden wurde er mehrmals vor das akademische Gericht zitiert; wegen Widersetzlichkeit gegen eine solche Vorladung verbrachte er die Nacht vom 3. zum 4. Mai 1825, die Nacht nach dem Promotionsexamen, im »Hotel de Bruhbach«, dem Göttinger Universitätskarzer. Ein paarmal hatte Heine Querelen mit Hamburg; Onkel Salomon bewilligte das erbetene zusätzliche Halbjahr 1825 wieder nur unter unerfreulichen Umständen. Zu diesen Widerwärtigkeiten kamen die Gesundheitsstörungen. Heine war in ständiger Behandlung bei Dr. Heinrich Marx, dem Verfasser einer Topographie von Göttingen. Es gibt eine freche Briefstelle vom 24. Februar 1824, die in der Diskussion um die Krankheitsursache eine Rolle spielt, denn Vertreter der Auffassung, daß Heines spätere Rückenmarkserkrankung syphilitischen Ursprungs sei, haben aus dieser Stelle auf Ort und Zeit der Ansteckung geschlossen. Heine schreibt, er liebe die Medizäische Venus in der Bibliothek und »die schöne Köchinn des Hofraths Bauer«, und zwar beide unglücklich: »Die eine ist von Gyps und die andre ist venerisch. Oder ist letzteres etwa Verläumdung? Je le trouverai. Ich habe mir gestern Abend bey der neuen Putzhändlerinn ½ Dutzend Gondons anmessen lassen, und zwar von veilchenblauer Seide.«

Das ist selbstverständlich kein Infektionsbeweis, sondern ein echter Heine-Witz, vielleicht eine Mystikifikation, wie sie der große Spötter liebte, den der Studienkollege Oesterley bald nach Heines Abgang von Göttingen »vielspältig« für seine Braut porträtiert: »Wer Heine kennt, kann kaum das Lachen lassen, wenn's ihm einfällt, daß der schmerzzerrissene Mensch solch herzzerreißende Lieder dichten konnte; denn dem äußeren Umgang nach zu urteilen, ist's ihm ebenso einerlei, wenn ihm ein Mädchen untreu wird, als er eine ungezügelte Angst vor allem hatte, was körperlicher Schmerz hieß, namentlich vor Prügeln. Doch gibt's wohl wenige Menschen, wo das Innere im stillen immer so mächtig und fürchterlich fortbrütet, als bei Heine, wenig Menschen, bei denen das Innere sich so wenig im äußeren Leben zeigt, als bei ihm. Die meisten Menschen, mit denen er umging, sah er nur von der poetischen Seite an, je mehr er jemanden gebrauchen konnte, desto lieber ging er mit dem Menschen um, einerlei wer er war. So läßt sich erklären, daß er *ein* Herz mit dem schauderhaftesten Ochsen war; von ihm hatten diese Menschen nichts als seine schlechten Witze, ihn amüsierten sie durch ihre Eigenheiten bis zum Totlachen; wo etwas lächerlich war, oder wo seine Ironie Spielraum hatte, da war er am wohlsten. Freunde hatte er sehr wenige, doch die, welchen er einmal traute, hatte er sehr lieb, gegen diese war er, bis auf gewisse Stücke, sehr offen, hinreißend liebenswürdig, von dem feinsten Schicklichkeitsgefühle, gerade und aufopfernd. Er prahlte sehr, und dabei hatte innerlich doch niemand eine geringere Meinung von sich als er; am liebsten scherzte er über seine juristische Unwissenheit. Bei seinen heftigen und unausgesetzten Kopfschmerzen hatte er eine seltene Heiterkeit und Frische des Geistes, die sogleich durchblickte, wenn ihm etwas einfiel, was ihm lächerlich war. Niemanden habe ich über seine eigenen Witze mehr lachen hören als ihn, niemand machte mehr Witze als er, aber auch niemand mehr schlechte als er; die guten waren sehr gut. Er hatte viel hellen Kopf, aber war zum Denken zu faul. Wenn er nicht wohl war, so flüsterte er fast nur und hatte seine Augen fast immer halb geschlossen. Da er fast nie ganz wohl war, so hatte er davon einige Züge erhalten; besonders charakteristisch war bei ihm ein sehr ironisches und kühnes Ziehen der linken Oberlippe.«

Um Abstand von Göttingen zu gewinnen, unternahm er drei Reisen. Im April 1824 besuchte er Berlin, erneuerte die dortigen Bekanntschaften und söhnte sich mit Varnhagen aus. Auf der Hinfahrt war er vier Tage bei Immermann in Magdeburg: »Wir stimmen herrlich überein; haben uns redlich lieb gewonnen.« Mitte August folgte ein Ausflug mit

Kommilitonen nach Kassel; dort traf er Heinrich Straube sowie den Maler und Kupferstecher Ludwig Emil Grimm, den Bruder der berühmten Märchensammler. Mitte September trat Heine jene Wanderung durch den Harz und Thüringen an, die Sammons die berühmteste Fußwanderung in der Geschichte der deutschen Literatur nennt, »große Touren, immer zu Fuß und bloß mit meinem schlechten braunen abgeschabten Überrock«, also mit äußerst bescheidenem Aufwand, ohne Furcht vor Wind, Wetter und kargem Quartier; die freie Natur und das kräftige Wandern scheinen Heine gut getan zu haben. Er ging über Nordheim und Osterrode nach Clausthal, wo er die Gruben »Carolina« und »Dorothea« besichtigte, sah sich Goslar an, bestieg am 20. September den Brocken, übernachtete im Brocken-Hotel, stieg dann nach Ilsenburg und Wernigerode ab, wanderte über Elbingerode, Rübeland, Eisleben nach Halle, besuchte am 28. 9. Müllner in Weißenfels, ging über Naumburg nach Jena und bat Goethe am 1. Oktober in einem ergebenen, wiederum gestochen sauber geschriebenen Brief um einen kurzen Besuch: „Ich will gar nicht beschwerlich fallen, will nur Ihre Hand küssen und wieder fortgehen." Goethe empfing ihn am nächsten Tage zu einem belanglosen Gespräch und notierte in seinem Tagebuch nur: »Heine von Göttingen.« Über Erfurt, Gotha, Eisenach, die Wartburg wanderte Heine nach Kassel, wo er nochmals Straube und Grimm traf; um den 11. Oktober war er wieder in Göttingen. Über den Besuch bei Goethe schwieg er sich zunächst aus. Am 24. Oktober lobte er ironisch Weimars Gänsebraten und Bier; erst am 26. Mai 1825 berichtete er dem Goetheaner Christiani, Goethe sei »ein Bild menschlicher Hinfälligkeit« gewesen, »nur sein Auge war klar und glänzend«; gerührt habe ihn Goethes »tiefmenschliche Besorgnis wegen meiner Gesundheit«. Was sonst gesprochen wurde, weiß man nicht; die Behauptung des unzuverlässigen Maximilian, Heine habe Goethe durch die Erwähnung eines Faust-Planes brüskiert, ist unglaubwürdig. In der »Romantischen Schule« (1834) schildert Heine den Besuch durchaus ironisch: Er will Goethe erzählt haben, daß die Pflaumen auf dem Wege von Jena nach Weimar sehr gut schmeckten, worauf Goethe gelächelt haben soll. Die tiefere Bedeutung dieser Begegnung war Heine im Brief an Christiani schon klar; wir kommen im Zusammenhang mit den »Reisebildern« darauf zurück.

Den selbstauferlegten und von der Familie erwarteten Studienabschluß leistete Heine im Sommersemester 1825. Am 16. April richtete er das lateinisch geschriebene Promotionsgesuch an Hugo; am 3. Mai bestand er das Promotionsexamen mit der Note 3. Die zum Erwerb des Doktor-Titels notwendige öffentliche Disputation in lateinischer Sprache (eine Dissertation mußte Heine nicht schreiben) fand am 20. Juli statt. Heine hatte fünf Thesen aufgestellt: »I. Maritus est dominus dotis. II. Creditor apocham dare debet. III. Omnia iudicia publice peragenda sunt. IV. Ex iureiurando non nascitur obligatio. V. Confarreatio antiquissimus apud Romanos in manum conveniendi modus.« Das heißt auf Deutsch: I. Der Ehemann ist Herr über die Mitgift (seiner Frau). II. Der Gläubiger muß eine Quittung (über empfangene Zahlung) geben. III. Alle Prozesse sind öffentlich durchzuführen. IV: Aus dem Eid entsteht nicht die Verpflichtung. V. Die Konfarreation (die bindendste und heiligste der drei römischen Ehe-Arten) war bei den Römern die älteste Art, (durch Heirat) in die Gewalt des Mannes zu kommen.

Die interessanteste und mutigste These, die Forderung nach öffentlicher Gerichtsverhandlung getreu dem Code Napoléon, wurde nicht diskutiert, vielleicht zum Glück für den Kandidaten, denn die meisten Göttinger Juristen waren Gegner öffentlicher Verfahren. Heine verteidigte die beiden letzten Thesen gegen Dr. C. F. Culemann und stud. jur. Th. Geppert: »Ich habe disputirt wie ein Kutschenpferd über die 4te und 5te These, Eid und Confarreatio. Es ging sehr gut, und der Decan (Hugo) machte mir bei dieser feyerlichen Scene die größten Elogen.« Sie galten mehr dem Dichter als dem Juristen Heine: Hugo sprach erst über die Vereinbarkeit von Dichtkunst und Jurisprudenz in einer Person und nannte Goethe, Wieland, Bürger, Hoffmann als Beispiele. Dann lobte er Heines Lyrik: »So anziehende Gedichte hat er in unserer Muttersprache herausgegeben, daß nicht einmal Goethe sich ihrer schämen mußte.« Erst danach berichtete Hugo ziemlich kurz, daß die Fakultät Heine den Doktortitel »ohne Zögern« verleihe – Hugo wußte, daß Heine keine

Leuchte seines Faches war, sah aber großzügig darüber hinweg, und Heine lobte ihn Moser gegenüber enthusiastisch: »Hugo ist einer der grösten Männer unseres Jahrhunderts.«

An dieser Stelle bietet es sich an, rückblickend nochmals nach der Bedeutung des gesamten Studiums für Heine zu fragen. Er war kein Wissenschaftler, kein Akademiker, sondern ein Dichter; er hat die angestrebte interdisziplinäre Breite, Tiefe und Vielfalt der Studien aber zweifellos erreicht und für sein Werk fruchtbar gemacht. Jura, Philosophie, Geschichte, Politik, Literatur- und Sprachwissenschaft befähigen ihn zu einer Zusammenschau von Welt, Gesellschaft, Wissenschaft und Kunst im Geiste von Aufklärung, Französischer Revolution und Emanzipation. Das Band, das alle Fächer in Heines Vorstellung zusammenhält, ist Geschichte; Heine setzt sich nämlich während seines Studiums mit jenem Komplex von Erscheinungen und Auffassungen auseinander, die mit dem weitgespannten, auch wohl verschwommenen Begriff »Historismus« bezeichnet werden. Auch für ihn ist die Welt kein System mehr, sondern Geschichte; Mensch und Gesellschaft sind in den Geschichtsprozeß eingebunden, die Wirklichkeit ist nicht ein für allemal fixiert, sondern »jede Epoche ist unmittelbar zu Gott« (Ranke), hat ihr Eigenrecht und ist von anderen verschieden. Für Heine bedeutet das aber nicht ein Verharren in der Vergangenheit, wozu er als Mann ohne die *Last* der Tradition sowieso nicht neigt; er sieht die Vergangenheit immer in ihrer Verknüpfung mit seiner eigenen Zeit, und er betont entschieden, wenn auch nicht immer unangefochten, Zukunft und Veränderbarkeit. Er beschäftigt sich mit vergangenen Epochen, um für eine bessere Zukunft zu lernen; er übernimmt Hegels Vorstellung, daß Geschichte der Ort der Wahrheit sei, Wahrheit aber Bewegung, Werden, Fortschreiten zu größerer Freiheit, Fortschreiten aus der elenden Gegenwart in eine hellere Zukunft. An der Realisierbarkeit dieser Vision, für die er durch sein Studium starke Impulse empfing, wird Heine manchmal zweifeln; vor allem in der Matratzengruft wird er sie zeitweilig ganz aufgeben; für wenigstens zwei Jahrzehnte aber wird sie sein Denken und Schreiben tragen: auch deswegen verdächtigt ihn die politische Reaktion mit vollem Recht revolutionärer Gesinnung.

Heine wußte seit langem, daß sich nach Abschluß seines Studiums die heikle Frage stellen würde, was er mit Examen und Doktortitel *praktisch* anfangen sollte. Er wußte ebenfalls, daß die Familie eine berufliche Karriere von ihm erwartete. Als Jude wußte er aber auch: »Der Taufzettel ist das Entréebillett zur europäischen Kultur.« Dies galt bestimmt, wenn ein Jude eine Staatsstellung oder eine Advokatur erlangen wollte, und genau das erwartete die Familie. Sie muß ihn seit längerem zur Taufe gedrängt haben; auch Onkel Salomon muß diesen Wunsch gebilligt haben, sonst hätte er den Neffen bei der Durchreise in Göttingen Anfang Juli 1825, nach Taufe und Examen, nicht »über alle Maaßen freundlich« behandelt. Heine hatte sich den Taufplänen zunächst widersetzt: »Keiner von meiner Familie ist dagegen, außer ich«, schrieb er schon am 27.9.1823 an Moser; zwar sei die Taufe für ihn ein gleichgültiger Akt: »Aber dennoch halte ich es unter meiner Würde und meine Ehre befleckend wenn ich, um ein Amt in Preußen anzunehmen, mich taufen ließe. Im lieben Preußen!!« Doch unter dem Druck der Familie und der Notwendigkeit, Geld zu verdienen, entschloß er sich gegen seine innerste Überzeugung, gegen sein Naturell, solch ein Amt anzustreben und es nicht nur in Preußen zu versuchen; darum ließ er sich noch vor der Erlangung des Doktortitels taufen. Taufe und Titel zusammen versprachen Anstellung und Karriere, entweder im Staatsdienst oder als Advokat, also in aussichtsreichen bürgerlichen Berufen. Der verehrte Sartorius riet ehrenwerten Juden ebenfalls zur Taufe, das beeindruckte Heine; auch hoffte er wohl, ein auskömmlicher Brotberuf werde ihm viel Zeit zum Schreiben lassen; »freier« Schriftsteller wollte er zunächst keinesfalls werden.

Heine wandte sich also an den ihm bekannten Heiligenstädter protestantischen Pfarrer Gottlob Christian Grimm mit der Bitte, ihn dort in aller Stille zu taufen und die Taufe geheimzuhalten. Grimm sagte zu, forderte aber eine Prüfung zu den Grundsätzen des chrislichen Glaubens und informierte die Erfurter Regierung, seine vorgesetzte Behörde. Diese verlangte Leumundszeugnisse des Täuflings und riet Grimm zur Vorsicht; zwei Göttinger Hauswirte Heines bestätigten ihm seine stille und eingezogene Lebensweise. Am 28. Juni 1825 bestand »der blasse Göttinger Student, welcher in der letzten Zeit öfter dagewesen« (so Grimms Magd) in Anwesenheit des Superintendenten Bonitz aus Langensalza die Prüfung; danach wurde der Konvertit auf die Vornamen Christian Johann Heinrich getauft. Beim folgenden Mittagessen war Heine sehr still: »Sein Gesicht trug den Stempel tiefer innerlicher Erregung, und in den dunkeln Augen war erkenntlich, daß seine Gedanken nicht bei der Unterhaltung waren« (Grimm). Nach Tisch empfahl er sich bald, verabschiedete sich herzlich von Grimm, »und als er, schon an der Tür, sich nochmals umwendete und demselben wiederholt die Hand reichte, schimmerte es ihm feucht im Auge«. Diese vielleicht etwas melodramatische, doch glaubwürdige Schilderung läßt ahnen, in welchen Konflikt Heine die Taufe stürzte: Er handelte gegen seine Überzeugung, man könnte sagen: aus aufgezwungenem Opportunismus, in der Notlage des jüdischen Außenseiters, der mit dem nun erworbenen Entréebillett aufzusteigen hoffte wie Eduard Gans – er hoffte umsonst, er bekam das angestrebte Amt nie, weder in Preußen noch anderswo. Schon ein halbes Jahr später schrieb er aus Lüneburg an Moser: »Ich bin jetzt bey Christ und Jude verhaßt. Ich bereue sehr daß ich mich getauft habe.« Das schlechte Gewissen schlug heftig und lange; wenn Heine Gans angriff, weil dieser nach der Konversion das Christentum predigte, schlug er auch sich selbst, weil er seine Selbstachtung durch die Taufe verletzt hatte. Die Verletzung erzeugte Aggressivität gegen den angenommenen Glauben – es ist kein Zufall, daß Heine in den nach der Taufe entstandenen »Reisebildern« Christentum, Kirche und das Bündnis zwischen Thron und Altar besonders scharf angriff. Die Taufe brachte Heine nur Verunsicherung. Sie schützte ihn nicht einmal gegen den Antisemitismus; seither schwankte er zwischen der Einsicht, seine Herkunft nicht abschütteln zu können, und dem Wunsch, sie unbedingt zu verbergen; besonders in Frankreich reagierte er sehr wütend, wenn man ihn öffentlich als Juden darstellte.

Die Krankheit, die Depressionen und die ungeliebte Jura-

Plackerei behinderten Heines dichterische Tätigkeit weniger, als er in den Briefen klagte. Immerhin arbeitete er in dieser Zeit an den »Memoiren«, deren Kernmotiv damals, laut Briegleb, die »literarische Bewältigung der sozialen Erfahrungen eines jüdischen Außenseiters« gewesen sein dürfte, und am »Rabbi«, für den er in der Göttinger Bibliothek las; er verfaßte im Herbst 1824 sofort nach der Wanderung den ersten Entwurf der »Harzreise« samt einer Gruppe von Gedichten; in Göttingen entstanden Teile des aus 88 Texten bestehenden neuen Zyklus »Die Heimkehr«, der nach mehreren Vorabdrucken 1826 in »Reisebilder I« erschien. Er enthält neben mehreren Hamburg-Gedichten, Romanzen und Balladen, darunter das Charlotte gewidmete Gedicht »Mein Kind, wir waren Kinder« und »Die Wallfahrt nach Kevlaar«, wieder eine beträchtliche Anzahl der »sanften« Lieder mit der Liebesklage, darunter berühmte Stücke wie die »Loreley«, »Still ist die Nacht, es ruhen die Gassen«, »Du bist wie eine Blume«, »Du hast Diamanten und Perlen«, »Der Tod, das ist die kühle Nacht« und das bewegende Gedicht LX:

> Sie haben heut Abend Gesellschaft,
> Und das Haus ist lichterfüllt;
> Dort oben am hellen Fenster
> Bewegt sich ein Schattenbild.
>
> Du schaust mich nicht; im Dunkeln
> Steh' ich hier unten allein;
> Noch weniger kannst du schauen
> In mein dunkles Herz hinein.
>
> Mein dunkles Herze liebt dich,
> Es liebt dich, und es bricht,
> Und bricht und zuckt und verblutet,
> Aber du siehst es nicht.

Es gibt unter den Liedern aller drei frühen Zyklen schwächere Gedichte, die heute nur schwer erträglich sind. Gewiß bezieht der gegenwärtige Leser in ein solches Urteil den Prozeß der Trivialisierung, der Aushöhlung des romantischen Liedes, seiner gefühlvollen Tonart und seines Vokabulars bis hinunter zur Schlager-Schnulze ein und ist ungerecht. Trotzdem kann man gewisse Lieder Heines, in denen er ohne Bedenken, aber auch ohne ironische Absicht Diminutive verwendet, kaum noch ernst nehmen: die Wängelein, Mündchen, Äuglein, Herzchen, Engelein wirken weniger sentimental als unfreiwillig komisch. Heine wußte, daß Sanftheit und Süße seiner Lieder künstlerisch nicht unbedenklich waren; darum begrenzte er ihre Zahl im Zyklus »Die Heimkehr«, was ein Abebben, nicht Verklingen romantischer und volksliedhafter Einflüsse, was eine deutliche thematische und formale Erweiterung, was Mischung und Modernisierung bewirkt. Heine verbindet nämlich die romantisch-volksliedhaften Elemente mit Alltagsstoffen und Alltagssprache, er verwendet Fremdwörter und witzige Redensarten, er plaudert lässig im Tone der konventionellen Gesellschaft – mit anderen Worten: er modernisiert und aktualisiert das romantische Erbe auf eine Weise, wie es vor ihm noch kein anderer Dichter gewagt hatte. Diese Modernität erregt die biedermeierlichen Literatur-Kritiker, die sich gegen Heines Neuartigkeit mit den bekannten Vorwürfen zu wehren versuchen. Heine will seiner Lyrik Frische und Plastizität geben, ohne die romantische Überlieferung abzustoßen. Das ist ganz im Sinne seines frühen Aufsatzes »Die Romantik« (1820), worin er das Romantische und das Plastische (das Griechisch-Klassische) zusammenschaut und zu vereinigen sucht. Heines Modernisierungstendenz deutet aber auch schon auf seine späteren Versuche voraus, romantische Formelemente und moderne Gesellschaftskritik zu verbinden, etwa im »Wintermärchen«, ebenso kühn wird er Altes und Modernes in der »Reisebilder«-*Prosa* mischen.

Im Zyklus »Die Heimkehr« bricht der Dichter die romantisch-sanfte Stimmung öfter als im »Lyrischen Intermezzo«; auch humoristische Töne sind zu hören:

> Mit träumt': ich bin der liebe Gott,
> Und sitz' im Himmel droben,
> Und Englein sitzen um mich her,
> Die meine Verse loben.

Realismus breitet sich aus, frohere Stimmung kommt auf, klaglose Liebe wird besungen; mit wachsender Wirklichkeitsnähe schärft sich Heines Blick für die Natur; Kulissenhaftigkeit, Petrarkismen und Symbolik treten zurück, konturierte Naturbilder erscheinen häufiger, besonders in den ersten Meeresgedichten, in denen das lyrische Ich Fischermädchen und Meerfrau umarmt: noch nicht in freien Versen und Rhythmen wie in »Nordsee I und II«, sondern in den geläufigen gereimten Vierzeiler-Strophen. Mischung der Themen und Tonarten kennzeichnet auch die Gedichte der »Harzreise«: Dem ironischen Abschied von den glatten Sälen, glatten Herren, glatten Frauen folgt der romantische Aufstieg in die Bergnatur; nach dem an Goethes Faust erinnernden Religionsgespräch mit der Bergmannstochter, der »Kleinen«, nach Heines trotzigem Bekenntnis als Ritter vom heiligen Geist der Freiheit und dem stolzen Satz »Alle Menschen, gleichgeboren, sind ein adliges Geschlecht« läßt Heine das Mädchen seinen Alltag schildern und Märchen erzählen, der Hirtenknabe tritt als König der Bergidylle auf, die Prinzessin Ilse rauscht fröhlich und will den sorgenkranken Poeten an ihrer weißen Brust trösten – es mag Momente gegeben haben, wo sich der wandernde Dichter auf den Höhen des Gebirges selber wie König und Kaiser gefühlt hat. Reisen gehören nämlich zu seinen Glücks-Erfahrungen, und die großen Reisejahre liegen nun unmittelbar vor ihm; sie werden ihm den Stoff zu seiner neuen, revolutionären Prosa schenken.

III. Kapitel
1825-1831

Nach Norden

Ein Menschenleben verläuft nicht in planmäßiger Ordnung: in jedem Leben gibt es Ablenkung, Irrweg, Zufall und Chaos. Keine Biographie kann also strikt chronologisch vorgehen, wenn sie nicht zerfasern soll. In Heines Leben zwingt die unübersichtliche, rastlose Zeit zwischen Sommer 1825 und Sommer 1827 zu einer Betrachtung, die von den Schauplätzen ausgeht: Norderney, Lüneburg, Hamburg und England. Am 13. August 1825 traf der Dichter, aus Göttingen kommend, in Norderney ein. Er badete, machte lange Strandspaziergänge und versuchte sein Glück im Hasardspiel. Er begegnete wieder dem verhaßten Hannoverschen Adel, verkehrte aber auch mit ihm sympathischen und wohlgesonnenen adligen Damen wie der Fürstin von Solms und der »schönen Frau von Celle«, Carolina Augusta von Anderten: »Meine Privateitelkeit wurde von holden Pfötchen allerliebst gestreichelt.« Er las viel, schrieb seine See-Gedichte und traf den auf Hochzeitsreise befindlichen Sethe wieder, den er bald danach brieflich um Geld anging. Er beobachtete den Einbruch der modernen Zivilisation in eine vorher geschlossene Insel-Welt und erlebte bei der Rückfahrt im September eine sechstägige Flaute auf dem Schiff. Vom 24. Juli bis Mitte September 1826 war er wieder auf Norderney, gab das Glücksspiel nach Verlusten auf, meldete Varnhagen eine gesundheitliche Besserung, nahm ein wenig an der Möwenjagd teil und lernte schwimmen – die üblichen Badekutschen fuhren auf Norderney nicht ins Meer, die Badenden gingen zu Fuß ins Wasser, Frauen und Männer getrennt, doch in Sichtweite; man wüßte gern, ob Heine Schwimmunterricht hatte oder sich das Schwimmen selbst beibrachte. Er kreuzte oft in Booten vor der Insel, war einer der letzten Gäste des Jahres, las Homer und begann »Nordsee, Dritte Abteilung« zu schreiben. Er genoß den Aufenthalt in vollen Zügen; nur gelegentlich kamen trübere Stimmungen auf: »Es ist hier sehr amüsant. Wellengeräusch, schöne Frauen, gutes Essen und göttliche Ruhe.« Nie vorher, vielleicht auch nie nachher war Heine der Natur näher als hier; die »hohe

Einfachheit der Natur« erhob ihn noch stärker als im Harz: »Ich liebe das Meer, wie meine Seele«, schrieb er in »Nordsee III«, und an Moser: »Große Natureindrücke müssen unsre Seele erweitern ehe wir den ganzen großen Menschen fassen können.« Der Stadt-Mensch Heine empfing solche Eindrücke nicht oft; sicher war die Natur manchmal nur Kulisse und Dekor der Gefühle und Empfindungen, die er in seinen Gedichten aussprach – auf Norderney, in zwei Sommern mit besonders gutem Wetter, war das Naturerlebnis elementar und drang so stark wie nie in seine Poesie ein: so entstand eine neue, mit Heines bisherigen Gedichten verglichen fast unerhörte Art von Lyrik. Erstmals erscheint darin die Natur nicht als Kulisse, als Symbol und Reflex des eigenen Inneren, sondern objektiv, besonders in den Anfangszeilen vieler Gedichte:

> Es wütet der Sturm,
> Und er peitscht die Wellen,
> Und die Well'n, wutschäumend und bäumend,
> Türmen sich auf, und es wogen lebendig
> Die weißen Wasserberge,
> Und das Schifflein erklimmt sie,
> Hastig mühsam,
> Und plötzlich stürzt es hinab
> In schwarze, weitgähnende Fluthabgründe.

Völlig reimlose Heine-Gedichte, fast durchweg in unregelmäßig langen, stark rhythmisierten Versen, hymnisch und pathetisch, »kolossale Epigramme« nennt sie Varnhagen, sie gemahnen an Klopstock, Goethes frühe Hymnen, Hölderlin (Heine selbst nennt als verwandte Autoren nur Tieck mit seinen Rom-Gedichten, Ludwig Robert mit einigen selbstreflektierenden Texten) – das ist wirklich neu und stark, unerwartet. Lassen wir die Frage offen, ob Heine wirklich das Meer für die deutsche Dichtung *entdeckt* hat; zur Zeit seiner Nordsee-Aufenthalte steht er jedenfalls mit diesem Thema allein: »Wer kannte damals in Deutschland das Meer?« sagt er noch 1850, und schon 1826 kann er fragen: »Bin ich nicht der Hofdichter der Nordsee?« Das neuartige

Pathos ist aber keinesfalls die einzige Tonart in den beiden »Nordsee«-Gedichtzyklen; sie geben vielmehr in Stoffen und Tonarten durchaus gemischte Texte: Hymnik, Sanftheit, kompakte Naturschilderung, Stimmungsbrechung, Ironie, Spaß und scharfe Sprünge wie in der »Reisebilder«-Prosa schaffen komplexe Misch-Gebilde. Das zeigt sich besonders eindringlich in Heines Behandlung religiöser und mythischer Figuren und Geschichten: Der grandiosen Traum-Vision vom Menschheits-*Befreier* Christus, der die Sonne als Herz in der Brust trägt, folgt im Gedicht »Frieden« das Porträt eines kleinen, schäbigen, frommen Karrieristen, und zwar ein derart boshaftes, daß Heine es nach heftiger Kritik Varnhagens und Immermanns im »Buch der Lieder« wegläßt. Ähnlich mischt der Dichter Ernst und Scherz, wenn er die griechischen Götter darstellt. Einerseits verteidigt er sie gegen das siegende Christentum, andererseits verspottet er sie auch: Einen bei der jungen Fischertochter eintretenden göttlichen Jüngling, der eigentlich einen König oder Helden mit ihr zeugen sollte, läßt Heine um Tee mit Rum bitten, weil auch die ewigen Götter bei solcher Nachtluft frieren, göttlichsten Schnupfen und unsterblichen Husten haben; den mächtigen Meergott, der mit der Sonne in einer Zankehe lebt, läßt der Dichter in gelber Flanelljacke, mit lilienweißer Nachtmütze an die Wasseroberfläche fahren. Auf jeden Fall bleibt die »Nordsee«-Lyrik in Heines Werk singulär, nur etwa ein Jahr lang, 1825/26, hat er reimlose Gedichte mit unregelmäßigen Verslängen geschrieben; danach verschwinden sie wie Jahre zuvor die Sonett-Form.

Nach beiden Badereisen kehrte Heine zu den Eltern nach Lüneburg zurück, doch nur vorübergehend, denn unwiderstehlich zog es ihn wieder nach Hamburg; von Ende November 1825 bis zum 14. Juli 1826, vom 14. Januar bis zum 12. April 1827, bis zur Abreise nach England war er dort. Er wollte sich fest niederlassen und Advokat werden; diese Pläne scheiterten vollständig. Er suchte die Schuld bei der feindseligen Umgebung; auch sein Schwager Embden, bei dem er anfangs wohnte, soll Heines Pläne hintertrieben, soll niederträchtige Gerüchte über ihn ausgestreut haben. »Ich hab diese Tage meine Schwester verloren«, schrieb er am

24. Februar 1826 pathetisch, weil sich Charlotte im Streit wohl auf die Seite ihres Mannes gestellt hatte; die Entfremdung blieb zum Glück vorübergehend.

Wie ernst war es Heinrich Heine mit seinem Streben nach einer festen Anstellung, einem Amt? Man muß so fragen, denn trotz seiner bitteren Klage, daß »Feinde, Verklatschung und Aerger« die Hamburger Pläne zum Scheitern gebracht hätten – man glaubt nicht recht, daß er diese Pläne mit *ganzer* Energie betrieb. Er warf wohl auch die Flinte rasch ins Korn; der Plan, in Berlin zu lesen, also wohl eine Professur zu erlangen, mutet wie ein Luftschloß an, Heine reagierte sogar böse, wenn Freunde, die ihm in Berlin helfen sollten, öffentlich darüber sprachen. Andererseits schien er die feste Anstellung auch nach dem Bündnis mit Campe weiter zu suchen, wollte nicht vom Schreiben allein leben und reagierte tief gekränkt, wenn, wie in München, eine Ernennung ausblieb. Diese Widersprüche, die so getreu ins Bild vom Zerrissenen passen, lassen sich auflösen: *Unbewußt* war es Heine klar, daß er ein Amt mit festen Dienststunden und vorgeschriebenen Verpflichtungen niemals würde ausfüllen können. Nur durfte er das, bei seiner Ehre und vor der Familie, niemals offen zugeben; ebensowenig durfte er eingestehen, daß er ein stellungsloser Akademiker und kurz davor war, das Mündel seiner Familie zu werden. Folgerichtig deutete Heine das Scheitern *eigentlich ungeliebter* Berufspläne gesellschaftlich: Man versagte ihm, dem Außenseiter, die bürgerliche Anerkennung; ebenso folgerichtig verschärfte sich gleichzeitig mit der vergeblichen Suche nach einer Stellung der politische Ton seiner Schriften; je schärfer aber der politische Ton, desto aussichtsloser die halbherzig und hartnäckig betriebene Stellungssuche! In den Augen der meisten Familienmitglieder war Heine trotz des wachsenden Dichterruhmes sowieso ein anmaßender Versager, auch wenn ihn Onkel Salomon zwischendurch einmal »sehr gnädig, sehr gnädig« ansah. Wenn Heine auftauchte, erregte er Ärgernis, besonders in Onkel Salomons nächster Umgebung, bei denen, die Eliza Marian Butler die »Parasiten« des reichen Mannes nennt.

Da war es ein Glück für Heine, daß er in Merckel einen treuen Freund und in Campe einen außergewöhnlichen

Verleger fand. Friedrich Merckel war ein politisch liberaler, wohlhabender Kaufmann, der sich hauptsächlich für Literatur interessierte, ein Mann von feinem künstlerischem Gespür. Er wurde auch privat Heines Vertrauter und half ihm finanziell; er beriet ihn und durfte ihn offen kritisieren; er schrieb häufig für Campe an den Dichter – Wadepuhl spricht sogar von einem Triumvirat Heine-Campe-Merckel. In Julius Campe fand Heine den Verleger für sein Leben und begegnete einer jener Persönlichkeiten, in der sich das widersprüchliche Grundmuster seines Verhaltens über Jahrzehnte beispielhaft ablesen läßt. Der Advokatensohn Campe (1792-1867) war ein sozialer Aufsteiger wie Heine: »Von 15 Geschwistern, bin ich der Schluß, ein Zwillingspaar; den Vater habe ich nie gekannt; eine harte, verwahrloste Jugend verlebte ich, Schreiben Rechnen etc. lehrte ich mir selbst; vom 9ten bis 13ten Jahre mußte ich in einer Tabacksfabrik arbeiten.« Danach ging er in die Buchhändlerlehre zu seinem älteren Halbbruder August, dem Eigentümer der Firma Hoffmann und Campe, bei dem er auch um 1820 wieder arbeitete. Sein Bedürfnis nach Eigenständigkeit, nach Erweiterung seines beruflichen und sozialen Erfahrungsbereichs, schreibt Edda Ziegler in ihrem Buch über den Verleger, seine Entschlossenheit, solche Erfahrungen auch über die zu seiner Zeit verbindlichen gesellschaftsmoralischen und politisch opportunen Grenzen hinaus zu machen, habe August Campe als Eigensinn, Halsstarrigkeit, Plumpheit und Gemeinheit verstanden. 1823 war er immerhin bereit, dem ehrgeizigen Jüngeren seine Buchhandlung zu überlassen; Julius Campe stieg mit wenig Kapital, aber mit ungewöhnlicher Energie und stupender Arbeitskraft (sieben Tage die Woche durchschnittlich fünfzehn Stunden) binnen weniger Jahre zum angesehensten progressiven Verleger auf; dabei nutzte er sehr geschickt die an sich ungeistige, doch wirtschaftlich günstige Atmosphäre und die relativ milde Zensur der Hansestadt aus.

Campe war physisch stark: »Eine gedrungene Gestalt, ein reinlich norddeutsches Gesicht mit scharfen, lichten Augen«, so beschrieb ihn Laube, der, wie andere Zeitgenossen, auch die Komplexität, Widersprüchlichkeit, ja Undurchschaubarkeit von Campes Charakter hervorhob. Campe war schlau.

Er beobachtete sehr genau und hatte einen außerordentlichen Spürsinn für die Bedingungen und Möglichkeiten des sich entwickelnden kapitalistischen Literaturmarkts. Sein Ehrgeiz war so ausgeprägt wie seine Geschäftstüchtigkeit und sein Geschick im Umgang mit der Zensur. Er hatte Freude daran, die Konkurrenz zu schlagen, und eine feine Witterung für alles, was politisch und literarisch neu und kräftig war. Schon Strodtmann, Heines erster Biograph, ein enger Mitarbeiter Campes, hob den selbständigen, vorurteilsfreien Geist des Verlegers und seine Sicherheit im Urteil über die Absatzchancen der ihm vorgelegten Manuskripte hervor. Campes Hauptinteresse galt der jungen, neuen Literatur, und da er sie nicht nur bekannt machen, sondern auch von ihr profitieren wollte, stand er immer in der Spannung zwischen seinem politischen Fortschrittsglauben und dem Geschäftsinteresse. Aus dieser Spannung erklärt sich hauptsächlich seine Widersprüchlichkeit, seine »achtbare Durchtriebenheit«, wie Siegfried Lenz das einmal nannte – Campes Autoren haben ihm nicht selten Honorar-Geiz vorgeworfen, Heine wird ihn etliche Male der »Knickerei« beschuldigen, trotzdem war gerade eine solche »durchtriebene« Persönlichkeit prädestiniert als Verleger der jungen, oppositionellen Literatur. Ueding schreibt denn auch in seiner Verlagsgeschichte des Hauses Hoffmann und Campe zusammenfassend: Die Beweggründe von Campes Leben seien auch die Motive seiner Autoren gewesen, nämlich Forderung des Tages, Fortschritt, Wirkung, Lebendigkeit und Sinn für die Zukunft.

Es war, als hätten Heine und Campe einander gesucht: der junge Dichter, der einen wagemutigen, zuverlässigen Verleger, der junge Verleger, der einen zukunftsträchtigen, hervorragenden Autor brauchte. Sie waren einander gewachsen, so unterschiedlich sie auf den ersten Blick erscheinen: der robuste, harte Verlagsbuchhändler und der feine, überempfindliche, physisch unterlegene, kränkelnde Dichter; sie sollten miteinander verwegene Unternehmungen wagen, gegeneinander die bittersten Kämpfe ausfechten und sich gegenseitig berühmt machen. Gern möchte man die Anekdote von ihrem Kennenlernen in Campes Buchhandlung glauben: Ein junger Mann habe Heines »Tragödien« verlangt und sie zu verachten behauptet; Campe habe sie entschieden verteidigt; der junge Mann habe sich als ihren Verfasser zu erkennen gegeben; Campe habe Heine angeboten, wenn Heine »wieder ein Mal so etwas Werthloses« produziere, es sofort zu verlegen; im Nu sei man sich, zum Honorar von 30 Louisdor, über »Reisebilder I« einig geworden.

Die Wirklichkeit war wohl nüchterner: Heine wird Campe Ende Januar 1826 entweder durch Merckel oder durch den ihm seit Jahren bekannten Friedrich Gottlieb Zimmermann, Gymnasialprofessor, Literaturkritiker und Mitherausgeber der Zeitschrift »Die Biene«, kennengelernt haben. Partner wurden Heine und Campe wirklich schnell: Mitte Mai 1826 erschien »Reisebilder. Erster Teil« mit »Die Heimkehr«, »Die Harzreise« und »Die Nordsee I«, 1500 Exemplare zum Stückpreis von einem Taler und 16 Groschen. Die Resonanz war stark, die Zahl der Rezensionen groß, der Verkauf weniger gut: Im Juni 1827 waren noch 650 Exemplare auf Lager. Campe drängte auf Fortsetzung der »Reisebilder«; unter Hochdruck schrieb Heine Anfang 1827 »Ideen. Das Buch Le Grand«, und zwar mit großen Vorsätzen: er müsse etwas Gewaltiges geben, das Campe viel Freude und Angst, das überhaupt »großen Lerm« machen werde, durch die großen Weltinteressen, die es ausspreche. Um die »Reisebilder II« gab es den ersten Streit Heines mit Campe wegen Honorar und Papierqualität – am 12. April 1827 aber erschien der Band mit »Ideen«, »Nordsee II«, »Briefe aus Berlin« und Xenien Immermanns, die Heines Streit mit Platen auslösten und von denen wir noch hören werden.

An diesem Tage saß Heine, mit etlichen Exemplaren des neuen Buches, schon im Dampfboot nach London, wo er zwei Tage später ankam. Der Entschluß zur Reise kam plötzlich und fluchtartig; Heine befürchtete wegen des politischen Zündstoffs von »Reisebilder II« den Zensur-Zugriff und vielleicht Unannehmlichkeiten für sich selbst; deswegen folgte er dem »Klugheitsgesetz das jedem rathet nichts zu riskiren, wo nichts zu gewinnen ist«. Heine wollte die Gelegenheit nutzen, England, die Engländer und ihr parlamentarisch-demokratisches System kennenzulernen und ihre Sprache zu sprechen – darauf war er durch den

Unterricht bei Vahrenkampf, durch die Lektüre englischer Gedichte, Romane, Reiseschilderungen, politischer Texte und Zeitungen wie »Morning Chronicle« bestens vorbereitet. London faszinierte ihn. Überwältigt sah er die Menschenmassen in den Straßen, die zahllosen gleichförmigen, von feuchter Luft und Kohlendampf bräunlich-olivgrünen Häuser der kleinen Leute, die ebenso gleichförmigen Paläste von Westend, den Glanz und die eigenartige Poesie der ausgestellten Waren, die Docks, wo Heine Ostindienfahrer besuchte: »London hat alle meine Erwartungen übertroffen in Hinsicht seiner Großartigkeit«, schrieb er schon am 23. April an Merckel, »aber ich habe mich selbst verloren.« Und in den »Englischen Fragmenten« lesen wir: »Ich habe das Merkwürdigste gesehen, was die Welt dem staunenden Geiste zeigen kann, ich habe es gesehen und staune noch immer – noch immer starrt in meinem Gedächtnisse dieser steinerne Wald von Häusern und dazwischen der drängende Strom lebendiger Menschengesichter mit all ihren bunten Leidenschaften, mit all ihrer grauenhaften Hast der Liebe, des Hungers und des Hasses – ich spreche von London.«

Heine besuchte Parlamentssitzungen. Er sah den ihm verhaßten Sieger über Napoleon, den »Dummkopf« Wellington, einen späteren Nachfolger des von Heine bewunderten Canning, der am 10. April eine Große Koalition aus fortschrittlichen Tories und Whigs gebildet hatte, aber schon am 8. August starb. Heine hörte dem rhetorisch meisterhaften Oppositionsführer Brougham zu und erlebte mit zwiespältigem Gefühl und Urteil Radikale wie William Cobbett, dessen Darstellung der englischen Nationalschuld er für die »Englischen Fragmente« übersetzte, dessen umstürzlerisches Auftreten ihn aber abstieß. Er sah den schauderhaften Gegensatz zwischen Arm und Reich, die protzende Nobility hoch zu Roß und das Elend, das sich erst im Dunkeln ganz aus den Löchern wagte – diese Reise schärfte Heines soziales Gewissen, der Außenseiter fühlte mit den Ausgestoßenen einer von krassen Klassengegensätzen zerrissenen Nation: »Und gar das Laster ist nicht immer Laster. Ich habe Weiber gesehen, auf deren Wangen das rote Laster gemalt war und in ihrem Herzen wohnte himmlische Reinheit.« Erschüttert verfolgte er die Gerichtsverhandlungen in Old Bailey, wo Todesurteile aus lächerlichen Anlässen gefällt wurden; erschüttert besuchte er das Irrenhaus von Bedlam. Er erlebte England als ein chaotisches Gemisch der allerverschiedensten, doch gleichzeitigen Erscheinungen und Eindrücke: »Überreichtum und Misere, Orthodoxie und Unglauben, Freiheit und Knechtschaft, Grausamkeit und Milde, Ehrlichkeit und Gaunerei, diese Gegensätze in ihren tollsten Extremen, darüber der graue Nebelhimmel, von allen Seiten summende Maschinen, Zahlen, Gaslichter, Schornsteine, Zeitungen, Porterkrüge, geschlossene Mäuler, alles dieses hängt so zusammen, daß wir uns keins ohne das andere denken können, und was vereinzelt unser Erstaunen und Lachen erregen würde, erscheint uns als ganz gewöhnlich und ernsthaft in seiner Vereinigung.« Bei Heines England-Besuch begann seine langjährige, widerspruchsvolle Auseinandersetzung mit der modernen Industriegesellschaft, auf die er zeitweilig große Hoffnungen im Befreiungskampf der Menschheit setzte, die ihn aber in ihrer englischen Gestalt abstieß, je länger er darüber nachdachte. Schon in den »Englischen Fragmenten« verwendet er eine zweideutige Maschinen-Metapher für den Staat und weist ahnungsvoll auf Gefahren hin, die eine solche Maschinerie in sich trägt: »Der Minister hat nicht mehr ein einfaches Ruder zu regieren, sondern als verantwortlicher Enginer steht er unten zwischen dem ungeheuern Maschinenwerk, untersucht ängstlich jedes Eisenstiftchen, jedes Rädchen, wodurch etwa eine Stockung entstehen könnte, schaut Tag und Nacht in die lodernde Feuer-Esse, und schwitzt vor Hunger und Sorge – sintemalen durch das geringste Versehen von seiner Seite der große Kessel zerspringen, und bei dieser Gelegenheit Schiff und Mannschaft zu Grunde gehen könnte.«

Es gab auch erfreulichere Erfahrungen. Heine besuchte ein Pferderennen in Epsom und Kunstgalerien; er ging oft ins Theater, sah im Drury Lane Theatre den berühmten Shakespeare-Darsteller Edmund Kean als Richard III., Macbeth, Othello und Shylock – köstlich die Szene in den »Englischen Fragmenten«, wo zwei Manchester-Damen sich puritanisch über die hochgeschürzten Ballett-Mädchen entrüsten und dabei das Perspektiv nicht von den »lieben, langen, lasterhaften« Beinen der Tänzerinnen lassen können. Auch die »60 000« haben Heine beeindruckt, nämlich die Prostituierten: »Das hiesige Klima und die 60 000 haben mich fürchterlich angegriffen«, schrieb er, und: »Wenn ich lebendig aus England herauskomme, so sind die Weiber nicht schuld dran; sie thun das ihrige.« Eine Londonerin, aber vermutlich keine Prostituierte, ist namentlich bekannt: Mademoiselle Clairmont, 26 Osnabourgh Street, Regent's Park; an sie ist ein sehr förmlicher, französisch geschriebener Abschiedsbrief vom 19. August aus Ramsgate gerichtet, in dem sich Heine für die ihm erwiesene Güte (»les bontés«), was immer damit gemeint sein mag, bedankt.

Mit den Londoner Freuden hing auch Heines größte Sorge während der England-Reise zusammen: die Sorge um Geld. Er fand das Land sündhaft teuer und behauptete nach der Rückkehr, es habe ihn finanziell ruiniert. Oft brauchte er mehr als eine Guinee pro Tag; tatsächlich scheint er insgesamt 210 Pfund ausgegeben zu haben, über 9000 Mark heutigen Geldes. Er hätte diese Summe nicht selbst aufbringen können, obwohl ihm Campe 40 Louisdor lieh und Heines Mutter sogar 100 vorgestreckt haben soll. Die Unkosten deckte unfreiwillig Onkel Salomon, »der gute Onkel«, wie ihn Maximilian Heine bei der Wiedergabe einer Geschichte nennt, die trotz seiner betulichen, dem Bankherrn schmeichelnden Darstellung im Kern stimmt: Heine erlangte von Salomon einen Kreditbrief über 200 Pfund als *Empfehlung* an den Geschäftspartner Nathan Rothschild in London, nicht zur *Einlösung*. Heine aber löste den Scheck am ersten Tage seines Aufenthalts ein; dem empörten Onkel muß er nach der Rückkehr den berühmten Satz hingeworfen haben: »Weißt du, Onkel, das Beste an dir ist, daß du meinen Namen trägst.« So oder ähnlich wird der Satz gefallen sein, einer der besten, aber auch frechsten Witze Heines, den Salomon nie vergaß, auf den er noch nach zwölf, fünfzehn Jahren in Briefen anspielte. Die Erbeutung des Geldes geschah gewiß nicht auf die feine englische Art; das Argument Heines, das er der Mutter gegenüber als Rechtfertigung gebraucht haben soll, ist allerdings unwiderleglich: Er habe *sicher* gehen müssen, damit der Onkel den Kreditbrief nicht widerriefe, der Onkel selbst wäre ohne solches Sichergehen niemals reich geworden. Auch muß man hinzufügen, daß der Dichter von seiner Beute geborgtes Geld an Moser, Sethe und Lehmann zurückzahlte und 55 Pfund zur Aufbewahrung an Varnhagen schickte.

Übrigens lud Rothschild Heine zu einem Diner ein; zum Bankhaus Goldschmidt und zum Verlagshaus Treuttel und Wirtz hatte er ebenfalls Kontakte, doch blieben Besuche bei der Londoner High Society selten, in den Listen der Rothschildschen Bälle erschien Heines Name nicht. Immerhin meldete der »Morning Herald« vom 22. Mai die Anwesenheit von »Dr. Heine, German satirist and poet«, immerhin zeigte die Juli-Ausgabe der »Foreign Quarterly Review« die »Reisebilder II« an. Freundliche Aufnahme fand Heine bei dem Musiker Ignaz Moscheles und seiner Frau Charlotte, Verwandten der Embdens, Frau Moscheles bewunderte Heines Genie, wenn auch nicht ganz furchtlos; Heine schrieb dem Ehepaar einen dankbaren Abschiedsbrief.

Insgesamt brachte die England-Reise »große geistige Ausbeute«, eine bedeutsame Erweiterung seines Horizonts, seiner politischen und sozialen Erfahrungen, seiner Menschenkenntnis; leider ist das Tagebuch, das Heine in England schrieb, verlorengegangen. Daß mit wachsendem zeitlichen Abstand in den folgenden Jahren seine Urteile über England und die Engländer immer schärfer, daß Land und Bevölkerung ihm zu Prototypen von Industrialismus, Maschinenwesen, Armut, Ausbeutung und Dreck werden, erklärt sich vielleicht auch aus dem persönlichen Mißbehagen während der englischen Monate. Fast immer kränkelte er: »Ich bin krank, ruiniert und gefesselt ... Ich lebe hier sehr isoliert; ich will es.« Wieder erscheint die stereotype Formulierung für seine häufige Einsamkeit; oft war ihm frostig in der Wohnung 32 Craven Street, Strand; trotz seiner Vorkenntnisse hatte er anscheinend auch Sprachprobleme: »Es ist hier so fürchterlich feucht und unbehaglich, und kein Mensch versteht einen, kein Mensch versteht deutsch.«

Außerdem drangen die deutschen Sorgen mit den Briefen

vom Kontinent bei ihm ein. Er wollte unbedingt wissen, was das neue Buch machte, denn er ahnte, welche Schwierigkeiten er den Freunden damit bereitet hatte: »Ich kann es den Freunden nicht verdenken, wenn sie über das gefährliche Buch schweigen. Ich weiß sehr gut, man muß staatsfrey gestellt seyn, wenn man über meinen Legrand sich äußern will.« Als Varnhagen meldete, welches Aufsehen das Buch erregte, aber hinzufügte, auch die Freunde täten erschrecklich tugendhaft als ordnungsliebende Gelehrte und Bürger, bemerkte Heine schroff: »Kurz aus serviler Angst wird Alles getadelt.« Gleich darauf meldete er aber triumphierend an Moser: »Ich habe durch dieses Buch einen ungeheuren Anhang und Popularität in Deutschland gewonnen; wenn ich gesund werde, kann ich jetzt viel thun; ich habe jetzt eine weitschallende Stimme. Du sollst sie noch oft hören, donnernd gegen Gedankenschergen und Unterdrücker heiligster Rechte.« Campe mahnte dringend das Vorwort zum bereits ausgedruckten »Buch der Lieder« und die »Reisebilder III« an, Heine habe doch so fest, so heilig versprochen, sie bis Michaelis zu geben, man müsse den Erfolg nutzen und ausbauen. Heine seinerseits verargte Campe immer noch den Streit um das Honorar und behauptete, der Verleger habe nie eigentliches Zutrauen zu ihm gehabt; er ließ Campe warten. Während Heine noch über eine Anstellung in Preußen nachdachte, erreichte ihn durch Varnhagens Vermittlung ein Angebot des hochangesehenen Verlegers Cotta: dieser bot ihm die Mitredaktion der Zeitschrift »Neue allgemeine politische Annalen« an, wo 1828 Teile der »Englischen Fragmente« erschienen; eine jahrzehntelange, wenn auch mehrmals unterbrochene Zusammenarbeit war damit angebahnt.

Die Rückkehr nach Deutschland war also angezeigt. Der Plan Heines, in einem englischen Seebad die Wiederherstellung seiner angegriffenen Gesundheit zu suchen, ließ sich nicht mehr verwirklichen; Heine ging nur noch für einige Tage nach Brighton, das ihm mißfiel, nach Margate und ein paar Wochen nach Ramsgate, wo er anscheinend viel Umgang mit Iren hatte. Am 14. August ließ er sich in London einen hanseatischen Reisepaß ausstellen, um den 20. August besuchte er die Rotterdamer Messe, danach Leyden und Amsterdam. In Holland hat er sich wohlgefühlt; noch 1850 bekundete er seine Vorliebe für Amsterdam. Leider fehlen aber alle gesicherten Details über den dortigen Aufenthalt, und die holländischen Passagen im »Schnabelewopski« kann man nur mit Vorsicht biographisch benutzen. Daß Heine Bilder des bewunderten Malers Jan Steen und eine Bühnenfassung des »Fliegenden Holländers« sah, ist aber glaubwürdig.

Etwa um den 22. August war Heine wieder – auf Norderney! »Aus Uebermuth ging ich hin, lebte recht behaglich unter meinen Feinden.« Er ging vielleicht auch aus Scham darüber hin, daß er Hals über Kopf nach England geflohen war. Der in »Nordsee III« scharf angegriffene Hannoversche Adel war noch da; nicht wenige Leute wunderten sich über Heines tollkühnes Erscheinen, Campe war entsetzt. Schließlich rieten mehrere Bekannte dem Dichter dringend zur Abreise, darum siedelte er Ende August nach Wangeroog über, war aber stolz auf seinen Mut: »In Norderney hab ich mich wie ein Held gezeigt. Hab ich mich etwa vor meiner Abreise von Hamburg etwas furchtsam erwiesen, so hab ich jetzt alles reichlich gutgemacht«, schrieb er Merckel am 11. September. Zwei Wochen später war er wieder in Hamburg, wo ihn das Donnerwetter des Onkels traf. Es rührte ihn nicht, er hatte kein schlechtes Gewissen: Der Bankier war reich genug, er konnte geben. Die Vermutung ist vielleicht nicht abwegig, daß Salomon der Streich des Neffen insgeheim imponiert hat, wenn er das auch öffentlich nicht zugeben durfte.

Nach Süden

»Die Welt ist dumm und fade und unerquicklich und riecht nach vertrockneten Veilchen.« Der schon zitierte Satz kommentiert nicht nur Heines Wiedersehen mit Amalie überhaupt, sondern auch den absurden Zufall des Zeitpunkts: Am

18. Oktober 1827 erschien das »Buch der Lieder«, am gleichen Tag lernte Heine Amaliens Mann kennen, am 19. Oktober traf er sie selbst: »Die gute Frau hat sich sehr geeilt und ist gestern just an dem Tage angelangt, wo auch die neue Ausgabe meiner ›jungen Leiden‹ bei Hoffmann und Campe ausgegeben worden ist.« Das Buch erschien ohne Vorwort in 2000 Exemplaren: »Es ist wunderschön ausgerüstet und wird wie ein harmloses Kauffahrtheyschiff unter dem Schutze des 2ten Reisebilderbandes ruhig ins Meer der Vergessenheit hinabsegeln.« Heines Skepsis, die ihn dummerweise auf ein Honorar für den Sammelband verzichten ließ, behielt für ein Jahrzehnt recht: Erst mit der zweiten Auflage setzte sich sein heute bekanntestes Buch durch, bis zu seinem Tode gab es insgesamt dreizehn Auflagen.

Am 27. Oktober verließ er Hamburg Richtung Süden; bei einem viertätigen Besuch in Lüneburg sah er seinen Vater zum letzten Mal. Anfang November machte er in Göttingen Station, wo er Sartorius und Oesterley wiedertraf. Danach war er mehrere Tage in Kassel, wo Ludwig Grimm ihn zweimal zeichnete und seinen berühmten Brüdern Jakob und Wilhelm vorstellte. Mitte November besuchte Heine in Frankfurt Ludwig Börne, den er schon 1815 in Lesekabinett der Loge gesehen haben will. Ein Zusammentreffen lag nahe; selbstverständlich kannte er Börnes streitbare, den seinen geistesverwandte Schriften und seine Zeitschrift »Die Wage«; Varnhagens, die Börne trotz seiner Goethe-Feindschaft schätzten, dürften Heines Interesse an ihm bekräftigt haben. So setzte er 1826 der Buchausgabe der »Harzreise« als Motto ein Börnesches Lob der Dichtkunst voran und schickte ihm »Reisebilder I« mit herzlicher Widmung – nun stand er unangekündigt vor Börnes Tür in der Bornheimer Straße 138 und wurde mit offenen Armen aufgenommen: »Er empfing mich mit Herzlichkeit und Liebe; es vergingen keine drei Minuten und wir gerieten ins vertraulichste Gespräch.« Börne, 1786 in der Frankfurter Judengasse geboren, 1815 als jüdisches Opfer der einsetzenden Restauration infam und mit kleiner Pension aus dem Polizeidienst gedrängt, seitdem freier Schriftsteller, der materiell schwer zu kämpfen hatte, erfahrener, mutiger, brillanter Journalist, mehrfach Opfer der Zensur, 1822 bis 1824 im Pariser Exil, seit 1824 nach einem Blutsturz unheilbar lungenkrank, seit 1827, nach dem Tode seines wohlhabenden Vaters, finanziell einigermaßen unabhängig, ein bitterer, witziger, scharfzüngiger Kritiker der deutschen Verhältnisse, wenn auch kein Dichter und 1827 noch kein Republikaner, hatte Heine gerade einen Monat vor dem Besuch dem Braunschweiger Verleger Vieweg als Redakteur einer noch zu begründenden Zeitschrift empfohlen; nun bat er den Gast, drei Tage zu bleiben, und Heine blieb. Börne »horchte... mit beiden Ohren«, als Heine Campe lobte. Ermutigt durch Heines Urteil, reiste Börne 1828 nach Hamburg und gewann Campe als Verleger seines Gesamtwerkes. Börne führte Heine durch Frankfurt und zu seinen Bekannten: »Vergnügt, im gemütlichsten Hundetrapp, lief er mir zur Seite, als wir durch die Straßen wanderten.« Bittere Worte fielen in der Judengasse und beim Gebäude des Bundestages an der Zeil; Börne nahm Heine zu einem Freund mit, der ihnen »in getreuer Beharrnis an jüdischen Gebräuchen« zu Mittag die »berühmte Schaletspeise« vorsetzte, Bohnensuppe mit Mehlklößchen oder Mürbeteigbrei, ein jüdisches Sabbatgericht. Heine lernte selbstverständlich auch Jeanette Wohl kennen, Börnes drei Jahre ältere, lebenslange Freundin, seine Muse, Beraterin und platonische Geliebte, die begeistert von Heines Büchern sprach und der er ein Exemplar vom »Buch der Lieder« widmete. »Die drei Tage, welche ich in Frankfurt in Börnes Gesellschaft zubrachte, verflossen in fast idyllischer Friedsamkeit«, schreibt Heine im Börne-Buch, beim Abschied soll Börne ihm noch besorgt ins Ohr geflüstert haben, er möge sich in München vor Kollisionen mit den Pfaffen hüten. Eigentlich war also der Grundstein für eine dauernde Verbindung gelegt. Sie kam aber trotz der politischen Übereinstimmung, trotz Börnes Enthusiasmus für die Schriften des Jüngeren nicht zustande: tragischerweise nicht. Unterschwellig gab es auch in den drei euphorischen Tagen gewisse Diskrepanzen, die im Augenblick nicht schwer wogen, aber schon auf die spätere Gegnerschaft hindeuteten. Heine teilte Börnes rigorose Goethe-Feindschaft nicht, die sich während seines Besuchs an Wolfgang

Menzels gerade erschienenem Buch über die deutsche Literatur auflud; Börne wiederum kritisierte Heines Napoleon-Kult und mag ihn damit sogar beeindruckt haben; den früher zitierten Satz, daß er Napoleon unbedingt nur bis zum 18. Brumaire liebe, soll Börne in Frankfurt fast wörtlich so gesagt haben. Oellers hat eine überzeugende Einschätzung der Frankfurter Begegnung gegeben: Man habe sich mit Herzlichkeit und gegenseitiger Hochachtung behandelt, doch treffe Heines Urteil im Börne-Buch zu: »Schon damals in Frankfurt harmonierten wir nur im Gebiete der Politik, keineswegs in den Gebieten der Philosophie, oder der Kunst, oder der Natur – die ihm sämtlich verschlossen waren.« Die Einschätzung, daß der ästhetischen und philosophischen Fragen nur schwer zugängliche Börne aus der grundsätzlichen politischen Übereinstimmung fälschlich geschlossen habe, Heine sei sein Freund, daß Heine schon damals Börnes Witz, seine Schlagfertigkeit, seine stilistische Brillanz höher geschätzt habe als seine politische Agitation und daß Börnes nur auf das Politische gerichtetes Engagement ihn abgestoßen habe, ist einleuchtend. Der spätere Konflikt war also unvermeidlich – ein tragischer Konflikt zum Schaden der schwer bedrängten deutschen Opposition, die beide Schriftsteller brauchte. Sie hätten Dioskuren sein sollen. Tatsächlich nannte die europäische Öffentlichkeit der dreißiger Jahre ihre Namen sehr oft zusammen, was Heine jedoch ärgerte: er wollte so nicht gesehen und verstanden sein. Dabei schien sich nach den Frankfurter Tagen eine Freundschaft, eine Kampfgemeinschaft anzubahnen: Sie seien die drei Tage »inseparable« gewesen, berichtete Heine Varnhagen, Börne habe ihn sehr lieb und sei größer als er, wenn auch nicht so großartig; er schickte ein Exemplar der »Reisebilder I« an Börne und Madame Wohl mit der Versicherung: »Mein Herz ist immer bey Euch.« Das blieb nicht so, Heines Vorbehalte gegen Börne waren zu groß; und fünf Jahre später, in Paris, wurden die Dioskuren Gegner.

Auf dem Weg nach München besuchte Heine in Heidelberg seinen dort studierenden Bruder Max und den jungen Jurastudenten Johann Hermann Detmold, mit dem er schon korrespondierte und der später politisch und schriftstellerisch tätig war. Auf Börnes ausdrückliche Empfehlung besuchte er danach in Stuttgart Wolfgang Menzel, den er aus Bonn kannte, und las dessen Buch »Die deutsche Literatur«. Menzel, sein späterer Feind, war Redakteur des »Literatur-Blattes«, der Beilage zu Cottas »Morgenblatt für gebildete Stände«, wo auch Heine publizierte. Eine engere Kooperation bahnte sich an: Menzel schrieb für die »Annalen«, Heine rezensierte dort Menzels Buch. Er lud ihn aus München ein, dorthin überzusiedeln, »wenn Sie eine gute Brust haben«.

Am 26. November traf Heine in München ein. Er sprach sofort mit Cotta, der sich gerade dort aufhielt, und seiner Frau, die er sehr schätzte. Baron Johann Friedrich von Cotta (1764-1832), Verlagsbuchhändler in Stuttgart, Verleger und Freund Goethes, wollte Heine mit großzügigen Angeboten an sein Haus binden: Er gab 100 Carolin (1100 rheinische Gulden) im Halbjahr für die von Heine zugesagte Mit-Redaktion der »Annalen« und die Mitarbeit am Tagblatt »Das Ausland«; 2000 Gulden hätten dem Gehalt eines gut bezahlten Universitätsprofessors entsprochen. Heine lobte Cottas Großzügigkeit und fand Campe dagegen knickrig: »Ich lebe Gott lob! hier in sehr wohlhabenden Verhältnissen, fast wie ein großer Herr. Ich bin eine von Cottas theuersten Puppen«, schrieb er dem Freunde Moser; weitere Angebote Cottas jedoch – die Redaktion von »Morgenblatt« und »Ausland« standen ihm offen – lehnte er ab: »Ich will frey seyn, und wenn das Clima wirklich so fürchterlich ist, wie man mir droht, will ich nicht gefesselt sein«, versicherte er Campe schon im Dezember 1827 ahnungsvoll.

Sicher hielt Heine keine strengen Bürostunden ein und überließ seinem 25 Jahre älteren Mit-Redakteur Friedrich Lindner viel organisatorische Arbeit. Dennoch erfüllte er den Auftrag für die »Neuen allgemeinen politischen Annalen«, Cottas älteste Zeitschrift, sehr gewissenhaft, und Cotta hielt große Stücke auf ihn. Seine Briefe belegen, daß er vor und nach dem Dienstantritt am 1. Januar 1828 neue Mitarbeiter zu gewinnen versuchte, außer Menzel zum Beispiel Christiani, Diepenbrock, Moser, dem er eine ganze Rubrik anbot, und den Abenteurer Wit von Dörring, mit dem er in München verkehrte; die Freunde schickten aber offenbar nichts.

Von Heine, der Cotta versprochen hatte, für jedes Heft der »Annalen« etwas zu geben, erschienen im ersten Halbjahr 1828 vier Stücke aus den »Englischen Fragmenten« und die wichtige Rezension von Menzels Buch. Der buchhändlerische Erfolg der Zeitschrift blieb trotzdem aus; auch klagte Heine gegenüber Menzel, daß ihm die politische Profilierung der »Annalen« nicht recht gelang: »Ach, Menzel!« schrieb er zum April-Heft, »wie ennuyant ist – unsre Aufsätze abgerechnet – der ganze Inhalt der Annalen! Ich habe mich überzeugt, daß die Deutschen keinen Sinn für Politik haben – da gar keine guten politischen Federn aufzutreiben sind.« Leider wissen wir nicht, was Heine an unbrauchbaren deutschen Manuskripten vorgelegen hat – Börne hat er offensichtlich nicht eingeladen! Am 2. Mai hatte Heine bereits kapituliert: »Ach Gott! wie erbärmlich sind die Annalen. Ich kann nicht helfen«, schrieb er wiederum an Menzel; zu dieser Zeit hatte er mit Cotta schon über eine »Regenerazion« der Zeitschrift gesprochen, man einigte sich darauf, sie ab Juli für ein halbes Jahr auszusetzen und vielleicht Anfang 1829 zu erneuern.

Heine hatte eine Plattform für erstrangige gesellschaftskritische Texte schaffen wollen, »im liberalen Geiste, nicht im einseitigen Sinne der sogenannten liberalen Partei«, wie eine Verlagsanzeige für die »Annalen« ankündigte; damit war er zunächst gescheitert. Die adlig-klerikale Gegnerschaft, die sich in München inzwischen formiert hatte, machte Stimmung gegen ihn, sein Werk und die Zeitschrift: Ignaz von Döllinger, Herausgeber der »Eos«, veröffentlichte am 18. August 1828 eine für diese Feindseligkeit bezeichnende Rezension der »Annalen«, in der Heine als Ritter vom Heiligen Geist der Freiheit verhöhnt und antisemitisch angepöbelt wurde. Es gab genügend Leute in München, die Heine haßten und seine Anwesenheit in der Stadt mißbilligten: »Ich bin jetzt umlagert von Feinden und intriguirenden Pfaffen.« Möglicherweise erfuhr Heine bereits in München, daß Platen gewisse Kontakte zum dortigen Adel und Klerus hatte und daß er sich bei König Ludiwg I. um eine Pension bemühte – Heines spätere Zuordnung Platens zu seinen schlimmsten Feinden datiert aus der Münchener Zeit, in der sich auch der

Streit der beiden Dichter zusammenbraute. Platen erfuhr von Immermanns Xenien, die Heine in die »Reisebilder II« aufgenommen hatte und die Platen sofort auf sich bezog; am 18. Februar teilte er seinem Freund Friedrich von Fugger brieflich eine Passage aus dem »Romantischen Ödipus« mit, in der er Heine als Juden angriff; Anfang August informierte der Cotta-Redakteur und ehemalige Burschenschaftler Gustav Kolb Heine vom geplanten Angriff Platens.

Da war der Dichter schon abgereist, vom Klima der bayrischen Hauptstadt vertrieben, und zwar im meteorologischen wie im gesellschaftlichen Sinne: »Kleingeisterey von der großartigsten Art... Ich lebe abgeschieden im äußersten Winkel Deutschlands.« Trotzdem pflegte Heine, der im Rechbergschen Palais an der Hundskugel wohnte, geselligen Umgang, ging mit Leuten aus der Nähe des Königs wie dem dilettantischen Dramatiker und späteren Innenminister Eduard von Schenk um, sein Bemühen um eine Professur in München sprach sich herum – so schienen manche Leute zu meinen, »ich würde jetzt nicht mehr so sehr gegen den Adel losziehn, da ich im Foyer der Noblesse lebe und die liebenswürdigsten Aristokratinnen liebe – und von ihnen geliebt werde«. Gegen solche Behauptungen wehrte er sich – allerdings erst nach der Abreise: »Man irrt sich. Meine Liebe für Menschengleichheit, mein Haß gegen Clerus war nie stärker wie jetzt, ich werde fast dadurch einseitig.« Wir werden noch sehen, daß er *in* München manchmal recht anders sprach und schrieb.

Das meteorologische Klima der Stadt machte ihm schwer zu schaffen. Schon auf der Reise war er krank gewesen; in München fühlte er sich todkrank und fürchtete das Schicksal vieler deutscher Dichter: einen frühen Tod. Immer öfter äußerte er den Wunsch, nach Italien zu reisen, und Campe bestärkte ihn in dieser Absicht. Wenn Heines Krankheit auch psychische Ursachen hatte, dann muß er in München unter besonders starken Spannungen gestanden haben, dann waren die Klagen auf der Reise nach Bayern, das Leiden unter Münchens tödlichem Klima Ausdruck von Vor-Furcht drohender Katastrophen: niemals zuvor war in seinen Briefen so viel vom Tod die Rede. Merkwürdig und bezeichnend für ihn aber die jähen Stimmungs- und Meinungsumschwünge: Plötzlich geht es ihm glänzend; plötzlich will er in München ein köstliches Leben geführt haben, plötzlich hat er, obwohl todkrank, alles nach Wunsch gefunden, sind seine Verhältnisse »sehr heiter«, hat er »wunderschöne Weiberverhältnisse« (Namen nennt er nicht), lebt er in München »vergnügt, wohlfeil und ruhig«. Schon bald aber ist er wieder »gräßlich isoliert. Um mich herum nichts als ein Meer von kleinen Seelen.«

Trotzdem sieht er viel von der Stadt und kommt unter Menschen. Er vergleicht München mit Berlin, nennt die bayrische Metropole, im Unterschied zu Preußens Hauptstadt, eine vom Volke selbst gebaute Stadt, belächelt aber das Klischee vom »neuen Athen«. Er ist oft mit Lindner und Kolb zusammen, trifft Michael Beer, Schenk und den Maler Peter Cornelius, streitet am Mittagstisch mit Maßmann, der 1829 »seine« Professur bekommen wird, lernt den jungen Robert Schumann kennen, der später etliche seiner Lieder vertonen wird, und nennt Fjodor Tjutschew, einen russischen Diplomaten und bekannten Lyriker, seinen liebsten Münchener Freund. Seit Ende März ist Maximilian in München, um hier weiter zu studieren; besonders gern ist Heine mit jungen Malern zusammen, wodurch sich sein Kunstverständnis vertieft, und nur zu oft trifft er Wit von Dörring.

Das ist ein heikles Kapitel. Johann Wit, genannt von Dörring (1800-1863) war, wie schon im Prolog bemerkt, ein Schurke, und Heine wußte das: »Witt ist ein mauvais sujet, und wenn ich Macht hätte, ich ließe ihn hängen.« Trotzdem ließ er sich mit ihm nicht nur auf Wein und Theater ein, wie er dem vor Wit warnenden Campe schrieb: Er nannte ihn seinen Freund; er war bezaubert von seiner »Privatliebenswürdigkeit«; er wollte ihn an Cottas »Morgenblatt« vermitteln; er bot ihm Platz in den »Annalen« an; er versuchte, unter merkwürdigen Umständen einen Artikel über Wits Memoiren in die Zeitschrift zu bringen, und setzte sich dadurch bei Lindner in ein schiefes Licht, der an Cotta schrieb: »Ich habe alle Achtung für das Talent des Herrn Heine, aber ich glaube, *es fehlt ihm an moralischem Gehalt.*« Heine unterstützte Wit sogar bei dessen Verteidigung des jungen Herzogs von Braunschweig, eines der schlimmsten deutschen Fürsten, im Streit mit seinem früheren Erzieher Graf von Münster, der sich mit seinem früheren Zögling überworfen hatte, und bot Wit dafür die »Annalen« an; Heines Verlangen Wit gegenüber, der Herzog müsse ihm aber dafür einen Orden und Lindner ein Fäßchen Mumme schicken, ist selbstverständlich ironisch gemeint.

Gewiß las Heine dem ihn kompromittierenden, mit seiner Freundschaft prahlenden, bei Liberalen wie Konservativen verschrienen Abenteurer auch die Leviten: »Meine Freunde hier, besonders mein Mitredakteur der politischen Annalen, haben Ihre Memoiren mit *schmerzlicher Bewunderung* gelesen. Ja, ich gestehe Ihnen, wenn Ihre Feder einer bessern Sache diente, würden alle einig sein, daß Sie der beste politische Schriftsteller unserer Zeit in Deutschland sind.« Als Wit aber wegen aufdringlichen Verteilens seiner Schrift für den Braunschweiger Herzog durch königlichen Kabinettsbefehl im März aus München ausgewiesen wurde, empörte Heine diese Strafe »ohne Recht und Urtheil«, der Außenseiter solidarisierte sich mit dem falschen Mann, dessen schillernde Persönlichkeit ihn so sehr anzog, daß er ihn ebenfalls zum Opfer der Gesellschaft erklärte: »Vielleicht eben deßhalb weil die ganze Welt wider ihn war, hielt ich ihm manchmal die Stange. Das hat vielen mißfallen.« Heines *weitergreifende* Begründung für sein Festhalten an Wit ist allerdings bedenklich: »In Deutschland ist man nicht so weit, zu begreifen, daß ein Mann, der das Edelste durch Wort und That befördern will, sich oft einige kleine Lumpigkeiten, sey es aus Spaß oder aus Vortheil, zu schulden kommen lassen darf, wenn nur durch diese Lumpigkeiten (d.h. Handlungen die im Grunde ignobel sind) der großen Idee seines Lebens nichts schadet – ja daß diese Lumpigkeiten oft sogar lobenswerth sind wenn sie uns in den Stand setzen der großen Idee unseres Lebens desto würdiger zu dienen.«

Wieder beanspruchte er also einen Schuß Scharlatanerie für sich und begründete den Anspruch gesellschaftlich; einige kleine Lumpigkeiten erlaubte er sich sogleich im Bemühen um die Münchener Professur, nun aber ohne ideologische Rechtfertigung, sondern schlechten Gewissens: In Briefen an Menzel und Varnhagen machte er sich über den Dilettanten

Schenk, den mittelmäßigen Dramatiker Michael Beer lustig und nannte sie »die zwey große Lichter des Tages«; im Umgang mit ihnen aber lobte er sie, weil sie dem König nahestanden und ihm nützen konnten. Über Beers Tragödie »Struensee« veröffentlichte er eine lange, unglaubwürdig lobende Rezension, für die er Merckel voller Scham um Verzeihung bat, obwohl er sie, angeblich wegen Campes Knickrigkeit, schreiben mußte, eine ärgerliche Ausrede in einem Augenblick, da jeder wußte, daß er genug Geld hatte. In ein schiefes Licht geriet er auch durch den Versuch, an Ludwig I. heranzukommen: Er ließ ihm durch Cotta das »Buch der Lieder« und beide Reisebilder-Bände übergeben und dem König, der angeblich ein netter Mensch und Leser der »Annalen« war, unter der Hand mitteilen: »Der Verfasser selbst sey viel milder, besser und vielleicht jetzt auch ganz anders als seine früheren Werke.« Was Wunder, daß Gerüchte über seine politische Mäßigung umliefen! Welche Naivität, anzunehmen, Ludwig, selbst ein stümpernder Poet, könne ihn nach der Lektüre seiner »Reisebilder« für einen staatstreuen Professor halten! Welche Kurzsichtigkeit, zu übersehen, daß das Staatsamt ihn in schwere Konflikte hätte stürzen, vielleicht zu seiner politischen und moralischen Selbstzerstörung hätte führen können! Oder verfolgte er diesen Plan so hartnäckig, weil er zuinnerst auf sein Scheitern hoffte, um desto heftiger, aber auch freier eine Gesellschaft angreifen zu können, die ihren besten Talenten angemessene Ämter versagte? Ging er auch deshalb nach Italien und wartete nicht in München auf Ludwigs Entscheidung, ließ wieder einmal andere für sich arbeiten? Nur ein halbes Jahr hatte er in fester Stellung ausgehalten, nur dieses eine halbe Jahr war er, ein einziges Mal in seinem Leben, unabhängig von der Familie gewesen; nun schlug er die Dauerstellung aus, die er bei Cotta, mit oder ohne »Annalen«, haben konnte, und hoffte in Italien auf das Münchener Amt, das er nicht bekommen konnte, auch wenn Schenk es am 28. Juli tatsächlich beantragte: In einem Brief bat er den König ehrerbietig um Genehmigung für das »Anstellungsgesuch des Dr. Heinrich *Heine* als außerordentlicher Professor an der hiesigen Universität. In den Schriften des letzteren waltet ein wahrer Genius; sie haben das größte

Aufsehen in ganz Deutschland erregt; einige Auswüchse und Verirrungen fanden sich in den Jugendwerken aller unserer großen Schriftsteller; mehrern, wahrhaft genialen Menschen in unserm teutschen Vaterlande hat am Anfang nur eine wohltätige Fürstenhand gefehlt, die sie in Schutz und zugleich in Pflege nahm, ihre guten Eigenschaften aufmunterte und ihre Mängel und Verirrungen väterlich zurechtzuweisen suchte.« Eine solche Hand brauchte angeblich auch Heine; doch der König streckte sie ihm nicht hin, was Heine bei seiner Abreise am 6. August vielleicht schon ahnte.

Reisen war in jenen Jahren noch immer ein Luxus und dem Adel, dem wohlhabenden Bürgertum vorbehalten, die Masse des Volkes konnte nicht reisen. Längere Auslandsreisen wiederum konnte sich nur eine Minderheit innerhalb der reisenden Minderheiten leisten; mit drei Auslandsreisen und etlichen Badereisen in Deutschland und Frankreich gehörte Heine zu diesen Begünstigten, allerdings mußte er sich für Italien das von Varnhagen aufbewahrte Geld kommen lassen. Vielfach vorangekündigt, begann die Reise Anfang August (Maximilian begleitete den Bruder ein Stück nach Österreich) auf einer der traditionellen Routen, nämlich von München nach Verona wie Goethes Reise, führte aber dann, völlig ungewöhnlich, nach Mailand und Genua, nicht nach Venedig. In Genua wollte Heine baden, wie er es seit Jahren liebte; eine Bildungsreise plante er nicht. Er passierte laut Reisepaß folgende Stationen: Innsbruck, Steinach, Sterzing, Brixen, Bozen, Trient (10. August), Ala, Verona (2 Tage), Brescia, Bergamo, Monza, Mailand (drei Tage), Pavia, Marengo (in einiger Entfernung am Schlachtfeld vorbei, die in der »Reise von München nach Genua« geschilderte Besichtigung ist erfunden), Genua (nur fünf Tage, Heine fand dort wohl nicht die passende Badegelegenheit), Pietrasanta, zu Schiff nach Livorno, wo er etwa neun Tage blieb, Lucca, Bäder und Stadt (drei September-Wochen), nochmals fünf Tage Livorno, Florenz (vom 1. Oktober bis 24. November), Bologna, Ferrara, Padua, Venedig (etwa fünf Tage), nochmals Verona, Trient, Innsbruck, Mittenwald; vermutlich am 11. Dezember war er wieder in München. Rom stand nicht fest auf seinem Reiseplan, das unterschied ihn von Goethe und vielen anderen deutschen Italienreisenden; die römische Antike lockte ihn nicht.

»Es gibt nichts Langweiligeres auf dieser Erde, als die Lektüre einer italienischen Reisebeschreibung – außer etwa das Schreiben derselben – und nur dadurch kann der Verfasser sie einigermaßen erträglich machen, daß er von Italien selbst so wenig als möglich redet.« Diese eigenwillige Sicht Heines erschwert die Darstellung der Reiseerlebnisse, die man nur vorsichtig, in einzelnen Stationen, rekonstruieren kann. Heine sah Tirol mit dem Blick auf Immermanns Andreas-Hofer-Stück »Trauerspiel in Tirol«, er will im »Goldenen Adler zu Innsbruck« mit dem Wirt Niederkirchner darüber gesprochen haben. Ansonsten fand er Innsbruck »eine ungewöhnlich blöde Stadt«, die Tiroler »schön, heiter, ehrlich, brav, und von unergründlicher Geistesbeschränktheit«. In der Hofkirche scheint Heine die in der damaligen Reiseliteratur weitverbreitete Figur des lächerlichen englischen Bildungstouristen getroffen zu haben, den er prächtig karikierte: Der Engländer betrachtete die Standbilder der österreichischen Fürstinnen und Fürsten in der umgekehrten Reihenfolge, wie sein Reiseführer angab, und fand die Geschlechter wunderlich vertauscht. In den Trienter Straßen erlebte Heine erstmals das italienische Volksleben, in Verona packte ihn »die bunte Gewalt der neuen Erscheinungen ... wie ein mächtiger Fiebertraum voll heißer Farben, scharfbestimmter Formen, gespenstischer Trompetenklänge und fernen Waffengeräusches«. Hier sah er auch zum ersten Mal römische Ruinen und ging »lange umher spazieren auf den höheren Bänken des Amphitheaters«; an Rom, Römer und Römerreich denkend, gestand er, »daß mein Gefühl eher Angst als Freude enthielt, wenn ich daran dachte, bald umherzuwandeln auf dem Boden der alten Roma«. Folgerichtig betrat er den Boden der Hauptstadt nie.

In Mailand stieg er beim bekannten Gastwirt Reichmann ab, der sein Hotel auf deutsche Art, für deutsche Gäste führte, und interessierte sich besonders für den Dom, dessen Vollendung eine Lieblingsidee Napoleons gewesen war: »In der Ferne scheint es, als sei er aus weißem Papier geschnitzelt, und in der Nähe erschrickt man, daß dieses Schnitzwerk aus unwiderlegbarem Marmor besteht. Die unzähligen Heiligenbilder, die das ganze Gebäude bedecken, die überall unter den gotischen Krondächlein hervorgucken, und oben auf allen Spitzen gepflanzt stehen, dieses steinerne Volk verwirrt einem fast die Sinne.« Am stärksten beeindruckten Heine die beiden Städte, wo er am längsten verweilte: Lucca und Florenz. In Lucca verbrachte er zwar nicht, wie er behauptete, die längste, aber sicher die »göttlichste Zeit« und begann die »Reise von München nach Genua« zu schreiben. Das Tal der Bäder von Lucca nannte er das reizendste, das er je sah; er genoß die gartenhafte, geschmückte Landschaft zwischen Bädern und Stadt, erlebte eine unheimliche Prozession, das Menschengewimmel bei Tage, eine Messe in der Kathedrale (Heine besuchte viele italienische Kirchen) und auf der Piazza davor österreichisches Militär mit deutschen Befehlen, Anlaß zu sarkastischen Bemerkungen über das Deutsche als Sprache der Kommandos (»Die Stadt Lucca«).

In Florenz verbrachte Heine fast zwei Monate, wartete vergeblich auf Nachricht von Schenk und erfuhr von der lebensgefährlichen Erkrankung seines Vaters; sie und der Geldmangel haben vielleicht den Plan zunichte gemacht, in Italien zu überwintern. In Florenz vergaß Heine sogar zeitweilig den Kummer über Schenks Schweigen: »Im Boudoir der medicäischen Venus vergaß ich Schenk und seinen Brief«, schrieb er dem Fürsprecher schon am Ankunftstage aus Florenz; der Markt der Stadt schien ihm »der herrlichste, interessanteste Anblick, den nur ein Mensch finden kann«. »Die Alterthümlichkeiten, die bedeutungsvollen Statuen, die hohen Arkaden, die Großartigkeit, dabei dennoch überall der Hauch altflorentinischer Grazie, überall Blüthe des Medicäerthums, und gar oben im Palast Uffizi die griechischen Götterwohnungen« – das alles begeisterte ihn.

Trotzdem wurde die Reise nicht zur Kunstreise. Heine wollte das Volksleben und die gesellschaftlichen Verhältnisse verstehen; ihn empörte die politische Unterdrückung, die das italienische Volk seiner Ansicht nach krank machte; nur in der Musik, etwa beim bewunderten Rossini, fanden die Unterdrückten ein Ventil. Heine liebte die leidenschaftliche Natur Italiens im Kontrast zu der ernsteren, sinnigeren, geduldigeren Natur in Deutschland, und er bewunderte die italienischen Frauen: Figuren wie die schöne, unbefangene und freimütige Tänzerin Franscheska in den »Bädern« mögen ein Abglanz wirklicher Personen sein, dokumentarisch festmachen läßt sich keine. Italien verstärkte auch Heines eigentümliche Statuen-Liebe; außer der erwähnten mediceischen Venus entzückte ihn vor allem die des Canova im Palazzo Pitti von Florenz. Heines Bestreben, Land, Volk und politische Lage zu ergründen, stieß freilich auf ein unüberwindliches Hindernis: »Der Mangel an Kenntnis der italiänischen Sprache quält mich sehr. Ich versteh' die Leute nicht und kann nicht mit ihnen sprechen. Ich sehe Italien, aber ich höre es nicht. Dennoch bin ich oft nicht ganz ohne Unterhaltung. Hier sprechen die Steine, und ich versteh ihre stumme Sprache... Es hat etwas Gespenstisches, wenn man nach einem Lande kommt, wo man die lebende Sprache und das lebende Volk nicht versteht und statt dessen ganz genau die Sprache kennt, die vor einem Jahrtausend dort geblüht und, längst verstorben, nur noch von mitternächtlichen Geistern geredet wird, eine todte Sprache.«

Schon aus diesen Gründen konnte Heines italienische Reise keine lebenslange Wirkung haben wie die Italienreise Goethes, der schlecht und recht Italienisch konnte. Dennoch war der Aufenthalt in Italien eine der heitersten Lebensphasen Heines. Sie regte drei meisterhafte Prosawerke an; sie machte ihn vorübergehend fast gesund: im Gegensatz zur Münchener Korrespondenz gibt es in den italienischen Briefen außer dem Hinweis auf einen Katarrh keine einzige Klage über Krankheit! Die deutschen Sorgen holten Heine freilich auch in Italien ein. Er erfuhr von Platens geplantem Angriff auf ihn; er traf den Gegner, der ebenfalls in Italien war, zwar nicht selbst, wohl aber dessen neuen Freund, den Kunsthistoriker Karl von Rumohr, und soll ihm gegenüber gedroht haben, Platen als Aristokraten anzugreifen. Vergeblich wartete er auf seine Ernennung zum Professor: Schenk schwieg – sicher auch aus Verlegenheit – beharrlich. Wie und durch wen Heine von Ludwigs Ablehnung erfuhr, wissen wir nicht, daß Döllingers übler Angriff vom 18. August zur Ablehnung beigetragen hat, ist sicher. Daß Schenk am 1. September bayrischer Innenminister wurde, half Heine nicht: der eben Ernannte setzte selbstverständlich seine Karriere, die Gunst des Königs nicht aufs Spiel, indem er zu nachdrücklich für Heine plädierte. Der Dichter schätzte seinen verstummten Fürsprecher durchaus richtig ein, als er an Tjutschew schrieb: »Aber er ist bey alledem ein Staatsmann.«

Trotzdem machte er zunächst seine weitere Mitarbeit bei Cotta von der Entscheidung des König abhängig. Der Verleger schlug vor, ein neues Journal zu gründen; Heine beteiligte sich auch an den Vorüberlegungen, denn er wünschte »der liberalen Gesinnung ... ein Magazin zu erhalten«, und schlug dem Redakteur Gustav Kolb, mit dem er deswegen korrespondierte, ein für seine neuen politischen Überzeugungen kennzeichnendes Motto vor: »Es giebt in Europa keine Nationen mehr, sondern nur Parteien.« Heine verlangte allerdings, daß Kolb die *organisatorische* Arbeit für die neue Zeitschrift allein leisten müsse. Doch es kam nicht mehr dazu: Mitte November erfuhr Heine, daß er die Professur nicht bekommen hatte und der Zustand seines Vaters alarmierend war, also entschloß er sich zur Rückreise. Er machte in München Zwischenstation, doch scheiterten die Verhandlungen über die Zeitschrift. Wenn es auch keinen Streit mit Cotta gab, so beklagte sich Heine doch bei dem Verleger über Zensureingriffe gegen die im »Morgenblatt« abgedruckte Erstfassung der »Reise von München nach Genua«; Cotta informierte ihn auch über Platens Angriff im »Romantischen Oedipus«, der im selben Verlag erschien. Heine reiste weiter und erfuhr am 27. Dezember in Würzburg, daß Samson gestorben war; um den 10. Januar 1829 traf er bei seiner Mutter in Hamburg ein, wo seine Eltern schon seit dem Sommer 1828 wohnten.

Wieder kehrte der nun Einunddreißigjährige zur schönen Wiege seiner Leiden zurück, und wieder waren die Beziehungen zu Onkel Salomon gespannt. Wir kennen die Gründe nicht genau, denn die überlieferten Dokumente sind unklar. Am 12. Februar 1828 hatte Heine an Varnhagen geschrieben, daß er nie mehr nach Hamburg zurückkehren wolle, und diesen Entschluß in einem undurchsichtigen Satz begründet: »Mein Oheim dort, der Millionär, hat wie der gemeinste

Schurke gegen mich gehandelt.« Dieser Ausbruch ist heftig, aber vage; die Bezeichnung »Millionär« deutet allerdings auf Geldstreitigkeiten hin. Am 15. September ging es in einem Brief, dessen Entwurf erhalten ist (nur *zwei* der zahlreichen Briefe Heines an den Onkel sind überliefert!) vordergründig ebenfalls um Geld. Der Dichter beschwört Salomon, seine Klagen aufzugeben, die sich doch »alle auf Geld reduciren lassen und, wenn man alle bis auf Heller und Pfennig in Bco Mark ausrechnet, doch am Ende eine Summe herauskäme, die ein Millionär wohl wegwerfen könnte«. Wunsch und Vorwurf sind eingebettet in Friedensangebote und Schmeicheleien: »Ich will nicht klagen, ich will Sie nur lieben, wie ich immer gethan.« Heine ringt sich sogar zwei vieldeutige Glückwunsch-Sätze zu Thereses Hochzeit ab: »Bedingterweise habe ich mich über ihre Vermählung gefreut. Nächst mir selbst hätte ich sie Keinem lieber gegönnt wie dem Dr. Halle.« Der Brief ist streckenweise fast unterwürfig; im vorletzten Satz aber trumpft Heine spöttisch auf: leider könne er »diesen Seufzer nicht frankieren«, der Onkel werde das Porto selber zahlen müssen und Grund zu neuen Klagen haben. Wieder verfällt Heine in das gewohnte widersprüchliche Verhaltensmuster und beendet den Brief mit einem dazu passenden Lebewohl: »Adieu, theurer, guter, großmüthiger, knickriger, edler, unendlich geliebter Onkel!«

Der Streit mit Platen

Künstlerisch unbedeutende Xenien von bescheidenem Witz wie die folgenden unter dem Motto »Östliche Poeten« lösten den ärgsten Dichterstreit der deutschen Literaturgeschichte aus: »Alter Dichter, Du gemahnst mich, als wie Hamelns Rattenfänger; Pfeifst nach Morgen, und es folgen all die lieben kleinen Sänger.« »Aus Bequemlichkeit verehren sie die Kühe frommer Inden, Daß sie den Olympos mögen nächst in jedem Kuhstall finden.« »Von den Früchten, die sie aus dem Gartenhain von Schiras stehlen, Essen sie zu viel, die

Armen, und vomieren dann Ghaselen.« Immermann war mit solchen Epigrammen als einziger Heines Einladung gefolgt, Polemisches gegen literarische Rückständigkeit für »Reisebilder II« zu geben; er kritisierte darin die unter anderem von Goethes »West-östlichem Diwan« eingeführte Mode, persische Poesie-Formen in die deutsche Lyrik zu übernehmen. Platen bezog den milden Spott auf kleine Sänger und Ghaselen erbrechende Nachahmer sofort auf sich und Rückert; er schwor Rache, obwohl Immermann keinen Namen genannt hatte (der apostrophierte »alte Dichter« war selbstverständlich Goethe). Platen begann also den Streit, er machte aus der Mücke einen Elefanten und schlug zuerst unter die Gürtellinie – gegen Heine, nicht gegen Immermann.

August Graf von Platen-Hallermünde (1796-1835) war noch empfindlicher gegen Kränkungen als Heine. Der Sohn eines verarmten Adligen aus Erlangen hatte fruchtlose Jahre als Offizier verbracht und danach studiert; er beherrschte zwölf europäische Sprachen. Seit 1821 veröffentlichte er Lyrik, darunter zahlreiche Ghasele: formstrenge, doch auch angestrengte, manchmal unfreiwillig komische Versuche in einer festgelegten Gedichtform, die das Reimschema aaba cada usw. verlangt und bis zu 15 Verspaaren zuläßt. Daneben schrieb er zum Teil parodistische, literatursatirische Theaterstücke, mit denen er der deutsche Aristophanes zu werden hoffte. Einer ungeliebten Praktikantenstelle an der Erlanger Bibliothek und den ihn anwidernden deutschen Verhältnissen, wo er sich verkannt fühlte, entfloh er 1826 nach Italien; dort lebte er in bedrängten materiellen Umständen die ganze Zeit bis zu seinem Tod. Platen beherrschen zwei Leidenschaften: Die Begierde nach Ruhm (er hielt sich für den größten Dichter seiner Generation) und die Liebe zu jungen Männern. Die Männer wiesen ihn zumeist ab, den zugleich schönen und genialen Jüngling, den er als Lebensgenossen ersehnte, fand er nie. Platen war ein formbewußter, mit antiken Strophen und orientalischen Gedicht-Mustern experimentierender Lyriker, der die Romantik haßte und bekämpfte; es ist nicht ganz erfindlich, warum er ausgerechnet Immermann als deren Repräsentanten ansah. Jedenfalls hatte der übersensible, maßlos ehrgeizige, tragisch-arrogante, unglückliche Außenseiter schon vor der Veröffentlichung von Immermanns Xenien die Literatur-Satire »Der romantische Oedipus« gegen Immermann begonnen; nun beschloß er, sich in diesem Stück auch an Heine zu rächen: an Heine als Juden! Die Warnungen seines Freundes Fugger vor solchen antijüdischen Ausfällen schlug er in den Wind, dessen Hinweise auf Heines dichterischen Rang ebenso: Immermanns Xenien, schrieb er, seien verzeihlich, daß Heine sie aber aufnahm, sei »eine ächt jüdische Handlungsweise«. In Platens Dankbrief an den Philosophen Schelling, der ihm in München zu einer königlichen Rente verholfen hatte, war der Gegner schon »der schamlose Jude Heine (ein armseliger Schmierer und Sanskülott, von dem mir neulich ein Durchreisender ein Werkchen mittheilte)«. Platen reagierte damit auch auf Heines schon erwähnte Äußerungen zu Rumohr; angeblich soll Heine Platen als in Deutschland unbekannt bezeichnet und dagegen behauptet haben, daß Cotta von Heines letztem »Werkchen in drei Monaten sechstausend Exemplare abgesetzt habe« (Platen) – eine unwahrscheinliche oder mißverstandene Behauptung, denn Heine hat ja nie ein Buch bei Cotta veröffentlicht. Daß Platen Heine als *den* Erfolgsautor, als *den* Liebling des literarischen Deutschland ansah, kann eine verzeihliche Fehlinformation sein; daß er ihn beneidete und als Dichter herabsetzte, ohne ihn eingestandenermaßen wirklich zu lesen, war fatal.

Heine seinerseits kannte Platens Bücher. Schon im Februar 1825 erwähnte er Immermann gegenüber die Lustspiele; Anfang Mai 1828, als er noch nichts von Platens Wut ahnte, lobte er ihn nach dem Erscheinen der gesammelten Gedichte sogar als wahren Dichter, schränkte aber ein: »Das ganze Buch enthält nichts als Seufzen nach Pedrastie. Es hat mich daher bis zum fatalsten Mißbehagen angewidert.« Unglücklicherweise faßte Heine kurz danach den Verdacht, Platen sei mit seinen Münchener Feinden im Bunde, wofür es sogar Indizien gab: Ignaz von Döllinger war seit dem Studium Platens Freund, das muß Heine erfahren haben; Platen nannte Döllinger noch am 16. 12. 1827 in einem Brief an Fugger seinen Freund, obwohl sie seit 1823 keinen direkten Kontakt gehabt haben sollen. Platens Gedichte wurden eine Woche nach Döllingers Angriff auf Heine und die »Annalen« in »Eos« sehr gelobt, wobei Platens adlige Abkunft hervorgehoben wurde; seit dem 1. Juli war die »Eos« ganz in der Hand der reaktionären katholischen »Kongregation« um Görres und Baader, ihre Grundeinstellung war jetzt antijüdisch; schließlich erhielt Platen Ende 1828 mit Schenks Hilfe vom König die (nicht hohe) Jahresrente von 600 Gulden und wurde außerordentliches Mitglied der Münchener Akademie, Heines Professur aber wurde abgelehnt – da glaubte er sich von seinen Feinden eingekreist, und von beiden Seiten war genug Zündstoff aufgehäuft, das Gefecht konnte beginnen.

Platen rächte sich an Heine mit dem »Romantischen Oedipus« und in einigen Distichen, die vor dem Erscheinen der »Bäder von Lucca« geschrieben wurden. Das Theaterstück handelt zunächst nur von Immermann, über den Platen diese Literatursatire schrieb, obwohl er außer »Cardenio und Celinde« nichts von ihm gelesen hatte. Immermann heißt im Stück Nimmermann; er diskutiert in der Lüneburger Heide unter dem Beifall von Heidschnucken mit »Publikum« und »Verstand« über seine Werke und verfaßt einen neuen »Oedipus«. Darin hat Platen die Fehler und Mißgriffe satirisch vorgeführt, die einem romantischen Autor hätten unterlaufen können, wenn er sich an diesen großen antiken Gegenstand gewagt hätte. Zeitgenössische Autoren treten auf, Johann Friedrich Kind, Text-Autor des »Freischütz«, ist Jokastes Hofdichter. Das Ganze ist Papier – wortreich, dürftig und nur noch literaturgeschichtlich interessant. Man kann kaum entscheiden, ob »der schülerhaft holprichte Versbau«, den Platen Immermann unterschiebt, nicht auf sein eigenes Versagen zurückgeht. Jedenfalls schnappt Immermann im 5. Akt völlig unmotiviert über und ruft, ebenso unmotiviert, nach Heine; die Schmähungen gegen Heine sind angeflickt, aber übel, er ist »der herrliche Petrark des Laubhüttenfestes, Samen Abrahams, Synagogenstolz, des sterblichen Geschlechts der Menschen Allerunverschämtester«; Nimmermann ist zwar sein Freund, »doch möcht' ich nicht sein Liebchen sein; denn seine Küsse sondern ab Knoblauchsgeruch«.

In den Distichen wurde Platen noch ausfälliger. Er nannte Heine einen »israelitischen Bauchphantasten«, dessen bockfüßige Geilheit ihm deutsche Gemüter geneigt mache, und richtete an den »Dichterling« Heine die folgenden Schmähverse:

»Täglich bedanke du dich im Gebet, o hebräischer Witzling,
Daß bei Deutschen und nicht unter den Griechen du lebst:
Solltest du nachts dich zeigen im männlichen Spiel der Palästra,
Sprich, wie verstecktest du dann jenen verstümmelten Teil?«

Die primitivsten Topoi der Verhöhnung von Juden waren Platen also im Kampf gegen Heine nicht zu billig, und abermals hatte, wie Hans Mayer sagt, nicht eigentlich der Jude den Streit begonnen. Solche Gemeinheiten entschuldigt auch ein Brief-Argument Platens nicht, das seinen antijüdischen Ausfällen gegen Heine einen komischen Anstrich geben soll: »Daß er ein Jude ist oder war, ist kein moralisches Gebrechen; aber ein komisches Ingrediens.« Leider sind Platens Attacken nicht im geringsten komisch, sondern so geartet, als *sei* Judentum ein moralisches Gebrechen; hinzu kommt, daß Platens starke Aggressivität nicht nur den jüdischen Dichter, sondern auch den Menschen Heine in den Dreck zog. Dabei war seine Wut blind: Hätte er Heines Bücher gelesen, wäre ihm vielleicht aufgegangen, wie unerbittlich Heine zurückschlagen würde, und er hätte geschwiegen. So aber verlangte er Rache; Cotta nahm sein Pasquill sofort an und brachte es im April 1829 heraus. Sehr fair erscheint das nicht gegenüber Cottas umworbenen Mitarbeiter Heine, doch versprach sich der Verleger wohl *Aufsehen,* und Heine hat ihm auch *keinen* Vorwurf wegen dieser Veröffentlichung gemacht! Platen fürchtete übrigens, daß Heine die Veröffentlichung verhindern könnte, erklärte aber zugleich, die Stellen über Heine würde man bei Cotta verschmerzen, Heine habe ja zuerst angegriffen: so verzerrt sah er die Lage. Tatsächlich scheint Heine Ende 1828 mit Cotta über den »Romantischen Oedipus« gesprochen zu haben; der Verleger bot ihm wohl an, »daß ich es mir von seinen Leuten geben lassen solle. Es hätte mir nur ein Wort gekostet und der Druck wäre unterblieben. Aber ich lehnte es ab, wie Sie wohl denken können.« (17. 11. 1829 an Immermann)

Das Stück fand eine recht schwache und geteilte Aufnahme; Platen klagte bald über unfreundliche Kritiken und Cottas zögernde Honorar-Zahlung; der Verkauf war wohl ebenfalls nicht gut. Menzel lobte den »Oedipus« als tadelloses Kunstwerk von seltener Trefflichkeit, bemängelte aber, daß Platen ein Nachgedicht gegen ein Individuum, doch kein Strafgericht gegen die ganze Gattung geschrieben habe; den boshaften und unanständigen Spott gegen Heine tadelte er entschieden. Im August 1829 schlug Immermann zurück: »Der im Irrgarten der Metrik umhertaumelnde Kavalier. Eine literarische Tragödie« enthält einen Essay, der Platen als von Nachahmungstrieb und anspruchsvoller Gesinnung beherrschten Dichter des Hochmuts rügt, Platens Anspruch zurückweist, »das aristophanische Lustspiel unter uns wieder aufgeweckt zu haben«, und dem aus geringem Anlaß so wild um sich Schlagenden prophezeit: »Er wird wohl früh genug sich selbst hinrichten.« Immermann greift Platen nur literarisch, nicht menschlich an, auch in einer Gruppe von Gedichten, die teilweise wesentlich witziger und gekonnter sind als die Xenien:

»So glatt, so glänzend, glitzrig und manierlich,
In jedem Wort und Füßlein elegant,
Als Jüngling schon Ausgabe letzter Hand,
So formenhaft-geschnürt – antikisierlich!«

Heines Gegenschlag ließ länger auf sich warten. Er las den »Romantischen Oedipus« Mitte Juni 1829 in Potsdam. »So viel ist mir klar geworden«, schrieb Campe, der Heine das Buch gebracht oder geschickt hatte, an Immermann, »daß er sich darüber u. die Infamie, die so sehr nach Erbärmlichkeit schmeckt, sehr verletzt fühlte, u. besonders Ihretwegen«. Heine arbeitete damals am dritten »Reisebilder«-Band, auf den Campe seit 1827 wartete; die Platen-Passagen entstanden aber erst im Herbst, nach der Lektüre von Immermanns »Kavalier«, dessen Erscheinen Heine wohl absichtlich abwartete. »Sie haben den Richter gespielt, ich will den Scharfrichter spielen«, signalisierte er dem Waffenbruder am 17. November. Nach erneutem Streit mit Campe wegen des schlechten Papiers und des Honorars erschienen die ersten Exemplare des Buches Ende Dezember 1829, mit der überarbeiteten »Reise von München nach Genua« und den »Bädern von Lucca«, die mit der Platen-Satire enden – Campe hatte sie übrigens vorher nicht gelesen, aus Ärger wegen Heines übermäßiger Sorge, es könnte etwas über seine Attacke im voraus an die Öffentlichkeit gelangen; er scheint bei der schließlichen Lektüre aus allen Wolken gefallen zu sein.

Heines Platen-Satire ist so böse wie Platens »Oedipus«, aber im Gegensatz zu diesem ein Meisterstück aggressiver Literaturpolemik und funkelnd-witziger Personensatire, deren aufklärerisch-klassische Tradition Heine erneuert und deren beste Beispiele er noch übertrifft. Er beleuchtet den Gegner aus doppelter Perspektive: Einmal läßt er den katholisch gewordenen reichen Juden Markese di Gumpelino, Aristokrat, Ultra-Papist, bei elfmaligem nächtlichen Durchfall Platen-Verse deklamieren, rückt Platen so in die Nähe eines reaktionären Geld-Adels und verknüpft die Satire geschickt mit der vorherigen Erzähl-Handlung; im nächsten Kapitel greift er Platen direkt an. In beiden Kapiteln stellt er den Gegner auf vier einander überschneidenden Ebenen: als Dichter, als Menschen, als Adligen und als Homosexuellen. Heine spricht Platen jetzt wahres Dichtertum ab: »Nie sind tiefe Naturlaute, wie wir sie im Volksliede, bei Kindern oder bei anderen Dichtern finden, aus der Seele eines Platen hervorgebrochen oder offenbarungsmäßig emporgeblüht.« Platen ist als metrischer Virtuose ein »einsaitiges Talent«, ein Nachahmer aller möglichen Vorbilder — Heine läßt den ehemaligen Lotterieeinnehmer Hyazinth Hirsch, Gumpelinos Diener, mühsam die Füße von Platens antikisierenden Strophen mit Kreide aufzeichnen und »nachrechnen« (durch dieses Schlüssel-Verb will Heine Platen ebenfalls in die Nähe des Geld-Adels rücken); Gumpelino erklärt, daß die Füße in der Dichtkunst die Hauptsache sind. Heine verspottet »die bittere Mühe, die unsägliche Beharrlichkeit, das winternächtliche Zähneklappern, die ingrimmigen Anstrengungen, womit er seine Verse ausgearbeitet«; er lacht über Platens dürre Theaterstücke, die keine lebenden Gestalten kennen, und seinen Wahn, ein neuer Aristophanes zu sein: »Dieser Troubadour des Jammers, geschwächt an Leib und Seele, versuchte es, den gewaltigsten, phantasiereichsten und witzigsten Dichter der jugendlichen Griechenwelt nachzuahmen!« Raffiniert ausgewählte Zitate rücken Platen ins Zwielicht unfreiwilliger Komik; Gipfelpunkt der Verspottung des *Dichters* Platen ist Heines Vorwurf, daß die antijüdische Pöbelei des Grafen stümperhaft gemacht sei, und Heines höhnischer Vorschlag, wie Platen es hätte besser machen können: »Hätte er nur ein bißchen mehr Phantasie, so würde er mich wenigstens als geheimen Pfänderverleiher geschildert haben; welche komischen Szenen hätten sich dargeboten!«

Dem *Menschen* Platen wirft Heine, ähnlich Immermann, Prahlhansereien, unmäßige Ruhmsucht, Unfähigkeit zur Selbstkritik und die Aburteilung aller anderen zeitgenössischen deutschen Dichter außer dem alten Goethe vor. Er bestreitet Platens Anspruch auf literarische Erstrangigkeit und macht Platens Ankündigungen seiner künftigen Meisterwerke lächerlich; so erscheint der Gegner als einer der größten Narren, die Heine je Stoff zur Satire boten. Platens Arroganz deutet Heine, der ironisch bürgerliche Höflichkeit hervorkehrt, als Ausdruck von Adelsstolz: Mag der Graf auch arm sein (Heine spottet darüber unfair), mag er, Nachahmer, der er ist, seinen 64 Ahnen als Poet nur Schande machen, indem er bloß »Gefühle von bekannter Familie« vorführt, so bleiben doch immer seine »Adelsdiplome«. Als adlig-klerikaler Autor wird er von der Münchener »Eos« gelobt: »Mit Kyrie eleison und Hallelujah wurden seine Gedichte gepriesen in den Pfaffenblättern; und in der Tat, die heiligen Männer des Zölibats mußten erfreut sein über jene Gedichte, wodurch die Enthaltung vom weiblichen Geschlechte befördert wird.« Heine deutet Platens Männerliebe demnach polemisch als rückständige, unbürgerliche, adlig-klerikale, reaktionäre Liebes-Art, Platen ist als Dichter, als Graf, als Erotiker, der Jünglinge begehrt, eine überholte Figur, die vielleicht in eine andere Zeit gepaßt hätte: »Vielleicht aber würde der Graf Platen ein Dichter sein, wenn er in einer anderen Zeit lebte, und wenn er außerdem auch ein anderer wäre, als er jetzt ist. Der Mangel an Naturlauten in den Gedichten des Grafen rührt vielleicht daher, daß er in einer Zeit lebt, wo er seine wahren Gefühle nicht nennen darf, wo diselbe Sitte, die seiner Liebe immer feindlich entgegensteht, ihm sogar verbietet, seine Klage darüber unverhüllt auszusprechen, wo er jede Empfindung ängstlich verkappen muß, um so wenig das Ohr des Publikums, als das eines ›spröden Schönen‹ durch eine einzige Silbe zu erschrecken.«

Diese Sätze *verraten fast ein Verständnis Heines für Platens Lage,* doch werden sie von anderen, höhnischen und ungerechten Äußerungen über die Homophilie des Kontrahenten überdeckt: Heine nennt Platens Darstellung der Männerliebe, im Gegensatz zu der des römischen Dichters Petronius, der »schroffe, antike, plastisch-heidnische Offenheit« biete, »romantisch, verschleiernd, sehnsüchtig, pfäffisch – ich muß hinzusetzen: heuchlerisch«. Er nennt Platen ein Weib und nimmt seine Neigung zu Männern erbarmungslos, boshaft, mit schwelgerischem Vergnügen aufs Korn. Das reicht von der schwülen Atmosphäre, in der Gumpelino Platens Gedichte rezitiert, die ihn, als er wegen des mit Glaubersalz provozierten Durchfalls seine Angebetete nicht besuchen kann, mit schöner »Gleichgültigkeit gegen die Weiber« erfüllen, bis zur gezielten Verwendung geläufiger Klischees für Homosexualität, etwa des Adjektivs warm, und zahlreicher Anspielungen aus der Anal-Sphäre. Das Ganze aber ist glänzend geschrieben; ausgerechnet mit der Platen-Satire erreicht Heine das aristophanische Format, das Platen immer versagt blieb.

Die »Bäder von Lucca« erregten einen Skandal wie später nur das Börne-Buch. Platen selbst schwieg in der Öffentlichkeit; im Tagebuch streifte er die Affäre nur einmal als »die unverschämten Angriffe..., die der ›Oedipus‹ veranlaßte«. In einem Brief vom April 1830 schrieb er, daß er Heines Buch nicht lesen wolle: »Meine Gleichgültigkeit oder vielmehr Verachtung gegen das Publikum und alles, was seinen Enthusiasmus erregt, ist grenzenlos. Da Heine der Lieblingsschriftsteller der Nation und Deutschlands würdigster Repräsentant ist, so zweifle ich nicht, daß man dem Buch Glauben schenken wird... Wenn Deutschland nicht ein vollkommenes Narrenhaus wäre, so würde wenigstens ein so geiles Genie wie Heine sich hüten müssen, mir Unsittlichkeit vorzuwerfen.« Diese Briefstelle zeigt, wie nahe sich beide Dichter in der Einschätzung Deutschlands als eines Narrenhauses standen – das haben sie aber offensichtlich nie voneinander erfahren.

In der Öffentlichkeit brach sofort nach dem Erscheinen der »Reisebilder III« ein Sturm »moralischer« Entrüstung der »Bessern« los; nie zuvor hatte Heine die biedermeierliche Ruhe dreister gestört. Die Offenlegung tabuierter Privat-Neigungen wie der Homosexualität empörte Publikum und Kritik. Zwischen Januar und Oktober 1830 erschienen 17 Rezensionen, die auf die Platen-Satire eingingen; die meisten waren negativ und enthielten so ziemlich alle Invektiven gegen Heine, die wir im Prolog darstellten. »Sein Buch wird dadurch so verrufen, daß man in guter Gesellschaft, d. h. in der wahrhaft guten, kaum bekennen darf, es gelesen zu haben«, resumierte in gut biedermeierlicher Selbstgefälligkeit Heines Berliner Bekannten Moritz Veit, mit dem der Dichter daraufhin brach. Auch Menzel und Heines Hamburger Freund Lyser kritisierten die Angriffe gegen Platen als schmutzig; einige Rezensenten machten beide Dichter für den Skandal verantwortlich: »Mit solcher schmuzigen Frechheit, mit solcher niederträchtigen Gemeinheit ist wol noch nie ein Streit zwischen Schriftstellern geführt worden, weder bei uns, noch bei andern Nationen«, hieß es in den Leipziger »Blättern für literarische Unterhaltung«, vielleicht aus der Feder des Verlegers Brockhaus. Nur Varnhagen, der das Aristophanische der Satire hervorhob, und Carl Herloßsohn, Herausgeber der Leipziger Zeitschrift »Der Komet«, verteidigten den allseits Gescholtenen; Herloßsohn erklärte Heine zum Dichter der Nation und deutete seine Schärfe als Gegenwehr gegen Platens Aristokratismus. Das wohl schon längere Zeit gestörte Verhältnis Heines zu Moser erhielt einen weiteren Stoß, als Moser den Dichter nicht verteidigte; die Beziehung zu Immermann kühlte sich ab, obwohl dieser Michael Beer zu Heines Verteidigung aufforderte;

sogar der einzige mild-kritische Satz, den er Heine zur Platen-Satire zu schreiben wagte, läßt sein Unbehagen spüren: »Bei der Replik gegen *Platen* hätte vielleicht ein bischen gespart werden können.«

Auch Heine selbst konnte ein gewisses Unbehagen nicht unterdrücken. Das zeigt sich in der energischen, ja forcierten Weise, in der er sich verteidigte, als der Sturm losbrach, und an einigen bedenklichen Argumenten, mit denen er das tat (bedenklich, weil er sein Verhalten allzu einseitig politisch begründete!): »Den frechen Freudenjungen der Aristokraten und Pfaffen habe ich nicht bloß auf aesthätischem Boden angreifen wollen, es war Krieg des Menschen gegen Menschen, und eben der Vorwurf, den man mir jetzt im Publikum macht, daß ich, der Niedriggeborene, den hochgeborenen Stand etwas schonen sollte, bringt mich zum Lachen« (an Varnhagen, 3. 1. 1830). »Sein Groll gegen Sie hat minder persönliche Anlässe. Er empfiehlt sich nur dadurch einem Bund von Pfäffchen, Baronen und Pedrasten, der verbreiteter und mächtiger ist als man glaubt« (an Immermann, 26. 12. 1829). »Der Schiller-Göthesche Xenienkampf war doch nur ein Kartoffelkrieg, es war die Kunstperiode, es galt den Schein des Lebens, die Kunst, nicht das Leben selbst – jetzt gilt es die höchsten Interessen des Lebens selbst, die *Revoluzion* tritt in die Literatur, und der Krieg wird ernster« (an Varnhagen, 4. 2. 1830). »Er hatte mich angegriffen mit Knoblauchessen und den alten Ammenmärchen; ich mußte ihn vernichten« (zu Therese Devrient, Mai 1830). »Just Wolfgang Menzel weiß besser als jeder andre, daß Satire durchaus persönlich sein muß. Und gar meine Hinrichtung Platens! wissen Sie doch sehr gut, daß ich mit den Haaren dazu gezwungen worden und ich nicht für meine Person, sondern für die Ideen womit ich mich identifizirt, gegen den unflätigsten Geburtsdünkel das Schwert ergriffen« (an Menzel, 9. 12. 1830). Auch die glaubwürdigste Darstellung seiner Motive konnte freilich nicht verhindern, daß der Angriff auf Platen Heine beim Biedermeier-Publikum schwer schadete; das dämpfte auch den Absatz des Buches. Trotzdem gab Heine »den infamen Platen« (Campe) in keiner deutschen Neuauflage des Buches auf, obwohl er Platen aus zeitlichem

Abstand milder beurteilte, die Schärfe seines Angriffs bedauerte wie später die Attacken auf Jeanette Wohl im Börne-Buch. Noch 1839 erklärte er diese Schärfe aber aus politischer Notwendigkeit, nun allerdings mit Achtung für den Gegner: »Es war eine Parteisache..., und der Gegner war bedeutend.«

Ein gerechtes Urteil über diesen schrecklichen Streit kann nur fällen, wer nicht einseitig für oder gegen einen der Kontrahenten Partei nimmt. Der achtzigjährige Goethe sah die Tragik des Kampfes genau: »*Ein* Begabter und *ein* Talent verfolgt das andere.« Hans Mayer hat in einem der bewegendsten Aufsätze, die über Heine geschrieben wurden, Goethes Urteil ins Psychologische und Gesellschaftliche erweitert: »Hier kämpften *Außenseiter* miteinander«, schreibt er, ein Literat habe den anderen auf unmenschliche Weise entkleidet, »ein Outsider der Abkunft einen Outsider der Geschlechtlichkeit«. Beide handelten in Selbstidentifikation mit dem Angegriffenen und erkannten im anderen, daß sie Außenseiter bleiben mußten; beide fanden sich dort »normal«, wo der andere Außenseiter war: Heine pochte auf seine zwar an den »Pocken des Herzens« leidende, aber »normale«, heterosexuelle Männlichkeit, Platen fand den schreibenden Juden lächerlich und verhöhnte ihn von der Warte des sozial Höhergestellten. Denn wir dürfen nicht außer acht lassen, daß der Graf, obwohl er arm war, stets einen Vorsprung vor dem Bürgerlichen hatte, und zwar durch seine »Adelsdiplome«, durch seine Beziehungen zu Fürsten und Adligen. Platen dichtete, obwohl er den deutschen Adel verachtete, Ludwig von Bayern an, verkehrte stolz mit dem reaktionären preußischen Kronprinzen und anderen Fürstlichkeiten; sein Stolz war immer auch der eines Angehörigen der herrschenden Klasse, Heines Stolz konnte immer nur der des genialen bürgerlichen Aufsteigers sein. Platens adliger Hochmut machte sich über den komischen dichtenden Juden Heine lustig, dem dabei gar nicht zum Lachen sein konnte; angesichts von Platens *faktischem* antijüdischen Beleidigungen ist die Behauptung seiner Verteidiger wenig einleuchtend, daß er kein *prinzipieller* Antisemit war: dem Beschimpften tat er immer weh. *Erklärlich* bleibt Platens Überempfindlichkeit selbst gegen harmlose Angriffe, die daraus folgende Aggressivität auf jeden Fall, und zwar durch die extrem schwierige menschliche und gesellschaftliche Situation des sexuellen Außenseiters, der jeden Tag mit einem Skandal rechnen mußte und nach Italien auswich, weil seine Lage dort erträglicher war. *Wollte* Heine diese Lage nicht erkennen, oder *konnte* er es nicht, er, der sexuell »Normale«? Die zitierte Stelle vom Beinahe-Verstehen aus den »Bädern von Lucca« deutet auf Können, doch Nicht-Wollen, der Ekel wegen »Pedrastie« im Brief an Menzel auf Unvermögen zur Einfühlung; daß hinter diesem Ekel sich eine eigene homoerotische Neigung Heines verbirgt, ist durch nichts beweisbar. So oder so *verkannte* Heine bei Platen, »daß die Wahl der poetischen Gattungen, in denen er glänzte, vom Quellpunkt all seiner Begeisterung und seiner Leiden her bestimmt war; doch nicht allein aus Rücksicht, nicht aus Furchtsamkeit, wie Heine meinte, sondern vor allem, weil der stark formale und formenplastische Charakter dieser Gattungen eine kunstpsychologische Affinität zu seinem Eros besaß« (Thomas Mann). Ghasel, Renaissance-Sonett, Pindar-Ode kannten nämlich den Knabenkult; indem Platen die Formen übernahm, »konnte auch der Gefühlsgehalt als übernommen, als archaisierende Konvenienz und als unpersönlich wirken und damit weltmöglich werden« (Mann). Ein solches Maß an Verständnis von dem schwer beleidigten Heine zu erwarten wäre freilich zu viel verlangt.

Er war der Objektivität so wenig fähig wie sein Gegner; er wollte sich rächen – Raddatz spricht von »kalter Rache«, denn *an sich* habe Homosexualität Heine gar nicht interessiert, sie komme sonst nirgends in Werken und Briefen vor. Sicher war es Rache, aber für einen *unverzeihlich* bösen Angriff. Zweifellos brach bei diesem Racheakt Heines lange aufgestauter Zorn wegen ständiger antijüdischer Sticheleien hervor (er war nach seinen literarischen Erfolgen selbstbewußt genug, infamen Angriffen Paroli zu bieten, meint Kircher); zweifellos entlud sich auch Heines elementare Streitlust über Platen; auch *wollte* er diesmal den Skandal, den zu provozieren man ihm schon so oft vorgeworfen hatte. Das Geflecht der Motivationen ist jedenfalls dicht – die Heine-

Forschung hat sicher mit Recht darauf hingewiesen, daß Heine bei Angriffen auf *Personen* immer auch *allgemeine* Tendenzen sichtbar machen wollte, daß er in *allen* großen Polemiken – gegen Platen, Menzel, Schlegel und Börne – die Gegner gleichzeitig auf politischer, ästhetischer und sexueller Ebene angriff, um vor den reaktionären Tendenzen ihrer Werke zu warnen, und daß er sich intime Enthüllungen als aufklärerisches Verdienst anrechnete. Die zitierten Briefstellen bestätigen, daß Heine das so sah. Es bleibt allerdings unklar, welchen aufklärerischen Zweck Heine mit den Tiefschlägen gegen Platen erreicht haben sollte; viel eher scheint es, als habe er mit seinen Ausfällen ungewollt seine »Pocken des Herzens«, die Wunde seiner Männlichkeit aufgedeckt.

Heine und Platen sind aneinander schuldig geworden. Sie haben sich gegenseitig nicht zerstört, dazu waren sie trotz aller Verletzlichkeit zu stark. Sie haben sich nur die Hände schmutzig gemacht, indem sie einander anspien, sich gegenseitig ihr Außenseitertum vorwarfen, das doch keiner von ihnen abschütteln konnte: Zugehörigkeit zum Judentum und Homosexualität kann man nicht wählen oder abwählen, sie sind Lebensschicksal. Das macht den Konflikt tragisch, und ebenso machen es die Täuschungen über den anderen, denen Heine und Platen verfielen, verfallen wollten. Beide täuschten sich über das dichterische Talent des Gegners (daß Heine der bedeutendere Dichter ist, steht außer Frage). Platen täuschte sich über Heines Erfolg, seine Beliebtheit, seine Repräsentanz in Deutschland. Heine täuschte sich, wie wir sogleich sehen werden, über Platens politischen Standort. Er täuschte sich auch über Platens Darstellung seiner Liebe zu Jünglingen: Sie mag romantisch, sehnsüchtig und weniger deutlich als bei Petronius sein, verschleiernd und heuchlerisch ist sie nicht; schon in frühen Gedichten zeigt Platen mit einer für Biedermeier-Verhältnisse erstaunlichen Offenheit, daß seine Geliebten junge Männer sind; den selbstentlarvenden Platen-Vers »Ich bin wie Weib dem Manne« setzte Heine ja sogar den »Bädern von Lucca« als Motto voran! Vermutlich und paradoxerweise verdankt es Platen gerade der Prüderie der

Epoche, in der man über solche Dinge nicht sprach, daß *er* wegen seiner Neigung nicht von Pfaffen und Moralisten gezüchtigt wurde.

Überblickt man den ganzen unerquicklichen Streit, so kommt man zu einem schockierenden Ergebnis: Zwei Dichter haben einander bis aufs Messer bekämpft, die erstaunlich viel miteinander gemeinsam hatten. Beide waren Einzelgänger und Außenseiter. Beide trugen schwer an ihrer romantischen Herkunft, auch Platen, der Romantik-Feind, der am Konflikt zwischen dem überkommenen romantischen Erbe und seinen klassischen Idealen litt. Beide waren Ästheten, Heine aber gab sich zugleich als Robespierre, Sansculot und Saint-Just, während Platen nach jedem Strohhalm griff, um seine ästhetische Existenz zu retten. Beide repräsentierten auf jeweils eigene Weise die hochkomplizierte Übergangsepoche, in die sie, fast gleichaltrig, hineingeboren waren. Platen stand mit bestimmten Teilen seines Werkes als politischer Dichter, als Zeitkritiker, als von der Zensur verfolgter Verfasser der Polen-Lieder, als Vorkämpfer für Freiheit und Völkerrecht Heine viel näher, als dieser wußte, nach den Münchener Informationen ahnen, nach dem bis 1829 vorliegenden Werk Platens wissen konnte. Thomas Mann schreibt über Platen: »Er war ein politischer Dichter, wie Heine es sich nur wünschen konnte«, doch Heine sah das nicht; andere »linke« Autoren haben nach Platens Tod versucht, ihm Gerechtigkeit widerfahren zu lassen, Georg Herwegh verfaßte zwei »Rettungen« Platens, in denen er auch auf poetische Ähnlichkeiten zwischen Heine und Platen hinwies, Mehring leitete um 1900 eine Platen-Würdigung von links ein, die sich nach 1945 in der DDR-Rezeption des Dichters Platen fortsetzte. Platen erscheint *heute* mit seinem Bekenntnis zur Homosexualität wie ein Emanzipator eigener Prägung, als – unglücklicher – Vorkämpfer für eine Minderheit, die auch heute noch vielfach verachtet, wenn nicht gar verfolgt wird. Heine wie Platen standen in einem stark gespannten Verhältnis zu Deutschland, kritisierten es scharf, wurden dort gehaßt oder verkannt und verließen es schließlich, im Bewußtsein, ein anderes, ein besseres Vaterland zu verkörpern. Beide waren schon vor ihrem Exil gereist; beide wohnten dann bis zu ihrem Tod im Ausland, Heine in Paris fester und sicherer als der ruhelos durch Italien schweifende Platen. Beide waren für bürgerliche Berufe ungeeignet, worüber Heine sich länger täuschte als Platen, beide schielten aber ständig nach bürgerlichen Ehren, bürgerlichen Stellen und bürgerlichem Geld, und das in einer Welt, wo nur kleine Minderheiten *wirklich* und mit Verständnis lasen, was beide Dichter schrieben. Beide versuchten als freie Schriftsteller zu leben, waren immer in Geldnöten, blieben stets von Geldgebern abhängig, waren – Platen stärker als Heine – in der Gefahr, den Kontakt zum deutschen literarischen Markt und Betrieb zu verlieren, und klagten über die Knickrigkeit ihrer Verleger, Heine über Campe, Platen über Cotta, von dem Heine irrtümlich glaubte, er tue viel für Platen; darüber hätte Platen nur gelacht. Beide schätzten sich selbst sehr hoch ein, waren überempfindlich und liebten den Ruhm, beide waren »Feuerköpfe«, beide waren krank, durch Krankheit und Anfeindung, Unverständnis und gesellschaftlichen Druck düsteren Stimmungen unterworfen, todessüchtig und klagesüchtig, ihre Briefe stimmen in der Tonart oft seltsam überein, so wie auch einige Äußerlichkeiten übereinstimmen: Beide suchten Erholung am Meer, beiden bekamen die Seebäder zeitweilig gut, beide waren Schwimmer – die Aufzählung so vieler Gemeinsamkeiten, Ähnlichkeiten, Affinitäten, die selbstverständlich die enormen Verschiedenheiten nicht zudecken sollen, stimmt den Betrachter traurig; war es vielleicht das Unglück beider Dichter, daß sie sich in Italien *nicht* trafen, *nicht* aussprachen, ihre Verwandtschaft *nicht* entdecken konnten? Hätten sie nicht in *einer* Front gegen Restauration und Reaktion stehen können?

Die neue Prosa

Die Platen-Polemik ist ein Haupt-Stück von Heines neuer Prosa. Die frühe Lyrik hat ihn bekannt, die Prosa der vier »Reisebilder«-Bände zum führenden Autor der jungen deutschen Literatur gemacht. Heine ist rasch von der Lyrik zur Prosa übergegangen. Sie befreit ihn von der absoluten Herrschaft des Liebes-Themas; in ihr stellt er sich den Herausforderungen des Zeitalters. Er ist beeindruckt von Hegels rigoroser Behauptung, die Kunst sei und bleibe »nach der Seite ihrer höchsten Bestimmung für uns ein Vergangenes«, weil nicht mehr sie, sondern der Gedanke, die Philosophie »das Göttliche, die tiefsten Interessen des Menschen, die umfassendsten Wahrheiten des Geistes« bewußt mache und ausspreche, die Kunst aber an ihrer Aufgabe »der Versinnlichung des Weltganzen und seiner Geschichte« scheitern müsse. Heine weiß, daß die Goethesche »Kunstidee« mit dessen Tod untergehen wird; in der Rezension von Menzels »Deutscher Literatur« spricht er aus, daß eine reine, objektive, schöne und zeitferne Dichtung, wie sie Goethe seiner Ansicht nach schuf, unmöglich geworden sei. Vergangen ist damit aber nicht die Kunst überhaupt, sondern nur die alte Kunst; Heine macht sich in der »Reisebilder«-Prosa auf die Suche nach einer neuen, zeitgenössischen, aktuellen Literatur, die mit Hegels Vorstellung vom freien dichterischen Kunstwerk und mit Goethes Kunstidee nicht mehr vereinbar ist: das Ende der Kunstperiode ist gekommen.

Heines neue Prosa ist radikal subjektiv. In einer schwer überschaubaren Übergangszeit kann nur die – eigene – Subjektivität Zentrum der Lebens- und Gesellschaftserfahrung sein: »Die Poesie ist jetzt nicht mehr objektiv, episch und naiv, sondern subjektiv, lyrisch und reflektierend«, schreibt Heine und meint mit lyrisch eine von Lyrismen durchsetzte Misch-Prosa, in der »die selbsttrunkenste Subjektivität, die weltentzügelte Individualität, die gottfreie Persönlichkeit mit all ihrer Lebenslust sich geltend machen«. Heines Subjektivität präsentiert sich in genialer Vielspältigkeit, offen und maskiert, leidenschaftlich und melancholisch, aggressiv und zärtlich, stilisiert und realistisch: Tatsächlich scheint er sich keine Erfahrung versagen zu wollen, er verfügt über die verschiedensten Stile, Tonarten und Ausdrucksmittel, er schlüpft in alle möglichen Rollen und Masken. Er ist Jude, Konvertit, Jurist, Intellektueller, Dichter, Liebhaber, Reisender und Kranker, aber auch Anti-Werther, Faust, Ritter vom heiligen Geist der Freiheit – und Harlekin, Narr mit der lachenden Wahrheit in der Feder. Sehr bewußt verallgemeinert Heine seine allerpersönlichste Erfahrung: Sie ist nämlich zugleich kräftige, buntgemischte Lebenserfahrung, gesellschaftliche, soziale, politische und religiöse Erfahrung. Ihr Kern ist die Zerrissenheit: in den »Bädern von Lucca« schildert Heine den großen Weltriß, der durch sein Herz geht. Heine kennt auch die *Gefahren* einer radikalen Subjektivität: Sie kann Selbstzweck werden, sie kann zur Virtuosität um ihrer selbst willen führen, die Selbstbespiegelung kann die gesellschaftskritische Absicht aufheben. Heine entgeht diesen Gefahren, indem er auch die eigene schillernde Subjektivität anzweifelt, aufhebt und zum Narren hält. Erneut zeigt sich da seine Neigung, die Kehrseite jeder Medaille darzustellen: er schont auch die eigene Person nicht.

Der seismographisch-zeitkritische Charakter von Heines Werk tritt in der »Reisebilder«-Prosa besonders klar hervor. Der Dichter will die Signatur des Zeitalters herausarbeiten. Er will die alten Mächte – Adel, Klerus und Philister – bekämpfen, einer neuen, besseren Zeit Bahn brechen. Er macht die neuen Wirklichkeiten – Großstadt, Industrie, Parteienkampf, Internationalismus – zu Themen seiner Dichtung, blickt aber zugleich hinter die Fassaden der neuen Bürgerwelt, der »Poesie der Ware« und der Massen-Gesellschaft. Er hat ein untrügliches Ohr für die Dissonanzen der Epoche. Mit seinem subtilen Wahrnehmungsvermögen, das auch die unbewußten Signale des Gesellschaftskörpers aufnimmt, spürt er den Grundtendenzen des Zeitalters, aber auch signifikanten Tagesereignissen nach. Er kämpft, immer mit dem Blick auf den Zensor, gegen die Restauration in Deutschland und hat dabei das Vorbild der Französischen Revolution vor Augen; er sucht, mit Kaufmanns Worten, eine Erneuerung der Literatur aus dem Geist des politischen Alleingangs, kritisiert aber zugleich die aufkommende Naturwissenschaft und Industriewelt, die einseitige Bevorzugung der menschlichen Verstandeskräfte. Er verfällt nie in plumpe Agitation, will aber sein Publikum treffen, aufrütteln, aktivieren – und erregt Abwehr, Wut, Skandal: »Die Spießer«, schreibt Hermand, »wurden durch Heine noch philisterhafter, die Nationalisten noch chauvinistischer und antisemitischer, die Klerikalen noch frömmelnder.« Das ist aber nicht Schuld des Dichters und seines großangelegten politisch-literarischen Emanzipationskampfes, sondern die Folge der deutschen Rückständigkeit. Emanzipation ist das Band, das Heines vielfältige und widersprüchliche Bestrebungen zusammenhält; Emanzipation als Befreiung der Menschheit aus jeglicher Abhängigkeit von Unterdrückern, als politisch-soziale Freiheits-Religion, als Sturz der alten Stände-Gesellschaft, als Gleichberechtigung aller Minderheiten.

Heine bewältigt diese enorme Aufgabe durch eine offene, dynamische, vielfältige, wenn man will: dissonante, antiklassische Ästhetik und Formensprache, durch die es ihm gelingt, Gesellschaftskritik und dichterischen Gestaltungswillen auf bis dahin unbekannte Weise miteinander zu verbinden. Das Grund-Gesetz seiner neuen Prosa ist die Mischung heterogener Elemente. Heine mischt die verschiedensten Tonlagen, Stilformen und rhetorischen Figuren: Narratives, Lyrismen, Monologe, Lektüre-Zitate, Autobiographisches, Konfession, Essay, Traum, Appell, Meditation, Erinnerung, Gespräch, Reflexion, Fragmente, Aphorismen (Heine ist ein Meister pointierter Aphoristik), Sprünge, Abweichungen, Exkurse und Trivialitäten; er verwendet neuartige Wortprägungen und -komposita, Wortspiele, Wortwitze, Stilbrüche, Antithetik, Metaphern, Oxymora, Reihungen und eine Leitmotiv-Technik, von der Richard Wagner und Thomas Mann gelernt haben; er schreibt pathetisch, trocken, ironisch, traurig, euphorisch, sentimental, blasphemisch und polemisch – die Liste der aufgezählten Elemente ließe sich leicht aufs Dreifache verlängern, nur werden sie nicht in logisch-narrativer Linearität verwendet, sondern zu dichten Netzen verknüpft, komplexen Sprachgebäuden voller Irrlichter und Phantasmen – wir sind davon abgekommen, die Struktur dieser Prosa willkürlich oder chaotisch zu nennen wie die meisten Zeitgenossen Heines; wir wissen inzwischen, daß Heines nach allen Seiten offene Textkomplexe, denen jede Erzähl-Fabel im herkömmlichen Sinne fehlt, ihre eigenen Tiefenstrukturen haben und daß Heine trotz seiner Neigung, diese Prosa-Texturen aus kleinen und sehr kleinen Teilen aufzubauen, beherrschende Perspektiven setzt, wir werden das bei der Betrachtung der einzelnen »Reisebilder« noch sehen.

Heines offene Ästhetik erhebt, laut Kuttenkeuler, den Witz zum Stilprinzip. Wo immer es möglich ist, bringt Heine den Leser zum Lachen, will er gesellschaftliche Rückständigkeit und menschliche Narretei durch Gelächter entlarven. Vom versteckten, feinen Humor bis zum aggressiven Sarkasmus bietet er alles auf, um das befreiende Lachen des Lesers auszulösen; sein Witz ist assoziativ, verfremdend, kombinatorisch, mehrdeutig und hintersinnig; er fügt das scheinbar Heterogene pointiert zusammen und hat ebenso unterhaltende wie emanzipatorische Tendenz.

Selbstverständlich ist Heines neuartige »Reisebilder«-Prosa nicht voraussetzungslos entstanden: Von *literarischen* Vorbildern lernt der Traditionsverächter Heine nämlich immer. Er kennt und verwendet drei Typen von Reiseliteratur: die aufklärerische, mit ihrem Zug zur Vermittlung von Information und Erfahrung, zur exakten Beobachtung, zur Herausbildung politisch urteilsfähiger Leser; die romantische Reiseliteratur, von der Heine die Gestalt des Bildungsphilisters, die Vorliebe für Volksüberlieferung übernimmt; und – besonders wichtig – dichterische Reisebücher wie Sternes »Sentimental Journey« (1768), die radikal subjektiv angelegt sind und die Selbstdarstellung des schreibenden Ichs über die Schilderung von Land und Leuten setzen; das zitierte Bonmot Heines über italienische Reiseschilderungen verrät eine ähnliche Schreibabsicht. Heine verarbeitet die gründlich studierten Vorlagen immer souverän und eigenwillig; so entsteht eine Prosa von außergewöhnlicher Modernität – Texte wie »Ideen. Das Buch Le Grand« haben mit ihrer frechen Kombinatorik, ihrer freimütigen Phantastik, ihrer Chiffrierung von Ich und Außenwelt ganze Generationen von Nachahmern und Schülern fasziniert; schon in den dreißiger Jahren des 19. Jahrhunderts nahm eine Gruppe junger Heine-Bewunderer, das »Junge Deutschland«, diese Prosa zum – unerreichten – Vorbild. Der Rang der »Reisebilder«-Prosa erklärt sich aus Heines unbedingter Qualitätsforderung an die eigenen Texte: auch die politische Deklamation wird mit strengem Kunstanspruch formuliert.

Heine ordnete seine Prosawerke ebenso gern zyklisch wie seine Gedichte. Den »Reisebilder«-Zyklus, der unter dem Arbeitstitel »Wanderbuch I« Ende 1825 erstmals erwähnt wird, eröffnet »Die Harzreise« (1826). Sie stellt nur den ersten Teil der tatsächlichen Wanderung dar. Heine beginnt mit einer grandiosen Satire auf Göttingens »Studenten, Professoren, Philister und Vieh«; ihretwegen wurde der erste »Reisebilder«-Band dort sofort verboten. Heine gibt Ortsbesichtigungen, die Einfahrt in zwei Bergwerke, die Brocken-Besteigung mit einer satirischen Schilderung zechender studentischer Philister und satirische Porträts anderer Reisender. Die politische, die Deutschland-Satire bleibt noch verdeckt, sie maskiert sich beispielsweise hinter ironischen Überlegungen zum Berliner Theater und Ballett und ironischen Seitenhieben auf die verhaßte Juristerei. Noch ist also die *ganze* Wahrheit über das restaurative Deutschland »kärglich verschwiegen«, noch kann der »Ritter vom heiligen Geist« der Freiheit, der Bewunderer der Französischen Revolution nicht zur politischen Tat aufrufen, noch sind einige Masken, in die der Dichter schlüpft, eher vergangenheitsbezogen: Ritter und Harlekin/Hofnarr. »Die Harzreise« ist nach Heines eigener Aussage Fragment, »im subjektivsten Stil geschrieben«, sie enthält erlebnishafte und autobiographische Elemente, etwa Schulerinnerungen, aber auch Fiktives (das Kuß-Erlebnis mit einem Goslarer Lockenköpfchen, ein Mädchen Agnes, zu dem der Dichter spricht) und eine allgegenwärtige Ich-Figur. Heine nennt die »Harzreise« einmal »zusammengewürfeltes Lappenwerk« und spielt damit auf seine neue Mischtechnik an – das Ganze ist ein Netzwerk von Bezügen, Verweisen und Anspielungen, teilweise zeitaktuell und nicht mehr zu entschlüsseln, teilweise auf Goethe gemünzt, wovon noch die Rede sein wird. Heine verwendet charakteristische Formelemente romantischer Poesie, zum Beispiel Lyrikeinlagen, Gattungsverschmelzung und -vermischung, Naturbeseelung und Dingdämonisierung, Anthropomorphismen und Stimmungszauber. Heine arbeitet – auch das ist romantisches Erbe – Nachtträume ein: das sind Höhepunkte des Buches, literarische Angst- und Erfüllungsträume, doch mit realen Personen, so in den satirischen Traumpassagen von der Jurisprudenz, wo Bauer (Hofrat Rusticus) und Hugo (der geheime Justizrat Cujacius) auftreten, oder im Traum vom trockenen Berliner Rationalisten Saul Ascher, der als Gespenst auftritt, obwohl es Gespenster nach seiner Ansicht gar nicht geben kann.

Was das Eingangsgedicht ankündigt: glückhafte Flucht in ursprüngliche Natur, gibt die »Harzreise« allerdings nicht. Heine mag auf der *Wanderung* solches Glück widerfahren sein – das Ich des Buches erlebt eine Natur, deren ökonomische Verwertung, deren touristische Nutzung schon begonnen hat. Heine ironisiert die Staubfäden-Zähler, die Zweckmäßigkeits-Deuter der Natur; die mehrmals geschilderte quasireligiöse Andacht vor Sonnenauf- und untergängen ist nur die beschönigende, sentimentale Kehrseite des beginnenden Zerstörungswerks, Heine durchschaut das und ist doch selber andächtig ergriffen – gelingen ihm wegen dieses Zwiespalts keine objektiven, sondern nur sinnbildliche, spielerisch-ironische oder romantisierende Naturschilderungen? Das gestörte Verhältnis des Menschen zur Natur überschattet das ganze Werk; es macht die berühmte lyrische Berg-Idylle zur romantischen Illusion. Und nicht nur die Ursprünglichkeit der Natur ist bedroht: *alle* Ursprünglichkeit ist in Gefahr, auch das einfache Leben der respektvoll geschilderten Bergleute mit ihren Traditionen, Trachten, Märchen, Liedern, Gebeten und Arbeitsbräuchen: Die Männer werden durch lange, einsame Arbeit außerhalb des Hauses den Familien entfremdet; das Silber, das sie schlagen, verwandeln die Besitzenden in Geld, das die modernen Wirtschaftsprozesse in Gang hält und dessen Funktion der Dichter in ironischer Ehrfurcht und Rührung schildert.

Bedrohte Ursprünglichkeit und Natürlichkeit zeigt Heine auch in »Nordsee III« (Ende 1826), dem kürzesten Prosa-

Reisebild, einer Art Essay, dessen Thema, dessen beherrschende Perspektive dem heutigen Leser überraschend modern vorkommen muß: Die Tourismus-Zivilisation von Fürsten, Adligen und reichen Bürgern dringt mit Badeanstalt, Spielbank, Prostitution, Sexualbeziehungen zu Fischerinnen und materieller Begehrlichkeit in die alte gemeinschaftliche Unmittelbarkeit der Eingeborenen von Norderney ein: »Daher innere Lebensstörung, schlimmer Anreiz, großer Schmerz.« Der auch durch Meinungszwiespalt in sich selbst zerrissene Intellektuelle Heine, dessen Natur-Erlebnis am Meer noch ungebrochen scheint, findet das ehemals ruhige Glück der friesischen Fischer freilich auch dumpf und geistesarm und nennt sie »ein Volk, das flach und nüchtern ist, wie der Boden, den es bewohnt«. In Geistesknechtschaft hält die Insulaner auch das Christentum, sie leben beinahe mittelalterlich – der jähe, unerwartete Gedankensprung zum Mittelalter ermöglicht es Heine, die katholische Kirche nun direkt, unverdeckt anzugreifen, sie ist die »Riesenspinne«, die »alte Kreuzspinne« Rom. Ebenso offen attackiert der Dichter den Hannoverschen Adel, dessen Söhne (das Offizierskorps ausgenommen) dummstolz und schlecht erzogen sind: »Man schickt sie freilich nach Göttingen, doch da hocken sie beisammen, und sprechen nur von ihren Hunden, Pferden und Ahnen... Derselbe Wahn, als wären sie die Blumen der Welt, während wir andern bloß das Gras sind.« Auch die berühmte Episode vom Göttinger Schnelläufer, den galoppierende Adlige gegen Geld vor sich herjagen, erzählt Heine in diesem Kontext. Gegenüber christlicher Prüderie und adligen Vorwürfen, Goethe sei irreligiös und daher auch politisch bedenklich, verteidigt Heine den großen Heiden und das Nacktgöttliche an ihm; neben Goethe aber stellt er nach gerade beendeter Lektüre von Maitlands Napoleon-Biographie und in skeptischer Vorschau auf Walter Scotts angekündigtes Bonaparte-Buch den großen Kaiser: er ist eine Modell-Gestalt für synthetische, intuitive Geister, die Heine den kleinen analytischen Geistern und dem Tugendpöbel entgegensetzt – mit diesen Kleingeistern und dem Tugendpöbel meint er auch das Bade-Publikum von Norderney.

Wie wir aus der Schilderung der Düsseldorfer Kindheit wissen, erscheint Napoleon auch an zentraler Stelle von »Ideen. Das Buch Le Grand.«, Heines künstlerisch kühnstem, strukturell kompliziertestem, schwierigstem Prosawerk. Er hat hier, sicher unter Verwendung schon geschriebener Teile der »Memoiren«, Autobiographisch-Privates (Kindheit, Schule, Liebe) in einem außerordentlichen Wurf mit Welthistorischem vereinigt. Das Personen-Schicksal des teils realen, teils fiktiven Ichs wird in den Geschichtsprozeß verwoben: da spürt man Hegels Einfluß. Napoleon ist eine mythisch-poetische Gestalt von einsamer Größe, aber zugleich Repräsentant der mächtigen historischen Bewegung, der lebendigen *Idee*, der auch Heine dienen will; dabei grenzt er sich aber spöttisch von weltfremdem philosophischen *Idealismus* und dogmatischer Politik ab: »Liebe, Wahrheit, Freiheit und Krebssuppe« bezeichnet er jetzt als seine Passion. Die herrliche Gestalt des trommelnden Tambours Le Grand verweist schon mit ihrem Namen auf den großen Kaiser und den napoleonischen Heroismus, der allerdings durch die Possen des tollen Alouisius, der französische Generalsnamen herschnattert, und des krummen Gumpertz, der in der Gosse betrunken »Ça ira« singt, ein ironisches Gegen-Bild bekommt. Seit der Restauration der Bourbonen ist die Welttragödie ohnehin zur Posse herabgesunken: »Nach den blutigen Revolutionsszenen und Kaiseraktionen kommen wieder herangewatschelt die dicken Bourbonen mit ihren alten abgestandenen Späßchen und zartlegitimen Bonmots, und graziöse hüpft herbei die alte Noblesse mit ihrem verhungerten Lächeln, und hintendrein wallen die frommen Kapuzen mit Lichtern, Kreuzen und Kirchenfahnen.« Die Weltgeschichte als Tummelplatz von Narren, die »Verbindung des Pathetischen mit dem Komischen« als ästhetisches Programm – so konterkariert Heine das Pathos des Napoleonkultes; »Ideen« ist ja auch dasjenige Werk, wo Heine die Narren schildert, die für ihn bares Geld sind und denen er sich als Vorkämpfer der Vernunft entgegenstellt: »Ich hab nun mal diese unglückliche Passion für die Vernunft!« Allerdings bezieht Heine das Narrentum jetzt auch auf sich selbst: Er ist kein ruhiger, mäßiger Vernunftmensch, kein Rationalist, die Vernünftigen halten ihn deswegen nicht für ihresgleichen. Und die Narren hassen ihn, hat er doch die heiligsten Bande zerrissen und müßte eigentlich unter Narren leben und sterben: »Alles, was ich tue, ist den Vernünftigen eine Torheit und den Narren ein Greuel.«

Da spricht wieder der Zerrissene; es ist aber ein *starker* Zerrissener, mit einem Anflug von Aristokratismus: seine *Kunst* hat ihn so stark gemacht, er ist seiner Sache sicher, er weiß schon, daß sein Werk überdauern wird, ohne diese Gewißheit hätte er dieses exzentrische Buch unter Campes ständigem Drängen nicht schreiben, die sehr starke Anspannung der Kräfte und Nerven nicht durchhalten können. Sein Schreiben, das er im Kontext laufend kommentiert, dem er sozusagen ständig aufs Spannendste ins Wort fällt, das Aufarbeiten der Kindheit und der großen Weltinteressen, das Bewußtsein, etwas Gewaltiges geben zu *können* – das alles hilft ihm auch weiter aus dem großen Liebesschmerz heraus, der aber noch stark nachbebt: so beginnen die beiden ersten Kapitel mit dem Motto: »Sie war liebenswürdig, und Er liebte Sie; Er aber war nicht liebenswürdig, und Sie liebte Ihn nicht« (Altes Stück). Trotz des folgenden »Liedes von der ungeweinten Träne« bleibt Heine aber dank dem neuen Selbstbewußtsein nicht im Herzenselend stecken, er schwingt sich auf zu Lebenslust, Sinnenfreude, Todesabwehr: »Das Leben ist der Güter höchstes, und das schlimmste Übel ist der Tod.« Das ist die gezielte Antithese zu den Schlußworten von Schillers »Braut von Messina«: »Das Leben ist der Güter höchstes nicht, der Übel größtes aber ist die Schuld.«

Zu dieser Wandlung verhelfen dem poetischen Ich von »Ideen« auch die auftretenden Mädchen und Frauen, von der kleinen Veronika bis zur ständig angeredeten, aber stummen »Madame«. Die Suche nach realen Vorbildern dieser Personen ist fruchtlos, wohl aber kann man klären, was sie bewirken: Indem Heine (oder das fiktive Ich) ihnen begegnet oder sie erfindet, helfen sie ihm zur Heilung von seinem Liebesunglück. Freilich ist das keine Heilung für alle Zeiten: Das Todes- und Elends-Motiv kehrt in weiten Teilen des Buches, auch den heitersten, als Memento mori mit den verschiedensten Todesarten wieder: Napoleon und Le Grand sterben, Veronika ist tot, der kleine Wilhelm ertrinkt, und auf der letzten Seite des »Buches Le Grand« steht die früher zitierte Klage des Dichters über das in seine Wiege gelegte Elend und das »Zahnweh im Herzen«.

Heines Kunst der Mischung erreicht in diesem Reisebild ihren nicht mehr übertroffenen Höhepunkt. In einem mehrmonatigen Schreibrausch, während dessen ihm aber im Sturm der Einfälle nie die genaue Reflexion ausgeht, zieht der kaum dreißigjährige Dichter alle Register der neuen Schreibart. Die Fülle der Assoziationen, des Witzes ist überwältigend, die Chiffrierung provokant, die Freimütigkeit im Abschweifen und neuerlichem Aufnehmen, Verknüpfen, Entwirren der Fäden meisterhaft, Heines Gewißheit, Herr seiner Mittel zu sein, unerschütterlich: »In allen vorhergehenden Kapiteln ist keine Zeile, die nicht zur Sache gehört.« Das scheinbare Chaos ist in Wirklichkeit eine komplexe, dissonante, eine verzerrte Ordnung, schwebend und nach allen Seiten offen, nicht meßbar mit den Kriterien klassischer Kunst; der *Biograph* kann diese dissonante, erregende, die schöne Ruhe der Kunstperiode störende Prosa nicht erschöpfend würdigen, er kann nur darauf hinweisen, daß die Heine-Forschung auf der Basis von Erich Löwenthals grundlegendem Buch aus dem Jahre 1924 gerade zu den »Reisebildern« vorzügliche, zum Teil auch erfrischend kontroverse Untersuchungen vorgelegt und das »Buch Le Grand« eingehend gewürdigt hat; er erinnert aber an Heines besonderen Streich gegen die Zensur in Kapitel XII: Mit einer Serie von Gedankenstrichen und nur vier Wörtern entlarvt Heine hier die deutsche Misere seiner Zeit: »Die deutschen Zensoren – – – Dummköpfe – – –«.

Reisen finden im »Buch Le Grand« nur in der Erinnerung und der Phantasie statt; Berlin, Godesberg, Venedig, Göttingen und besonders Indien sind die Schauplätze. »Die Reise von München nach Genua« dagegen folgt im wesentlichen der Route bis Genua; in dieses Gerüst setzt Heine thematische Zentren gemischt ein: Reiseliteratur, die er ausgiebig gelesen hat (das seinerzeit berühmte Italien-Buch der Lady Morgan will er übertreffen, Goethe konterkarieren), einige Natureindrücke, die antiken Ruinen und die Irritation durch sie. Die Abreise aus München ermöglicht den Vergleich mit Berlin, ein Berliner gibt Anlaß zur Philister- und Deutschland-Satire. Die fiktive Begegnung mit einem Adler führt Heine assoziativ zu dem »Adler im deutschen Vaterlande, dessen Sonnenlied so gewaltig erklingt, daß es auch hier unten gehört wird«: Karl Immermann.

Der Anblick des Volkslebens, der Unterdrückung und der Krankheit Italiens, der untergründig politische Charakter der italienischen Musik verschärft Heines Gesellschaftskritik – er muß nach dem Scheitern der Münchner Pläne ja auch keine Rücksicht mehr nehmen. Zwar schränkt er die Bewunderung Napoleons jetzt mit der von Börne inspirierten Kritik ein, unbedingt liebe er Bonaparte nur bis zum 18. Brumaire, und beim erfundenen Besuch des Schlachtfeldes von Marengo heißt es ironisch-bedauernd: »Hier tat der General Bonaparte einen so starken Zug aus dem Kelch des Ruhmes, daß er im Rausche Konsul, Kaiser, Welteroberer wurde und sich erst zu St. Helena ernüchtern konnte.« Immer aber bleibt der Kaiser groß durch den menschlichen Geist seiner Taten: »Die Tat ist nur dessen Gewand, und die Geschichte ist nichts anders als die alte Garderobe des menschlichen Geistes.« Die Geschichte legt nun die alte Garderobe von Eroberung und Nationenwesen ab, in Europa gibt es nur noch Parteien – die des historischen Fortschritts, der Heine selbst angehört, und die der Reaktion, der dicken Bourbonen, der alten Noblesse, der frommen Kapuzen. In strahlenden Sätzen verkündet der Dichter die neue Freiheits-Religion: »Was aber ist die große Aufgabe unserer Zeit? Es ist die Emanzipation. Nicht bloß die der Irländer, Griechen, Frankfurter Juden, westindischen Schwarzen und dergleichen gedrückten Volkes, sondern es ist die Emanzipation der ganzen Welt, absonderlich Europas, das mündig geworden ist, und sich jetzt losreißt von dem eisernen Gängelbande der Bevorrechteten, der Aristokratie. Mögen immerhin einige philosophische Renegaten der Freiheit die feinsten Kettenschlüsse schmieden, um uns zu beweisen, daß Millionen Menschen geschaffen sind als Lasttiere einiger tausend privilegierter Ritter; sie werden uns dennoch nicht davon überzeugen können, so lange sie uns, wie

Voltaire sagt, nicht nachweisen, daß jene mit Sätteln auf dem Rücken und diese mit Sporen an den Füßen zur Welt gekommen sind.« Mehrmals taucht im ersten italienischen Reisebild als rätselhaftes Leitmotiv die schöne tote Maria auf, an deren Totenbett der Dichter gewacht und die er in einem Bild schöner Genueserinnen wiederentdeckt haben will. Heine fügt dieses düster-schöne Leitmotiv ein, um den Kontext der »Reise von München nach Genua« noch vielschichtiger zu machen, und da auch dieses Reise-Buch mit Todesbild, Todes- und Elends-Motiv endet und sogar mitten im Satz mit dem Erlöschen des Lichts abbricht, wirkt das wiederkehrende Leitmotiv von der toten Maria fast wie eine Zwangsvorstellung.

Selbst in den heiteren »Bädern von Lucca« fehlt das Herzenselend nicht, nur deutet es Heine hier als ein Zeichen seiner Lebendigkeit: »Das brennende Elend in meinem Herzen ist mir immer noch lieber als kalte Erstarrung.« Von dieser Erstarrung ist der Dichter und Doktor Juris Heine in Lucca weit entfernt; er ist der sinnlichen Ekstase mit der schönen, jungen Tänzerin Franscheska fähig – Heine kontrastiert diese heitere, schmerzlose, unschuldige Erotik mit karikaturhaften Liebesbeziehungen anderer Personen: Zwei alternde Galane, ein Bologneser Jura-Professor und ein vergessener Dichter, hofieren die verblühte Schauspielerin Lätitia; Markese Gumpelino liebt die Engländerin Julia, die Liebes-Erfüllung wird durch die Einnahme des Abführmittels Glaubersalz verhindert (der Diener Hyazinth nennt es hintersinnig Glaubenssalz), das Ganze ist eine sehr komische Romeo-und-Julia-Parodie, beide Liebeskarikaturen aber verweisen auf den Buch-Schluß, auf die nach Heines Ansicht lächerlichste erotische Konstellation: auf Platens Männerliebe.

Gumpelino ist sicher die gelungenste von Heines erfundenen Gestalten; sie ist wohl Salomon Heines Hamburger Nachbarn Gumpel nachgebildet und hat dem Onkel großes Vergnügen bereitet. Gumpelino ist dick, sentimental, Besitzer einer gigantischen Nase, steinreich, geadelt, katholisch geworden, ein auf beste Beziehungen zu Rothschilds stolzer Aufsteiger-Jude, der alles kaufen zu können glaubt, Karikatur des Liebhabers, des Konvertiten, des Natur- und Kunstfreundes, des Bildungs-Bourgeois in einem und nicht ohne Witz und Charme; mit Hyazinth bildet er ein echtes Narrenpaar, nur ist hier Don Quichotte fett, Sancho dünn (und ein prachtvoller Realist, der die handfesten, witzig-pragmatischen Urteile über die Konfessionen abgibt). Interessanterweise macht Heine den Markese und Bankier zu einem Musterfall des in der »Harzreise« schon dargestellten »andächtigen« Naturliebhabers, hinter dessen sentimentalem Schwulst eine dem Schwärmer völlig unbewußte Störung seines Verhältnisses zur Natur steckt: Für ihn ist die Natur erst schön, wenn sie wie gemalt, wenn sie schöner als im Theater ist!

Der Dichter und Gumpelino begrüßen einander als alte Hamburger Freunde und Narren; Lady Mathilde, eine angebliche Bekannte aus Ramsgate, nach eigenem Urteil ebenfalls eine Närrin, nennt Heine »Wahnsinnigster der Sterblichen«; sie hat ihn brieflich in Neu-Bedlam, dann angeblich »durch alle Tollhäuser Englands, Schottlands und Irlands« suchen lassen. Das alles nimmt der Poet augenzwinkernd hin; nur als Gumpelino ihm fehlenden Sinn für reine Natürlichkeit und ein zerrissenes Gemüt wie Byron vorwirft, wehrt er sich und deutet den »großen Weltriß« in seinem Herzen als gesellschaftlich verursacht: »Da das Herz des Dichters der Mittelpunkt der Welt ist, so mußte es wohl in jetziger Zeit jämmerlich zerrissen werden.«

Die Begegnung mit Gumpelino und dem Juraprofessor ermöglicht Heine eine doppelte raumzeitliche Rückverknüpfung: nach Hamburg, das durch Hyazinths Lotterieeinnehmer-Geschichten in komischem, aber nicht kaltem Licht erscheint, und zur Jurisprudenz: »Mit einer gewissen wohlfeilen Ironie, die den Markese zuweilen anwandelte, präsentierte er mich der Signora und den beiden Herren, und bemerkte dabei: ich sei derselbe Johann Heinrich Heine, Doktor Juris, der jetzt in der deutschen juristischen Literatur berühmt sei.« Heines Selbstverspottung trifft auch die deutsche Juristerei: sie muß in einem schlimmen Zustand sein, wenn *er* ihr berühmter Autor ist; deswegen kennt der Bologneser ihn überhaupt nicht und wirklich namhafte deutsche Juristen nur flüchtig; Savigny hält er sogar – für ein gelehrtes Frauenzimmer!

Was die Schärfe des politischen Angriffs angeht, so ist Heines bisher dargestelltes Werk nur ein Vorspiel für »Die Stadt Lucca«; die radikale Gesellschaftskritik dieses Reisebilds übertrifft alle bisherigen politischen Äußerungen und bezeugt Heines erstaunlichen Kampfesmut. Seine Kritik gilt zunächst Religion und Kirche. Er macht die jüdische Religion nun auch öffentlich verantwortlich für Menschenmäkelei, Proselytenmachen, Glaubenszwang, Greuel, Blut und Tränen. Er schildert das Erscheinen Jesu als eine düstere Revolution: »Da plötzlich keuchte heran ein bleicher, bluttriefender Jude, mit einer Dornenkrone auf dem Haupte, und mit einem großen Holzkreuz auf der Schulter; und er warf das Kreuz auf den hohen Göttertisch, daß die goldnen Pokale zitterten, und die Götter verstummten und erblichen, und immer bleicher wurden, bis sie endlich ganz in Nebel zerrannen.« Heine nennt den neuen Glauben eine trübselige, blutrünstige Delinquentenreligion. Er sieht während einer Prozession in Lucca auf allen Gesichtern der Priester und Mönche »die Spuren derselben Krankheit, einer schrecklichen, unheilbaren Krankheit«; er fühlt sich selbst und die ganze Welt von ihr angesteckt: »O! es ist keine Übertreibung, wenn der Poet in seinem Schmerz ausruft: das Leben ist eine Krankheit, die ganze Welt ein Lazarett!« Heine vergleicht die Prozession mit einem militärischen Aufmarsch; er beschreibt die kirchlichen Tätigkeiten in Bildern des Geschäftslebens: »Der katholische Pfaffe treibt es mehr wie ein Commis, der in einer großen Handlung angestellt ist; die Kirche, das große Haus, dessen Chef der Papst ist, gibt ihm eine bestimmte Beschäftigung und dafür ein bestimmtes Salär... Der protestantische Pfaffe hingegen ist überall selbst Prinzipal, und er treibt die Religionsgeschäfte für eigene Rechnung.« Heine geißelt »Scheinheiligkeit, Heuchelei und gleißendes Frömmeln« der *deutschen* Pfaffen; er entlarvt die Berliner Christen als Heuchler: sie lassen die Juden für sich Christen werden und nutzen ihren Diensteifer, weil das Christentum im Staate nötig ist, obwohl sie selber zu vernünftig sind, es ernstlich auszuüben. Heine malt genüßlich die latente Erotik von Katholikinnen und Madonnenbildern aus; die Schilderung der »Venus dolorosa« und der Wunsch, mit Franscheska, nachdem er sie als Beterin in der Kirche überrascht hat, eine »schöne, selige, katholische Nacht« zu verbringen, waren Wasser auf die Mühlen seiner Feinde.

Dabei bemüht sich Heine, Kirche und Religion gerecht zu beurteilen, er ist kein atheistischer Glaubensverächter. Das Christentum, das »vielleicht nötig für die erkrankte und zertretene Menschheit« war, erkennt er als Liebes-Religion für die Leidenden an; er nennt die Fußwaschung Jesu durch Maria eine Tat, die nie vergessen wird, solange es leidende Menschen gibt, und Jesus selbst einen unaristokratischen, demokratisch gesinnten Gott; er ist »der Gott, den ich am meisten liebe... ein bescheidener Gott des Volks... ein Bürger-Gott, un bon dieu citoyen«. Unnachsichtig aber kritisiert Heine das Bündnis der christlichen Kirchen mit den Mächtigen, die Allianz von Thron und Altar, die Staatsreligion: »Die Religion kann nie schlimmer sinken, als wenn sie solchermaßen zur Staatsreligion erhoben wird, es geht dann gleichsam die innere Unschuld verloren, und sie wird so öffentlich stolz, wie eine deklarierte Mätresse.« Die Staatskirche mit Monopolcharakter gehört für Heine zu den widerwärtigsten Erscheinungen in Geschichte und Gegenwart, fast so widerwärtig wie der Adel, der die eigentliche Macht am Thron hat. Heine ist noch immer, seiner »tiefsten Überzeugung nach, ein Anhänger des Königtums, des monarchischen Prinzips. Ich hasse nicht den Thron, sondern nur das windige Adelgeziefer, das sich in den Ritzen der alten Throne eingenistet.« Zugleich kritisiert er in bösen Metaphern alle jene, die sich der Geziefer-Herrschaft beugen und von ihr profitieren, »die grauenhaften Larven, die noblen Lakaiengesichter mit fletschenden Zähnen, die drohenden Bankiernasen, die tödlichen Augen, die aus den Kapuzen hervorstechen, die bleichen Manschettenhände mit blanken Messern«.

Hinter diesen Angriffen gegen die herrschenden Mächte des restaurativen Europa aber leuchtet Heines Hoffnung auf eine neue Zeit, stehen Emanzipationswunsch und Freiheits-Religion. Auch kleinmütige Philosophen, die jeden Despotismus, und sei er noch so albern und tölpelhaft, als vernünftig oder als rechtsgültig zu verteidigen suchen, werden die neue Zeit nicht aufhalten; das geht *auch* gegen Hegel und seine Wendung zum Apologeten des Bestehenden. Heine setzt seine Hoffnung auf eine im Denken und Fühlen uneigennützige, wahrheitsmutige Jugend, und mag es ihm auch zwischendurch scheinen, daß er in seinem Vertrauen auf eine bessere Zukunft selber nur ein Don Quichotte ist: die Zuversicht siegt, und sie erwächst aus dem Geist der Französischen Revolution; im »Späteren Nachtrag« vom November 1830, fünf Monate nach der Pariser Julirevolution, begrüßt er begeistert die »Marseiller Hymne«, das Lied der Revolution; »Die Stadt Lucca« endet mit revolutionärer Zuversicht: »Ich kann nicht weiter schreiben, denn die Musik unter meinem Fenster berauscht mir den Kopf, und immer gewaltiger greift herauf der Refrain:

Aux armes, citoyens!«

Der Schluß der ebenfalls im vierten Band der »Reisebilder« abgedruckten »Englischen Fragmente« ist weit weniger hoffnungsvoll. In elf relativ geschlossenen, selbständigen Blöcken behandelt Heine hier nacheinander die Freiheitsauffassung bei Engländern, Franzosen und Deutschen (im Gespräch mit dem gelben Mann auf der Themse); London; Charakteristika der Engländer und des Industrielandes England; das vernichtend beurteilte Napoleon-Buch von Walter Scott und Napoleons erbärmliche Behandlung durch die britischen Sieger; Old Bailey; das neue reaktionäre Ministerium nach Cannings Tod; die englische Nationalschuld; die Oppositionsparteien; die Emanzipation der unterdrückten britischen und irischen Katholiken; Wellington und die politische Reaktion; Freiheitskämpfe, Freiheits-Religion und Französische Revolution. Wegen der Blockartigkeit der Kapitel wirken die »Englischen Fragmente« am wenigsten heterogen von allen »Reisebildern«, obwohl *innerhalb* der einzelnen Blöcke zahlreiche Formelemente gemischt eingesetzt werden. Alle elf Teile und ein Schlußwort sind direkt oder indirekt auf das Freiheits-Thema bezogen; am Schluß des Buches wirkt Heines revolutionäre Zuversicht stark gedämpft: Die Hoffnung auf politische Freiheit ist nach dem Besuch in England und sein Nachdenken darüber nicht gestiegen; die große Juli-Woche von Paris, der »Freiheitsmut« der Julirevolution hat in Deutschland »hie und da die Nachtlichter umgeworfen«, aber sonst die Unfreiheit noch verstärkt: »Unsichtbar wölbt sich eine noch dichtere Kerkermauer um das deutsche Volk.« In dieser Lage sind Freiheitshoffnungen eher närrisch; darum schlüpft Heine ins Gewand des Hofnarren Karls V., Kunz von der Rosen, des einzigen, der den gefangenen Kaiser im Kerker besucht; der Kaiser aber ist für Heine das deutsche Volk: »Denn du, mein Volk, bist der wahre Kaiser, der wahre Herr der Lande.« Wohl hofft der Narr, daß der Tag der Befreiung nahe, eine neue Zeit beginne, aber der Kaiser selbst, also das Volk, ist noch ungläubig, auch kann der Dichter-Narr es nicht aus seinem Kerker befreien, er kann es nur trösten und für den Tag der Befreiung aus dem Kerker die ebenso bescheidene wie makabre Bitte aussprechen: »Ach! lieber Herr, laßt mich nicht umbringen.«

Der Gesamt-Komplex der »Reisebilder«, ihre Entstehungs- und Publikationszeit steht im Zeichen von Heines Auseinandersetzung mit Goethe. »Die Harzreise« steckt voller Hinweise, Anspielungen, Parallelen und Umkehrungen in bezug auf Goethe; deshalb deutet Hermand dieses »Reisebild« vor allem als Abkehr von Werther-Haltung und Werther-Schicksal, das Heine wegen seiner Liebeskatastrophe drohte. Sehr einleuchtend ist Hermands Beobachtung, Heines Le Grand sei ein fiktionaler Gegenentwurf »zu jenem berühmten Königsleutnant, der im Siebenjährigen Krieg bei Goethes Quartier bezog. Während der junge Goethe unter dem Einfluß des Grafen Thoranc sein Verständnis für Malerei, Theater und französische Literatur vertieft, wird der junge Heine durch Le Grand so lange und so eindringlich über Politik belehrt, bis ihm sogar der Sinn des roten Guillotinenmarsches und der Marseillaise aufzugehen beginnt. In dieser Konfrontation steckt eigentlich schon alles, was Heine später in der ›Romantischen Schule‹ als die Ablösung der ›Kunstperiode‹ vom Zeitalter der politischen Aktion charakterisierte.«

Während der italienischen Reise, in den »Reisebildern« über Italien ist die Konfrontation mit Goethe offenkundig: Goethe unternahm eine Bildungsreise zur Vervollkommnung seiner Persönlichkeit und seines Künstlertums; er studierte hauptsächlich Naturphänomene und antike Kunst; Heine will Land und Leute kennenlernen und die gesellschaftlich-politischen Erfahrungen der unmittelbaren Gegenwart für seine neue, subjektive, »zerrissene« Mischprosa auswerten. Goethe rüttelte nicht am Bestehenden, Heine will es umstürzen. In der »Reise von München nach Genua« spielt er mit dem Auftritt eines schönen, jungen, aber lasziven Harfenmädchens und zweier Musikanten auf Goethes Harfenspieler und seine Tochter Mignon aus »Wilhelm Meister« an und zitiert zweimal das Mignon-Lied »Kennst du das Land...« – die grotesken Späße der Musikanten sind einleuchtend als Versuch gedeutet worden, unter der Narrenkappe das nationale Unglück Italiens zu verbergen. In ironischer Bewunderung stellt Heine Goethes »Italienische Reise«, die er 1829 bei der Neufassung der »Reise von München nach Genua« nochmals genau las, und Goethe selber als »Spiegel der Natur« vor: »Die Natur wollte wissen, wie sie aussah, und sie erschuf Goethe.« Heines Verweilen im Amphitheater von Verona, seine Abneigung gegen Rom und römische Kunst ist die Umkehrung von Goethes erster, begeisterter Begegnung mit antiken Ruinen an der gleichen Stätte.

Heines Beschäftigung mit Goethe hatte früh begonnen. Seine Goethe-Lektüre könnte tatsächlich durch seine Mutter angeregt worden sein. Goethes Lyrik studierte er bestimmt in der Bonner Zeit; es ist aber inzwischen nachgewiesen, daß Heines Behauptung von 1823, er habe nun Rahel zur Freude den ganzen Goethe gelesen, nicht stimmen kann – sicher hat er mit dieser Behauptung Varnhagens eine Freude machen wollen. Wahrscheinlich hatte er schon damals erhebliche Bedenken gegen Goethe und suchte sich gegen ihn abzugrenzen; die Unterwürfigkeit, mit der er sich dem großen Mann 1824 in Weimar näherte, war nicht von Dauer. Nach dem kurzen Gespräch und nach einer Periode intensiven Nachdenkens über die Begegnung bezog Heine seine Position gegenüber Goethe: »In vielen Zügen erkannte ich den Göthe, dem das Leben, die Verschönerung und Erhaltung desselben, so wie das eigentlich praktische überhaupt, das Höchste ist. Da fühlte ich erst ganz klar den Contrast dieser Natur mit der meinigen, welcher alles Praktische unerquiklich ist, die das Leben im Grunde gringschätzt und es trotzig hingeben möchte für die Idee. Das ist ja eben der Zwiespalt in mir daß meine Vernunft in beständigem Kampf steht mit meiner angeborenen Neigung zur Schwärmerey. Jetzt weiß ich es auch ganz genau warum die göthischen Schriften im Grunde meiner Seele mich immer abstießen, so sehr ich sie in poetischer Hinsicht verehrte und so sehr auch meine gewöhnliche Lebensansicht mit der göthischen Denkweise übereinstimmte.« (26. 5. 1825) »Er hat ein wehmütiges Gefühl in mir erregt, und er ist mir lieber geworden seit ich ihn bemitleide. Im Grunde aber sind Ich und Göthe zwey Naturen die sich in ihrer Heterogenität abstoßen müssen.« (1. 7. 1825) Abgrenzung und Selbstfindung des eigenen Wesens sind also die Ergebnisse des Besuchs in Weimar. Neid auf Goethes majestätische Stellung in der deutschen Literatur mag, wie Heine in der »Romantischen Schule« freimütig eingesteht, bei seiner Goethe-Kritik mitgewirkt haben, ebenso Goethes Schweigen zu Heines Büchern (noch 1826 schickte er ihm »Reisebilder I« mit Widmung), ein Schweigen, das Heines Stolz herausforderte: »Wolfgang Göthe mag immerhin das Völkerrecht der Geister verletzen; er kann doch nicht verhindern daß sein großer Name einst gar oft zusammen genannt wird mit dem Namen H. Heine.« (30. 10. 1827) Mit diesen prophetischen Worten beantwortete er das Gerücht, daß Goethe in Berlin »mißfällig« über ihn spreche.

Nach dem Besuch in Weimar hat Heine also in einer langen und genauen Selbstreflexion erkannt, was ihn von Goethe trennt. Von nun an ist seine Stellung zu Goethe, sein Urteil über ihn tief gespalten. Die Kritik überwiegt, das Versprechen an Varnhagen, nicht öffentlich gegen Goethe zu schreiben, wird nicht eingehalten. Trotzdem wird Heine Goethe stets auch anerkennen und verehren, ihn gegen Börnes Pauschal-Verurteilung verteidigen. Heine lobt Goethes Griechentum, seine Unberührtheit von christlicher Zerknirschung, die Übereinstimmung der Persönlichkeit mit dem Genius, wie man sie bei außerordentlichen Menschen verlangt, und seine einzigartige dichterische Leistung – Goethe bleibt für Heine also immer ein großer Dichter.

Gleichzeitig attackiert er aber Goethes Machtstellung in der deutschen Literatur, findet seine Angst vor jedem selbständigen Originalschriftsteller widerwärtig, kritisiert das »Goethentum«, nämlich »das matte Nachpiepsen jener Weisen, die der Alte gepfiffen« – diese »Insurrektion gegen Goethe«, gegen »die schöne objektive Welt, die er durch Wort und Beispiel gestiftet hat«, beruht auf der Überzeugung, daß die Kunstperiode unwiderruflich vorbei sei und »eine neue Zeit mit einem neuen Prinzip« aufsteige: diese Überzeugung wiederum teilt Heine mit einer ganzen Generation junger Autoren, seine Kritik ist auch die des aufkommenden »Jungen Deutschland«, es ist die Kritik am »Repräsentanten einer zu Ende gegangenen Literaturperiode« (Mende). Das ist auch eine politische Kritik; Heine kritisiert den Quietisten Goethe, den Minister und Hofmann, den »Aristokratenknecht«, den Indifferentisten gegenüber den Forderungen der neuen Zeit, er verurteilt die »Kunstbehaglichkeit des großen Zeitablehnungsgenies«. Das härteste Urteil aus dieser Zeit steht in den »Englischen Fragmenten«. Heine lenkt dabei unversehens die Aufmerksamkeit vom eigenen Leiden an Deutschland auf dessen größten Mann: »Meine Seele bebt, und es brennt mir im Auge, und das ist ein ungünstiger Zustand für einen Schriftsteller, der den Stoff beherrschen und hübsch objektiv bleiben soll, wie es die Kunstschule verlangt, und wie es auch Goethe getan – er ist achtzig Jahre dabei alt geworden, und Minister, und wohlhabend – armes deutsches Volk! das ist dein größter Mann!« Das ist ungerecht, fast verächtlich, aber wer will immer Gerechtigkeit von einem jungen Dichter verlangen, der einen verzweifelten Kampf gegen die anscheinend undurchdringliche Erstarrung der gesellschaftlichen Verhältnisse in seinem Vaterland führt?

Der Weg nach Paris

Der Zyklus der »Reisebilder« erschien in vier Teilen: Band I im Mai 1826 (1500 Exemplare), Band II im April 1827 (2000), Band III, auf den Campe fast drei Jahre drängen mußte, zur Jahreswende 1829/30 (2000), »Reisebilder, Nachträge«, also Band IV mit »Die Stadt Lucca« und »Englische Fragmente«, im Januar 1831 (2500). Die Erscheinungsform in mehreren Teilen mit dem gleichen Titel war zur damaligen Zeit besonders in der Almanach-Literatur üblich und sowohl beim Publikum als auch bei den Leihbibliotheken beliebt; das machte sich Heine zunutze. Der öffentliche Widerhall der »Reisebilder« war groß, Galley und Estermann haben rund 100 Rezensionen und Notizen bis Ende 1831 gefunden, und Rezensionen waren damals das wichtigste Werbemittel für einen Autor. Viele der im Prolog angeführten Lobpreisungen und Angriffe galten den »Reisebildern«; zunächst überwogen tendenziell die positiven Stimmen, mit wachsender politischer Radikalität nahmen die Attacken zu; am wenigsten Beifall bekam die Platen-Polemik. Durch Heines Praxis der Vorabdrucke in Zeitschriften und Zeitungen wuchs sein Ruhm und öffneten sich ihm neue Einnahmequellen: Mit dem Ruhm wurde Heine »teuer«, er war um 1830 bei Cotta einer der am höchsten honorierten deutschen Presse-Autoren. Der Buchverkauf der »Reisebilder« hielt jedoch mit ihrer Popularität und der öffentlichen Resonanz nicht Schritt: Nur etwa zwei Drittel der Auflage wurden im jeweils ersten Jahr abgesetzt, jeder Band hatte zu Heines Lebzeiten vier bis fünf Auflagen. Campe nannte diesen Absatz schlecht und knauserte an den Honoraren, das war eine Quelle endlosen Streits zwischen Autor und Verleger.

Die bescheidenen Verkaufszahlen überraschen nicht. Die große deutsche Leserevolution des 19. Jahrhunderts, die enorme Ausweitung der Leserschaft, das Anwachsen der Buchproduktion, der Aufstieg der Massen-Presse und des Journalismus hatten gerade erst begonnen. Heine konnte in den zwanziger Jahren nur mit einem begrenzten Publikum von wenigen tausend Leuten rechnen, und zwar mit Adligen und Bürgerlichen; Arbeiter, Bauern und die meisten Handwerker lasen noch nicht. Dieses kleine, doch äußerst lesefreudige Publikum war obendrein durch Hunderte meist regionaler und lokaler Zeitungen und Zeitschriften, durch Almanache und Trivialromane überfüttert: Gute, anspruchsvolle Literatur, schreibt Galley, hatte es damals also sehr schwer, eine feste, breite Leserschaft zu gewinnen. Heine tat alles, um sie durch Originalität, Provokation und kluge Eigenwerbung für sich zu interessieren, sich in der Konkurrenz mit anderen Autoren, die oft auch noch Kritiker und Redakteure waren, zu profilieren und durchzusetzen; er machte aber keine Qualitätskonzessionen, er schloß sich »den Industriellen im Fache der Literatur« nicht an, wie der Musiker und Journalist August Gathy 1831 feststellte; »das Verschmähen solch unwürdigen Seelenverkaufs« und der Vielschreiberei war, wie die langsame Produktion von »Reisebilder III« zeigt, für Heine selbstverständlich, schmälerte aber seine Verdienstmöglichkeiten auf dem Buch- und Zeitungsmarkt.

Er hielt Campe mit dem dritten Band nicht aus Bosheit hin, obwohl er oft wütend auf den Verleger war. Persönlicher Kummer und das ständige Kränkeln (Kopfschmerzen und häufige Erkältungen) hemmten manchmal die Schreiblust; Anfang 1829 scheint ihn Samsons Tod, kurz nach dem Scheitern aller Münchener Pläne, fast gelähmt zu haben: »Durch den Tod meines Vaters war ich lange trübsinnig«, schrieb er noch am 17. November 1829 an Immermann. Sorgen um die materielle Lage der Mutter mußte er sich nicht machen, da Salomon seiner Schwägerin eine Jahresrente von 1000 Bankomark ausgesetzt hatte; vielleicht drückten ihn aber tatsächlich uneingestandene Schuldgefühle wegen mangelnden Respekts vor dem gescheiterten Vater? Das vermutet Sammons; das geschönte Porträt des Vaters in den »Memoiren« wäre dann *auch* als ein Stück Wiedergutmachung anzusehen. Jedenfalls überschatteten Trauer und Kummer noch Heines Berliner und Potsdamer Zeit von Februar bis Juli 1829; noch im ersten »Brief über die französische Bühne« erinnerte er sich 1837 »an die trüben Tage, die ich in Potsdam zubrachte, und an den großen Schmerz, der mich damals in die Einsamkeit bannte«.

Falls Heine sich in Berlin um eine Stelle an der Universität bemüht haben sollte, so sicher nicht mit Energie; Dokumente darüber gibt es nicht. Von öffentlichen Ereignissen nahm er den Staatsbesuch des Zaren Nikolaus I. im Juni wahr; am wichtigsten aber waren die Erneuerung alter Freundschaften und Bekanntschaften – zu den Varnhagens, den Roberts, zu Lehmann, Moser, Chamisso, Gans, Zunz – und neue Kontakte: Er traf die Arnims bei Varnhagens; er lernte den 20jährigen Felix Mendelssohn-Bartholdy, seine Schwester Fanny und höchstwahrscheinlich auch den Komponisten Meyerbeer kennen, mit dem er in Paris oft zusammentraf; die Maler Wilhelm Hensel und Franz Kugler zeichneten ihn. Das Verhältnis zu Varnhagens war nicht frei von Spannungen. »Der Einfluß von Rahel und mir auf Heine«, schrieb Varnhagen 1853 rückblickend in sein Tagebuch, »bestand nur einzig darin, seinen Ernst zu stärken und seine Scherzausbrüche zu mäßigen, und darin hat besonders Rahel viel gethan, wenn es auch manchen wenig bemerkbar sein kann, denn allerdings blieb er immer noch zu scharf und wild«. Diese Deutung ihres Verhältnisses mutet etwas biedermeierlich-vordergründig an, zu sehr nur auf Heines diffizilen *Charakter* bezogen: Varnhagens verkannten nicht nur Heines inzwischen enorm gewachsene künstlerische Statur und Überlegenheit, die sie als Ruhmsucht deuteten, sie wollten auch nicht wahrhaben, daß Heines Naturell, seine den Goethe-Kult der Berliner Salons hinter sich lassende politisch-gesellschaftskritische Ästhetik, seine revolutionär-demokratische Einstellung klassisches Maß im Goetheschen Sinn weder zuließ noch vertrug. Mit anderen Worten: Heine war über die Berliner Salons hinausgewachsen. Die Diskrepanz zu den Freunden erkennend, beging er sicher Fehler: Einmal verstieg er sich dazu, Wit von Dörring den besten deutschen politischen Schriftsteller zu nennen; ein andermal hatte er einen Streit mit Rahel, nach dem er ihr stolz schrieb, er denke nicht daran, in seiner Selbstschätzung so tief herabzusinken, wie sie ihn brauche: »Sie werden mich für einen eiteln Mann erklären. Immerhin! Die Folge mag ausweisen daß ich für ein edleres Interesse meine Privateitelkeit und allen äußeren Schein zum Opfer bringen kann.« Der Streit wurde rasch beigelegt,

Heine schickte seiner erkrankten Gönnerin Rosen, die gegenseitige Hochachtung blieb unverändert – Heine konnte ja nicht überhören, daß Varnhagens, auch wo sie ihn verkannten, aus echter menschlicher Sorge um ihn warnten. Außerdem gab es auf der politisch-gesellschaftstheoretischen Ebene eine neue Gemeinsamkeit: Durch Varnhagen erhielt Heine erste Anstöße, sich mit dem französischen Saint-Simonismus zu beschäftigen. Wir erwähnten schon, daß Varnhagen ein sehr genauer Beobachter des Zeitgeschehens war und zahlreiche Verbindungen zu bedeutsamen Zeitgenossen unterhielt – es war also kein Zufall, daß gerade er auf »Le Globe« stieß, der seit 1824 unter anderem die französische Goethe-Verehrung bestimmte, von Goethe abonniert war und nach der Julirevolution 1830 ausschließlich das Organ der Saint-Simonisten wurde. Heine lernte »Le Globe« durch Varnhagens kennen; so begann die Beschäftigung mit einer Lehre, die ihn stark beeinflußte und eine der stärksten Lockungen war, nach Paris zu gehen; den jungen amerikanischen Saint-Simonisten Brisbane, dem die Polizei seine Propaganda im Berliner Café Stehely verbot, lernte Heine 1831 in Paris kennen.

Im April 1829 zog sich der Dichter für fast drei Monate nach Potsdam zurück. Er lebte dort »wie Robinson auf seiner Insel« und fuhr selten nach Berlin. Er lernte das Schriftsteller-Ehepaar Heinrich und Charlotte Stieglitz kennen und korrespondierte mit Friederike Robert, deren außergewöhnliche Schönheit alle, die sie kannten, rühmten. Heine nannte sich in den Briefen Friederikes getreue kleine Freundin und schrieb: »Wir beiden sind noch die zwey besten Schriftstellerinnen Deutschlands!« Diese merkwürdigen Scherze lassen sich als Abwehrverhalten im doppelten Sinne deuten: Heine wollte der Schönen, die er zu lieben erklärte, klarmachen, daß er keine ernsten Absichten auf sie hatte: er konnte und wollte ja keine intellektuell ebenbürtige Frau haben, und er ließ durchblicken, daß seine Bewunderung für ihre Schreiberei nicht ernst gemeint war. Trotz ständiger Klagen über Krankheit, Trauer und seelisches Unglück, trotz erneut hervorbrechender Todeswünsche begann Heine in Potsdam wieder produktiv zu arbeiten, und zwar an den »Reisebildern III«, auf die Campe sehnsüchtig und erbittert wartete; er besuchte Heine ja auch in Potsdam und informierte ihn über Platens »Romantischen Oedipus«.

Ende Juli kehrte Heine nach Hamburg zurück und blieb dort, mit Ausnahme zweier Helgoland-Reisen, bis zur Abreise nach Paris. Er blieb, obwohl er nie in Hamburg heimisch wurde, immer wie auf Abruf dort lebte und das Hamburger Klima ihm offenkundig gesundheitlich ebenso wenig guttat wie das Münchener. Hermann Schiff erschien er damals als »ein vornehm mißmuthiger Gentleman« und Lebemann; gern saß er wieder an der Wasserseite des Alsterpavillons, beobachtete und traf Leute; 1830 zog er sich monatelang nach Wandsbeck in ein möbliertes Zimmer zurück, August Lewald und seine Frau, mit denen er sich angefreundet hatte, besuchten ihn dort mehrmals. Der Journalist François Wille, damals noch ein Gymnasiast, ein lebenslanger Verehrer des Dichters, der Heine erst bei seinem Hamburg-Besuch 1843 kennenlernte, hat ihn geschildert, wie er ihn Anfang 1831 bei einer Vorlesung des Redakteurs und späteren Gymnasialprofessors Wurm über englische Literatur erlebte: »Die Unruhe, die ihn unter den musterhaft dasitzenden Zuhörern auszeichnete, vermehrte sich für den, der ihn genauer beobachtete. Er war immer in Bewegung, blickte bald vor sich, bald mit blinzelnden Augen unter den Anwesenden umher, legte die Hand vor die Stirn, rieb an Kinn, Nase und Mund oder veränderte seine Stellung auf dem Stuhle und hatte sich vor dem Ende der Vorlesung entfernt.« Der junge Bewunderer bemerkte auch die Ungeniertheit, die Heine oft an den Tag legte: »Ich sah ihn... einmal auf der Straße, wo er im Gehen, mit dem unbefangenen Behagen eines Italieners eine große Apfelsine auszog, unbekümmert um das Befremden der Vorübergehenden über ein solches an einem anständig gekleideten Hamburger noch nie erlebtes Benehmen.« Entsetzt und ungläubig hörte Wille ausgerechnet von seinem Lehrer, dem schon erwähnten Gymnasialprofessor Zimmermann, der mit seiner Klasse »Reisebilder III« besprach und Heines Talent hochschätzte, eines der umlaufenden Vorurteile über ihn: »Der und tiefes Leiden! wenn er nur ein Herz hätte!«

Zimmermann gehörte zu Heines häufigem Umgang; der Dichter war ja in Hamburg viel unter Menschen, er traf Merckel, den späteren Jung-Deutschen Ludolf Wienbarg, Wohlwill, Rosa Maria und David Assing, den Komponisten Albert Methfessel, der Texte von ihm vertonen wollte und über den er schon 1823 im »Gesellschafter« einen kleinen lobenden Aufsatz veröffentlicht hatte, den Maler-Autor Peter Lyser, der Heine mehrmals rezensierte, den Makler Hartwig Hesse, den Heine auf den Saint-Simonismus hinwies, das Ehepaar Tjutschew, das ihn ins Wandsbeck besuchte, Chamisso, den er im September 1830 während einer Tagung der »Gesellschaft der deutschen Naturforscher und Ärzte« beim Austernessen wiedersah; er besuchte das Theater, allerdings wählerisch, weil Aufführungen und Publikum ihm wenig behagten; er ging zu Konzerten, hörte im Juni 1830 den genialen Geiger Paganini, den er später in den »Florentinischen Nächten« porträtierte, sah Immermanns »Trauerspiel in Tirol« und berichtete dem befreundeten Kollegen darüber, dessen heiteres Versepos »Tulifäntchen« er im April 1830 einer ausgiebig-akribischen metrischen Kritik unterzog; er lernte durch Lewald, der von 1827 bis 1831 Theaterautor und Komparseninspektor am neuen Stadttheater war, auch Leute von der Bühne kennen; Gerüchte dichteten ihm sogar ein Liebesverhältnis zu der schönen, begabten, von ihm als Künstlerin bewunderten Therese Peche an; er hatte auch Kontakte zu Journalisten wie dem Chefredakteur des »Correspondenten«, Achilles Matthias Runkel; noch viele andere Menschen kreuzten in Hamburg seinen Weg, und trotzdem wirkte er in dieser Zeit merkwürdig einsam – einsam und zugleich rastlos. Rastlos war er wegen der fehlenden öffentlichen Anerkennung, die Stadt erkannte sein Genie nicht – Heines Zeitgenossen Ludolf Wienbarg, Karl Gutzkow, Theodor Mundt erging es übrigens in Hamburg nicht anders. Einsam blieb Heine, weil ihm, trotz Merckel, der wirklich *ebenbürtige* Mann in Hamburg fehlte; Campe, der es an sich war, mißtraute er wegen des dauernden Streits um Honorar und Papier zu sehr: »Ein wahrer Schuft aber ist mein Campe, der sogar, um mich in meinen pekuniären Ansprüchen niederzuhalten, gegen mein Buch geheime Ränke ausübt.« Heine meinte damit wohl Campes Kritik an der Platen-Satire.

Manchmal, gerade auch in Zeiten von Krankheit, warf sich Heine ins Hamburger Nachtleben: »Ich habe kein Talent recht leidend gar zu lange hinzukränkeln, und als ich, außer meinem körperlichen Unwohlseyn, auch mit geistigem Mißbehagen, welches größtentheils durch mein letztes Buch verursacht wurde, zu schaffen bekam, griff ich zu meinem gewöhnlichen Hausmittel, welches darinn besteht, daß man nicht mehr zu Hause eingezogen lebt, und daß man dem kranken, verdrießlichen Leibe so viel Lebensfreuden als möglich abtrotzt.« (5. 4. 1830 an Varnhagen) So amüsierte er sich im Schweizer- oder Damenpavillon am alten Jungfernstieg, einem Künstlercafé mit Halbweltcharakter; er war häufiger Gast im modernsten Tanzlokal der Hamburger Vergnügungsindustrie, bei Peter Ahrens; er wanderte mit Merckel zur »schönen Marianne« nach Eimsbüttel, einer bekannten Gastwirtin, und besuchte die Straßenmädchen auf der Drehbahn – er tat es ungeniert und schrieb offen darüber; die Erinnerung an die lange Male, das dicke Posaunen-Engel-Hannchen, Mummen-Friederike, Pique-Aß-Luise, Strohpuppen-Jette, Dragoner-Kathrine und andere Prostituierte in den Lesarten zum »Wintermärchen« könnte biographisch zuverlässig sein.

In den Briefen, aber auch noch von Paris aus hat Heine Hamburg ähnlich hart kritisiert wie zwischen 1816 und 1819. Die Schelmen-Figur des stark autobiographischen »Schnabelewopski« beispielsweise spricht sicher Ansichten des Dichters aus: Sie lobt die Hamburger Mädchen, das Hamburger Essen und nennt die Elbestadt ironisch-genüßlich »die Vaterstadt... des Rauchfleisches«. Sie kritisiert den Kaufmannsgeist und macht sich über die politischen Verhältnisse lustig: »Hier herrscht nicht der schändliche Macbeth, sondern hier herrscht Banko. Der Geist Bankos herrscht überall in diesem kleinen Freistaate, dessen sichtbares Oberhaupt ein hoch- und wohlweiser Senat. In der Tat, es ist ein Freistaat und hier findet man die größte politische Freiheit. Die Bürger können hier tun was sie wollen und der hoch- und wohlweise Senat kann hier ebenfalls tun was er will.« Selbstverständlich litt Heine unter der Hamburger Judenfeindlichkeit (nur sehr reiche Juden wie sein Onkel Salomon wurden wirklich akzeptiert); daß die Hamburger September-Unruhen im Gefolge der Pariser Julirevolution von 1830 zu antijüdischen Ausschreitungen führten, erregte ihn stark, wie die Notizen »Revolution in Hamburg«, einige Briefe und eine Briefäußerung von Frau Assing zeigen. Um 1850 hat Heine im Gespräch mit dem Schriftsteller-Ehepaar Fanny Lewald und Adolf Stahr noch unter einem anderen Aspekt mit Hamburg abgerechnet: »Diese hochmütige Splitterrichterei bei eigner balkendicker Verstocktheit, dieser Haß gegen alles Ungewöhnliche, diese angstvolle Abneigung gegen alles, was mehr ist als sie selber, diese heuchlerische bürgerliche Sittlichkeit nebst einer phantasielosen Liederlichkeit – wie gräßlich war mir das alles!« Die heftige Kritik an Hamburgs biedermeierlichem Philistertum, in der die uns vertraute Vorstellung vom Leiden des außergewöhnlichen Mannes unter den »Pfennigsmenschen« wieder auftaucht, verführt Heine sogar zu einer sehr einseitigen Darstellung der Ursachen seiner Hamburger Mißhelligkeiten: Die Familie soll ihm nämlich gar nichts getan haben: »Sie waren im Grunde immer alle gut gegen mich, und alle Verdrießlichkeiten kamen mir durch Klatschereien von dem andern Volk.«

Von Anfang August bis zum 22. September 1829 und vom 25. Juni bis zum 23. September 1830 war Heine auf Helgoland. Wieder hoffte er an der See auf Besserung seiner Gesundheit: »Meine Gesundheit ist zerrüttet, und ich muß wieder in die Ruhe des Landlebens und in die Wellen des Meers.« (14. 3. 1830) Er scheint die Aufenthalte aber nicht ungetrübt genossen zu haben, denn er war nervlich labil und erholte sich nicht leicht – Heine bestätigte lächelnd die Äußerung eines alten Helgoländer Fischers, die ihm Fanny Lewald 1850 übermittelte: »Der Doktor Heine ist ein sehr sonderbarer Mensch gewesen. Er konnte keine Uhr ticken hören, wir mußten unsere Hausuhr anhalten, solange er bei uns war.« Von der Meeres-Natur ist in Heines Briefen aus Helgoland wenig die Rede, nur von der Ankunft 1830 in einer offene Jolle im Sturm. Wohl aber litt er unter einer unvermeidlichen Folge seines Ruhms: Verehrerinnen setzten ihm zu: »Hier sind die Weiber meine Plage. Ich glaube, wenn ich nach Nova-Zembla ginge, würde ich dort von Sängerinnen und Tänzerinnen gemartert werden.« Zwei der Damen sind namentlich bekannt: Die Sängerinnen Elisabeth Schröder, seit 1827 am Hamburger Stadttheater, und Clara Siebert, die 1830 dort ein Gastspiel gegeben hatte. Herzensbindungen waren das nicht; Heine, der gern Frauen um sich hatte, empfand manche Verehrerinnen als lästig; in einem Brief an Charlotte beklagte er überdies selbstkritisch seine durch zu viel Essen, zu viel Schwätzen, zu viel Gesellschaft, zu viel Denken verursachte trübe Stimmung.

Auf Helgoland erfuhr der Dichter von der Julirevolution, die Nachricht versetzte ihn ebenso in Begeisterung wie Börne. Der Sturz des autoritären Regimes von Charles X., der die Pressefreiheit abschaffen wollte und die Druckmaschinen durch die Polizei zerstören ließ, das Ende der Bourbonen-Herrschaft und die Inthronisation des Bürgerkönigs Louis Philippe erweckten in Heine die Hoffnung auf politische Freiheit und soziale Gerechtigkeit unter einem Volkskönig. »Die armen Leute haben gesiegt«, soll ein Fischer zu ihm gesagt haben; so steht es jedenfalls in den großartigen Helgoländer Briefen, die 1840 den zweiten Teil des Börne-Buches bildeten – wir dürfen sie nur vorsichtig als biographische Quelle heranziehen, Heine hat bestenfalls Teile davon 1830 geschrieben (vermutlich im Oktober und November), auch sind sie weder Autobiographie noch objektive Geschichtsschreibung, sondern subjektiv-poetische Darstellung politisch-historischer Erfahrungen. Immerhin gibt es Zeugnisse von Heines Revolutions-Begeisterung 1830. Der konservative Archäologe Ferdinand Meyer berichtete über eine radikale Helgoländer Äußerung des Dichters, »in Gegenwart des Ministers R- und des Generals K-«, Meyer zog sich ihretwegen von Heine zurück. In einem Brief Heines an Varnhagen vom 19. 11. 1830 spricht er von Vorahnungen eines revolutionären Ausbruchs, von Studien der Revolutionsgeschichte und behauptet, die Nachricht von der großen Woche in Paris sei ihm, als sie ihn erreichte, wie etwas ganz Selbstverständliches vorgekommen. In einem Brief-Bruchstück aus Helgoland vom 6. 7. 1830 schildert Heine

eine ganz andere Stimmung *vor* der Revolution, sehr ähnlich wie im Börne-Buch, stellenweise wörtlich wie dort; er sei des Guerilla-Krieges müde und verlange nach Ruhe, es sei seltsam, daß gerade er aus seinem beschaulichen Leben herausgestört wurde, um seine armen Landsleute aus der Behaglichkeit in die Bewegung zu treiben, sich mit Polizei und Zensur herumzuhetzen – der Aufstand könnte ihn so, wie es die Helgoländer Briefe des Börne-Buches schildern, aus *resignativer* Stimmung gerissen haben. Leider geben die sehr knappen Notizen über die Hamburger Unruhen nicht viel her: Heine rühmt dort die Pariser und kritisiert die Feigheit der Hamburger, die antisemitische Stoßrichtung des dortigen Aufruhrs.

Bei aller revolutionären Begeisterung unterschied sich Heine in einem von Börne: Er eilte nicht, wie dieser, sofort nach Paris, er ging langsam. Jahrelang hatte ihn der wachsende Ruhm in Deutschland festgehalten, aber seit dem Herbst 1830 zogen sich die Wolken immer dichter über ihm zusammen. Er sah keine Hoffnung mehr im Vaterland, und Frankreich lockte stark, auch wenn die armen Leute nicht gesiegt hatten. Heine fühlte sich gleichzeitig von mehreren Seiten bedrängt. Das Verhältnis zu Onkel Salomon war wieder schlecht. Salomons Spott über ihn – »Aber, ohne Schmeichelei, Henry, der Platen hat dir gut getrefft« – mochte noch hingehen; daß er den Neffen gegenüber Therese Devrient bei einem Gastmahl »Canaille« nannte, war schon schlimmer; das Gerangel um Geld war immer entwürdigend, ebenso das Getuschel über Heines gescheiterte Berufspläne. Eine von Varnhagen überlieferte Stammbucheintragung Heines für Salomon – »Lieber Onkel, leihe mir hunderttausend Taler und vergiß auf ewig Deinen Dich liebenden Neffen H. Heine« – bewirkte, wenn sie nicht überhaupt nur Anekdote ist, gar nichts; auch ständige Mahnungen Varnhagens, Heine *müsse* sich mit dem Bankier gut stellen, halfen nicht im Konflikt zweier stolzer, empfindlicher, einander *gefährlich* ähnlicher Charaktere; so kam es im März 1831 zu einem neuen schweren Zerwürfnis, dessen genauere Ursachen unbekannt sind. Nicht so bitter, doch auch enervierend waren die Reibereien mit Campe: Im Herbst 1830 ging es wieder um Papier und Honorar; im November 1830 ließ sein »Schuft von Verleger« Heine entgegen früheren Versicherungen, in Sachsen werde »Reisebilder IV« ganz durch die Zensur gehen, »noch einige Arien einlegen und noch ein Finale schreiben um 20 Bogen zu füllen«. Heine mag gespürt haben, daß er sich gegenüber Onkel und Verleger in einer sehr ähnlichen, dem Grundmuster seines Verhaltens entsprechenden Lage befand.

Eine weitere Niederlage holte sich Heine, als er, unbegreiflicherweise, trotz seines gespannten Verhältnisses zu Hamburg, trotz seiner Untauglichkeit für feste berufliche Bindungen, trotz der Radikalität seiner jüngsten Publikationen *in den gleichen Tagen,* als der vierte Band der »Reisebilder« erschien, noch einmal nach dem Strohhalm einer festen Anstellung griff. Eine von vier Hamburger Ratssyndikus-Stellen wurde frei: »Mein Streben geht dahin, mir, à tout prix eine sichere Stellung zu erwerben; *ohne solche kann ich ja doch nichts leisten*«, schrieb er Varnhagen am 4. 1. 1831, erklärte aber zugleich: »Ich thue gar keine Schritte.« Wohl aber sollte Varnhagen klären, ob in Berlin oder Wien nichts für ihn zu erlangen sei, und für ihn in wichtigen Zeitungen als Syndikus-Kandidat werben. Dabei wußte er, daß man ihn auf keinen Fall wählen würde, obgleich er angeblich von mehreren Seiten angegangen worden war, sich zu bewerben. Er hatte keine Chance für die Stelle; der Rat suchte zwar »einen populären Namen« und »eine politische Feder«, aber nicht *seinen* Namen, nicht *seine* spitze Feder. Der Rat suchte auch einen erstklassigen Fachjuristen, und Heine wußte, daß er das nicht war. Vielleicht wollte er aber auf dem Weg nach Paris auch von dieser Seite ganz bestimmt keine Hoffnung mehr und den Rücken frei haben? Er bekam ihn frei und der Vizepräsident des Handelsgerichts Dr. Johann Christian die Stelle; Varnhagen aber machte Heine die Unsinnigkeit seiner Pläne klar: »Glauben Sie, man wird ein Geschäftsmann, ein Bürger in Amt und Zutrauen, gleich mit Einem Sprung, wie man ein Dichter wird? Überhaupt haben Sie es durch Ihr ganzes bisheriges Leben und Dichten wohl am wenigsten darauf angelegt, im Staatsdienst ihre Bahn zu finden.« Das war die Wahrheit, nur taugte Varnhagens Rat nicht, Heine müsse sich mit dem Onkel gut stellen und das Publikum mit einem neuen Werk einmal bloß rühren und erheben: ein etwas lächerlicher Rat von einem so klugen Mann für einen Dichter in radikaler Stimmung.

Heine tat das genaue Gegenteil, und aus dem Bereich seines Schreibens kamen auch die letzten Anstöße zur Reise nach Paris: Erstmals wurde mit »Reisebilder IV« Anfang 1831 ein Buch Heines in Preußen verboten und konfisziert. Von nun an wurden alle Bücher Heines in Preußen verboten; kurz nach der Abreise traf das Verdikt die letzte in Deutschland geschriebene Arbeit, das Vorwort zu »Kahldorf über dem Adel in Briefen an den Grafen M. von Moltke«, einer unter dem Pseudonym »Kahldorf« erschienenen Schrift des liberalen Journalisten und früheren Burschenschaftlers Robert Wesselhöft, der damit gegen die zwar nicht kritiklose, doch im Kern adelsfreundliche Schrift des in dänischen Diensten befindlichen Grafen Magnus von Moltke »Über den Adel und dessen Verhältnis zum Bürgerstande« (Hamburg 1830) anging. Heine wies im Vorwort erstmals auf den revolutionären Charakter der deutschen Philosophie, besonders Kants hin, worüber er später noch ausführlich schrieb; er pries den Sturz des Despotismus durch die Julirevolution als Umwälzung ohne Mord und Greuel und lobte den Ton der Mäßigung in Wesselhöfts Schrift, der Moltke dennoch konsequent widersprach. Heine charakterisierte Moltkes Haltung: »Der hochgeborene Kämpe sitzt auf seinem Tournierroß und behauptet keck die mittelalterliche Zote, daß durch adlige Zeugung ein besseres Blut entstehe als durch gemein bürgerliche Zeugung.« Heine korrigierte eine früher geäußerte positive Haltung zum Zaren und zeigte Nikolaus jetzt als Protagonisten der Reaktion; gegen die »siegreichen Anmaßungen und faktischen Usurpationen des Adels« setzte er den unsterblichen Geist der Revolution und warnte vor der hohen Jagd gegen die liberalen Ideen: »Berlin füttert die beste Koppel, und ich höre schon, wie die Meute bellt gegen dieses Buch«.

Es erschien Ende April 1831; Heine verließ Hamburg am 1. Mai – seine Mutter scheint einverstanden gewesen zu sein, Onkel Henry und Hartwig Hesse, dem Heine am 10. 2. ein

Exemplar der »Doctrine de Saint-Simon«, seines »neuen *Evangeliums*«, geschickt hatte, halfen ihm vermutlich finanziell. Am 9. Mai war Heine in Frankfurt, wo er einige Tage blieb, endgültig mit Rousseau brach und Oppenheim das bekannteste Porträt von ihm malte. Wohl über Heidelberg, Karlsruhe, Straßburg, Nancy, Châlons-sur-Marne und Chateau-le-Thierry reiste er nach Paris, wo er am 19. Mai eintraf: noch kein Emigrant, obwohl er in Hamburg vielleicht politisch gewarnt worden war, noch nicht zum dauernden Exil entschlossen, voller Vorfreude auf die Hauptstadt der Welt, voller Gewißheit, daß ihm keine andere Wahl blieb, einer von Trauer durchzogenen Gewißheit, denn Heinrich Heine hat Deutschland, dessen restaurative Erstarrung und Rückständigkeit er leidenschaftlich bekämpfte, sehr geliebt: »Ach, vor 6 Monathen sah ich alles voraus«, schrieb er Varnhagen am 27. 6. 1831, »und hätte mich gern in die Poesie zurückgezogen und anderen Leuten das Schlächterhandwerk überlassen – aber es ging nicht, la force des choses, wir werden auf die Spitze getrieben!... Ich habe zuletzt in Hamburg ein unerquickliches Leben geführt, ich fühlte mich nicht sicher, und da mir eine Reise nach Paris schon längst im Gemüthe dämmerte, so war ich leicht beredet als mir eine große Hand gar besorglich winkte. Indessen: Fliehen wäre leicht, wenn man *nicht* das Vaterland an den Schuhsolen mit sich schleppte!«

IV. Kapitel
1831–1843

Wie ein Fisch im Wasser

Um 1831 war Paris, »die Spitze der Welt«, mit rund 800 000 Einwohnern die größte Hauptstadt des europäischen Festlandes; ihre Bevölkerung wuchs bis zu Heines Todesjahr 1856 auf 1 175 000 Menschen an. Drei Viertel von ihnen waren arme, oft am Rande des Existenzminimums lebende Arbeiter, unselbständige Handwerker und Dienstleute mit 12 bis 15 Stunden täglicher Arbeitszeit und engem, teurem Wohnraum. Etwa 15 bis 17 Prozent waren selbständige Handwerker, Kleinhändler, Angestellte und niedrige Beamte, die meisten ebenfalls arm, aber gerade deswegen um so stärker auf ihrem bürgerlichen Stolz gegenüber den einfachen Leute beharrend. 6 bis 8 Prozent gehörten zum besser situierten Bürgertum, eine zahlenmäßig winzige Minderheit von Adligen und reichen Bourgeois bildeten die Spitze der Pyramide und hatte die Macht in Staat, Wirtschaft und Gesellschaft.

Der alte Adel wohnte in Faubourg Saint-Germain links der Seine, die neue Finanzaristokratie im Faubourg Saint-Honoré und im Opernviertel auf dem rechten Seineufer, wo bei den großen Boulevards, in deren Nähe Heine meist wohnte, neue bürgerliche Viertel gebaut wurden. Stadtzentrum und Île de la Cité hatten sozial gemischte Bevölkerung; die Unterschichten wohnten hauptsächlich in den Faubourgs Saint-Marceau, Saint-Antoine und Saint-Denis sowie in den Vorstädten, was die hohe Zahl der Todesopfer während der Cholera-Epidemie 1832 erklärt. Moderne Kanalisation fehlte in großen Teilen der Stadt; nur die Häuser der Reichen hatten Fäkaliengruben und fließendes Wasser, die meisten Leute mußten Wasser von Trägern kaufen. Ölbeleuchtung gab es nur in den Häusern der »besseren« Kreise, Petroleumlampen erst nach 1850. Teile der Straßen waren nicht zuletzt aus Gründen der Sicherheit gasbeleuchtet, etwa die »Passage des Panoramas«, eine überdachte Geschäftsstraße.

Heine erlebte die Weltstadt zunächst wie im Rausch. Seinen Einzug durch die Porte Saint-Denis schilderte er 1854 in den »Geständnissen« mit ironischer Selbststilisierung: »In zwanzig Minuten war ich in Paris, und zog ein durch die

Triumphpforte des Boulevard Saint-Denis, die ursprünglich zu Ehren Ludwigs XIV. errichtet war, jetzt aber zur Verherrlichung meines Einzugs in Paris diente.« Sofort stürzte er sich ins bunte, erregende Treiben der Metropole, besuchte wohl schon am Tag nach seiner Ankunft erstmals die Saint-Simonisten, sprach bei Michel Chevalier, dem Chefredakteur des »Globe« vor, der am 22. Mai Heines Ankunft meldete und ihn einen berühmten Schriftsteller, einen Verteidiger des Fortschritts und der deutschen Volksinteressen, einen Feind der Hofschranzen und Aristokraten nannte. Am 21. Mai besichtigte Heine die Manessische Minnesänger-Handschrift in der Bibliothèque Royale, in den folgenden Wochen und Monaten viele andere Sehenswürdigkeiten – ein beträchtlicher Teil seines Lebens spielte sich wie früher in Berlin und London auf den Straßen ab, die er unermüdlich durchstreifte; die Begegnung mit den Menschenmassen der modernen Großstadt, die ihn in London sprachlos staunen ließen, wurde eine alltägliche Gewohnheit. Mehrere Bekannte des Dichters haben ihn als neugierigen, unersättlichen Beobachter des Menschenmeeres erlebt, zum Beispiel der Literaturkritiker Philarète Chasles: »Da fiel mir dem Pavillon Marsan gegenüber ein kleiner blonder Mann auf, der, an die Brustwehr des Kai's gelehnt und seinen triefenden Hut mit der Hand haltend, die Vorübergehenden musterte und dem Unwetter zusah. Die Wolke riß, auf sein wallendes Haar fiel ein Sonnenstrahl und beleuchtete eine höchst originelle Gesichtsbildung... Der Mann hatte in seinem ganzen Wesen etwas so Unbekümmertes und Schwermütiges, sein Blick war so lang gehalten und doch so beweglich, seine Neugierde so gar nicht französisch, so echt germanisch träumerisch, so sonderbar mit Melancholie versetzt, daß er mir nicht aus dem Kopfe kam, als ich ihn längst aus den Augen verloren.«

Gern war Heine in der »Passage des Panoramas«, wo auch attraktive Straßenmädchen standen; als unersättlicher Zeitungsleser besuchte er die Lesekabinette, zum Beispiel im Palais Royal. Er genoß das gesellige Leben, den Karneval und besuchte – später auch mit Mathilde – Bälle. Er gelangte anscheinend mühelos in die verschiedenen Salons, sein Pariser Leben stand geradezu *im Zeichen des Salons,* wo er eine

Unmenge Leute kennenlernte – der Umgang mit zahlreichen, oft rasch wechselnden Bekannten kennzeichnet Heines Pariser Alltag bis zum körperlichen Zusammenbruch 1848. Ein solches Leben kostete viel Geld, also mußte er hart arbeiten: »Ich bin übrigens fleißiger als sonst«, schrieb er Merckel am 24. August1832, »und zwar aus dem einfachen Grunde, weil ich in Paris sechsmal so viel Geld brauche als in Deutschland.«

Eine Reihe von Briefäußerungen belegt Heines Enthusiasmus für Paris und Frankreich; einige seien in chronologischer Folge zitiert: »Hier freylich ertrinke ich im Strudel der Begebenheiten, der Tageswellen, der brausenden Revoluzion« (27. Juni 1831 an Varnhagen, der am 16. Februar 1832 erwiderte: »Hab' ich Ihnen nicht immer gesagt, Sie müssen nach Paris, das ist der Ort für Sie?«). »Ich erlebe viel Große Dinge in Paris, sehe die Weltgeschichte mit eignen Augen an, verkehre amicalement mit ihren größten Helden, und werde einst, wenn ich am Leben bleibe, ein großer Historiker.« (24. August 1832 an Merckel). »Fragt Sie jemand wie ich mich hier befinde, so sagen Sie: wie ein Fisch im Wasser. Oder vielmehr, sagen Sie den Leuten, daß, wenn im Meere ein Fisch den anderen nach seinem Befinden fragt, so antworte dieser: ich befinde mich wie Heine in Paris.« (24. Oktober 1832 an den jungen Komponisten und Dirigenten Friedrich Hiller). Auch als die ersten Ernüchterungen einsetzten und die Krankheit sich wieder meldete, gab es ständig Äußerungen des Wohlbefindens, des Glücks: »Es geht mir äußerlich noch immer sehr gut, ja besser als je, auch mein körperliches Unwohlseyn ist in der letzten Zeit nicht so drückend gewesen. Doch muß ich noch immer gegen mein Nervenübel kämpfen.« (16. Juli 1833 an Varnhagen). »Ich zieh mich aus der Politik zurück. Das Vaterland mag sich einen anderen Narren suchen. Hier geht es mir vortrefflich.« (4. März 1834 an seine Mutter) »Ich werde von den außerordentlichsten Ehrenbezeugungen fast erdrückt. Du hast keine Idee davon welche kolossale Reputazion hier auf mir lastet.« (21. April 1834 an Maximilian) »Ich befinde mich gesünder und heiterer als jemals, und genieße mit vollsaugender Seele alle Süßigkeiten dieser Lustsaison. Dank den ewigen Göttern!« (12. Januar 1836 an Campe). Besucher und Pariser Bekannte bestätigten Heines Wohlbefinden. »Wir hatten uns seit vier Jahren nicht gesehen«, schrieb Lewald im März 1836, »und ich fand meinen Freund im Äußeren sehr verändert. Er hatte die Magerkeit abgelegt und ein Embonpoint dafür angenommen, das ihn nicht übel kleidet; seine Röcke waren nach der letzten Mode, doch trägt er die Kleider nachlässig, offen hängend, nicht mit der Sorgfalt eines fashionablen Dandys.« Zur Turbulenz des Pariser Lebens paßte Heines Wohnweise: Er wohnte längere Zeit in Hotels und wechselte die Wohnungen oft, auch weil er Stille suchte und Bespitzelungen fürchtete. Fritz Mende hat zwischen 1831 und 1856 fünfzehn Pariser Wohnungen festgestellt – sie waren ohne Komfort eingerichtet, auch als Heine mit Mathilde zusammenlebte.

Heine wußte zum Zeitpunkt der Übersiedlung noch nicht, wie lange er bleiben würde. Daß sie aus äußerer und innerer Notwendigkeit erfolgte, ist klar, nicht nur wegen der großen (warnenden?) Hand, die ihm gewinkt hatte (man hat Metternich selbst, Hirth hat den französischen Historiker und Politiker Thiers in dem Warner vermutet; leider fehlen dafür alle Beweise). Ebenso klar ist es, daß Paris dem Dichter großen geistigen und künstlerischen Gewinn brachte. Der Lebensstoff lag gleichsam auf der Straße, Heines seismographische Natur, sein außerordentliches Wahrnehmungsvermögen fand hier unerschöpfliche Reize und Anregungen. In Paris konnte er die Signatur der Epoche, die er ausdrücken wollte, an jeder Straßenecke, in jedem Gesicht ablesen; intellektuell, künstlerisch und politisch war Paris in der Ära Louis Philippe das Zentrum Europas – Heine fällte auch eine sehr zeitgemäße Entscheidung, als er nach Paris ging, denn die französische Hauptstadt war für die junge europäische Oppositon das Zentrum des Fortschritts, hier konnte Heine ein »enfant du siècle« werden. Er verwuchs derart mit Paris, daß er an keinem anderen Ort mehr wohnen wollte: Als ihm 1842 der Vormärz-Lyriker Franz Dingelstedt vorschlug, wegen seiner angegriffenen Gesundheit aufs Land zu ziehen, antwortete er: »Mein ganzes inneres Sein ist mit dieser Stadt so vernervt, daß ich auf dem Lande zu sterben fürchten müßte.«

Dennoch hätte Heines französisches Wagnis scheitern können, wenn er nicht – ein beinahe einzigartiger Glücksfall für einen deutschen Emigranten – rasch von der geistigen, künstlerischen, wissenschaftlichen und politischen Elite der Metropole als berühmter deutscher Autor anerkannt und aufgenommen worden wäre; das gelang außer ihm nur einigen übergesiedelten *Musikern* wie Meyerbeer, Chopin und Liszt. Heine tat viel, um sein Ansehen zu befestigen. Er besuchte Kunstausstellungen und schrieb über die Kunst-Salons von 1831 und 1833. Er ging oft ins Theater, vor allem in die Oper, und besuchte Konzerte; er schrieb sogar Musikberichte, obwohl er fachlich so wenig von Musik verstand, daß Börne sich darüber lustig machte. Er lernte bedeutende und weniger bedeutende Komponisten persönlich kennen: Meyerbeer, Berlioz, dessen Trauzeuge er wohl im Oktober 1833 zusammen mit Hiller war, Chopin, Liszt, Wagner, Bellini, Halévy und Hiller, der Anfang der 30er Jahre in Paris lebte. Mehrere von ihnen hat er porträtiert; sein musikalisches Interesse war wohl überhaupt stark an solche persönlichen Bekanntschaften gebunden.

Am wenigsten schrieb Heine über französische Literatur. Seltsame Paradoxie: Er knüpfte eine Fülle von Verbindungen zu Schriftstellern an, aber er schrieb kaum über ihre Bücher; seine alte Abneigung gegen französische Poesie hielt an, . während er Kollege, Gesprächspartner und Vertrauter französischer Literaten war! Unter Hunderten von Persönlichkeiten seines literarischen Umgangs seien nur die wichtigsten genannt: Die Schriftsteller George Sand (eigentlich Lucile-Aurore Dudevant), Honoré de Balzac, Theophile Gautier, Alfred de Musset, Victor Hugo, Gérard de Nerval, Alfred de Vigny, Alexandre Dumas, Pierre-Jean de Béranger, Eugène Sue, Charles-Augustin Sainte-Beuve, Edgar Quinet, Philibert Audebrand, Alphonse de Lamartine, Xavier Marmier, Victor Cousin, der auch Philosoph und Politiker war, Jules Barbey d'Aurevilly, Astolphe de Custine und Charles Nisard, dazu die Engländerin Sarah Austin und Hans Christian Andersen; die Kritiker Philarète Chasles und Jules Janin, die Übersetzer François-Adolphe Loëve-Veimars, Adelaide-Edouard de Lagrange und Pierre-Alexandre Specht, die

Heine-Texte übertrugen, die Historiker François-Pierre-Guillaume Guizot, Adolphe Thiers, die später beide Premierminister waren, Jules Michelet und François-Auguste Mignet, über die Heine schrieb, der wichtige Verleger Eugène Renduel, die Publizisten Amand Bazard, ein führender Saint-Simonist, Pierre Leroux, François Buloz, Leiter der »Revue des Deux Mondes«, und Victor Bohain, Begründer der Zeitschrift »L'Europe littéraire«, eines vielversprechenden Periodikums von europäischem Rang, in dessen Redaktion Heine Victor Hugo kennenlernte, dem er Immermann als Mitarbeiter zuführte, das aber leider bald einging – Heine hat Bohain in den »Geständnissen« prächtig porträtiert.

Das rasch geknüpfte Netz der literarischen Beziehungen erleichterte Heines ebenso schnellen und erstaunlichen Publikationsbeginn in Frankreich. Führende Zeitungen und Zeitschriften druckten vor allem Prosatexte von ihm, so die »Revue des Deux Mondes« Proben aus den »Reisebildern« (»Tableaux de Voyage«, 1832) und »De l'Allemagne depuis Luther«, also den ersten Teil von »Zur Geschichte der Religion und Philosophie in Deutschland«, »La Revue de Paris« und »L'Europe littéraire«, französische Übersetzungen von »Zur Geschichte der neuern schönen Literatur in Deutschland«, die später in die »Romantische Schule« einging; Renduel begann sogar eine Werkausgabe, von der allerdings nur der 2. und 3. Band (»Tableaux de Voyage«) und der 5. und 6. Band (»De l'Allemagne«) erschienen. Renduel, damals der bekannteste französische Verleger, druckte auch eine Übersetzung der »Französischen Zustände«, ›Heideloff und Campe‹, der Verlag von Campes Neffen Friedrich Napoleon Campe, brachte eine deutsche Ausgabe der »Schönen Literatur« heraus – dies ist nur eine Auswahl der Veröffentlichungen, die in die komplizierte, unübersichtliche, eine Biographie sprengende Publikationsgeschichte dieser Phase gehören. Die Geschichte der Veröffentlichungen wiederum ist, auch durch die ständigen Verbote, Zensureingriffe und die Streitigkeiten mit Campe eng in Heines Lebensgeschichte verwoben, ebenso in die Rezeptionsgeschichte: Es wurde viel über den deutschen Dichter und Journalisten geschrieben, auch in der politischen Presse. Sehr viel spärlicher dagegen sind direkte, persönliche Äußerungen der meisten erwähnten Literaten und Wissenschaftler über Heine. Die Kargheit dieser Zeugnisse, auf den ersten Blick unerklärlich und überraschend, macht die Grenzen deutlich, die Heines Eindringen in die literarische Szene Frankreichs gesetzt waren: *Letzen Endes* blieb er der *deutsche* Exil-Autor in Paris; viele seiner Texte, besonders die Gedichte und Versepen, waren ohnehin schwer zu übersetzen; Heine, dessen eigenes Französisch nie vollkommen, immer ein wenig bizarr war, hat noch in seiner letzten Lebenszeit an Lyrik-Übersetzungen mitgearbeitet. Die folgende Charakteristik Heines in Paris stammt von Philibert Audebrand:

»Das Haupt ist eines der schönsten, die die Natur gemacht haben. Man würde sagen, fast die Züge einer Frau; man würde es sagen, wenn nicht alle Kräfte der Ironie sowohl aus dem Blick als auch aus den Lippen in funkelnden Garben heraussprängen... Eine schmerzhafte Umformung bereitete sich in ihm vor, aber sie war noch nicht vollendet... Noch jung, sehr zum Epikur hingezogen, hatte Paris ihn an seiner schwachen Stelle gepackt, an seinen Neigungen zum Sybaritismus. Er war sinnenfreudig geboren, ein wahrer Sohn des Orients, der sich in Europa verirrt hatte. Die Vergnügungen von Paris hatten ihn völlig eingenommen... Die große Stadt hatte sich ganz schnell aller seiner Zärtlichkeiten bemächtigt. In dieser Epoche war es ein Bagdad, immer voller Verzauberung für einen Dichter, der die Feste des Geistes liebte. Bei Tisch trank man mit Schneid; im Salon, unter den Frauen, plauderte man mit Feuer; im Theater schlug man sich hundert gegen eins wegen eines Halbverses, den man schlecht verstanden hatte oder den man nicht zugeben wollte. Leidenschaft gab es bei den Malern, Heldentum bei den Utopisten, die nicht zögerten, ein Gewehr zu nehmen, um ihren Lehrern zu Triumph zu helfen. Niemals hatte man Ähnliches gesehen seit der Fronde. ›Das alles hat den Charme der Hölle‹, pflegte der Autor des ›Tambour Le Grand‹ zu sagen.«

Paris war für Heine die »Spitze der Welt« und das Herz von Frankreich, für den übrigen Landeskörper interessierte er sich kaum. Wichtig waren ihm allerdings die Badereisen in die Provinz. Von 1831 bis 1847 reiste er regelmäßig zur Kur, vor allem in atlantische Seebäder wie Boulogne-sur-mer, Le Havre, Dieppe und Granville, 1841 nach Cauterets (Pyrenäen), 1846 nach Bagnères-de-Bigorre und Barèges in der gleichen Region. Heine hielt Seebäder weiterhin für die beste Medizin gegen seine Leiden, obwohl die Kuren unterschiedlich gut anschlugen; er arbeitete auch gern an der Küste. Ende August 1833 erlebte er während eines der schwersten Seestürme des Jahrhunderts den Untergang des britischen Sträflingsschiffes »Amphitrite«, wobei 133 Menschen, größtenteils zur Deportation nach Neu-Südwales bestimmte junge Frauen, das Leben verloren; Heine schrieb darüber einen bewegenden Brief-Bericht an den Pariser Journalisten Jacques Coste.

Man schleppt das Vaterland an den Schuhsohlen mit – Dantons berühmter Satz wurde von Heine auf Deutschland, auf sein Exil übertragen. Auch in den euphorischen Pariser Jahren litt er am Vaterland und am Exil, im Wirbel der französischen Ereignisse lauschte er stets gespannt nach Deutschland hinüber, fast alles, was er schrieb, war dorthin gesprochen. Er suchte die meisten Verbindungen zu halten. Er sorgte sich um die engere Familile, um Charlottes Kinder. Bekümmert hörte er vom Brand im Haus der Mutter am 3. November 1833, bei dem Manuskripte und die meisten Briefe Rahels verlorengingen. Er gratulierte Christiani zur Heirat mit seiner Cousine Charlotte, der Tochter von Onkel Isaak aus Bordeaux. Das Verhältnis zu Onkel Salomon war so schwankend wie immer: Einmal erklärte der Bankier, genug für den Neffen getan zu haben, ein anderes Mal schenkte er ihm 2000 Francs. Carl Heine besuchte ihn schon im Herbst 1831 und danach noch mehrmals. Im April 1832 pflegte Heine den an Cholera erkrankten Vetter, wie ein Dankbrief Carls bezeugt. (Heine bewies während der Epidemie überhaupt eine stoische Ruhe: Während viele Wohlhabende, die es sich leisten konnten, die Stadt verließen und Börne, der Heine den feigsten Menschen unter der Sonne nannte, große Furcht vor Ansteckung hatte, blieb Heine in Paris, weil »bey der, durch die Cholera eingetretenen Volksstimmung, die wichtigsten Dinge vorgehen könnten«, weil

Carl erkrankte und – weil Heine »zu faul« zur Flucht gewesen sein will!) Durch Carl stellte sich die Verbindung zu den Bankiersfamilien Fould und Furtado her, einflußreichen Leuten, die, im Gegensatz zu Onkel Salomon, auch politische Ambitionen hatten. Carl spielte mit dem Gedanken, die junge Cécile Furtado zu heiraten; im Oktober 1835 bat er den Dichter, den er früher selbst als einen möglichen Gatten Céciles gesehen hatte, um vertraulichste Auskunft über die damals Vierzehnjährige. Heine scheint »das völligste Zutrauen« Carls durch eine wohlbedachte Antwort gerechtfertigt zu haben: Die Vettern nannten sich damals Freunde.

Heine tat viel, um die *literarischen* Verbindungen nach Deutschland zu halten und dort zu veröffentlichen. Zwar brach er kurz nach der Übersiedlung mit Moser, weil dieser ihn niemals im geringsten verstanden habe; auch die Verbindung zu Merckel riß ab, als dieser die von Heine erbetenen Informationen über Deutschlands politischen Zustand nicht gab; Heine korrespondierte aber mit Lewald und Detmold, die ihn auch in Paris besuchten, mit Varnhagen, dem er 1833 erschüttert zu Rahels Tod kondolierte. Im gleichen Jahr schrieb ihm als Vertreter des von ihm stark inspirierten »Jungen Deutschland« erstmals der junge Heinrich Laube, zu dem er, obwohl er ihn nicht kannte, sofort Vertrauen faßte. Heine schrieb weiter für deutsche Zeitungen und Zeitschriften: Schon im Oktober und November 1831 erschienen in Cottas »Morgenblatt« die Berichte »Gemäldeausstellung in Paris«, Ende 1831 folgte mit »Hillers Konzert« der erste Musikbericht. Ab 11. Januar 1832 brachte Cottas »Augsburger Allgemeine Zeitung«, die Heine »das beste Blatt Deutschlands« und die »Allgemeine Zeitung von Europa« nannte, seine später als »Französische Zustände« in Buchform publizierten Frankreich-Berichte, mit denen seine hohe Zeit als Journalist begann. Sie führten im Mai 1832 wegen ihrer politischen Brisanz zur direkten Intervention bei Cotta, und zwar durch Gentz, der im Auftrag Metternichs, vielleicht auch Rothschilds, an den Verleger schrieb: »Endlich aber – verzeihen sie mir das starke Wort – ist das Maß dieser falschen, und wie ich glaube, höchst verderblichen Richtung voll geworden, durch die Aufnahme der schmählichen Artikel, die *Heine* seit einiger Zeit unter dem Titel: *Französische Zustände,* wie einen Feuerbrand, in Ihre, solchem pöbelhaften Muthwillen bis dahin unzugängliche Zeitung geworfen hat... Was ein verruchter Abenteurer wie *Heine* (den ich als *Dichter* gelten lasse, ja sogar liebe, und gegen den also kein persönlicher Haß mich bewegt) eigentlich *will* und *wünscht,* indem er die heutige französische Regierung in den Koth tritt, mag ich nicht weiter untersuchen, obwohl es sich ziemlich leicht errathen läßt. Mich dünkt aber, die gränzenlose Verachtung, womit diese Unholde unter andern, und jetzt vorzugsweise, von den achtbarsten Classen des *Mittelstandes* sprechen, sollte selbst diese Classen gegen sie aufbringen... Die Geistlichkeit und den Adel mag man längst nicht mehr; sie sind abgethan; requiescant in pace! Wenn aber Männer wie Périer, und ihre ›Anhänger, das heißt, *Angestellte, Banquiers, Gutsbesitzer,* und *Boutiquiers*‹ noch mehr perhorreszirt werden, als die ehemaligen Fürsten, Grafen und Barone, wer soll denn zuletzt die Staaten regieren?« Dieses Schreiben eines hochintelligenten Handlangers der Herrschenden spiegelt deutsche Restaurationsgesinnung modellhaft wider und enthält auch noch die Lüge, der Brief spreche nur die Ansicht des Schreibers aus. Der verlegene Verleger antwortete mit einem rhetorischen Eiertanz, indem er durchblicken ließ, daß er Gentz' Auftraggeber kannte, ihm in der Gesinnung aber recht gab. Er stand unter Druck, deshalb wurden Heines Arbeitsbedingungen an der Zeitung, auch durch den für milderen politischen Kurs plädierenden Redakteur Kolb, so erschwert, daß seine Mitarbeit im November 1832 vorerst endete.

Heine hielt selbstverständlich auch die Verbindung zu Campe. Bis zum Bundestagsedikt vom Dezember 1835 erschienen in Buchform die 2. Auflage der »Reisebilder II« (November 1831) mit dem Gedichtzyklus »Neuer Frühling«, einem Nachklang zum »Buch der Lieder«, vielvertonten Texten, künstlerisch nicht unbedingt ein Fortschritt; ferner die Buchausgabe der »Französischen Zustände« (6. Dezember 1832, 3000 Exemplare), die Bände »Salon I« (Dezember 1833) und »Salon II« (Januar 1836). Um diese Veröffentlichungen verschärfte sich die Auseinandersetzung zwischen Dichter und Verleger: wegen Heines angeblich zu hohen Honorarforderungen und der unleugbaren Tatsache, daß ein Teil der Texte schon vorher in Zeitungen und Zeitschriften erschienen war, vor allem aber wegen der ständigen Zensurmaßnahmen und Verbote, für die Heine auch Campes Übervorsicht und Ungeschicklichkeit verantwortlich machte.

So entsetzte er sich über die bis zur Unkenntlichkeit verstümmelte Vorrede zu den »Französischen Zuständen« und ließ den Text »Bitte« in einige deutsche Zeitungen setzen, die erste von mehreren Erklärungen, in denen er die Zensur als Verfälscherin seiner Werke und Überzeugungen anprangerte, Campe aber zumindest die Mitschuld gab, was diesen wiederum zu Gegenerklärungen veranlaßte. So entspann sich ein öffentlicher Streit zwischen Autor und Verleger, der in der deutschen Literaturgeschichte auch deswegen ohne Beispiel ist, weil die beiden, die sich da in den Haaren lagen, doch nie auseinandergingen, trotz schärfster Attacken und böser Verdächtigungen (Heine kränkte den Verleger mit der Behauptung, Campe habe vom »Buch der Lieder« mehr Exemplare drucken lassen, als er angegeben habe!) einander immer wieder die Freundschaft versicherten, sich »lieber Heine« und »liebster Campe« anredeten. Ihr Briefwechsel wirkt wie ein blumengeschmücktes Schlachtfeld. Das Grundmuster von Heines Verhalten, diese Mischung aus Stolz und Kleinmut, Trotz und Unterwürfigkeit, Aggressivität und Nachgiebigkeit, hat sich auf Campe übertragen. Vielleicht war der Verleger manchmal wirklich vorschnell im Vorlegen der Manuskripte bei der Zensur, er hatte aber auch einiges auszustehen. So wurde er wegen der bei Heideloff und Campe gesondert gedruckten »Vorrede« zu den »Französischen Zuständen«, an deren Erscheinen er nicht beteiligt war, durch die politische Polizei verhört; die Piersche Hofdruckerei in Altenburg, wo er arbeiten ließ, erlebte am 26. November 1833 eine Polizeiaktion, bei der nach Exemplaren der »Französischen Zustände« gesucht wurde – Campe mußte seine ganze Schlauheit aufbieten, um nicht die Schließung seines bei den Behörden mittlerweile berüchtigten Unternehmens zu riskieren.

Das Vaterland holte Heine auch in Paris ein: durch willkommene und unwillkommene Besucher. »Ich bin umgeben von Preußischen Spionen; obgleich ich mich den politischen Intriguen fern halte, fürchten sie mich doch am meisten«, schrieb er den Varnhagens schon am 27. Juni 1831. Er suchte seine Wohnungen geheimzuhalten, gab Deckadressen wie die des Pariser Korrespondenten der »Allgemeinen Zeitung«, Donndorf, an und konnte doch nicht verhindern, daß einige Spitzel unerkannt in seinen Umkreis und sogar in seine Wohnung gelangten. Sie berichteten nach Berlin und Wien über seine politischen Ansichten, seinen Zorn auf Preußen und sein Leben in Paris; besonders widerwärtig klingt es, wenn bezahlte Spitzel wie die »Schriftsteller« Eduard Beurmann oder Adalbert von Bornstedt sich auch noch moralisch über Heine erhoben und das Klischee von seiner Charakterlosigkeit weitertrugen.

Eines berichteten alle Spitzel genau: daß Heine sich mit den deutschen Republikanern und Jakobinern in Paris überwarf und auch gegen sie opponierte. Eine neuere Untersuchung hat geklärt, in welche Verhältnisse Heine unter deutschen Emigranten und Besuchern geriet: Seit der Julirevolution stellten die Deutschen die größte Ausländerkolonie in Paris. 1831 waren es 6770 (17,2 Prozent der Ausländer), 1848 62000 (34 Prozent). Zwischen 1830 und 1848 hielten sich an die 300000 Deutsche kürzer oder länger in Paris auf. Drei Viertel von ihnen waren Handwerker und Arbeiter; 1847 ermittelte die Handwerkskammer allein 34000 deutsche Schuster, Schneider und Schreiber, die übrigen waren Reisende aller Art, Handelsleute, Diplomaten, Journalisten, Literaten, Künstler, Hochstapler, Abenteurer und Spitzel; die dünnste Schicht bildeten die *politischen* Flüchtlinge, einige hundert Personen in den 30er und 40er Jahren. Sie waren aber politisch sehr aktiv, und Börne war ihr anerkanntes Oberhaupt. Sie hatten Zulauf von den Handwerkern und Arbeitern, und sie erwarteten, daß Heine ihr Tribun wurde oder sich so offen von ihnen lossagte, daß sie ihn als Feind bekämpfen konnten. Er geriet in eine üble Lage: Gruppierungen wie der »Vaterlandsverein zur Unterstützung der freien Presse« verlangten seine politische, ideologische und finanzielle Hilfe, er sollte zu Versammlungen voller Lärm und Tabakrauch gehen, rauhe Hände schütteln, Resolutionen unterschreiben, Notleidenden helfen – er half auch, aber zumeist diskret; so verhinderte er durch Intervention bei Thiers die Ausweisung von Jakob Venedey, eines Mitbegründers der radikalen Emigrantengruppe »Bund der Geächteten«. Am 5. Mai 1832 wurde er ins Zehnerkomitee des Pressevereins gewählt, was er im Börne-Buch, wo er das laute Treiben angewidert schilderte, verschwiegen hat. *Das* war es nicht, was seiner Zukunftsvision entsprach: »Hier hat sich unterdessen eine Assoziation für freye Preßblätter gebildet, die schon viele hundert Glieder zählt, und wobey mein Name, als Lockvogel, mehr als mir lieb ist, gebraucht worden.« (1. März 1832 an Cotta) Er wollte kein Lockvogel sein, sich aber von den Republikanern auch nicht zwingen lassen, »daß ich mich *für* sie oder *gegen* sie erklären müsse, wovon ich das erstere aus Überzeugung und das andere aus Klugheit bis jetzt unterlassen. Ich bin nicht der Mann, der sich zwingen läßt.« Seine Zurückhaltung gegenüber den Republikanern, seine offenbar laut ausgesprochenen Bekenntnisse als (demokratischer) Monarchist, als Gemäßigter, brachten ihm rüde Angriffe und Verdächtigungen ein; ausgerechnet die radikale deutsche Opposition half das Klischee vom eitlen, charakterschwachen Heine verbreiten, das die Biedermeier-Kritik gegen ihn aufgebracht hatte. Der Radikale Hermann Wolfrum verdächtigte ihn 1833, »von Metternich bezahlt zu sein, um perfide Korrespondenzen in die ›Allgemeine Zeitung‹ zu schreiben«, und Börne griff solche Verdächtigungen auf. Heine versuchte, sich in dieser Lage mehr und mehr von der *Tages*politik zurückzuziehen; allerdings schrieb er die außerordentlich scharfe »Vorrede« zu den »Französischen Zuständen«, und zwar auch, weil er zeigen wollte, daß er »kein bezahlter Schuft« sei, wie er Immermann schrieb; im gleichen Brief fügte er aber hinzu: »Halten Sie mich doch bey Leibe für keinen Vaterlandsretter.« Sein Urteil über die lästigen Pariser Deutschen faßte er am 6. April 1835 in einem Brief an Meyerbeer zusammen: »Germania, die alte Bärin, hat alle ihre Flöhe auf Paris ausgeschüttet und ich Ärmster werde davon am unaufhörlichsten zernagt.«

Das Schlimme war, daß er sich, indem er mit den Republikanern brach, unweigerlich die Gegnerschaft Börnes zuzog. Heines Reserve gegenüber Börne, die schon nach dem Franfurter Treffen 1827 zu spüren war, hielt nach der Übersiedlung an: Erst vier Monate nach seiner Ankunft besuchte er Börne auf dessen Einladung hin. Er ahnte den Bruch voraus, obwohl er ihn nicht absichtlich herbeiführte, im Gegenteil: Börne war der Angreifer. Er hatte auf Heine als Verbündeten, auf seine Teilnahme an der Herausgabe eines politischen Journals gehofft. Heine lehnte dieses Angebot beim ersten Zusammentreffen am 27. September 1831 ab. Börne war verärgert, und schon in seinem ersten Brief, den er Jeanette Wohl nach der Begegnung schrieb, fielen böse Worte: »Heine gefällt mir *nicht*. Sollten Sie wohl glauben, daß, als ich eine Viertelstunde mit ihm gesprochen, eine Stimme in meinem Herzen mir zuflüsterte: ›*er ist wie Robert, er hat keine Seele*‹?« Nach dieser ersten Anspielung auf Robert den Teufel ergoß sich eine Sturzflut schlimmer, zum Teil übelster Urteile in die Briefe an Jeanette: Heine sei nichts heilig, er liebe an der Wahrheit nur das Schöne, er habe keinen Glauben; er »soll gemein lüderlich sein«, hat die unverkennbarsten Zeichen von Charakterschwäche und ist der feigste und eitelste Mensch, den Börne kennt. Heines Unterhaltung ist geistlos, er spricht kein vernünftiges Wort; er geht am liebsten mit unbedeutenden Menschen um, bedeutende, wie Börne selber, meidet und fürchtet er. Heine opfert einem Witz Recht, Wahrheit und Überzeugung; er läuft den gemeinsten Straßendirnen bei Tag und Nacht nach, spielt um Geld und hat seine Gesundheit durch Ausschweifungen zerrüttet (eine andere Ursache für Krankheit kommt Börne, der selbst krank ist, nicht in den Sinn). Heine ist »zerrissen, ausgefasert, abgefärbt, wie ein alter seidener Unterrock«, »sein Charakter ist zu morsch, er hat nicht die geringste Willenskraft mehr«; er hat sich nie viel um Moral gekümmert (im Gegensatz zu Börne, der sich über die Schauspielerin Malibran entrüstet, weil sie von ihrem Liebhaber schwanger ist). Börne behauptet, daß Heine sich gewinnen, bestechen lasse und das offen zugebe, daß er *gegen* seine Gesinnung genau so gut schreiben werde wie *mit* ihr: »Er ist ein Lümpchen, hat keine und hält auf keine Ehre... Heine ist ein geborener Aristokrat, ein geschworener Feind jedes öffentlichen Lebens.« Börnes tiefe Enttäuschung über Heine gipfelt in der schlimmen Behauptung, Heine sei der Zuträger bekannter Spione, und zwar für Geld.

Fast ein halbes Jahr lang, nach jeder Begegnung mit Heine, tobt sich Börnes Haß in den Briefen an Jeanette Wohl aus. Börne beneidet Heine und kaschiert diesen Neid, indem er Heine Neid auf ihn, Börne, unterstellt. Er berichtet und glaubt jeden Klatsch, der ihm zugetragen wird. Er, den man in seiner Jugend »Katev«, den Witzbold, nannte, der diesen Witz in vielen seiner Schriften bewies, ist in den Briefäußerungen über Heine völlig witz- und humorlos, pharisäerhaft, selbstgerecht, immer einer der »Bessern« gegenüber dem Talent ohne Charakter, dem er sich unendlich überlegen fühlt und dem er immer Moral gepredigt haben will. Er ist ein Schulmeister, ein prüder biedermeierlicher Moralist, der dauernd gegen den beneideten, verhaßten Konkurrenten tiefschlägt. Er merkt nicht, daß Heine ihn ständig mystifiziert und zum Narren hält – Heines Hang zur Mystifizierung seiner Gesprächspartner und Gegner soll damit nicht beschönigt werden. Offenkundig wütet Börne auch aus Eifersucht gegen Heine: Jeanette Wohl hat Heines Schriften mehrmals sehr gelobt. »Der arme Heine wird chemisch von mir zersetzt« – mit diesem fast unmenschlichen Satz Börnes läßt sich dessen Behandlung Heines zusammenfassen. Er ging auch bald zu öffentlichen Angriffen über. Am 25. Februar 1833, im 109. Brief aus Paris, griff er die »Französischen Zustände« an und schilderte »das fliegenartige Mißbehagen, das mir beim Lesen dieses Buches um den Kopf summte«; am 30. Mai 1835 brachte »Le Réformateur« in französischer Sprache einen Verriß von Heines Band »De l'Allemagne«, in dem Börne ihm mit stellenweise fast nationalistischem Unterton vorwarf, er wolle sich bei Frankreich lieb Kind machen und ihm, in schöner Eintracht mit Heines restaurativen deutschen Kritikern, Schamlosigkeit, Gesinnungslosigkeit, Glaubenslosigkeit, Mangel an Wahrheitsliebe und außerdem Artistentum vorhielt. Sollte Börne auf eine öffentliche Replik Heines gehofft haben, um desto härter zurückschlagen zu können, so sah er sich getäuscht: Heine antwortete zu Börnes Lebzeiten nie.

Selbst in den Briefen wurde Börne selten erwähnt, obwohl Heine sicher genügend Äußerungen Börnes zugetragen worden sind. Sieben Monate nach Börnes erstem brieflichen Ausbruch, Mitte Mai 1832, verteidigte Heine den Gegner gegen den Verdacht, vor der Cholera aus Paris geflohen zu sein, kritisiert aber Börnes jakobinische Ränke gegen ihn: »Ich betrachte ihn als einen Verrückten.« Am 16. Juli 1833 setzte er die Publikation der »Vorrede« zu den »Französischen Zuständen« ausdrücklich in Beziehung zu Börne: »Schufte, wie Börne und Consorten, habe ich dadurch unschädlich gemacht, für mich wenigstens.« Am 16. Januar 1836 berichtete der österreichische Spitzel Karl Noé nach Wien, Heine nenne Börne und seine Leute Falstaff und seine Bande. Am meisten wurmte es Heine, daß er und Börne, auch als sie längst miteinander zerfallen waren, wie Dioskuren nebeneinander genannt wurden. Schon im Oktober 1831 berichtete Hiller, Börne sei Heines »bête noire«, sein Gespenst gewesen; obwohl er das glänzende Talent Börnes anerkannte (so wie dieser Heines Talent mehrfach lobte), sei ihm diese Gemeinsamkeit unerträglich gewesen: »Was habe ich mit Börne zu schafffen«, soll er oft geklagt haben, »ich bin ein *Dichter*!«

»Es thut mir übrigens weh, daß Sie und Börne nicht in beßern Einverständnis leben, ietzt, wo die Sache des Vaterlandes es wünschenswerth macht, daß alle Kräfte *einen* Brennpunkt haben mögten. Nur die Einigkeit kann etwas Gutes gebähren!« schrieb Campe im März 1833 mahnend an Heine und verwies auf den Schaden, den die deutsche Oppositon durch ihren Streit erlitt. Die Mahnung fruchtete nichts; gerade weil Heine und Börne eigentlich in einer Front standen, war die Entzweiung unvermeidlich. Sie waren einander in entscheidenden Wesenszügen fremd: Der vielspältige, allen Zeitströmungen und Lebensimpulsen offene Heine und der auf *ein* großes Ziel hinarbeitende Börne, der Künstler und der politische Kämpfer, der sinnenfreudige »Hellene« und der asketische, sittenstrenge »Nazarener«, das

»Talent« und der »Charakter«. Heine ging sein Künstlertum über alles, er behielt sich stets vor, »the elusive poet«, der sich entziehende Dichter zu sein – Börne forderte das Opfer der Poesie auf dem Altar der Politik und begriff nicht, daß auch ein Ästhet, ein Artist ernsthafte politische Ansichten haben konnte: andere als die seinen. Börne verübelte Heine, daß er die Manessische Handschrift und den Gemälde-Salon für wichtig hielt; er verdammte Goethe in Bausch und Bogen, was Heine nie tat. Beide mögen im anderen auch den Konkurrenten gewittert haben, doch ist die Rivalität nicht allzu gewichtig gewesen; entscheidend für ihren Streit waren ihre – ungeachtet aller gemeinsamen Emanzipationsziele, Gegnerschaften, Unterdrückungs- und Zensurerfahrungen – grundverschiedenen Auffassungen von Politik. Börne war – im Gegensatz zu Heine – ganz Politiker, das war Heine nie. Börne forderte die radikale politische Revolution, darum wurde ihm die Entscheidung für die Republik, gegen die Monarchie zur Kardinalfrage, darum verbündete er sich mit Handwerkern und Arbeitern, darum verwarf er Napoleon und kritisierte Heines Napoleon-Begeisterung. Börne assoziierte *immer* soziologisch, Heine assoziierte *auch* soziologisch: wenn es ihm notwendig erschien, im übrigen assoziierte er frei und nach allen Richtungen, sein Begriff von Politik, Emanzipation, Revolution war universal und stand in keinem Gegensatz zu seinem Künstlertum. Er teilte Börnes Hoffnungen auf eine baldige Revolution in Deutschland nicht – zu einem der in großen Haufen herumliegenden Tagesblättern greifend, soll Börne einmal lachend ausgerufen haben, Deutschland gehe mit großen Dingen schwanger, es brauche aber einen Geburtshelfer mit eisernen Instrumenten, was Heine dazu meine? »Ich glaube, Deutschland ist gar nicht schwanger.« Selbst wenn diese Episode im Börne-Buch erfunden sein sollte, beschreibt sie den Gegensatz genau: Heine wie Börne erkannten, daß die armen Leute im Juli 1830 nicht gesiegt, sondern für die siegreiche Bourgeoisie die Kastanien aus dem Feuer geholt hatten und um die Früchte ihres Aufstands gebracht worden waren; sie zogen daraus aber völlig unterschiedliche Schlüsse. Börne wollte nun erst recht die baldige politische Revolution in Deutschland und verkannte, daß dafür in den frühen dreißiger Jahren bei den Massen der Unterdrückten die Voraussetzungen fehlten – vielleicht hat ihm die Begeisterung, die ihm 1832 beim Hambacher Fest der deutschen Opposition entgegenschlug, den Blick getrübt. Heine wußte, daß ohne verbreitete revolutionäre Überzeugung und Stimmung die deutschen Restaurationsregierungen nicht zu stürzen waren. Auch sollten nach seiner Vorstellung Revolution und Emanzipation alle Bereiche des menschlichen Lebens, der modernen Gesellschaft ergreifen, nicht nur den politischen Bereich, und insbesondere auch die »große Suppenfrage« lösen: »Die tieferen Fragen der Revolution«, schrieb er Laube am 10. 7. 1833, »betreffen weder Formen noch Personen, weder die Einführung einer Republik, noch die Beschränkung einer Monarchie: sondern sie betreffen das materielle Wohlseyn des Volkes.« Für eine solche Revolution reicht »die bisherige spiritualistische Religion«, in deren Bann er auch Börne sieht, nicht aus, wohl aber ist es »durch die Fortschritte der Industrie und der Oeconomie, ... möglich geworden die Menschen aus ihrem materiellen Elende herauszuziehen und auf Erden zu beseligen«. Dieser saint-simonistische Revolutionsbegriff war Börne fremd, die Notwendigkeit des »materiellen Wohlseyns des Volkes« war zumindest in *dieser* Zeit bei ihm überdeckt durch die starr festgehaltene Überzeugung von der *politischen* Revolution als einem Allheilmittel; er sah in Heine, der diese Auffassung ablehnte, wohl einen Verräter. Heine seinerseits mißtraute jedem Absolutheitsanspruch und weigerte sich, feste Bekenntnisse abzulegen. Wir stehen da vor einer doppelten und tragischen Absurdität: Börne, der täglich mit Handwerkern und Arbeitern politisch kooperiert, unterschätzt die Notwendigkeit der sozialen und wirtschaftlichen Revolution, der Befreiung der Massen vom materiellen Elend; Heine, der diese Notwendigkeit genau erkennt, hält sich aristokratisch vom Volk fern, für dessen Rechte er eintritt, dem er aber nicht die Hände schütteln will, und wenn er es tun muß, wird er sie hinterher waschen! Auf keinen Fall aber bedeutet der von ihm mehrmals verkündete Rückzug aus der *Tages*politik die Preisgabe von Politik überhaupt; auch Aussagen, daß er jetzt seinen Frieden mit dem Bestehenden geschlossen habe und gemäßigt sei, laufen nicht auf die Preisgabe seiner revolutionären Grundposition hinaus, wie die frühen Pariser Schriften zeigen werden. Allerdings erkennt Heine die aufkommende kapitalistische Industriegesellschaft, die durch eine politische Revolution allein nicht zu beseitigen ist, als existent an; trotz seiner fundamentalen Abneigung gegen die neue Bourgeoisie, der Teile seiner eigenen Familie angehören, verkehrt er mit einigen ihrer prominenten Vertreter, zum Beispiel den Pariser Rothschilds, was Börne ihm ebenfalls verargt.

Für die Trübungen von Heines euphorischer Stimmung in Paris waren die Streitigkeiten mit den deutschen Republikanern nicht allein verantwortlich. Auch das »juste milieu« der Ära Louis Philippe und die Enttäuschung über den Bürgerkönig setzten ihm zu, und die schleichende Krankheit trat in ein neues Stadium: im Herbst 1832 klagte er erstmals über Lähmungserscheinungen, und zwar an zwei Fingern der rechten Hand. Im selben Brief freilich steht die berühmte Stelle vom Fisch im Wasser – noch fühlte sich Heine voller Kraft und Selbstvertrauen. Das bewirkte auch seine »neue Religion«, die saint-simonistische Bewegung, der er auf dem Höhepunkt ihrer Popularität im geistigen Paris begegnete. Ihr Begründer, Claude-Henri de Rouvroy, Comte de Saint-Simon, war sicher eine der seltsamsten, widersprüchlichsten Gestalten der Epoche, ein Adliger, der den Adel ablegte und bekämpfte, der nach der Französischen Revolution zwischen den Fronten und Zeiten stand, eine neue messianische Religion vom irdischen Glück auf wissenschaftlicher Grundlage erträumte und die Segnungen der Industrie predigte, die allen Menschen, auch dem Proletariat, das »materielle Wohlseyn« bringen würde (das hat Heine sicher von ihm und seinen Jüngern erfahren). In seiner geschichtsphilosophischen Theorie faßte Saint-Simon, ähnlich wie Hegel, die Geschichte als ständiges Fortschreiten zu höheren Stufen der Entwicklung auf, wobei der menschliche Geist oberstes Prinzip aller Geschichtsabläufe ist. In der europäischen Geschichte gab es organische Perioden wie die vorsokratische Antike und das Mittelalter, Epochen der Harmonie, in denen alle gesellschaftlichen Tätigkeiten durch eine allgemein akzeptierte

Ideologie oder Religion beherrscht wurden, und kritische Perioden, in denen die Stärke von Ideologie und Religion nachließ, der gesellschaftliche Zusammenhang sich lockerte und neue Erscheinungen Instabilität brachten; in einer solchen Phase befand sich Europa seit Luther. Nach Saint-Simons Auffassung verläuft die Geschichte im Wechsel zwischen organischen und kritischen Phasen, wobei ökonomische Triebkräfte, zum Beispiel die Eigentumsverhältnisse, eine größere Rolle spielen als politische Einrichtungen und Verfassungen. Die gesamte Entwicklung steuert auf eine neue organische Periode zu, auf das Industriezeitalter; durch die moderne Industrie und Ökonomie wird sich die Menschheit von materieller Not befreien und allen Gesellschaftsklassen jenes »materielle Wohlseyn« geben, für das auch Heine stritt. Saint-Simon faßt den Begriff Industrie weit: Auch Landwirtschaft und Handel, Wissenschaft und Künste, also alle produktiven Tätigkeiten, gehören dazu, wobei die Wissenschaft aber eine wichtigere Rolle spielt als die Kunst, die in den Augen Saint-Simons und seiner Schüler nur eine dienende, die Ideen der Priester propagierende Funktion übernehmen soll: eine Heine wenig sympathische Vorstellung. Saint-Simon fordert die Ablösung der Feudalordnung durch ein Wirtschaftssystem, das allen Mitgliedern die gleichen ökonomischen Aufstiegschancen sichert, Besitz und Erbrecht zwar bewahrt, aber den Mißbrauch des Eigentums verhindert. Durch unbeschränkte Konkurrenz sieht Saint-Simon die Steigerung der volkswirtschaftlichen Produktion als gesichert an; den künftigen Konflikt zwischen Kapital und Arbeit hat er nicht vorausgesehen, obwohl er Klassenherrschaft und Ausbeutung in jeder Form verwirft. Saint-Simons Ziel ist eine globale Industriegesellschaft, ein neues Goldenes Zeitalter, eine organische Periode des Friedens, des Glücks, der Produktivität, der Schaffensfreude, der Kooperation, der Menschenwürde und der Harmonie; sie sollte durch eine neue, universale Religon der Nächstenliebe und der Brüderlichkeit auf pantheistischer Grundlage herbeigeführt werden.

Saint-Simons Lehre wurde durch seine Anhänger, vor allem durch Amand Bazard, den wahrscheinlichen Verfasser der »Doctrine de Saint-Simon. Exposition«, die Heine Hartwig Hesse schickte, und durch Prosper Enfantin (»Père« Enfantin) ausgebaut. Bazard verwarf den freien Konkurrenzkampf, und da das Eigentumsrecht in seiner bisherigen Gestalt soziales Elend, Ausbeutung des Menschen durch den Menschen und Verarmung der unteren Klassen verursachte, mußte eine kollektivistisch orientierte Eigentumsordnung mit planwirtschaftlichen Maßnahmen eingeführt werden. Bazard wollte das Erbrecht und jede Art Einkommen ohne Arbeit abschaffen, Eigentum an Produktionsmitteln sollte jeder ausschließlich nach seinen Fähigkeiten und Leistungen, sozusagen als Belohnung, bekommen, jeder sollte erhalten, was er selbst hervorbrachte. Auch Bazard wollte die neue, zentralistische und allumfassende Ordnung durch eine Religion der Menschenliebe verwirklichen, eine Art soziales Priestertum sollte diese Relgion verbreiten und die leitenden Positionen in der neuen Industriegesellschaft einnehmen, eine Art Papst, der »Père Suprême« an der Spitze einer neuen Kirche der befreiten Menschheit stehen. Diese Position beanspruchte Enfantin für sich – vor allem durch *seinen* religiösen Eifer sammelte sich um die Saint-Simonisten ab 1828 eine gläubige Gemeinde, die 1831 an die 30000 Menschen zählte; Enfantins Versuch, die Befreiung der Frau, die Rehabilitation des Fleisches und die völlige erotische Freiheit durchzusetzen, führte allerdings auch zur Spaltung der Bewegung und zum Eingreifen der Behörden. Jedenfalls stieß Heine im richtigen Augenblick zur saint-simonistischen Bewegung, getreu der schon am 1. April 1831 zu Varnhagen geäußerten Absicht, »ganz den heiligen Gefühlen meiner neuen Religion mich hinzugeben, und vielleicht als Priester derselben die letzten Weihen zu empfangen«.

Die Kontakte zum »Globe«, der seit 1832 den Untertitel »Journal de la religion saint-simonienne« führte und am 25. Dezember 1831 die schöne Mission von Heines großem Werk bei der Verwirklichung der heiligen Allianz des französischen und des deutschen Volkes hervorhob, wurden schon erwähnt; die Verbindung zu Chevalier währte bis zu Heines Tod. Er scheint wirklich schon einen Tag nach seiner Ankunft an einer Versammlung der Bewegung teilgenommen zu haben; er hörte etliche Predigten der neuen Priester in einem Saal der rue Taitbout, die Teilnahme an den Soirées der Saint-Simonisten in der rue Monsigny ist zu vermuten, aber nicht zu belegen. Heine erlebte am 24. Januar 1832 die polizeiliche Schließung des Saales und das Versammlungsverbot, doch schrieb nicht er, sondern Donndorf darüber in der »Allgemeinen Zeitung«. Er verfolgte die Spaltung der Bewegung, den Rückzug der »Familie«, des Kerns der Bewegung, nach Menilmontant, ihr vergebliches, vielbelachtes Warten auf die »Große Mutter«, den Prozeß gegen führende Saint-Simonisten, die Verurteilung Enfantins und Chevaliers, den raschen Zerfall der Bewegung nach dem polizeilichen Zugriff. Heine befolgte Enfantins Aufforderung, den Franzosen deutsche Religion und Philosophie darzustellen; dabei ging er nicht auf deren von Enfantin behauptete Nähe zum Saint-Simonismus ein, widmete ihm aber 1835 die erste französische Ausgabe von »Religion und Philosophie in Deutschland«. In späteren Jahren spottete der Dichter mehrfach über den einträglichen Konformismus der einstigen rebellischen Geister: Die früheren Förderer der Arbeiterklasse wandelten sich ja zu Vertretern großkapitalistischer Interessen und wurden, zum Beispiel beim Eisenbahnbau, Millionäre.

Was faszinierte Heine am Saint-Simonismus? »Was mich betrifft, ich interessire mich eigentlich nur für die religiösen Ideen, die nur ausgesprochen zu werden brauchen, um früher oder später ins Leben zu treten«, schrieb er am 22. Mai 1832 an Varnhagen; im gleichen Brief kritisierte er den politischen Teil der Eigentumslehre, womit er wohl die kollektivistischen Vorstellungen Bazards meinte. Zweifellos hat sich Heines Sinn für soziale Gerechtigkeit durch die Begegnung mit dem Saint-Simonismus noch geschärft; auch ist seine Überzeugung, daß moderne Industrie und Ökonomie die materiellen Bedürfnisse der Massen befriedigen können, durch die Pariser Denker bekräftigt worden, obwohl seine Gesamteinstellung zur Industriegesellschaft schon damals zwiespältig war, wie seine Äußerungen über England zeigen. Tatsächlich interessierten ihn die religiösen Ideen der Saint-Simonisten am stärksten, und er hat sie auf höchst originelle Weise abgewandelt. Börnes Behauptung, Christentum, Religion überhaupt seien Heine ein Greuel und ein Ekel, ist falsch: Heine ist nicht glaubenslos, nur ist sein damaliger Glaube pantheistisch und antispiritualistisch, was Börne als Unglauben auslegt. Heines Glauben ist ganz diesseitig, auf irdisches Glück gerichtet wie die Religion der Saint-Simonisten. Neu aber ist seine Idee der *Vergöttlichung des Menschen* – Heine wirft die Frage auf, ob wir an den Menschen glauben können wie an Gott, und bejaht diese Frage in der ersten Pariser Periode fast enthusiastisch: Die spezifische Göttlichkeit des Menschen, das Bewußtsein der ganz individuellen Göttlichkeit, auch seiner eigenen, ist laut Sternberger Heines ganz eigene und eigentümliche Zutat zum saint-simonistischen Pantheismus. Heine imaginiert eine Religion der Freude, des Genusses, des luxuriösen »materiellen Wohlseyns« und der Gesundheit: ein Himmelreich auf Erden. Er stellt sich im »Seraphine«-Zyklus der »Verschiedenen« ein drittes neues Testament und eine neue Kirche, in »Religion und Philosophie in Deutschland« eine »Demokratie gleichherrlicher, gleichheiliger, gleichbeseligter Götter« vor; die Gespaltenheit des Menschen in Leib und Seele, Körper und Geist, das Leiden an dieser Aufspaltung, vielleicht sogar die Zerissenheit ist aufgehoben:

> »Vernichtet ist das Zweyerley,
> Das uns so lang bethöret;
> Die dumme Leiberquälerey
> Hat endlich aufgehöret.«

Das Fleisch ist rehabilitiert, die schöne Freiheit des nackten Leibes – Heine beschreibt sie merkwürdig oft an Marmorstatuen; deutet das schon auf die Unerfüllbarkeit seiner menschengöttlichen Vision hin? – die Ekstase der körperlichen Liebe, die Abschaffung der Sünde wird zum religiös verherrlichten Glück.

Die Befreiung von Eros und Geschlecht aus dem Banne christlich-jüdischer Verteufelung ist gut saint-simonistisch, allerdings verbindet sie Heine nicht wie Enfantin und seine Freunde mit der Emanzipation und der Gleichstellung der Frau. Wohl aber ist das Liebesglück pantheistisch eingebettet:

Und Gott ist alles was da ist;
Er ist in unsern Küssen.

Der erste dieser Verse ist die wörtliche Übersetzung der von Enfantin bei feierlichen Anlässen vorgetragenen Losung: »Dieu est tout ce qui est.«

Zur Veranschaulichung seiner irdisch-erotischen Glücksreligion und seiner Idee vom gesunden, sündlosen, befreiten und vergöttlichten Menschen erfand Heine ein Gegensatz-Paar, das der saint-simonistischen, dem Dichter vertrauten Antithese von Spiritualismus und Sensualismus sinnfällig Ausdruck verleiht: Nazarener und Hellenen. Der Typus des Nazareners, in dem Heine kühn und ohne Rücksicht auf bestehende Unterschiede Judentum und Christentum zusammenschaut, ist sinnenfeindlich, prüde, moralistisch, spiritualistisch, asketisch, von Sündenfurcht gepeinigt, man könnte auch sagen: börnisch. Der Hellene ist sinnenfreudig, lebensfroh, verschwenderisch, griechisch-heidnisch, sündlos, gesund, der Rehabilitierung des Fleisches, der Lust, dem Genuß zugetan – im Börne-Buch wird Heine den Gegensatz der beiden Typen sogar auf die Körpergestalt ausdehnen: die Nazarener sind die Mageren oder die immer dünner Werdenden, die Hellenen sind die Dicken oder die »aus schmächtigen Anfängen allmählig zu ründlicher Korpulenz übergehen«. Heine hat Börne immer als Nazarener gesehen, sich selbst hat er zeitweilig als Hellenen erlebt, menschengöttlich: das war, wie sein weiterer Lebensweg zeigen wird, ein Wunschtraum, der sich nicht erfüllte.

Frankreich und Deutschland

Im Frühjahr 1833 schrieb Heine über die Zeitschrift »L'Europe littéraire«: »Ich werde in jenem Journale alles Mögliche thun, um den Franzosen das geistige Leben der Deutschen bekannt zu machen; dieses ist meine jetzige Lebensaufgabe, und ich habe vielleicht überhaupt die pacifike Mission, die

Völker einander näherzubringen. Das aber fürchten die Aristokraten am meisten; mit der Zerstörung der nationalen Vorurtheile, mit dem Vernichten der patriotischen Engsinnigkeit schwindet ihr bestes Hülfsmittel der Unterdrückung. Ich bin daher der inkarnirte Kosmopolitismus.« Seine »pacifike Mission« der Vermittlung zwischen zwei großen Nachbarvölkern erfüllte Heine in sechs umfangreichen Prosaarbeiten: drei über Frankreich für die Deutschen, drei über Deutschland für die Franzosen. Sie erschienen zwischen 1831 und 1837 und haben, mit Vor- und Teilabdrucken, mit den französischen Übersetzungen als »De la France« und »De l'Allemagne«, eine hochkomplizierte Publikationsgeschichte; wir nennen daher jeweils nur die Jahreszahl der ersten *Buch*-Ausgabe in deutscher Sprache.

Die Erstfassung der Berichte über »Französische Maler«, die 1833 gesammelt in den »Salon I« aufgenommen wurden, druckte das »Morgenblatt« als »Gemäldeausstellung in Paris« bereits im Herbst 1831; Heine berichtete darin über den Salon der bildenden Künste im Louvre. Die Salons hatten seit 1725 eine Tradition, sie entschieden jährlich über das Glück oder das Scheitern der ausstellenden Künstler. Während in Deutschland die Heine verhaßte Malerschule der Nazarener herrschte, hingen im Salon unter mehr als dreitausend Exponaten nur ganz wenige mit christlichen Motiven. Deshalb hielt Heine diesen ersten Salon nach der Julirevolution selbst für revolutionär – in Wirklichkeit waren die von ihm ausgewählten Bilder künstlerisch zweitrangig, mit Ausnahme des berühmten Delacroix-Gemäldes »Die Freiheit auf den Barrikaden«. Im Salon hatten Künstler, Kritiker und Publikum Kontakt auf engstem Raum, deshalb baut Heine auch Äußerungen von Besuchern in seine Berichte ein: seine Urteile, so suggeriert er dem Leser, artikulieren auch die Stimme des Volkes.

»Da standen sie nebeneinander, an die dreitausend, die hübschen Bilder, die armen Kinder der Kunst... die Ausstellung glich einem Waisenhause, einer Sammlung zusammengeraffter Kinder, die sich selbst überlassen gewesen und wovon keins mit dem anderen verwandt war.« Diese extreme Unterschiedlichkeit deutet Heine als falsche Originalitätssucht der zur Herrschaft gelangten französischen Romantik. Er wählt nur etwa dreißig »arme Kinder der Kunst« von den acht Malern Scheffer, Vernet, Delacroix, Decamps, Lessore, Schnetz, Delaroche und Robert aus; sie sind kunstgeschichtlich fast alle vergessen, auch Roberts Bild »Die Schnitter«, das Heine als saint-simonistische Apotheose des Lebens feiert. Schon wegen seiner revolutionären Thematik gefällt Heine Delacroix' Freiheits-Gemälde mit der halbnackten »Gassenvenus« besonders gut, und er ahnt auch das malerisch Neue dieses Bildes, ohne seines Urteils ganz sicher zu sein: »Auf keinem von allen Gemälden des Salons ist so sehr die Farbe eingeschlagen, wie auf Delacroix Julirevolution.« Heine wählt Historien- und Genrebilder, Menschendarstellungen, Porträts aus, Natur- und Landschaftsbilder interessieren ihn nicht. Seine Hauptleistung besteht in der Umsetzung der gemalten in sprachlich-poetische Bilder: Die Leser müssen sich die Gemälde ja vorstellen können, ohne sie vor sich zu haben. Hier wie in den anderen »französisch-deutschen« Werken findet Heine eine neue Schreibart zwischen Poesie und Publizistik, wir stehen an einer neuen Entwicklungsstufe seines Schreibens.

Nach welchen Kriterien aber beurteilt Heine Werke der bildenden Kunst? Nicht primär vom Verstand her: »Die Idee des Kunstwerks steigt aus dem Gemüt, und dieses verlangt bei der Phantasie die verwirklichende Hülfe.« Wichtig ist nicht, was der Maler nach Ansicht des Kritikers *soll*, sondern was er aus sich heraus *will* oder *muß*. Der Künstler arbeitet gleich einer schlafwandelnden Prinzessin, in einer mystischen Unfreiheit – also nach seiner inneren Gesetzmäßigkeit. Hellsichtig und kongenial, obwohl er auch hier kein »Fachmann« ist, überträgt Heine die eigene Schaffenserfahrung auf die andere Kunstart. Als tragendes Charakteristikum *und* als Qualitätskriterium betrachtet Heine die Idee des Kunstwerks, die selbstverständlich auch von außen zum Künstler kommen kann; fehlt die überzeugende – politische, soziale, philosophische – Idee, beurteilt Heine das Bild schlecht. Da die Nachahmung der Natur aber der so beschaffenen Idee entgegengesetzt ist, lehnt Heine eine naturalistische Kunstauffassung ab: »In der Kunst bin ich Supernaturalist. Ich glaube, daß der Künstler nicht alle seine Typen in der Natur auffinden kann, sondern daß ihm die bedeutendsten Typen, als eingeborene Symbolik eingeborener Ideen, gleichsam in der Seele geoffenbart werden.« Keine platte Naturnachahmung also, aber Zeitgenossenschaft; unter nochmaligem Hinweis auf das Ende der Kunstperiode stellt Heine fest: »Die jetzige Kunst muß zu Grunde gehen, weil ihr Prinzip noch im abgelebten, alten Regime, in der heiligen römischen Reichsvergangenheit wurzelt. Deshalb, wie alle welken Überreste dieser Vergangenheit, steht sie im unerquicklichsten Widerspruch mit der Gegenwart. Dieser Widerspruch und nicht die Zeitbewegung selbst ist der Kunst so schädlich... Indessen, die neue Zeit wird auch eine neue Kunst gebären, die mit ihr selbst in begeistertem Einklang sein wird.«

Wieder deutet Heine hier die eigene Epoche als Übergangszeit; auf eine neue Zeit und eine neue Kunst hoffend, holt er die »Zeitbewegung« ständig in die Bildbetrachtung hinein. Scheinbar immer wieder abschweifend, kommt er auf die politischen Ereignisse der Gegenwart zu sprechen: auf die Julirevolution, auf Napoleon, auf Louis Philippe – der »Nachtrag 1833«, in dem Heine kaum noch von Bildern spricht, weil er kein großes, zukunftsweisendes Kunstwerk im Salon 1833 entdecken kann, geht ausführlich auf den König ein.

Als zweite Serie über Frankreich erschienen vom Dezember 1831 bis September 1832 in der »Allgemeinen Zeitung« die von Gentz so schwer angegriffenen »Französischen Zustände«, zunächst als umfangreiche »Artikel«, später als kürzere »Tagesberichte«; die deutsche Buchausgabe kam am 6. Dezember 1832 heraus. Heine stellte den Berichten die erwähnte »Vorrede« voran, die er *auch* zur Widerlegung republikanischer Verrats-Beschuldigungen schrieb und die von der Zensur schwer verstümmelt wurde. Er greift darin besonders Preußen, den preußischen König und die Junker an; scharf kritisiert er den Bruch des Verfassungsversprechens durch Friedrich Wilhelm III., den Betrug am deutschen Volk durch Fürsten und Aristokratie: »Nie ist ein Volk von seinen Machthabern grausamer verhöhnt worden.«

Heine prangert die feige, meuchlerische, gemeine Behandlung der Warschauer Aufständischen von 1831 an und schildert die Unterwerfung der Intellektuellen, wobei er sich deutlich an seine Berliner Erfahrungen erinnert: »Hegel mußte die Knechtschaft, das Bestehende, als vernünftig rechtfertigen. Schleichermacher mußte gegen die Freiheit protestieren und christliche Ergebung in den Willen der Obrigkeit empfehlen.« Indem er sich auf seine Stellung als Doktor der Rechte beruft, klagt Heine die Urheber der nach dem Hambacher Fest erlassenen neuen Bundestagsbeschlüsse gegen freiheitliche Bestrebungen an: Sie haben die Volksmajestät beleidigt und Hochverrat am deutschen Volke begangen. Sehr entschieden bekennt sich Heine zu seinem Amt als Tribun, als Kämpfer gegen Unterdrückung, Völkerhaß und Krieg, für eine bessere Zukunft: »So lassen die Völker sich nicht mehr von den Lohnschreibern der Aristokratie zu Haß und Krieg verhetzen, das große Völkerbündnis, die Heilige Allianz der Nationen, kommt zu Stande, wir brauchen aus wechselseitigem Mißtrauen keine stehenden Heere von vielen hunderttausend Mördern mehr zu füttern, wir benutzen zum Pflug ihre Schwerter und Rosse, und wir erlangen Friede und Wohlstand und Freiheit.« Hier wendet Heine gezielt den, von der politischen Reaktion mißbrauchten Begriff der Heiligen Allianz ins Progressive – daß dieses Vorwort vielleicht der radikalste politische Text ist, den Heine überhaupt geschrieben hat, zeigt sich in der kühnen Frage an die deutschen Fürsten, ob sie nicht fürchten, daß das deutsche Volk, der große Narr mit der Jacke aus sechsunddreißig Flicken, eines Tages »Eure Soldaten von sich abschüttelt und Euch selber, aus Überspaß, mit dem kleinen Finger den Kopf eindrückt, so daß Euer Hirn bis an die Sterne spritzt«?

Selbstverständlich schlug die Zensur gegen diesen Text sofort zu. Heine forderte von Campe wegen der Verstümmelungen einen Sonderdruck der »Vorrede«, dieser wurde aber aus Sorge vor weiteren Aktionen wieder eingestampft. Heine brachte den Text Anfang Juli 1833 bei Heideloff und Campe unter dem Namen eines Strohmannes, des Redakteurs und Buchhändlers Paul Gauger heraus, der deswegen im Februar 1834 vorübergehend in Stuttgart verhaftet wurde. Heine fürchtete selbst in Paris arretiert zu werden; er wußte auch, daß ihm die Vorrede, »das leidenschaftliche Produkt meines Unmuths«, vielleicht auf immer die Rückkehr nach Deutschland versperrte: »Aber sie rettet mich vielleicht vor dem Laternentod bey der nächsten Insurrekzion, indem jetzt meine holde Landsleute mich nicht mehr des Einverständnisses mit Preußen beschuldigen können.« Erst recht wußte er aber, daß er sich nicht ständig derart scharf äußern konnte, wenn er überhaupt noch in Deutschland publizieren wollte; also wandte er sich von der *Tages*politik ab: »Ich habe wahrlich nicht die Absicht, demagogisch *auf den Moment* zu wirken.«

Ungeachtet der radikalen »Vorrede« beabsichtigte Heine in den Frankreich-Berichten selbst größtmögliche Objektivität für ein schon vorinformiertes Publikum: »Nicht den Werkstätten der Parteien will ich ihren banalen Maßstab entborgen, um Menschen und Dinge damit zu messen, noch viel weniger will ich Wert und Größe derselben nach träumenden Privatgefühlen bestimmen, sondern ich will so viel als möglich parteilos das Verständnis der Gegenwart befördern.« Die Mischtechnik der Reisebilder weicht einer exakt gearbeiteten Prosa zwischen Journalistik und Literatur. Sie referiert einerseits Aktualitäten, andererseits behandelt sie wiederkehrende Leitthemen; Ereignisse und Leitthemen strukturieren das Buch. Heine wird es in einem späten Brief 1852 als monoton, humorlos und nur politisch, als eine tatsächliche Erzählung des Tages ohne politischen Fernblick kritisieren – da ist er ungerecht gegen sich selbst, denn wenn dieser Prosa auch Humor fehlt, so hat sie doch Witz, Scharfblick und Plastizität. Heine reagiert in ihr hellwach und rasch auf plötzlich eintretende Ereignisse wie die Cholera-Epidemie vom Frühjahr 1832: Er geht vor Ort und berichtet von dort; seine Schilderungen der Leichentransporte in Säcken, der schlechten Vorkehrungen und der panischen Angst sind von finsterer Schönheit. Heine deckt auch die sozialen Hintergründe der katastrophalen Ereignisse auf: die Seuche erfaßt zwar alle Klassen, zeigt aber zugleich die Klassengegensätze in der französischen Gesellschaft: »Das Volk murrte bitter, als es sah, wie die Reichen flohen, und bepackt mit Ärzten und Apotheken sich nach gesündern Gegenden retteten. Mit Unmut sah der Arme, daß das Geld auch ein Schutzmittel gegen den Tod geworden.« Heine sah das arme Volk auch in seinen Quartieren, er sah die Hungernden – besonders wirksam ist sein Kunstgriff, ihr Elend durch einen ihn begleitenden »Justemillionär« verharmlosen und durch dessen Lügen erst recht hervortreten zu lassen. Eindrucksvoll schildert Heine auch den spontanen Republikaner-Aufstand Anfang Juni 1832, ihren heroischen Kampf gegen eine gigantische Übermacht von 60000 Bewaffneten, die Militärparade wenige Tage später und den von schwerer Sorge ergrauten Louis Philippe zu Pferde.

Unabhängig von diesen Aktualitäten schätzt Heine Bräuche und Nationaleigenarten der Franzosen ein. Er kritisiert die Eitelkeit der Französinnen – nur der hinter dem Orden der Ehrenlegion herjagende, die Beziehungen zur Familie seiner verstorbenen Geliebten Madame de Staël schamlos ausnutzende August Wilhelm Schlegel erscheint ihm noch lächerlicher und eitler. Er schildert den Pariser Karneval, bei dem bezahlte Handlanger der Regierung künstlich Fröhlichkeit erzeugt haben sollen – Heine kann dieses Gerücht nur mitteilen, seinen Wahrheitsgehalt nicht überprüfen. Entschieden bejaht er den Pariser Zentralismus, wie wir schon sagten: »Paris ist eigentlich Frankreich; dieses ist nur die umliegende Gegend von Paris.«

Heines frühere Illusionen über die Juli-Revolution sind fast ganz verflogen, das sagt er sehr offen. Die politische Lage Frankreichs ist dunkel und ungewiß, Deputiertenkammer, Parteien, Minister und selbst der König sehen einer ungesicherten Zukunft entgegen. Völlig geschlagen erscheint Heine der französische Katholizismus, was ein historischer Irrtum war; auch im Format des 1832 an Cholera gestorbenen Premierministers Casimir Périer dürfte er sich getäuscht haben: wohl wegen zu großer räumlicher und zeitlicher Nähe. Er porträtiert Périer eingehend als Beispielfall eines Politikers in unsicherer Übergangszeit, zwischen Revolution und Reaktion, zwischen Justemilieu und Republikanertum; wie häufig in derartigen Porträts hat Heine Verständnis für die konfliktreiche Lage eines solchen Mannes: »Welch eine schauerliche Verantwortlichkeit lastet auf diesem einzigen Manne! Ein Grauen erfaßt mich jedesmal, wenn ich in seine Nähe trete.«

Heine verknüpft die »Französischen Zustände« auch mit früheren Werken: Er blickt nochmals nach England, lobt erneut Canning, den Vorkämpfer der Emanzipation, gegen den Périer rückschrittlich erscheint, und schaudert vor dem trockenen Charakter der Engländer, vor dem alles überrollenden Maschinenwesen: »England müßte man eigentlich im Stile eines Handbuchs der höhern Mechanik beschreiben, ungefähr wie eine ungeheuer komplizierte Fabrik, wie ein sausendes, brausendes, stockendes, stampfendes und verdrießlich schnurrendes Maschinenwesen.« Dennoch lobt Heine den politischen Sinn und die Bereitschaft der Briten, Gefährdungen der Freiheit *in* ihrem Lande, etwa durch Monarchen, entgegenzutreten – diese Beobachtung ermöglicht dem Berichterstatter, der für deutsche Leser schreibt, Vergleiche zum Vaterland: Solche Bereitschaft fehlt in Deutschland; auch das Anwachsen republikanischen Geistes bei deutschen Emigranten und im Vaterland, auch republikanischer Kampfesmut gegen restaurative Tyrannei überzeugen Heine nicht davon, daß sich Deutschland bald befreien werde: »Ich glaube nicht so bald an eine deutsche Revolution, und noch viel weniger an eine deutsche Republik; letztere erlebe ich auf keinen Fall.« Mit diesen prophetischen Worten behielt er recht, zog sich aber den Haß der Republikaner zu; trotzdem blieb er unbeirrt bei der Überzeugung, daß man republikanische Verhältnisse, die vielleicht (sicher erscheint Heine das keineswegs) für Frankreich passend wären, nicht auf Deutschland mit seinem angeborenen Royalismus übertragen kann – für die *universale* Emanzipation ist die Staatsform sowieso sekundär, und immer noch erscheint Heine ein Monarch als Volkskönig oder -kaiser dafür besser geeignet als eine Republik.

Heine fürchtet republikanische Gleichmacherei und setzt ihr große, einer hohen Idee dienende Persönlichkeiten entgegen. In den »Französischen Zuständen« stellt er drei außergewöhnliche historische Gestalten vor. Die erste ist Lafayette, der Vater der Revolution von 1789 und der Julirevolution, nächst Napoleon »der reinste Charakter der französischen Revolution«, nächst dem Kaiser ihr populärster Held, ein getreuer Eckart der Freiheit, 1832 vielleicht der bedeutendste Sprecher in der Deputiertenkammer. Die zweite große Persönlichkeit ist Napoleon selbst. Noch immer ist er der Beliebteste in Frankreich, wo man ihn nur »l'homme« nennt; besonders auf dem Lande (die letzten Tagesberichte sind am Atlantik geschrieben) hängt sein Bild in jeder Hütte. »›Napoleon‹ ist für die Franzosen ein Zauberwort, das sie elektrisiert und betäubt«; weil bei ihm Fähigkeit und Leistung zählte und auch Kinder der untersten Klasse in hohe Ränge aufsteigen konnten, liebt ihn das Volk. In gewisser Hinsicht, schreibt Heine, sei Napoleon ein saint-simonistischer Kaiser gewesen, aber eben nur in gewisser Hinsicht – darum ist es dem Berichterstatter auch lieber, daß Napoleon tot ist: wenn er noch lebte, müßte ihn Heine bekämpfen helfen!

Keinem Politiker räumen »Nachtrag 1833« und »Französische Zustände« soviel Platz ein wie Louis Philippe. Immer wieder erinnert Heine, der sich eine Volksmonarchie mit demokratischer Verfassung wünscht, den König daran, daß er der Julirevolution Macht und Auftrag verdankt und Bürgerkönig *für das Volk* sein wollte; aber »Ludwig Philipp hat vergessen, daß seine Regierung durch das Prinzip der Volkssouveränetät entstanden ist, und, in trübseligster Verblendung, möchte er sie jetzt durch eine Quasilegitimität, durch Verbindung mit absoluten Fürsten, und durch Fortsetzung der Restaurationsperiode zu erhalten suchen«. Louis Philippe ist undankbar gegenüber dem Volke, er ist bausüchtig wie nur irgendein absoluter Monarch, er protegiert das Justemilieu, die immer mächtiger werdenden Geldinteressen – Louis Philippe ist in der Gefahr, vom Volks- und Bürgerkönig zum König der Bourgeoisie, des neuen Geldadels zu werden: schon streicht der Mann, der »im Glanze der Juliussonne« die Trikolore streichelte, jährlich 18 Millionen ein – wie soll er da an die Spitze der europäischen Freiheit treten? Er muß sich nicht wundern, daß er, der wegen seiner Kopfform im Volksmund »Birne« heißt, in einer Flut von »Birne«-Karikaturen verhöhnt wird – Heine, der diese Karikaturen nicht liebt, aber die Publikationsfreiheit der Karika-

turisten verteidigt, sieht genau, daß diese Flut eine Volksstime ausdrückt. Trotzdem gibt er die Hoffnung auf einen *Volkskönig* Louis Philippe nicht auf. Louis Philippe könnte der erste Bürgerkönig der Geschichte werden, »wenn er Thron und ehrliche Gesinnung bewahrt, – aber das ist ja eben die große Frage«. Mit diesem zweifelbeladenen Satz endet Heines Gang in die französische Tagespolitik, bei dem auch einige seiner damaligen Grundpositionen sichtbar werden.
Das dritte Frankreich-Buch Heines entstand fünf Jahre nach den beiden ersten: Die zehn Briefe »Über die französische Bühne« schrieb er im Mai 1837 in einem Dorf bei Paris für Lewalds »Allgemeine Theater-Revue«, sie wurden in den vierten »Salon«-Band aufgenommen (Oktober 1840). Gewiß handeln sie vom Theater: Heine mokiert sich über den Vielschreiber Raupach, den er schon in Berlin kennenlernte und hier bissig porträtierte. Er macht sich über die Armseligkeit deutscher Komödien lustig, in denen er nur ein einziges, aber unendlich variiertes Stück sieht, dabei fände man doch im närrischen Deutschland jene kolossalen Toren haufenweise, die Lustspiel-Stoff böten. Das biedermeierlichfriedliebende deutsche Theaterpublikum wird mit dem französischen verglichen, das während des Spiels nicht eine Minute Ruhe haben will, weswegen man französische Stücke nie mit deutschem Maßstab beurteilen soll. Heine zeigt Ehekrieg und Ehebruch als unerschöpfliche, freimütig dargestellte Haupt-Themen französischer Lustspiele und erklärt die »tragédie classique« für groß, aber völlig antiquiert, das Theatre Français für öde und unerfreulich. Im Zuge seiner Berichte über Sprechtheater und Oper porträtiert Heine Schauspieler und Schauspielerinnen sowie die Komponisten Meyerbeer, Berlioz, Liszt und Chopin. Er kritisiert die Aufführungen der Pariser Oper, die er oft besuchte, als Prunk- und Pomp-Theater für die Bourgeoisie, das Opernhaus als verschönten Tempel der Göttin Musik, aus dem sie selbst »zur Tür hinausgeschmissen« wurde. Wie in der bildenden Kunst, so polemisiert Heine auch im Theater gegen ein »Natürlichkeitssystem«, gegen Theater als banale Wiederholung des Lebens, argumentiert also antirealistisch: »Das Theater ist eine andere Welt, die von der unsrigen

geschieden ist, wie die Szene vom Parterre.« Sehr nachdrücklich bekennt sich Heine zur Autonomie der Kunst: »Weder der Religion, noch der Politik soll sie als Magd dienen, sie ist sich selbst letzter Zweck, wie die Welt selbst.« Die Spannung, ja der Konflikt zwischen autonomer und engagierter Kunst, zwischen reinem, fast an l'art pour l'art erinnerndem Gestaltungswillen und Tendenzdichtung wird in Heines Schaffen eine immer stärkere Rolle spielen – die Theaterbriefe, die zunächst wirklich nur von Theater handeln und, da sie anderthalb Jahre nach dem Bundestagsedikt entstanden, auch als unpolitisch, als Flucht vor der Politik gedeutet werden, sind dennoch *durchsetzt* von Politik und Gesellschaftskritik, daher erscheinen die Theaterphänomene stets in ihrem gesellschaftlichen Kontext, in ihrer soziologischen Perspektive, daher schweift Heine öfter ab als in den beiden ersten Frankreich-Büchern. Am meisten überrascht seine vehemente Kritik an Napoleon und Napoleon-Kult, an Napoleon-Vaudevilles im Theater, am Bonapartismus und an den Illusionen der Volksmassen, die das Kaiserreich verklärt sehen: »War wirklich die Zeit des Kaiserreichs in Frankreich so schön und beglückend, wie diese Bonapartisten, klein und groß, ... uns vorzuprahlen pflegen? Ich glaube nicht. Die Äcker lagen brach und die Menschen wurden zur Schlachtbank geführt. Überall Mütterntränen und häusliche Verödung.« Das ist die Wahrheit, die Heine jetzt hervorhebt; sicher auch unter dem Eindruck von Louis Philippes absolutistischem Gehabe sind Heines Zweifel gewachsen, ob *überhaupt* seine große Idee von der universalen Emanzipation durch einen Volksmonarchen zu verwirklichen ist.

Der selbstgesetzten Aufgabe, kraft seiner pazifiken Mission den Franzosen deutsches Geistesleben nahezubringen, stellt sich Heinrich Heine in den beiden annähernd gleichzeitig geschriebenen, zuerst in Frankreich publizierten Groß-Essays »Die Romantische Schule« (deutsche Buchausgabe November 1835) und »Zur Geschichte der Religion und Philosophie in Deutschland«, aufgenommen in den »Salon II« (Februar 1835). Beide Essays sind ausdrücklich gegen Madame de Staëls berühmtes, aus dem Geist der deutschen Romantik und des philosophischen Idealismus geborenes

Buch »De l'Allemagne« (1810) gerichtet, dessen Erstausgabe auf Napoleons Befehl vernichtet wurde, dessen Titel Heine in der französischen Gesamtausgabe beider Bücher übernimmt und dessen allzu freundliches Deutschland-Bild er ebenso kritisiert wie den Mangel an politischer Stellungnahme. Subjektivität und unakademische Lockerheit bestimmen Heines Deutschland-Essays: seine Unbefangenheit, so urteilte der Jungdeutsche Karl Gutzkow, nage an den Kathedern. Heine verwendet Bilder, Erzählung und Autobiographisches, er behandelt, nach seinen eigenen Worten, wissenschaftliche Gegenstände in eleganter Sprache, dabei mischt er Scherz und Ernst. Reich blüht die Metaphorik; wieder, wie in den »Reisebildern«, komponiert Heine den Text aus zahlreichen kleinen, teilweise metaphorischen, subjektiv-autobiographischen und anekdotischen Einheiten – in der »Romantischen Schule« gibt es an die 230 solcher Einheiten, über fünfzig Vergleiche aus der Natur, über dreißig aus der Mythologie. Beide Essays sind Fragmente geblieben wie andere Werke Heines und so viele romantische Dichtungen.

Heine will mit der »Romantischen Schule« nicht nur deutsche Dichtung den französischen Nachbarn vorstellen, er betrachtet das Werk auch als Programm-Schrift der neuesten deutschen Literatur, als Standortbestimmung und poetische Selbstdarstellung. »Die Romantische Schule« besteht aus drei Büchern. Das erste beginnt mit einer zweifellos einseitigen, polemischen Definition der deutschen Romantik: »Sie war nichts anders als die Wiedererweckung der Poesie des Mittelalters, wie sie sich in dessen Liedern, Bild- und Bauwerken, in Kunst und Leben manifestiert hatte. Diese Poesie aber war aus dem Christentume hervorgegangen, sie war eine Passionsblume, die dem Blute Christi entsprossen.« Heine betrachtet Mittelalter und romantische Poesie jetzt ungleich kritischer als im frühen Aufsatz »Die Romantik« von 1820, wo er das Romantische und das Plastische noch zu vereinigen gesucht hatte – jetzt erscheint ihm diese Passionsblume mißfarbig und gespenstisch: genau wie die Religion, auf der sie blühte, deren historische Notwendigkeit als Zeitenwende Heine auch weiterhin anerkennt, die nun aber, absoluter Spiritualismus, der sie ist, der neuen, diesseitigen

Religon weichen muß. Heine stellt die klassische Kunst als Darstellung des Endlichen gegen die romantische als Darstellung des Unendlichen; die von der Antike inspirierte neue Kunst der Renaissance hebt, als eine Form des Protestantismus, die mittelalterliche Düsternis auf, Lessing aber, »in der ganzen Literaturgeschichte derjenige Schriftsteller..., den ich am meisten liebe«, ist »der Stifter der neuern deutschen Originalliteratur«. Gegen ihn, gegen die aufklärerische Dichtung des 18. Jahrhunderts und gegen Goethe wendet sich, mit den Brüdern Schlegel als Wortführer, die Romantik. Heine deutet die romantische Schule ausdrücklich politisch, wenn man will: ideologisch, und zwar als reaktionär: Mit dem deutschen Sieg über Napoleon »triumphierte auch definitiv die volkstümlich germanisch christlich romantische Schule«. Nun nimmt Heine keineswegs einfach Partei für Kritiker der Romantik wie Goethe, der seit einem 1817 in seiner Zeitschrift »Ueber Kunst und Altertum« erschienenen Artikel des Kunsthistorikers Heinrich Meyer gegen die nazarenische Malerei und die romantische Mittelalter-Begeisterung eine Alleinherrschaft in der deutschen Literatur angetreten hat, die Heine mißfällt: »Mit diesem Artikel macht Goethe gleichsam seinen 18ten Brümaire in der deutschen Literatur.« Heine vergleicht den Aufsatz also in spöttischer Übertreibung mit Napoleons von ihm kritisierten Staatsstreich – Goethe hat »das Schlegelsche Direktorium« der Romantik gestürzt wie einst der Kaiser das Pariser Direktorium. Heine sieht Goethe weiterhin als »Zeitablehnungsgenie« und Indifferentisten, erklärt aber Goethes Indifferentismus jetzt aus seinem Pantheismus, wovon noch die Rede sein wird, und gesteht dem Olympier zu, daß auch er einige Emanzipationsgeschichten besungen habe, freilich nur als Artist, seine Meisterwerke »zieren unser teueres Vaterland, wie schöne Statuen einen Garten zieren, aber es sind Statuen. Man kann sich darin verlieben, aber sie sind unfruchtbar; die Goetheschen Dichtungen bringen nicht die Tat hervor, wie die Schillerschen«. Freilich würdigt Heine als Goethes Verdienst die Vollendung dessen, was er darstellt, und lobt den »West-östlichen Divan« als sensualistisches Werk.

Im zweiten Buch geht Heine auf führende, aber nicht auf

alle Vertreter der Romantik ein. Den Schlegels wirft er vor, daß sie allein auf die Vergangenheit orientiert seien und die Gegenwart nicht verstünden, August Wilhelm Schlegel greift er, wie füher schon erwähnt, sehr persönlich an. Er lobt Tieck als echten Poeten, als besten deutschen Novellisten, vermißt jedoch an seinen Theaterstücken das Aristophanische, wofür er auch den Zeitgeist verantwortlich macht: »Wir haben jetzt Ruhe in Deutschland, die Theaterkritik und die Novelle wird wieder Hauptsache.« In einer solchen Zeit sind Ironie und Humor der einzige Ausweg, welcher der Ehrlichkeit noch übriggeblieben ist. Man spürt an solchen sarkastischen Äußerungen, daß Heines Rückzug aus der *Tages*politik keine Abwendung von der Politik überhaupt bedeutet, seine beiden Deutschland-Essays sind sogar hochpolitische Werke, und gerade sie sollten mit dem Bundestagsedikt getroffen werden! So kritisiert Heine auch, obwohl er Schellings Naturphilosophie größte Aufmerksamkeit wünscht, dessen jammervolles Auftreten in München, sein Paktieren mit der klerikalen Partei und sein neidisches Schmähen auf Hegel, dessen Philosophie die seinige ablöste.

Heine findet eine überraschende Ähnlichkeit zwischen Novalis und E. T. A. Hoffmann, weil ihre Poesie eigentlich eine Krankheit war; er zeigt (wir sind schon im dritten Buch) Brentano als Zerrissenen und Zerreißer, mit dem er sich verwandt fühlen muß, kritisiert ihn aber als »korrespondierendes Mitglied der katholischen Propaganda«, die ihm sehr zuwider ist. Höchstes Lob spendet er Brentanos und Arnims Volksliedsammlung »Des Knaben Wunderhorn« – später Dank an ein Vorbild, von dem er gelernt hat: »In diesen Liedern fühlt man den Herzschlag des deutschen Volkes. Hier offenbart sich all seine düstere Heiterkeit, all seine närrische Vernunft. Hier trommelt der deutsche Zorn, hier pfeift der deutsche Spott, hier küßt die deutsche Liebe.« In zwei herrlichen Sätzen rühmt Heine die Schönheit des Nibelungenliedes, das die deutsche Romantik wiederentdeckt hat: »Es ist eine Sprache von Stein und die Verse sind gleichsam gereimte Quadern. Hie und da, aus den Spalten, quellen rote Blumen hervor, wie Blutstropfen, oder zieht sich der lange

Epheu herunter, wie grüne Tränen.« Solche Stellen zeigen, wie sehr Heine selbst noch Romantiker ist, »romantique défroqué«, entlaufener, aus der Kutte gesprungener Romantiker, wie ihn 1846 Henri Blaze de Bury in seinem Buch »Écrivains et poètes de l'Allemagne« nennen wird – aber doch Romantiker, der die romantische Schule niemals *ganz* verdammen kann, der sich noch dort, wo er rigoros aburteilt, kongenial einfühlt und der in späteren Werken *romantische* Formelemente für *progressive* Poesie fruchtbar machen wird, zum Beispiel in »Deutschland. Ein Wintermärchen«. Der Dichter der »Traumbilder« lobt auch Achim von Arnims grauenhafte Gespenstergeschichten; er beschreibt den bewunderten Jean Paul in seiner Sonderstellung; er stellt den Schicksalsdramatiker Zacharias Werner, er stellt Uhland, Fouqué und Eichendorff vor – dann aber präsentiert er programmatisch, wenn auch nicht ausführlich, die neue, zeitnahe, zukunftsträchtige Kampfliteratur, deren Bahnbrecher er selbst ist, eine emanzipatorische Kunst, die dem Fortschrittsglauben entspringt. Er kündigt dem französischen Publikum die Schriftsteller des Jungen Deutschland an, »die... keinen Unterschied machen wollen zwischen Leben und Schreiben, die nimmermehr die Politik trennen von Wissenschaft, Kunst und Religion, und die zugleich Künstler, Tribun und Apostel sind. Ja, ich wiederhole das Wort Apostel, denn ich weiß kein bezeichnenderes Wort. Ein neuer Glaube beseelt sie mit einer Leidenschaft, von welcher die Schriftsteller der früheren Periode keine Ahnung hatten. Es ist dieses der Glaube an den Fortschritt, ein Glaube, der aus dem Wissen entsprang. Wir haben die Lande gemessen, die Naturkräfte gewogen, die Mittel der Industrie berechnet, und siehe, wir haben ausgefunden: daß diese Erde groß genug ist; daß sie jedem hinlänglichen Raum bietet, die Hütte seines Glückes darauf zu bauen; daß diese Erde uns alle anständig ernähren kann, wenn wir alle arbeiten und nicht einer auf Kosten des anderen leben will; und daß wir nicht nötig haben die größere und ärmere Klasse an den Himmel zu verweisen.« Selbstverständlich spricht Heine hier zu allererst von *sich,* diese Sätze sind eine programmatische Selbstdarstellung des Dichters; indem er aber Literatur und Politik, Poesie und

Gesellschaft, Religion und Wissenschaft in ihren vielfältigen Verflechtungen zeigt, wird er gleichsam nebenbei zum Bahnbrecher einer soziologischen, auch der künftigen marxistischen Literaturbetrachtung.

In dem gleichzeitig entstandenen Essay »Zur Geschichte der Religon und Philosophie in Deutschland« zeigt Heine die religiösen und philosophischen Erscheinungen ebenfalls in ihrem gesellschaftlichen Kontext; auch dieser Essay ist in drei »Bücher« eingeteilt. Im ersten Buch betont Heine, wiederum programmatisch, daß er nur die *soziale* Wichtigkeit der großen Fragen deutscher Gottesgelehrtheit und Weltweisheit prüfen wolle, und zwar nicht in der Schulsprache der Philosophen, die über ihn die Achseln zucken werden, sondern in einer Sprache, die das Volk versteht: »Ich bin kein Gelehrter, ich selber bin Volk.« Erneut deutet Heine das Christentum als eine spiritualistische Entsagungsreligion; sie hat sich »wie eine ansteckende Krankheit« ausgebreitet. Zwar preist er wiederum Christus, dem als Symbol des leidenden Gottes höchster Ruhm gebührt, dann aber stellt er dem Christentum seinen neuen, sensualistischen Diesseits-Glauben, seine Glücks-Religion für künftige glücklichere, schönere Generationen, seine von Hegel und den Saint-Simonisten inspirierte Fortschrittsgläubigkeit entgegen. Heine benutzt im gesamten Essay Sensualismus und Spiritualismus gleichbedeutend mit Materialismus und Idealismus, das seien seit den ältesten Zeiten entgegengesetzte Ansichten über das menschliche Denken, Idealismus sei »die Lehre von den angeborenen Ideen, von den Ideen a priori«, Materialismus dagegen die Lehre von der Geisteserkenntnis durch die Erfahrung, durch die Sinne, die Lehre von den Erfahrungen a posteriori. Diese erkenntnistheoretischen Grundtypen wendet Heine nun aber auf Denkweisen und Lebenshaltungen, auf Glauben und Moral an, und zwar auf zwei *verschiedene* Denkweisen, »wovon die eine den Geist dadurch verherrlichen will, daß sie die Materie zu zerstören strebt, während die andere die natürlichen Rechte der Materie gegen die Usurpationen des Geistes zu vindizieren sucht«. Heine will die Materie *rehabilitieren* wie das Fleisch, doch *ohne* dem französischen Materialismus oder dem Atheismus zu verfallen. Unbedingt verlangt er aber, daß die Vertröstungen der leidenden Menschen auf ein besseres Jenseits aufhören: »Schon hier auf Erden möchte ich, durch die Segnungen freier politischer und industrieller Institutionen, jene Seligkeit etablieren, die, nach der Meinung der Frommen, erst am jüngsten Tage, im Himmel, stattfinden sollen.«

Weil die Vertröstung aufs Jenseits vor allem von der katholischen Kirche ausgeht, gebührt Luther nach Heines Ansicht der höchste Rang im Befreiungskampf der Deutschen aus den Fesseln dieser allmächtigen Kirche. Der Reformator wird den Franzosen als der Mann vorgestellt, dem wir die Rettung unserer edelsten Güter verdanken, mit dem ein neues Zeitalter in Deutschland beginnt. Indem Luther Vernunftkritik an der Bibel zuließ, gab er Geistes- und Denkfreiheit, und diesem Geist gab er einen Leib, indem er durch die Übersetzung der Bibel die deutsche Sprache schuf. Hoch schätzt Heine Luthers Lieder und ihre Melodien, der »Schwan von Eisleben« schrieb mit »Eine feste Burg ist unser Gott« die »Marseiller Hymne der Reformation«, die Heine ganz zitiert. Die Reformation hat große Ereignisse eingeleitet: »Eine neue Ordnung der Dinge gestaltet sich; der Geist macht Erfindungen, die das Wohlsein der Materie befördern; durch das Gedeihen der Industrie und durch die Philosophie wird der Spiritualismus in der öffentlichen Meinung diskreditiert; der dritte Stand erhebt sich; die Revolution grollt schon in den Herzen und Köpfen.«

Diese Revolution aber verläuft auf deutschem Boden in drei Stufen: Zuerst kommt die religiöse, dann die philosophische, zuletzt die politische Revolution – diese steht zu Heines Zeit noch bevor, die religiöse Revolution war die Reformation, die philosophische Revolution stellt Heine nun dar. Seine dreistufige Konzeption ist von Hegels Idee einer dreistufigen Entwicklung der Bewußtwerdung des Geistes angeregt. Hegels Einfluß auf Heines Revolutionsvorstellung ist also stark. Neu, bei Hegel *nicht* vorgesehen, ist aber Heines revolutionäre Wendung der Philosophie ins Praktische, ins Politisch-Soziale: Die philosophische führt zur politischen Revolution, sie ist deren *unabdingbare* deutsche Voraussetzung. Das klingt wie eine Vorwegnahme von

Marx, es rückt Heine in die Nähe der Jung- und Links-Hegelianer, es macht ihn vielleicht sogar – noch vor David Friedrich Strauß mit seinem »Leben Jesu«, vor Arnold Ruge mit den »Hallischen Jahrbüchern« – zum ersten Junghegelianer überhaupt: Friedrich Engels hat das jedenfalls in seiner »Feuerbach«-Schrift von 1886 so gesehen, Heine selbst läßt noch 1854 in den »Geständnissen« erkennen, daß er wußte, was er von der deutschen Philosophie gesagt hatte: »Ja, was die deutsche Philosophie betrifft, so hatte ich unumwunden das Schulgeheimnis ausgeplaudert.« Daß der Dichter vor der prophezeiten und herbeigewünschten Revolution immer wieder *erschrickt,* daß er fürchtet, die siegreichen Republikaner würden ihn als Relikt der Vergangenheit köpfen oder an die Laterne hängen, ist freilich ebenfalls wahr; deutlich und zwiespältig sagt er von der deutschen Philosphie: durch ihre Doktrinen hätten sich revolutionäre Kräfte entwickelt, die nur des Tages harrten, wo sie hervorbrechen und die Welt mit Entsetzen und Bewunderung erfüllen könnten. Damit beschreibt er genau seine eigenen Gefühle.

Wir haben vorgegriffen. Bevor Heine ein visionäres Bild der künftigen politischen Revolution malt, stellt er im zweiten und dritten Buch die philosophische Revolution eigenwillig und detailliert dar. Die Geschichte der deutschen Philosophie erscheint dabei, gut hegelianisch, als ein Fortschreiten zu immer höheren Stufen. Am Beginn steht, richtungsweisend auch für die deutsche Entwicklung, Descartes: »Ihm gebührt die Ehre, die Autonomie der Philosophie gestiftet zu haben.« Heine stellt dann polemisch die französischen Materialisten vor, die auf John Locke gründen: »Er machte den menschlichen Geist zu einer Art Rechenkasten, der ganze Mensch wurde eine englische Maschine.« Zu einer zentralen Gestalt der Betrachtung wird Spinoza, den Heine im 19. Jahrhundert wegen seines Einflusses sogar zur alleinigen Geistesherrschaft aufsteigen sieht. An Spinozas Pantheismus fasziniert Heine, ganz im Sinne seines neuen Glaubens, daß Gott identisch mit der Welt ist – »denn Gott ist alles, was da ist« –, daß die Gottheit im Menschen zum Selbstbewußtsein kommt und daß sie sich in ihm am herrlichsten manifestiert. Der Mensch selbst wird göttlich, wir hörten das schon, diese Menschengöttlichkeit aber hat sehr konkrete *materielle, soziale* Züge – Heine wandelt Saint-Justs großes Wort »Le pain est le droit du peuple« kühn zu »Le pain est le droit divin de l'homme« und fährt fort: »Wir kämpfen nicht für die Menschenrechte des Volks, sondern für die Gottesrechte des Menschen. Hierin, und noch manchen andern Dingen, unterscheiden wir uns von den Männern der Revolution. Wir wollen keine Sansculotten sein, keine frugale Bürger, keine wohlfeile Präsidenten; wir stiften eine Demokratie gleichherrlicher, gleichheiliger, gleichbeseligter Götter. Ihr verlangt einfache Trachten, enthaltsame Sitten und ungewürzte Genüsse; wir hingegen verlangen Nektar und Ambrosia, Purpurmäntel, kostbare Wohlgerüche, Wollust und Pracht, lachenden Nymphentanz, Musik und Komödien.«

Wo der Mensch selbst göttliche Züge annimmt, ist er dem alten Glauben und auch dem Deismus entwachsen – Heine benutzt den Begriff für philosophische Auffassungen, die Gott als getrennt vom Menschen und der Welt existierend annehmen. Der Deismus hat abgedankt, der Pantheismus ist zur verborgenen Religon der Deutschen geworden. Auf dem Wege zu dieser Befreiung, zwischen Spinoza und Kant, stehen Leibniz, die Rationalisten, Mendelssohn und Lessing, den Heine jetzt auf eine Rangstufe mit Luther stellt, seine enthusiastische Darstellung Lessings wirkt wie ein wunschhaftes Selbstporträt des Dichters. In Lessings Todesjahr 1781 ist Kants »Kritik der reinen Vernunft« erschienen: »Mit diesem Buche beginnt eine geistige Revolution in Deutschland, die mit der materiellen Revolution in Frankreich die sonderbarsten Analogien bildet... Dieses Buch ist das Schwert, womit der Deismus hingerichtet worden in Deutschland.« Wegen dieser revolutionären Denk-Tat setzt Heine also die deutsche *philosophische* der französischen *politischen* Revolution parallel, ja, er stellt den Königsberger Denker noch über Robespierre: »Sonderbarer Kontrast zwischen dem äußeren Leben des Mannes und seinen zerstörenden, weltzermalmenden Gedanken! Wahrlich, hätten die Bürger von Königsberg die ganze Bedeutung dieses Gedankens geahnt, sie würden vor jenem Manne eine weit grauenhaftere Scheu empfunden haben als vor einem Scharfrichter, vor einem Scharfrichter, der nur Menschen hinrichtet.« Und dies nur deswegen, weil Gott für Kant bloß ein Noumen, eine Erdichtung war – es hat vielleicht keiner je diese Revolution im Gedanken-Reich so ernst genommen wie Heinrich Heine, und es hat ihn geschaudert davor: Er ist ja kein Atheist, er zitiert den berühmten Satz: »Gott ist alles, was da ist«, und fügt sehr ernst hinzu: »Und Zweifel an ihm ist Zweifel an das Leben selbst, es ist der Tod.« Den Widerspruch zwischen der Richtschwert-Scharfrichter-Metapher und der Exekution des Deismus einerseits, der Abwehr jeglicher Gottesleugnung andererseits hat Heine entweder nicht gesehen oder nicht als solchen empfunden.

Er stellt die Geschichte der deutschen Philosophie noch über Kant hinaus dar. Er vergleicht Fichte, als großes, unerbittliches Ich, mit Napoleon, und erzählt ausführlich den Kampf des Philosophen gegen den Atheismus-Vorwurf, und da Goethe als Weimarer Minister in diese Affäre verwickelt war, ist Heine plötzlich bei ihm: Goethe ist nun der Spinoza der Poesie: »Die Lehre des Spinoza hat sich aus der mathematischen Hülle entpuppt und umflattert uns als Goethesches Lied. Daher die Wut unserer Orthodoxen und Pietisten gegen das Goethesche Lied.« Plötzlich hat Heine ein erstaunliches Verständnis für Goethes Lage am Hof: »Dieser Riese war Minister in einem deutschen Zwergstaat. Er konnte sich nie natürlich bewegen... Wenn er aus seiner stillsitzenden Ruhe einmal plötzlich in die Höhe gefahren wäre, er hätte den Staatsgiebel durchbrochen, oder, was noch wahrscheinlicher, er hätte sich daran den Kopf zerstoßen.« Das klingt sehr anders als das Schlußwort der »Englischen Fragmente« mit ihrem bitteren Angriff auf Goethe – tatsächlich hat Heine ihn, seit er in ihm den großen Pantheisten und Befreier entdeckte, nicht mehr negativ beurteilt und nur Goethes Abwandlung der »Faust«-Fabel kritisiert.

Heines Gang durch die Geschichte der deutschen Philosophie endet mit zwei Denkern, die er persönlich kannte, mit Schelling und Hegel. Sein Urteil über Schelling, den er in der Menzel-Rezension und in den »Stadt Lucca« positiv erwähnt hat, ist nun sehr zwiespältig. Wohl hat Schelling die Natur wieder in ihre Rechte eingesetzt: »Er strebte nach einer Versöhnung von Geist und Natur, er wollte beide wieder vereinigen in der ewigen Weltseele. Er restaurierte jene große Naturphilosophie, die wir bei den altgriechischen Philosophen finden... er restaurierte jene große Naturphilosophie, die, aus der alten, pantheistischen Religion der Deutschen heimlich emporkeimend zur Zeit des Paracelsus die schönsten Blüten verkündete.«

Aber Schelling ist, nach Heine, seiner eigenen Lehre abtrünnig geworden, restaurierte nun ganz andere Dinge, predigte nämlich einen außerweltlichen, persönlichen Gott, vertrat eine idealistische Transzendentalphilosophie, wurde katholisch und ein Narr – so erlebte ihn Heine in München, wo er eine Vorlesung Schellings hörte, erlebte ihn mitten unter seinen, Heines, Feinden und urteilt nun: »Wenn man in Kant die terroristische Konvention und in Fichte das Napoleonische Kaiserreich sieht, so sieht man in Herrn Schelling die restaurierende Reaktion, welche hierauf folgte.« Obendrein ist Schelling von seinem Schüler Hegel verdrängt worden, den Heine respektvoll und in großen Worten charakterisiert. Er ist »der größte Philosoph, den Deutschland seit Leibniz erzeugt hat. Es ist keine Frage, daß er Kant und Fichte weit überragt... Unsere philosophische Revolution ist beendigt. Hegel hat ihren großen Kreis geschlossen.« Und weil das so ist, sieht ihm Heine jetzt sogar sein Zurückweichen vor der Restauration nach!

Und die dritte, die politische Revolution, die aus der philosophischen gesetzmäßig hervorgehen soll? »Der Gedanke geht der Tat voraus, wie der Blitz dem Donner« – dieser Satz, der ganz aus dem Geiste der idealistischen Philosophie gedacht scheint und Heines revolutionärem Selbstgefühl entspringt, denn auch die poetisch-gedanklichen Blitze, die er schleudert, gehen dem Donner der historischen Ereignisse voraus: dieser Satz leitet zu einer apokalyptischen Schlußvision über, an deren Vieldeutigkeit man sich die Zähne ausbeißen und die man nicht auf ein einzelnes historisches Ereignis projizieren kann, einer Vision von der deutschen Revolution: »Wenn Ihr es einst krachen hört, wie es noch niemals in der Weltgeschichte gekracht hat, so wißt: der deutsche Donner hat endlich sein Ziel erreicht. Bei diesem Geräusche werden die Adler aus der Luft tot niederfallen, und die Löwen in der fernsten Wüste Afrikas werden die Schwänze einkneifen und sich in ihren königlichen Höhlen verkriechen. Es wird ein Stück aufgeführt werden in Deutschland, wogegen die französische Revolution nur wie eine harmlose Idylle erscheinen möchte.«

Heines Essay über Deutschland folgte ein Anhang und ein etwas groteskes Nachspiel. Den Anhang bilden die »Elementargeister«, deren erster Teil schon 1835 in »De l'Allemagne« stand und die Heine in den »Salon III« (Juli 1837) aufnahm. Das ist ein Essay über Volksmythologie, über Kobolde, Riesen, Zwerge, Elfen, Nixen, Meerbischöfe, Schwanenjungfrauen, Walküren, Nornen, Salamander und den Teufel, über Steine, Bäume und Flüsse als Wohnorte heidnischer Gottheiten oder Hexen. Heine stellt auch diese altdeutsche Überlieferung gegen das Christentum, zeigt aber in der Wahl dieses Themas erneut seine Herkunft aus der Romantik, deren Überlieferung er sich, ungeachtet aller Kritik an ihr, niemals nehmen läßt – ausdrücklich nennt er als Quelle die Sagensammlung der Brüder Grimm und lobt deren unschätzbare Verdienste. Heine hat die »Elementargeister« in der Zeit nach dem Verbot seiner Werke durch den Bundestag beendet und sich politische Zurückhaltung auferlegt: neuerliche politische Provokationen hätten ihm geschadet, Campe hätte sie wohl auch nicht akzeptiert. Immerhin taucht auch hier das aus dem Gegensatz Sensualismus-Spiritualismus abgeleitete Kontrast-Paar Hellene-Nazarener auf, als der Dichter nämlich den Kampf der ersten christlichen Kirchenväter gegen die antiken Götter schildert: »Es galt... den Hellenismus selbst, griechische Gefühls- und Denkweise, zu verteidigen und der Ausbreitung des Judäismus, der judäischen Gefühls- und Denkweise, entgegenzuwirken. Die Frage war: ob der trübsinnige, magere, sinnenfeindliche, übergeistige Judäismus der Nazarener, oder ob hellenische Heiterkeit, Schönheitsliebe und blühende Lebenslust in der Welt herrschen solle?« Der Essay hat einen merkwürdigen Schluß, der mit dem doppelten Gegensatz-Paar zusammenhängt: Heine nimmt ein »Tannhäuser«-Gedicht aus »Des

Knaben Wunderhorn« auf, worin Venus in ihrem Berge dem Ritter Liebe schenkt, er aber, weil er diese Liebe als Sünde empfindet, aus dem Berg flieht. Er kehrt jedoch zu Frau Venus zurück, als der Papst ihm seine Sünden nicht vergibt. Heine dichtet eine neue Fassung hinzu, die er als nicht von ihm stammend ausgibt – da hat Tannhäuser Frau Venus und ihre Liebe satt:

> Dein schöner liljenweißer Leib,
> Er wird mir schier verleidet,
> Dein schöner liljenweißer Leib
> Erfüllt mich fast mit Entsetzen.

Da ihn aber auch der Papst nicht aus den schönen Krallen der Venus befreien kann, kehrt Tannhäuser zu ihr heim; sie ist nun eine Hausfrau, die ihm Suppe kocht, ihm die wunden Füße wäscht und das Haar kämmt – spielt Heine hier auf seine Faszination durch Mathilde, die er 1834 kennenlernte, auf seine Ausbruchsversuche aus diesem Verhältnis und sein schließliches Bleiben bei ihr an?

Das groteske Nachspiel zu den Deutschland-Essays ging von Enfantin aus. Er hatte sie ja angeregt, ihm war das Buch über Religion und Philosophie gewidmet. Da er sich im ägyptischen Exil befand, richtete er ein langes Dankschreiben an Heine. Enfantin animierte ihn darin, seine Darstellung noch weiter in die Gegenwart hinein fortzusetzen und die künftige »Association der Völker untereinander und der Menschheit mit dem Erdballe« zu propagieren. Diese großen Ziele aber sollte er mit Hilfe von – Metternichs Österreich verwirklichen, das ihm Enfantin absurderweise als den idealen Bundesgenossen empfahl! Ein solcher Ratschlag signalisierte die spätere Wendung führender Saint-Simonisten zum Staatsdienst und zum Unternehmertum, das sie reich machte; schon Strodtmann, der Enfantins Brief für seine große Heine-Biographie von 1867 übersetzte, zitiert eine Stelle aus Heines Vorrede zur Neuausgabe von »De l'Allemagne« (1855): »Die Dinge haben sich geändert; die Märtyrer von ehemals werden jetzt weder verhöhnt noch verfolgt, sie tragen nicht mehr das Kreuz, wenn es nicht etwa von ungefähr das Kreuz der Ehrenlegion ist; sie durchlaufen nicht mehr barfuß die Wüste Arabiens, um dort das freie Weib zu suchen – diese Befreier vom Gattenjoch, diese Zerbrecher der ehelichen Bande haben sich bei ihrer Rückkehr aus dem Orient verheirathet und sind die unerschrockensten Epouseurs von der Welt geworden, und sie tragen Stiefel. Die meisten dieser Märtyrer sitzen jetzt in der Wolle, einige von ihnen sind neugebackene Millionäre, und mehr als einer ist zu der ehrenvollsten und einträglichsten Stellung gelangt – man reist schnell mit den Eisenbahnen. Diese ehemaligen Apostel, welche von einem goldenen Zeitalter für die ganze Menschheit geträumt, haben sich damit begnügt, das silberne Zeitalter, die Herrschaft jenes Dieu-argent fortzupflanzen, welcher der Vater und die Mutter von Allen und Allem ist – es ist vielleicht derselbe Gott, den man mit den Worten gepredigt hat: Alles ist in ihm, Nichts ist außer ihm, ohne ihn ist Nichts.«

Mathilde

In Paris fand Heine seine Frau. Crescentia Mirat (1815-1883), die er wegen ihres für ihn unaussprechlichen Vornamens »Mathilde« nannte, stammte aus dem Dorfe Vinot, Departement Seine-Marne. Sie war die uneheliche Tochter einer Bäuerin, ihr Vater soll ein »besserer Herr« gewesen sein, der nichts von ihr wissen wollte. Sie wuchs in armseligen Verhältnissen auf und hütete Kühe – bei einem Besuch in Vinot wird Heine ihr Kinderhemdchen mitnehmen, das ihm ihre Mutter schenkt und das er wie eine Reliquie aufbewahrt. Mit fünfzehn Jahren ging sie, damals noch eine Analphabetin, zu ihrer Tante Maurel nach Paris, die unweit vom Justizpalast einen Schuhladen hatte, in dem das Mädchen arbeitete; wahrscheinlich lernte sie Heine im Oktober 1834 dort kennen – sie war eine der vielen tausend Grisetten von Paris, temperamentvoll, leichtlebig und verführbar, Heine war sicher nicht ihr erster Mann. Anfangs wird sie eine der rasch gefundenen »Verschiedenen« gewesen sein, denen er begegnete, denn wenn er auch nicht der Frauenheld, der Lasterhafte, Frivole, der Wüstling war, als den ihn die »bessern« Deutschen darstellten, so wird er doch mit mancher jungen Pariserin geschlafen haben, mit Grisetten und Freudenmädchen aus der »Passage des Panoramas« und anderswo; insofern hat der Gedicht-Zyklus »Verschiedene«, der mit dem Sammelband »Neue Gedichte« (1844) genauer besprochen werden soll, schon einen biographischen Hintergrund.

Was wohl auch mit Mathilde flüchtig und unkompliziert begann, wurde schnell zur verzehrenden Leidenschaft. Am 11. April 1835 schrieb Heine an Lewald, er habe dessen letzten Brief richtig erhalten, »aber zu einer Periode, wo ich bis an den Hals in einer Liebesgeschichte saß, aus der ich mich noch nicht herausgezogen. Seit October hat nichts für mich die geringste Wichtigkeit, was nicht hierauf unmittelbar Beziehung hatte.« Campe schilderte er am 2. Juli 1835 seine Lage: »Ich, Thor, glaubte die Zeit der Leidenschaft sey für mich vorüber, ich könnte niemals wieder in den Strudel rasender Menschlichkeit hineingerissen werden, ich sey den ewigen Göttern gleichgestellt in Ruhe, Besonnenheit und Mäßigung – und siehe! ich tobte wieder wie ein Mensch, und zwar wie ein junger Mensch.« Beide Briefstellen lassen erkennen, daß Heine unter einem Liebes-Bann lebte, dem er sich zu entziehen versuchte: »Jetzt, Dank meiner unverwüstlichen Gemüthskraft, ist die Seele wieder beschwichtigt, die aufgeregten Sinne sind wieder gezähmt, und ich lebe heiter und gelassen auf dem Schlosse einer schönen Freundinn in der Nähe von Saint-Germain, im lieblichen Kreise vornehmer Personen und vornehmer Persönlichkeiten. Ich glaube mein Geist ist von aller Schlacke jetzt endlich gereinigt.«

Falls Heine mit Schlacke seine Leidenschaft für Mathilde meinte, so irrte er sehr. Allerdings war er nach La Jonchère geflohen, zu einer der beiden außergewöhnlichen, geistig ebenbürtigen Frauen, die ein Mathilden-Hasser wie Friedrich Hirth, erster Herausgeber von Heines Briefen und verdienstvoller Heine-Forscher, gern als Frau oder Geliebte des Dichters gesehen hätte, denen sich Heine aber, weil er an den

»Pocken des Herzens« litt, also seine heikle Mutter-Bindung seine Liebesbeziehungen beeinflußte, *erotisch-sexuell* entzog – Heine war zur schönen, geistreichen italienischen Fürstin Cristina von Belgiojoso-Trivulzio (1808-1871) geflohen. Sie stammte aus einer alten Mailänder Patrizierfamilie, kämpfte schon als junges Mädchen in der italienischen Unabhängigkeitsbewegung und heiratete mit sechzehn Jahren den kaum älteren Fürsten Belgiojoso, der sie durch sexuelle Rücksichtslosigkeit unglücklich und neurotisch machte. Sie kam 1831 als arme politische Emigrantin nach Paris, weil Metternich ihr Vermögen beschlagnahmen ließ. Zuerst im 5. Stockwerk eines Mietshauses, nach Freigabe ihres Vermögens durch den österreichischen Kaiser in besserer Umgebung, führte sie einen Salon, dessen bekanntester Gast anfangs Lafayette war und den Heine sehr bald besuchte. Schwarze Locken, ein feines Gesicht mit griechisch-römischer Nase, dunkle, blitzende Augen, schwarze Brauen, kräftige Backenknochen, rundes Kinn, sehr blasse Gesichtsfarbe – sie war eine außerordentliche Erscheinung, sie faszinierte Heine, er schrieb ihr Briefe voller Bewunderung, aber niemals Briefe der Werbung, der Liebe wie andere Dichter, etwa Alfred de Musset. Ihr Antlitz, schrieb er am 18. April 1834 an sie, verfolge ihn Tag und Nacht wie ein Rätsel: »Um Ihr Herz, das zweifellos einigermaßen schön ist, kümmere ich mich sehr wenig.« Das ist deutlich: Heine floh vor der vulkanischen Leidenschaft zu der achtzehn Jahre jüngeren Grisette nach La Jonchère, aber nicht in die Arme der Belgiojoso. »Ich bin verdammt nur das niedrigste und thörichtste zu lieben« – dieser schon zitierte Satz aus dem Brief an Laube vom 27. September 1835 gibt die Summe seiner Erkenntnisse nach der Scheinberuhigung von La Jonchère; im gleichen Brief erklärte Heine, daß er die Fürstin nicht liebe. Sie ihrerseits konnte ihm Mathilde nicht ausreden; das trübte ihr Verhältnis zueinander aber nicht, sie blieb seine Freundin und lernte auch Mathilde kennen; im September 1847 besorgte sie beiden eine neue Wohnung, 1848 versuchte sie, die gestrichene Staatspension für Heine zurückzugewinnen.

Die zweite ungewöhnliche Frau, die Heine in Paris traf,

war die skandalumwitterte George Sand; die Autorin mit dem männlichen Pseudonym, damals Frankreichs berühmteste Schriftstellerin, soll Heine, nach Ansicht des oft vorschnell schließenden und spekulierenden Hirth, wirklich geliebt haben. Franz Liszt vermittelte auf ihre Bitte das erste Zusammentreffen am 28. November 1834: kurz nachdem Heine die Beziehung zu Mathilde aufgenommen hatte. George Sand, die als eine der ersten Frauen freie Liebe auch für ihr Geschlecht forderte und deshalb von Männern als Mannweib, Amazone und Lesbierin diffamiert wurde, die Liebesverhältnisse zu Chopin und Musset hatte, wurde rasch mit Heine vertraut. Sie trafen sich oft, sie nannten einander »Cousine« und »Cousin«, was George Sand nur ihren Vertrauten gestattete – eine Liebesbeziehung entstand zwischen ihnen trotz häufigen Zusammentreffens nie, es ist unwahrscheinlich, daß Heine ein Verhältnis gewollt, George Sand ihn jedoch abgewiesen habe. Auch ein Brief, der auf Heines Liebe zu ihr hindeuten könnte, sollte nicht so gedeutet werden: »Ich liebe Sie sehr, von ganzem Herzen, mit allen Fetzen meines Herzens. Wenn Sie frei sind, erfreuen Sie sich dieser Freiheit. Ich bin noch in den schrecklichsten eisernen Fesseln, und weil man mich abends mit besonderer Sorgfalt ankettet, gelang es mir nicht, Sie in Paris zu sehen. Wenn ich aber meine Zeit durchgemacht haben werde, werde ich kommen, um Sie einzuholen, und wenn es am Ende der Welt wäre... vorausgesetzt, daß inzwischen man Sie nicht neuerlich gefangen nahm und ins Zuchthaus zurückführte, mein schöner Häftling, der aus dem Liebeszuchthause befreit wurde.« (17. August 1838) Der das schrieb, wußte genau, daß er die angeblich Geliebte niemals einholen würde. Er wußte, daß auch sie das wußte, daß sie verstand, *wo* er gefesselt war. Sie wußte auch, daß dies nicht nur schreckliche, eiserne, sondern auch schöne, zarte Fesseln waren, wie sie der Freund sich wünschte. Sie wußten beide, daß er sie sich am liebsten in einem neuen Liebeszuchthaus wünschte, das ein anderer Mann für sie errichtete, damit sie seine, Heines, pathetische Liebeserklärung nur ja nicht ernst und ihn beim Wort nahm: Diese Erklärung war eine ähnliche Abwehr-Deklamation wie dereinst gegenüber Friederike

Robert, nur diesmal ganz ohne Ironie: Selbstverständlich litt Heine manchmal tatsächlich unter der Fesselung durch Mathilde.

Wer war die junge Frau, die ihn band, die er liebte und um deretwillen allein er in den Elendsjahren der Matratzengruft am Leben blieb? Sie war »niedrig«, insofern sie aus den unteren Klassen kam und keine Bildung hatte, »thöricht«, weil sie unintellektuell war und ganz aus ihren Gefühlen, ihrem ungestümen Temperament lebte. Sie hatte dunkles Haar, eine bleiche Haut, einen üppigen Körper und kräftige Brüste – der elsässische Autor Alexander Weill, jahrelang ein Hausfreund der Heines, ein freilich oft unzuverlässiger, geschwätziger Zeuge, der zeitweilig wohl in Mathilde verliebt war, rühmte ihren herrlichen Körper, die sehr weißen Zähne, den kirschroten Mund, die schönen Hände und Füße: »Vielleicht kennt einer meiner Leser«, schrieb er in seinen Heine-Erinnerungen schwärmerisch, »die Photographie der Phrynenstatue in der Akademie der schönen Künste zu Madrid? Man hätte Mathilde für das Modell dieser Statue halten können. Wenn die plastische Schönheit irgendeine Vollendung erreichen kann, so war diejenige Mathildes die Vollendung selbst. Sie war wie aus Marmor gemeißelt.« Als starke Esserin und Trinkerin nahm sie im Laufe der Jahre tüchtig zu: »Daher ihr Embonpoint schon mit fünfunddreißig Jahren, worunter aber ihre Schönheit keineswegs litt.« Auch der Heine gegenüber sehr kritische Übersetzer Edouard Grenier nannte sie eine Schönheit von üppigen Formen, schön und indolent wie eine Odaliske und eine gute Dirne, einmal allerdings auch, wohl aus Verärgerung über Heine, dumm wie eine Gans. Laube schilderte sie als »ein junges, stattliches Mädchen ... Sie war eine volle Figur mit heiterem runden Antlitz und von angenehmem Wesen.« An Mathildes *physischer* Attraktivität ist also nicht zu zweifeln; allerdings teilte sogar ihr Verehrer Weill einen angeblichen Fehler mit: Sie habe keine hohe Stirn gehabt, und »diese Stirn verriet einen kindlichen Geist, ein geringes Maß an Überlegung und Verstand, aber einen hartnäckigen Willen, der indessen ohne rechte Energie war und leicht in ein Füßestampfen oder in Tränen auslief«. Der Dichter selbst hat diesen Mangel an Verstand bestätigt: »Sie hat einen sehr schwachen Kopf, aber ein ganz vortreffliches Herz.« Heine wurde nicht müde, ihre Gutherzigkeit, ihre Seelengüte zu betonen; mehrmals verglich er sie mit einem Engel. Besonders freute er sich an ihrer Sorglosigkeit, die ihm die eigenen Sorgen vertreiben half, und an ihrer Fröhlichkeit. Sie war unbedingt offen und ungebrochen, hielt mit nichts zurück, sprach und plapperte alles heraus – mit gutem Gespür für ihre Wesensart bemerkte Levin Schücking 1847 bei einem Paris-Besuch: »Es war etwas durchaus Natürliches in ihrem Wesen, es schien etwas Derbes, aber Redliches, Schlichtbürgerliches darin zu liegen; eine Persönlichkeit, die übrigens vor dem berühmten Dichter, dessen Lebensgefährtin sie war, durchaus nicht das tat, was die Franzosen s'effacer nennen.« Dieses Verb bedeutet verblassen, sich zurückziehen, zurückhalten: das tat Mathilde tatsächlich nie. Man spürt aus den zeitgenössischen Äußerungen über sie, wie eng ihre Stärken mit ihren Schwächen zusammenhingen: Sie war unfähig, gut zu wirtschaften, ging lieber aus und flanierte auf den Boulevards; sie hatte kein Verhältnis zum Geld, sie war eine »Verbrengerin«, wie Heine an Mutter und Schwester schrieb, eine Verschwenderin, die das Geld verschleuderte, wie es hereinkam, und insofern mitschuldig an Heines ständigem Kampf um Geld, an seiner Abhängigkeit von Onkel, Verleger, Staatspension und Aktienspekulationen. Heine duldete und ironisierte ihre »beständige Unbeständigkeit der Laune«, nannte sie »dies tolle aber gesunde Herz«, nannte sie unvernünftig wie alle Weiber, suchte ihr überschäumendes Temperament mit Geduld und Spott abzufangen – wegen ihrer Wutausbrüche nannte er sie »mein Hausvesuv« und »meine Wildkatze«. Eine der *glaubwürdigen* Schilderungen Weills zeigt eine typische Ehe-Szene: »Mathilde war durchaus kein schlechter Charakter, sie war gut bis zur Schwäche, aber sie machte gar zu gerne Szenen. Sie war imstande, in einem Wutanfall sich selbst mit Fäusten zu schlagen. Zwei Minuten später erstickte ihr Zorn in Tränen und Schluchzen. Sie schluchzte ebensoleicht bei dem Tod ihres Papageis wie bei dem ihrer Mutter. Diese Szenen wiederholten sich oft, besonders wenn ihr Blut revoltierte.

Sie war dann keine Frau mehr, sondern ein Kind, und wie ein Kind wälzte sie sich auf der Erde, stampfte mit den Füßen und prügelte sich selbst. Sie hielt sich im Ernst für das unglücklichste Geschöpf der Welt, und durch Schreien und Seufzen forderte sie das Mitleid der Anwesenden heraus. Es war zum Totlachen. Und – wunderlich, aber durchaus logisch bei einer Natur wie der ihrigen – wenn sie schließlich merkte, daß man sie keineswegs beklagte, daß man sich um ihr eingebildetes, übertriebenes Unglück nicht kümmerte, brach sie plötzlich in Lachen aus. Und dieses Lachen stand ihr vortrefflich, die graziösen Bewegungen ihrer Taille und ihrer göttlichen Hüften kamen dabei wirksam zur Geltung, man konnte ihr einfach nicht böse sein, und diese ehelichen Szenen schlossen regelmäßig mit leidenschaftlichen Versöhnungsausbrüchen und zwischendurch homerischem Gelächter.« Interessanterweise war Mathilde *erotisch* anscheinend keineswegs leidenschaftlich – Weill meinte, als starke Esserin sei sie in der Liebe phlegmatisch gewesen, und Heine bestätigte das in gewisser Weise, freilich ohne eine solche trivial-psychologische Begründung: als echte Pariser Grisette sei sie weder leidenschaftlich noch sentimental, aber »durch und durch gut, keine Geliebte im lyrischen Sinne, aber eine Freundin, wie es eine Französin nur sein kann«. Diese Liebesbeziehung beruhte also trotz Heines Faszination durch Mathildes Körper *nicht* primär auf der physischen Bindung; Maximilians alberne Warnung, mit jedem Samentropfen fließe Heine ein Stück Geist davon, Mathilde begehe durch ihn »das größte Verbrechen an die Literatur«, ist unsinnig. Schon nach wenigen Jahren scheinen die beiden sexuell eher zurückhaltend gelebt zu haben, sicher auch wegen Heines sich verschlimmernder Krankheit – schon seit Jahren, schrieb er 1844 an Charlotte, hätten sie getrennte Schlafzimmer, woher sollten da die Kinder kommen!

Sie waren *beide* selber Kinder. Heine hatte sich seine Kindlichkeit immer bewahrt, wie wir sahen; im Zusammentreffen mit dem Kind Mathilde war das sein und ihr Glück. »Die Ehe zweier Kinder«, nennt Ludwig Marcuse diese Verbindung, »des Kindes Mathilde, das nie eine Erwachsene wurde, und des Kindes Henri, der über das Erwachsensein hinausgewachsen war.« Sie spielten also miteinander; er neckte sie; er redete ihr ein, Christus sei einmal Erzbischof von Paris gewesen, und sie glaubte es; er nannte sie sein gutes dickes Kind – es war, als ob Heine durch ihre Anwesenheit, durch das Kindhafte ihres Charakters zu solchen Scherzen angeregt und ihm das Hinabgleiten in Kinderdenkweisen erleichtert würde. Kinder-Verhalten beherrschte also ihren Alltag, eine Kindlichkeit, die Heine immer, Mathilde selten oder nie durchschaute; auch die von Weill geschilderten montäglichen Verprügelungen der dreimal stärkeren Mathilde durch Henri waren Kinderspiel – falls sie überhaupt stattgefunden haben.

Seit 1835 lebten Heine und Mathilde fast immer zusammen. Die Wohnungen waren kleinbürgerlich eingerichtet, wobei Mathilde noch mehr Sinn für die Repräsentanz von Möbeln aufbrachte als der Dichter. »Unser Ehestand ist eben so moralisch wie der beste in Krähwinkel«, schrieb er 1840, und kurz vor der Heirat 1841 erwähnte er »denselben spießbürgerlich ehrbaren Hausstand, nach der Heurath wie vorher«. Bis 1841 lebten sie also unverheiratet miteinander, sie führten »eine auflösbare Ehe, wofür es hier tausende von Beispielen gibt und jedenfalls moralischer, als das Leben der Mehrzahl sogenannter Junggesellen« schrieb der österreichische Dichter Anastasius Grün im Dezember 1837 über das Paar. Selbstverständlich war Mathilde nie eine gutbürgerliche Hausfrau, ihr Sinn stand nach Vergnügen: nach Diners in teuren Restaurants, nach teuren Fiaker-Fahrten, nach Putz und Kleidung, Theater und langen Boulevard-Gängen, die auch der Flaneur Heine so sehr liebte, nach Klatsch mit der Gesellschafterin Pauline Treuenthal, mit der Freundin Elise Arnault, der »flammenäugigen Elise«, nach Bällen, Tanz und Reisen – Heine nahm sie seit 1837 auf seine Badereisen mit, und sie genoß das: »Mein Hauskreuz gefällt sich hier außerordentlich«, schrieb er am 28. Mai 1837 aus Granville. Dieses Leben kostete viel Geld. Michael Werner schätzt, daß Heine seit Beginn der Liaison monatlich 1000 Francs brauchte, etwa 7000 Francs heutiger Währung; die schriftstellerischen Einnahmen deckten davon kaum die Hälfte! Viel Geld gab Heine aus, um Mathilde in einem Mädchenpensionat eine gewisse Bildung geben zu lassen: Er wollte sie vorzeigen können. Das ging in den ersten Jahren wohl nicht problemlos ab; manche Leute scheinen keine hohe Meinung von dem Naturkind gehabt zu haben, Meyerbeer scheint es jahrelang vermieden zu haben, sich mit Heine *und* Mathilde sehen zu lassen – andererseits schilderte der Maler Friedrich Pecht, wie Mathilde einmal im Restaurant Laubes »unendlich geistvolle, aber ziemlich verblühte Frau« und »die seelengute, aber etwas hausbackene Frau Wagner« (Richard Wagners erste Frau) ausstach.

Selbstverständlich gab es manchmal ernste Spannungen in dieser doppelt wilden Ehe; sie entluden sich gelegentlich auch in den an sich harmlosen Streitigkeiten. Weill, »eine Art Zwerg, ein hitziger, redseliger kreischender Mensch, von Paradoxen übersprudelnd...«, diente zwischen ihnen als Puffer« und mußte auch noch »eine Flut von Witzen« Heines über sich ergehen lassen. Briefstellen zeigen, daß Heine mehrmals ein düsteres Ende der Beziehung befürchtete, vielleicht vorübergehend sogar wünschte. »Wir leben eingezogen und so halb und halb glücklich, diese Verbindung wird aber ein trübes Ende nehmen«, schrieb er im Oktober 1837 an Lewald, der Mathilde kannte. Kurz nach der Heirat, im Oktober 1841, nannte er die Verbindung, ebenfalls gegenüber Lewald »dieses eheliche Duell, welches nicht eher aufhören wird, bis einer von uns beiden getödtet«. 1842, nach großem Lob Mathildes, klagte er ausgerechnet der Mutter, der er seine Frau doch lieb machen wollte: »Leider aber ist ihr Temperament sehr ungestüm, ihre Laune nicht gleich, und sie irritiert mich manchmal mehr als mir heilsam ist.«

Heine war außerordentlich eifersüchtig. Diese Eifersucht bezeugt zugleich seine tiefe Bindung an Mathilde, denn nur wer eine Frau so liebte, wie Heine sie, konnte derart eifersüchtig sein, daß er sogar dem siebzehnjährigen Bruder Detmolds böse war, als dieser sich einmal auf der Treppe bückte, um Mathildes Hintern zu bewundern! Laut Weill soll Heine sogar einen Papagei Mathildes aus Eifersucht vergiftet haben: Mathilde wälzte sich auf dem Boden »und schrie: ›Nun bin ich ganz allein auf der Welt!‹« Die Männer lachten, »aber der Schrei ›Nun bin ich ganz allein auf der Welt!‹, der jäh aus ihrem Herzen hervorbrach wie ein Springquell aus einem Felsen, war noch Jahre hindurch das Thema unseres Tischgesprächs. Mathilde erfuhr nie, daß ihr Gatte der Mörder des Papageis war; sie hätte es ihm nie verziehen.« Selbstverständlich hatte Heine die große Sorge, daß sie ihn verlassen oder betrügen könnte, besonders als er immer kränker wurde: »Mathilde ist eine Pariserin; jede Pariserin ist in fünf Minuten verführt.« In Wirklichkeit war sie ihm treu, auch als er in der Matratzengruft lag. Ein weiterer glaubwürdiger Bericht Weills gibt eine Treue-Erklärung Mathildes bei der Einweihung der gemeinsamen Wohnung in der rue Cadet (Dezember 1836) wieder: »Ich werde dich nie verlassen, du magst mich lieben oder nicht, du magst mich heiraten oder nicht, du magst mich mißhandeln oder nicht... Von dem Moment an, da ich bereit war, mit dir zusammenzuleben, sagte ich mir: Dieser und kein anderer! Und für immer, immer, immer!« Unwahrscheinlich ist allerdings, daß Mathilde in ihrer Erklärung auf einen Kaufpreis angespielt haben soll, den Heine ihrer Tante angeblich für sie gezahlt hat; Weill behauptet das auch an anderer Stelle und nannte die Summe von 3000 Francs.

Übrigens war Heine Mathilde in den ersten Jahren einige Male untreu. Grillparzer traf ihn 1836 einmal mit zwei Grisetten an, deren keine Mathilde war; während eines Krankenhausaufenthalts von Mathilde im Winter 1838 scheint er ein kurzes Verhältnis zu der Schauspielerin und Sängerin Caroline Olivier eingegangen zu sein, die er an Meyerbeer empfahl – je länger er aber mit Mathilde zusammenlebte, je schwächer seine Gesundheit wurde, um so tiefer liebte er sie, um so sicherer wußte er, daß sie, und nur sie, die ihm angemessene Frau war. Immer öfter nannte er sie »meine Frau« und würdigte das Glück, das sie ihm gab, wenn es auch wegen ihres Charakters ein schwieriges Glück war: »Wir leben beide sehr glücklich, d. h. ich habe weder Tags noch Nachts eine Viertelstunde Ruhe«, schrieb Heine im Januar 1837 in ironischer Übertreibung; im Oktober 1837 hieß es bereits: »Meine Leidenschaftlichkeit für Mathilde wird täglich chronischer.« 1839/40 erlebte Laube das Paar, seine Darstellung von Heines Gefühlen ist eindrucksvoll und überzeugend – man muß das angesichts der auch weiterhin umlaufenden Fehlurteile über das Verhältnis und die Persönlichkeit Mathildes unterstreichen: »Heine hatte die größte Freude an ihrem naiven fröhlichen Naturell und hat diese Freude an ihr nie verloren. Stets, bis zu seinem letzten Atemzuge, hat er sich glücklich gepriesen in ihrem Besitze, und er selbst hatte immer etwas Naives und Kindliches, wenn er von ihr erzählte und sie schilderte.« Darum tolerierte er auch viele Schwächen, ließ sich von ihr in der Arbeit stören, die sie nicht verstand, ließ sie tanzen, obwohl er nicht tanzte, ließ sie ausgehen, als er nicht mehr ausgehen konnte, ließ ihr den katholischen Glauben, ließ ihr Kruzifix und Jesusbild und ließ sich mit ihr in der katholischen Kirche Saint Sulpice trauen. Darum versuchte er, wenn auch nur mit begrenztem Erfolg, ihre Ehe, ihr intimes Zsuammenleben gegen die hechelnde Neugier deutscher Berichterstatter abzuschirmen.

Wieder erscheint in der Beziehung Heines zu einem lebenswichtigen Menschen das Grundmodell seines Verhaltens. Das zeigt sich besonders eindrucksvoll während zweier längerer Trennungen Heines von Mathilde. Wir greifen vor: Im Herbst 1843 reiste Heine allein nach Deutschland, im Sommer 1844 mit Mathilde, die aber bald enttäuscht nach Paris zurückfuhr. Heines Briefe an sie sind einzigartige Dokumente jenes Zwiespalts zwischen Überlegenheit und flehentlicher Demut, Kontrolle über sie und Betteln um ihre Gunst. Er schickt ihr genaueste Verhaltensweisen, er schreibt ihr pedantisch vor, was sie mit dem übersandten Geld zu tun habe. Sein Auge ruht auch in seiner Abwesenheit immer auf ihr, er weiß alles, was sie tut, seine Ratschläge müssen strengstens befolgt werden. Er warnt sie vor den Deutschen in Paris, vor Weill, und versteckt sie sogar in einer Pension, niemand darf wissen, wo sie ist, sie hat sich ruhig in ihrem Nest zu halten. Er mahnt sie dringend zur Vorsicht in Paris, »der Hauptstadt der Werwölfe«, er droht ihr, daß man ihm alles berichten werde, was sie in seiner Abwesenheit getan habe, »man wird das unfehlbar tun«, wenn er auch nicht sagt, wer es tun wird – und gleichzeitig macht er sich klein vor ihr, beschwört sie, ihn nicht unglücklich zu machen und um

Gottes Willen nichts zu tun, worüber er bei seiner Rückkehr böse werden könnte. Er fleht nach Briefen von ihr, erinnert sie daran, daß er nur für sie lebe, daß sie seine einzige Freude sei: man spürt seine große, begreifliche Angst, sie zu verlieren, er nennt sich ihren armen Mann, armen Gatten, armen Hund – in zwei Sätzen aus dem Brief vom 1. Oktober 1844 faßt er das Grundmuster seines zwiespältigen Verhaltens beispielhaft und metaphorisch zusammen: »Du weißt wohl, daß Du nur sicher bis unter der Huth Deines treuen Schäfers, welcher zugleich Dein Hund ist. Ich schreibe Späße nieder, und das Herz blutet mir.«

Jeder dieser Briefe, jeder Satz in ihnen beweist, »daß ich Dich liebe *bis zum Wahnsinn, meine liebe Frau*« – die hervorgehobenen Worte stehen *deutsch* da! Heine konnte nicht ohne Mathilde leben. Er war immer selig, daß sie da war, und zitterte immer um sie, Glück und Furcht um das Glück waren immer gemischt; diese Leidenschaft, unter der Heine manchmal litt, hatte Züge von Tollheit, und er wußte das:

Liebeswahnsinn! Pleonasmus!
Liebe ist ja schon ein Wahnsinn!

wird er im »Atta Troll« ausrufen und schreiben:

Genau bei Weibern
Weiß man niemals, wo der Engel
Aufhört und der Teufel anfängt.

Hinter solchen Versen steht selbstverständlich die Erfahrung mit Mathilde, aber gerade diese schmerzlichen Vermischungen von Liebesglück und Liebesleid, dieses Leid des Besitzes in den Armen der Geliebten beweisen, daß nur Mathilde »seine« Frau war. Vor der elementaren Stärke und Reinheit seiner Gefühle, der Tiefe und der Komplexität seiner Leidenschaft für dieses unbändige, ungebrochene Menschenkind, das er, der vielfach Gebrochene, um seine Ungebrochenheit beneidete, dessen wilde Natürlichkeit ihn entzückte, das für ihn, ungeachtet aller Gemeinsamkeiten, ungeachtet ihrer beider Kindlichkeit, immer auch das *ganz andere,* das aufregend Fremde, das nie vorher Erlebte darstellte – angesichts dessen ist die Überlegung müßig, wenn nicht lächerlich, was Heine in dieser Ehe vermißte und ob ihm nicht eine geistig ebenbürtige Frau besser getan hätte: was ja keineswegs erwiesen ist. Heine wäre ohne Mathilde einfach zugrundegegangen – man muß nur die Rolle des Schlüssel-Adjektivs »arm« in den Hamburger Briefen an sie genau prüfen, um zu verstehen, wie er unter den Trennungen litt und wie sehr er hoffte, daß auch sie es tat. Es kommt auffällig oft vor, und Heine wendet es auf sie und sich gleichermaßen an: Sie ist sein armes Kind, sein armes Täubchen; im Bild vom »armen Lamm«, das sie unter den Pariser Wölfen sei, faßt er seine Liebe zu ihr, seine pochende Sorge um sie, seine seelische Treue zu ihr und seine Fürsorge zusammen.

Und wie sah Mathilde den Mann, der sie so liebte? Heinrich Laube überlieferte eine charakteristische Äußerung aus dem Jahre 1839: »Die Leute sagen, daß mein Henri ein großer Poet sei; ist es nicht schnurrig, daß ich gar nichts davon verstehe?« Und Lewald notierte schon 1836 Heines Bemerkung: es sei als Hauptvorzug Mathildes zu rühmen, daß sie von der deutschen Literatur nicht das geringste wisse, von ihm, seinen Freunden und Feinden keine Zeile gelesen habe. Und *sie* habe hinzugefügt: »Die Leuten sagen..., daß Heinrich ein sehr geistreicher Mann sei und schöne Bücher geschrieben haben soll, ich merke aber nichts davon und muß mich begnügen, es aufs Wort zu glauben.« Wir aber müssen Laube, Lewald und anderen Zeugen glauben, daß Heine diese Unwissenheit Mathildes *genoß*, auch weil er daraus schloß, daß sie ihn um seiner selbst willen, nicht wegen seines Talents und seines Ruhmes liebte. Sie eignete sich ihm zuliebe eine gewisse Bildung an, die jedoch eher äußerlich blieb und ihr nichts von ihrer Ungebrochenheit nahm; von der deutschen Sprache, die Heine ihr gern beigebracht hätte und mit der sie auch in Hamburg besser zurechtgekommen wäre, lernte sie nie mehr als etliche Wörter und wenige kurze Sätze. Sie hat offenbar auch nicht gewußt, daß ihr Mann Jude war, wie einer Bemerkung des Dichters von 1850 zu entnehmen ist; weil Mathilde sich über Weills merkwürdigen Vortrag jüdischer Lieder wunderte (er war Vorsänger in einer Synagoge gewesen), soll Heine die Gesänge als deutsche Volkslieder ausgegeben haben.

Das Bild dieser Frau und dieser Ehe wird erst vollständig, wenn man Mathildes Verhalten während der Krankheit würdigt. Sie wird den Ernst der Erkrankung zunächst nicht begriffen und an Heines Gesundung geglaubt haben. Schließlich kann sie die Symptome nicht mehr mißverstanden, sie muß erkannt haben, daß ihr Mann unheilbar krank war. Sie hat ihn nach Kräften, die sicher nicht unerschöpflich waren bei dieser temperamentvollen, spontanen, ungeduldigen Frau, in seinem Leiden beigestanden und war immer bei ihm – es gibt Hinweise, daß die Last mit dem Todkranken, die ihr auch Entsagung abverlangte, ihr manchmal zu schaffen machte; Caroline Jaubert, eine gute Bekannte der Heines in Paris, sprach 1849 vom sehr einsamen und traurigen Leben, das Mathilde führte. Insgesamt aber war sie Heines Trost, sein Licht und, all ihrer Schwächen ungeachtet, der einzige Mensch, dem zuliebe er seinem Schmerzensleben kein vorzeitiges Ende setzte. Er hat ihr das Glück, das sie ihm gab und das nie frei von Verdruß war, vielfach gedankt. Vor allem für sie hat er so verzweifelt um Geld gekämpft, nicht nur, um ihre materiellen Wünsche zu befriedigen, sondern um ihr Leben nach seinem Tode zu sichern, seine Testamente bezeugen das. Er hat sie am 31. August 1841 geheiratet, was sie sich immer gewünscht hatte, und er hat ihr in seinen späten Gedichten großartige Denkmäler gesetzt:

> Ich war, o Lamm, als Hirt bestellt,
> Zu hüten dich auf dieser Welt;
> Hab dich mit meinem Brot geätzt,
> Mit Wasser aus dem Born geletzt.
> Wenn kalt der Wintersturm gelärmt,
> Hab ich dich an der Brust erwärmt.
> Hier hielt ich fest dich angeschlossen,
> Wenn Regengüsse sich ergossen
> Und Wolf und Waldbach um die Wette
> Geheult im dunkeln Felsenbette.
> Du bangtest nicht, hast nicht gezittert.
> Selbst wenn den höchsten Tann zersplittert

Der Wetterstrahl – in meinem Schoß
Du schliefest still und sorgenlos.

Feinde und Freunde

Man schleppt das Vaterland an den Schuhsohlen mit, oder es kriecht einem in die Fremde nach: Zur gleichen Zeit, da Heine sich mit Mathilde zusammentat, erreichte ihn aus Deutschland die Welle politischer Verfolgungen, die das »Junge Deutschland« verschlang. Schon seit Jahren waren Briefe in sogenannten »Schwarzen Kabinetten« geöffnet, Autoren bespitzelt, Bücher von Schriftstellern verboten worden, die Heine in der »Romantischen Schule« als zukunftweisend gelobt hatte; in Preußen wütete der Geheimrat Tzschoppe mit paranoidem Eifer gegen Oppositionelle. Im Mai wurde Theodor Mundts Roman »Madonna« in Berlin verboten und seine Habilitierung an der Universität ausgesetzt. Im August setzten die Angriffe gegen Gutzkows Roman »Wally, die Zweiflerin« ein; am 5. September verlangte ausgerechnet das »Allgemeine Buchhändler-Börsenblatt« die Schließung der Mannheimer Buchhandlung Löwenthal, wo der Roman erschienen war und Bücher von Wienbarg, Laube, Lewald herauskommen sollten. Im August kündigten Gutzkow und Wienbarg ihrerseits ihre neue Zeitschrift »Deutsche Revue« an, zu der sie Heine am 15. September pathetisch einluden: »Ihrem Genius ist unsere Wochenschrift dediziert, denn Ihr Name klingt uns wie Poesie und wie der frühmorgendliche Klang des Jagdhorns.« In diesem Augenblick vollzog Wolfgang Menzel, der die junge Literatur jahrelang verständnisvoll, wenn auch kritisch kommentiert hatte, nun aber gefährliche Konkurrenz für sein »Literatur-Blatt« fürchtete, einen jener Frontwechsel, die, wie schon dargestellt, für die Restaurationszeit kennzeichnend sind. Vom 11. September an entfachte er ein wahres Trommelfeuer gegen das »Junge Deutschland«, insbesondere gegen Gutzkow und Heine, und bestärkte dadurch die schon alarmierten Regierungen in der Sorge, die Metternich dem preußischem Staatsminister Fürst von Wittgenstein gegenüber aussprach: daß durch solche Literatur eine Revolution vorbereitet werde. Schon Menzels erste Artikel gaben die Grundrichtung der Hetzjagd an: Die junge Literatur sei undeutsch, von den Franzosen angesteckt (die Anspielung auf die »Franzosenkrankheit« Syphilis ist deutlich), sie untergrabe die religiösen und sittlichen Grundlagen der Gesellschaft, sie baue »das Haus der Sünde neben den Tempel«, sie wolle ihn selbst zum Sünden-Haus machen, denn »Unzucht und Gotteslästerung stehn in einer uralten Verbindung«. Diese »Schule der frechsten Unsittlichkeit und raffinirtesten Lüge«, von Schwächlingen und Wollüstlingen hervorgebracht, gelte es bis zur Vernichtung zu bekämpfen. Das war ein offener Aufruf an die Staatsmacht, die junge Literatur kaltzustellen; folgerichtig spendete Menzel im Aufsatz »Die junge Literatur« vom Januar 1836 den Unterdrückungsmaßnahmen Beifall: »Nun zog der Staat die Sache vor sein Forum.« Im gleichen Artikel schlug Menzel auch antijüdische Töne an: Das Junge Deutschland sei »eine vaterlandsverräterische, gottlose, unsittliche, in jeder Beziehung nichtwürdige Partei«, Heine aber der »ebenso frivole als geniale Heine, von dem der ganze Unfug ausgegangen ist. Von Geburt Jude, durch die Sympathien seines Talentes und durch die Zufälle seines Lebens in Paris heimisch geworden, hat er dort zuerst den Ton angestimmt, der ein so vielstimmiges Echo in dem jungen Deutschland fand... Er zuerst, von jüdischen Antipathien und französischen Beispielen verlockt, machte die Verspottung des Christenthums und der Moral, der deutschen Nationalität und Sitte, die Vorschläge, das Fleisch zu emancipiren, die liederlichen Prahlereien, die Debauchen des jungen Frankreich, das Kokettiren mit der Republik, die Affektation, an die große Revolution der Zukunft zu appelliren, zu dem fruchtbaren Thema, das seitdem die jungen Deutschen in allen Variationen durchgespielt haben.«

Es ist auffällig und fatal, daß Menzel hier teilweise genauso argumentiert wie Börne ein halbes Jahr früher im »Réformateur«. Und es ist überflüssig zu fragen, ob Menzel wirklich ein *Denunziant* war, wie Heine meinte: Seine Schmähungen *wirkten* jedenfalls wie eine Denunziation, sie *provozierten* den Zugriff der Behörden und weitere Angriffe. Mitte Oktober 1835 wurde Gutzkows Roman beschlagnahmt und gleichzeitig von dem erzkonservativen Theologen Hengstenberg in der »Evangelischen Kirchenzeitung« heruntergemacht. Am 26. Oktober veröffentlichten Gutzkow und Wienbarg eine lange Liste tatsächlicher oder angeblicher Mitarbeiter der »Deutschen Revue«; von der Namensnennung distanzierten sich sofort Gans, Varnhagen und einige Professoren, wohl auf behördlichen Druck hin. Mitte November brach der »Revue«-Plan zusammen, weil die badische Regierung Löwenthal trotz seiner mehrjährigen Praxis wegen angeblich fehlender Ausbildung die Verlagskonzession verweigerte. Am 14. November 1835 verbot Preußen alle bei Löwenthal verlegten Bücher und die Werke Gutzkows, Wienbargs, Laubes und Mundts. Heines Bücher wurden am 11. Dezember nachträglich ebenfalls verboten, was – eine ihn empörende Ungeheuerlichkeit – nur seine *zukünftigen* Bücher treffen konnte, denn alle früheren waren in Preußen seit 1831 schon verboten. Ende November wurden Gutzkow und Wienbarg aus Frankfurt ausgewiesen. Am 1. Dezember wurde Gutzkow in Mannheim verhaftet und »wegen unsittlicher oder irreligiöser Schriften in peinliche Untersuchung gezogen«. Am 1. Dezember nannte die »Freiburger Zeitung« das »Junge Deutschland« einen weitgehend von Juden gesteuerten Mörderbund: so vergiftet war die Atmosphäre inzwischen. Am 10. Dezember folgte das berüchtigte Edikt der Bundesversammlung, durch das erstmals in der deutschen Literaturgeschichte eine ganze Autorengruppe unterdrückt wurde, Heine, Gutzkow, Laube, Wienbarg und Mundt wurden in dieser Reihenfolge namentlich genannt, Börne merkwürdigerweise nicht, und zwar wohl deswegen nicht, weil Menzel Börne damals gegen die Jungdeutschen auf seine Seite zu ziehen versuchte, ihn also in seinen Schmähschriften nicht nannte und dieser deswegen nicht in die Schußlinie geriet; er solidarisierte sich 1836 in seiner Zeitschrift »La Balance« insofern mit den Verbotenen, als er ihre Publikationsfreiheit verteidigte und Menzels Attacken scharf kritisierte. Die Vorwürfe im Edikt – »in belletristischen, für alle Klassen von Lesern zugänglichen Schriften die christliche Religion auf frechste Weise anzugreifen, die bestehenden sozialen Verhältnisse herabzuwürdigen und alle Zucht und Sittlichkeit zu zerstören« – zielten, was Heine betraf, vor allem auf seine Essays über deutsche Literatur, Religion und Philosophie, deren von ihm stets beanspruchter *höherer* politischer Gehalt als ebenso provokant empfunden wurde wie frühere tagespolitische Äußerungen. Hauptsächlich wegen Bedenken des an seine Landesverfassung gebundenen, auch für Bayern sprechenden württembergischen Gesandten von Trott fiel das Bundes-Edikt weniger scharf aus als das preußische und zielte nicht direkt auf künftige Schriften: »Sämtliche deutsche Regierungen« verpflichteten sich, »gegen die Verfasser, Verleger, Drucker und Verbreiter« jungdeutscher Schriften »die Straf- und Polizei-Gesetze ihres Landes« anzuwenden und »den Mißbrauch der Presse« zu verhindern; alle Buchhändler wurden ermahnt, »die Maßregeln der Regierungen gegen die zerstörende Tendenz jener literarischen Erzeugnisse« zu unterstützen, die Hamburger Stadtregierung sollte Campe als Hauptverleger dieser Schriften besonders verwarnen.

Am 13. Januar 1836 wurde Gutzkow zu vier Wochen Gefängnis verurteilt, und zwar wegen Angriffes auf die christliche Religion; die Anklage auf Blasphemie und Darstellung unzüchtiger Gegenstände wurde, wohl dank Gutzkows geschickter Selbstverteidigung, fallengelassen und Löwenthal ganz freigesprochen: Ein Urteil aus schlechtem Gewissen, die ganze Aktion gegen eine kleine Gruppe wehrloser Literaten Ausdruck hysterischer Angst, inneren Unfriedens, tiefer Unsicherheit der Herrschenden, was sich auch in der ständigen Falschschreibung der Autorennamen niederschlug. Die überempfindliche, überall Demagogen witternde Obrigkeit zerschlug eine literarische Bewegung, die sich nie als geschlossene Gruppe konstituierte, schon gar nicht mit einem ausgearbeiteten Konzept oder konspirativ auftrat – es gab lediglich eine Anzahl junger Autoren mit lockeren Kontakten, Sympathien füreinander, doch auch Spannungen, Vorbehalten und Abneigungen (Mundt beispielsweise kritisierte Gutzkows »Wally« heftig), nicht einmal der Name »Junges Deutschland« war allgemein üblich. Gutzkow, Wienbarg, Laube und Mundt waren, mit Heine zu reden, die Chorführer einer Bewegung, deren Vorbild er war; in loser Verbindung zu ihnen standen andere: Gustav Schlesier, Gustav Kühne, Hermann von Pückler-Muskau, Immermann, Varnhagen, Ungern-Sternberg, Stieglitz. Die Jungdeutschen einte ihre Freiheitsliebe, ihre Liberalität und ihre Sympathie für die Demokratie. Sie hatten kein konkretes politisches Programm, höchstens vage Utopien, Politik fand bei ihnen stets in der Literatur statt. Allerdings forderten sie Pressefreiheit, das Recht zur freien Meinungsäußerung, und sie gründeten Zeitschriften. Die Chorführer waren jung, um die dreißig, sie fühlten sich von der Generation vor ihnen verachtet und verraten, suchten aber trotzdem Brücken zwischen der alten und der jungen Generation zu schlagen. Sie waren Literaten, aber nicht im Goetheschen oder im romantischen Sinne, sie schrieben und dachten nicht zeitabgewandt, sie lebten ganz in der Gegenwart, stellten sich ihr, litten an ihr, waren heutig und »modern«, zerrissen und manchmal europamüde, ohne der Tagespolitik zu verfallen: Keiner der sie unterdrückenden Regierungen drohte eine reale politische Gefahr, auch wenn man gelegentlich Sätze wie diese las: »Ich spüre eine Krankheit in mir, die ich noch in keiner Pathologie beschrieben gefunden. Ich habe den Zeitpolyp. Seit der Julirevolution 1830 hat er sich in meinem Herzen angeschwemmt.«

Allerdings rührten die Jungdeutschen an Biedermeier-Tabus, und das machte sie in den Augen derer gefährlich, die nicht aufhören wollten, an ihre Existenz als umstürzlerische Gruppe zu glauben. Sie kritisierten (wenn auch nicht alle und mit schwankenden Meinungen) Christentum und Kirche: prompt verdächtigte man sie des Atheismus. Sie forderten (auch nicht alle und mit durchaus schwankenden Ansichten) mehr erotische Freizügigkeit, Rehabilitierung des Fleisches, Frauen-Emanzipation, Erleichterung der Scheidung und kritisierten das biedermeierliche Familien-Idyll: also beschuldigte man sie des Immoralismus und der Libertinage: »Da wankt das kranke, entnervte und dennoch junge Deutschland aus dem Bordell herbei, worin es seinen neuen Gottesdienst gefeiert hat«, schrieb Menzel am 11. September 1835: auf diesem Niveau wurden die Jungdeutschen bekämpft.

Sie erregten auch mit ihrer Schreibweise Anstoß. Börne- und Heine-Schüler, die sie waren, schrieben sie witzig, ironisch, locker und populär, »allen Classen zugänglich«: das machte sie verdächtig. Sie verführten zwar nicht zur Libertinage, aber zum Nachdenken. Sie maskierten sich vor der Zensur, die sie durch ihre pointierte Prosa narrten, die Prosa galt ihnen überhaupt – auch das hatten sie von Heine gelernt – als moderne Darstellungsform; wie Heine, schrieben sie gern Reise-Prosa, wo sie einen Wirbel bunter Bilder entfachen konnten: auch damit unterliefen, foppten und irritierten sie die Zensur. Diese jungen Oppositionellen traten manchmal keck und sicher unangemessen genialisch auf – mit einem Wort: Sie fielen aus dem Rahmen der biedermeierlichen Ruhe, das genügte zum Schlag gegen sie.

Heine war zwar immer noch ein literarisch-politischer Einzelkämpfer – in der Notsituation nach dem Bundes-Edikt aber solidarisierte er sich sofort; auch erschien wenige Wochen danach in Hamburg »Die Romantische Schule« mit seinem Lob der jungen Literatur. Er und Börne waren einflußreiche Vorbilder der Jungdeutschen, sozusagen ihre Stammväter; Heine hielt jahrelang am freundschaftlichen Briefverkehr mit Laube fest und schickte Manuskripte für dessen Zeitschriften. Allerdings nahm er die *Verbote* zunächst nicht ernst, wohl auch deswegen, weil er sich mit Revolution und Welt-Veränderung zu dieser Zeit nicht unter tagespolitischen Aspekten beschäftigte. Er nannte Menzel zwar in mehreren Herbst-Briefen von 1835 einen Lumpen und Schurken, schrieb aber noch am 12. Januar 1836 an Campe: »Die ganze Verfolgung des Jungen Deutschlands nehme ich nicht so wichtig. Sie werden sehen, viel Geschrey und wenig Wolle... Es ist nur auf Demüthigungen abgesehen. Das Unerhörte, das Verboth von Büchern, die noch nicht geschrieben sind, darf Preußen nicht wagen... Ich lasse mich nicht verblüffen und bin der Meinung je keckere Stirn man bietet je leichter lassen sich die Leute behandeln.« Heines

Brief an die »Hohe Bundesversammlung« vom 28. Januar war jedoch nicht keck, sondern gespielt demütig – gespielt, denn Heine verlangte darin sehr wohl das Recht, nicht »angeklagt, gerichtet und verurtheilt« zu werden, ohne daß man ihn bei freiem Geleit wie einst Luther anhörte oder »wenigstens freies Wort in der deutschen Druckwelt« bewilligte. Er hielt es für nötig, »die alten Perücken ein bischen zu streicheln«, weil er inzwischen verstanden hatte, wie ernst die Lage war. Nur hat sein »kindlich syroblich submisser Brief« die Perücken gar nicht gerührt, wie er hoffte: Er erhielt nie eine Antwort. Immerhin durfte der Brief im Februar 1836 von vier deutschen Zeitungen abgedruckt werden.

Wurde also alles nicht so heiß gegessen, wie es gekocht war? Manches deutet darauf hin. Zwar folgte das Großherzogtum Baden Preußen schon am 24. November 1835 mit einem ähnlich rigorosen Erlaß (angeblich soll der preußische König nach der Lektüre von Gutzkows »Wally« den Großherzog persönlich dazu veranlaßt haben) – doch wurden die Restriktionen in Preußen selbst am 16. Februar 1836 auf Betreiben des im November krank gewesenen Innenministers von Rochow insofern gelockert, als Preußen sich das Recht auf eigene Zensur für künftige Schriften vorbehielt, also die Pauschal-Verurteilung aufhob: Es konnten ja auch Bücher die Zensur *passieren!* Sachsen, das Zentrum des deutschen Buchhandels, verfuhr ähnlich, allerdings durfte dort kein Zensor ein Buch der fünf Inkriminierten ohne ministerielle Genehmigung durchlassen. Im übrigen war die Praxis von Staat zu Staat verschieden, für die betroffenen Autoren, Verleger, Drucker und Händler fast undurchschaubar und darum *auch* gefährlich. Campe berichtete Heine in mehreren Briefen des Jahres 1836 von drastischen Verboten; am 5. April schrieb er zum Beispiel: »Bis zu dieser Stunde ist von keinem der Betheiligten ein Blatt, nach dem Edicte, ins Publicum gekommen.« Am 5. August sagte er freilich voraus: »Die Farce mit den jungen Deutschland ist ein Exercitium der Regierungen um zu sehen, wie weit sie es bringen können, um in analogen Fällen Routine zu haben. Aus dem Grunde die Verhinderung der Druck-Erlaubniß. Dieser Zustand ist ein unnatürlicher und daher hat er keine lange Dauer.« Allerdings war er selbst so beeindruckt, daß er auch völlig unpolitische Texte seiner Autoren der Zensur vorlegte. Das erregte neuen Streit zwischen Dichter und Verleger: Heine war zwar bereit, unpolitische Novellen zu schreiben, diese aber wollte er unzensiert herausgeben: »Ich werde nicht die deutsche Presse an Preußen verrathen, ich werde meine Ehre nicht um Buchhonorar verkaufen, ich werde auch nicht den geringsten Makel meinem schönen, reinen Namen anhaften, ich werde mich nicht der preußischen Zensur unterwerfen.« Campe aber tat es, unter anderem mit dem ebenfalls einleuchtenden Argument, daß er wegen eines Buches nicht ins Zuchthaus gehen wolle. Allerdings verstand er seinen besten Autor wohl nicht recht, als dieser beschrieb, daß er die Zensur-Schere *im eigenen Kopf* habe: »Sie kennen, liebster Campe, die bittere Stimmung worin mich die Nothwendigkeit versetzt jeden Gedanken den ich denke im Kopf gleich zu zensiren, zu schreiben, während das Censurschwert an einem Haare über meinem Kopfe hängt – das ist um wahnsinnig zu werden.«

Diesem Schwert beugten sich alle: Die jungdeutsche Bewegung verschwand binnen weniger Wochen, die Obrigkeit hatte ihr Ziel erreicht. Zu den schon genannten Widerrufen kamen weitere; tragisch ist vor allem das Schicksal Heinrich Laubes. Dieser junge, temperamentvolle Schriftsteller wurde als ehemaliger Burschenschaftler und oppositioneller Autor im Mai 1834 auf preußisches Betreiben aus Leipzig ausgewiesen. In einem Akt der Tollkühnheit, aber vielleicht auch des Vertrauens auf seine Unschuld, die die Behörden herausfinden sollten, ging er ausgerechnet nach Berlin, wo Varnhagen ihn vergeblich warnte. Tzschoppe ließ die Polizei zugreifen, Laube wurde für acht Monate in Untersuchungshaft gesteckt. Danach ging er in eine Art Verbannung nach Naumburg, wo er weiter literarisch arbeiten durfte. Erst im Januar 1837 erfuhr er sein Urteil: sieben Jahre Festung, davon sechs für die längst vergangene Zugehörigkeit zur Burschenschaft, ein unglaubliches Urteil, das offenbar abschrecken sollte. Es wurde später auf 18 Monate vermindert, die Laube auf dem Gut des integren Fürsten von Pückler-Muskau relativ bequem verbrachte, aber immer davon bedroht, bei erneutem Vergehen die ganze Strafe abbüßen zu müssen. Niemand kann es wundern, daß Laube am 13. Dezember 1835 erklärte, er wolle in der geplanten »Deutschen Revue« etwaige Tendenzen des sogenannten ›jungen Deutschland‹, welche die bestehende Zivilisation angreifen, oder gar stören oder bedrohen könnten, nicht fördern – es ist leicht, doch ungerecht, ihn einen Renegaten zu nennen, sein Mut war durch die Untersuchungshaft gebrochen; immerhin wahrte er in der öffentlichen Auseinandersetzung jene Neutralität, um die ihn Heine bat.

Möglicherweise hatten die Jungdeutschen auch einen von ihnen unerkannten, mit Laube vor dessen Verhaftung befreundeten Spitzel in ihren Reihen: Der erwähnte Gustav Schlesier scheint 1834 einer der beiden Verfasser der unter dem Pseudonym Stephani erschienenen, im Auftrage des preußischen Außenministers Ancillon geschriebenen Anti-Heine-Schrift »Heinrich Heine und Ein Blick auf unsere Zeit« gewesen zu sein, also schon vor dem Edikt eine Doppelrolle gespielt zu haben. Diese von Houben vermutete Verräterei konnte freilich dokumentarisch nicht zureichend belegt werden; wir wissen aber, daß Schlesier sich von Laube nach der Verhaftung sofort distanzierte, ohne es ihm offen zu sagen.

Erst spät holte Heine, den Laube 1839 erstmals in Paris besuchte, zum Gegenschlag gegen Menzel aus, in dem er den eigentlichen Anstifter der Verbote sah. Die 1837 nach langem Liegen beim Zensor gesondert gedruckte Vorrede zum »Salon III« trug den Titel »Über den Denunzianten«. Heine schildert darin mit lauter untergründigen politischen Spitzen seine Abwendung von den Themen Politik und Staatsreligion; er sieht sich schon in die »Schwäbische Schule« der Poesie eintreten und hört sich, da man das Schreiben seiner »äußerst schönen, vortrefflichen Prosa« verboten hat (Heine interpretiert das Edikt ausdrücklich als Schreibverbot!), »das schöne Wetter..., die Frühlingssonne, die Maienwonne, die Gelbveiglein, und die Quetschenbäume« besingen. Menzel wirft er besonders den Zeitpunkt seines Angriffs vor: »Sein Wort mußte um so lauter erschallen, je ängstlichere Stille damals in Deutschland herrschte.« Im übrigen glaubt Heine nicht, daß Menzels Frontwechsel aus Überzeugung erfolgte: seine Verteidigung des Christentums beispielsweise ist heuchlerisch: »Herr Menzel, welcher jahrelang, während er mit Herrn Gutzkow befreundet war, mit kummervollem Schweigen zugesehen, wie die Religion in Lebensgefahr schwebte, gelangt plötzlich zu der Erkenntnis, daß das Christentum rettungslos verloren sei, wenn er nicht schleunigst das Schwert ergreift und dem Gutzkow von hinten ins Herz stößt.« Heuchlerisch ist auch Menzels Patriotismus, der mit dummem Franzosenhaß gepaart ist (dumm, weil Menzel die Zeichen der Zeit, die Aussöhnung mit Frankreich fordern, nicht erkannt hat): Menzel hat nämlich echte deutsch-germanische Tugenden *verraten,* was ihm Heine süffisant vorhält: die Treue, denn er hat frühere Freunde denunziert, die Scham, denn er hat das Schwert gegen die Schwächeren, die Wehrlosen, die geknebelt am Boden Liegenden gezogen, und die Tapferkeit, denn er hat sich nicht, wie ein guter Deutscher oder Westfale (Heine denkt dabei an die westfälische Landsmannschaft in Göttingen) dem Duell gestellt, zu dem ihn Gutzkow und Heine forderten: »Herr Menzel aber ist kein Westfale, ist kein Deutscher, Herr Menzel ist eine Memme.« Hochempfindlich reagiert Heine also auf Menzels Vorwurf mangelnden Deutschtums, denn er, der Exilierte, verkörpert das wahre Vaterland: »Wer je seine Tage im Exil verbracht hat, die feuchtkalten Tage und die schwarzen langen Nächte, wer die harten Treppen der Fremde jemals auf- und abgestiegen, der wird begreifen weshalb ich die Verdächtigung in Betreff des Patriotismus mit wortreicherem Unwillen von mir abweise als alle andern Verleumdungen, die seit vielen Jahren in so reichlicher Fülle gegen mich zum Vorschein gekommen und die ich mit Geduld und Stolz ertrage.«

Mit einer gewissen Scham erwähnt Heine auch den pekuniären Schaden durch die Publikationsbehinderungen. Sie treffen ihn in einem besonders heiklen Augenblick: Ende 1836 muß der Dichter in eine äußerst prekäre finanzielle Lage gekommen sein. Wir kennen die Gründe nicht genau; er selbst hat sich darüber nur undeutlich ausgesprochen. So schreibt er Campe am 23. Januar 1837, er sei »durch eine

Reihe von unbegreiflichsten Ereignissen, in eine Schuldenlast von 20000 Franks gerathen«, die er sehr schnell tilgen werde, und am 29. August 1837 an Maximilian, er sei durch die beispiellose Niederträchtigkeit eines Freundes, für den er garantiert und bei dem er Geld deponiert habe, in eine heillose Lage geraten: es ging wahrscheinlich um eine Bürgschaft. Jedenfalls gräbt er in verzweifelter Anstrengung mehrere Kanäle, durch die ihm Geld zufließen soll – übrigens noch nicht die Pension aus der französischen Staatskasse, sie wurde nach neuesten Untersuchungen erst ab 1840 gezahlt. Wie bedrängt Heine ist, zeigt sich darin, daß er am 8. November 1836 sogar Moser, mit dem er doch längst gebrochen hat, um Hilfe angeht; selbstverständlich bekommt er weder Antwort noch Geld. Da Campe, der Freund-Feind, ihn wegen der 20000 Francs zunächst mit kaum verhohlenem Spott ab- und an den reichen Onkel verweist, läßt Heine ihn wissen, daß er, durch Lewalds Vermittlung, wegen einer Gesamtausgabe seiner Werke mit der Brodhagschen Buchhandlung in Stuttgart und dem dortigen Verleger Scheible verhandle; auch die Memoiren, an denen er intensiv zu arbeiten behauptet, sind Gegenstand der Verhandlungen. So verlockt er den auf seinem Recht an Heines Werk pochenden Campe, selbst dem Plan einer Gesamtausgabe näherzutreten; Heines taktisch gemeinte Behauptung, die wichtigsten Männer in Preußen wünschten seine Rückkehr nach Deutschland, Fürst Metternich sei ihm geneigt und mißbillige den ihm zugefügten Schaden, hält Campe freilich für zweifelhaft, ja, er *wünscht* Heine diese kompromittierende Gunst nicht, obwohl er sie sich als Verleger, gerade für eine Gesamtausgabe, wünschen müßte. In zähen Verhandlungen, in die auch Betty Heine eingeschaltet wird, erreicht Heine einen Vertrag, der ihm momentan hilft, doch auf längere Sicht wenig günstig erscheint: Campe bekommt für elf Jahre das Recht, eine Gesamtausgabe und beliebig viele Einzeleditionen zu veröffentlichen, dazu einen weiteren Band mit Periodica-Publikationen und unveröffentlichten Schriften Heines sowie die geplanten Memoiren; Heine erhält 20000 Francs, 5000 sofort, 15000 in halbjährlichen Raten während der nächsten drei Jahre. Die Gesamtausgabe ist zu Heines Lebzeiten nie erschienen.

Selbstverständlich deckten Campes Zahlungen Heines Geldbedarf nur zum Teil. Darum suchte er weitere Quellen zu erschließen und griff Anfang 1838 einen Plan wieder auf, den er Cotta schon im Juni 1835 (vergeblich) vorgelegt hatte: Er wollte eine »Pariser Zeitung« für Deutschland gründen, die Nachrichtenübermittlung und Nachrichtendeutung zum Ziel hatte und seiner pazifiken Mission zwischen den Nachbarvölkern dienen sollte; als Chefredakteur hoffte Heine 1000 Francs monatlich einzunehmen. In einem Brief an Varnhagen erklärte er, die Zeit scheine »eingetreten zu seyn, wo die alten Mißverständnisse gelöst werden können und mir die pr(eußische) Regierung nichts in den Weg legt«, dieses Projekt zu verwirklichen. Er bekräftigte erneut seinen monarchistischen Standpunkt und versicherte, in der Wahl der Korrespondenten nie das Mißfallen der Regierung zu riskieren – eine Konzession, die, wenn sie nicht nur taktisch gemeint war, bedenklich an die Münchener Zugeständnisse von 1828 erinnert; auch die Versicherung an Lewald, mit den Regierungen habe er Frieden gemacht, die Hand, die man nicht abhauen könne, müsse man küssen, erinnert an 1828. Der Plan scheiterte schnell, Heines detaillierte, bis zu Transport und Vertrieb reichende Vorbereitungen waren umsonst. Zwar sprach Varnhagen, obwohl krank, sofort beim Minister von Werther vor, den der Dichter als preußischen Gesandten in Paris kennengelernt hatte, und machte Heine nach der ersten Unterredung Hoffnungen, doch verlief die zweite Audienz negativ: Werther versicherte Heine zwar seine »persönlichen Wünsche und Gesinnungen«, in der Sache selbst aber sah er keine Aussichten: »Der Beschluß des Bundestages ist nur wieder durch einen solchen aufzuheben, und ein diesseitiger Antrag hiezu würde schon hier, in diesem Augenblicke, die größten Schwierigkeiten finden«, schrieb Varnhagen bedauernd. Heines Zorn über die »Regierung ohne Urtheil und Recht«, die seine »armseligen Finanzen« ruiniere, war ohnmächtig; immerhin wußte er wieder, woran er mit Preußen war, und gab den Zeitungs-Plan auf.

»Ich möchte, ich gestehe es, gar zu gern die schönen,

liebreichen Dienste die mir Rothschild seit zwölf Jahren erwiesen hat, so viel es honetterweise nur möglich ist zu vergelten suchen, aber der bloße Gedanke schon, daß er glauben könnte, ich wollte ihn ausbeuten, schüchtert mich ein; macht mich fast feige«, wird Heine am 29. Dezember 1843 seinem Verleger schreiben. Abgesehen von seinen spürbaren Skrupeln gegenüber dem Bankier: die liebreichen Dienste Rothschilds können zur Zeit von Heines großer Geldnot noch nicht in der lukrativen Beteiligung an Geldspekulationen des berühmten Barons James bestanden haben, wie sie aus der späten Lebenszeit belegt sind. Heine verkehrte im Hause Rothschild; er verehrte die schöne Baronin Betty de Rothschild, die sein poetisches Genie bewunderte und der er seine Bücher schickte; er sprach oft mit dem erfolgreichen Millionär, der zu Salomon Heine ausgezeichnete Geschäftsbeziehungen unterhielt und auch Samson Heine gekannt hatte; er schilderte in der »Allgemeinen Zeitung« einen großen Ball der Rothschilds, der in der Nacht vom 29. Februar zum 1. März 1836, unmittelbar nach der triumphalen Uraufführung von Meyerbeers »Hugenotten« stattfand; er kritisierte die Rothschilds auch, wie wir noch hören werden; Grillparzer berichtete von seinem Paris-Besuch mit Mißfallen, wie Heine sich am Tisch der Rothschilds verdeckt über sie lustig machte und die Hauswirte ihn fürchteten – Retter in der finanziellen Not war der Bankier aber damals nicht.

Also blieb wieder nur – der Onkel, aus dessen Streitigkeiten mit dem Dichter sich Baron James offenbar heraushielt, als Vermittler trat er nicht in Erscheinung. Wieder mußte Heine den Kanal nach Hamburg graben; er tat es widerwillig. Beim Tod seiner Tante Betty, der Frau Salomons, die er mochte, die manchmal auch zwischen die Kampfhähne getreten zu sein scheint, schrieb er dem Onkel einen Kondolenzbrief, den dieser nicht erhalten zu haben behauptete; Carl Heine muß ihn zurückgehalten haben, wohl um den auf Heine wütenden Vater nicht zu reizen. Bevor Heine den Versöhnungsversuch unternahm, beklagte er sich bitter, daß Salomon seinen Feinden immer sein Ohr lieh: »Alles Gewürm was an meinem guten Leumund zehren wollte, fand in diesem Hause immer die reichlichste Atzung.« Er beklagte auch, wie wenig die Bankiersfamilie sein Ansehen als Dichter würdigte: »Daß aber die Familie nie das Bedürfniß fühlte dieses Ansehen, und sey es auch in den kleinsten Dingen, zu befördern, ist unbegreiflich.« Der Onkel könne ihm nur »Irrespektuosität in *Worten,* nicht in Handlungen« vorwerfen, und das auch nur einmal während seines ganzen Lebens, schrieb er an Maximilian – mit dem einen Mal meinte er wohl den Frühherbst 1836, als das finanzielle Debakel drohte und ihn gleichzeitig eine Gelbsucht plagte; er muß Salomon damals provoziert oder verärgert haben, Salomon aber beging »die ungerechteste Handlung gegen mich..., eine Handlung die in Paris meine Ehre und sogar meine materiellen Verhältnisse aufs unleidlichste beschädigte«. Hirth hat vermutet, daß der Onkel sich bei Rothschild über den Neffen beklagt habe, der im eben zitierten Brief an Max übrigens auch die Memoiren anführt, durch die er »die Welt mit einem großen Scandal zu regaliren« imstande sei. Max, der vermitteln wollte, riet zu einer ganz anderen Taktik, die auf den Charakter des Onkels zugeschnitten sein sollte: »Er will eigenthümlich behandelt seyn nicht sonderlich geschmeichelt, aber auch nicht geprellt werden. Die Furcht vor letzeren kann ihn hart machen, aber gegen seine Natur. Freiwillig thut er alles, gequetscht gar nichts... Laß den Stolz, von dem Niemand, am wenigsten Du leben kannst. Schreib an Onkel einen *gemüthlichen* Brief.«

Am 1. September 1837 schrieb Heine den Brief, aber es war kein gemütlicher. Es ist der zweite erhaltene Brief an Salomon, und von Geld ist keine Rede darin, aber der Dichter ist förmlich zerrissen zwischen Stolz und flehentlicher Demut, zwischen seiner »unbedingtesten Ergebenheit« und dem erhabenen Bewußtsein, zu den »Männern von großem Genius« zu zählen, auf denen allerdings ein Fluch ruht – wir kennen dieses Muster schon. Der Brief endet mit der Frage: »Sagen Sie mir, warum der Mann der so weichfühlend, so mitleidig, so barmherzig ist gegen fremde Menschen, sich jetzt so hart zeigt gegen seinen armen Neffen?« Der Brief bewirkte nichts. Maximilian, der ihn dem Onkel übergeben sollte, kam nicht dazu und fand Salomon »dem Unstern seiner Laune, Vorurtheil zu sehr unterworfen...

Laß noch eine kleine Zeit vorübergehen, verhalte Dich negativ, und Du wirst ein gutes Resultat haben.« Maximilian sollte recht behalten, und Heine fand in Giacomo Meyerbeer einen erfolgreichen Vermittler. In einem großen Brief schilderte er dem befreundeten Komponisten am 24. März 1838 das hochkomplizierte Verhältnis zu Salomon, wobei er, sicher *auch* aus taktischen Gründen, stark hervorhob, wie sehr er den Onkel trotz aller Demütigungen liebe und was für eine außergewöhnliche Persönlichkeit der Bankier sei. Im Juli 1838 kam Carl Heine, inzwischen gleichberechtigter Associé seines Vaters, nach Paris, um die Hochzeit mit Cécile Furtado vorzubereiten, zu deren Zustandekommen der Dichter durch sein abgewogenes Urteil von 1835 sicher beigetragen hat. Carl nannte den Vetter in Briefen wiederum seinen Freund; man versteht nicht, warum er den Kondolenzbrief unterschlug. Im September kam Salomon zur Hochzeit nach Paris; am 23. September meldete »Ambassadeur« Meyerbeer Heine, daß er vom Bankier »nach langem Pourparlers« die Zusage bekommen habe, dem Neffen ein jährliches Fixum von 4000 Francs zu zahlen; nicht ausgeschlossen, daß Cécile, die Salomon in sein Herz geschlossen hatte, ihn günstig stimmte.

Die verstrittenen Verwandten schienen also ausgesöhnt. Heine zeigte dem Onkel Pariser Sehenswürdigkeiten, Salomon machte ihm ein zusätzliches Geldgeschenk, lernte Mathilde kennen, die ihm gefiel, und schrieb am 7.10. an Therese: Er fange an zu glauben, »Harry« sei besser, als er vermutet habe, Harry wolle auch sein Geld besser verwenden, er fürchte nur, daß dieser nicht Wort halte. Den Neffen selbst ermahnte Salomon nach seiner Rückkehr in die Hansestadt: »Lege zurück, ich Lebe nicht immer bewundern werden die Leute Dich aber kein Geld geben, Sie werden sagen, ja der hätte es in der Welt beßer haben könen, aber er hat sein Geld verschleudert mit den Händen, das sind goldene Worte.« Salomon scheint hier den Erbschaftsstreit schon vorausgeahnt zu haben; daß er freilich riet, Mathilde solle das Geld in die Hand bekommen und es Heine zuteilen, waren keine goldenen Worte.

In der gesamten Auseinandersetzung und auch *nach* der

345

vorübergehenden Versöhnung zeigte sich das schon mehrfach beschriebene Grundmodell von Heines Verhalten und die Unverträglichkeit zweier Charaktere, die einander sehr ähnlich waren, aber zugleich in zwei grundverschiedenen Welten lebten und verschiedene Sprachen redeten. Neuer Streit und neue Schikanen standen bevor: Einmal drohte Salomon mit Kürzung des Fixums, ein anderes Mal ordnete er Auszahlung in Raten von 50 Francs an, 1840 weigerte er sich, trotz Céciles Fürsprache, die Pension auf einige Jahre im voraus zu zahlen. Salomon gab, aber er gab widerwillig, ohne Verständnis für den Neffen, seine Gaben machten nicht froh – um so schlimmer, daß Heine sich von dem unwilligen Geber nicht lösen konnte. Sicher ist auch die Frage berechtigt, wieso eigentlich ein *Onkel* Zeit seines Lebens für einen Neffen unterhaltspflichtig sei, der entgegen der selbstfabrizierten Mythe keineswegs mittellos war – Heine fand aber wohl, daß ihm ein Teil des großen Vermögens *zustand,* in seiner Sicht war Geld nur eine Chiffre für das, was ihm, dem Künstler, zukam, der Künstler wollte geschätzt werden, der Schätzwert aber war das Geld, und von diesem Standpunkt aus gab Salomon einfach zu wenig. Heine als Geistesmacht fühlte sich durch die Geld-Macht Salomon wie ein Anhängsel behandelt, und zwar von einem steinreichen Bourgeois, der ein 76 Seiten langes Testament schrieb, das er immer wieder vornahm und für das er allein 6250 Mark Courant an Stempelgebühren zahlte!

Meyerbeer war der erste bedeutende Komponist, mit dem Heine umging. Wir müssen jetzt etwas zu seinen Beziehungen mit ihm und anderen Musikern, zu seinen Musik-Berichten und zu dem von ihm selber geförderten Vorurteil sagen, daß er an sich nichts von Musik verstanden habe. Äußerungen Ferdinand Hillers scheinen das zu bestätigen: »Er, der den Liedercomponisten so viel Herrliches geboten, wußte doch nicht so recht, was dem Musiker frommt.« Hiller meinte damit sicher den Kompositionsprozeß und die musikalische Theorie – davon verstand Heine zweifellos wenig, der eine Partitur weder lesen noch beurteilen konnte. Hiller schrieb ferner: »Theoretisch oder gar praktisch verstand Heine garnichts von Musik – er erzählte mir einstmals lachend, daß er durch lange Jahre geglaubt, der Generalbaß sei der – Contrabaß – von wegen seiner stattlichen Größe.« Dann aber fuhr Hiller fort: »Und doch hörte er, erriet er mit seinem aus Phantasie und Scharfsinn gekneteten Geiste viel mehr als viele sogenannte musikalische Leute aus der Musik heraus.« Der Dichter, der ein außerordentliches Gespür für akustische Reize hatte, dessen Poesien feinste Sprachmusikalität, ein geniales Gehör für Töne, Geräusche, Stimmen und Laut-Nuancen verraten, dessen Gedichte tatsächlich mehrere tausend Mal vertont wurden, der großartige Musikerporträts schrieb, dessen Paganini-Porträt in den »Florentinischen Nächten« eine einzigartige Musiker- und Musikschilderung gibt – er war selbstverständlich musikalisch, aber kein Fachmann, er war, in Liszts Worten, »Musiker als Dichter«. Er hatte musikalische Intuition, die sich mit seiner unerhörten Beobachtungsgabe, seinem seismographischen Witterungsvermögen für das Außergewöhnliche vereinigte und in Sprache umsetzte. Er schrieb Sätze, worin er die Musik als höchste aller Künste, als Repräsentantin von Kunst überhaupt begriff: »Die Musik ist vielleicht das letzte Wort in der Kunst, wie der Tod das letzte Wort des Lebens.« (»Lutetia«, 1841)

In solchen Äußerungen ist Musik Kunst, nichts anderes. Im überwiegenden Teil seiner Musikberichte aber stellte Heine sie, wie die Literatur und die bildende Kunst, in die großen gesellschaftlichen Zusammenhänge und arbeitete ihren Gegenwartsbezug heraus. Zumeist deutete Heine Musik primär von ihren Inhalten und Tendenzen, die Oper also von ihrem Libretto her, er glaubte an eine progressive Musik und deren völkerverbindende Kraft: »Durch ihre Universalsprache ist die Musik mehr als jede andere Kunst geeignet, sich ein Weltpublikum zu bilden.« Selbstverständlich mußte sich Heine in seinen Musikberichten den damaligen Pariser Gegebenheiten anpassen: Schon seit langem war der Nicht-Fachmann als Referent oder Berichterstatter – so nannte sich Heine auch selbst – im Musikleben üblich, die Kritiken bekamen lockeren, witzigen, feuilletonistischen Charakter, was Heines Schreibweise entgegenkam; die Grenzen zwischen Musik-*Kritik* und Musik-*Reklame,* zwischen *Musik-*

Kritik und *Künstler*-Kritik verwischten sich. Das ist auch bei Heine so – und macht, wegen seiner vorzüglichen Musiker-Porträts, einen Hauptreiz seiner Berichte aus.

Die verbreitete, im Musik-Journalismus besonders schamlose Korruption der damaligen Presse erzeugte oft Kritiken auf gegenseitige Gefälligkeit: dem konnte sich auch Heine nicht ganz entziehen, wie wir aus seinem Verhältnis zu dem gegen negative Pressekritik krankhaft empfindlichen Opernkomponisten Meyerbeer ersehen können. Heine spendete ihm vor allem in den »Briefen über die französische Bühne« großes Lob: Er ist der Mann seiner Zeit, sie hat ihn tumultuarisch aufs Schild gehoben. Meyerbeer ist ein Mann der Überzeugung, seine Überzeugung aber, seine Religion »ist die Religion Mozarts, Glucks, Beethovens, es ist die Musik ... Er ist der Apostel dieser Religion.« Seine Musik ist für Heine »mehr sozial als individuell«, es ist Musik der Zukunft, im Gegensatz zu der – von Heine schlechten Gewissens ebenfalls geliebten – Musik Rossinis, die angemessener für die Zeit der Restauration war, und weit mehr als »Robert Le Diable« sind die »Hugenotten« ein Werk der Überzeugung, und zwar sowohl inhaltlich als auch formal – Heine glaubte aus der damals musikalisch modernen polyphonen Schreibweise auf Meyerbeers fortschrittliche gesellschaftliche Haltung schließen zu können. Vom 4. Akt der »Hugenotten« schrieb er, daß nie bei einer Musik sein Herz so stürmisch gepocht habe – das Urteil ist bemerkenswert, denn sicher ist diese Oper des damals überschätzten, heute selten gespielten Komponisten sein bestes Werk und der 4. Akt ihr Herzstück. Meyerbeer gefielen Heines Berichte. Die lang gehegte Vermutung, er habe Journalisten, auch Heine bestochen, dürfte nach neuen Untersuchungen widerlegt sein. Er revanchierte sich aber für Heines Wohltaten: Er verschaffte dem Dichter, Mathilde und seinen Freunden Freibilletts und Logen in der Oper, gab Diners, ging mit Heine in Vorstadtkneipen, unterstützte ihn mehrmals finanziell, erbat Gedichte zum Vertonen, schrieb enthusiastische Briefe, nannte sich Heines treuesten Bewunderer und Heine selbst Deutschlands größten Dichter. Sie waren verwandte Naturen, hochempfindlich, ruhmbegierig, mit einem Zug von Scharlatanerie – und beide jüdische Außenseiter: Im Brief mit der Anrede »Deutschlands größter Dichter« scheint Meyerbeer auf Heines Metapher vom nie abzuwaschenden Juden anzuspielen: »Nicht einmal das Bad der Taufe kann daß Stückchen Vorhaut wieder wachsen machen, das man uns am 8ten Tag unsres Leben's raubte.« Michael Beer, den 1834 gestorbenen, heute vergessenen jüngeren Bruder des Komponisten, hatte Heine als jüdischen Autor in Deutschland aufmerksam beobachtet; in Meyerbeer traf er den in Deutschland und im Ausland erfolgreichen Aufsteiger-Künstler, der ähnlichen Verhältnissen wie er selbst entstammte, mit dem er sympathisieren und sich identifizieren konnte – bis die Zuneigung unter noch darzustellenden Umständen in Gegnerschaft, vielleicht in eine gewisse Rivalität zu dem vermeintlich Erfolgreicheren umschlug.

Heine konnte an einen Musiker aber auch ganz andere Maßstäbe anlegen; er verlangte nicht von jedem Komponisten sozial bestimmte Zukunftskunst: »Es ist Chopin«, lesen wir im 10. Brief über die französische Bühne, »der nicht bloß als Virtuose durch technische Vollendung glänzt, sondern auch als Komponist das Höchste leistet. Das ist ein Mensch von erstem Range. Chopin ist der Liebling der Elite, die in der Musik die höchsten Geistesgenüsse sucht. Sein Ruhm ist aristokratischer Art, er ist parfümiert von Lobsprüchen der guten Gesellschaft, er ist so vornehm wie seine Person.« Das schreibt der Artist, der aristokratische Künstler Heine über den kongenialen Musiker-Kollegen, der zwar polnischer Patriot ist und auch als Exilant Heines unbedingte Sympathie genießt, aber sich ansonsten um Politik nicht kümmert. In der Zeit der Liebesbeziehung zwischen George Sand und Chopin sieht er beide oft. Er wird Chopin bald nach dessen Ankunft in Paris (September 1831, wenige Monate nach Heine) kennengelernt haben und achtet ihn so uneingeschränkt wie fast keinen anderen Menschen; er nennt ihn im Musikbericht von 1841 den Raffael des Fortepiano – vielleicht hat ihm nie ein Künstler nähergestanden als dieser. Wieder, wie bei Lessing, schreibt er fast ein Wunschporträt, diesmal aber über einen Lebenden: »Ja, dem Chopin muß man Genie zusprechen, in der vollen Bedeutung des Wortes;

er ist nicht bloß Virtuose, er ist auch Poet, er kann uns die Poesie, die in seiner Seele lebt, zur Anschauung bringen, er ist Tondichter, und nichts gleicht dem Genuß, den er uns verschafft, wenn er am Klavier sitzt und improvisiert. Er ist alsdann weder Pole, noch Franzose, noch Deutscher, er verrät dann einen weit höheren Ursprung, man merkt alsdann, er stammt aus dem Lande Mozarts, Raffaels, Goethes, sein wahres Vaterland ist das Traumreich der Poesie.« Mehrfach ist hervorgehoben worden, daß die Sympathien beider Männer auf ihrer künstlerischen Wahlverwandtschaft beruhten: Beide bevorzugten kleine Werk-Einheiten. Beide kamen vom Volkslied her und »brachen« den naiven Volksliedton. Heines blitzende Bilderflut entspricht der Fülle der Akkorde bei Chopin, Chopins wie Heines Werke zeichnen sich durch kühne Modulationen, ausgeprägtes rhythmisches Gefühl sowie Reichtum an Figuren und Arabesken aus. Beider Kunst erwächst aus Leid, Schmerz und Schwermut; auch eine Neigung zur Süße, zur Sentimentalität ist ihnen gemeinsam. Es ist schade, daß wir außer den zitierten Werkstellen fast keine Äußerungen dieser beiden Künstler übereinander haben.

Besser dokumentiert, aber problematischer ist Heines Beziehung zum zweiten weltberühmten Klaviervirtuosen, der oft in Paris gastierte: zu Franz Liszt. Der Komponist empfahl Heine seiner Geliebten Marie d'Agoult schon im Frühjahr 1833 mit Superlativen: Heine sei einer der ausgezeichnetsten Geister Deutschlands, man müsse ihn dreimal außerordentlich nennen, wenn man ihm mit diesem Vergleich nicht Unrecht täte. Heine hörte seine Konzerte und schrieb 1837 und 1841 über ihn – direkt vor dem zitierten Chopin-Porträt steht das von Liszt, die Position bezeichnet die Rangordnung. Liszt ist »ein Mensch von verschrobenem, aber edlem Charakter, uneigennützig und ohne Falsch«, er hat große Anlagen zur Spekulation, wandert in die unterschiedlichsten Geistesrichtungen, ist nacheinander Saint-Simonist, Spiritualist, Anhänger des republikanisch-katholischen Philosophen »Lamennais, welcher die Jakobinermütze aufs Kreuz gepflanzt hat« und den Heine persönlich kannte. Dieser ruhelose Geist Liszt, der gern die Nase in alle Töpfe steckt, ist ein furioser Virtuose, nicht selten allzutoll, er beängstigt mehr, als daß er beseligt, ein Apokalyptiker, den der Dichter liebt, dessen Musik seinem Gemüt aber nicht angenehm ist. Der im 10. Bühnen-Brief ebenfalls porträtierte Berlioz alarmierte Liszt, als der Text in der »Gazette musicale« des Musikverlegers Schlesinger erschien: Ihr Freund Heine habe über sie beide so geistreich wie respektlos, aber ohne Bosheit gesprochen, Chopin habe er einen Kranz geflochten.

Die Antwort, ein offener Brief an Heine, ist offenbar von Marie d'Agoult verfaßt; es existiert nur eine Abschrift von ihrer Hand, die aber von Liszt unterzeichnet, also doch wohl beglaubigt ist: »Liszt« dankte Heine für alles Schmeichelhafte, das er schrieb, berichtete aber zugleich, daß seine Freunde ihn nun nach seinen diversen weltanschaulichen Entwicklungsstufen ausfragten: »Offen gesagt, ich sehe die Veröffentlichung unserer Gedanken und Gefühle durch die Presse als eines der Übel unserer Zeit an. Unter Künstlern herrscht der große Mißgriff, daß einer den andern nicht nur in seinen Werken, sondern auch in seiner Persönlichkeit beurtheilt.« Liszt verwahrte sich also gegen eine *Künstler*-Kritik, die zur Charakteranalyse, zum Psychogramm wurde; Heine, der selbst oft von seinem Charakter her kritisiert wurde, mußte das einleuchten. Er ging in seinem zweiten Liszt-Porträt von 1841 (»Lutetia« XXXIII) nicht auf die Persönlichkeit des Virtuosen, sondern nur auf sein Spiel ein, nannte es genial, lobte die Ruhe mit der Liszt im Gegensatz zu früher die wildesten Passagen spielte, erwähnte aber auch, daß er trotz oder gar wegen seiner Genialität in Paris einer Opposition begegne, weil Genialität nicht verziehen werde. Da spricht Heine *auch* von sich selbst – ob Liszt allerdings über die Erwähnung der Opposition erfreut war, ist zweifelhaft; vielleicht liegt hier schon der Keim zu ihrer späteren Entzweiung.

Im September 1839 traf in Paris ein 26jähriger, dort völlig unbekannter Komponist ein, der den tollkühnen Versuch unternahm, die Hauptstadt der Welt zu erobern – und dabei vollständig scheiterte: Richard Wagner. Selbst Heine, erinnerte sich Laube, der ihm Wagner vorstellte, soll über soviel Naivität und Enthusiasmus andächtig die Hände gefaltet haben. Er half dem mit Frau und Hund in großer Armut Lebenden auch finanziell; vor allem aber besprach er mit Wagner den ersten Entwurf zum »Fliegenden Holländer«. Wagner hatte den Stoff aus Heines »Schnabelewopski« schon 1838 kennengelernt. Ihn faszinierte »besonders die von Heine erfundene, echt dramatische Behandlung der *Erlösung* des Ahasverus des Ozeans«. Wagner gab Heines Patenschaft in seiner »Autobiographischen Skizze« (1842) offen zu, später hat er Heines Anteil immer mehr heruntergespielt und schließlich ganz verleugnet. In Paris verehrte er Heine; er vertonte die »Grenadiere« in einer Übersetzung von Loëve-Veimars und gab trotz seiner Armut 50 Francs für den Druck aus, von dem kein einziges Exemplar verkauft wurde. Auch andere Liedkompositionen, mit denen er sich einen Namen machen wollte, interessierten niemanden, seine »Columbus«-Ouvertüre fiel vor 2500 Zuhörern durch – Heine scheint danach nicht mehr viel von Wagners Talenten gehalten zu haben, er hat wohl auch über ihn gespottet. Wagner irritierte das zunächst nicht. Er begann unter Heines Einfluß Berichte aus dem Pariser Musikleben zu schreiben und veröffentlichte sie in der »Gazette musicale«, in Lewalds »Europa« und in der Dresdner »Abendzeitung« – zu einem Paradestück aus dem Aufsatz »Der Virtuos und der Künstler« bemerkt Gregor-Dellin in seiner Wagner-Biographie: nie wieder, außer in einigen humoristischen Passagen seiner Autobiographie, habe der Mann so gut geschrieben. Das verdankte er Heines Einfluß und Schulung. Heine lobte sogar Wagners Novelle »Das Ende eines Musikers in Paris«, indem er erklärte, so etwas hätte Hoffmann nicht schreiben können – und wenn das auch eine Übertreibung war: bis zu seinem Weggang aus Paris 1842 war Wagner Heines Freund.

Sein Freund? Hatte Heine wirklich Freunde? Er hatte viele Feinde, er konnte selbst leidenschaftlich hassen – war er aber der Freundschaft fähig? Der lebens- oder doch jahrzehntelangen, ununterbrochenen, vertrautesten Freundschaft wohl nicht, auch nicht im literarischen Bereich. Vertraute Freundschaften (zu Sethe, Moser oder Merckel) erloschen gewöhnlich, wenn Heine in eine neue Lebensphase trat; lang anhaltende Beziehungen wie die zu Varnhagen erlitten lange

Unterbrechungen und waren wohl auch nicht vertraulich genug. Heine war der Mann der Gesellschaft, des Salons, des vielfältigen Umgangs, des raschen Wechsels; und er war der Mann der Familie, in der er lebenslange Verbindungen hielt. Freundschaften aber dauerten nicht, obwohl das Wort Freund in Briefanreden bei ihm und seinen Partnern ständig vorkam, am häufigsten im Umgang mit Campe, doch gerade diese literarische Streit-Ehe (Campe benutzte die Ehe-Metapher einige Male für ihr Verhältnis) wird man Freundschaft nicht nennen können.

Selbstverständlich entstand durch Heines zahlreiche Kontakte ein Netzwerk literarischer Beziehungen, und gelegentlich rückte ihm ein anderer Autor näher: Detmold scheint um 1837 zeitweilig sein Vertrauter gewesen zu sein, Laube kam 1839, nach der Haftentlassung, mit seiner Frau Iduna erstmals nach Paris, wo sie Heine, der Laubes Zeitschriften weiterhin Texte gab, oft trafen, doch bald kamen politische Differenzen auf; Breza tauchte als ehemaliger polnischer Aufständischer und Emigrant in Paris auf, brauchte Geld und wurde 1834 an die »Allgemeine Zeitung« vermittelt; die Verbindung zu dem eher bedächtig-liberalen Immermann, die politisch niemals auf wirklicher Übereinstimmung beruht hatte, wurde nach dem Ende von »L'Europe littéraire« abgebrochen. Lewald dankte Heine für in Paris erwiesene Gefälligkeiten, Fürst Pückler-Muskau, der Heine den »König unserer deutschen Schriftsteller« nannte, traf ihn bei Paris-Besuchen nicht an, Hans Christian Andersen schickte die deutsche Ausgabe seines Romans »Jugendleben und Träume eines italienischen Dichters« – die Aufzählung ließe sich, mit allen Kreuz- und Querverbindungen des Netzwerks, fortsetzen: ein Freund im vollen Sinne des Wortes erscheint kaum darin, auch kein französischer. Die Politiker-Historiker wie Thiers kamen wegen ihrer gesellschaftlichen Position ebenso wenig in Frage wie Louis Philippes Sohn, der 1842 tödlich verunglückte Herzog von Orléans, auch wenn Heine bei ihnen verkehrte. Die Dichter standen ihm ebenfalls nicht nahe genug: Balzac nicht, obwohl beide einander hoch schätzten, sich trafen, disputierten, miteinander speisten und Balzac Heine seine Novelle »Un prince de la Bohème« mit enthusiastischen Komplimenten widmete; auch Gautier nicht, obwohl er Ende 1837 einen großen Artikel über die »Reisebilder« publizierte, von dem Heine meinte, er sei »das Beste..., was ein Franzose über ein deutsches Buch zu sagen im Stande war« – man hört dieser Formulierung den Vorbehalt trotz aller Freude an. Hirth hat in seinem Buch »Heine und seine französischen Freunde« alle diese Beziehungen viel zu rosig dargestellt, hat Heines Skepsis gegenüber französischer Literatur verkannt, die auch die persönlichen Beziehungen beeinflussen mußte – Heine war inmitten vieler Menschen stärker isoliert, als er vielleicht selber wahrhaben wollte: *Freunde* hatte er kaum, Freundinnen mit George Sand und der Belgiojoso wenigstens längere Zeit, nur wissen wir nicht genug darüber, wie vertraulich Heine zu ihnen sprechen konnte – er war ja trotz aller rücksichtslos offenen Selbstdarstellung im Werk oft mißtrauisch, witterte überall Feinde und schirmte sein Privatleben ab.

Aus allen Menschen-Beziehungen Heines in Frankreich ragt nur eine als wirkliche Freundschaft heraus: die zu Gérard de Nerval. Bahnbrecher der modernen Poesie wie Heine, Bewunderer Deutschlands und Übersetzer von Goethes »Faust«, arbeitete er über dreizehn Jahre an Heines »Poèmes et Légendes«, den Lyrik-Übersetzungen ins Französische, mit: Er begriff ihr Wesen, ohne viel Deutsch zu verstehen, er lernte von Heines Dichtungen und besuchte ihn oft zu Arbeits- und Gesprächsstunden, auch in der Matratzengruft. Wir hörten schon, daß er, wie Heine, die Hoffnungslosigkeit einer Jugendliebe totzusingen versuchte. Auch er hatte zwei Naturen, eine träumerische und eine andere, die es liebte, »der Welt die heiterste Fratze zu schneiden« – das sind seine eigenen Worte. So ambivalent sah er auch den wahlverwandten Freund: Der *Dichter* Heine träumte, wenn der *Mensch* seine Witze machte. »Er war vielleicht der einzige, den Heine aufrichtig geliebt hat, und dem er alles, selbst das Geheimste, anvertraute«, schrieb der Schriftsteller Schmidt-Weißenfels 1850, er schilderte aber auch, wie Heines Witz sogar diesen ungewöhnlich empfindlichen Freund nicht schonte, indem er ihn an seine Jugendliebe Adrienne erinnerte: das mußte der andere ertragen und ertrug es wohl. »Er war mir ein

Freund..., wie ich seit fünfundzwanzig Jahren in Frankreich keinen besessen«, sagte Heine 1855, nachdem sich Nerval an einem Laternenpfahl erhängt hatte, – Nerval war ja schon lange auf seine sanfte, unauffällige Weise wahnsinnig gewesen, was bekannt war. Vielleicht hat Heine ihn gerade deswegen nicht geschont: um ihn am Leben zu halten, ihn nicht in seinen schwarzen Schrecknissen versinken zu lassen. Mit Heine mehrere Stunden zu lachen und zu spotten, gestand Nerval schon 1840, »das betäubte mich und machte es mir leichter, die Fluten einer schäumenden Gefühlswelt aus meinen Augen zurückzudrängen, wenn sie überzuströmen willens waren«. Gern wüßte man, was für Geheimnisse, außer der unseligen Jugendliebe, sie einander anvertrauten: leider fehlen auch dazu die genauen Belege.

Die Jahre nach dem Bundestagsedikt waren, sicher auch wegen der Unterdrückungsmaßnahmen, keine sonderlich produktive Zeit für Heine. Mit gutem Grunde mahnte Campe am 29. September 1838: »Etwas muß geschehen! wenn Sie nicht als ein abgedankter König gemißhandelt seyn wollen. Das beste ist ein Buch, das den Leuten zeigt: daß Heinrich Heine noch der rüstige, kräftige, schöne Heine ist.« Heine legte 1840 das Buch über Börne vor, das die meisten Leute allerdings nicht mochten. Vorher gab es zwei Auftragsarbeiten: Zunächst das Vorwort zum »Don Quichotte« des Cervantes (Anfang 1837), wo Heine im Modell des spanischen Dichter-Helden die eigene Persönlichkeit, ihr zeitweiliges Zurücktreten hinter der »Idee« gespiegelt sieht und sich selber als eine Art umgekehrten Don Quichotte vorführt, der die Zukunft allzu frühzeitig in die Gegenwart einführen will. Im Sommer 1838 schrieb er »Shakespeares Mädchen und Frauen«, wo er in Begleittexten zu Kupferstichen Shakespeare als Musterfall des vollkommenen Dramatikers vorstellt. Außerdem haben wir aus dieser Zeit die Streitschrift »Der Schwabenspiegel« und drei Prosa-Fragmente, vielversprechende Erzähl-Texte, die Heine abbrach – die Auffassung, er habe, wann immer er ein großes, geschlossenes Prosawerk schreiben wollte, die eigenen Formbestrebungen mißverstanden, trifft sicher zu, so daß der Fragment-Charakter dieser Stücke eigentlich nicht zu beklagen wäre; wir werden freilich noch klären müssen, warum Heine zwei relativ geschlossene, unfragmentarische Versepen gelangen: »Atta Troll« und das »Wintermärchen«!

Das erste Erzähl-Bruchstück, »Aus den Memoiren des Herrn von Schnabelewopski«, erschien schon 1834 im »Salon I«. Dieser hoch-komische Schelmenroman beginnt mit der folgenden berühmten Parataxe: »Mein Vater hieß Schnabelewopski; meine Mutter hieß Schnabelewopska; als beider ehelicher Sohn wurde ich geboren den ersten April 1795 zu Schnabelewopsk.« Das Fragment hat autobiographische Züge und erinnert stark an die »Reisebilder«, doch ist die Mischung heterogener Elemente weniger stark als dort, die Roman-Fabel gut zu erkennen. Der polnische Schelm reist nach Mitteleuropa; das dritte und vierte Kapitel enthält die schon erwähnte bissige Satire auf Hamburg, wobei Heines Kunstgriff – er läßt seinen Helden zwölf Jahre nach dem ersten Besuch einen zweiten machen – den Spott noch verschärft: »In diesem Augenblick durchschauerte mich die schreckliche Bemerkung, daß ein unergründlicher Blödsinn auf allen diesen Gesichtern lag, und daß alle Menschen die eben vorbeigingen in einem wunderbaren Wahnwitz befangen schienen. Ich hatte sie schon vor zwölf Jahren, um dieselbe Stunde, mit denselben Mienen, wie die Puppen einer Rathausuhr, in derselben Bewegung gesehen, und sie hatten seitdem ununterbrochen in derselben Weise gerechnet, die Börse besucht, sich einander eingeladen, die Kinnbacken bewegt, ihre Trinkgelder bezahlt, und wieder gerechnet: zweimal zwei ist vier.« Heine fügt dann kommentierend und zitierend das alte dänische Lied vom Herrn Vonved ein, der verdrießlich heimreitet, als man in der Welt alle seine Fragen beantwortet hat, führt Schnabelewopski nach Amsterdam, wo er das von Heine erfundene »Holländer«-Stück mit der ebenfalls von ihm erfundenen Erlösung des ewigen Seefahrers durch Frauentreue sieht, und nach Leiden. Dort wohnt er im gleichen Haus wie einst der Maler Jan Steen, den er (und Heine) für ebenso groß hält wie Raffael und den der Dichter als einen saint-simonistischen Maler vorstellt: er malte »die Religion der Freude«! In Leiden wird der Schelm von der Wirtin zur roten Kuh geliebt und gefüttert und trifft den kleinen Deisten Simson, der sich für seinen Glauben duelliert, einen Stich in die Lunge abkriegt und im Krankenbett eine Parodie auf den biblischen Simson vorgelesen bekommt – ganz bestimmt trägt der Gottesstreiter Börnes Züge, und ganz sicher ist kein Werk-Abbruch Heines mehr zu bedauern als dieser: Es ist brillante, von Witzen, Einfällen, Sprach-Feuerwerk sprühende Prosa.

»Florentinische Nächte« heißt ein Doppeltext, den Cottas »Morgenblatt« im April und Mai 1836 drucken durfte. In beiden Novellen erzählt Maximilian der todkranken Maria, einer schönen Schwindsüchtigen, zur Ablenkung Geschichten: In der ersten schildert er makabre Liebeserlebnisse mit einer Statue, die Maria ähnlich sieht (wir wissen schon von Heines Faszination durch Frauen-Statuen), mit der schon sieben Jahre toten Very, die an Veronika im »Buch Le Grand« erinnert, und mit einem im Traum erschienen Mädchen. Als er auf die Oper zu sprechen kommt, die er wegen der schönen Italienerinnen oft besucht, folgt ein Porträt des Komponisten Bellini, dem Heine einer Anekdote nach seinen frühen Tod wenige Tage vor dessen Eintreten vorhergesagt haben soll, und die schon erwähnte Schilderung Paganinis in Hamburg, die zu den absoluten Höhepunkten Heinescher Prosakunst zählt: »Die Töne der Violine wurden immer stürmischer und kecker, in den Augen des entsetzlichen Spielmanns funkelte eine so spöttische Zerstörungslust, und seine dünnen Lippen bewegten sich so grauenhaft hastig, daß es aussah als murmelte er uralt verruchte Zaubersprüche, womit man den Sturm beschwört und jene bösen Geister entfesselt, die in den Abgründen des Meeres gefangen liegen. Manchmal, wenn er, den nackten Arm aus dem weiten Mönchsmantel lang mager hervorstreckend, mit dem Fiedelbogen in den Lüften fegte: dann erschien er erst recht wie ein Hexenmeister, der mit dem Zauberstab den Elementen gebietet, und es heulte dann wie wahnsinnig in der Meerestiefe und die entsetzten Blutwellen sprangen dann so gewaltig in die Höhe, daß sie fast die bleiche Himmelsdecke und die schwarzen Sterne dort mit ihrem roten Schaum bespritzten. Das heulte, das kreischte, das krachte, als ob die Welt in Trümmern zusammenbrechen wollte, und der Mönch strich immer hartnäckiger seine Violine.«

In der zweiten Novelle erzählt Maximilian der sterbenden Schönen die Doppelbegegnung mit der schönen Laurence. Er trifft sie zuerst als Straßentänzerin unter Schaustellern in London, wo sie ihn durch ihre außerordentliche Tanzkunst entzückt: »Sie tanzte wie die Natur den Menschen zu tanzen gebietet: ihr ganzes Wesen war im Einklang mit ihren Pas, nicht bloß ihre Füße, sondern ihr ganzer Leib tanzte, ihr Gesicht tanzte.« Einige Jahre später trifft Maximilian Laurence als unglückliche Gattin eines napoleonischen Generals wieder, wird ihr Geliebter und erfährt, daß sie eigentlich ein »Totenkind«, das Kind einer bereits begrabenen Scheintoten ist, das nur durch einen Grabdiebstahl zur Welt kommen konnte: eine Geschichte wie von Poe. Heine hat in den »Florentinischen Nächten« wieder Irrformen der Liebe dargestellt. Die Liebschaften Maximilians haben wirklich etwas Mechanisches und Geisterhaftes – und das korrespondiert eigentümlich mit der eingeflochtenen Schilderung Englands als eines großen Mechanismus: »Die Vollkommenheit der Maschinen, die hier überall angewendet werden, und so viele menschliche Verrichtungen übernommen, hatte ebenfalls für mich etwas Unheimliches; dieses künstliche Getriebe von Rädern, Stangen, Zylindern und tausenderlei kleinen Häkchen, Stiftchen und Zähnchen, die sich fast leidenschaftlich bewegen, erfüllte mich mit Grauen. Das Bestimmte, das Genaue, das Ausgemessene und die Pünktlichkeit im Leben der Engländer beängstigte mich nicht minder; denn gleichwie die Maschinen in England uns wie Menschen vorkommen, so erscheinen uns dort die Menschen wie Maschinen.« Heine setzt hier seine Industrialismus-Kritik fort, auf die wir später noch eingehen werden.

Als *Roman*-Versuch betrachtet, ist »Der Rabbi von Bacherach« (1840) mißlungen. Er hat, im Gegensatz zum »Schnabelewopski« und zu den »Florentinischen Nächten«, allenfalls einen *Ansatz* von Roman-Handlung: Rabbi Abraham flieht mit seiner Frau, der schönen, kinderlosen Sarah, als er am Abend des Pessach-Festes zwei Fremde ein totes Kind unter den Tisch schieben sieht (sicheres Zeichen eines bevorstehenden Pogroms), den Rhein hinab zur Frankfurter Judengasse. Der Konflikt, der hier verborgen liegt, wird von Heine nicht einmal angedeutet: daß der Rabbi sich nämlich durch die Flucht an seiner Gemeinde schuldig gemacht hat. Die Textteile, in denen Heine Bacherach, die Geschichte und das Leben der dortigen Juden schildert, passen eher in einen kulturhistorischen Essay als in einen Roman, die Schilderung des Frankfurter Gottesdienstes, großartige Personen-Porträts vom Torwächter Nasenstern und von Jäkel dem Narren könnten ebensogut in einem anderen als dem romanhaften Kontext stehen. Heine hat seit 1824 in mehreren Phasen am »Rabbi« gearbeitet, die lange Entstehungszeit steht aber nur scheinbar im Kontrast zur Kürze des Fragments und zum Scheitern des Roman-Planes: Wie bei seinen Theaterstücken strebte Heine hier allzu absichtsvoll, allzu angestrengt den ganz großen Wurf an; das mißlang, trotz vieler farbiger Einzelheiten, und Heine erkannte das Mißlingen genau, darum gab er den Plan auf.

Er konnte publizieren, doch nur unter ständiger Kontrolle durch Zensur und Behörden. Die gesondert gedruckte Vorrede zu »Salon III«, also »Über den Denunzianten«, erhielt das Imprimatur des Zensors so spät, daß die Wirkung dieser auf Aktualität geschriebenen Polemik in Heines Augen stark gemindert wurde. Die Streitschrift »Der Schwabenspiegel« – ursprünglich ein Nachwort zur Neuausgabe des »Buches der Lieder« – deren Titel von Gutzkow stammte und in der Heine mit aristophanischem Hohn die schwäbische Schule der »Gelbveiglein«-Lyrik, die Uhland, Justinus Kerner, Gustav Schwab, Mayer und Pfizer zerschmetterte, ihre Kleinheit an großen schwäbischen Geistern der Vergangenheit maß, an Kepler, Schiller, Hegel, und der Dichter sich an Pfizers Pamphlet »Heines Schriften und Tendenz« rächte – diese Polemik wurde in Gutzkows »Jahrbuch der Literatur« derart verstümmelt abgedruckt, daß Heine in einer öffentlichen Erklärung die Verfasserschaft ablehnen mußte. Sogar in der Neuauflage des »Buches der Lieder« (1837) entdeckte er Verstümmelungen, die er wiederum Campe anlastete – das alles aber zwang Heine zu immer häufigerer Selbstzensur; Briegleb, der Heines zahlreiche öffentliche Erklärungen unter dem Titel »Schriftstellernöten« zusammengestellt hat, nennt Heines Streitschriften sogar »Texte eines unfreiwilligen Klassikers der Selbstzensur«.

Da Heine in dieser gespannten Zeit den politisch-literarischen Kampf stets auch als Auseinandersetzung mit Personen verstand, geriet er gleichzeitig in Fehden mit früheren Verbündeten und falschen Freunden. So öffnete er leichtsinnigerweise Ludwig Wihl, einem Schriftsteller dubiosen Charakters und Mitarbeiter in der Redaktion von Gutzkows Zeitschrift »Telegraph für Deutschland«, seine Wohnung und empfahl ihn Campe, der die Zeitschrift verlegte, reagierte aber dann überaus wütend auf einen Klatsch-Artikel vom Juli 1838, in dem Wihl behauptete, Heine habe als Exil-Autor in Paris keine Chance und sei dort fast unbekannt, er müsse sich aus finanziellen Gründen zum Schreiben von Vorreden und kritischen Artikeln herablassen. Obendrein machte Wihl dumme, kurz vor der Einigung mit Onkel Salomon schädliche Bemerkungen über die Hamburger Verwandten, verglich Heine und Börne unter dem sattsam bekannten Klischee-Aspekt Talent-Charakter und klatschte über Mathilde und Heines Beziehung zu ihr.

Bald darauf geriet Heine auch mit Gutzkow in Streit, also mit einem politisch-literarisch Verbündeten früherer Jahre, über den er mehrmals positiv geurteilt hatte und der ihm den »Telegraph« als Tribüne anbot. Zuträger, aber auch Heines Streitlust, sein Mißtrauen und seine Empfindlichkeit sowie Gutzkows Überheblichkeit und seine Engherzigkeit haben in dieser Auseinandersetzung eine Rolle gespielt. Der Streit brach Ende 1838 aus. Gutzkow warnte Heine am 6. August davor, die Zyklen der »Verschiedenen«, die großenteils doch schon im »Salon I« gestanden hatten, als zweiten Teil des »Buches der Lieder« zu veröffentlichen, weil sie ihn beim Publikum endültig unmöglich machen müßten und niemand in Deutschland wagen würde, ihn in Schutz zu nehmen (also auch der frühere Freigeist und Verfasser der »Wally« nicht). Heine antwortete stolz, daß er sie dann eben später drucken lassen werde, sie seien ohnehin »kein Futter für die rohe Menge. Sie sind in dieser Beziehung auf dem Holzwege... Nicht die Moralbedürfnisse irgend eines verheurateten Bürgers in einem Winkel Deutschlands, sondern die Autonomie der Kunst kommt hier in Frage. Mein Wahlspruch bleibt: Kunst ist der Zweck der Kunst, wie Liebe der

Zweck der Liebe ist.« Er erteilte Gutzkow also eine Lektion in Sachen Kunst und Moral – der Brief läßt noch nicht deutlich erkennen, wie sehr Heine, der die »Verschiedenen« sofort zurückzog, gekränkt war. Er überließ Gutzkow sogar noch den »Schwabenspiegel« für das im November 1838 erscheinende »Jahrbuch der Literatur«, und nun tat Gutzkow etwas Übles: Er lobte im »Telegraph« vom Januar 1839 sein eigenes Jahrbuch, wertete aber den von ihm selbst abgedruckten »Schwabenspiegel« öffentlich ab. Am 21. Januar 1839 distanzierte sich Heine, wie schon gesagt, von dem verstümmelten Text. Am 15. Februar erklärte Campe öffentlich, daß allein die sächsische Zensur für die Eingriffe verantwortlich sei. Nun aber faßte Heine den wahrscheinlich begründeten Verdacht, daß eine verlagsinterne Zensur durch Gutzkow und Wihl stattgefunden hatte, zumal Wihl das Manuskript wochenlang ohne Wissen und Erlaubnis Heines überlassen worden war. In seiner großen, von der »Zeitung für die elegante Welt« abgedruckten Erklärung »Schriftstellernöten« hielt Heine Campe vor, daß dieser ihm seit »Salon I« durch sein Kriechen vor der Zensur Schaden zugefügt habe, und äußerte, ohne Gutzkow direkt verantwortlich zu machen, den Verdacht auf Zensur im Verlag: dafür sprächen die sein artistisches Ansehen schädigenden Entstellungen der Form: »Das hat wahrlich kein Zensor getan.« Auch diese Erklärung enthielt neben heftigsten Vorwürfen gegen den Verleger wieder Komplimente und baute goldene Brücken für den »liebsten Campe«, wie wir das schon kennen. So unglaublich dieses öffentliche Gefecht zwischen Autor und Verleger war – zum Bruch kam es wieder nicht, sie bissen einander, aber sie umarmten sich zugleich. Gutzkow allerdings, den Campe immer wieder gegenüber Heine verteidigte, dem er auch nicht, wie Heine wünschte, jede Anti-Heine-Polemik im »Telegraph« verbot, antwortete, obwohl er gar nicht direkt angegriffen war, mit dem »Telegraph«-Artikel »Herr Heine und sein Schwabenspiegel« (Mai 1839): Heines Polemik sei unwürdig; er gebe keine Wahrheit, sondern wie immer frivole Späße, witzige Einfälle und sentimentale Ausgänge; er stürme täglich die Pariser Lesekabinette, um seine flauen Aktien an der literarischen Börse zu studieren; er stehe einsam, die biederen Deutschen verachteten seine Gesinnungslosigkeit; er, Gutzkow, achte den Schriftsteller Heine hoch, »für wie unedel ich auch den Menschen Heine halte«. Gutzkow verwahrte sich gegen Heines Verdacht und forderte ihn auf, seine Skandalsucht zu zügeln, seinen Namen nicht aufs Spiel zu setzen – daß *er selber,* wie schon Börne, einige der schlimmsten biedermeierlichen Urteils-Klischees über Heine übernahm, scheint dem früheren Jung-Deutschen überhaupt nicht in den Sinn gekommen zu sein. Heine antwortete nicht, an einigen anonymen Angriffen auf Gutzkow war er nicht beteiligt; er schrieb aber ein Buch, das, neben vielen anderen Wirkungen, die es hatte, zum endgültigen Bruch mit Gutzkow führte: »Heinrich Heine über Ludwig Börne«.

Poesie und Politik

Ludwig Börne starb am 12. Februar 1837. Dreitausend Menschen erwiesen ihm am 18. Februar auf dem Friedhof Père Lachaise die letzte Ehre; Heine fehlte. »Sie sind nicht Einmal zu Börne's Begräbniß gewesen, das wird man Ihnen – Haupt des jungen Deutschlands! – sobald nicht vergeben«, schrieb ihm der Publizist Eugen v. Vaerst einen Tag später und artikulierte damit eine verbreitete Stimmung. Heine erkannte an solchen Äußerungen, was vorging und daß er nicht länger über Börne schweigen konnte. »Börne scheint wirklich jetzt von den Deutschen kanonisirt zu werden. Dieser ehrliche Mann ist dennoch mit Verläumdungen, die er der Welt über mich insinuirt hat, ins Grab gegangen. Es ist sehr wahrscheinlich, daß ich mein Stillschweigen über ihn breche«, kündigte er Detmold am 29. Juli 1837 an. Es vergingen aber noch volle drei Jahre, bis das Börne-Buch am 8. August 1840 erschien, Heine muß also genau über das Unternehmen nachgedacht haben, er pflegte ja stets die mögliche Rezeption seiner Werke sorgfältig zu bedenken und vorzubereiten – um so erstaunlicher, daß er die verheerende Kritik an diesem Buch nicht voraussah!

Heine schrieb es, um alle Beschuldigungen Börnes und seiner Anhänger gegen ihn zu entkräften, und zur eigenen Standortbestimmung; so entstand ein vielschichtiges Doppelporträt. Er schrieb keine Börne-Biographie, »sondern nur die Schilderung persönlicher Berührungen in Sturm und Noth, und eigentlich ein Bild dieser Sturm- und Nothzeit« (an Campe); darum sein Zorn auf den Verleger, der eigenmächtig den verengenden, zunächst nicht rückgängig zu machenden Titel »Heinrich Heine über Ludwig Börne« wählte – Heine wünschte »Ludwig Börne. Eine Denkschrift«, so steht es heute in den Werkausgaben. In der Konfrontation mit dem großen Gegner wollte Heine ein Bild der allerjüngsten Geschichte malen und, in Abgrenzung gegen Börne und die deutschen Jakobiner, eine eigene Zukunfts-Vision geben. Dieses Konzept, das im stolzen Bewußtsein entworfen wurde, den angeblich Progressiven weit voraus zu sein, rückt die Denkschrift in die Nähe der »Memoiren«, die ebenfalls Lebensgeschichte als Zeit- und Weltgeschichte sein sollten. Heine glaubte, ein gerechtes Bild von Börne zu geben: »Ich war nie Börnes Freund, und ich war auch nie sein Feind... Ich liefre hier weder eine Apologie noch eine Kritik des Mannes, womit sich diese Blätter beschäftigen. Ich zeichne nur sein Bild, mit genauer Angabe des Ortes und der Zeit, wo er mir saß.« Selbstverständlich gelang Heine kein objektives Bild; erneut aber gelang ihm mit einem Skandal-Buch ein künstlerisches Meisterwerk.

»Er war als Schriftsteller und Weltpsycholog nie mehr auf der Höhe, nie weiter voraus als in diesem Buch« – das Urteil Thomas Manns trifft den Nagel auf den Kopf. Die Denkschrift ist ungemein fein gesponnen, die Kunst der Mischung vollkommen, auch wenn Heine weniger rigoros springt, verfremdet und chiffriert als im »Buch Le Grand«. Die Denkschrift besteht aus fünf relativ kurzen Büchern. Heine baut Zitate und glänzend wiedergegebene Reden Börnes ein; er zitiert längere Passagen Börnes gegen Heine: das, so suggeriert er dem Publikum, kann er sich leisten, weil er dem Gegner überlegen ist. Er benutzt Rückblick und Vorschau, vermeidet aber, weil er Lebendigkeit und Vielschichtigkeit anstrebt, chronologische Darstellung. Er verwendet Aussagen anderer Zeitgenossen, Anekdoten, Porträts, Mythos, Traum, philosophischen Diskurs und immer wieder Selbstdarstellung. In der erfundenen Szene vom niederbrechenden Baumast, der Börne und ihn in den Tuilerien fast erschlagen hätte, schafft er ein Bild von starker Symbolkraft. Er gibt auf Laubes Rat, der vorschlug, es müsse noch »ein Berg« im Buch aufgerichtet werden, die Briefe aus Helgoland hinzu: so vertieft er, indem er seine Bibel-Lektüre darstellt, den religiösen Hintergrund des Buches, so schafft er mit der erwähnten Schilderung seiner Müdigkeit im öffentlichen Amt und dem jähen Freudenausbruch bei der Nachricht von der Revolution einen blitzenden Kontrast, pocht auf die eigene revolutionäre Vergangenheit gegenüber Leuten, die ihm eine solche Gesinnung absprechen, und zeigt, welche Schlüsse man aus der Tatsache ziehen muß, daß das Volk von Paris um die Früchte seines revolutionären Mutes gebracht worden ist.

Heine hat keineswegs ein bloß negatives Bild Börnes gegeben, das haben seine Gegner geflissentlich übersehen. Vor allem lobt er ihn als großen, ehrlichen und glaubwürdigen Patrioten: »Ja, dieser Börne war ein großer Patriot, vielleicht der größte, der aus Germanias stiefmütterlichen Brüsten das glühendste Leben und den bittersten Tod gesogen!... Wenn jesuitische Böswilligkeit seinen Patriotismus zu verdächtigen suchte, geriet er in einen vernichtenden Grimm... Börne war Patriot vom Wirbel bis zur Zehe und das Vaterland war seine ganze Liebe.« In der Vaterlandsliebe und im Leiden am Exil, das, als geistige und sprachliche Not im fremden Land, Heine schlimmer vorkommt als Haft im deutschen Kerker, waren sie einander sehr nahe; auch litten sie beide am großen Judenschmerz.

Heine würdigt auch die Persönlichkeit des Gegners und nennt ihn, ungeachtet mancher Einwände gegen seine Schreibart, einen guten Schriftsteller: »Er war... weder ein Genie noch ein Heros; er war kein Gott des Olymps. Er war ein Mensch, ein Bürger der Erde, er war ein guter Schriftsteller und ein großer Patriot.« Aber ein *Dichter* war er nicht. Heine kehrt Börnes Vorwürfe, daß *er* nur ein Artist, ein Ästhet, ein Form-Künstler sei, gegen ihren Urheber: Der Dichter ist dem Tagesschriftsteller unendlich überlegen, er folgt den Zielen einer höheren Politik, erkennt die Zeichen der Zeit, hört die Signale der Zukunft, hat, über den Tag hinaus, die Emanzipation der ganzen Gesellschaft und des ganzen Menschen im Auge. Schon 1827, wir hörten das, hatten Heine und Börne nur im Politischen übereingestimmt, Kunst, Religion und Natur blieben Börne, dem Nicht-Dichter, dessen nachweisbaren Einfluß auf seine eigene frühere Prosa Heine ignoriert, ganz verschlossen. Im Pariser Exil stimmten die zerstrittenen Dioskuren nicht einmal mehr politisch überein, weil beide aus dem Scheitern der Juli-Revolution, dem Sieg der Bourgeoisie und Louis Philippes ganz unterschiedliche Schlüsse zogen: Börne und die deutschen Republikaner (die kleinbürgerlichen Demokraten, wie marxistische Forscher sie nennen) strebten nun erst recht die deutsche Revolution und die deutsche Republik an, die die große Befreiung bringen sollte, in Heines Sicht aber nur mit öder, prosaischer und kunstfeindlicher Gleichmacherei enden konnte. Börne und seine Leute riskierten, um der deutschen Einheit willen, sogar das Bündnis mit den Deutschnationalen, das, wie Heine hellsichtig bemerkt, sofort nach der Revolution zerbrechen mußte. Börne versank in Tagespolitik, er sammelte einen Rattenkönig republikanischer, Tabak rauchender Handwerker um sich, deren Oberhaupt er war: »Er herrschte nicht mehr durch Agenten seines Willens, sondern in eigenem Namen, und es fehlte ihm nicht an einem Hofstaat von beschränkten und erhitzten Köpfen, die ihm mit blinder Verehrung huldigten. Unter diesen lieben Getreuen saß er in aller Majestät seines buntseidenen Schlafrocks und hielt Gericht über die Großen dieser Erde, und neben dem Zar aller Reußen war es wohl der Schreiber dieser Blätter, den sein rhadamantischer Zorn am stärksten traf.«

Börne in Paris hatte für Heine die größte Ähnlichkeit mit Robespierre: »Im Gesichte lauerndes Mißtrauen, im Herzen eine blutdürstige Sentimentalität, im Kopfe nüchterne Begriffe.« Börnes politische Borniertheit ließ ihn auch das Schicksal der niedergeworfenen Polen, das Heine genauso zu Herzen ging wie Börne, in falschem Lichte sehen: Beinahe hätten die Deutschen, mit Börnes Billigung, eine Revolution »aus Mitleid, aus Sentimentalität, aus Rührung, für unsere armen Gastfreunde, die Polen« angezettelt. Sie hätte scheitern müssen, das Scheitern hätte die Lage noch verschlimmert: »Eine Revolution ist ein Unglück, aber ein noch größeres Unglück ist eine verunglückte Revolution.« Die 1832 in Hambach Versammelten bewiesen Heine, als sie mit Mehrheit beschlossen, für die Ausrufung einer Revolution nicht kompetent zu sein, daß Deutschland nicht im geringsten mit einer Revolution schwanger ging und Börne in wahnhafter politischer Verblendung lebte – das Stichwort »Wahnsinn« fällt im Zusammenhang mit Börnes Aktivitäten und Reden mehrmals, Heine glaubt auch den *Autor* Börne und seine Sprache von krankhafter Verirrung befallen: »Der ehemalige Polizeiaktuar von Frankfurt am Main stürzte sich jetzt in einen Sanskülottismus des Gedankens und des Ausdrucks, wie man dergleichen in Deutschland noch nie erlebt hat. Himmel! welche entsetzliche Wortfügungen; welche hochverräterische Zeitwörter! Welche majestätsverbrecherische Akkusative! Welche Imperative! Welche polizeiwidrige Fragezeichen! Welche Metaphern, deren bloßer Schatten schon zu zwanzig Jahr Festungsstrafe berechtigte«, schreibt Heine über Börnes »Briefe aus Paris« und will mit der Kritik an Börnes Verbal-Radikalismus auch die *Einstellung* seines Gegners treffen: Sie ist historisch überholt, jakobinisch-rückständig *und* gegenwartspolitisch sinnlos; zwanzig Jahre Festung für einen solchen Radikalismus zerbrächen nur das Opfer und befreiten niemanden vom Joch der Unterdrükkung.

Heine fragt auch nach den Motiven von Börnes irritierendem Verhalten; er findet sie in den deutschen politischen Verhältnissen und im Psychologischen: »Wer löst uns das Rätsel dieses Mannes, der in weichlichster Seide erzogen worden, späterhin in stolzen Anflügen seine innere Vornehmheit bekundete, und gegen das Ende seiner Tage plötzlich überschnappte in pöbelhafte Töne und in die banalen Manieren eines Demagogen der untersten Stufe? Stachelten ihn etwa die Nöte des Vaterlandes bis zum entsetzlichsten Grade des Zorns, oder ergriff ihn der schauerliche Schmerz eines verlorenen Lebens? ... Ja, das war es vielleicht; er sah, wie er dieses ganze Leben hindurch mit all seinem Geiste und all seiner Mäßigung nichts ausgerichtet hatte, weder für sich, noch für andere, und er verhüllte sein Haupt, oder, um bürgerlich zu reden, er zog die Mütze über die Ohren und wollte fürder weder sehen, noch hören, und stürzte sich in den heulenden Abgrund.« Man kann diese Deutung ungerecht nennen oder aristokratisch-hochmütig (was sie wohl nicht ist: Heine malt sich in den folgenden Sätzen aus, daß er einst unter denselben Umständen, mit müdem Leib und verdrießlicher Seele ebenso im heulenden Abgrund enden könnte wie Börne); man *muß* dieses Sich-Verfehlen zweier großer deutscher Intellektueller ebenso tragisch nennen wie den Streit zwischen Heine und Platen – es steht aber außer Zweifel, daß Heine Börnes Haltung auch sub specie revolutionis für verfehlt, daß er ihn für einen kleinen, wenn nicht für einen Pseudorevolutionär hält.

Darum stellt er ihm eine andere, universale Vorstellung von Revolution entgegen, die eine sehr handfeste ökonomisch-politische und eine beinahe religiöse Seite hat. Einerseits zeigt er nämlich den Börne verhaßten James Rothschild als »einen der größten Revolutionäre, welche die moderne Demokratie begründeten«, und stellt ihn in eine Reihe mit Richelieu und Robespierre: »Richelieu, Robespierre und Rothschild sind die drei furchtbarsten Nivelleurs Europas«, denn Richelieu zwang den vorher souveränen Feudaladel unter königliche Willkür, Robespierre schlug ihm den Kopf ab, Rothschild aber zerstörte die Oberherrschaft des Bodens, der in den Händen des Adels geblieben war, durch die Herrschaft des Staatspapiersystems und damit des Geldes. Er stiftete zwar eine neue Geldaristokratie, doch diese könne, meint Heine, da sie »auf dem unzuverlässigsten Elemente«, eben auf dem Gelde beruhe, »nimmermehr so nachhaltig mißwirken, wie die ehemalige Aristokratie, die im Boden, in der Erde selber, wurzelte«. Heine bringt das, was er als Eigenart der Hochfinanz vorführt, im Börne-Buch leider nicht mit der industriellen Revolution selbst, mit dem industriekapitalistischen Wirtschaftssystem und den von ihm bewirkten globalen Umwälzungen in Verbindung, er zeigt seinen Gegnern aber, daß auch auf der Ebene der politischen Realität ganz andere Revolutionen im Gange sind als die Errichtung der Republik.

Im übrigen ist ihm die andere, die religiöse Komponente seiner Revolutionsvorstellung wichtiger. Erneut teilt er, um sie zu veranschaulichen, die Menschen in zwei Grundtypen ein: in Nazarener, worunter er weiterhin unterschiedslos Christen und Juden versteht, »Menschen mit ascetischen, bildfeindlichen, vergeistigungssüchtigen Trieben«, und Hellenen, »Menschen von lebensheiterem, entfaltungsstolzem und realistischem Wesen«. Börne war ganz Nazarener; daher sein republikanisch-enger Moralismus, daher sein Haß auf Goethe, den Heine jetzt als Muster des Hellenen, als eine Art Gott-Menschen begreift – wieder erscheint die große, revolutionäre Idee vom künftigen vergöttlichten Menschen, Heine wagt nicht vorherzusagen, ob und wann *diese* Revolution eintreten wird, stellt sich aber vor, daß durch sie der jahrtausendealte Gegensatz von Nazarener und Hellenen, Spiritualismus und Sensualismus *aufgehoben* werden könnte. Er bindet diese Aussöhnung, diese postrevolutionäre Harmonie ebenfalls an ein großes Beispiel, an Shakespeare nämlich, der zugleich »Jude« und Grieche sei, in dem sich Kunst und Spiritualismus »versöhnungsvoll durchdrungen, und zu einem höheren Ganzen entfaltet« haben. Diese Aussöhnung der Gegensätze deutet er mit dem Blick auf das Johannes-Evangelium, Kapitel 16, vorsichtig tastend als »neue Offenbarung«, als eine Revolution, die nicht nur eine neue Gesellschaft, sondern einen neuen Menschen schafft: »Ist vielleicht solche harmonische Vermischung der beiden Elemente die Aufgabe der ganzen europäischen Zivilisation?«

Diese Frage zeigt Heine auf der Höhe seiner revolutionären Vision. Ob er vergessen, übersehen oder nicht gewußt hat, daß Börne 1823, in seinem Aufsatz »Altes Wissen, neues Leben«, eine ähnliche, und zwar messianische Vision der Versöhnung von Christen- und Heidentum hatte, in der bereits die Vorstellung vom dritten Testament erscheint? Börne schrieb da: »Der uns erlöst, den haben wir gebunden, und so harren wir des neuen Messias, der den Erlöser erlöse; auf den Vater warten wir, der den Sohn mit dem Heiligen Geist versöhne. Kommt diese Zeit des dritten Testaments, dann wird der glückliche Mensch wie die Bäume des Südens zugleich Blüten und Früchte tragen, den Frühling mit dem Herbste verbinden, zugleich Christ und Heide sein – und dann wird der Himmel sein überall, wo ein klares Auge ist, ihn zu erkennen.« Heine hat diesen Aufsatz vielleicht nicht gekannt, zumal diese der seinen *ähnelnde,* nicht *gleichende* Vision im späteren Werk Börnes wohl keine Schlüsselrolle spielte. Sie erinnert uns aber daran, daß im Heine-Börne-Streit, wie schon im Platen-Heine-Streit, zwei Gegner kämpften, die mehr Gemeinsamkeiten hatten, als sie sich eingestehen wollten.

Heine hat die Börne-Denkschrift als Parteischrift verstanden. Hans Kaufmann hat mit Recht darauf verwiesen, daß es die Partei, der sie galt, die Partei der weiter als Börne und seine Anhänger Blickenden, nicht gab – Heine stand allein. Da er auch immer kränker wurde, der Gott-Mensch aber gesund sein sollte, verwundert es nicht, daß er schon im Börne-Buch selbst zu zweifeln begann, ob seine strahlende Vision je Wirklichkeit werden könne: »Wir sind noch sehr weit entfernt von einem solchen Resultate«, schreibt er direkt hinter der zitierten vorsichtigen Frage; seine Zweifel verstärken sich besonders in einigen metaphorischen und traumhaften Passagen. Am Ende des ersten Buches benutzt er eine Schiffs-Metapher noch im hoffnungsvollen Sinne, als er schildert, wie er beim Abschied 1827 Börnes ausgestreckte Hand nicht faßte: »Ich durfte sie nicht erfassen, ich durfte die kostbare Ladung, die heiligen Schätze, die mir vertraut, nicht dem sicheren Verderben preisgeben... Ich trug an Bord meines Schiffes die Götter der Zukunft.« Schon im Helgoland-Teil, dem zweiten Buch, kommt die Vorstellung des Scheiterns auf, erscheint sein Kampf – vorübergehend, denn die Fanfare der Revolution wird ihn wieder hochreißen! – ganz sinnlos: »Ist doch alle dieses Quälen und Abmühen nutzlos, und obgleich ich mich marterte für das allgemeine Heil, so wird doch dieses wenig dadurch gefördert. Die Welt bleibt, nicht im starren Stillstand, aber im erfolglosesten Kreislauf.« Im fünften Buch gibt es den grandiosen und makabren Doppeltraum Heines vom Sitzen auf einem Eckstein in der Rue Laffitte und von der Schiffsfahrt über Land; beide Träume drücken seine düsteren Ahnungen aus. Die Menschen gehen am Eckstein vorüber: »Die vorübergehenden Menschen sind... nur glänzender Kot: Stockjobbers, Spieler, wohlfeile Skribenten, Falschmünzer des Gedankens, noch wohlfeilere Dirnen, die freilich nur mit dem Leibe zu lügen brauchen, satte Faulbäuche, die im Café de Paris gefüttert worden und jetzt nach der Académie de Musique hinstürzen, nach der Kathedrale des Lasters, wo Fanny Elßler tanzt und lächelt.« Das sind keine Menschen, die Götter werden können, und der Träumer verzagt: »Mürrisch und müßig sitze ich in der Rue Laffitte und harre des Kampfes, und unterdessen welken die Blumen auf meinem Haupte, und auch meine Haare färben sich weiß, und mein Herz erkrankt mir in der Brust.« Im anschließenden Textstück vereinigt Heine Traum und Schiffsmetapher zu einem Bild der Vergeblichkeit und des Scheiterns: Er reist im Schiff durch Europa, muß aber die größere Strecke zu Land bewältigen und sein Schiff mühsam über weite Ebenen, Waldstege, Moorgründe und sehr hohe Berge fortschleppen, der Besitz eines Schiffes hat also gar keinen Sinn: »Am Ende kommt es auf eins heraus, wie wir die große Reise gemacht haben, ob zu Fuß, oder zu Pferde, oder zu Schiff... Wir gelangen am Ende alle in dieselbe Herberge in dieselbe schlechte Schenke, wo man die Tür mit einer Schaufel aufmacht, wo die Stube so eng, so kalt, so dunkel, wo man aber gut schläft, fast gar zu gut...« Immer stärker werden im letzten Buch die Zweifel, daß die von ihm beschworene menschengöttliche Zukunft eintreten wird – so groß das inzwischen geschaffene Werk auch ist, so groß ist auch die Müdigkeit des Geistes; obendrein fürchtet Heine, daß die öde Werkeltagsgesinnung der modernen Puritaner, also der Republikaner mit ihrem Gleichheitswahn, sich über ganz Europa ausbreite »wie eine graue Dämmerung, die einer starren Winterzeit vorausgeht« – da singen die Nachtigallen der Poesie ein wehmütiges Ade, die letzten vom Christentum verschonten Nymphen flüchten ins wildeste Dickicht, er hat sie im Traum gesehen, die Nymphen, die Schönheit, Kunst und Menschengöttlichkeit verkörpern, ihre nackten Leiber waren immer noch schön, doch abgemagert, sie konnten nicht mehr tanzen, sie froren, eine von ihnen suchte er mit seinen Lippen zu wärmen, aber sie sprach nicht sehr klar von kommenden schlimmeren Zeiten. »Und meine schönen Waldfrauen wurden sichtbar noch blasser und magerer, bis sie endlich ganz in Nebel zerflossen, und ich selber gähnend erwachte.« Mit diesem traurigen, ernüchternden Satz endet die Börne-Denkschrift.

Leider brachte es Heine nicht über sich, auf den persönlichen, den intimen Angriff gegen Börne zu verzichten; zu tief saß die Kränkung durch den Gegner und seine Trabanten, zu tief vor allem der Vorwurf, kein Charakter, nur ein Talent zu sein, zu hart war der selbstauferlegte Zwang gewesen, jahrelang zu den Angriffen zu schweigen. Heine griff also die Dreiecksbeziehung an, in der Börne mit Jeanette Wohl und ihrem Ehemann Salomon Strauß gelebt hatte. Er reagierte auf dieses Verhältnis wie auf Platens Päderastie: Es widerte ihn an. Er zweifelte nicht an der innigsten Zuneigung zwischen Jeanette und Börne, sah aber in Börnes Dreier-Haushalt »eine Immoralität, die mich anwiderte... Die Welt achtet und ehrt jede Leidenschaft, sobald sie sich als eine wahre erprobt, und die Zeit erzeugt auch in diesem Falle eine gewisse Legitimität... Aber Madame Wohl tat sich mit Börne zusammen unter dem Deckmantel der Ehe mit einem lächerlichen Dritten, dessen bitteres Fleisch ihr vielleicht manchmal mundete, während ihr Geist sich weidete am süßesten Geiste Börnes... Selbst in diesem anständigsten Falle, selbst im Fall dem idealischen Freunde nur das reine, schöne Gemüt und dem rohen Gatten die nicht sehr schöne und nicht sehr reinliche Hülle gewidmet ward, beruhte der ganze Haushalt auf der schmutzigsten Lüge, auf entweihter Ehe und Heuchelei, auf Immoralität.« Solche Urteile bewirkten *nichts* als die Wut der Betroffenen. Fünf Jahre später widerrief Heine in einem Brief an seinen Arzt Dr. Wertheim alle Verleumdungen gegen die Frau, deren Verhältnis zu Börne sich, wie Ludwig Marcuse in seiner Börne-Biographie schreibt, den klaren Kategorien von Ehe, Verhältnis und Freundschaft entzieht. Das ist richtig, und Heines biedermeierliche Attacke gegen sie, die offenbar erst nachträglich noch zur Provokation ins Manuskript gesetzt wurde, ist eine der unerfreulichsten Äußerungen, die er machte; gestrichen hat er sie trotz des Widerrufs nicht.

Der öffentliche Aufschrei gegen die Börne-Denkschrift ließ eine gerechte Würdigung des Buches, vor allem seines außerordentlichen künstlerischen Ranges, nicht zu. Laube, der 1839 in Paris offenbar Einblick in das entstehende Manuskript hatte, warnte Heine vor schlimmen Reaktionen – und blitzte ab: »Wenn ich ihm die gefährlichsten Stellen des Buches vorlas und die Gefahr derselben auseinandersetzte, so lächelte er, hörte offenbar bloß mit halbem Ohre zu und sagte endlich bloß: ›Aber ist's nicht schön ausgedrückt?‹« Da blieb dem Warner nur Resignation, Heines Gegner aber resignierten nicht, sie schlugen zu. Stellvertretend für sie stehe hier Gutzkows Reaktion, der besonders erbittert sein mußte, denn Campe hatte das Manuskript *seiner* andächtigen Börne-Biographie zurückgehalten, bis Heines Denkschrift erschien. Gutzkow schrieb: Heine habe kein Recht zum Spott auf die süddeutsche politische Bewegung, die Handwerkerassoziationen, nur weil er früher seine Schriften mit den grellsten revolutionären Farben überpinselt habe; er sei ein Herz ohne Gefühl, ein Charakter ohne Stetigkeit, sein Streben habe keine Gesinnung (das sind wieder die gewohnten Klischees), er sei tief im Irdischen, Materiellen, in der Blasiertheit des Jahrhunderts verkommen, er sei weniger Poet als politischer Dilettant (der Haß schafft die ärgsten Fehlurteile!), Heine habe nie aus dem kleinlichsten Egoismus heraustreten können, habe nie für die ganze Menschheit empfunden (dies einem der großen Vorkämpfer des Kosmopolitismus!), er habe das meisterhafte Talent, über alle Lächerlichkeiten der Menschen nachzugrübeln und Witze zu machen, das Börne-Buch zeige ihn in einer völligen moralischen Auflösung (auch hier vermag der Kritiker nur verblendet zu urteilen), Heine schwimme im Meer der Lüge und werde sich allmählich ganz verdunsten in das goldene Nichts der Eitelkeit (Haß ist auch ein schlechter Prophet). Heine antwortete klugerweise nicht; er gab Gutzkow allerdings die Verantwortung für den Mißerfolg der Denkschrift und sprach in den nächsten Jahren von ihm wie von einem Hauptfeind.

Er schwieg auch, als Jeanette Wohl Briefe unter dem Titel

»Ludwig Börne über Heinrich Heine« herausgab – eigentlich eine unkluge Handlung, denn jeder nüchterne Betrachter hätte erkennen können, daß Börne schon sehr früh sehr übel über Heine geurteilt hat, nur gab es in dieser Sache kaum nüchterne Betrachter. Heine handelte erst, als Salomon Strauß auftrat: Am 14. Juli 1841 griff Strauß ihn an der Ecke Rue St. Marc/Rue Richelieu verbal an. Heine nahm den stotternden Menschen nicht ernst, gab ihm wohl seine Karte und reiste unbesorgt ins Pyrenäenbad Cauterets. Dort alarmierten ihn von Strauß lancierte deutsche Presseberichte, die meldeten, Strauß habe ihn *geohrfeigt;* dafür fanden sich sogar drei deutsche Augenzeugen, der Journalist Eduard Kolloff, der Publizist Anton Hamberg und der Jurist, Arzt und Politiker Theodor Schuster. Die Herren waren Lügner und mußten ihre Zeugenschaft bald widerrufen; da aber die Zeitungen keine Ruhe gaben, brach Heine die Kur ab und kehrte nach Paris zurück: Seine Ehre stand auf dem Spiel. Er beharrte in Briefen und öffentlichen Erklärungen von Anfang an darauf, daß Strauß lüge; Richard Wagner unterstützte ihn schon am 6. Juli durch einen Korrespondenzbericht in der Dresdner »Abendzeitung«. Strauß besaß die Dreistigkeit, auch Heine gegenüber zu behaupten, daß er ihn geohrfeigt habe. Der Dichter forderte den Beleidiger auf Pistolen. Strauß versuchte der Forderung zunächst auszuweichen; er schlug auch vor, das Duell mit Säbeln auszutragen; Heine, als der Beleidigte, bestand auf Pistolen und zwanzig Schritten Distanz. Nach längeren Verhandlungen der Sekundanten fand das Duell am 7. September 7 Uhr morgens bei Saint-Germain statt. Heine schrieb darüber zwei Tage später an Campe: Strauß »zeigte mehr Muth, als ich ihm zutraute, und der Zufall begünstigte ihn über alle Maaßen. Seine Kugel streifte meine Hüfte, die in diesem Augenblick noch sehr angeschwollen und kohlenschwarz; ich muß noch zu Bette liegen und werde sobald nicht gut gehen können.« Schon eine Woche vorher hatte Heine für Mathildes Zukunft gesorgt: Am 31. August heiratete er sie in der Kirche St. Sulpice nach katholischem Ritus, am 1. September folgte die Ziviltrauung in der Préfecture du Département de la Seine. An Charlotte Embden schrieb er darüber am 13. September:

»Den 31 August heurathete ich Mathilde Crescentia Mirat, eine hübsche junge Person mit der ich mich schon länger als sechs Jahre tagtäglich zanke. Sie ist jedoch vom edelsten und reinsten Herzen, gut wie ein Engel, und ihre Aufführung war während den vielen Jahren unseres Zusammenlebens so untadelhaft, daß sie von allen Freunden und Bekannten als ein Muster der Sittsamkeit gerühmt wurde.« Giacomo Meyerbeer, der Mathilde längst akzeptiert hatte, schrieb dem Dichter zur Heirat: »Sie der Sie Göthe schon so ähnlich durch Ihren Genius sind, gleichen ihm nun auch durch die Art der Heirath.« Mathilde nannte er im gleichen Brief »l'aimable Madame Heine«, und der Brief trägt das Datum vom 28. August, dem Geburtstag Goethes: ob Meyerbeer das gewußt hat? Auch Onkel Salomon wünschte dem Paar Glück und erhöhte die Jahresrente von 4000 auf 4800 Francs.

Merkwürdig genug, daß Heine zur gleichen Zeit, da er im Börne-Buch einen die Tagespolitik weit übersteigenden utopischen Entwurf wagte, auf einer anderen, der publizistischen Ebene zur Tagespolitik zurückkehrte! Am 25. Februar 1840 nahm er nämlich seine Frankreich-Berichterstattung für die »Allgemeine Zeitung« wieder auf und schrieb jene umfangreichen Artikel, die er 1854 nach einer gewissen Überarbeitung unter dem Titel »Lutetia. Berichte über Politik, Kunst und Volksleben« gesammelt herausgab. Heine befindet sich mit diesen Artikeln auf dem Höhepunkt seiner journalistischen Tätigkeit; er ist jetzt in ganz Europa bekannt, und obwohl seine Berichte anonym, nur mit einem Zeichen, zum Beispiel mit einer Art Davidstern, erscheinen, hat offensichtlich jeder gewußt, wer da schreibt. In einer politisch gespannten, besonders für die Unterklassen sozial und wirtschaftlich schwierigen Zeit präsentiert Heine die Auseinandersetzung zwischen Louis Philippe, der in seinen Augen immer noch ein europäischer Friedenskönig werden könnte, und der Deputiertenkammer, wobei er die Republikaner kritisch sieht; den Unfalltod des Thronfolgers, des Herzogs von Orléans, stellt er fast sentimental dar. Er porträtiert führende Politiker, vor allem die politischen Gegner Thiers und Guizot; er analysiert das reichlich korrupte französische Pressewesen, die Rolle der katholischen Kirche, die Verhältnisse an der Universität, wobei er auch auf Mignet, Michelet und Quinet zu sprechen kommt; er diskutiert die Frauenfrage und die Gefängnisreform, wobei er, wie schon früher, entschieden für einen humanen Strafvollzug eintritt. Heine berichtet kritisch über die Heimführung von Napoleons sterblichen Überresten in den Invalidendom und über die Landung von Louis Bonaparte in der Bretagne, eine Art Staatsstreich, der mißlang. Heine berichtet ausführlich über Literatur (sehr freundlich über George Sand, nahezu hämisch über Victor Hugo), über Musik, Theater, Oper und Gesellschaftsleben. In der Außenpolitik erregt ihn das Martyrium der Damaszener Juden, gegen die im Frühjahr 1840 unter dem Vorwand, sie hätten einen Kapuziner ermordet, in Aleppo ein Pogrom inszeniert wurde. Heine befürchtet den Ausbruch eines Krieges zwischen Frankreich und England und kommentiert die Erneuerung der Pariser Stadtbefestigung, die er als »das wichtigste Ereignis unserer Zeit« seltsam überschätzt. Erneut zeigt der Berichterstatter seinen deutschen Lesern charakteristische Wesenszüge der Franzosen und vergleicht sie mit solchen der Deutschen, aber auch der Engländer, die wiederum scharfe Seitenhiebe bekommen (der Versuchung, Volkscharakteristiken zu zeichnen, kann Heine nie ganz widerstehen): er fordert die Deutschen erneut zur Allianz mit Frankreich auf. Eingehend befaßt sich Heine mit dem expandierenden französischen Kapitalismus und der siegreichen Bourgeoisie, die er ätzend scharf kritisiert, mit Geld- und Fabrikwesen, Börse, Banken und Bankiers, James de Rothschild wird nochmals ausgiebig porträtiert. Und schließlich entdeckt Heine mit prophetischem Blick, doch mit äußerst gemischten Gefühlen, das Proletariat als Klasse der Zukunft, die sich formierende Arbeiterbewegung und den Kommunismus – davon wird noch ausführlich die Rede sein.

Heine schrieb seine Frankreich-Berichte bis zum Frühsommer 1843 regelmäßig, bis 1847 nur noch sporadisch. Die »Lutetia«-Texte bezeugen seine neu erwachte Produktivität. Ihre Publikationsgeschichte zeigt Heines pausenlosen Kampf mit der Doppelzensur von Redaktion und Behörden; er empfand die Schere, die Redakteur Kolb mit seiner hartnäkkigen Entpolitisierungstendenz führte, schlimmer als die staatliche. Dennoch gestattete er Kolb, von sich aus Streichungen vorzunehmen, Kolbs Verlangen, möglichst nur Kulturberichte zu schreiben, gab er jedoch nur gelegentlich und widerwillig nach. Schließlich mußte er wie schon 1832 die politische Berichterstattung aufgeben – Kolb und Cottas anderen Untergebenen werden sich gewiß die Haare gesträubt haben, als sie Heines besorgte, doch auch radikal offene, mit Vorhersagen vom Untergang der Bourgeoisie versetzten Kommunismus-Artikel lasen.

Die Politik, auch die Tagespolitik, holte Heine auf der Ebene der Poesie ebenfalls ein. In einer politisch brisanten Lage – die Behauptung, die Franzosen bedrohten den Rhein, löste 1840 die »Rheinkrise« und eine patriotische Welle in Deutschland aus; Friedrich Wilhelm IV. bestieg im Juni 1840 den preußischen Thron, löste am 5. August die Demagogenkommission auf, erließ am 10. August eine allgemeine Amnestie für politische Vergehen, lockerte am 24. Dezember die Zensurbestimmungen, gab sich also liberal und weckte gewisse Hoffnungen – trat eine Reihe junger deutscher Autoren mit politischen Tendenzgedichten an die Öffentlichkeit; sie gingen unter dem Namen »Vormärz« in die Literaturgeschichte ein und hatten teil an der ideologischen Vorbereitung der 1848er Revolution. Sie bildeten so wenig eine einheitliche Gruppe wie das »Junge Deutschland«, das sie sehr heftig befehdeten; es gab harte Attacken der Vormärzler untereinander, die Spannweite der politischen Meinungen reichte von patriotisch-nationalistischen Positionen (Niklas Beckers »Rheinlied« und ähnliche Gesänge) bis zu frühsozialistischen Einstellungen. Gewisse Grundpositionen dieser zeitweilig sehr populären Tagespoesie (Campe verkaufte Hoffmann von Fallerslebens »Unpolitische Lieder« oder Dingelstedts »Lieder eines kosmopolitischen Nachtwächters« viel besser als Heines Bücher) lassen sich ausmachen. Die Vormärz-Autoren schrieben vor allem Lyrik, für eine kürzere Phase war die Prosa nicht mehr die einzige moderne Kunstform. Fast alle Vormärz-Dichter kämpften für die nationale Einheit und gegen die deutsche Kleinstaaterei, zum Unwillen der Herrschenden: So bekam ein Autor wie Hoffmann von Fallersleben, der am 21. August 1841 im helgoländischen Exil das berühmte, später oft mißbrauchte »Lied der Deutschen« schrieb, ebenso politische Schwierigkeiten wie »linke« Poeten und vor ihm die Nationalisten Arndt und Jahn. Sobald sich die Hoffnungen auf den christlich-romantischen Schwärmer Friedrich Wilhelm IV. zerschlagen hatten, Zeitungen verboten, Menschen verhaftet und ins Exil getrieben wurden, der Vormärz-Dichter Georg Herwegh vom König zwar empfangen, kurz darauf aber von Gendarmen über die preußische Grenze abgeschoben wurde, richteten sich die Angriffe der Vormärz-Dichter auch gegen den Monarchen. Fürsten, Junker, Untertanen mit der Symbol-Figur des deutschen Michels waren andere Angriffsziele dieser Autoren. Auch Heine wird diese Themen aufgreifen. Die katholische Kirche, die Jesuiten, die Hengstenbergsche »Kirchenzeitung« in Berlin wurden ebenfalls scharf angegriffen – Heine hatte das teilweise schon in den späten zwanziger Jahren getan. Der bemerkenswerte Mut der jungen Autoren hatte zur Folge, daß sie Deutschland verlassen mußten; Hoffmann von Fallersleben, der seine Professur in Breslau verlor, Ferdinand Freiligrath, Herwegh, Dingelstedt (und auch die gleichzeitig auftretenden Jung- und Linkshegelianer, die Hegels Theorie in revolutionäre Praxis umsetzen wollten, Marx, Engels, Arnold Ruge, Moses Heß) waren alle wenigstens zeitweilig im Exil, einige von ihnen wurden von Ort zu Ort, Land zu Land, Ausweisung zu Ausweisung gehetzt.

Wenn wir noch hinzudenken, daß die Vormärz-Dichter auch die soziale Frage aufwarfen, daß Dichter wie Freiligrath oder Georg Weerth bedeutende sozialkritische Gedichte schrieben, daß die Gesinnungsdichter des Vormärz stets unbedingte Parteinahme forderten, daß sie Propaganda, Agitation, gereimte Leitartikel nicht scheuten, die künstlerische Form oft zugunsten der Tendenz gering achteten oder vernachlässigten, daß sie, ständig Partei nehmend, zum Dogmatismus, zur Phrasendrescherei, zum leeren Pathos, zum Fanatismus neigten – so wird leicht begreiflich, daß Heine sich durch diese neue Poesie auf doppelte Weise herausgefordert fühlte. Einerseits weckte sie seinen Ehrgeiz, sich durch eigene Zeit-Gedichte an ihre Spitze zu setzen; in Gesprächen mit Georg Herwegh, dem Verfasser des sehr erfolgreichen Bandes »Lieder eines Lebendigen«, und mit Franz Dingelstedt, dem Heine nach seiner Ankunft in Paris das Gedicht »Nachtwächter mit langen Fortschrittsbeinen« widmete, diskutierte er 1841/42 die theoretischen und praktischen Fragen des neuen politischen Gedichts. Und Heine *lernte* auch von den Jüngeren. Seine politisch-satirischen Gedichte entstanden erst nach der Begegnung mit ihnen, übertreffen die ihrigen freilich sofort an künstlerischer Qualität. Andererseits stellte Heine sich selbstverständlich gegen die Tendenz als Selbstzweck und Eigenwert, beharrte auf dem dichterischen Rang auch des tagespolitisch inspirierten Gedichts und verspottete künstlerisch minderrangige Tendenz-Poeten und ihre mittelmäßigen, ja schlechten Produkte: »Die Gedichte von Hoffmann v. Fallersleben«, schrieb er sarkastisch an deren Verleger Campe, »... sind spottschlecht, und vom ästhetischen Standpunkte aus hatte die preußische Regierung ganz recht darüber ungehalten zu seyn: schlechte Späßchen um Philister zu amüsieren bey Bier und Taback.« Mit *öffentlichen* Angriffen dieser Art hielt Heine aber zunächst zurück: Er wollte den ohnehin befehdeten Autoren nicht in den Rücken fallen. Jedenfalls trat er aber auch auf der poetischen Ebene in die aktuelle Politik ein, und zwar zunehmend radikal. Er schrieb in den frühen 40er Jahren eine Reihe von »Zeitgedichten«, die in den Sammelband »Neue Gedichte« (1844) eingingen und dort näher besprochen werden sollen, zumal sie teilweise erst nach Heines Deutschland-Reise vom Spätherbst 1843, in der Phase des engen Kontakts mit Marx und dem sozialistischen »Vorwärts!« entstanden sind.

Schon vorher, im Januar 1843, veröffentlichte Heine aber in der wieder von Laube redigierten Leipziger »Zeitung für die elegante Welt« das satirische Versepos »Atta Troll«, das *auch* eine poetisch-metaphorische Auseinandersetzung mit der flachen, talentlosen Tendenz-Lyrik darstellt. Heine mußte dabei dem von Laube artikulierten prüden und antifranzösischen Biedermeier-Geschmack einige Zugeständnisse machen; Laube war beispielsweise entsetzt über das für den Tanz der Bärin Mumma verwendete Verb »cancanieren«, das beim Publikum nur größtes Ärgernis machen könne; Heine selbst hat das humoristische Tierepos für die Buchfassung von 1847 verändert, erweitert und mit einem programmatischen Vorwort versehen. »Atta Troll« besteht in der heutigen Fassung aus 27 Capita und drei großen Einheiten. Im ersten Teil flieht der Tanzbär Atta Troll, der mit seiner geliebten Gattin, der schwarzen Mumma, in der Hand eines Bärenführers ist, aus Cauterets in die wilde Pyrenäenheimat zu seinen Kindern, denen er in langen Reden seine politischen Ansichten vorträgt. Der zweite Teil schildert aus der Sicht eines halb fiktiven, halb autobiographischen Ich-Erzählers, der mit »Juliette« in Cauterets weilt, die Vorbereitungen zur Bärenjagd durch den lebend-toten oder tot-lebendigen, mysteriösen Jäger Laskaro und seine Hexen-Mutter Ukara; dieses Mittelstück enthält etliche Exkurse, zum Beispiel Träume und einen nächtlichen Geisterzug, in dem die Fee Abunde, Diana, Herodias, die Töterin des Täufers Johannes, aber auch Zeitgenossen Heines sowie Goethe und Shakespeare mitziehen – nicht von ungefähr ist der Untertitel des Epos ja »Ein Sommernachtstraum«. Der dritte Teil zeigt Atta Trolls Abschuß durch Laskaro und die Untreue der Gattin Mumma, die im Jardin des Plantes von Paris einen schneeweißen sibirischen Bären liebt; Atta Trolls Fell wird für 100 Francs verkauft und liegt nun vor Juliettes Bett.

Versepen waren zur damaligen Zeit nicht unumstritten, doch immer noch häufig und beliebt. Heine wählte also eine geläufige Form, mit der er 1830 bei Durchsicht von Immermanns »Tulifäntchen« Erfahrungen gemacht hatte. So gelang es ihm, anders als in der Prosa, zumindest eine geschlossene Handlung zu schaffen. Der Mittelteil wirkt freilich durch die versetzbaren Exkurse und die Abschweifungen so disparat-fragmentarisch wie vieles in Heines Prosa, der Dichter selbst spricht im Vorwort von der unfertigen Gestalt des Werkes. »Atta Troll« bildet selbstverständlich nicht Wirklichkeit ab, sondern verzerrt sie: »Es gibt Spiegel, welche so verschoben geschliffen sind, daß selbst ein Apollo sich darin als eine Karikatur abspiegeln muß und uns zum Lachen reizt. Wir lachen aber alsdann nur über das Zerrbild, nicht über den Gott.« Auch »Atta Troll« ist überzogen von einem Netzwerk aus Anspielungen, offenen und versteckten Zitaten, Verspottungen zeitgenössischer Autoren (auch Freiligraths berühmter Mohrenfürst kommt vor), literarischen Transformationen – »Atta Troll« wird mit den verschiedensten Arten von Epen und Tierdichtungen verknüpft, die ja eine jahrtausendealte Tradition haben; auf das Vorbild von Herders »Cid«, aus dem Ukara stammt, hat Heine selbst hingewiesen; ganz sicher kannte er das ab November 1840 in Fortsetzungen erscheinende Sammelwerk »Vie privée et publique des animaux«, an dem George Sand, Musset, Balzac mitwirkten. Heine hat Tanz, Traum und Alptraum, Späße, Lachen und Gelächter, Wortspiel, Witzstil, Parodie, Persiflage, Arabeske, Trauer und Klage, sanften Humor und Rührseligkeit vermischt, die Mischung der Tonarten, Stilformen und rhetorischen Figuren wird nun in der Versdichtung erprobt und mit unnachahmlich-kunstvoller Leichtigkeit gemeistert – man muß dieses lange Gedicht eigentlich langsam vorlesen, um alle Reize: metrische Finessen, Hebungsprall, Tonversetzung, rhythmische Sprünge, raffinierte Kadenzen, Pausen, Alliterationen, Assonanzen und Oxymora auf der Lese-Zunge zu schmecken, die Heine dem vierhebigen reimlosen Trochäus abgewinnt. So wie sich in der Metrik noch einmal die Schlegelsche Schulung auszahlt, so hebt Heine schon fast versunkenes, romantisches Erbe, auch Schauer- und Schwarz-Romantisches ans Licht, besonders in den Naturschilderungen, in den Träumen und den Szenen bei Ukara. Das ist ein Rück*griff,* aber kein Rück*schritt,* denn sobald Heine wieder Verse schreibt, belebt er die romantischen Elemente seiner frühen Dichtung und macht sie für die neue Poesie fruchtbar. »Ich schrieb dasselbe«, heißt es im Vorwort zum Epos vom Tanzbären, »zu meiner eignen Lust und Freude, in der grillenhaften Traumweise jener romantischen Schule, wo ich meine angenehmsten Jugendjahre verlebt, und zuletzt den Schulmeister geprügelt habe.« Der »romantique défroqué« Heinrich Heine wird dieser Schule nie für immer entlaufen, darum verweist er auch ausdrücklich auf den romantischen Charakter des »Atta Troll«:

> Ach, es ist vielleicht das letzte
> Freie Waldlied der Romantik!

Im Vorwort von 1847 stellt Heine, und zwar gezielt einseitig, seine Schreibabsicht dar: Das Tierepos ist gegen »die sogenannte politische Dichtkunst« gerichtet, die Anfang der vierziger Jahre blühte, gegen das vage, unfruchtbare Pathos, gegen den nutzlosen »Enthusiasmusdunst, der sich mit Todesverachtung in einen Ozean von Allgemeinheiten stürzte«. Gegen dieses Verderben »galt es die unveräußerlichen Rechte des Geistes zu vertreten, zumal in der Poesie. Wie eine solche Vertretung das große Geschäft meines Leben war, so habe ich sie am allerwenigsten im vorliegenden Gedicht außer Augen gelassen, und sowohl Tonart als Stoff desselben war ein Protest gegen die Plebiscita der Tagestribünen.« Es paßt zu dieser Verteidigung der Poesie, des hohen künstlerischen Anspruchs gegen die platte Politisierung, daß Heine im dritten, erst für die Buchfassung geschriebenen Caput, vielleicht unter dem Einfluß von Gautiers romantischer Poetik, ähnlich wie in den Theater-Briefen und im Brief an Gutzkow über die »Verschiedenen«, fast eine L'art pour l'art-Position bezieht:

> Traum der Sommernacht! Phantastisch
> Zwecklos ist mein Lied. Ja, zwecklos
> Wie die Liebe, wie das Leben,
> Wie der Schöpfer samt der Schöpfung!
>
> Nur der eignen Lust gehorchend,
> Galoppierend oder fliegend,
> Tummelt sich im Fabelreiche
> Mein geliebter Pegasus.
>
> Ist kein nützlich tugendhafter
> Karrengaul des Bürgertums,
> Noch ein Schlachtpferd der Parteiwut,
> Das pathetisch stampft und wiehert!

Der Tanzbär Atta Troll aber ist, metaphorisch gesprochen, eine Kreuzung aus Karrengaul des Bürgertums und Schlachtpferd der Parteiwut, in dessen Kopf nationale, radikale, religiöse, burschenschaftliche und republikanische Ideen wirr und bunt durcheinanderwirbeln. In der Gedenktafel, die der bayrische König dem toten Bären angeblich in seiner Walhalla setzt, faßt Heine die Intention, die er mit dieser Figur verbindet, wiederum einseitig und polemisch zusammen:

> Atta Troll, Tendenzbär; sittlich
> Religiös, als Gatte brünstig;
> Durch Verführtsein von dem Zeitgeist,
> Waldursprünglich Sanskülotte;
>
> Sehr schlecht tanzend, doch Gesinnung
> Tragend in der zottgen Hochbrust;
> Manchmal auch gestunken habend;
> Kein Talent, doch ein Charakter.

Tanzbär und Versepos haben noch einen anderen Aspekt, den Heine weder hier noch im Vorwort erwähnt: Atta Troll ist ja nicht nur eine sinnbildliche, literarisch-politische Spottfigur, sondern immer auch ein Bär. Als Bär aber vertritt er – vielleicht gegen die Absicht seines Erfinders, der Menschenrechte über Tierrechte setzt – die Ansprüche der Tiere gegen die sie unterjochenden, ja mit Ausrottung bedrohenden Menschen und klagt die Menschen als freche, lächelnde Kanaillen an. In Caput XII erzählt der alte Fährmann den Jägern:

> Was die Bären anbeträfe,
> So vertilge jetzt der Mensch
> Sie allmählich, jährlich schwände
> Ihre Zahl in dem Gebirge.

Schwer zu sagen, wie bewußt Heine hier Naturzerstörung durch Menschen-Zivilisation anklagt – immerhin läßt er den Ich-Erzähler auch brüderlich in die Hütte der Cagoten eintreten, zu Überlebenden »eines Stamms, der tief im Dunkeln/Sein zertretenes Dasein fristet«. Heine soll hier nicht zum Vorläufer moderner Polit-Ökologie abgestempelt werden, doch erinnern solche Passagen des »Atta Troll« stark an seine Darstellung gefährdeter Natur und bedrohter Ursprünglichkeit in der »Harzreise«. Nehmen wir hinzu, daß der Tanzbär in Caput X (Caput V der ersten Fassung) schwere Anklagen gegen Eigennutz, Selbstsucht, Besitzgier und Eigentumsanspruch der Menschen richtet, die sie zu Mord und Totschlag, die sie dazu treiben, »nach den Gütern dieser Erde... alle um die Wette« zu greifen, so wird klar, daß Atta Troll, die Gestalt und das Gedicht, noch ganz andere Ideen ausdrückt als die Polemik gegen eine platte Tendenzpoesie, nämlich die aggressive Anklage gegen eine räuberische Industriegesellschaft, gegen einen profitsüchtigen, die Menschenseelen verderbenden Kapitalismus. Insofern trifft Hans Kaufmanns Feststellung nicht zu, daß »Atta Troll« ein Rückzugsgefecht sei und die Vorzüge der Tendenzpoesie ignoriere, die auf Veränderung dieser Welt zielen: Heine ist den anderen nur wieder einmal weit voraus.

Das gilt in der Poesie und in der Politik; für den privaten Bereich kann man das nicht behaupten. Auch in den frühen vierziger Jahren konnte sich Heine aus seinen finanziellen Abhängigkeiten nicht befreien. Als Campes Zahlungen für die Gesamtausgabe 1840 ausliefen und Onkel Salomon die Vorauszahlung der Rente ablehnte, sicherte sich Heine die französische Staatspension – nicht schon 1836, wie früher vermutet wurde, das ist inzwischen aus im Nachlaß Guizots gefundenen Quellen von 1843 gesichert: Es handelte sich um eine »von Herrn Thiers ausgesetzte und von Herrn Guizot bestätigte Zuwendung« von 4800 Francs jährlich; diese Pension wurde erst während des *zweiten* Thiersschen Kabinetts, wohl Ende März oder Anfang April 1840 bewilligt.

Sicher war Heines Geldbedarf auch durch die unaufhaltsame Verschlechterung seines Gesundheitszustands bedingt; Besserungen traten immer nur vorübergehend ein. Die brieflichen Berichte spiegeln das wider: Heines eigene Äußerungen sind ja die wichtigste, für eine exakte medizinische Diagnose leider unzureichende Quelle. Am 29. Juli 1837 meldete er Detmold, daß seine linke Hand mehr und mehr abmagere, schrieb aber am gleichen Tage an Cotta, er sei »in schönster Gesundheit«. Im September 1837 und im Juni 1838 berichtete er von schrecklichen Augenleiden, bekam zeitweilig Lese- und Schreibverbot und fürchtete zu erblinden. Am 15. Januar 1840 sagte er Laube ein Zusammentreffen ab und bekam Blutegel angesetzt. Am 1. Dezember 1840 meldete er Kolb Schreibverbot wegen des Kopfübels, am 11. März 1841 Campe Schreibverbot wegen des Augenübels. Nach der Hamburger Brandkatastrophe von 1842 seien seine Kopfnerven erschüttert, schrieb er der Schwester am 17. Mai. Am 21. Februar 1843 schilderte er der Mutter seine Leiden ausführlich: »Erst seit etwa 10 Tagen kann ich wieder ordentlich sehen. Diese temporäre Belästigung hatte mich diesmal sehr beängstigt, da sie jetzt mit einer Erschlaffung der Gesichtsmuskeln auf der rechten Seite des Gesichts (von der Kopfspitze bis zum Kinn) verbunden war. Aber mein Augenübel scheint doch nur ein vorübergehendes Übel zu seyn, das noch oft zu gewissen Zeiten seine Aufwartung machen wird; die übriggebliebene Gesichtsparalisie (die aber gottlob nicht sichtbar) wird schon langsam vertrieben werden können. Ich habe mir deswegen ein Haarseil im Nacken setzen lassen. Sonst befinde ich mich von Herzen gesund, ja gesünder als je.«

Heine wußte seit langem, daß er nie mehr gesund werden konnte; diese Einsicht hat dazu beigetragen, daß er im Herbst 1843 Deutschland besuchte. Die Familienberichte über den schrecklichen Hamburger Brand, bei dem Betty Heine mit knapper Not den Flammen entkam und Manuskripte des Dichters verlorengingen, die daraus resultierenden gesteigerte Sorge um die Familie taten ein übriges, ihn zu der Reise zu ermutigen – und hatten nicht Verwandte, Campe, die literarischen Bekannten ihn gedrängt, das Vaterland wiederzusehen? War ihm nicht immer wieder gesagt und geschrieben worden, er habe den Kontakt zu Deutschland verloren, er kenne die veränderten Verhältnisse nicht, er schätze die Lage falsch ein und gelange deshalb zu Fehlurteilen, sei ungerecht gegen die zu Hause Gebliebenen? Als er im September 1843 erfuhr, daß Onkel Salomon ernstlich krank war, beschloß er zu fahren. Gerade hatte er Friedrich Hebbel kennengelernt, Karl Marx stand sozusagen vor der Tür, da trat er am 21. Oktober die Reise an: ohne Mathilde, die während seiner Abwesenheit in einem Pensionat wohnte.

V. Kapitel
1843–1848

Deutschland Deutschland

»Ich hab mich zu dieser Reise schnell entschlossen; solche Dinge muß man nicht lange aufschieben«, schrieb Heine seiner Mutter am Abfahrtstag und fügte vorsorglich hinzu: »Erschrick nicht über mein verändertes Aussehen.« Er reiste, teilweise nachts, über Brüssel, Aachen, Köln, Münster, wo er Sethe traf, Osnabrück und Bremen nach Hamburg; zwölfeinhalb Jahre nach seinem Weggang sah er die Stadt wieder. Verglichen mit dem prachtvollen Paris, bot Hamburg anderthalb Jahre nach dem großen Brand einen tristen Anblick. Vom 5. Mai 1842 1 Uhr morgens bis zum 8. Mai vormittags hatte das Feuer, das bei einem Zigarrenmacher in der Deichstraße 44 ausgebrochen war, gewütet und große Teile der Stadt verwüstet. Ein sehr trockenes Wetter, leicht brennbare Güter in den Speichern nahe dem Brandherd und ein starker Südwestwind waren die Ursachen für die schnelle, tagelang unaufhaltsame Ausbreitung des Feuers. Tausende von Gebäuden brannten ab, andere wurden gesprengt, um den Weg der Flammen zu hemmen; 51 Menschen starben, an die 20 000 wurden obdachlos, der Gesamtschaden belief sich auf 90 Millionen Mark. Auch Heines Familie war betroffen; Salomon erwarb sich erneut die Achtung seiner Mitbürger, weil er als erster sein Stadthaus am Jungfernstieg zur Sprengung anbot, der Hamburger Stadtregierung eine halbe Million Mark schenkte und mit dieser Geld-Hilfe dafür sorgte, daß der Zinssatz nicht über 4 Prozent erhöht wurde. Zur Entlastung der Hamburger Feuerkasse verzichtete er obendrein auf die Auszahlung der Versicherungssumme für das gesprengte Haus.

Heine sah endlich seine Mutter wieder: »Sie ist durch Alter und Sorgen zusammengeschrumpft. Ängstlich wie sie ist, regt die geringste Kleinigkeit sie schmerzlich auf. Ihr größtes Übel ist ihr Stolz. Sie geht nirgends hin, da sie nicht die Mittel hat, bey sich Besuch zu empfangen. Seit dem Brande bewohnt sie zwey kleine Zimmer; es ist ein Jammer.« Die Familie nahm Heine gut auf; man gab ihm Diners und Abendgesellschaften; auch Onkel Salomon, der schon sehr krank war, empfing ihn herzlich, da er sah, daß der berühmte Neffe nicht kam, um Geld zu verlangen – der Dichter faßte nach seiner Rückkehr die Wiederbegegnung mit Salomon in dem Satz zusammen: »Wir haben uns wechselseitig mit der größten Delikatesse behandelt.«

Heines und Varnhagens Hoffnung, einander wiederzusehen, erfüllte sich nicht. Varnhagen war stark asthmakrank und konnte nicht reisen, »wegen Schwindel« nicht einmal auf die Straße gehen; Heine seinerseits war nicht bereit, preußische Behörden wegen seiner Einreise nach Berlin um Sicherheitsgarantien zu bitten, auch Alexander von Humboldt, den Varnhagen als wohlgesinnt empfahl, mochte er nicht angehen – und Varnhagen selbst riet von der Berlin-Fahrt ab, damit ihm keine Unannehmlichkeit widerführe: »Von höchsten Orten käm sie gewiß nicht; der König ist persönlich edel- und großgesinnt, von freiestem Geiste, und freien Geist liebend.« Der König war aber, wie Varnhagen durchblicken ließ, der Gefangene einer Machtapparatur, der Heine tunlichst ausweichen sollte. Der Dichter verstand; er scheint sich zwar während seines Aufenthalts furchtlos bewegt zu haben, auch als er durch Preußen kam, beim Treffen mit Detmold Anfang Dezember in Hannover aber verschwieg er im Hotel vorsichtshalber seinen Namen. Im übrigen meinte Varnhagen, daß Heine augenblicklich weniger die Regierung als den »Litteraturpöbel« fürchten müsse; auch schrieb er: »Eigentlich freut es mich doch, daß Sie nach Paris zurückkehren; so lange ich nicht den schönsten Aufenthalt im Vaterlande für Sie weiß, dünkt mich jener Wohnort für Sie der angemessenste.«

Außerhalb Hamburgs war Detmold der einzige literarische Bekannte, den Heine traf; auf Laubes Einladung nach Leipzig reagierte er nicht und verärgerte Laube dadurch. Er besuchte Detmold auch in Campes Auftrag: Der Verleger trug ihm die Redaktion des »Telegraphen« an, Detmold lehnte jedoch ab.

Neben dem Wiedersehen mit der Familie waren die Verhandlungen mit Campe wegen eines neuen Vertrags der Hauptzweck der ursprünglich nur auf eine oder zwei Wochen geplanten Reise. Sie zogen sich hin, fanden aber am 5. Dezember einen Heine sehr befriedigenden Abschluß: Campe zahlte ihm für alle Rechte an seinen Werken in beliebigen Auflagen, die Gesamtausgabe eingeschlossen, ab 1848 eine jährliche Rente von 1200 Mark Banco (etwa 2400 Francs), die Mathilde nach Heines Tod bis zu ihrem Tod weiterbekam; bis 1848 zahlte Campe als »besondere Gratification« jährlich 200 Mark Banco. Autor und Verleger erneuerten ihre feste und eigentümliche Beziehung: Campe ging mit Heine aus und führte ihn in einen Kreis junger Oppositioneller, wo er sich rasch wohlfühlte: »Nun erschien Heine fast jeden Abend in unserem Kreise«, schrieb François Wille darüber, »immer gleich liebenswürdig, anspruchslos und sanft, leise auftretend; wenig mitteilsam, dagegen durch gut gestellte Fragen unsere Meinungen über die politisch-literarischen deutschen Zustände aushorchend, oft das Taschenbuch hervorziehend und sich Bücher oder Flugschriften und Blätter notierend.« Willes Bericht läßt erkennen, daß Heine schon für »Deutschland. Ein Wintermärchen« beobachtete, Stoff sammelte und Notizen machte.

Die ganze Zeit über sehnte er sich nach Mathilde. Er konnte wirklich nicht ohne sie leben, das beweisen die erwähnten flehentlichen, mahnenden, unterwürfigen, drohenden Briefe an sie. Er versprach ihr, sie bei der nächsten Reise mitzunehmen; dazu forderte ihn auch die Verwandtschaft auf. Stolz berichtete er, wie gut man in Hamburg, diesem »Nest voll Klatschereyen und Schmähsucht«, über seine Frau spreche, vor allem Onkel Salomon, der im Weihnachtsbrief 1843 400 Francs als Geschenk für Mathilde avisieren und schreiben wird: »Deine Frau hat sich gut aufgeführt – ich habe nicht daran gezweifelt, ist ein gutes Schickche.« Das Lob für »Harry« und Mathilde hinderte den Alten allerdings nicht, im gleichen Brief an das berühmte Bonmot mit dem Namen und den Londoner Kreditbrief zu erinnern! Stolz meldete Heine Mathilde den Vertragsabschluß, der ja vor allem *ihre* Zukunft sichern half: »Zugleich ist es ein Anfang, Deine Einnahmen nach meinem Tode zu fixieren, der übrigens nicht so bald eintreten wird, denn ich befinde mich vortrefflich. – Es ist die Pflicht jedes Mannes, für das Schicksal seiner Frau in seinem Todesfalle zu sorgen und seine Witwe nicht Streitigkeiten ausgesetzt zu lassen.« Daß er ein solcher Mann war, bewies Heine auch durch den Vergleich mit Christiani, der bekanntlich seine Cousine geheiratet hatte: »Der Wicht hat das ganze Vermögen verplempert, welches meine arme Cousine ihm als Mitgift zugebracht, 140000 Franks.«

Voller Sehnsucht reiste Heine am 10. Dezember aus Hannover ab, besuchte die »Stammburg« der Familie in Bückeburg, fuhr wohl über Minden, Paderborn und Hagen nach Köln, wo er anscheinend mit Karl Andree, einem Redakteur der »Kölnischen Zeitung«, über Zeitschriftenpläne wie Ruges »Deutsch-französische Jahrbücher« verhandelte, und mit dem Zug über Aachen nach Brüssel – wahrscheinlich Heines erste Bahnreise. Am 16. Dezember 1843 war er wieder in Paris – sagen wir nicht: zu Hause, denn obwohl er endlich wieder bei Mathilde war, schrieb er Campe am 29. Dezember: »Wie ungern ich von Hamburg diesmal abreiste davon haben Sie keinen Begriff! Eine große Vorliebe für Deutschland grassirt in meinem Herzen, sie ist unheilbar.«

Heines zweite Deutschlandreise, sein letztes Wiedersehen mit dem Vaterland, der Mutter und dem Onkel (20. Juli bis 9. Oktober 1844) stand unter einem ungünstigeren Stern als die erste. Er wagte den Landweg durch Deutschland nicht mehr und nahm mit Mathilde das Dampfboot von Le Havre nach Hamburg: Er hatte inzwischen im linksradikalen Pariser »Vorwärts!« scharf zeitkritische Gedichte drucken lassen, Spitzel meldeten seine Kontakte zu Marx und anderen radikalen deutschen Emigranten nach Deutschland, Vorsicht war also angebracht, Preußen auf jeden Fall zu meiden. Das Zusammentreffen mit der Familie brachte Ärger. Ein Teil der Verwandten (Carl und Therese) war ohnehin verreist, und der Versuch, Mathilde der Familie vorzustellen, scheiterte vollständig: Die Anekdote, daß Cocotte, ihr Papagei, Moritz Embden bei der Ankunft in Hamburg in den Finger biß, ist sicher nur eine komische Arabeske – schlimmer waren Mathildes Sprachschwierigkeiten (sie hatte ja kein Deutsch gelernt) und ihr Unbehagen über diese teilweise bourgeoise Verwandtschaft: Sie reiste jedenfalls am 10. August nach Paris zurück. Heine war unglücklich darüber, und als ihr erster Brief auf sich warten ließ, wurde er noch kränker, als er ohnehin war: »Seit Deiner Abreise thue ich nichts als seufzen. Ich denke unaufhörlich an Dich. Ich leide an meinem gewöhnlichen Kopfweh, und diese Schmerzen werden immer gesteigert und genährt durch die Unruhe meines Herzens.« Hinzu kam sein Augenübel: »Bin ¾ blind«, meldete er Detmold, der selbst gerade schwer migränekrank war und nicht nach Hamburg kommen konnte – Heine hätte gern mit ihm »eine Consultation über die innersten Lebensnöthen, über die chronische Existenzkrankheit« gehalten; daraus wurde nichts. Sicher trug auch der neue Ärger mit dem schwerkranken Onkel zu Heines Mißbefinden bei: Er hatte ja jenen Streit mit ihm, bei dem der Stockschlag fiel (man wüßte gern, ob Mathilde diesen Eklat miterlebt hat), und wenn sich Salomon auch am nächsten Tag fast entschuldigte, ihn zum Diner einlud, Heine mit dem Ende August zurückgekehrten Carl dinierte und ins Altonaer Theater ging – die Verstimmung schwand nicht. Heine war offenbar auch knapp bei Kasse, denn schon am 2. September mußte er im Hotel an der Esplanade ein billigeres Zimmer beziehen, ab 1. Oktober wohnte er ganz bei den Embdens.

Sorgen machte ihm auch der Hauptzweck der Reise: Heine wollte den Druck der »Neuen Gedichte«, die in der Erstausgabe wegen der 20-Bogen-Verfügung auch das »Wintermärchen« enthielten, selbst überwachen. Er kämpfte gegen Campe um die Entschärfung des Textes. Dem Verleger mißfiel Heines politische Radikalisierung zumindest aus geschäftlichen Gründen. Er wollte den Mißerfolg des Börne-Buches wiedergutmachen; seine Sorge wegen des Zugriffs der Behörden war zweifellos berechtigt, obwohl *er* Heine durch ständige Berichte über Hoffmanns, Dingelstedts und Herweghs Erfolge auf das Schreiben brisanter politischer Gedichte geradezu gestoßen hatte – im Grunde wäre ihm vielleicht ein erfolgreiches, aber harmloses zweites »Buch der Lieder« lieber gewesen. Der Dichter selbst äußerte gegenüber Detmold die schlimmsten Befürchtungen über das, was die servile deutsche Presse mit den »Neuen Gedichten« machen werde, »da das Opus nicht bloß radikal revolizionär, sondern auch antinazional ist«. Detmold beruhigte ihn aber:

der Band werde ungeheure Sensation machen, er schrieb auch sogleich eine positive Anzeige – tatsächlich folgt der Erstausgabe der »Neuen Gedichte« (25. September 1844) und eines Separatdruckes von »Deutschland. Ein Wintermärchen« noch im Oktober Zweitauflagen, so daß Heine Mathilde melden konnte, der Erfolg des Buches sei verrückt (»fou«). Von den »Neuen Gedichten« wurden 1844 mindestens 4500 Exemplare aufgelegt; das war für Heine-Bücher eine beträchtliche Anzahl, die allerdings nicht an die Verkaufserfolge anderer Vormärz-Dichter des Hauses Hoffmann und Campe heranreichte: Das *breite* Publikum kaufte den Band sicher nicht, dafür war er auch künstlerisch zu anspruchsvoll.

Sofort mit dem Erscheinen der »Neuen Gedichte« begann die Verfolgung gegen sie. Eine Liste der Maßnahmen gegen den Band verzeichnet vom 1. Oktober 1844 bis zum 4. Juni 1845 über fünfzig Verbote und Beschlagnahmeaktionen im deutschsprachigen Raum! Die begrenzte Anzahl der Rezensionen deutet darauf hin, daß die Behörden auch die öffentliche Resonanz zu unterbinden suchten. Am 14. Oktober wurde das Buch sogar in Hamburg verboten – doch war Heine schon am 9. Oktober abgereist. Er fuhr über Amsterdam, Den Haag und Brüssel und traf am 16. Oktober in Paris ein, wo sich Mathilde musterhaft verhalten hatte. Er hatte wohl eine Warnung bekommen; anders als 1843 fuhr er ohne Bedauern ab; noch immer grassierte die unheilbare Liebe zu Deutschland in seinem Herzen, noch stärker war aber der Groll über die deutsche Misere, die er von Paris aus völlig richtig eingeschätzt hatte; niemand konnte ihm einreden, daß sich die deutschen Zustände verändert, etwa gar verbessert hatten, und wenn er, wie man ihm vorwarf, dem Vaterland entfremdet war, dann *wegen* dieser Zustände, die ihn für immer ins Exil trieben: »Ich bereite mich zur Abreise«, schrieb er Marx schon am 21. September, »beängstigt durch einen Wink von Oben – ich habe nicht Lust auf mich fahnden zu lassen, meine Beine haben kein Talent eiserne Ringe zu tragen, wie Weitling sie trug.« Wahrscheinlich hatte Heine Wind davon bekommen, daß Friedrich Wilhelm IV. von Preußen am 12. September die Verhaftung der

»Vorwärts!«-Mitarbeiter Börnstein, Heine, Marx und Ruge bei etwaigem Überschreiten der preußischen Grenze befohlen hatte.

Siebzehn Jahre nach dem »Buch der Lieder« erschien also Heines zweite *umfassende* Lyrik-Sammlung. Schon zwischen 1838 und 1840 hatten Autor und Verleger einen Nachtrag oder zweiten Teil zum »Buch der Lieder« erwogen, der, nur mit dem »Neuen Frühling« und den »Verschiedenen«, sicher weniger gewichtiger geworden wäre als der Band von 1844. Der Plan scheiterte an Gutzkows bekannter Warnung, »Verschiedene« zu veröffentlichen, an der Verweigerung des Imprimaturs durch die hessische Zensur und später an Heines Zorn über die Zensureingriffe bei dem in Grimma gedruckten Text, über die liederliche Behandlung seines Manuskripts in der Druckerei – er verlor die Lust an dem Plan, der 1844, mit neuartigen Gedichten und größerer Textauswahl weitaus eindrucksvoller verwirklicht werden konnte.

Heine präsentierte sich in diesem Buch zugleich umfassend und aktuell. Er wollte, im Gegensatz zu anderen zeitgenössischen Lyrikern, in der Phase seiner politischen Radikalisierung *erst recht* die größtmögliche Vielfalt der Themen, Formen und Tonarten anbieten; er wollte der *bedeutendste* politische Dichter deutscher Sprache und zugleich so universal wie kein anderer sein. Darum eröffnete er das Buch mit dem etwas erweiterten Zyklus »Neuer Frühling«; darum ließ er, nach genauer Überlegung, siebzig ausgewählte »Verschiedene« folgen. Sie bestehen aus einer Gruppe von Zyklen, die zumeist mit Frauennamen überschrieben sind: zum Beispiel Seraphine, Angelique, Yolanthe und Marie, Clarisse. Sie schildern Begegnungen des lyrischen Ichs mit verschiedenen Frauen – schon die Verwendung französischer Vornamen und der Wechsel der Partnerinnen erregte die fast einhellige Ablehnung durch die Kritik. Man kann heute nur schwer nachvollziehen, was den Kritikern an diesen Texten so verrucht, so wüst, so frivol vorkam:

> Diese schönen Gliedermassen
> Kolossaler Weiblichkeit
> Sind jetzt, ohne Widerstreit,
> Meinen Wünschen überlassen.

Das sind die vier »frechsten« Verse, sie stehen im Zyklus »Diana«, und der ist 1844 von Heine vorsorglich gestrichen worden! Gewiß ist diese Lyrik »saint-simonistisch«, sie verkündet die Befreiung des Fleisches, das Ende der »dummen Leiberquälerei«, die Kirche des dritten Testaments und die Menschengöttlichkeit (der Zyklus »Seraphine« steht programmatisch voran) – Heine ist jedoch eher zurückhaltend in der Darstellung nackter schöner Weiblichkeit, vom männlichen Körper gar nicht zu reden. Es wird in diesen Gedichten allerdings oft geküßt, das Wortfeld »Kuß-küssen« steht zweifellos für körperliche Liebe, und möglicherweise assoziierten manche Kritiker dabei die obszöne Bedeutung des französischen Verbs »baiser« – trotzdem stehen die hysterischen Entrüstungsausbrüche, die wüsten Beschimpfungen des Dichters durch die konservativen Kritiker in keinem Verhältnis zum Inhalt der »Verschiedenen«: Man warf ihm liederliche Liebesklagen, entsetzliche Verwahrlosung des Gemüts, Versumpfung, Hervorbringung poetischen Unkrauts und Ungeziefers, wohlgefälliges Herumplätschern im Schlamm der Alltagswelt vor! Peinlich, und zwar für die Urteilenden, ist aber auch die moralistische Verurteilung der Gedichte und ihres Verfassers durch Liberale, Jungdeutsche und Junghegelianer, durch Wienbarg, Gutzkow, Ruge (durch diesen noch 1843 in Paris), den jungen Engels und den jungen Lassalle: So mächtig war der Druck der Biedermeiermoral! Die Empörung der Kritiker hatte aber mehr mit ihr und mit ihnen selbst als mit Heines Texten zu tun: »Er ist ein Prophet der Emancipation des Fleisches«, schrieb Wedekind 1839 über den alten Studienfreund, »man findet seine Gedichte abscheulich, und lies't sie doch.« Diese Heuchelei hatte ein anonymer Rezensent schon im Februar 1834 in bezug auf »Verschiedene« aufgedeckt: »Wer in solchen Gedichten Unsittliches findet, muß mit demselben schon sehr vertraute Bekanntschaft geschlossen haben.« Der moralische Aufschrei der »Bessern« war wenigstens teilweise das Gebell getroffener Hunde, die *nur zu gut* kannten, wovon Heine eher dezent sprach: von ihren eigenen »Lastern« und unerfüllten, vielleicht uneingestandenen Wünschen. Die »linken« Kritiker von Heines »Frivolität« mögen ihre politische Sache durch den unartigen Kampfgefährten diskreditiert gesehen haben – jedenfalls waren die Urteilsklischees 1844 schon starr, die Rezeption änderte daran nichts, objektive Kritik war fast ausgeschlossen. Das Neuartige und Besondere der »Verschiedenen« wurde zu Heines Zeit nur von ganz wenigen gesehen: Hier werden, im Raum der modernen Großstadt, ganz andere erotische Erfahrungen dargestellt als im traditionellen Liebesgedicht. Heine strebte eine neue Art erotischer Poesie an und *wollte* die biedermeierliche Idealisierung der Frau durchbrechen; eine solche Poesie mußte notwendigerweise Sprachelemente des Alltags, des Jargons aufnehmen. Diese Gedichte dürfen auch nicht einfach *biograpisch* verstanden werden; die *realen* Vorbilder der Partnerinnen des lyrischen Ichs, von denen *keine einzige* namentlich bekannt ist, sind zeitlich, geographisch und sozial unterschiedlicher Herkunft. In den »Verschiedenen« wird keineswegs nur Körperliebe, Sinnengenuß und das erhoffte Ende der »dummen Leiberquälerei« dargestellt, sondern auch Liebesunglück, Untreue, Liebesschmerz, Scheitern, Trennung und Liebesverrat, es sind also auch, wie in der frühen Lyrik Heines, dunkle Töne zu hören, weil er ja in der Rehabilitierung des Fleisches *allein* das Glück gar nicht erblickte! Das zu verstehen hat die deutsche biedermeierliche Kritik bis auf wenige Ausnahmen überfordert, zu ihnen zählte wenigstens in den dreißiger Jahren Heinrich Laube.

Heine kannte die feindseligen Urteile gegen seine Pariser erotischen Gedichte. Er hatte schon in dem früher zitierten stolzen Brief an Gutzkow geschrieben: »Nur vornehme Geister, denen die künstlerische Behandlung eines frevelhaften oder allzu natürlichen Stoffes ein geistreiches Vergnügen gewährt, können an jenen Gedichten Gefallen finden. Ein eigentliches Urtheil können nur wenige Deutsche über diese Gedichte aussprechen, da ihnen der Stoff selbst, die abnormen Amouren in einem Welttollhaus, wie Paris ist, unbekannt sind.« Obwohl es nur wenige solche urteilsfähige, vornehme Geister gab, nahm Heine die siebzig »Verschiedenen« in die »Neuen Gedichte« auf: Er wollte die *ganze* Palette seiner Lyrik vorstellen.

Aus dem gleichen Grunde ließ er sich auch nicht davon abhalten, auf früheste Gedichtformen und -themen zurückzugreifen: So stellt er den *neuesten* Texten, den 24 »Zeitgedichten«, genau 24 Romanzen voran! Älteste Heine-Themen und -Motive tauchen in den »Romanzen« auf und konterkarieren die aggressiven politischen Gedichte: die aus dem Grab steigende Liebste, Ritter, Troubadours, Nixen, Schäferin, Reuter, Nachtigall, Petrarcas Laura, der Wassermann und anderes aus dem romantischen Arsenal. Freilich legt Heine den Begriff Romanze jetzt großzügig, ja nonchalant aus: Neben Balladen im strengen Wortsinn – »Frau Mette«, die den Liebestod erleiden muß, weil sie sich durch Peters Gesang zur Untreue verführen ließ, oder »Ritter Olaf«, der ein Fürstenkind verführte, es heiraten darf, aber noch in der Hochzeitsnacht geköpft wird – gibt es eine Keckheit wie »Psyche«, die auch in den »Verschiedenen« stehen könnte: Psyche sieht den schlafenden Liebesgott nackt, er entflieht, sie büßt:

> Achtzehnhundertjährge Buße!
> Und die Aermste stirbt beinah!
> Psyche fastet und kasteyt sich,
> Weil sie Amorn nackend sah.

Noch einmal erscheint, wie in den »Nordsee«-Gedichten, die griechische Götterwelt in ironischer Beleuchtung: Pluto, Proserpine, Ceres, Charon, dieser glatzköpfig und ohne Waden. Einige andere Romanzen könnten auch in den »Zeitgedichten« stehen: »Anno 1829« enthält eine schwere Attakke gegen die satte Tugend, die zahlungsfähige Moral der deutschen Philister, »Anno 1839« spricht in bewegenden Versen Heines Sehnsucht nach Deutschland aus und kritisiert sogar die Franzosen:

> O, Deutschland, meine ferne Liebe,
> Gedenk' ich deiner, wein' ich fast!
> Das muntre Frankreich scheint mir trübe,
> Das leichte Volk wird mir zur Last.

Selbstverständlich sind die »Zeitgedichte« das Neuartige in Heines zweitem Lyrik-Sammelband. Ihr Gros ist zwischen 1841 und 1844 geschrieben, einige entstanden früher, die meisten waren vor der Buchpublikation schon einzeln abgedruckt, etwa in der »Zeitung für die elegante Welt« und im »Vorwärts!«. Der größte Teil ist satirisch; nach genauem Studium der Vormärz-Lyrik erschien Heine der *lyrisch-satirische* Angriff auf deutsche Mißstände, zum Beispiel in Form des damals gern verwendeten Rollengedichts, besonders wirksam und dem eigenen poetischen Naturell angemessen – Altdeutschland mußte der Lächerlichkeit preisgegeben werden, damit es fiel; so half der Satiriker die kommende Revolution, ein besseres Deutschland vorzubereiten. Heine schrieb zugleich aggressiv und wohlüberlegt; er arbeitete, wie schon in manchen frühen Gedichten und in den »Reisebildern«, gern mit Ironie – weil Satire enthüllt, Ironie aber verhüllt, irritiert, ablenkt, verfremdet und selten das meint, was sie den Worten nach sagt, entstehen die reizvollsten Spannungen in diesen subtilen politischen Kunst-Gebilden, die genau hinhörende, denkende Leser fordern. In den »Zeitgedichten« und im »Wintermärchen« hat Heine ein Form-Element zur Vollkommenheit entwickelt, für das seine satirische Versdichtung berühmt ist: den Witz-Reim oder den Reim-Witz. So verspottet er in »Lobgesänge auf König Ludwig« dessen Regensburger Walhalla-Gründung und seine dilettantischen Reimereien mit Hilfe ausgefallener Reim-Erfindungen:

> Nur Luther, der Dickkopf, fehlt in Wallhall,
> Und es feyert ihn nicht der Wallhall-Wisch;
> In Naturaliensammlungen fehlt
> Oft unter den Fischen der Wallfisch.

> Herr Ludwig ist ein großer Poet,
> Und singt er, so stürzt Apollo
> Vor ihm auf die Kniee und bittet und fleht:
> Halt ein, ich werde sonst toll, O!

Die »Zeitgedichte« sind thematisch weitgespannt, einige Schwerpunkte der Satire sind aber zu erkennen. Preußen-Deutschland wird erbarmungslos verspottet: Preußen ist »Der Wechselbalg«, den »der alte Sodomiter«, der Alte Fritz, vielleicht mit seinem geliebten Windspiel gezeugt hat; die deutsche Freiheit (im Gedicht »Verheißung«) soll nicht mehr barfuß durch die Sümpfe traben, sie kommt endlich auf die Strümpfe, soll Stiefeln(!) und eine warme Pelzmütze, sie soll sogar etwas zu essen haben, doch ja nicht dreist gegen die hohen Obrigkeiten werden! In einem Meisterstück der »Neuen Gedichte«, »Zur Beruhigung«, stellt Heine in grellen Kontrasten die braven deutschen Michels römischen Tyrannenmördern wie Brutus, römischen Mannesmut gegen Diktatoren deutschem »Pflanzenschlaf« und deutscher Küche gegenüber. Deutsche Fürsten haben von ihren Landeskindern nichts zu fürchten:

> Wir nennen sie Väter, und Vaterland
> Benennen wir dasjenige Land,
> Das erbeigentümlich gehört den Fürsten;
> Wir lieben auch Sauerkraut mit Würsten.
>
> Wenn unser Vater spatzieren geht,
> Ziehn wir den Hut mit Pietät;
> Deutschland, die fromme Kinderstube,
> Ist keine römische Mördergrube.

Heine hat auch drei große Fürsten-Satiren geschrieben, von denen freilich nur »Der Kaiser von China« in die »Neuen Gedichte« aufgenommen wurde – der Dichter ließ ja mehrere politische Gedichte aus Sorge vor Zensur und Verbot weg, obwohl sie künstlerisch zu den stärksten gehören. China, ein altes Symbol des Absolutismus, steht für Preußen, der redselige, schnapssüchtige Kaiser, den Heine selbst sprechen und sich selbst entlarven läßt, für den redseligen, trinkfreudigen Friedrich Wilhelm IV. Auch das dreiteilige Gedicht »Der neue Alexander« zielt auf den preußischen König, er trinkt und träumt sich trinkend als neuen Alexander; der Mittelteil, mit seiner Schnaps-Idee der Eroberung Frankreichs, ist eine prophetische Vorwegnahme der Ereignisse von 1870/71, der Schlußteil, wie die gesamte Satire auf Ludwig von Bayern, die Laubes und Campes Ärgernis erregte, voll bösesten Hohns auf den verhaßten Fürsten, dessen Mittelmäßigkeit und Unsicherheit Heine, der Feind allen Mittelmaßes, in einer Folge spöttischer Oxymora entzaubert:

> Ich ward ein Zwitter, ein Mittelding,
> Das weder Fleisch noch Fisch ist,
> Das von den Extremen unsrer Zeit
> Ein närrisches Gemisch ist.
>
> Ich bin nicht schlecht, ich bin nicht gut,
> Nicht dumm und nicht gescheute,
> Und wenn ich gestern vorwärts ging,
> So geh ich rückwärts heute.
>
> Ein aufgeklärter Obscurant,
> Und weder Hengst noch Stute!
> Ja, ich begeistre mich zugleich
> Für Sophokles und die Knute.
>
> Herr Jesus ist meine Zuversicht,
> Doch auch den Bacchus nehme
> Ich mir zum Tröster, vermittelnd stets
> Die beiden Götterextreme.

In zwei Gedichten nimmt Heines Gesellschaftskritik phantastische Gestalt an: In »Verkehrte Welt« verspottet er die restaurativen Verhältnisse in einer Serie aktueller Verkehrungen (die katholische Eule kämpft für Lehrfreiheit, germanische Bären werden Atheisten, Maßmann mit seinem struppigen Haar hat sich gekämmt, ein gestiefelter Kater, Anspielung auf Ludwig Tiecks Komödie und seine »Antigone«-

Inszenierung vom Oktober 1841 im Potsdamer »Neuen Palais«, bringt den Sophokles auf die Bühne); in »Entartung« greift die gesellschaftliche Fäulnis auf die Natur über, sie nimmt Menschenfehler an, Pflanzen und Tiere lügen, Lilien sind nicht mehr keusch, Veilchen nicht bescheiden, die Nachtigall empfindet nicht, was sie singt, sie trillert aus Routine.

In mehreren anderen »Zeitgedichten« läßt Heine eine andere Gesellschaft und ein besseres Vaterland durchscheinen. In dem berühmten, durch seinen Rhythmus und seine gewagten Enjambements dramatisch bewegten Gedicht »Lebensfahrt«, das er im Mai 1843, also noch vor der Bekanntschaft mit Marx, Hans Christian Andersen widmete, erscheinen im neu bestiegenen Schiff die »neuen Genossen«, obwohl noch Kummer den Dichter niederdrückt, Heimweh nach dem fernen Deutschland das heitere Fahrt-Bild überschattet. In »Erleuchtung« fragt der Dichter den deutschen Michel, ob ihm jetzt die Schuppen von den Augen fielen, ob er nicht mehr nach droben schauen wolle, »wo die Engel kochen/ohne Fleisch die Seligkeit«, sondern endlich das materielle Wohlsein schon auf Erden fordere. Das sind poetisch-satirische Bilder der künftigen neuen Zeit, Wunschträume, die der Dichter souverän und selbstbewußt, doch ohne Hoffnung auf baldige revolutionäre Veränderung vorstellt – das berühmte »Denk ich an Deutschland in der Nacht, so bin ich um den Schlaf gebracht« spricht zwar die Gewißheit aus, daß das Vaterland nie verderben, also auch nicht so bleiben kann, wie es ist, doch drückt die letzte Strophe eine Stimmung aus, die den Dichter im Pariser Exil immer wieder übermannte:

> Gottlob! durch meine Fenster bricht
> Französisch heit'res Tageslicht;
> Es kommt mein Weib, schön wie der Morgen,
> Und lächelt fort die deutschen Sorgen.

Heines berühmtestes Zeitgedicht wurde ebenfalls nicht in den Sammelband aufgenommen: »Die schlesischen Weber«. Es lief aber auf Flugblättern in Deutschland um, es wurde von Arbeitern gesungen; Menschen wurden verhaftet, die das Flugblatt besaßen, denn das Gedicht sagt die künftige soziale Revolution, den Aufstand der Armen voraus; es ist ein erratischer Block in Heines zumeist satirisch-ironischer Zeit-Poesie, ein großer Wurf, geschrieben aus aktuellem Anlaß, dem Aufstand der Weber von Peterswaldau 1844, ein Gedicht von finsterer Wucht, hämmernder Rhythmik, düsterer Metaphorik, mit perfekt gefügter Refrain-Technik:

> Das Schiffchen fliegt, der Webstuhl kracht,
> Wir weben emsig Tag und Nacht –
> Altdeutschland, wir weben dein Leichentuch,
> Wir weben hinein den dreyfachen Fluch,
> Wir weben, wir weben!

In einigen poetologischen Gedichten hat Heine sich mit anderen Vormärz-Lyrikern und der Tendenz-Poesie auseinandergesetzt. Er hat die politisch Gleichgesinnten *öffentlich* nur zögernd und spät angegriffen, um der gemeinsamen *politischen* Sache nicht zu schaden. Herweghs Audienz beim preußischen König ist aber in einem der »Neuen Gedichte« verspottet worden, wobei der Dichter besser wegkommt als der Monarch; »Nachtwächter« Dingelstedt wird wegen seines von anderen Oppositionellen verübelten »Umfallens« (er nahm eine Stelle am Württembergischen Hof an) nur sanft gerügt: solange er noch Herz und Stil habe, schreibt Heine, werde er Dingelstedt nie verkennen. Eine ganze Reihe von Vormärz-Dichtern wird in der köstlichen Parodie »Unsere Marine«, das in den Kreis der »Neuen Gedichte« gehört, als Namensgeber für die deutsche Kriegsflotte vorgeführt, Heine verhöhnt damit den *ernstgemeinten* Vorschlag von »Kutter Freiligrath« in dessen Gedicht »Flotten-Träume« (August 1843), deutsche Kriegsschiffe auf Namen wie Luther, Goethe, Humboldt, Schiller und Arndt zu taufen. Ohne Namen zu nennen, verurteilt Heine in den »Neuen Gedichten« die künstlerische Dürftigkeit, das hohle Pathos und das Unverbindlich-Allgemeine vieler Vormärz-Gedichte. Im programmatischen Gedicht »Die Tendenz« wird der deutsche Freiheitssänger direkt angesprochen:

> Blase, schmettre, donn're täglich,
> Bis der letzte Dränger flieht –
> Singe nur in dieser Richtung,
> Aber halte deine Dichtung
> Nur so allgemein wie möglich.

Sofort nach seiner Rückkehr im Dezember 1843 begann Heine »Deutschland. Ein Wintermärchen«. Als ihn Anfang Februar 1844 ein Anfall seines Augenübels fast blind machte, hatte er schon 20 Capita fertig, eine ebenso außerordentliche Schreibleistung wie beim »Buch Le Grand«. Das »Wintermärchen« (mit der Shakespeare-Anspielung im Titel wie »Atta Troll«) ist das Gipfelwerk von Heines politischer Versdichtung, schön, brisant und radikal, dabei leichtfüßig und elegant geschrieben. Auf keinen Fall wollte er dieses Gedicht der Zensur vorlegen: »Ich habe bey der Abfassung auf alle Censur verzichtet«, schrieb er an Campe – die Schere im Kopf arbeitete also jedenfalls *zunächst* nicht mit, aber Campes Bedenken und die Zensur des Separatdrucks erzwangen dann doch Streichungen; gehässige Kritiken sah Heine schon im Vorwort voraus. Er hat das Poem selbst genau charakterisiert: »Ein höchst humoristisches Reise-Epos... ein ganz neues Genre, versifizierte Reisebilder... werden eine höhere Politik athmen als die bekannten politischen Stänkerreime«, schreibt er an den Verleger, »es ist politisch romantisch und wird der prosaisch bombastischen Tendenzpoesie hoffentlich den Todesstoß geben.« Mit der Reiseroute – Aachen, Köln, Hagen, Mülheim, Unna, Teutoburger Wald, Paderborn, Minden, Bückeburg, Harburg, Hamburg, das ist mit gewissen Umwegen etwa die umgekehrte Rückreisestrecke von 1843 – sind Struktur und »Fabel« gegeben, zwischendurch assoziiert der Dichter in gewohnter Weise frei: Ein Radbruch im nächtlichen Walde führt zu einer Rede an die ringsum heulenden Mitwölfe, in der Heine sein eigenes Wolfswesen, also seinen Kampfesmut hervorhebt, ein Kruzifix am Wegrand löst die sympathetisch-ironische Rede an den Gekreuzigten, den Narren und Menschheitsretter aus, der die Welt retten wollte und dem die Herren vom hohen Rate übel mitgespielt haben. Exkurs,

Anspielung, verstecktes und offenes Zitat, Witz-Reim, metrische Meisterschaft und brillante Ironie zeichnen dieses satirische Versepos aus – und die Übernahme *romantischer* Motive und Formelemente in *progressive* politische Dichtung: Mondschein, Gespenster, Träume, Kaiser Barbarossa, Doppelgänger, Blutgericht, also auch schwarze Romantik, dienen der revolutionären Tendenz, die auf höchstem Kunstanspruch gründet.

»Atta Troll« ist ein südliches Sommer-Epos, das »Wintermärchen« ein Schlechtwetter-Poem aus dem Norden: feuchter Wind, abgerissenes Laub, eiskalter Regen, grauer Himmel empfangen den Heimkehrer, nur bei Paderborn quält sich einmal die Sonne heraus: so reflektiert die Natur die politische und gesellschaftliche Misere des Vaterlands. Ein besonderer Schatten liegt über Hamburg: Die Depression nach dem Brand. Dreckwall, Austerkeller, Rathaus, alte Börse, Druckerei findet der Dichter nicht mehr – und er animiert die verstörten Elbstädter zum Wiederaufbau ihrer Häuser mit dem höhnischen Hinweis, daß Troja eine bessere Stadt war und trotzdem verbrennen mußte. Die Wiederbegegnung mit der Mutter ist – wie das erzählende Ich im ganzen Gedicht – sehr stilisiert: Sie nennt den berühmten Sohn stereotyp »liebes Kind« und stellt ihm verfängliche Fragen: ob seine Frau die Haushaltung verstehe, ob man in Frankreich oder in Deutschland besser lebe, ob er noch immer Politik treibe und bei welcher Partei – der Sohn antwortet stereotyp ausweichend, indem er das aufgetragene Essen lobt. Heine erwähnt auch Schwester und Onkel, seinen alten Zensor Hoffmann, der ihn mit einer Träne der Rührung im Auge begrüßt, den Kreis um François Wille und den Verleger, den er ironisch lobt, weil er ihn freihält:

> Ein andrer Verleger hätte mich
> Vielleicht verhungern lassen,
> Der aber gibt mir zu trinken sogar;
> Werde ihn niemals verlassen.

Auf der Drehbahn begegnet ihm nachts »ein hehres Weib, ein wunderbar/Hochbusiges Frauenzimmer«, aber nicht »so Eine«, sondern »Hammonia,/Hamburgs beschützende Göttin«. Sie nimmt ihn mit zu sich, wo sein Bild über ihrem Bett hängt, er hat Klopstock in ihrer Gunst abgelöst – es gehört zur inneren Ironie des Reise-Epos, daß ausgerechnet *sie*, die ihn im Land halten will, den Zensor kommen und sein Werk mißhandeln sieht – »Er schneidet ins Fleisch – / Es war die beste Stelle« – und daß *sie* ihm die Zukunft Deutschlands zeigt: aus dem Nachtstuhl Karls des Großen. Der Dichter verschweigt, was er dort sah, aber nicht, was er roch:

> Entsetzlich waren die Düfte, o Gott!
> Die sich nachher erhuben;
> Es war, als fegte man den Mist
> Aus sechsunddreißig Gruben. – – –

Das ist ein später Höhepunkt der Deutschland-Satire, Caput XXVI – vorher hat Heine mehrmals, wenn auch nicht ohne Ironie und Selbstironie, das *Heimische* am Vaterland hervorgehoben: Die deutsche Sprache, die schon an der Grenze aus dem Lied des Hafenmädchens erklang, die deutsche Erde, auf der ihn Zauberkräfte durchströmen, Vater Rhein und die deutsche Luft in »Cöllen«, die deutschen Federbetten und die deutsche Küche mit Sauerkraut, gestovten Kastanien, Grünkohl, Stockfisch, Krammetsvögeln, Entenbraten und Apfelmus. Vorher hat er der Göttin »verschämten Gemütes« seine dem Publikum verborgene Wunde gezeigt: die Vaterlandsliebe, hat er in großen, witzig-bösen Bildern ein Panorama des frühwinterlichen Deutschland gemalt. Die Fürsten-Satire auf den spleenigen Hannoveraner Ernst August ist noch der harmloseste Teil dieses Gemäldes, die aggressiven Hauptstücke zeigen Preußen. Schon an der Grenze verspottet Heine die Douaniers, die nach Konterbande suchen: Er trägt die seine im Kopfe, wo sie keiner findet, sein Kopf ist »ein zwitscherndes Vogelnest/von konfiszierlichen Büchern«. In Minden und Aachen greift er das Herzstück des preußischen Staates an, die Armee und den Militarismus – in Minden führt er die Festung als Symbol unheildrohender Wehr-Macht vor, in Aachen das Militär selbst, den langen Schnurrbart der Soldaten deutet er als neue Phase des Zopftums, nämlich unter der Nase; er karikiert auch den Drill, der sich in der äußeren Haltung ausdrückt:

> Noch immer das hölzern pedantische Volk,
> Noch immer ein rechter Winkel
> In jeder Bewegung, und im Gesicht
> Der eingefrorene Dünkel.
>
> Sie stelzen noch immer so steif herum,
> So kerzengrade geschniegelt,
> Als hätten sie verschluckt den Stock,
> Womit man sie einst geprügelt.

Selbstverständlich ist auch Heines Lob für die Pickelhaube der Reiter ironisch gemeint: sie erinnert ihn an Rittertum und Mittelalter – Heine widert in Preußen ja, wie wir im »Neuen Alexander« hörten, gerade diese Mischung aus Mittelalter und Neuzeit an. Der neue Alexander wird im Schluß-Caput auch noch direkt angeredet: Der Dichter, der sich stolz Sohn des Aristophanes nennt, entlarvt die Vorliebe des Königs für die »Vögel« des großen Griechen als heuchlerisch – einen toten Dichter kann man leicht verehren, lebte der Spötter aber heute, würden ihn die königlichen Gendarmen abführen! Heine warnt den Monarchen davor, lebendige Dichter zu beleidigen, und droht ihm als Strafe die Verbannung in die Dantesche Hölle an.

Die Reise durch den Teutoburger Wald – »die deutsche Nationalität,/Die siegte in diesem Drecke« – erinnert Heine an Hermanns Sieg über die Römer; ein Caput lang malt er sich aus, was aus Preußen-Deutschland geworden wäre, wenn Varus gesiegt hätte: Hengstenberg wäre ein Haruspex, Schelling ein Seneca, Vater Jahn hieße Grobian, Maßmann Marcus Tullus Maßmanus, die Dramatikerin Birch-Pfeiffer söffe Terpentin wie die römischen Damen, die dadurch besonders wohlriechenden Urin zu bekommen hofften – das ganze Caput zeigt eindrucksvoll, wie stark Heines Dichtung auf *Einfällen* beruht, über welchen Fundus von Einfällen er verfügt, wie ihm in der Phase des Schreibens offenkundig die Einfälle *zufliegen*.

Heine greift Preußen-Deutschland nicht nur in der realen Erscheinungswelt, sondern auch auf der Ebene von Imagination, Traum und Mythos an, die er miteinander verbindet. Im Caput VII nennt er die Deutschen unbeschränkte Herrscher im Luftreich des Traums, während Franzosen und Russen das Land, die Engländer das Meer beherrschen. Als *Alptraum* dringt die beklemmende deutsche Wirklichkeit in den Schlaf des Träumers Heine ein: Am Mindener Hotelbett hängt ein schmutziger Quast über seinem Kopf; der Quast bereitet ihm wüste Träume, er sieht sich von preußischen Gendarmen verschleppt und, ein neuer Prometheus, an die Felsen geschmiedet, der Quast aber, nun in den preußischen Adler mit Krallen und schwarzem Gefieder verwandelt, frißt ihm die Leber aus der Brust! Traum und Mythos verschmilzt Heine bei seinem Angriff auf eine zentrale, mittelalterlich-romantische Symbol-Gestalt, die wegen ihres nationalpatriotischen Gehalts in hohem Ansehen stand: Kaiser Barbarossa. Die Sage kennt Heine von seiner alten Amme aus dem Münsterland: Mit Tausenden von Pferden und Soldaten wohnt der Kaiser unterirdisch im Kyffhäuser; seit Jahrhunderten sitzt er an steinernem Tisch, der Bart ist ihm bis zur Erde gewachsen, und eines Tages wird er mit seinem Heer ausrücken und die Mörder der Jungfrau Germania, also der deutschen Einheit und des deutschen Reiches, streng bestrafen. Hinter Paderborn eingeschlafen, besucht der Dichter Barbarossa im Traum und ermutigt ihn zunächst zum Losschlagen, gerät dann aber mit ihm in Streit, weil Kaiser Rotbart ihm seinen Bericht über die Guillotinierung der französischen Königsfamilie verübelt. Da platzen dem träumenden Dichter die geheimsten Gedanken über diesen romantischen Kaiser und die von ihm verkörperte nationalistisch-altdeutsche Ideologie heraus – Barbarossa ist ein Relikt, die Deutschen brauchen gar keinen Kaiser:

> Herr Rotbart – rief ich laut – du bist
> Ein altes Fabelwesen,
> Geh, leg dich schlafen, wir werden uns
> Auch ohne dich erlösen.

> Die Republikaner lachten uns aus,
> Sehn sie an unserer Spitze
> So ein Gespenst mit Szepter und Kron;
> Sie rissen schlechte Witze.
>
> Auch deine Fahne gefällt mir nicht mehr,
> Die altdeutschen Narren verdarben
> Mir schon in der Burschenschaft die Lust
> An den schwarz-rot-goldnen Fahnen.

Nach dem Erwachen gibt der Reisende vor, über den eigenen Mut erschrocken zu sein: wagt doch ein Deutscher nur im Traum, nicht in der Wirklichkeit, seinen Fürsten die deutsche Meinung zu sagen, also muß der Dichter Barbarossa um Vergebung anflehen – das raffinierte Spiel mit Traum und Kaiser-Mythos, das die innere Fäulnis der restaurativen deutschen Gesellschaft aufdeckt, endet mit einem zweiten Aufruf an den Kaiser, in Deutschland aufzuräumen:

> Das Mittelalter, immerhin,
> Das wahre, wie es gewesen,
> Ich will es ertragen – erlöse uns nur
> Von jenem Zwitterwesen,
>
> Von jenem Kamaschenrittertum,
> Das ekelhaft ein Gemisch ist
> Von gotischem Wahn und modernem Lug,
> Das weder Fleisch noch Fisch ist.

Auf der Ebene von Imagination und Traum verwendet Heine auch die politisch-romantische »Schauer-Gestalt« eines Doppelgängers mit dem Beil. Schon seit Jahren will er den vermummten Gesellen gesehen haben, wenn er nachts am Schreibtisch saß, jetzt trifft er ihn ausgerechnet in Köln, der Stadt der Dunkelmänner, der Scheiterhaufen, des Glaubenshasses und des Domes, den die Altdeutschen zu Ende bauen lassen. Auf dem Domplatz spricht er den Unheimlichen an – an dieser Stelle wendet Heine das romantische Motiv ins Politisch-Utopische, ohne dem Doppelgänger seine Unheimlichkeit zu nehmen: Der Beil-Träger ist kein Gespenst der Vergangenheit, er ist das andere, das handelnde Ich des Dichters, das aus den Tiefen des Unbewußten aufgestiegen ist; der Doppelgänger sagt dem Dichter:

> Du bist der Richter, der Büttel bin ich,
> Und mit dem Gehorsam des Knechtes
> Vollstreck ich das Urteil, das du gefällt,
> Und sei es ein ungerechtes.
>
> Dem Konsul trug man das Beil voran
> Zu Rom, in alten Tagen.
> Auch du hast deinen Liktor, doch wird
> Das Beil dir nachgetragen.

Wieder geht der Gedanke (des Dichters) der Tat (dem Liktor) voraus, Gedanke und (Traum-)Tat klaffen aber auseinander, auf der Tat-Ebene ist der Dichter nicht nur machtlos, er schaudert auch vor dem revolutionären Richteramt – darum geht er *im Traum* mit klaffend aufgeschnittenem Herzen durch die Stadt und bestreicht die Türpfosten mancher Häuser mit seinem Blut, worauf stets von ferne ein Sterbeglöckchen schallt: Der träumende Dichter »weiß«, daß die Revolution gegen die erstarrte Restaurationsgesellschaft Blut kosten wird, davor schreckt er zurück, *obwohl* er, im Traum, durch das Medium des Liktors *handelt:* Die Blutströme, die ihm beim Erwachen aus der Brust schießen, sind der physische Ausdruck dieser inneren Gespaltenheit.

Er erwacht übrigens, nachdem der Doppelgänger im Kölner Dom die Heiligen Drei Könige, »die armen/Skelette des Aberglaubens« zerschmettert hat. Wieder, wie schon vor zehn und vor fünfzehn Jahren, greift Heine das reaktionäre Deutschland besonders hart auf der religiösen Ebene an, er rüttelt an Thron *und* Altar. Er mißbilligt auch den Weiterbau des Domes:

> Denn eben die Nichtvollendung
> Macht ihn zum Denkmal von Deutschlands Kraft
> Und protestantischer Sendung.

Ja, Heine prophezeit im blasphemischen Zorn sogar, daß der Bau nicht vollendet werde, worin er irrte, und daß ihn »der Zukunft fröhliche Kavallerie« als Pferdestall benutzen werde. Noch einmal, trotz der im Börne-Buch schon ausgesprochenen Zweifel, stellt er dem Christentum, der Staatskirche und der Jenseits-Ideologie seine »hellenische« Religion des irdischen Glücks entgegen. Das romantische Harfenmädchen, dem er an der Grenze begegnet, singt vom irdischen Jammertal:

> Sie sang das alte Entsagungslied,
> Das Eiapopeia vom Himmel,
> Womit man einlullt, wenn es greint,
> Das Volk, den großen Lümmel.

Begeistert malt Heine seine Gegen-Utopie aus:

> Ein neues Lied, ein besseres Lied,
> O Freunde, will ich Euch dichten!
> Wir wollen hier auf Erden schon
> Das Himmelreich errichten.
>
> Wir wollen auf Erden glücklich sein,
> Und wollen nicht mehr darben;
> Verschlemmen soll nicht der faule Bauch,
> Was fleißige Hände erwarben.
>
> Es wächst hienieden Brot genug
> Für alle Menschenkinder,
> Auch Rosen und Myrten, Schönheit und Lust,
> Und Zuckererbsen nicht minder.

Noch einmal richtet Heine das Bild der Menschengöttlichkeit auf; es gilt, »den Gott, der auf Erden im Menschen wohnt, aus seiner Erniedrigung« zu retten – das steht im großen Vorwort zum »Wintermärchen«, in dem Heine so leidenschaftlich wie an keiner anderen Stelle des Werks *seinen* Patriotismus dem eroberungssüchtigen Nationalismus entgegenstellt, der Frankreich damals schon Elsaß und Lothringen entreißen wollte. Entschieden weist er den Vorwurf mangelnder Vaterlandsliebe zurück, der sich aus seiner Kritik der schwarz-rot-goldenen Farben ergab: »Pflanzt die schwarz-rot-goldne Fahne auf die Höhe des deutschen Gedankens, macht sie zur Standarte des freien Menschentums, und ich will mein bestes Herzblut für sie hingeben.« In *diesen* Traum von deutscher »Sendung und Universalherrschaft« fügt Heine die Idee von der Menschengöttlichkeit, vom irdischen Paradies ein, Deutschland soll *dieses* Paradies der Welt schenken: Das ist sein Patriotismus. Es ist das letzte Mal, daß er die Utopie vom göttlichen Menschen verkündet.

Die Nachrichten über die Rezeption der »Neuen Gedichte« und des »Wintermärchens« sind widersprüchlich. Dafür steht eine Äußerung Varnhagens vom 26. Oktober 1844: »Ihre neuern Gedichte machen das größte Aufsehen, mit dem Schrei des Entsetzens wetteifert der Schrei der Bewunderung; alle Stimmen vereinigen sich, die volle Macht der Poesie, das hohe Walten des Genius anzuerkennen. In den Äußerungen, welche zum Druck gelangen, werden Sie diese Stimmen freilich nur sehr abgeschwächt vernehmen, ja aus dem Lobe hinaus und in den Tadel hinüber gedrängt.« Es gab also eine mündliche Propaganda für Heines neues Werk, aber nur eine schwache und zumeist negative Rezeption in der Öffentlichkeit, eine umfassende Auseinandersetzung mit den Gedichten, wie sie frühere Werke Heines erlebt hatten, fand nicht statt. Dafür gab es drei Gründe. Zunächst stand für viele Rezensenten das Urteil über Heine schon längst fest, sie erprobten es nicht am neuen Buche neu. Sodann versuchten die Zensurbehörden, nach den ersten Verboten auch die öffentliche Resonanz des Buches zu unterdrücken, offenbar waren nicht einmal Verrisse erwünscht: »Die Censur läßt nach dem Verbote weder pro noch Contra etwas paßieren«, schrieb Campe am 25. Oktober 1844. Schließlich war der Zustand der deutschen literarischen Öffentlichkeit durch die jahrzehntelange Unterdrückung, den Zwang zur Anpassung, durch Prüderie und Heuchelei derart korrumpiert, daß ein schwieriges Werk wie das Heines kaum mit sachlicher Beurteilung rechnen konnte. Campe versuchte das eher seinem widerspenstigen Autor anzulasten: »Indeß ein allgemeines Urtheil stellt sich, hier wenigstens, fest: man ist der

Gemeinheiten, der *Lüderlichkeiten* wegen, *sehr indigniert.* Gegen Einen der für Sie spricht, sind Zehn die *gegen Sie* auftreten. Wie ich Ihnen gleich sagte, der Deutsche verträgt dergleichen Huren- und Nachtstuhl-Geschichten nicht«. Varnhagen sah das genauer. Er nannte den Zustand der Literatur vollkommen anarchisch und schilderte Heine die Korruption und die Heuchelei, die Gesinnung nur vortäuschte, in nackten Worten: »Schufte und Lumpe haben sich der geringen Bühnen bemächtigt, wo man schreit und lärmt, der Markt ist mit Gesindel überfüllt. Die Burschen möchten einem vorschreiben, was man thun und lassen, wie man urtheilen soll, und haben doch weder Gesinnung noch Ziel, treiben auf dem Meer ohne Steuer, abhängig von jedem Windstoß und jeder Welle, das nennen sie dann Freiheit!« Von solcher gesinnungslosen Literaturkritik hatte Heine nichts zu hoffen; er mußte sich damit abfinden, daß nur eine begrenzte Anzahl von Rezensionen erschien, die freundlichste kam von Laube. Am meisten mußte ihn enttäuschen, wie wenig Leute seine harte Kritik am *restaurativen* Deutschland als Ausdruck seiner tiefen Liebe zum *wirklichen* Vaterland verstanden, der Liebe eines Dichters, der genau wußte, wie *urdeutsch* er selber war: »Ich weiß daß ich eine der deutschesten Bestien bin, ich weiß nur zu gut daß mir das Deutsche das ist, was dem Fische das Wasser ist.« Diese Äußerung Heines vom 7. März 1824, gilt im Kern noch zwanzig Jahre später, nur war er 1844 sicher, ohne das deutsche Wasser *nicht* zum Stockfisch zu vertrocknen, was er 1824 befürchtet hatte – 1844 war er stark, weltmännisch und kosmopolitisch genug, *ohne* das deutsche Lebenselement auszukommen: Was ihm die Deutschen antaten, schmerzte ihn, aber er hielt es aus.

Die neuen Genossen

Es sieht nach einem historischen Augenblick aus: Ende 1843 schließen in Paris der 46jährige Heinrich Heine, einer der großen europäischen Schriftsteller, Vorkämpfer der Emanzipation und der sozialen Revolution, und der 25jährige Emigrant Dr. Karl Marx, dessen Wirtschafts- und Sozialtheorie, dessen Geschichtsphilosophie das Antlitz der Erde verändern wird, miteinander Freundschaft. Es sieht so aus, als hätten sich beide mit geschichtlicher Notwendigkeit aufeinander zu bewegt, um Bundesgenossen in großen Menschheitsfragen zu werden: Seit seiner Kindheit hat der jüdische Außenseiter Heine einen scharfen Blick für soziale Ungerechtigkeit, schon in Düsseldorf geht er mit Leuten der Unterklassen, mit Geächteten wie der Scharfrichtersfamilie des roten Sefchens um. Antisemitische Ausschreitungen, bei denen verhetzter Pöbel, Lumpenproletariat, wie Marx das nennen wird, eine Hauptrolle spielt, wecken allerdings auch eine Abneigung gegen allzu engen Kontakt mit dem Volk. Schon im »Ratcliffe« (1822) wirft Heine die »große Suppenfrage« auf und läßt den ehrlichen Tom über die »zwei Nationen« nachsinnen, die sich wild bekriegen, die Satten und die Hungerleider; in den »Briefen aus Berlin« aus dem Jahr 1822 spricht Heine von der Wichtigkeit eines Mittagessens für jeden Menschen. In England wird er 1827 mit dem Gegensatz zwischen den beiden »Nationen«, mit dem sozialen Elend in der neuen Industriegesellschaft konfrontiert und findet Saint-Simons Feststellung bestätigt, daß auf keiner Werft Englands eine Idee zur Heilung dieses Elends existiere. In den frühen dreißiger Jahren sieht er die hungernden Pariser Armen, entdeckt Thomas Münzer als Vorkämpfer der unteren Klassen, erkennt, von den Saint-Simonisten angeregt, daß alle Menschen durch Industrie und Ökonomie »materielles Wohlseyn« gewinnen können, und entwirft seine große Utopie vom irdischen Glück. Zugleich weist er der deutschen Philosophie den Weg in die revolutionäre Praxis, ein für Marx bedeutsamer Fingerzeig, auch wenn Heine 1835 noch nicht an ein Bündnis von moderner Philosophie und revolutionärem Proletariat denkt wie Marx 1844.

In den frühen vierziger Jahren aber sieht er in Pariser Vororten und Werkstätten dieses ausgebeutete Proletariat erwachen und schreibt darüber ausführlich in den später »Lutetia« genannten Berichten für die »Allgemeine Zeitung«, in Bruchstücken von 1844 wie »Ludwig Marcus Denkworte« und »Briefe über Deutschland«. Er hat Mitgefühl mit den notleidenden Arbeitern und sieht nicht ohne Schrecken ihrem wilden Cancan zu, den die Polizei verfolgt. Schon in den ersten Berichten über die Proletarier gibt er ihnen dämonische Züge und schildert sie in tierhaften und monströsen Metaphern: Ihre Lieder sind wie in der Hölle gedichtet, sie selbst sind Ungetüme, Dämonen, ein wildes Heer, Ratten; im Zueignungsbrief der »Lutetia« an Fürst Pückler-Muskau spricht er 1854 sogar von den furchtbarsten Krokodilen, die jemals aus dem Schlamm gestiegen sind.

In einer schaurigen Nacht-Metapher schildert Heine das Kapital, das die Ausgebeuteten beherrscht: »Es ist alles still, wie in einer verschneiten Winternacht. Nur ein leiser, monotoner Tropfenfall. Das sind die Zinsen, die fortlaufend hinabträufeln in die Kapitalien, welche beständig anschwellen; man hört ordentlich wie sie wachsen, die Reichtümer der Reichen. Dazwischen das leise Schluchzen der Armut. Manchmal auch klirrt etwas, wie ein Messer das gewetzt wird.« Heine hört das Messer-Wetzen immer öfter, die Messer klirren immer lauter, die Dämonen rütteln an ihren Ketten, und was da aufkommt, erhält im Bericht vom 11. Dezember 1841 erstmals in Heines Werk den Namen Kommunismus: Wer nämlich in Paris die Miene des Volkes auf den Gassen studiert, »dem wird es zur festen Überzeugung, daß früh oder spät die ganze Bürgerkomödie in Frankreich mitsamt ihren parlamentarischen Heldenspielern und Komparsen ein ausgezischt schreckliches Ende nimmt und ein Nachspiel aufgeführt wird, welches das Kommunistenregiment heißt!« Allein in Paris warten etwa 400 000 rohe Fäuste auf die proletarische Revolution, und die Propaganda der Kommunisten besitzt eine Sprache, die jedes Volk versteht: »Die Elemente dieser Universalsprache sind so einfach, wie der Hunger, wie der Neid, wie der Tod.« Schon 1841 erkennt Heine also den *internationalen* Charakter der kommunistischen Bewegung. »Kommunismus ist der geheime Name des furchtbaren Antagonisten, der die Proletarierherrschaft in allen ihren Konsequenzen dem heutigen Bourgeoisregimente entgegensetzt«, die Dämonen der Umwälzung werden einen furchtbaren Zweikampf mit den Reichen führen, und Heine gibt ihrem Aufstand in seiner vielleicht bedeutsamsten Wortschöpfung den Namen: »Es ist die Weltrevolution, der große Zweikampf der Besitzlosen mit der Aristokratie des Besitzes« (20. Juni 1842). Die Weltrevolution – Heine sieht sie kommen, erkennt ihre moralische Berechtigung, ihre historische Notwendigkeit an und fürchtet sie gleichzeitig! Er äußert gegenüber Kolb »große Furcht vor dem Gräul einer Proletarierherrschaft«, in ihrem »blödsinnigen Gleichheitstaumel« werden die Proletarier »alles was schön und erhaben auf dieser Erde ist, zerstören, und namentlich gegen Kunst und Wissenschaft ihre bilderstürmende Wut auslassen«: also auch gegen Heinrich Heine und sein Werk! Ihr unzeitiger Triumph wäre ein Unglück für die Menschheit; nach dem Sieg des Kommunismus wird »ein freier Hirt mit einem eisernen Hirtenstabe... eine gleichgeschorene, gleichblökende Menschenherde« regieren, eine neue Apokalypse mit neu zu erfindenden Bestien wäre zu schreiben: »Die Zukunft riecht nach Juchten, nach Blut, nach Gottlosigkeit und nach sehr vielen Prügeln.« Trotz dieser Schreckensvorstellung nennt Heine die Kommunisten die einzige Partei in Frankreich, die Beachtung verdient, und vergleicht sie mit den Frühchristen. Sie sind besser organisiert, handeln mit klarerem Bewußtsein als die Jakobiner nach 1789 und werden den ihm verhaßten Nationalismus verjagen – schon damals sprechen aus Heine also zwei Stimmen, wenn er von den Kommunisten spricht, denen er in der »Allgemeinen Zeitung« überhaupt erst sagt, daß sie existieren. Auch Karl Marx wird diese Nachricht vernommen haben. So ist Heine durch langjährige Erfahrung, Analyse und Schreibarbeit auf die Begegnung mit dem jungen, revolutionären Doktor der Philosophie vorbereitet, zumal er sich auch mit französischen Frühsozialisten wie Louis Blanc, Lamennais und Leroux beschäftigt und über sie geschrieben hat.

Der Lebensgang des jungen Marx wiederum weist eigenartige Parallelen zur Biographie Heines auf. Auch Marx hat geschrieben – Gedichte, ein Roman-Fragment, Stücke einer Schicksalstragödie –, gehört in Bonn einem Poeten-Kreis mit Karl Grün und Emanuel Geibel an, widmet seiner Braut Jenny von Westphalen die nie publizierte Lyriksammlung »Buch der Liebe« – die Anspielung auf das »Buch der Lieder« ist deutlich. Marx liest Heine schon früh, Heine wird neben Goethe und Shakespeare sein Lieblingsdichter; die eigene Poeterei allerdings gibt Marx 1837 in einem Akt rigoroser Selbstkritik zugunsten der Philosophie auf. Wie Heine beginnt er in Bonn Jura zu studieren, wie dieser legt er sein Studium breit und vielseitig an, hört Geschichte, Kunstgeschichte, griechische und römische Literatur, hört August Wilhelm Schlegel, lernt Englisch und Italienisch. Wie Heine setzt er das Studium in Berlin fort, wie der Dichter trifft er dort auf die Hegelsche Philosophie, in die ihn Heines Berliner Bekannter Eduard Gans einführt und die von nun an seinen Entwicklungsgang bestimmt. Er schließt sich den Linkshegelianern an, die den reaktionären Ballast der Hegelschen Philosophie abwerfen und ihre Orientierung auf den gegenwärtigen preußischen Staat als höchste Entwicklungsstufe der Geschichte aufheben wollen. In dieser Zeit muß Marx auch Heines Wendung der Philosophie ins Praktisch-Politische kennengelernt und diskutiert haben – *er* wird den von Heine vorgezeichneten Weg gehen, er übernimmt Hegels Idee vom Fortschreiten der Menschheit zu immer höheren Stufen und seine dialektische Methode. Er wird nie aufhören, eine ähnlich universale und systematische Weltdeutung anzustreben wie Hegel, nur wird sein Weg vom Idealismus zum konsequenten Materialismus führen, das Sein wird für ihn das Bewußtsein der Menschen bestimmen, die Gesellschaft den Staat hervorbringen, nicht, wie bei Hegel, der Staat die Gesellschaft. Wie Heine hofft Marx zeitweilig auf eine Stellung an der Universität; das wird durch die aufkommende Hegel-Feindlichkeit nach 1840 verhindert. 1842 betritt Marx als Redakteur der liberal-demokratischen »Rheinischen Zeitung« die politische Bühne. Die Arbeit befriedigt ihn nicht lange, die Zensur schikaniert ihn, die Zeitung wird verboten, die deutschen Verhältnisse widern ihn an und engen ihn ein: »In Deutschland kann ich nichts mehr beginnen«, schreibt er 1843; genauso empfand Heine zwölf Jahre früher. Arnold Ruge bietet Marx die Redaktion der »Deutsch-französischen Jahrbücher« an; er akzeptiert und siedelt im November 1843 mit seiner Frau nach Paris um, Heine ist gerade in Deutschland. Das Jahr 1844 wird für die weitere Entwicklung von Marx entscheidend. Sein Biograph Friedenthal nennt es »angefüllt bis zum Rande«: Marx schreibt seine ökonomisch-philosophischen Papiere als eine Art Werk-Grundriß, wobei er den zentralen Gedanken der Entfremdung entwickelt; er gibt die »Deutsch-französischen Jahrbücher« heraus und schreibt für den »Vorwärts!«, diskutiert mit Proudhon und Bakunin und bekommt durch Engels den Anstoß zu seiner »ökonomischen Wende«: Zwei Aufsätze, die Engels ihm für die »Jahrbücher« schickt und die die moderne Nationalökonomie sowie Carlyles Betonung der wirtschaftlichen Faktoren für die Gesellschaft behandeln, bewirken Marx' Hinwendung zur Ökonomie; sie wird nun ins Zentrum seiner Theorie gerückt. Gleichzeitig erkennt er, daß die moderne Philosophie sich mit dem Proletariat verbünden muß. Er beschreibt die Emanzipation des Menschen und erklärt: »Der *Kopf* dieser Emancipation ist die *Philosophie,* ihr *Herz* das *Proletariat.* Die Philosophie kann sich nicht verwirklichen ohne die Aufhebung des Proletariats, das Proletariat kann sich nicht aufheben ohne die Verwirklichung der Philosophie.« Ende August 1844 treffen sich Marx und Engels in Paris und werden sich rasch in allen Punkten einig: sozusagen unter Heines Augen ist der Marx-Engelsche Kommunismus, ist seine weltverändernde Theorie geboren worden, ein Vorgang, dessen Tragweite Heine damals nicht erkennen mußte.

Heine und Marx lernten sich im Dezember 1843 durch Ruge kennen. Der philosophisch gebildete Dichter und der poetisch interessierte Philosoph schlossen schnell Freundschaft und bekundeten einander ihr Vertrauen: »Wir brauchen ja wenige Zeichen um uns zu verstehen«, schrieb Heine dem jungen Freund am 21. September 1844 aus Hamburg, und Marx verabschiedete sich am 12. Januar 1845, als einige

»Vorwärts!«-Redakteure aus Paris ausgewiesen wurden, mit den Worten: »Von Allem, was ich hier an Menschen zurücklasse, ist mir die Heinesche Hinterlassenschaft am unangenehmsten. Ich möchte Sie gern mit einpacken.« Es gab auch familiäre Beziehungen; Heine scheint tatsächlich das erste Kind des Ehepaares Marx vor dem frühen Tod gerettet zu haben: Die kleine Jenny, die den Vornamen ihrer Mutter trug, ein Säugling von wenigen Monaten, wurde eines Tages von lebensgefährlichen Krämpfen befallen. Die Eltern, die Familien-Betreuerin Helene Demuth waren hilflos. Heine kam hinzu, sah das Kind, verordnete ein sofortiges Bad, bereitete es selbst zu und rettete so dem Mädchen das Leben.

Marx schätzte den Dichter Heine sehr und moralisierte ihm gegenüber nicht wie die meisten deutschen Republikaner in Paris – er hielt Dichter wohl für sonderbare Käuze, die man nicht mit den Maßstäben anderer Leute beurteilen dürfe und die man ihre eigenen Wege gehen lassen müsse. Eine solche Nachsicht war bei Marx keinesfalls selbstverständlich, denn die Schwächen anderer Leute verurteilte er gewöhnlich sehr scharf. Marx nahm auch Heines Partei gegen Börne, vor allem aber diskutierten beide ausgiebig Heines neueste Gedichte. »Ein Gedichtchen von acht Zeilen«, berichtete die Marx-Tochter Eleanor »konnten Heine und Marx zusammen unzählige Male durchgehen, beständig das eine oder andere Wort diskutierend und so lange arbeitend und feilend, bis alles glatt und jede Spur von Arbeit und Feile aus dem Gedicht beseitigt war.« Sicher wurden bei diesen Gesprächen vor allem Heines Gedichte für die »Jahrbücher« und den »Vorwärts!« analysiert.

Der Kontakt zu Marx und die Mitarbeit an der linken deutschsprachigen Presse in Paris führte Heine auch mit anderen Deutschen zusammen. Ruge kannte er schon seit August 1843; er begegnete ihm freundlich, obwohl Ruge früher kritisch über ihn, seinen Witz und seine »Frivolität« geschrieben hatte, das Börne-Buch und die »Verschiedenen« ablehnte und auch noch 1843/44 gelegentlich philiströse Urteile über Heine abgab. Ruge war allerdings beeindruckt von Heines satirischen Zeitgedichten und dem »Wintermärchen«, er war stolz auf Heines Mitarbeit an den »Jahrbüchern« und würdigte es, daß Heine bei Buchhändlern dafür warb. Heine lernte auch die »Vorwärts!«-Redakteure Heinrich Börnstein und Karl Ludwig Bernays sowie den kommunistischen Publizisten Karl Grün kennen, der 1845 in seinem Buch »Die soziale Bewegung in Frankreich und Belgien« schrieb: »Von allen Früheren und Älteren ist der Dichter der »Reisebilder« der Einzige, der selbst beim letzten Sturmschritte Deutschlands nicht zurückblieb, ja, der mit großem Rechte sagen konnte: Bin ich nicht immer voraus gewesen? Hat man mich nicht immer verkannt und verlästert, weil ich in leichten Gazellensprüngen zu den Höhen emporsetzte, zu denen jetzt die gravitätische Doktrin hinauf wallfahrtet?« Auch mit dem jüdischen Sozialisten Moses Heß, der damals zum Kreis von Marx und Engels gehörte, hatte Heine Umgang – Engels selbst lernte er bei dessen Paris-Besuch 1844 nicht kennen, weil er gerade in Deutschland war. Engels hatte früher für Börne und gegen Heine plädiert, das Börne-Buch hatte er sogar das Nichtswürdigste genannt, was je in deutscher Sprache geschrieben wurde; im Dezember 1844 aber schrieb er in »The New Moral World« stolz, Heine, der hervorragendste unter allen lebenden deutschen Dichtern (»the most eminent of all living German poets«) habe sich ihnen angeschlossen, einige seiner Gedichte verkündeten den Sozialismus. Eine englische Übersetzung des »Weber«-Liedes veröffentlichte er an gleicher Stelle; erst bei einem Paris-Besuch im September 1846 lernten sich beide Männer persönlich kennen.

Im März 1844 erschien die erste und einzige Nummer der »Deutsch-französischen Jahrbücher«, ein Doppelheft von rund 240 Seiten mit Ruge und Marx als Herausgeber. Neben den beiden schon erwähnten Aufsätzen von Engels, neben »Kritik der Hegelschen Rechtsphilosophie. Einleitung« und »Zur Judenfrage« von Marx sowie anderen Beiträgen enthielt das Heft Herweghs »Verrat!« und Heines ironische »Lobgesänge auf König Ludwig« – nicht zuletzt ihretwegen wurden die »Jahrbücher« rasch verboten und ihre Mitarbeiter in Preußen mit Verhaftung bedroht. Daß Gendarmen und Grenzschützen sich bei der Beschlagnahme von 214 Exemplaren wegen Heines Gedichten vor Lachen auf dem Boden gewälzt haben sollen, änderte nichts am Verbot, erhellt aber schlaglichtartig die politische Lage.

Der »Vorwärts!«, der vom 2. Januar bis zum 28. Dezember 1844 zweimal wöchentlich erschien, kritisierte am 2. März das Heft der »Jahrbücher« und Heines Gedichte heftig und brachte sogar ein anonymes Schmähgedicht gegen Heine – da stand das Blatt noch unter der Leitung des Spitzels Bornstedt und war gemäßigt liberal. Börnstein berichtete in seinem Buch »Fünfundsiebzig Jahre in der Alten und Neuen Welt, Memoiren eines Unbedeutenden« (1884), daß der »Vorwärts!« erst durch eine 3000-Francs-Spende Meyerbeers gegründet werden konnte: »Es war bei allem dem eine eigene Schickung, daß dieses Blatt, welches später *ultra-radikal* und der eigentliche Vorläufer der Achtundvierziger Bewegung wurde und besonders der preußischen Regierung unbequem ward, mit dem Gelde des *königlich preußischen Generalmusikdirektors Meyerbeer,* der Persona gratissima am Hofe Friedrich Wilhelms war, gegründet werden mußte.«

Seit Mai 1844 drängten die ehemaligen »Jahrbücher«-Mitarbeiter den »Vorwärts!« in eine radikal-demokratische Richtung, und zwar mit Erfolg: Bornstedt zog sich stillschweigend zurück. Zwischen dem 11. Mai und dem 24. Juli erschienen in zehn Ausgaben Gedichte Heines, darunter »Der Kaiser von China«, »Der neue Alexander« und »Doktrin«. Am 21. September schickte Heine aus Hamburg die Aushängebogen des »Wintermärchens« an Marx mit der Bitte, das Beste daraus im »Vorwärts!« zu veröffentlichen und ein einleitendes Wort dazu zu schreiben. Das »Wintermärchen« wurde zwischen dem 23. Oktober und dem 30. November *ganz* im »Vorwärts!« abgedruckt, also erst nach dem Erscheinen der »Neuen Gedichte« und des Separatdrucks. Ob Marx der Verfasser des kurzen, anonymen Vortextes war, hat sich nicht klären lassen; daß Heine im »Vorwärts!« ein Forum für seine Gedichte hatte und 1844 seinen vorläufigen Höhepunkt als politischer, zeitkritischer Dichter erreichte, steht fest. Freilich muß man die Zeitung nicht überschätzen: Sie hatte nicht viele Leser – Engels meinte 1883, dem »Vorwärts!« werde zu dieser späteren Zeit mehr Wichtigkeit zugeschrieben, als ihm gebühre.

Heine ist niemals Kommunist geworden. Schon in der Hoch-Zeit seiner Verbindung zur deutschen Linken in Paris hatte er Vorbehalte gegen die »neuen Genossen«, wenn auch nicht gegen Marx persönlich. »Ich hab' ein neues Schiff bestiegen« – das galt nicht unbedingt: »Der Haß gegen Preußen hat mich wieder in das Vordertreffen getrieben, und ich habe leider meine Cameraden nicht mit Sorgfalt wählen können«, schrieb er Kolb am 12. November 1844, entschuldigte sich wegen eines »Vorwärts!«-Angriffs auf die »Allgemeine Zeitung« und spielte seine Mitarbeit am »Vorwärts!« herunter, versicherte allerdings zugleich, daß der jetzige Kommunismus weitaus respektabler und imposanter sei als »der schale nachgeäffte Jakobinismus« der Börne-Anhänger. Wahrscheinlich irritierte ihn die Rugesche Coterie, vor der ihn Campe am 4. Februar 1844 im Interesse seiner Gesamtausgabe und wegen der Bespitzelung der Gruppe warnte: sie mögen zudringlich und fordernd gewesen sein, Heine schätzte aber auch den neuen Genossen gegenüber seine Unabhängigkeit und verabscheute Aufdringlichkeit – deshalb empfand er auch beim Hamburger Zusammentreffen mit dem politisch verfolgten Schneider Wilhelm Weitling, den er im Brief an Marx erwähnte, dessen hybrides Selbstbewußtsein, die herausfordernde Arroganz als derart aufdringlich, daß er ihm noch in den »Geständnissen« (1854) Mangel an Respekt und widerliche Familiarität beim Vorzeigen der Ketten-Spuren an seinen Beinen vorwarf.

Nach der Ausweisung von Marx lockerten sich die Verbindungen. Man schrieb einander noch, ließ sich durch Besucher grüßen, Marx besuchte Heine im Frühjahr 1848 und im Sommer 1849 ein paarmal. Marx und seine Freunde beklagten seine Krankheit. Marx machte sich 1855 sanft über Heine lustig, weil dieser in den »Geständnissen« behauptete, Marx habe ihn 1848 getröstet, als man die Zahlung der französischen Staatspension aufdeckte; Marx lästerte nach Heines Tod über Mathilde, die er früher als seine »Frau Gemahlin« grüßen ließ, und nannte sie »dies Saumensch, das den poor Heine zu Tode gequält«. Marx hat nie seine Hochachtung vor dem dichterischen Werk Heines verloren, er hat ihn oft zitiert, auf Heine-Stellen angespielt oder sie übernommen;

beispielsweise geht der berühmte Marxsche Satz von der Religion als »Opium des Volkes« auf Heines Metapher vom »geistigen Opium« im vierten Buch der Börne-Denkschrift zurück. Die streitbare Vitalität von Marx, seine Freude am Erfinden von Metaphern verdankt Heine viel – er hat, als der Jüngere, überhaupt mehr von Heine gelernt als dieser von ihm. Insgesamt aber ging er seinen Weg ab 1845 ohne Heine, der seinerseits Publikationsangebote neuer linker Journale ignorierte und sich für die Entwicklung der Marxschen Theorie nur wenig interessierte: als Marx ihm seine »Heilige Familie« schickte, las Heine bloß vierzig Seiten davon.

Das Überraschendste ist jedoch, daß die Begegnung mit Marx Heines Vorstellung vom Kommunismus als einer radikal kunst- und wissenschaftsfeindlichen Doktrin der Gleichmacherei im Kern nicht veränderte, wie die Buchausgabe der »Lutetia« (1854) und besonders das Vorwort zur französischen Ausgabe von 1855 zeigen. Durch Leo Kreutzer wissen wir, woher Heine seine Schreckens-Vorstellung hatte: Vom radikalen Gleichmacher Babeuf, der 1797, in Heines Geburtsjahr, hingerichtet worden war, und von den Anhängern des Neo-Babouvismus, die in der französischen Linken um 1840 eine große Rolle spielten. Heine kannte die Dokumentation der Lehre und der Verschwörung Babeufs, die sein Mitstreiter Filippo Buonarotti 1828 in Brüssel herausgegeben hatte; sie erlebte seit der Zerschlagung der Pariser und Lyoner Arbeiteraufstände 1834 eine starke Spätwirkung, und Heine fand sie bei den Arbeitern im Faubourg Saint Marceau. In jahrelanger Auseinandersetzung mit Proletariat, Arbeiterbewegung und Kommunismus hatte sich Heines Bild davon so sehr verfestigt, daß die Begegnung mit Marx es nicht mehr entscheidend verändern konnte – wir wissen ja auch nicht, ob und wie intensiv sich Heine und Marx über politische, soziale und ökonomische Probleme unterhielten. Eleanor Marx behauptet in der zitierten Schilderung der Pariser Kontakte sogar, in den Erzählungen ihrer Eltern über Heine habe Politik keine Rolle gespielt – das ist denkbar; schon aus Höflichkeit gegenüber dem älteren und berühmten Heine wurde vielleicht tatsächlich vor allem über Dichtung gesprochen. Immerhin läßt eine Stelle aus Heines »Briefen über Deutschland« erkennen, daß er einen wichtigen Denkschritt von Marx wahrgenommen hat: »Es ist eine ... natürliche Erscheinung, daß die Proletarier in ihrem Ankampf gegen das Bestehende die fortgeschrittensten Geister, die Philosophen der großen Schule, als Führer besitzen; diese gehen über von der Doktrin zur Tat, dem letzten Zweck alles Denkens, und formulieren das Programm.«

Für Legendenbildung bietet die vorübergehende Freundschaft zwischen Heine und Marx jedenfalls keinen Stoff, eine Sternstunde der Menschheit war sie nicht, auch wenn sie in der Biographie beider Männer einen Markstein darstellt. So richtig die Deutung von Heines Kommunismus-Bild und Kommunismus-Furcht aus der rigorosen Gleichheits-Doktrin Babeufs und seiner Nachfolger ist: Wir sollten uns nicht mit ihr bescheiden, wenn wir nach den tieferen Gründen der Trennung von Heine und Marx fragen. Sie kämpften beide für die große soziale Revolution, sie wollten die »große Suppenfrage« lösen und das »materielle Wohlseyn« des Volkes sichern, und trotzdem kam es nicht zu einer *dauerhaften* geistigen Freundschaft. Dafür gibt es komplexe Ursachen. Sicher war Heine noch viel tiefer verwurzelt in der *alten* Zeit als der zwanzig Jahre jüngere Marx, er fürchtete, daß mit dem Sieg des Proletariats Werte und Schätze untergehen würden, an denen sein Herz hing, vor allem im Bereich der Kunst. Noch immer war Heine auch für eine konstitutionelle Monarchie und empfand gewisse Sympathien für Louis Philippe: darüber war Marx hinaus. Heine war nach seinen Deutschland-Besuchen sehr pessimistisch, was die Veränderung der deutschen Zustände, den politischen und sozialen Fortschritt anging; das machte ihn als Parteigänger von Marx und Engels wenig geeignet. Heine fürchtete wohl auch, die jungen Doktoren der Revolution könnten ihn auf eine Doktrin festlegen wollen: solchen Festlegungen entzog er sich immer. Die Wende von Marx und Engels zur politischen Ökonomie als der Basis allen gesellschaftlichen Seins vollzog er nicht mit; es ist nicht einmal sicher, ob er sie wirklich wahrgenommen hat. Die entstehende Marxsche Gesellschafts- und Wirtschafts*theorie* interessierte Heine nicht genug: Er hatte die eigene theoretisch-philosophische Phase hinter sich. Heine spürte bei Marx einen noch von Hegel bestimmten Drang zur universalen Systematik, er sah, daß in dem jungen Revolutionär einer der letzten großen System-Denker der Weltgeschichte heranwuchs: eine solche Systematik hatte er aber schon bei Hegel kritisiert, sie war ihm fremd und unheimlich, weil sie leicht zur geschlossenen Doktrin erstarren konnte.

Es kann keine Rede davon sein, daß Heine von der Marxschen Leistung nichts begriffen habe, wie Wolfgang Harich glaubt, für den Marx so unfehlbar ist, daß Heine nur hinter ihm zurückbleiben kann. Dabei geht es hier überhaupt nicht um *Fortschreiten* oder *Zurückbleiben,* sondern um *Verschiedenartigkeit* zweier außergewöhnlicher Männer, ihrer Entwicklungen und Möglichkeiten – das wußte der kluge und einfühlsame Franz Mehring Ende des vorigen Jahrhunderts besser als heutige Marx-Adepten: »Heine war kein Politiker, sondern ein Poet, und zwar ein großer Poet; er hat kein Parteiprogramm verfochten, sondern mit dem Blick des Sehers seiner Zeit in Herz und Nieren geschaut.« Das kommt keinesfalls einer *grundsätzlichen* Abkehr Heines von den großen revolutionären Zielen der Emanzipation gleich, schon gar nicht kann man den *Poeten* Heine vom *Revolutionär* trennen und etwa, wie 1856 der Literaturhistoriker Creizenach, behaupten, die Annäherung Heines an die äußerste Linke sei »rein äußerlich« gewesen. Heine war allerdings unfähig und nicht willens, eine Art »Parteimitführung« zu übernehmen, wie Briegleb das nennt, zumal wohl niemand Heine davon überzeugen konnte, daß die kommunistische Zukunftsgesellschaft, deren Entstehen er für historisch notwendig und unvermeidlich ansah, etwas anderes als den Hirten mit eisernem Stab und die gleichgeschorene, gleichblökende Menschenherde hervorbringen würde – es hat vermutlich auch niemand einen solchen Überzeugungs-Versuch gemacht.

Heines mörderische Krankheit, die wachsende Distanz zur Freundschaft des Jahres 1844, die Enttäuschung über Verlauf und Scheitern der 1848er Revolution, über die Entwicklung nach 1848 entfernten ihn noch mehr von den früheren neuen Genossen – hinter den düsteren Zeitereignissen versank die große Vision von der Menschengöttlichkeit für immer, die Hoffnung auf die politisch-soziale Revolution war erschüttert. Heines sogenannte religiöse Wende, von der noch die Rede sein wird, färbte auch seine Urteile über die »Doktoren der Revolution« dunkel: Im Vorwort zur zweiten Auflage von »Religion und Philosophie in Deutschland« blickte er 1852 auf *die* Pariser Jahre zurück, in denen er noch gesund und feist, im Zenith seines Fettes und übermütig wie König Nebukadnezar vor seinem Sturz war, und schrieb: wegen der seither eingetretenen leiblichen und geistigen Veränderungen müsse er oft an die Geschichte dieses Königs denken, »der sich selbst für den lieben Gott hielt, aber von der Höhe sein Dünkels erbärmlich herabstürzte, wie ein Tier am Boden kroch und Gras aß«. Diese Geschichte aber empfahl er Ruge, besonders jedoch dem »noch viel verstocktern Freund Marx, ja auch den Herren Feuerbach, Daumer, Bruno Bauer, Hengstenberg und wie sie sonst noch heißen mögen, diese gottlosen Selbstgötter«. Diese gottlosen Selbstgötter – das ist eine geniale, auch retrospektiv-selbstkritische Metapher für das, was Heine von Marx und seinen Freunden befürchtete: Daß sie sich wie Götter über andere Menschen erheben und in ihrer Erhebung verstockt, sprich: rücksichtslos, tyrannisch zur Menschenherde verhalten könnten. Daß Heine auch den stockkonservativen Protestanten Hengstenberg unter die gottlosen Selbstgötter steckt, ist einer jener prächtigen Witze, deren der Dichter bis in seine letzte Lebenszeit fähig war.

Es sprechen noch zwei weitere späte Äußerungen dafür, daß Heine nicht nur von den Babeuf-Nachfolgern, sondern auch von den Doktoren der Revolution Schlimmes fürchtete, so hoch er sie gleichzeitig schätzte: »Die mehr oder minder geheimen Führer der deutschen Kommunisten sind große Logiker«, schreibt er 1854 in den »Aveux d'un poète«, der französischen Fassung der »Geständnisse«, »von denen die stärksten aus der Hegelschen Schule hervorgegangen sind, und sie sind ohne Zweifel die fähigsten Köpfe, die energischsten Charaktere Deutschlands. Diese Doktoren der Revolution und ihre mitleidlos entschlossenen Schüler sind die einzigen Männer Deutschlands, denen Leben innewohnt, und sie sind es, fürchte ich, denen die Zukunft gehört.« Das ist eine sehr widersprüchliche und zwiespältige Analyse, in der Bewunderung und Grauen sich mischen; dabei spricht Heine gar nicht einmal gegen die revolutionären *Ziele* dieser Doktoren, wohl aber fürchtet er ihre rigorosen *Methoden,* und am meisten fürchtet er die »mitleidlos entschlossenen Schüler« der Theoretiker, die Politiker, die eines Tages die revolutionäre *Praxis* einleiten werden. Falls die zitierte Stelle, wie vermutet wird, auf Notizen aus dem Jahr 1844 beruht, dann muß Heine solche Befürchtungen schon 1844 gehegt, dann muß er gefürchtet haben, daß seine revolutionären Freunde zur Verwirklichung ihrer Ziele Methoden anwenden würden, die er nie billigen könnte. Ein Brief des Gießener Philosophie-Dozenten Moritz Carriere an Varnhagen (11. Oktober 1851) überliefert eine zweite Äußerung Heines, die bezeugt, daß sich seine Befürchtungen sieben Jahre später noch verstärkt haben: »Marx ist ein höchst geistvoller, aber schroffer Mann«, schreibt Carriere, »der große Diktatorgelüste hat, und von dem Heine sagte: Indes ist der Mensch bei alledem wenig, wenn er nichts als ein Scheermesser ist.« Man mag Heines Charakteristiken für falsch oder einseitig, man mag seine Befürchtungen für unbegründet oder unsinnig halten – man muß diese Äußerungen aber in ihrer vollen Wucht zur Kenntnis nehmen, weil ohne diese Urteile die Trennung zwischen Marx und Heine überhaupt nicht zu verstehen ist, ganz abgesehen davon, daß in Heines Worten auch *Sorge* um den jungen Freund des Jahres 1844 mitschwingt, die man nicht einfach überhören kann.

Heines politische Radikalisierung, die Begegnung mit Marx und anderen Linken, hat seinen kritischen Blick für politische und soziale Probleme seiner Zeit neuerlich geschärft; das beeinflußte auch seine Urteile über einige andere Persönlichkeiten. 1843/44 verschlechterte sich Heines Verhältnis zu Meyerbeer, und zwar vordergründig aus persönlichen Motiven: Heine war enttäuscht, weil der Komponist die versprochenen Lied-Vertonungen jahrelang hinauszögerte und sie schließlich doch nicht ausführte, was Heine auch finanzielle Nachteile brachte, weil er die Lieder nicht im

Musikverlag Escudier herausbringen konnte. Heine war ferner enttäuscht, weil Meyerbeer, dem er so viele journalistische Dienste geleistet hatte und von dem er Gegenleistungen erwartete, 1844 einen erbetenen Betrag in Heines Reisekasse nicht geben wollte. Die tieferen Ursachen der aufkommenden Spannungen, bei denen vielleicht eine gewisse Rivalität zu dem äußerlich glanzvoll erfolgreichen Komponisten mitspielte, waren aber politisch-sozialer Natur: Meyerbeer war Anfang der vierziger Jahre als Nachfolger des entlassenen Spontini Generalmusikdirektor der Berliner Oper geworden, also, ungeachtet gewisser Reformen, die er dort durchsetzte, ein Günstling des Heine verhaßten preußischen Hofes. Meyerbeer komponierte, offenbar mit Mühe und ohne innere Überzeugung, preußische Hofopern wie »Ein Feldlager in Schlesien« – ihm fehlte wohl die Zeit, Heines Gedichte zu vertonen, Heine aber verlor den Glauben an den progressiv-sozialen Charakter von Meyerbeers Musik, der zwischen Paris und Berlin pendelnde, Geld scheffelnde und um seinen Ruhm besorgte Komponist erschien ihm jetzt als hochdotierter Entertainer der Feudal- und Geldaristokratie. Entsprechend kritisch wurden seine Urteile. Im Artikel »Musikalische Saison 1844, zweiter Teil«, der am 17. Mai in der »Allgemeinen Zeitung« erschien, fügte Heine in eine spöttische Schilderung Spontinis, der Meyerbeer haßte und diesem, unberechtigterweise, die Schuld an seiner Ablösung in Berlin gab, auch Spitzen gegen Meyerbeer ein: Er habe Gedichte, die ihm ein Schriftsteller schon vor Jahren gab, immer noch nicht vertont, und er habe trotz der Urbanität, mit der man ihn in Paris behandle, in Berlin eine Hofcharge übernommen. Der Streit mit dem Komponisten, der sich 1844 anbahnte, setzte sich von Jahr zu Jahr fort, hielt bis zu Heines Tod an und äußerte sich auch in Veränderungen und Zusätzen, die Heine in der Buchfassung der »Lutetia« 1854 vornahm. So wurde dort aus der Hofcharge eine servile Hofcharge; so fügte Heine in den Artikel vom 12. Juni 1840(!) eine längere Passage ein, in der er auch das Verhältnis zwischen Meyerbeer und seinem Freund Gouin boshaft beleuchtete, und schließlich schob er in den Artikel vom 20. April 1841 Sätze ein, die den Maestro wegen seiner übertriebenen Ruhmsucht auf dem Hintergrund des kapitalistischen Kulturbetriebs und seines Star-Rummels tadelten: »Die zahlreichen Verehrer und Bewunderer des bewunderungswürdigen Meisters sehen mit Betrübnis, wie der Hochgefeierte bei jeder Produktion seines Genius sich mit der Sicherstellung des Erfolgs so unsäglich abmüht, und an das winzigste Detail derselben seine besten Kräfte vergeudet... Ja, in so hohem Grade wie unser Meyerbeer verstand sich noch kein Komponist auf die Instrumentation, nämlich auf die Kunst, alle möglichen Menschen als Instrumente zu gebrauchen, die kleinsten wie die größten, und durch ihr Zusammenwirken eine Übereinstimmung, die ans Fabelhafte grenzt, hervorzuzaubern.« Durch diese Einschübe suggerierte Heine seinen Lesern, daß er schon damals so kritisch und klarsichtig über Meyerbeer und den musikalischen Kulturmarkt *geschrieben* habe. Das stimmt nicht, dazu stand Heine wohl auch selbst noch zu sehr mitten in diesem Betrieb – daß er so kritisch bereits *gedacht* hat und daß diese kritische Distanz durch die politische Radikalisierung um 1844 noch größer wurde, kann als sicher gelten.

Etwa um die gleiche Zeit entfremdeten sich auch Heine und Liszt voneinander, und zwar aus ähnlichen Gründen. Heine hörte im April 1844 zwei Konzerte Liszts und gab in seinem Bericht »Musikalische Saison 1844, Erster Teil« ein sehr zweideutiges Bild: Heine hob zwar Liszts Genialität als Musiker, als Pianist hervor, nannte ihn aber zugleich den großen Agitator, den irrenden Ritter aller möglichen Orden (1840 hatte sich Liszt vergeblich um das Kreuz der Ehrenlegion bemüht, das ihm Louis Philippe 1845 dann doch verlieh), Liszt war der wiederauferstandene Rattenfänger von Hameln, der »Attila, die Geißel Gottes aller Érard'schen Pianos«. An Meyerbeer schrieb Heine am 13. Mai 1844: »Liszt hat hier im ersten Conzert ungeheueres Furore gemacht, im zweiten machte er Fiasco, und durch seine Fanfaronaden, sein Parvenüwesen, seinen mauvais gout macht er sich jetzt wieder sehr viele Gegner, die anfangs günstig für ihn gestimmt worden«. Das läuft auf eine Kritik musikalischen Virtuosentums im sich entfaltenden kapitalistischen Kulturbetrieb hinaus, des Starkults, des pathologischen Publikumsbeifalls für den Star. Das hat Liszt wohl übelgenommen, obgleich ihm Heine möglicherweise die erste Fassung seines Berichts in der »Musikalischen Saison« vorgelesen und abgemildert hat. Liszt streute jedenfalls das Gerücht aus, Heine habe kritisch über ihn geschrieben, weil er dem Dichter nicht aus einer Geldverlegenheit geholfen habe. Das war reine Erfindung und eine allzu persönliche Deutung des Konflikts: Auch die Entzweiung zwischen Heine und Liszt ist nicht primär durch persönliche Animositäten zu erklären – Heine hatte schon im Artikel vom 20. März 1843 das grassierende Klaviervirtuosentum – im Winter 1844 traten etwa 75 Pianisten in Paris auf! – mit dem sich ausbreitenden Industrialismus in Verbindung gebracht und kritisch angemerkt: »Dieses Ueberhandnehmen des Clavierspielens und gar die Triumphzüge der Claviervirtuosen sind charakteristisch für unsere Zeit und zeugen ganz eigentlich von dem Siege des Maschinenwesens über den Geist.« Gar zu gern wüßte man, ob Heine mit Marx über *solche* Formen der Entfremdung gesprochen hat!

Der Erbschaftsstreit

Am 23. Dezember 1844, zweieinhalb Monate nach Heines Abreise aus Hamburg, stirbt Onkel Salomon – sein Tod leitet die dramatischste Zeit in Heines Leben ein. Die Todesnachricht erschüttert ihn tief. Die Hälfte seiner übrigen Lebensjahre will er dem Onkel schenken, sogar Schläge will er erdulden – wir hörten das schon und erkennen das Grundmuster seines Verhaltens wieder. »Dieser Mann spielt eine große Rolle in meiner Lebensgeschichte und soll unvergeßlich geschildert werden«, schreibt er der Schwester und spricht gelassen seine Zuversicht aus, daß er seinen Anteil aus dem Riesenvermögen – Salomon Heine hinterließ 30 Millionen Mark – bekommen werde: »Ueber seine letzten Verfügungen bin ich längst ohne Besorgniß; er hat mir selbst genug davon gesagt oder deutlich angedeutet.« Heine erlebt eine furchtbare Enttäuschung, die ihn wie ein Blitz aus heiterem Himmel trifft und niederwirft; nach Weills Bericht soll er, als er von der kleinen Summe hörte, die Salomon ihm hinterließ, wie tot zu Boden gefallen sein, danach soll er die einzigen Tränen geweint haben, die Weill je bei ihm sah. Mit einer Roheit, die in krassem Gegensatz zu früheren Freundschaftsbekundungen steht, teilt Carl Heine seinem Vetter mit, daß der Verstorbene ihm ganze 8000 Mark Banco testamentarisch hinterlassen habe, daß er, Carl, die von seinem Vater ausgesetzte, doch nie schriftlich fixierte Jahresrente, die er fälschlich mit 4000, nicht mit 4800 Francs angibt, nicht weiterzahlen, sondern nur einen jederzeit kündbaren Betrag von 2000 Francs geben werde, daß Heine, da er noch nie mit Kapital umzugehen wußte, die 8000 Mark zu vier Prozent Zinsen in Carls Obhut lassen solle und die 2000 Francs nur unter dieser Bedingung bekommen werde. »Ich glaube in diesen Bestimmungen mich als wahrer Freund von Dir gezeigt zu haben und halte es für unmöglich, daß Du meine gute Absicht verkennen wirst«, schreibt Carl Heine und droht dem Dichter auch auf dessen ureigenstem Felde: Von Charlotte, die im Familienkreis »Plapperlotte« heißt, will er erfahren haben, daß Heine eine Biographie Salomons plane. Er fordert Zensur des Manuskripts durch einen bewährten Freund, verlangt »die genaueste Vorsicht« vom Dichter, der kein falsches Wort stehen lassen dürfe: »Nie würden Dir die Kinder des Entschlafenen verzeihen ein unpassendes Wort.«

Wir wissen nicht, welche Zusicherungen Heine wegen der letzten Verfügungen des Onkels zu haben glaubt und wieso er der Testamentseröffnung so unbesorgt entgegensehen kann. Man hat – wie Heine selber – vermutet, daß seine tatsächlichen oder vermeintlichen Feinde in Salomons Nähe – Dr. Halle etwa, Thereses Mann, vielleicht die Furtados, die Foulds oder Heines alter Feind Gabriel Rießer, der Salomons Anwalt war – den Schwerkranken gegen den Neffen eingenommen haben könnten, das Testament soll in den letzten Lebenstagen Salomons noch zu Heines Ungunsten geändert worden sein – doch ist das nicht bewiesen und nicht beweisbar. Sehr nachdenklich stimmen muß aber Salomons Brief vom 29. Oktober 1838, worin der Bankier den Neffen zum

Zurücklegen von Geld mahnt, weil er, Salomon, ja nicht immer lebe – das klingt so, als habe der Onkel nie daran gedacht, den Neffen testamentarisch abzusichern. Auch Heines Brüder haben nicht mehr geerbt als er, obwohl doch Maximilian ausgezeichnet mit dem Onkel stand. Salomon *kann* gemeint haben, daß er wirklich genug für den schreibenden Neffen getan habe, der keinem bürgerlichen Beruf nachgeht und es deswegen nötig hat, Bücher zu schreiben. Heines Arbeit und sein Erfolg als Schriftsteller ist ja von der Familie nie wirklich begriffen und anerkannt worden. Sie sind kaufmännisch denkende Bourgeois, denen er, der von seinen Einkünften als Autor offensichtlich nicht leben kann, nicht sonderlich imponiert: Wenn er schon nicht genug verdient, soll er wenigstens mit seinem Kapital sorgfältig umgehen! Man muß versuchen, gerecht zu sein: Die jahrzehntelangen Zahlungen Salomons und seiner Familie an Heine sind beträchtlich, obwohl sie, am Gesamtvermögen gemessen, nur gering wiegen; sie übertreffen, die Zahlungen an Mathilde einbezogen, Heines schriftstellerische Einnahmen etwa im Verhältnis 1,2:1. Von 1838 bis 1856 hat die Familie dem Dichter rund 140000 Francs gezahlt – könnte Salomon nicht mit gutem Grund gemeint haben, daß der Neffe ihm lange genug auf der Tasche gelegen habe und nach seinem Tode sehen solle, wie er fertig werde? Carl aber, der sich dem Willen seines Vaters immer unterordnete, führt 1844 möglicherweise nur aus, was Salomon immer gemeint hat. Ganz sicher gilt das für die Zensur gegen die »Memoiren«, in deren Rahmen ja eine Biographie Salomons gestanden hätte: Der Bankier war, als sehr erfolgreicher jüdischer Aufsteiger zu großem Reichtum gekommen, sehr empfindlich gegenüber Beeinträchtigungen dessen, was wir heute »Image« nennen, er fürchtete Publikationen des Neffen über sich und die Familie, und die Familie fürchtete sich ebenfalls; er hat einkalkuliert, daß Heine die Weiterzahlung der Rente anstreben werde und dafür die »Memoiren« aufgeben müsse.

Mit Carls Brief vom 30. Dezember 1844 beginnt der anderthalbjährige sogenannte Erbschaftsstreit – der sogenannte, weil keinerlei schriftliche Abmachungen bestehen, die Heine einklagen kann. Salomons mündliche Zusage, die er Meyerbeer gegenüber machte, ist weder nach deutschem noch nach französischem Recht verbindlich; Heine beharrt trotzdem auf seinem »Recht«: »So viel werden Sie merken«, schreibt er Campe, dem er Carls Brief zur Aufbewahrung und seine Antwort zur Weiterleitung übergibt, am 8. Januar 1845, »daß ich einen Todeskampf beginne und neben den Gerichten auch die öffentliche Meinung für mich gewinnen will, im Fall Carl Heine nicht nachgibt. Ich will mein Recht, und müßte ich es mit meinem Tode besiegeln.« Dieser Kampf ruiniert Heines Gesundheit endgültig. Er gibt zwar nicht nach und erreicht sein finanzielles Ziel, reibt sich aber auf und geht einen bitteren Kompromiß ein: Er verzichtet, da er sich der Familienzensur auf keinen Fall unterwirft, auf jede Publikation über die Familie und bringt dadurch das Gebäude der »Memoiren« wenigstens teilweise zum Einsturz, was wiederum psychisch unheilvolle Auswirkungen hat, denn er handelt um der unentbehrlichen Rente willen gegen sein künstlerisches Gewissen.

Bevor wir dem Ereignisablauf folgen, sind noch einige Vorbemerkungen nötig: Sämtliche Briefe Heines an Carl aus dieser Zeit sind verloren, wir können ihren Inhalt nur aus anderen Briefen und Äußerungen erschließen. Carl Heine wehrt sich anderthalb Jahre mit auf den ersten Blick unbegreiflicher Hartnäckigkeit gegen Heines Forderungen. In den Kampfjahren verschlechtert sich Heines Gesundheitszustand rapide, das Kopfübel (wir würden heute Migräne sagen) läßt ihn nicht los, das Augenübel kehrt immer wieder, die Sehkraft läßt nach, die Lähmungserscheinungen nehmen zu, und der Zusammenhang zwischen Krankheit und nervlich-seelischen Belastungen ist evident. Heine wehrt sich allerdings gegen zu drastische *öffentliche* Darstellungen seiner Krankheiten: Am 21. Juli 1845 behauptet er Campe gegenüber, sein Gesundheitszustand sei nicht so trostlos, wie man in Deutschland glaube, obwohl nun auch eine Lähmung des Oberleibs eingetreten sei; Heine will nicht als todkrank, kraftlos, kampfunfähig gelten, das könnte auch der Gegner falsch verstehen. Unglücklicherweise erkrankt Anfang 1845 auch Mathilde, und zwar an einem Frauenleiden, das sie für längere Zeit unpäßlich und unleidlich macht.

Am 8. Januar 1845 weist Heine Carls Bedingungen zurück und droht ihm ein Gerichtsverfahren an; eine geplante Hamburg-Reise sagt er jedoch ab. Er schaltet Detmold in den Kampf ein, der am 20. Januar in der »Kölnischen Zeitung« Halle zum Hauptverantwortlichen für Heines »Enterbung« macht – Detmold nennt Halles Namen nicht, läßt aber deutlich erkennen, wer gemeint ist. Im Brief an Detmold schreibt Heine: »Meine hiesigen Feinde, die Foulds, reitzen Carl Heine auf gegen mich; ich war einst der Liebhaber seiner Frau und hab die Parthie gemacht.« Von dieser sehr mißdeutbaren Behauptung und Interpretation des Streits wird noch die Rede sein.

Heine gibt Campe Vollmacht, in Hamburg seine Pensions- und Erbansprüche zu vertreten, und teilt ihm *seine* Bedingungen mit: Carl zahlt die Jahresrente lebenslänglich in der bisherigen Höhe weiter; der Dichter verpflichtet sich, nichts Verletzendes über Carls Familie zu schreiben; die 8000 Mark Banco müssen ausgezahlt werden. Heine schreibt an Campe: »Wahrlich, was ich schreibe überliefere ich um keinen Preis einer Verwandtencensur, aber ich will gern meinen Privatgroll verschlucken und gar nichts über das Lumpenpack schreiben, das sich alsdann seines obscuren Daseyns ruhig erfreuen mag und seiner blöden Vergessenheit nach dem Tode sicher seyn wird.« Zwei Artikel zum Erbschaftsstreit lanciert Heine über Laube in die Brockhaussche »Deutsche Allgemeine Zeitung« und in den »Grenzboten« – er führt den Kampf also auch halböffentlich, schreibt aber gleichzeitig »den versöhnlichsten Brief« an den Vetter, bittet ihn wegen etwaiger Beleidigungen um Verzeihung und um Auszahlung der 8000 Mark. Carl Heine überweist das Geld am 15. April mit einem förmlichen Schreiben, in dem er seinen Vetter siezt, und unter Abzug von 400 Mark Banco Collateral-Steuer. Weitere Konzessionen macht Carl Heine nicht.

In seiner Bedrängnis wendet sich Heine, sicher schweren Herzens, an Meyerbeer, den einzigen Zeugen von Salomons Pensionsversprechen. Sie reden Ende August 1845 miteinander, und sicher war es kein besonders heiteres Gespräch. Heine bittet den Komponisten um Vermittlung. Meyerbeer bestätigt Heine nach dem Gespräch in einem Brief, daß der

Bankier seinem Neffen die Rente lebenslänglich zugesagt hat, wobei man sich freilich fragen könnte, ob das Adverb lebenslänglich sich auf den Zahlenden oder auf den Empfänger bezieht. Meyerbeer hat auch gehört, »daß der alte wohlwollende würdige Greis äußerte daß Sie durch diese Pension nun geschützt wären, einst in Ihren alten Tagen nicht mehr ums Brodt arbeiten zu müssen«. Allerdings erinnert sich Meyerbeer nur »noch einigermaaßen«. Die von Heine erbetene Intervention bei Carl lehnt der Komponist ab: Dieser sei »ein so durch und durch wohlwollender und loyaler Charakter«, der sich mit Liebe und Teilnahme über den Vetter geäußert habe, Carl müsse wohl einen besonderen Grund haben, sich so zu verhalten. Dieser könne darin bestehen, daß Heine den Verstorbenen vor seinem Tode beleidigt habe oder »daß Sie vielleicht einst in einem Anfalle Ihres so geistreichen überschäumenden aber nichts verschonenden Uebermuth das Andenken Ihres so wahrhaft ehrwürdigen Familienhauptes in einer zukünftigen Schrift angreifen würden«. Heine solle also »durch eine loyale schriftliche Erklärung die Familie vor der Möglichkeit eines solchen Schrittes sicher stellen«. Heine kann mit diesem Rat wenig anfangen – er hat ja schon, via Campe, etwas Derartiges erklärt, ohne Carl zum Umdenken zu bewegen! Heine ist selbstverständlich enttäuscht über Meyerbeers Weigerung, bei Carl zu vermitteln, obwohl er sich angesichts der dargestellten Spannungen nicht über den Komponisten wundern darf. Nach einer weiteren Enttäuschung, wohl einer »Fehlbitte« um Geld, kündigt Heine Meyerbeer die Freundschaft, verzichtet auf die versprochenen Vertonungen und zahlt Escudier den Vorschuß von 1000 Francs zurück.

Heine ist Ende 1845 in einer fatalen Lage. Er ist wirklich in finanziellen Nöten. Der Rat der Bekannten, auch Campes, er möge sich in Geduld fassen, mit der Zeit werde der Vetter schon nachgeben, geht ihm auf die Nerven: Er *wartet* ja schon ein Jahr! Er wird immer kränker, die Behandlungen kosten Geld. Dabei ist er geistig hellwach, nur kommt er nicht zum Schreiben, er ist nicht heiter genug, die von Campe angemahnte Neu-Fassung des »Atta Troll« zu schreiben, und da er wenig schreibt, hat er wenig Einkünfte. Mathilde ist zwar wieder gesund, beide leben ruhig und häuslich miteinander, ob sie aber seine wirkliche Bedrängnis erkannt hat, ist fraglich: Nirgends steht geschrieben, daß sie auf ihre Vergnügungen, die Heine zahlt, verzichtet hat. In dieser Lage klopft ein junger Mann bei Heine an, den er sofort als einen genialen Kopf erkennt und der sich seiner Sache mit Feuereifer annimmt: Ferdinand Lassal aus Breslau, der seinen Namen »Lassalle« schreibt. Schon seit 1838 kennt Heine Lassalles Vetter und Schwager Ferdinand Friedland und dessen Frau Friederike, Lassalles drei Jahre ältere Schwester, die Heine gefällt. Friedland ist ein echter und erfolgreicher »Industrieritter«, er betreibt zusammen mit Heyman Lassal, dem Vater des jungen Genies, das Gasbeleuchtungsgeschäft in Breslau, beide suchen Kapital, um in Prag eine zweite Gasbeleuchtungsgesellschaft zu gründen. Lassalle ist auch zu diesem Zweck nach Paris gekommen; Gasbeleuchtung hat Konjunktur, die belgische Firma »Iris« wird in das Prager Unternehmen einsteigen, Heine, der jetzt mit Eisenbahnaktien zu spekulieren beginnt, wird Geld in Friedlands Unternehmen stecken und deshalb einigen Ärger bekommen.

Dem Alter nach könnte Lassalle (1825-1864) sein Sohn sein. Heyman Lassal war ursprünglich Textilhändler wie Heines Vater, aber eben erfolgreich. Schon als Kind ist Ferdinand der Stolz seiner Familie: ein verwöhntes Kind, einen selbstgewissen Jungen, einen bewunderten Jüngling und einen blendenden Schüler nennt ihn sein Biograph Bleuel, der als Haupteigenschaften Lassalles seinen rücksichtslosen Gerechtigkeitsfanatismus und seine schonungslose Unbestechlichkeit hervorhebt. Ein solcher Charakter imponiert dem gerechtigkeitsbesessenen Heine, der gerade einen Gerechtigkeitskampf führt, er imponiert ihm vielleicht stärker als Marx, mit dem sich Lassalle später treffen und überwerfen wird: »In diesem neunzehnjährigen Jünglinge sehe ich den Messias des Jahrhunderts«, schreibt Heine schon kurz nach dem Kennenlernen an Lassalles Vater: Das ist gewiß eine begeisterte Übertreibung, ausgelöst durch Lassalles feurige Hilfsbereitschaft und sein enormes Selbstbewußtsein, das auf geistiger, seelischer Kraft beruht; Heine bewundert ja solche natürliche Kraft als das Höchste! Er *kann* sich für einen Menschen begeistern, die Begeisterung für Lassalle ist allerdings nicht frei von einem gewissen Schauder vor diesem radikalen Jüngling, der ja auch eine Art gottloser Selbstgott ist. Lassalle kennt alles von Heine und hat ihn in seinem ersten Zeitungsartikel gegen ungerechte Anhänger von Börne verteidigt, obwohl er eher Börneaner war; er hat auch, mit Blick auf »Verschiedene«, behauptet, daß Heine ein im gemeinsten Realismus befangenes Subjekt sei, dem wohl die sittliche Substanz fehle (er wird diese biedermeierliche Prüderie bald abschütteln und den emanzipatorischen Kern von Heines »Frivolität« erkennen). Ebenso hat Lassalle geglaubt, Heine habe sich die Jakobinermütze vom Kopf gerissen, weil er Sympathien für Louis Philippe hegt und den Atheismus ablehnt – und eben dieser Heine schreibt »Die schlesischen Weber«, die Lassalle bewundert: Er hat ja, wie Marx, mit Hilfe der ins Praktische gewendeten deutschen Philosophie die »große Suppenfrage« verstanden und ist, als er Heine besucht, unterwegs zu seiner eigenen Vision von Kommunismus, einem Kommunismus der Industrie und der Geldwirtschaft, in dem die Industrie erst ihren eigentlichen Sinn erhält.

Lassalle ist nach Paris gekommen, um die Hauptstadt der Revolution und führende Repräsentanten des Zeitalters kennenzulernen: Heinrich Heine ist einer von ihnen. Lassalle versteht Heines Streit mit der Familie sofort als einen Modell-Fall von Unterdrückung, Rechtsbruch und Betrug, verübt von der deutschen Bourgeoisie an Deutschlands größtem, in ganz Europa anerkannten Dichter, einem Exilanten, Demokraten und ständigem Opfer der restaurativen Zensur. Lassalle gewinnt, zumindest vorübergehend, Heines Vertrauen und reißt den schon Resignierenden mit: Er wird von Berlin aus, wo er gerade studiert, Heines Kampf führen und dabei in die ersten Berliner Häuser gelangen. Heine gibt ihm einen großen Empfehlungsbrief an Varnhagen mit, worin er seinen Freund ähnlich enthusiastisch lobt wie gegenüber dessen Vater, und zwar als jungen Mann »von den ausgezeichnetsten Geistesgaben: mit der gründlichsten Gelehrsamkeit, mit dem weitesten Wissen, mit dem größten Scharfsinn, der mir je vorgekommen«. Diese »Vereinigung von Wissen und Können, Talent und Charakter«, schreibt Heine, sei für ihn eine freudige Erscheinung gewesen, die auch Varnhagen bei seiner »Vielseitigkeit im Anerkennen« gerecht beurteilen werde. Der weitere Verlauf des Briefes zeigt allerdings, obwohl weniger deutlich als in den Urteilen über Marx, die neuen Genossen und den Kommunismus, Heines Vorbehalte inmitten allen Lobes – man spürt sofort, daß das Bündnis mit Lassalle keine Dauer haben kann: »Herr Lassalle ist nun einmahl so ein ausgeprägter Sohn der neuen Zeit, der nichts von jener Entsagung und Bescheidenheit wissen will, womit wir uns mehr oder minder heuchlerisch in *unserer Zeit* hindurchgelungert und hindurchgefaselt. – Dieses neue Geschlecht will genießen und sich geltend machen im Sichtbaren; wir, die Alten, beugten uns demüthig vor dem Unsichtbaren, haschten nach Schattenküssen und blauen Blumengerüchen, entsagten und flennten und waren doch vielleicht glücklicher, als jene harten Gladiatoren, die so stolz dem Kampftode entgegengehen. Das tausendjährige Reich der Romantik hat ein Ende, und ich selbst war sein letzter und abgedankter Fabelkönig. Hätte ich nicht die Krone vom Haupte geschmissen, und den Kittel angezogen, sie hätten mich richtig geköpft.«

Lassalle nimmt den Kampf an zwei Fronten auf, ohne etwas von Heines inneren Vorbehalten zu ahnen. Mit Varnhagens Hilfe dringt er zum Heine-Bewunderer Fürsten Pückler-Muskau vor, der sofort bereit ist zu helfen. Der Fürst schreibt Carl Heine einen so noblen, souveränen Brief, daß Heines Vetter eigentlich stolz sein müßte, der Empfänger zu sein: Er habe, schreibt Pückler, schon Salomon gesagt, daß die Verwandtschaft mit dem Dichter die Familie *ehre*; will nicht glauben, daß Carl Heine nur zahlen wolle, wenn der Dichter sich seinem Zensur-Diktat unterwerfe: »Dies kann wohl nur ein Scherz sein, denn Ew. Hochwohlgeb. sind ein Gentleman und ein großer Kaufmann, dessen Beruf nicht nur ein ehrenwerter, sondern großartiger, ja meiner Meinung nach praktischer ist, und mit dem Genius zu markten würde im Ernste ja selbst der gemeinste Krämer verschmähen.« Pückler bittet Carl Heine, der Welt zu zeigen, daß er nicht zu dieser Klasse Menschen gehöre, und seinem Haus nicht die Schmach anzutun, daß man »in Deutschland für dessen geistreichsten jetzt lebenden Schriftsteller«, für einen Angehörigen von Carls Familie, die so sprichwörtlich reich sei wie die Rothschilds, zu dessen Lebensunterhalt eine Kollekte veranstalten müsse. Pückler stellt Heine und Lassalle den Brieftext zu beliebigem öffentlichen Gebrauch zur Verfügung. Heine ist begeistert von Pücklers Schreiben und nennt es eine Lektion, die »einer der letzten Ritter der alten Geburtsaristokratie den Emporkömmlingen der neuen Geldaristokratie« über das Thema Ehre zum besten des beleidigten Genius erteilt hat. Carl Heine jedoch lehnt Pücklers Bitte für den Dichter sofort und schroff ab: Lassalle hat im Kampf für Heine die erste Niederlage erlitten.

Unglücklicherweise hat er auch an der zweiten Front keinen Erfolg. Heine hat sich von ihm überzeugen lassen, daß er selbst nach Hamburg und Berlin reisen, selbst seine Angelegenheiten betreiben solle. Er gibt Lassalle einen Brief an seinen Studienfreund, den am preußischen Hof hochangesehenen Chirurgen Dieffenbach mit. Dieser ist sofort bereit, Heine zu behandeln, wenn er sich in Berlin seiner Kur und Diät unterwerfen will. Heine benötigt also eine Einreiseerlaubnis, und das heißt: Der Haftbefehl gegen ihn muß aufgehoben werden. Er gibt Lassalle einen Brief an Alexander von Humboldt mit und bittet diesen, seinen »hohen Einfluß« für freies Geleit in Preußen geltend zu machen. Humboldt erreicht von Friedrich Wilhelm IV., dessen romantische Neigungen und dessen Bildung nicht zu bestreiten sind, die Zustimmung für Heines Einreise, damit der Hofarzt ihn behandeln kann: In Berlin werde sich das Publikum nicht um den alten Mann mit dem Gesichtsschmerz kümmern, sagt der König. Nun aber geschieht etwas, das für die innere Unsicherheit, den inneren Unfrieden der deutschen Restaurationsgesellschaft, für die panische Angst der Regierenden vor revolutionärer Unruhe symptomatisch ist: Der preußische Innenminister Ernst von Bodelschwingh erzwingt die Rücknahme der königlichen Entscheidung – Polizei und Bürokratie fürchten die Einreise des schwerkranken Dichters nämlich doch, weil sie die Popularität seiner Lieder im Lande, das Aufsehen seiner Prosa und seiner politischen Gedichte unter den Gebildeten kennen – Bodelschwingh teilt Humboldt mit, daß Heine wegen der Anklage der Majestätsbeleidigung nicht einreisen dürfe; Humboldt schreibt Ende Januar 1846 in aller Offenheit an Heine: »Ich habe mit Wärme gehandelt und habe mir keine Art des Vorwurfs zu machen – aber es ist mir garnichts geglückt. Die Verweigerung ist sogar so bestimmt gewesen, daß ich, Ihrer persönlichen Ruhe wegen, Sie ja bitten muß, den preußischen Boden nicht zu berühren.«

Angesichts dieses zweifachen, gleichzeitigen Scheiterns siegt Heines Müdigkeit über Lassalles Kampfesmut, der ihm nie ganz geheuer war. Was er nun tut, erscheint in einigen Zügen unfair gegenüber dem jungen Freund, der das übrigens zunächst nicht zu verübeln scheint: Heine verfaßt jenes unselige »Memoire«, von dem diese Biographie im Prolog ausging, und will Varnhagen und Lassalle veranlassen, ihn gegen die Selbstbeschimpfung öffentlich zu verteidigen – das ist mit Lassalle nicht abgesprochen. Heine möchte im Zuge dieser Aktion auch Pücklers Brief durch Varnhagen veröffentlicht sehen – Varnhagen lehnt aber den gewünschten Artikel ab und mißbilligt die Einfügung von Pücklers Brief. Inzwischen hat Carl Heine – Zeichen seines schlechten Gewissens? – dem Vetter eine einmalige Zahlung von 3000 Francs zugestanden und sogar einen Wechsel des Dichters angenommen. Er hat zwar mitgeteilt, daß Heine keine weiteren Wechsel dieser Art ausstellen solle, »da Herr Dr. Heine gewiß seyn kann Protest zu erhalten« – trotzdem hat er gezahlt, und Heine sieht eine Chance, mit Meyerbeers Hilfe sein »Recht« ganz durchzusetzen. Dabei geht es ihm nicht mehr um den Modell-Fall, den Lassalle aufgebaut hat, es geht ihm nur noch um die Pension. So genau er das Modellhafte des Falles sieht, so wenig Kraft hat er noch zur großen öffentlichen, exemplarischen Auseinandersetzung, deren Erfolg ja sicher auch zweifelhaft gewesen wäre. Der »Kampf des Genius mit dem Geldsak« – das ist Heines eigene Formulierung – wird nicht mehr als soziale Fehde ausgetragen, und Lassalle akzeptiert das, widerwillig wegen Heines Taktieren und trotzdem treu, zumal das Argument der Krankheit, mit dem Heine sein Verhalten begründet (er plant sogar kurzzeitig eine Italien-Reise) unwiderleglich ist. Lassalle wendet sich also an Meyerbeer. Er gibt die Hoffnung auf, Heines Streit mit dem reichen Vetter um die Pension zum Modell-Fall des Kampfes zwischen Genius und Geldsack zu machen – er ist Heine aber erst böse, als dieser ihm den erhofften Gegendienst verweigert. Nach seiner Rückkehr aus Paris lernt Lassalle die 41jährige Gräfin Sophie von Hatzfeld kennen, die von ihrem Gatten, dem Grafen Edmund von Hatzfeld-Wildenburg, Herrn auf Schloß Kalkum bei Düsseldorf, in einer schauderhaften Ehe erniedrigt, betrogen und um ihre Rechte gebracht wird. Lassalle nimmt sich ihrer Sache mit dem gleichen Feuereifer an wie der Heines, der vorzeitig abgebrochene Kampf um Heines Rechte wirkt wie eine Generalprobe zu Lassalles jahrelangem Kampf um die Rechte der Gräfin. Er stürzt sich dabei in zahllose Verwicklungen, Freunde begehen einen Kassettendiebstahl, um an wichtige Papiere zu gelangen, der Diebstahl wird Lassalle angehängt. Zweimal, im Frühjahr und im Oktober 1846, vor und nach dem Diebstahl, bittet Lassalle Heine um publizistische Hilfe und setzt dabei die Unterdrückung der Gräfin zu Heines jahrelangem Kampf mit seiner reichen Verwandtschaft in Parallele: ohne Erfolg. Heine fürchtet sich zu kompromittieren, Lassalle hat sich schon kompromittiert, er steht im Zwielicht, Heines Eingreifen könnte gute Pariser Beziehungen gefährden: er lehnt die Hilfe ab. Er sieht nicht gut aus bei dieser Verweigerung, auch Lassalle sieht nicht gut aus, als er in einem allzu pathetischen, aus begreiflicher Enttäuschung erwachsenen Brief Heine schwere moralische Vorwürfe macht und ihn der Faulheit, der Vornehmheit, der Seichtigkeit des Herzens, des Verrats der Freundschaft und indirekt auch der Charakterlosigkeit, der Gesinnungslosigkeit beschuldigt: womit auch er die bekannten biedermeierlichen Vorwürfe gegen Heine aufgreift.

Um diese Zeit ist der Erbschaftsstreit äußerlich beendet. Am 14. Juni, also nach monatelangem Zögern, schreibt Meyerbeer einen Brief an Carl Heine, in dem er ihm mit großen Komplimenten für seinen Charakter, in Erinnerung an Salomons Edelmut und unter Hinweis auf Heines schwere Krankheit, die durch seine pekuniäre Unsicherheit verschlimmert wird, wiederholt, was er Heine schon 1845 bestätigt hat: Der Onkel habe dem Neffen die Pension lebenslänglich zugesichert, damit dieser im Alter keine Bücher für seinen Lebensunterhalt mehr schreiben müsse. Nach der vorausgegangenen Aufkündigung der Freundschaft durch Heine ist Meyerbeers Brief ein nobler Schritt, der ihm sicher schwer gefallen ist, wovon aber im Brief selbst nichts zu spüren ist. Der Appell des Komponisten verfehlt seine Wirkung zunächst: Carl Heine antwortet am 20. Juni 1846 abweisend, weil Heine trotz der Drohung mit einem Prozeß ja Geld von ihm erhalten habe, weil er Salomon, seinen Wohltäter, dem er alles verdanke, in brieflichen Äußerungen beleidigt habe, wofür er den Stock verdiene. Trotzdem läßt Carl durchblicken, daß ihn eine nochmalige Erklärung des Verzichts auf öffentliche Darstellung des Onkels umstimmen könnte –, er, die ganze Familie scheint überaus furchtsam vor solcher Kritik, sogar die kleinen Schwächen wollen sie nicht aufgedeckt haben, *und zwar auch ihren eigenen nicht;* das spricht Carl Heine nicht aus, aber es ist klar, daß sich hinter dem Schutzwall um Salomon die Befürchtungen der ganzen Familie verbergen, die nie begreifen wird, daß die Verwandtschaft mit einem großen Dichter eine Ehre ist, für die man auch öffentliche Kritik ertragen sollte.

Ende Juni schreibt Heine einen demütigen Brief an Carl, in dem er nochmals erklärt, daß er nichts über Salomon und die Familie veröffentlicht. Am 6. Juli bietet Carl Heine dem Vetter die Versöhnung an, will alles, was dieser über ihn und den Vater Böses geschrieben habe, vergessen und verzeihen, und erkennt an, daß der Dichter versprochen habe, kein schadenbringendes Wort über den Onkel zu schreiben. Der Brief beginnt mit dem Satz: »Ich höre, daß Du leidend und wahrscheinlich nach den Pyren. Bädern abgereist bist.« Die Anspielung auf Meyerbeers Brief ist deutlich – Heines Reise nach dem Pyrenäenbad Barèges aber hat Verwirrung über die Motive von Carls Gesinnungswechsel gestiftet, die immer noch durch die Literatur über diesen Streit geistert: Carl schickt den Brief an seinen Schwiegervater Furtado, weil er Heines Pariser Adresse nicht weiß oder nicht zu wissen vorgibt. Furtado leitet den Brief nicht, wie Carl wünscht, sofort an Heine weiter, obwohl er dessen Aufenthaltsort sicher hätte erfahren können. Heine erhält den Brief erst am 26. September in Paris; erst seitdem weiß er, daß er die Pension wieder bekommen wird. Aus diesem Zeitpunkt ist offenbar geschlossen worden, Carl Heine habe unter dem Eindruck der falschen Todesnachricht nachgegeben, die über den Dichter umlief. Das ist falsch; sein Brief stammt vom 6. Juli, die Meldung von Heines Tod aber, die auf einer Verwechslung des Dichters mit dem am 31. Juli in der Schweiz verstorbenen bekannten Würzburger Orthopäden und Physiologen Bernhard Heine beruht, erscheint erstmals am 7. August in der »Leipziger Allgemeinen Zeitung« – sie kann also Carls Gesinnungswechsel nicht bewirkt, sie kann ihn allenfalls noch milder gestimmt haben. Die Falschmeldung hat groteske Züge, wenn man bedenkt, daß Heinrich Laube sogar einen Nekrolog auf Heine veröffentlicht – Heine bittet Laube auch, ihm den Nachruf zu schicken, ansonsten ist ihm bei der Meldung aber nicht zum Lachen, denn an Ferdinand Friedland, mit dem er weiter Beziehungen unterhält, schreibt er unter dem 14. September: »Die falsche Nachricht von meinem Tode war eine böse Eule und hat mich wahrlich nicht amüsiert.« Ende Februar 1847 besucht Carl Heine den Dichter in Paris, dann findet die tränenreiche Aussöhnung statt, die Pensionsangelegenheit wird endgültig geregelt, Carl Heine hat sich strikt daran gehalten und dem Dichter im Laufe der Jahre etliche tausend Francs zusätzlich zukommen lassen – vertrauliche Äußerungen Heines zeigen aber, daß die Wunden nicht vernarben werden. Die Freundschaft, um die Carl Heine seinen Vetter am 6. Juli 1846 erneut gebeten hat, stellt sich nicht wirklich wieder her: »Wahrlich nicht die Geldsache, sondern die moralische Entrüstung, daß mein intimster Jugendfreund und Blutsverwandter das Wort seines Vaters nicht in Ehren gehalten hat, das hat mir die Knochen im Herzen gebrochen und ich sterbe an diesem Bruch«, schreibt Heine Campe am 1. September 1846, und am 12. November faßt er sein Urteil zusammen: »Das Vertrauen zu meiner Familie ist dahin und Carl Heine, wie reich er auch ist und wie liebreich er sich mir zuwendet, so wäre er doch der Letzte an den ich mich in irgendeiner Lebensnoth wenden würde.«

Warum hat Carl Heine die Rentenzahlung hartnäckig anderthalb Jahre verweigert, obwohl Heine die verlangte Verzichtserklärung schon Anfang Februar 1845 abgab? Durch Heines eigene Schuld hat es Spekulationen über Carls Motive gegeben, die wir wenigstens streifen sollten. Heines wirklich mißdeutbarer, aber wegen der starken Erregung verständlicher Satz, er sei Céciles Liebhaber gewesen und habe die Partie gemacht (also Carls Ehe mit ihr angebahnt), hat zur Vermutung geführt, Cécile habe ein voreheliches Verhältnis mit dem Dichter gehabt, später aber hätten sich beide überworfen, vielleicht weil Mathilde die arrogante einzige Erbin einer Bourgeois-Familie nicht leiden konnte; diese Umstände hätten zu Heines »Enterbung« geführt. Diese Deutung ist abwegig: Cécile hat sicher, seit Heine ab 1835 bei den Furtados verkehrte, für den Dichter geschwärmt, und Heine hat sich das von dem Backfisch (Cécile war Jahrgang 1821!) gefallen lassen. Heine hat Cécile 1840 auch Schmeicheleien gesagt, als sie bei Salomon wegen der Vorauszahlung der Pension intervenieren sollte, und hat hinter den Schmeicheleien wohl seine Verlegenheit wegen dieses Ansinnens verborgen: mit einem Liebesverhältnis aber hat das alles nichts zu tun.

Man hat auch vermutet, Carl Heine habe dem Vetter die Pension auf Druck der Familien Fould-Furtado verweigert, weil dieser die Bankherren Achille und Benoit Fould, die Brüder von Céciles Mutter Rose Furtado, mehrmals angegriffen habe. Das ist tatsächlich geschehen. Heine kritisierte den Abgeordneten der Deputiertenkammer Benoit Fould im »Lutetia«-Artikel vom 27. Mai 1840 wegen seiner Vermischung von Geschäft und Politik und wegen mangelnder Sympathie für die verfolgten Damaszener Juden: er nahm die Angriffe aber in Artikel XI vom 3. Juni zurück, nachdem er die vollständige Rede Benoit Foulds gelesen hatte. Freilich blieb dieser Artikel in der »Allgemeinen Zeitung« ungedruckt. Ironische Bemerkungen Heines über Achille Fould fanden sich in den Pariser »Nouvelles à la Main« vom 20. April 1841, über Benoit in dem gleichen Journal vom

20. Mai 1842. Das scheint zu Spannungen mit den Foulds geführt zu haben – Carl Heine schrieb in seinem Brief vom 6. Dezember 1842, wenn Heine mit den Foulds zerfallen sei, so habe er das seinen Attacken zu verdanken, er selbst und Cécile aber, so fügte er am 29. Mai 1843 hinzu, lachten über diese Angriffe. Es ist nicht zu erkennen, wieso die Foulds wegen längerer Zeit zurückliegender Artikel eine »Enterbung« Heines bei Salomon oder Carl versucht und durchgesetzt haben sollten, selbst wenn Rose Furtado unter dem Einfluß ihrer Brüder nicht über Heines Artikel lachen konnte wie Tochter und Schwiegersohn. Eine gewisse Spannung zwischen Heine und den französischen Bankiersfamilien schlägt sich allerdings in einer kritischen Bemerkung über Cécile nieder: Am 23. Januar 1844 schrieb Heine an Charlotte, Cécile sei ein schlechtes Stück, man habe sie in Paris total verdorben, und der arme Carl möge zusehen, wie er später mit ihr fertig werden könne. Selbst wenn diese Äußerung zu Cécile und Carl gedrungen sein sollte, wofür es keine Hinweise gibt – sie kann nicht der Anlaß von Carls Starrsinn gewesen sein, er hätte einen solchen Grund mit Sicherheit auch gegenüber Heine und Meyerbeer angegeben.

Wir müssen die Ursachen für Carls widersprüchliches Verhalten bei ihm selbst, in seinem Verhältnis zum Vater und in seiner gesellschaftlichen Stellung suchen. Tatsächlich hat Carl Heine zwei erschreckend verschiedene Gesichter. Das Freundesgesicht hat er dem Dichter jahrzehntelang gezeigt. Noch im Brief vom 29. Mai 1843 macht er dem Vetter offene Mitteilungen über seine Ehe, wie man sie nur einem Vertrauten gibt. Noch eine Woche vor Salomons Tod schreibt er freundlich an Heine und schickt ihm im Auftrag des Vaters 200 Francs »Weihnachtsgeld« für Mathilde. Bis zu Salomons Tod ist Carl Heine jeder Weisung des Vaters gefolgt, plötzlich aber hat er die oberste und alleinige Verantwortung für das Bankhaus, das Ansehen des Geschäfts, der Familie – und des Mannes, der den Reichtum geschaffen hat, »der der öffentlichen Meinung wie ein Höfling schmeichelte« (Heine an Campe). Auf den Vater darf kein schlechtes Licht fallen, soll nicht der Ruf der ganzen Familie und des Bankhauses Schaden leiden. Heine aber hat mehrfach mit seinen »Memoiren« gedroht, in Briefen und sicher noch öfter in mündlichen Äußerungen; Carl ist zwar ein amusischer, bequemer Bürger, dem es – nach Heines sicher nicht objektiver Aussage vom 4. Februar 1845 – nur um »Weiber, Zigarren und Ruhe« geht, soviel versteht er aber vom Schreiben des berühmten, scharfzüngigen, unberechenbaren Vetters, daß dieser ein Porträt des Vaters und eine Darstellung der Familie geben könnte, über die ganz Deutschland lacht. Carl, im Vergleich zu seinem Vater die weitaus schwächere Persönlichkeit, muß sich sozusagen im Auftrage des Toten gegen den Dichter stark machen, vor dem vielleicht jede Familie gezittert hätte, und das geht nur dort, wo der berühmte Mann sehr schwach ist: bei seinem Geldbedarf – Carl Heine muß mit dem Genius markten, um ihn zum Schweigen über den Vater und die Familie zu bringen. Carl Heine handelt also von *seinem* Standpunkt völlig logisch: Seine Familie ist ohnehin nicht verpflichtet, den sozusagen berufslosen Poeten finanziell zu unterstützen; wenn er also Geld will, muß er auf jedes kritische Wort über die Familie verzichten – über die Familie, nicht nur über Salomon, Heine täuscht sich, wenn er im Brief vom 4. Februar 1845 erklärt, Carl sei gleichgültig gegen das Gerede der Leute; Carl versteckt sich und die Familie nur geschickt hinter Salomons Image. Carl Heine kennt seinen Vetter gut genug, um zu wissen, daß er, so lange noch Kraft in ihm ist, auch über ein gegebenes Schweige-Versprechen hinwegspringen könnte, also muß er ihn erst ganz gefügig, ganz kampfmüde, ganz demütig machen – dazu braucht er die anderthalb Jahre. Daß Heines Gesundheit in diesem Streit endgültig zerstört wird, scheint Carl nicht zu kümmern; aufkommende Gewissensbisse mag er durch die Geldspende und die Annahme des Wechsels gedämpft haben. Sobald Carl Heine weiß, daß der Dichter bestimmt nichts Gefährliches mehr schreiben wird, kann er Geld geben und dem Vetter wieder das Freundesgesicht zuwenden – er hat, aus seiner Sicht, gar nicht zwei Gesichter gezeigt, nur zwei Ansichten desselben Gesichts; man kann die brutale Ansicht die soziale Charaktermaske des Bankherrn Carl Heine nennen, der Reichtum, Ansehen, Macht und Einfluß seiner Familie und ihres Patriarchen zu schützen für seine Pflicht hält.

Heine hat in diesen anderthalb Jahren seelisch und moralisch wohl stärker gelitten als in der Matratzengruft – nur wegen Mathilde, schreibt er einmal, habe er seinem Leben kein Ende gesetzt. Er bekommt in dieser Zeit die Quittung dafür, daß er sich nicht rechtzeitig aus der finanziellen Abhängigkeit von den reichen »Sippen und Magen« gelöst hat. Er hat in den anderthalb Jahren wenig geschrieben – die falschen Propheten wie Gutzkow, die ihm das baldige Versiegen seiner Schreibkraft vorhersagten, hätten am ehesten in dieser Phase recht behalten können. Einige Gedichte und das Ballett »Die Göttin Diana«, eine Auftragsarbeit für den Londoner Theaterleiter Lumley, die ihm 4000 Francs bringt und nie auf die Bühne kommen wird – das ist eigentlich alles, was in der Streit-Zeit entsteht; erst im Herbst 1846 geht Heine an die Neufassung des »Atta Troll«, die Anfang Januar 1847 herauskommt. Dennoch ist er nur in seiner physischen Widerstandskraft, nicht aber in seinem künstlerischen Vermögen gebrochen – vor ihm liegt der endgültige körperliche Zusammenbruch, vor ihm liegt aber auch ein dem Leiden abgetrotztes großes, ja bewundernswertes Spätwerk.

Selbstporträt mit Hintergrund

Nach dem frühen Liebesunglück war der Erbschaftsstreit Heines zweite schwere Lebenskrise; er hat sich gesundheitlich von ihr nicht mehr erholt. Von Carls Besuch im Februar 1847 an gerechnet, verging noch ein Jahr bis zum Ausbruch der großen Revolution, ein knappes Vierteljahr später brach Heine körperlich zusammen, seitdem war er an die Matratzengruft gefesselt. Äußerlich ereignete sich bis dahin wenig, die Zeit bis zur Revolution wirkt wie die Ruhe nach und vor dem Sturm zugleich. Noch immer ging Heine aus, so oft er konnte, und empfing Besucher. Neue Bekannte traten auf, so der Schriftsteller Alfred Meißner, der viel und nicht immer exakt über Heine schrieb; Laube kam im Frühjahr 1847 nach Paris, Levin Schücking im Herbst. Monatelang hielten sich die Heines in einer Landwohnung von Montmorency bei Paris auf – die Pyrenäen-Fahrt 1846 war Heines letzte lange Reise, er wurde dabei so krank, daß sie abgebrochen werden mußte. Im April 1847 veranstaltete Heine ein später bereutes Autodafé verfänglicher Familienbriefe – auch dies ein Resultat des Kompromisses mit Carl. Dank Rothschilds Hilfe gewann Heine erstmals beträchtliche Summen bei Spekulationen mit Eisenbahnaktien; das Geld wurde dringend benötigt, die Krankheitskosten hatten sich nach Angaben des Dichters, die sicher hoch gegriffen sind, verdreifacht. Das »Doktor Faust«-Ballett wurde geschrieben, ging an Lumley, der es mit 6000 Francs honorierte und Heine nach London einlud, das Ballett aber nie aufführte. Der überarbeitete »Atta Troll« hatte eine gute Resonanz; aus der im Brief an Campe vom 12. November 1846 auf neunzehn Bände geplanten Gesamtausgabe wurde jedoch nichts, weil der Verleger nicht auf den Plan einging. Im September 1847 mietete Mathilde eine von der Fürstin Belgiojoso ausgesuchte Wohnung (21, Rue de la Victoire); sie wurde im Februar 1848 wieder aufgegeben, weil sie über einem lauten Pferdestall lag, die Heines zogen ins Haus 9, rue de Berlin, um.

Die Zeit zwischen den Stürmen des Familienstreits, der Revolution und des gesundheitlichen Zusammenbruchs ist die geeignete Phase für die Frage, welches Bild der Dichter *von sich selbst hatte,* welche Fähigkeiten und Kräfte, die Stürme zu bestehen, er sich zusprach, welche Fehler und Schwächen ihn nach eigener Auffassung hemmten. Wir geben also jetzt das im Prolog angekündigte Selbstporträt Heines, ein *kommentiertes* Selbstporträt, das auf dem Hintergrund von Heines Pariser Alltag entstehen soll; dabei wird auch die Frage beantwortet werden, ob der Dichter wirklich so arm war, wie er gern behauptete. Wir erinnern uns bei diesem Selbstporträt daran, daß Heines gesamtes Werk in seiner ausgeprägten, vielspältigen Subjektivität gründet, daß er ein Meister der Selbstdarstellung ist, daß er ständig vom eigenen Ich spricht, daß er dieses Ich, um es für sein Publikum interessant zu machen, immer wieder stilisiert, daß er sehr bewußte Image-Pflege und gelegentlich auch Selbst-Idealisierung betreibt, daß Heines lyrisches und prosaisches Ich nicht mit der realen, biographisch faßbaren Person identisch sein muß und daß der gleiche Mann, der im *Werk* so bedenkenlos von sich selbst spricht, im *Leben* seine Privatsphäre gegen Einblicke beinahe ängstlich abschirmt.

Heine hat den Streit mit Carl als Kampf des Genius mit dem Geldsack bezeichnet: Der Genius ist er selbst, sein Werk ist groß, größer als das der Zeitgenossen, denen er auch dann weit voraus ist, wenn er scheinbar zurückfällt: dies ist die Grundierung seines Selbstporträts. Sein Werk entspringt immer einer guten Gesinnung und einem guten Stil; Heine hat ein außerordentliches Vertrauen in seine geistige Kraft, angeborene Kraft ist ihm auch für die eigene Person das Höchste und einer der wichtigsten Züge seiner Selbstdarstellung. Er sieht sich als einen großen Mann, einen ganzen Menschen, einen der ersten Männer seines Jahrhunderts, und das ist er ja wirklich – es erstaunt, daß Heines zutreffende Selbsteinschätzung immer noch als übersteigertes Selbstlob ausgelegt wird, als dürfe einer der wenigen deutschen Dichter des 19. Jahrhunderts, die weltliterarischen Rang haben, das nicht aussprechen! Es erstaunt um so mehr, als Heine ja andererseits genug dunkle Farben in sein Selbstbildnis bringt – er konterkariert die Überzeugung von der außergewöhnlichen Kraft, seinen hochfliegenden Stolz, seine Selbst-Hochschätzung durch Selbst-Herabsetzung, zerknirschte Selbstkritik und Selbstquälerei – auch im Selbstporträt des Dichters scheint das Grundmuster seines widersprüchlichen Verhaltens durch, das wir seinen Beziehungen zu lebenswichtigen Menschen ablasen: »Des Lobes früh übersättigt«, schreibt er zum Beispiel in der »Erklärung nach Börnes Tod« (1837) »war ich später nur noch für Tadel empfänglich, und nur wenn man auf mich losschlug, empfand ich einigen Genuß.« Der Begeisterung für die eigene Überlegenheit und Genialität steht also, von ihr nicht abzutrennen, Leidenslust gegenüber, sie ist ein wichtiger Zug seines Selbstporträts, Heine sehnt sich, metaphorisch gesprochen, nach Stockschlägen, Seelenschmerz, Unterordnung: »Bleibt nur in meiner Brust, Ihr Schmerzen!« heißt es in einer Selbst-Anrede des prosaischen Ichs, einer Schlüsselstelle der »Reise von München nach Genua«. »Ihr findet nirgends ein besseres Unterkommen. Ihr seid mir lieb und wert, und keiner weiß Euch besser zu hegen und zu pflegen als ich, und ich gestehe Euch, Ihr macht mir Vergnügen. Und überhaupt, was ist denn Vergnügen? Vergnügen ist nichts als ein höchst angenehmer Schmerz.« Wenn diesem Ich aber kein anderer Schmerz zufügt, dann tut es das Ich selbst, auch das gehört in Heines Selbstporträt. So heißt es im späten Gedicht »Ruhelechzend«:

> Laß bluten deine Wunden, laß
> Die Tränen fließen unaufhaltsam –
> Geheime Wollust schwelgt im Schmerz,
> Und Weinen ist ein süßer Balsam.
> Verwundet dich nicht fremde Hand,
> So mußt du selber dich verletzen.

Heine kennt seine Schwächen nur zu gut, wenn er sie auch nicht alle eingesteht (zum Beispiel sein unglückseliges Verhältnis zum Geld und zu Geldgebern), er täuscht sich weniger über sich selbst, als seine zeitgenössischen und späteren Feinde sich über ihn täuschen, er hätte sonst 1846 das makabre Selbstporträt im »Memoire« nicht schreiben können. Sein Selbstbildnis enthält also harsche Züge von Selbstkritik: Er werde sich mit seiner abstoßenden Höflichkeit, Ironie und Ehrlichkeit mehr Menschen verfeinden als befreunden, schreibt er schon 1823. Er hat diesen unausrottbaren Hang, andere Menschen zu mystifizieren und zum Narren zu halten. Er ist ein Egoist. Er ist ungeheuer empfindlich und läßt Menschen aus Überempfindlichkeit fallen. Er zeigt sich oft in unrühmlichem Lichte. Angeblich hat er immer ein großer Volksredner sein wollen, weil er Volksredner am meisten beneidete, wie er im Börne-Buch schreibt – und gibt dann zu, daß er sich übernommen hat, weil er zum Volksredner, zum Volkstribun ungeeignet ist.

Wir wissen schon, daß Heine sich ohne Bedenken einen Schuß Scharlatanerie zubilligt, in jedem Dichter einen solchen Wesenszug wirksam sieht und seine Notwendigkeit gesellschaftlich deutet. Das etwas beunruhigende Bekenntnis zur Scharlatanerie ist ebenfalls ein wichtiges Element seines

Selbstbildnisses, weil es in seiner Sicht zu den zahlreichen Stärken und Vorzügen gehört, die er an sich entdeckt und ungeniert mitteilt. Heine ist stolz auf seine Zuverlässigkeit und hält sich für einen unbedingt zuverlässigen Menschen. Er ist stolz auf seine Höflichkeit, erklärt sich zum höflichsten Menschen der Welt und tut sich etwas darauf zugute, nie grob gewesen zu sein – das gilt vielleicht für den menschlichen Umgang, es gilt nicht für den Satiriker, der schlecht höflich sein kann. Im eigenartigen Widerspruch zur Überempfindlichkeit Heines steht die in sein Selbstporträt eingezeichnete Härte gegen Angriffe. Er vergleicht sich einmal mit dem Perserkönig Mithridates, der drei Kriege mit den Römern führte und sich beim Aufstand seines Sohnes Pharnaces vergeblich zu vergiften versuchte: »Ich bin überhaupt sehr hartherzig gegen persönliche Angriffe. Mithridates der Literatur, bin ich so sehr an Gift gewöhnt, daß mir eine gewöhnliche Dosis gar nichts schadet.« Heines Härte besteht sicher auch darin, daß er kein falsches Mitleid erwecken will – deshalb seine Abneigung gegen allzu deutliche Berichte über seine Krankheit. Gern stellt er sich als einen mutigen Menschen dar, was diejenigen Kritiker nicht glauben, die ihn, Börnes Verdikten folgend, als feige darstellen, Angst wohl gar als das geheime Movens seines Verhaltens deuten – in Schriften und Duellen hat Heine jedenfalls Mut bewiesen, wenn er auch manchmal über die Folgen seiner Kühnheit erschrak: sogar der ihm gegenüber sehr kritisch eingestellte Übersetzer Grenier stellt fest, daß Heine den Mut aller phantasievollen Männer habe und sich auch schlage, wenn es nötig sei.

Zweifellos besitzt Heine die Fähigkeit, sich zu begeistern; wir sahen das an seinen Lobsprüchen für Lassalle, wir entnehmen das seinen enthusiastischen Urteilen über Vorbilder wie Lessing, an dem er die Fähigkeit zum Enthusiasmus als Eigenschaft des echten Dichters rühmt, in den begeisterten Passagen über die Chorführer des Jungen Deutschland und über den einzigartigen Chopin. Mit Heines Begeisterungsfähigkeit gehört eine andere Eigenschaft eng zusammen, die samt seinem Enthusiasmus in das Selbstbildnis des Dichters gehört: seine Kindlichkeit. Sie trägt sein Leben mit

Mathilde; ihr Ausdruck ist auch der boshaft-neugierige, schonungslose Blick, mit dem das Kind ohne Tradition alle Phänomene des Lebens und der Gesellschaft ansieht. »Es ist ein Kniff, daß ich mir gern die Kindheit solang als möglich erhalte, eben weil sich im Kinde alles abspiegelt«, schreibt Heine 1823 an Immermann; 1837 bittet er in der Vorrede zur zweiten Auflage des »Buchs der Lieder« die Götter, ihm, wenn schon nicht die Jugend selbst, so doch ihre Tugenden, den uneigennützigen Groll und die uneigennützige Träne zu lassen – nur wenige Eigenarten hat Heine so bewußt zu bewahren gesucht wie diese Kindlichkeit und Jugendlichkeit. Noch seine letzte, eigenartige, unkörperliche Liebe zu Mouche im Jahr vor seinem Tode hat etwas Kindliches. Bewußt wählt er für das Zusammensein mit ihr ein Bild aus der Kinderwelt, wenn er ihr mitteilt, daß an einem Tage keine Schule sei, sie also nicht kommen darf, weil er zu krank ist. Kindlich ist schließlich Heines oft ausgesprochener Wunsch nach Freude, Lust und Vergnügen, kindlich das Hinauswerfen des Geldes mit Mathilde und für sie.

Neben solchen fröhlichen Zügen enthält Heines Selbstporträt aber auch sehr ernste Eigentümlichkeiten: wenn er zum Beispiel die Ehre zur höchsten Tugend erklärt. Fast immer, wenn er sich gegen Angriffe verteidigt, in den Duellen, in den großen Fehden geht es um Ehre; Platen und Börne greifen seine Ehre an – da erhebt er sich zornig und verteidigt sie: »Geld ist nicht die Hauptsache, Gesundheit ist viel mehr, die Ehre aber ist Alles«, schreibt er 1842 – das klingt, als lebe er noch ganz in der alten Zeit, als halte er an einem Kodex, einem Ideal fest, das eigentlich für ihn, den modernen Dichter, überholt erscheint – aber was heißt schon überholt: Lassalle, der doch wahrlich ein Kind der neuen Zeit, ein Angehöriger des harten Geschlechts ist, setzt sein Leben 1864 in einem Duell, einem Ehrenhändel aufs Spiel – und verliert es! »Die Ehre aber ist Alles« – sie ist für Heine mehr ein innerer als ein äußerer Wert, Ehre ist Selbstachtung, nicht nur vor anderen, vor sich selbst will er bestehen können, er will sich selbst ins Auge sehen können, das hebt er im Erbschaftsstreit immer wieder hervor. Ehre, Selbstachtung – und Gerechtigkeit, darum geht es ihm, das sind hervorstechende Farben in seinem Selbstbildnis, Gerechtigkeit für ihn und andere. Er haßt das Unrecht, *dieser* Haß ist der reinste, den er kennt und für sich beansprucht – noch aus dem Todkranken bricht es 1852 heraus wie ein Schrei: »Ich kann kein Unrecht leiden, und daran krepire ich; aber Gott weiß, daß ich mit derselben Schärfe des Gefühls auch das Unrecht, das Andern widerfährt, empfinde, und gewiß um keinen Preis der Welt dabei betheiligt sein möchte.«

Reinheit – die hätten ihm nicht viele Zeitgenossen zugestanden, ihm, dem Schamlosen, Frivolen, Gesinnungslosen, und dennoch beansprucht er sie für seine besten Gefühle, seine stärksten Überzeugungen. Er empfände es zum Beispiel als eine Selbstbeschmutzung, wenn er in bestimmten Kampfsituationen der Zensur auch nur den kleinsten Finger reichte. Auch den Angriff auf Börnes Dreiecksbeziehung mit Jeannette und Salomon Strauß behauptet er aus Reinheits-Empfinden geführt zu haben: aus moralischen Gründen also. Moral ist für ihn etwas zugleich Naturhaftes und Ästhetisches, sie wirkt so selbstverständlich wie die angeborene Kraft: Er gehorche fast passiv einer sittlichen Notwendigkeit, schreibt er im Börne-Buch zur Verteidigung seines Widerwillens gegen Börnes Dreierbeziehung – er stellt es so dar, als entspringe seine Entrüstung seinem reinsten moralischen Impuls, und übersieht dabei, daß diese Einstellung, dieser Zug seines Selbstporträts beinahe biedermeierlich wirkt und er sich mit solchen Angriffen zu beschmutzen droht, was er doch gerade vermeiden will! Wahrscheinlich hat die Heftigkeit, mit der man ihm Immoralität vorwarf, sein Beharren auf der eigenen moralischen Reinheit im Angriff auf die Unmoral seiner Gegner bestärkt – er beansprucht diese Reinheit ja gerade auch dort für sich, wo ihm Unsittlichkeit und Frivolität vorgeworfen werden: Er ist, sagt er, ein Freigeist, aber in seinem Haushalt seien Anzüglichkeiten nicht erlaubt; er habe moralischer gelebt als die meisten Menschen, die ihn der Unmoral beschuldigen – nie, im ganzen Leben nie habe er eine Unschuld verführt oder eine Ehefrau zur Untreue verleitet.

Heines Selbstporträt bekommt seine volle Tiefe, seine Genauigkeit und Feinheit durch drei Wesenszüge: durch seine antibörnische Auffassung von Charakter, durch sein Wissen um die gesellschaftliche Bedingtheit von Charakterzügen und Verhaltensweisen und durch die wunschhafte Spiegelung seines Selbstbildnisses in den Porträts bewunderter Vorbilder. Heines Auffassung von Charakter ist anti-republikanisch, aristokratisch, dichterisch, gegen die »blöde Gleichmacherei«, gerichtet. Unter gleichberechtigten Brüdern beansprucht er stets, der *große* Bruder, der Besondere zu sein. In der Börne-Denkschrift lesen wir: »Charakter hat derjenige, der in den bestimmten Kreisen einer bestimmten Lebensanschauung lebt und waltet, sich gleichsam mit derselben identifiziert, und nie in Widerspruch gerät mit seinem Denken und Fühlen. Bei ganz ausgezeichneten, über ihr Zeitalter hinausragenden Geistern kann daher die Menge nie wissen, ob sie Charakter haben oder nicht, denn die große Menge hat nicht Weitblick genug, um die Kreise zu überschauen, innerhalb derselben sich jene hohen Geister bewegen.« Solche hohen Geister werden von der Menge leicht verkannt, für willkürlich und charakterlos gehalten – dabei ist es stets ein Zeichen von Borniertheit, wenn einer (man denkt sich hinzu: wie Börne) von der bornierten Menge leicht begriffen und ausdrücklich als Charakter gefeiert wird. Selbstverständlich sieht Heine *sich* als einen hohen, über sein Zeitalter hinausragenden, wahrhaft revolutionären Geist – allerdings weiß er genau, wie tief er, der letzte Fabelkönig der Romantik, noch in der alten Zeit wurzelt, und diese gesellschaftliche Zwischenstellung, das Sitzen zwischen den Stühlen, die beispielhafte Repräsentanz einer Übergangsepoche durch den großen Dichter, den weitblickenden Intellektuellen mit dem seismographischen Wahrnehmungs- und Vorhersagevermögen bestimmen Charakter, Verhaltensweise – und Selbstporträt entscheidend. Heine, der Zerrissene, weiß genau, daß ein solcher hoher Geist auch starken Gefährdungen ausgesetzt ist, darum spiegelt er sich, wenn er Selbstbildnisse malt, gern haltsuchend in den Porträts und Persönlichkeitsbildern großer Beispiele und Geistesverwandter. Wenn Heine also Goethes poetische Besonnenheit, seine praktische Lebensanschauung, die künstlerische Harmonie seiner Werke, die Übereinstimmung von Persönlichkeit und Genius, wenn er überhaupt glückliche, in sich selbst ruhende Naturen preist, so malt er auch ein Wunschbild seiner selbst; dasselbe gilt, wenn er Jean Paul, Sterne, Schiller, Voltaire, Cervantes, und vor allem, wenn er Lessing porträtiert: Er sucht Tugenden und Leitbilder, die er in sein Selbstporträt aufnehmen kann, und es sind immer hohe, über ihr Zeitalter hinausragende Geister.

Die Pariser Alltagsszenerie, in der der hohe, über das Zeitalter hinausragende Geist sich bewegt, wirkt auf den ersten Blick eher unauffällig. Das trifft vor allem auf Heines Wohnungen zu. Wir hörten schon, daß er in den ersten Pariser Jahren nur in Hotels wohnte, die sicher etwas Komfort mit Bedienung, Feuerung und Frühstück boten, aber doch ein Provisorium blieben, zumal Heine oft umzog – schon Wienbarg hatte im Frühjahr 1830 bei einem Besuch in Heines Wandsbecker Zimmer festgestellt, daß es wie die Wohnstätte eines ständig Reisenden wirkte. Alle Zeitgenossen, die über Heines Pariser Wohnungen berichten, heben ihre Bescheidenheit hervor und wundern sich darüber. Ihr Eindruck erklärt sich vor allem daraus, daß Heine stets möbliert wohnt, daß er keine oder nur wenige bürgerlich-repräsentative Möbel besitzt oder anschafft, und wenn, dann am ehesten auf Mathildes Wunsch oder für die Schreibarbeit: einen kleinen Tisch mit Fach, der immer an seinem Matratzenlager stehen wird, oder einen Nußbaumsekretär, in dem wichtige Papiere aufbewahrt werden. Das kurioseste Möbel schildert Heine seiner Mutter am 4. Dezember 1847: »Meine Frau hat mir bereits mein Weihnachtsgeschenk gekauft (für ihr erspartes Geld) nemlich einen prächtigen Nachtstuhl, der wirklich so prächtig, daß sich die Göttinn Hammonia dessen nicht zu schähmen brauchte. Ich vertausche ihn nicht gegen den Thron des Königs von Preußen. Ich sitze darauf ruhig und sicher und scheiße allen meinen Feinden was!« Alfred Meißner schildert im Februar 1847 Heines Wohnung Nr. 41, Faubourg Poisonnière. »Die Wohnung eines der größten Dichter, die Deutschland je gehabt, stand gewiß hinter der eines französischen Autors zweiten oder dritten Ranges weit zurück. Drei ganz kleine Zimmer im dritten Stockwerke waren mit bescheidenem Komfort geziert, die Aussicht, wenn sie so zu nennen, ging auf einen engen und nicht eben lichten Hof hinaus. Der Kamin hatte die übliche weiße Marmorverkleidung, über ihm hing ein breiter Spiegel, eine Uhr im Porzellangehäuse, zwischen den in Frankreich unausweichlichen Blumenvasen mit künstlichen Buketten aufgestellt, ließ ihr Tiktak vernehmen; sie war der auffallendste Schmuck. Man wüßte nichts Besonderes von dieser einfachen Wohnung zu sagen, wenn nicht eine alte, pockennarbige Mohrin mit einem buntseidenen Tuche um den Kopf als Magd bei Öffnen der Tür erschienen wäre und nicht von Zeit zu Zeit aus dem Zimmer Madame Heines der grelle Schrei eines Papageis herübertönte.«

Solche bescheidenen Wohnungen mietet Heine, wenn die Finanzlage kritisch erscheint; andere Wohnungen sind etwas größer und komfortabler, sie entsprechen heutigen Vierzimmerwohnungen und liegen meist nach dem Hof zu, sind also billiger als vorn heraus. Ihre Durchschnittsmiete beträgt 800 bis 1000 Francs jährlich, Heine bleibt damit bei einem Ausgaben-Budget von durchschnittlich 12000 Francs im Jahr unter der Zehn-Prozent-Grenze für Wohnungsmiete, die das bürgerliche Anstandsbuch einer Madame Pariset 1822 für einen ordentlichen Haushalt ansetzt. Sehr genau sind wir über die Wohnung im Haus 50, Rue d'Amsterdam, informiert, wo die Heines von September 1848 bis September 1854 wohnen werden. In der zweiten Etage eines sechsstöckigen Hinterhauses gelegen, kostet sie nur 700 Francs pro Jahr; sie hat Vorzimmer, Flur, Küche, ein von zwei Kammern eingerahmtes Schlafzimmer, Wohnzimmer, Eßzimmer und Toilette, zwei Eingänge, davon einen für die Dienstboten, im sechsten Stock Mansarden für das Personal. Die Wahl dieser Wohnung ist ebenfalls durch finanzielle Kalkulation mitbestimmt und belegt einen für Heines Wohnungswahl typischen Kompromiß zwischen gutem Wohnviertel und billiger Lage im Gebäude. Übrigens wurde bei Heines Tod sein Eigenbesitz an Möbeln auf 750 Francs geschätzt, damit gehört er immer noch zu den lediglich 13 Prozent Parisern, die Mobiliar für mehr als 500 Francs hinterließen!

Auch andere Informationen bestätigen, daß der bescheidene Eindruck mancher Wohnungen nicht maßgebend für den gesamten Lebensstandard Heines ist: Er lebt selbstverständlich niemals in Armut, wie er gern vorgibt. Einen gewissen Aufwand für Kleidung braucht er schon deswegen, weil er viel in Salons verkehrt. Kleiderpflege ist in seinem Haushalt, sicher auch wegen Mathildes Unlust, nicht gefragt, sie ist genau so wie die Wäsche teuer und belastet das Budget. Hoch sind die Kosten für Mathildes Garderobe, über deren Ausgaben Heine oft klagt, obwohl er gleichzeitig stolz auf die attraktive Kleidung seiner »Verbrengerin« ist. Nach zehn Ehejahren kann sich Mathilde das Statussymbol Pariser Bürgergattinnen leisten, einen indischen Kaschmirshawl; Heine meldet das seinem Bruder Gustav nach Wien: »Sie hat das ganze Kapital ihrer Ersparnisse, das sie bei mir stehen hatte 600 fr. zu einem Kaschemir verwendet; dieser Schawl kleidet sie ganz vortrefflich und gibt ihrem dicken Hintern einen sehr imposanten Anblick.« Luxus entfalten die Heines auch durch die Bäder-Reisen, die häufigen Kutschfahrten, die Diners, bei denen üppig gegessen und guter, ziemlich teurer Wein getrunken wird (Heine trinkt sonst keinen Alkohol und haßt das Rauchen wie Goethe). Schließlich halten sich die Heines seit Mitte der vierziger Jahre Personal, wie Meißners Bericht zu entnehmen ist. 17 Prozent aller Pariser haben 1846 Hausangestellte, auch in dieser Hinsicht lebt Heine also gut bürgerlich. Mathildes Freundin Pauline Treuenthal ist Gesellschafterin und Mädchen für alles, auch Köchin und zeitweilig Heines Vorleserin. Ab 1850 werden die Heines eine eigene Köchin beschäftigen, die damals 25 bis 35 Francs kostet, und seit dem Beginn der Matratzengruft eine Pflegerin (Heine wird sich nur von Frauen pflegen lassen); sie soll laut Heines Brief vom 26. September 1850, der allerdings vielleicht aus Verärgerung über Saumseligkeit und Freßlust der Helferin übertriebene Angaben macht, außer der Beköstigung 150 Francs im Monat bekommen haben, eine enorme Summe.

Denken wir noch hinzu, daß Heine in der Zeit der Matratzengruft auch Sekretäre beschäftigte, so trifft Michael Werners Gesamturteil zu, daß Heines Lebensstil dem des gehobenen Mittelstands entspricht, einer damals noch recht dünnen Schicht: Noch zwischen 1888 und 1890, nach einem wirtschaftlichen Aufschwung, werden nur etwa 5 Prozent aller französischen Haushalte über ein Jahreseinkommen von mehr als 5000 Francs verfügen. (Ein Franc damaliger Währung entspricht etwa dem Wert von 7,20 DM im Jahr 1975, freilich darf man mit diesem Verhältnis Preise von damals nicht mechanisch in heutiges Geld umrechnen.) Wenn man bedenkt, daß Heine etwa 12000 Francs jährlich braucht, daß seine literarischen Einkünfte (etwa 135000 bis 140000 Francs insgesamt, also jährlich rund 4000 Francs, umgerechnet auf 35 Jahre literarischer Publikation) diese Bedürfnisse nur zu einem Teil decken, so wird noch verständlicher, daß Heine unbedingt auf andere Einnahmequellen – die Jahrespension, die französische Staatspension, Einkünfte aus Aktenspekulationen und finanziellen Beteiligungen wie bei der Prager Gasbeleuchtungsgesellschaft – angewiesen ist. Immerhin hinterläßt Heine bei seinem Tod etwa 45000 Francs auf seinen Konten – 1847 haben nur 5,1 Prozent aller Pariser Erblasser mehr als 50000 Francs hinterlassen; mit seiner Hinterlassenschaft gehört Heine in die obere Hälfte des mittleren Bürgertums, unter hundert Einwohnern steht er mit den 45000 Francs etwa an vierter Stelle. Schon zu Lebzeiten gilt Heine bei den Pariser Deutschen als wohlhabend; man pumpt ihn ungeniert an, und Heine gibt, wenn er kann, auch großzügig. Der polnische Freund Breza, die politischen Emigranten Karl Grün und Jakob Venedey, arme Kollegen wie Weill und sogar Wihl haben davon profitiert, das belegen genügend Briefe – Heine borgt seinerseits ungeniert bei reichen Bekannten, wenn seine Kasse Ebbe hat – das kommt nicht selten vor.

Solange Heine noch ausgeht und Besuche empfängt, geht auch dafür viel Geld drauf. Heine weiß, daß er Mathilde nicht vom Leben, nicht von Menschen, auch nicht von ihr gemäßen Menschen absperren kann. So empfängt er, bis zu einem Streit Ende 1852, Mathildes Pensionsfreundin Elise Arnaut, die er die »flammenäugige Elise« nennt, und ihren Mann, der zuerst Schnittwarenhändler war, um 1850 durch Spekulationen reich wird und das Hippodrom, den Zirkus am Eingang des Bois de Boulogne, kauft – er ist ein Dandy, ein aufdringlicher Prahler, der pro Tag zehntausend Francs einzunehmen behauptet, Heine duldet ihn wegen Elise, die er Mathilde nicht nehmen will, sie kann ja nicht nur mit seinen Besuchern und den deutschen Bekannten vorlieb nehmen, deren Sprache sie nicht gelernt hat. Er duldet den Dandy auch wegen seiner schönen Kinder, die scherzhaft Poulon und Poulette genannt werden – Poulette heißt eigentlich Alice, ist um 1845 geboren, Heines Liebling und sein Patenkind, das Meißner als ungewöhnlich lieblich, schön und schwarzlockig schildert; mit fünf Jahren, schreibt er, sei ihr Geist geradezu dämonisch entwickelt. Ihre Person wird nicht deutlich genug, um die Vermutung zu rechtfertigen, sie habe Heine ein wenig an das rote Sefchen erinnert, dafür ist sie auch noch zu jung – Fanny Lewald überliefert eine glaubwürdige Anekdote mit Alice und Heine: Einmal, als er weniger Schmerzen hatte, habe er sich das Kind kommen lassen, um mit ihm Kuchen zu essen; er habe Alice sehr schöne Geschichten von Himmel und Hölle erzählt, unter anderem, daß es im Himmel so schön und so glänzend hergehe, daß man dort von morgens bis abends Kuchen esse, daß der liebe Gott Küchenjungen habe, das seien die Engel, und daß die Engel, wenn sie viel gegessen hätten, sich den Mund mit ihren weißen Flügeln abwischten – worauf Alice erwiderte: Daß das übrigens recht unanständig von ihnen sei. Das ist eine Szene von hoher Symbolkraft: Der todkranke Dichter, der mit dem klugen Kind kindgemäß spricht, der sich noch als Schmerzensmann seine Kindlichkeit bewahrt hat, getreu seinem Selbstporträt. Heine wehrt sich gegen diesen schleichenden Tod, der seine *späte* Selbstdarstellung überschattet – er wird 1854 in seinen »Geständnissen« sein Selbstporträt noch einmal vertiefen.

VI. Kapitel
1848-1856

Revolution und Krankheit

Binnen weniger Tage brachen im Februar 1848 die französische Juli-Monarchie und das ihr zugeordnete parlamentarische System wie ein Kartenhaus zusammen. Die Unzufriedenheit der Massen entlud sich am 22. Februar in einer mächtigen, nicht genehmigten Demonstration der oppositionellen Kräfte, mit denen sich die Nationalgarde solidarisierte. Das Eingreifen der Armee, die fünfzig Teilnehmer tötete, verwandelte die Demonstration in einen Aufstand; am 24. Februar dankte Louis Philippe ab und floh Hals über Kopf nach England, eine Provisorische Regierung mit dem Heine bekannten, redegewaltigen und angesehenen Schriftsteller Alphonse de Lamartine an der Spitze wurde gebildet. Die Revolution hatte mehrere zusammenwirkende Gründe. König, Großbourgeoisie, Staatsapparat und Parlament, die nach 1830 eine unheilige und korrupte Allianz bildeten, lehnten starrsinnig alle politischen und sozialen Reformen ab, zum Beispiel eine durchgreifende Änderung des an Geldvermögen gebundenen Wahlrechts oder soziale Sicherheiten für das Proletariat. Repräsentant dieser heute fast unbegreiflichen Immobilität war der ab 1840 einflußreichste Minister, der Historiker Guizot, dem Heine die Weiterzahlung der Staatspension nach dem Sturz von Thiers verdankte und der seit September 1847 Premierminister war. Die Allianz von Großbürgertum, Politik und Parlament führte zwar zu einer staatlichen Wirtschaftsförderung, die das Land modernisieren half, etwa durch Eisenbahnbau; diese Förderung schloß jedoch keine Sozialgesetzgebung für die arbeitenden Massen ein und beseitigte den Grundwiderspruch der französischen Gesellschaft nicht: die Diskrepanz zwischen der technisch-ökonomischen Dynamik und erstarrten Institutionen, zwischen Industrialisierung und der traditionellen staatstragenden Notabelngesellschaft, deren Fundamente durch die wirtschaftliche und technische Entwicklung erschüttert wurden. Der Staat war zwischen den rivalisierenden Interessengruppen im Grunde ohnmächtig, so daß sozialistische und kommunistische Ideen auf fruchtbaren Boden fielen, was Heine als einer der ersten Zeitkritiker erkannte, darstellte und beurteilte. Schon 1834 kam es zum ersten großen Streik, der die Lyoner Seidenindustrie lahmlegte; unter dem Eindruck einer 1846 beginnenden Wirtschaftskrise, der rapiden Preisanstiege und der daraus folgenden Hungersnöte schlossen Kleinbürgertum, Arbeiterelite, Handwerker und Intellektuelle ein Bündnis gegen die Herrschenden, deren Hochmut, Selbstgefälligkeit und Reformfeindlichkeit in krassem Gegensatz zu den ökonomischen, sozialen und politischen Erfordernissen standen – dieser unüberbrückbare Gegensatz ließ das Regime Louis Philippes in kürzester Zeit zusammenbrechen.

Zum zweiten Mal in seiner Geschichte war Frankreich Republik, doch war sie ebensowenig von Dauer wie die erste nach 1789. Schon die Provisorische Regierung litt unter inneren Spannungen zwischen Konservativen, Liberalen und Sozialisten, deren Vertreter, Louis Blanc und der Arbeiter Albert, nur begrenzte Befugnisse erhielten. Zwar wurden Nationalwerkstätten gegründet, in denen Arbeitslose Beschäftigungen fanden, aber zu einer wirklich sozialen Demokratie kam es unter der Provisorischen so wenig wie unter der ersten, nach allgemeinem Wahlrecht gewählten republikanischen Regierung – im Gegenteil, diese Regierung schlug im Juni 1848 einen Arbeiteraufstand in Paris blutig nieder, 3000 Gefangene wurden umgebracht, 15000 verbannt, die Nationalwerkstätten wurden aufgelöst, Versammlungsrecht und Pressefreiheit erneut eingeschränkt. Doch vermochte auch die neue republikanische Regierung die schwierigen Probleme nicht zu lösen: Noch immer lag die eigentliche Macht in den Händen der demokratiefeindlichen Finanz- und Industriebourgeoisie; auch hatten die Republikaner kein Verständnis für die Lage der Bauern und die Verhältnisse auf dem flachen Land – so wurde schon am 10. Dezember 1848, scheinbar völlig überraschend, Louis-Napoléon mit überwältigender Mehrheit zum ersten Staatspräsidenten einer Republik gewählt, die im Grunde mit dieser Wahl bereits abgedankt hatte. Zug um Zug schaltete der Neffe Bonapartes, in dessen Weltanschauung Ordnungsdenken und Revolution, saint-simonistischer Sozialismus und wirtschaftliches Wohlstandsdenken, Autoritätsgläubigkeit und Liberalität eine merkwürdige Mischung eingingen, die Nationalversammlung und nicht genehme Politiker aus; sicher half ihm auch sein Verständnis für die »große Suppenfrage«, die er in seiner Schrift »Extinction du paupérisme« dargestellt hatte, an die Macht. Am 2. Dezember 1851 eroberte er sie durch seinen Staatsstreich endgültig; Republik und Demokratie waren geschlagen, wenn auch ihr Mythos und der Geist des Sozialismus, des Kommunismus weiterlebten. 1852 ließ sich der Neffe Napoleons als Napoleon III. zum Kaiser krönen – seine Monarchie, die ein Bündnis mit der Großbourgeoisie einging, währte ähnlich lange wie die Juli-Monarchie, nämlich achtzehn Jahre und brach nach der Niederlage 1870/71 zusammen; seitdem ist Frankreich Republik.

Überraschenderweise, unerwartet auch für Heine, griff die Revolution im Frühjahr 1848 auf Deutschland und Österreich, ebenso auf Italien und, abgeschwächt, auf Spanien, Dänemark und Rumänien über. Im Verlauf der Aufstände brach die Heilige Allianz zusammen, die Restaurationsperiode war zu Ende. In Wien wurde Metternich gestürzt beziehungsweise vom Kaiserhaus geopfert, auch er floh bei Nacht und Nebel nach England. In Preußen mußte sich der König der Revolution nach blutigen Kämpfen beugen, ihre Opfer ehren und eine Verfassung zulassen. Auch die deutsche Revolution von 1848 scheiterte, der Gegensatz zwischen liberalen Reformen und radikalen Revolutionären war auch hier unüberbrückbar, die Liberalen erleichterten den alten Mächten die Rückkehr zumindest ungewollt, die wieder aufflammende, mit anderen Revolutionszielen eigentümlich gemischte Sehnsucht nach nationaler Einheit wurde ebenso getäuscht wie die Hoffnung auf Demokratie, die sich vorübergehend ans erste deutsche Parlament, die Nationalversammlung in der Frankfurter Paulskirche knüpfte – dennoch hatte Preußen nun eine Verfassung, dennoch erloschen die fortschrittlichen Ideen auf deutschem Boden nicht; allerdings dauerte es hier nicht achtzehn, sondern siebzig Jahre, bis die erste demokratische Republik ausgerufen wurde, und zwar ebenfalls nach einem verlorenen Kriege.
Heine hat die revolutionären Stürme in Paris und Deutschland

mit der einem Schwerkranken möglichen Aufmerksamkeit verfolgt. Bei Ausbruch der Revolution befand er sich in der Heilanstalt von Louis-Grégoire Faultrier, rue de Lourcine – wahrscheinlich am 23. Februar geriet er nach einem Besuch in seiner Wohnung, rue de Berlin, in die Straßenkämpfe. Sein Wagen wurde für den Barrikadenbau konfisziert, und Heine gelangte nur mit Mühe in die Heilanstalt zurück. Schon am 30. März schrieb er seiner Mutter, »der Spektakel« habe ihn physisch und moralisch sehr heruntergebracht, er sei so entmutigt wie nie, wolle still und abgesondert leben, sich nicht hervorstellen – wir erkennen daran, wie widersprüchlich er auf die Revolution reagierte; zu diesem Zeitpunkt war allerdings schon die Liste derjenigen Ausländer veröffentlicht, die eine französische Staatspension erhalten hatten, Heine wurde von den Pariser Deutschen und in deutschen Zeitungen schwer angegriffen. Schon vorher, am 3., 10., 14. und 22. März, hatte Heine Berichte über die revolutonären Ereignisse geschrieben, von denen die »Allgemeine Zeitung«, der er sie schickte, aus ungeklärten Gründen nur den ersten druckte. Auch diese Artikel sind zwiespältig, obwohl Heine stellenweise die Begeisterung davonträgt: Die Marseillaise rüttelt ihn auf, er lobt die Tapferkeit und die Ehrlichkeit der aufständischen Ouvriers, er vermerkt mit Genugtuung, daß sie zwar zerstörten, aber weder plünderten noch stahlen. Er präsentiert die Revolution als ein Theaterstück und meint, auf 1830 anspielend, ein gutes Stück könne man zweimal sehen, zumal er hofft, daß nicht nur eine politische, sondern die lange erwartete und vorausgesagte soziale Revolution stattfinden werde, die den Massen endlich das »materielle Wohlseyn« bringt. Hohes Lob spendet er den Männern der Provisorischen Regierung: »Die Wahl der provisorischen Regierung war jedenfalls ein Werk des Zufalls. Für Frankreichs Heil ist aber diese Wahl sehr gut ausgefallen. Das Volk, das große Waisenkind, hat dieses Mal sehr gute Nummern aus dem Glückstopfe gezogen. Lauter Treffer! Welch ein schöner Verein von wackeren und begabten Männern, alle durchglüht von weltbürgerlicher Menschenliebe!« Höchstes Lob wird Lamartine, der von Heine nur wegen des Spiritualismus seiner Liebeslyrik getadelt wird, als Politiker wie auch als Verfasser des Geschichtswerks »Die Girondisten« zuteil; besonders bedeutsam ist Lamartines Friedensmanifest, mit dem er, in klarer Abgrenzung zur Revolution 1789 und zu Napoleon, auf Krieg und Eroberungszüge verzichtet.

In diese positiven Äußerungen mischen sich aber erhebliche Befürchtungen. Heine nennt die Marseillaise einen welschen Teufelsgesang und spricht von dämonischen Freveltönen; er bedauert Louis Philippes Sturz und hält ihn noch immer für den einzig möglichen König der Franzosen. Diese »sind jetzt kondemniert, Republikaner zu sein«, sie *haben* die Republik nun, »und wenn man einmal so etwas hat, so hat man es, wie man einen Leistenbruch hat, oder eine Frau, oder ein deutsches Vaterland, oder sonst ein Gebreste«. Das ist schon sehr abfällig, und noch abfälliger, auch angstvoller wirkt die Zusammenfassung seiner Eindrücke von Lamartines Buch über die Girondisten: »Wir sehen hier nämlich die abenteuerlichen Bacchantenzüge der französischen Revolution, thyrsusschwingende Korybanten der Freiheit und Gleichheit, terroristische Zimbalschläger und moderantistische Doppelflötenspieler, bocksfüßige Satyrgestalten bougrement patriotiques, Mänaden der Guillotine mit flatterndem Haar, von dem göttlichsten Wahnsinn berauschte Scharen« – bougrement patriotiques heißt verdammt patriotisch, und solche Schilderungen müssen auch auf Heines Einstellung zur gegenwärtigen Revolution abfärben, in der er sowieso wieder die Gleichmacherei, die Kunstfeindlichkeit revolutionärer Proletarier hochkommen sieht, obwohl er gleichzeitig anerkennt, daß die Revolution neuer Männer bedürfe und man diese »aus den untersten Schichten des gesellschaftlichen Bodens herausgraben« müsse. Heines zwiespältige Überlegungen gipfeln in der Doppelfrage, ob die Angelegenheiten der Welt wirklich von einem vernünftigen Gedanken, von der denkenden Vernunft gelenkt würden, woran er so lange hat glauben wollen, oder ob sie nur »ein lachender Gamin, der Gott-Zufall« regiere, was jegliche vernünftige Geschichtsauffassung aufhebt: ein Gamin ist ein Bengel, ein Schlingel, Lausbub, Schelm!

Je deutlicher sich die dargestellten Entwicklungen nach der Februar-Revolution abzeichnen, desto skeptischer werden

Heines Äußerungen. Was die Welt jetzt treibe und hoffe, sei seinem Herzen völlig fremd, schreibt er Meißner am 12. April; der Mutter gegenüber bringt er am 27. Mai die Abkehr von der revolutionären Begeisterung mit der Krankheit in Zusammenhang: eben seine Kränklichkeit schütze ihn jetzt vielleicht vor Todesgefahren, denen er ausgesetzt gewesen wäre, wenn er sich toll und gesund in die Tageskämpfe hätte stürzen können. Am 26. Juni, während des Arbeiteraufstandes beruhigt er die Mutter, daß er nicht in das große Blutbad geraten sei, sondern »die drey schrecklichen Tage« in großer Sicherheit verbracht habe, und am 9. Juli schreibt er dem Verleger die niederschmetternden Sätze: »Ueber die Zeitereignisse sage ich nichts; das ist Universalanarchie, Weltkuddelmuddel, sichtbar gewordener Gotteswahnsinn! Der Alte muß eingesperrt werden, wenn das so fortgeht.«

Die geradezu nihilistische Schärfe solcher Urteile beweist, wie mächtig Heine die Revolution erschüttert hat, auch als er schon in der Matratzengruft lag. Sie überlagerte sich auf exemplarische Weise mit seinem persönlichen Schicksal, wieder gehen Individual- und Gesellschaftsgeschichte ineinander über. Nicht zufällig und nicht nur aus physischer Schwäche brach er gerade im Mai 1848 zusammen – wieder, wie schon so oft, empfand er das eigene Geschick, die eigene Person als repräsentativ für das ganze Zeitalter. Er gestand allerdings, daß dies *auch* eine Last war, die ihm zu schwer wurde: Zur gleichen Zeit, schrieb er am 15. September dem Arzt und Publizisten Véron, da die Ärzte ihm brennende Dochte zu beiden Seiten der Wirbelsäule gesetzt hätten, sänge die Republik unter seinen Fenstern: »Des lampions! Des Lampions!« Er aber seufzte: »J'en ai plein le dos« – was heißt: ich habe den Rücken davon voll, es ist genug. Das Leiden an der Zeit und an der Krankheit raubte Heine aber niemals die Fähigkeit, genau über Revolution und Gegenrevolution nachzudenken. Er hat die Revolution schließlich seit Jahren vorhergesehen, er ist ihr Prophet gewesen – nun aber ist er enttäuscht, und die Enttäuschung wird seinen Begriff von Revolution, seine Geschichtsauffassung und sein Bild von der eigenen schriftstellerischen Identität beeinflussen. Heine hat auf die große soziale Revolution gehofft, sie ist ausgeblieben, die ökonomische, soziale, gesellschaftliche Macht der Großbourgeoisie ist ungebrochen, ja noch gestärkt aus der Revolution hervorgegangen, die armen Leute haben wieder nicht gesiegt.

Die 1848er Revolution ist also nicht Heines Revolution. Darum wird er auch sein Urteil über die Provisorische Regierung und Lamartine radikal revidieren. Das geschieht im »Waterloo-Fragment«, einem Text-Stück aus den »Geständnissen«, das auf Betreiben Campes ungedruckt blieb, der Verleger behauptete, Heine werde das deutsche Publikum wegen seiner Franzosenfreundlichkeit damit schwer verärgern. Heine schränkt hier auch sein positives Urteil über Louis Philippe stark und treffend ein: Der König war, ungeachtet seiner Fähigkeiten und Vorzüge, »nicht der Erwählte des Volks, sondern einer kleinen Koterie von Geldmenschen, die ihn auf den vakanten Thron gesetzt, weil er ihnen die beste Garantie ihrer Besitztümer dünkte und weil bei dieser Besetzung keine große Einrede von seiten der europäischen Aristokratie zu befürchten stand«. Heines doppelte Entäuschung über Julimonarchie und Revolution führt zu einer Neubelebung seines Napoleon-Enthusiasmus: Der Kaiser ist jetzt »der Gonfaloniere der Demokratie«, Wellington dagegen »der Fahnenjunker der Aristokratie«. Heine mißt Lamartine, Louis Blanc und die Provisorische Regierung nun an Napoleon: Da kann das Urteil nur vernichtend ausfallen. Die Männer dieser Regierung waren nicht schlecht, sie waren nur klein, täppisch und von ihrer Aufgabe völlig überfordert: »Ein ungeheures Verbrechen begingen jene guten Leute und schlechten Musikanten, die sich aus Ehrgeiz im Augenblick des entsetzlichsten Sturmes ans Steuerruder des Staates drängten und, ohne die geringsten Kenntnisse politischer Nautik, das Kommando des Schiffes übernahmen, als einzige Bussole nur ihre Eitelkeit konsultierend. Unvermeidlich war der Schiffbruch.« Heine kehrt sogar den Satz vom Glückstopf, den er in der ersten Begeisterung geschrieben hat, in sein Gegenteil um: »Nie hat das Volk, das große Waisenkind, aus dem Glückstopf der Revolution miserablere Nieten gezogen, als die Personen waren, welche jene Provisorische Regierung bildeten.« Der Revolu-

tion fehlten also Männer, die auf der Höhe der Epoche handelten, es fehlten welthistorische Persönlichkeiten, in Frankreich wie in Deutschland: Für »Revolutionäre« wie Jakob Venedey, der 1848 das große Wort führte, oder Georg Herwegh, der zu Beginn der Revolution eine bewaffnete »Deutsche Demokratische Legion« aus militärischen Dilettanten nach Deutschland führte, wo sie von württembergischen Soldaten vernichtet wurde, hat Heine nur bitteren Spott übrig, obwohl er das Anti-Herwegh-Gedicht »Simplicissmus I.« nicht veröffentlicht, um ihm nicht zu schaden. Daß Heine trotz solcher Kritik und der Krankheit, die sein Handeln lähmt, nicht zum Renegaten wird, zeigt seine Erbitterung über Laubes Buch »Das erste deutsche Parlament« (1849): Zwar verspottet auch Heine die Mehrheit der konstitutionellen Monarchisten, die in der Frankfurter Paulskirche faule Kompromisse mit dem Adel schlossen, sowie die Demokraten, die vor altdeutschen Nationalisten wie Arndt und Jahn zurückwichen; daß Laube aber der Linken die Schuld am Scheitern der Revolution gibt, bezeichnet Heine als »Verrath an der Sache der Vernunft und der Wahrheit«.
Der Mangel an großen Persönlichkeiten ist selbstverständlich für Heine nicht der einzige Grund für das Scheitern der Revolution und sein ambivalentes Urteil über sie. Sein Revolutionsbegriff war immer zugleich stark utopisch und zwiespältig: Revolution bringt einerseits Fortschritt, ist Verwirklichung der geschichtlichen Vernunft, historische Notwendigkeit zum Sturz der alten Mächte, zur Befreiung des Volkes und zur Befriedigung seiner Bedürfnisse – andererseits aber ist sie Unglück, Zerstörung, Blutbad, angerichtet durch »von dem göttlichsten Wahnsinn berauschte Scharen« – dieser Dichter, der die Kehrseite *jeder* Medaille sieht, entdeckt auch die Kehrseite der Revolution. Er weiß genau, daß die französischen Republikaner von 1848 durch ihre Abneigung gegen blutige Gewalt ihr Scheitern mit verursacht haben; gleichzeitig aber schaudert ihn vor der Gewalttätigkeit der sich Erhebenden *und* der Gegenrevolution. Wieder befürchtet er, die siegreichen proletarischen Dämonen und Krokodile könnten die Menschheit zu einer einzigen gleichblökenden Schafherde machen, Kunst und Wissen-

schaft verachten oder gleichschalten; von einer solchen Revolution sieht er sich in seiner persönlichsten, nämlich seiner künstlerischen Existenz bedroht, da erscheint ihm der Untergang der alten Welt, den er doch selbst so sehr befördert hat, als ein Unheil, da zerfällt sein hegelianischer Glaube an den Vernunftcharakter des geschichtlichen Prozesses und an ein Fortschreiten zu immer höheren Stufen. Heine hatte eine ähnlich fatalistische Geschichtstheorie schon in dem wohl 1833 entstandenen Artikel »Verschiedenartige Geschichtsauffassung« der Hegelschen Fortschrittslehre gegenübergestellt: alle Dinge erscheinen dort als trostloser Kreislauf, es gibt nichts Neues unter der Sonne, Höherentwicklung findet nicht statt; Heine teilt diese Ansicht 1833 nicht, aber er hat sie wenigstens *gedacht*. Zur selben Zeit, da seine hegelianische Geschichtsauffassung ins Wanken gerät, ist auch seine Zukunftsvision einer neuen diesseitigen Glücksreligion und der Menschengöttlichkeit zusammmengebrochen, hat seine sogenannte religiöse Wende, seine theologische Revision begonnen, von der im nächsten Kapitel die Rede sein soll.

Wir sagten schon, daß Heines Enttäuschung über die Revolution zu einer neuen Aufwertung Napoleons führt, der jetzt als Bahnbrecher der Demokratie erscheint: das ist gewiß eine gewagte Konstruktion. Zeitweilig beeinflußt die neue Napoleon-Bewunderung auch Heines Urteil über den Neffen des großen Kaisers, den er in seinen Frankreich-Berichten der früheren vierziger Jahre kritisiert hatte. Im Frühjahr 1849 sieht Heine den Staatsstreich Louis-Napoléons schon voraus: »Der Präsident arbeitet nach der Schablone seines Onkels und geht auf den 18. Brumaire los.« Gezielt und kritisch wendet er also dieses entscheidende Datum auf Bonapartes Neffen an. Im April 1849 schreibt er unschlüssig, ein alter Bonapartist wie er möge ja nun zufriedengestellt sein, wenn er »Vive Napoléon« rufen höre; auch scheine der Kommunismus vom Bonapartismus zu profitieren. Ein Brief an Kolb vom 21. April 1851 enthält schon fast ein Bekenntnis zu dem neuen Herrscher: »Für den Präsidenten bin ich mit Leib und Seele, aber nicht blos weil er der Neffe des Kaisers, sondern auch weil er ein wackerer Mensch ist und durch die Autorität seines Namens größerem Unheil entgegenwirkt; wie Ludwig Philipp es war, so ist auch Louis Bonaparte ein Mirakel zu Gunsten der Franzosen.« Heine denkt dabei sicher auch an das Verständnis des Präsidenten für die soziale Frage. Im »Waterloo-Fragment« von 1854 erscheint der neue Kaiser als Fortsetzer des toten, am 2. Dezember 1852, dem Krönungstag, empfängt das französische Volk vollständige Genugtuung, »wodurch die alte Wunde seines gekränkten Nationalgefühls vernarben kann. Ich empfinde in tiefster Seele diesen Triumph, da ich einst die Niederlage so schmerzlich mitempfunden.« Das ist, sieht man den Kontext des Fragments, wohl eher eine Erneuerung der langjährigen Napoleon-Bewunderung als eine Schmeichelei für den neuen Imperator, und die Milderung seiner früheren Urteile in der Buchfassung, der französischen Ausgabe der »Lutetia« entstammen eher einer gewissen Vorsicht Heines, dem es in der Matratzengruft selbstverständlich in erster Linie darum geht, seine festungsartige Existenz abzusichern – er kennt ja die antidemokratischen Maßnahmen des neuen Regimes genau und will sich keinen Repressalien aussetzen: Am 9. Januar 1852 werden die Führer der republikanisch-demokratischen Opposition ausgewiesen und verbannt, auch Victor Hugo, am 17. Februar wird ein scharfes Pressegesetz erlassen – genau darauf spielt Heine im »Waterloo-Fragment« an, wenn er schreibt, öffentliche Kundgabe bonapartistischer Gefühle verbiete sich, solange »dieser Belagerungszustand des Gedankens« herrsche, es müsse erst »der freie Geistesverkehr« wiederhergestellt sein, die Wahrheit werde ein besseres Ansehen gewinnen, sobald ihr nicht mehr an der Mütze die Sicherheitskarte der Polizei angeheftet sei. In einem weiteren Brief an Kolb wird Heine sehr deutlich: Er lobt am 13. Februar 1852 zwar erneut die Fähigkeiten des neuen Herrschers, nennt ihn aber einen Löwen in der Eselshaut, der sie eines Morgens abstreifte – Heine gönnt zwar dem von ihm verachteten Parlament den Schrecken, den der Löwe ihm einflößt: »Aber mein Herz blutete dennoch, und mein alter Bonapartismus hält nicht Stich gegen den Kummer, der mich überwältigte, als ich die Folgen jenes Ereignisses übersah. Die schönen Ideale von politischer Sittlichkeit, Gesetzlichkeit, Bürgertugend, Freyheit und Gleichheit, die rosigen Morgenträume des achtzehnten Jahrhunderts, für die unsere Väter so heldenmüthig in den Tod gegangen, und die wir ihnen nicht minder martyrthumsüchtig nachträumten – da liegen sie nun zu unseren Füßen, zertrümmert, zerschlagen, wie die Scherben von Porzellankannen, wie erschossene Schneider – doch ich will schweigen, und Sie wissen warum.« Das ist eindeutig; sehr bewußt stellt Heine dem neuen Regime, ja dem eigenen Lob Louis-Napoléons die alten großen Ideale entgegen; er kann das nur *so* nicht öffentlich sagen, weil er für seine Sicherheit fürchtet. Im übrigen bringt er 1855 den Bonapartismus nochmals und auf bezeichnende Weise mit dem Kommunismus in Verbindung: Den Kommunisten gehört die Zukunft, »und Louis Napoleon ist nur ihr Johannes« – da wird der neue Bonapartismus also zum ungewollten Wegbereiter, zum Johannes der Täufer für die Kommunisten, deren Sieg Heine kommen sieht, für notwendig hält und dennoch weiter fürchtet.

Mitten in den turbulenten Revolutionsereignissen brach Heine gesundheitlich endgültig zusammen: Die Beine versagten ihm den Dienst für immer. Die letzten Jahre standen unter dem Diktat der grausamen Krankheit, die Sicherung der eigenen und der Existenz Mathildes wurde zur Hauptaufgabe des Dichters, der dem körperlichen Verfall eine Art Widerstand gegen den eigenen Willen bot: mehrmals erklärte er, nur Mathildes wegen seinem Leben kein vorzeitiges Ende gesetzt zu haben – die Frucht dieses heroischen Kampfes ist sein großes Spätwerk. Es gibt von Heines Zusammenbruch nur seinen eigenen, sicher stilisierten Bericht im Nachwort zum »Romanzero« (1851): »Es war im Mai 1848, an dem Tage, wo ich zum letzten Male ausging, als ich Abschied nahm von den holden Idolen, die ich angebetet in der Zeit meines Glücks. Nur mit Mühe schleppte ich mich bis zum Louvre, und ich brach fast zusammen, als ich den erhabenen Saal betrat, wo die hochgebenedeite Göttin der Schönheit, Unsere liebe Frau von Milo, auf ihrem Postamente steht. Zu ihren Füßen lag ich lange, und ich weinte so heftig, daß sich dessen ein Stein erbarmen mußte. Auch schaute die Göttin mitleidig auf mich herab, doch zugleich so trostlos, als wollte sie sagen: siehst du denn nicht, daß ich keine Arme habe und also nicht helfen kann?« Es gab keine Zeugen für diese Szene; Caroline Jaubert, eine gute Pariser Bekannte Heines, fügte seiner Schilderung noch die Klage des Dichters darüber hinzu, daß er nicht zugleich im Louvre gestorben sei.

Es gab nur vorübergehende Linderung, keine Heilung für seine Krankheit; sie schritt seit 1820 schleichend fort, mit den ersten Lähmungssymptomen 1832 war der – sehr langsame – Verfall unwiderruflich geworden. Seine Krankheit war eigentlich ein Komplex von Symptomen, die einander teilweise bedingten und verstärkten; am meisten quälten ihn das Kopfübel, das Augenübel und die Rückenmarkserkrankung, die schwere Lähmungen hervorrief.

Die migräneartigen Kopfschmerzen, die Heine jahrzehntelang in zahlreichen Briefen beklagte, die ihn oft bei seiner Arbeit hemmten, die Depressionen verursachten und von denen zahlreiche Bekannte des Dichters berichteten, waren Ausdruck einer wohl angeborenen neuropathischen Konstitution; ob sie auch als Vorboten der Erkrankung des Zentralnervensystems, des Rückenmarksleidens anzusehen sind, muß offen bleiben. Bevor die Lähmungen auftraten, waren Kopfschmerzen jedenfalls sein allen sichtbares Leiden; sie hielten auch nach dem Einsetzen der organischen Erkrankung an und wurden, wohl weil Heine dauernd und demonstrativ über sie klagte, keineswegs von allen Bekannten ernst genommen: manche Leute hielten ihn für einen Hypochonder, und Campe versuchte noch 1851, obwohl er Heine in der Matratzengruft gesehen hatte, die Schwere seiner Krankheit auszureden.

Heines Augenübel, das 1837 unvermittelt einsetzte und ihn von da an periodisch heimsuchte, hing zweifellos mit den Lähmungen durch das Rückenmarksleiden zusammen. Die Störungen betrafen zunächst die Augen selbst. Heine litt möglicherweise – wir können das nur einigen zeitgenössischen Berichten entnehmen – schon früh, zum Beispiel in Bonn, an Kurzsichtigkeit, er trug gelegentlich wohl auch Brillen, haßte sie aber und mied sie, wo es ging – diese Myopie kann ihn jedenfalls nicht wesentlich behindert haben und nicht die Ursache der späteren schweren Sehstörungen gewesen sein. Diese waren wohl Nervenlähmungen, Akkomodationslähmungen, an denen er zu erblinden fürchtete. Vor allem auf dem rechten Auge war das Nah-Sehen schwer behindert: Heine hatte Mühe, zu schreiben und zu lesen, weswegen ihm sein Augenarzt Dr. Sichel, von dem er viel hielt, Lese- und Schreibverbote auferlegte; er hatte heftige Schmerzen beim Nah-Sehen, bekam eine kritzelige Handschrift, konnte die eigene Schrift nicht lesen, mußte diktieren und sich vorlesen lassen. Trotzdem war seine Sehkraft nicht völlig gestört: In den letzten Lebensjahren konnte er mit Bleistift immer noch zollgroße Buchstaben schreiben, wofür die Handschrift des »Memoiren«-Fragments in der Pariser Bibliothèque Nationale ein eindrucksvolles Beispiel ist; noch 1855 erkannte er durch ein Opernglas Gegenstände auf der Straße, Menschen und einen pinkelnden Hund, den er beneidete. Begleiterscheinungen der Sehstörungen waren stark gerötete Augenlider, Entzündungen der Lidränder und Deckel sowie eine starke Lichtempfindlichkeit, weshalb Heine helles Sonnenlicht und helle Gasbeleuchtung meiden mußte, im Krankenzimmer ein grüner Bettschirm stand und das Tageslicht durch Fenstervorhänge gedämpft wurde. Seit 1843 kam zu den Sehstörungen eine Ptosis, eine Lidlähmung, zuerst auf dem linken, dann auf dem rechten Auge. Die Lider senkten sich so stark, daß Heine, um sehen zu können, entweder den Kopf in den Nacken legen mußte, damit er durch einen Lidspalt blicken konnte, oder – eine in der Zeit der Matratzengruft oft beschriebene Geste – das rechte Oberlid mit der linken Hand hochzog; das Lid sank sofort wieder über das Auge, wenn Heine es losließ.

Diese Krankheitsphänomene deuten auf einen Zusammenhang mit Heines Hauptleiden, das er »Rückenmarkdarre« nannte. Den Zusammenhang drückt ein erschütternder Satz aus, den der Schwerkranke am 10. März 1848 mit einem Revolutionsbericht an Kolb schickte: »Ich kann gar nicht mehr sehen u keine zwey Schritte gehen.« Das Rückenmarksleiden ist schwer zu deuten – wir sind ja ausschließlich auf Heines eigene, vor allem die brieflichen Zeugnisse und auf Berichte von Besuchern angewiesen; genaue ärztliche Diagnosen fehlen, die Medizin der damaligen Zeit stand erst am Anfang der Erforschung solcher

Krankheiten, wie auch der Syphilis, die oft als Krankheitsursache angenommen wurde. Die Lähmungserscheinungen, die seit 1832 fortschritten, verdichteten sich in und nach dem Erbschaftsstreit und während der revolutionären Stürme zu einem Syndrom von fürchterlichen Ausmaßen, deren Charakter Heine genau erkannte: Am 24. Mai 1845 teilte er Laube mit, daß seine »Paralisie« leider zunehme. Am 21. Juni 1846 informierte er Dr. Wertheim von Barèges/Pyrenäen aus, daß er wegen gesteigerter Lähmung des Mundes und des Schlundes gar nicht mehr essen könne und an ständiger Übelkeit und Schwindel leide. Im März 1847 berichtete Laube, daß Heine nur noch am Stock und sehr langsam ausgehen könne. Am 22. September 1847 meldete Heine Weill, daß er an beiden Füßen und am Unterleib gelähmt sei; gleichzeitig berichteten Besucher, daß er entsetzlich abmagere. 1847/48 ergriffen die Lähmungen fast den ganzen Körper: Die Nerven der Zungenmuskeln waren gestört, Heine schmeckte nichts mehr, Kauen, Schlucken und Sprechen waren behindert, die Lippenmuskulatur schwand, die Bewegungen der mimischen Gesichtsmuskeln waren gestört, ebenso der motorische Trigeminus, die Lähmung der linken Gesichtshälfte zeigt noch die Totenmaske. Die Beine waren erst weich wie Baumwolle, dann ganz gelähmt, die Füße deformiert, Heine hatte Muskelschwund und mußte wie ein Kind getragen werden, er litt an Katarrhen und Atemstörungen, an Darmkoliken und Verstopfungen, das Harnlassen war erschwert, und bei alledem litt er unter furchtbaren Schmerzen, die unter anderem durch Kontrakturen in den gelähmten Körperteilen, durch Neuralgien und Gelenkschäden hervorgerufen wurden. Zwar gab es im Frühjahr 1848 eine vorübergehende Besserung, Heine konnte wieder schmecken, seine Hände gehorchten ihm, ein Augenlid war halb geöffnet. Aber Anfang 1849 fand ihn sein ungarischer Arzt Dr. Gruby bewegungslos und wie ein Knäuel am Boden liegend, mit Speichelfluß, doch unfähig zu essen und zu trinken. Gruby verschaffte ihm Linderung, aber Heine blieb ein Schmerzensmann bis zum Ende. Die lange Diskussion über die Gesamtdiagnose von Heines Rückenmarksleiden kann hier nicht wiedergegeben werden; am plausibelsten ist die Auffassung des Medizinhistorikers Hans Schadewaldt, daß Heine an einer myatrophischen Lateralsklerose litt, einer mit Muskelschwund verbundenen Entartung der Seitenstränge und der Vorderhornzellen des Rückenmarks.

Noch heftiger als die Diagnose war die Ursache von Heines schrecklicher Krankheit umstritten; eine endgültige Klärung dieser Frage ist auch heute nicht möglich. Die sozusagen »populärste« Erklärung nimmt eine syphilitische Infektion an; die wichtigsten Argumente ihrer Befürworter, deren keiner mehr als Spekulatives über Ort und Zeit der Ansteckung weiß, sind diese: Heines Krankheitsbild trage Züge einer erworbenen infektiösen und wohl syphilitischen Erkrankung; es handle sich um eine Lues cerebrospinalis, die wahllos das Zentralnervensystem, die Gehirnnerven und besonders die Hirnrückenmarkshäute befalle; Heines Fall sei eine jener Syphiliserkrankungen, die längere Zeit mit den Primär- und Sekundärphänomenen latent verlaufen, also nicht rechtzeitig erkannt worden sei, derartige scheinbar symptomlose chronische Syphiliserkrankungen habe auch die experimentelle Forschung bestätigt; es könne aber auch ein Ausschlag, über den Heine 1824 in mysteriösen Worten und mit dem Hinweis berichtete, daß seine Bestialität nicht ihresgleichen finde und er sich im Gassenkot wälze, ein Primärsymptom gewesen sein; der Gebrauch von Schwefelbädern in den Pyrenäen sei aufschlußreich, weil damals Rheuma, Syphilis und alte Wunden mit ihnen behandelt worden seien. Der Mediziner Hugo Reifenberg beschrieb 1922 in seiner Dissertation den Fall einer Frau, deren durch Syphilis verursachtes Krankheitsbild tatsächlich erstaunliche Ähnlichkeit mit den eben dargestellten Leiden Heines aufwies und deren Photo mit dem von der Hand gestützten Kopf frappant der Kietzschen Lithographie Heines mit dem aufgestützten Kopf von 1851 ähnelt. Ein nachweislich echter Bericht Lassalles an Marx über einen Besuch 1855 deutet an, daß Heine selbst eine Infektion vermutet haben könnte: »Er freute sich sehr, mich zu sehen und rief nach der ersten Begrüßung gleich aus (auf seinen Schwanz weisend): ›Sehen Sie, welcher Undank! Diese Partie, für die ich soviel getan habe, hat mich so weit gebracht‹.« Kein Befürworter der

Infektionstheorie hat allerdings eine Erklärung dafür, daß Heine bis in seine letzten Lebensstunden geistig völlig klar blieb. Auch ein heutiger Befürworter dieser Theorie, der Jerusalemer Nervenarzt Arthur Stern, findet es medizinisch außergewöhnlich und eine Rarität, daß Heines seelische Persönlichkeit, sein Geist durch die 25 Jahre dauernde, schwere Erkrankung des Zentralnervensystems völlig unberührt geblieben sei; daß er nicht an der sogenannten progressiven Paralyse der Irren, einer damals häufigen syphilitischen Folgekrankheit starb, sei ohnehin klar – man sieht, daß die Syphilis-Theorie auf keinen festen Füßen steht.

Auch ihre Verfechter erkennen an, daß Heine eine wohl angeborene neuropathische Konstitution besaß, daß er schon als Kind sehr sensibel und reizbar, überempfindlich gegen Lärm war, für ein Jahr, in der Traumzeit seiner Identifikation mit dem Großonkel, fast in einem Zustand der Bewußtseinsspaltung lebte, vielleicht vom Vater mit nervöser Anfälligkeit belastet war – auf solcher Basis beruhen gleichfalls nicht sehr konkrete Vermutungen, Heines Krankheit gründe auf ererbter Disposition, wofür auch die früheren Krankheitssymptome sprächen; der Verdacht, das Augenübel könne syphilitischen Ursprungs sein, sei durch die Behandlungsweise widerlegt. Eine hederodegenerative Krankheit ist schon im 19. Jahrhundert vermutet worden; der Neurologe Kolle von der Münchener Universität verwies 1964 darauf, daß die vermutlich beidseitige Mydriasis mit Akkomodationslähmungen zusammen mit den übrigen Hirnnervensymptomen für Herde im Gebiet der Vierhügelplatte spreche, dies aber für eine Syphilis ungewöhnlich sei, da die Pupillen bei Nervensyphilis relativ verengt seien, Heine jedoch über Pupillenerweiterung klagte – und daß ein viele Jahre wütender syphilitischer Prozeß mit frühen Affektationen der Hirnnervenkerne ohne psychische Symptome verlaufe, sei ein Unikum. Eine absolut sichere Klärung der Krankheits-Ursache gibt Kolle ebenfalls nicht, sie ist letzten Endes auch nicht so wichtig; von Belang ist das außerordentliche Leiden Heines, ist seine Tapferkeit im achtjährigen Sterben, die geistige Klarheit, ja Heiterkeit, die er immer wieder hervorhob, die ihm in besseren Stunden zu arbeiten erlaubte.

Heines Ärzte konnten lindern. Dr. Gruby, ein Modearzt, der auch Dumas, Liszt, und Chopin behandelte, hat sein Leben wohl um einige Jahre verlängert, er gab ihm Geschmack und Bewegung der Hände und Arme zurück; sein Augenarzt Dr. Julius Sichel rettete ihn seiner Überzeugung nach vor der Erblindung. Im übrigen betrachtete Heine die Ärzte mit gehöriger Skepsis. Gruby soll ihm schon 1836 gesagt haben, daß seine Krankheit vom Rückenmark ausgehe, Heine soll, was er später bereute, nicht darauf gehört haben. Mehrmals fanden Ärztekonferenzen bei ihm statt, an denen auch Dr. Wertheim teilnahm. Ein Konsilium von Anfang 1852 verordnete Fontanellen längs der Wirbelsäule, Einreiben des Rückgrats mit neapolitanischer Seife, innerlich eine jodhaltige Pottaschenlösung, Regelung der Verdauung durch Laxiermittel, leichte und mäßige Kost, narkotische Mittel zur Schmerzlinderung, das hieß: Morphium und Opium. Heine bekam sie in dreifacher Form: oral, durch Klistier oder durch die Haut. So hielt man beispielsweise zu diesem Zweck eine Nackenwunde künstlich offen. An Maximilian schrieb Heine im Januar 1850, er nehme zuweilen 7 Gran Morphine in 24 Stunden, eine außerordentlich hohe Dosis, und lebe in »einer wüsten Betäubnis«; dennoch bekam er meist nur einige Stunden Schlaf. Heine erhielt auch Sturzbäder, Aderlasse, Haarseile und Blutegel nach dem Broussaismusverfahren, wobei ihm durch im Epigastrium angesetzte Blutegel Blut entzogen wurde – sicher ein dubioses Verfahren. In den letzten Lebensjahren nahm Heine keine Medizin mehr ein. Wir hörten schon, daß er auch mit brennenden Dochten im Rücken behandelt wurde; 1851 berichtete Caroline Jaubert von einem gymnastischen Gerät für den rechten Arm, im November 1854 sein Sekretär Reinhardt von einer schmerzhaften Operation am Unterrücken – die Behandlung war manchmal selbst ein Teil seines Martyriums. Man versteht, daß er trotz aller Seelenstärke zuweilen in verzweifelte Klagen ausbrach: »Dieser lebendige Tod, dieses Unleben ist nicht zu ertragen, wenn sich noch Schmerzen dazu gesellen... Wenn ich auch nicht gleich sterbe, so ist doch das

Leben für mich auf immer verloren und ich liebe doch das Leben mit so inbrünstiger Leidenschaft.«

Heine brauchte selbstverständlich ständige Pflege, wobei er nur weibliche Bedienung zuließ. Mathilde konnte das nicht allein schaffen – sie wird, nach ihren Möglichkeiten, Geduld aufgebracht haben, aber nicht immer: Einmal scheint sie Wertheim geohrfeigt zu haben, und zwar wegen kritischer Bemerkungen zur Pflege des Kranken, Heine hatte Mühe, den Arzt zurückzuholen. Große Teile des Tages und die Nacht verbrachte er in der Matratzengruft, stundenweise saß er im Lehnstuhl. Eine Schilderung seines Alltags gibt ein eindruckvolles Bild und übermittelt eines jener unsterblichen Bonmots, deren noch der Schwerkranke fähig war: »Morgens nahm Heine in der Regel ein Bad, wenn es sein Zustand erlaubte. Die Wärterin, eine kräftige Mulattin, hob ihn aus der ›Matratzengruft‹ – der Kranke lag nicht in einem gewöhnlichen Bette, sondern auf einem halben Dutzend übereinandergelegter Matratzen, weil der gebrochene Leib nirgends auch nur den leisesten Widerstand von Härte empfinden durfte – und trug ihn auf ihren Armen wie ein Kind in die Wanne. ›Da sehen Sie, wie man mich in Paris auf Händen trägt‹, rief er mit schmerzlichem Humor einem Freunde zu, als dieser ihn einst in derselben Art aus dem Lehnstuhl auf sein Matratzenlager zurückbringen sah. Nach dem Bade nahm Heine gewöhnlich ein kräftigendes Frühstück ein, das aus feinem, halbgebratenem Rindfleisch, Früchten und mit Wasser und Zucker gemischtem Bordeauxwein bestand. Was er nur wünschen mochte, wurde ihm aufgetischt, und da die zeitweilige Lähmung der Geschmacksnerven im späteren Verlauf seiner Krankheit wieder gehoben ward, verzehrte er die feinsten Bissen, und in gewissen Jahreszeiten die seltensten Früchte, mit dem Appetit eines Gesunden. Nach dem Arzte war ihm die Köchin deshalb die wichtigste Person des Hauses, und Frau Mathilde hatte oft ihre liebe Not mit der launenhaften Küchendespotin, die von ihrem Gebieter durch allerlei Komplimente und andere Dankbarkeitsbeweise verzärtelt und verzogen wurde. In der Zwischenzeit vom Frühstück bis zum Diner, d. h., wie es in Paris Sitte ist, zwischen 12 Uhr mittags und 6 Uhr abends, empfing der Patient die

Besuche seiner Freunde, diktierte seinem Sekretär und ließ sich vorlesen.« Mendes Heine-Chronik zeigt, daß die Zahl der Besucher insgesamt größer war, als gelegentliche Klagen über Vereinsamung vermuten lassen; die Chronik nennt wenigstens sechzig Besucher, die Heine bestimmt am Krankenlager aufsuchten, viele mehrmals, einige oft: Marx, Lassalle, Fanny Lewald, August Lewald, Meißner, Stahr, Georg Weerth, der Heines Dichtung über alles liebte, Berlioz, Beranger, Hiller, die Cousine Therese Halle, Audebrand, Dumas, Pückler, Nerval, die Ehepaare Zunz und Friedland, die Belgiojoso waren unter den Besuchern, im November 1855 kamen Charlotte und Gustav. Schmerzlich war es, daß Heine nicht mehr ausgehen oder ausfahren konnte, daß er vom Leben draußen nur noch indirekt erfuhr.

Die Schilderungen von ärztlicher Behandlung und Alltag lassen ahnen, daß Heine für Behandlung, Pflege und Essen hohe Ausgaben hatte. Caroline Jaubert erzählte, daß er in der Zeit des hohen Morphium-Gebrauchs pro Jahr 500 Francs für diese Droge habe ausgeben müssen – er selbst schrieb seiner Mutter am 31. August 1854: »Mein System ist jetzt, Alles für meine Gesundheit zu thun, und nichts für Andre, nicht einmal für die Verbrengerin, der ich doch nicht genug hinterlassen könnte.« Der Brief entstammt der Zeit, als die Mutter über den tatsächlichen Charakter seiner Krankheit Bescheid wußte, weil Campe sie nach seinem Besuch 1851 informiert hatte; die Bemerkung über Mathilde ist eine echte Übertreibung, selbstverständlich sorgte er für sie, gab er weiter viel Geld für sie aus – eben deswegen mußte er mit Campe auch von der Matratzengruft aus noch um Geld kämpfen, eben deswegen traf ihn der Verlust der französischen Staatspension 1848 schwer.

Als nach der Revolution sein Name auf der veröffentlichten Liste der Empfänger erschien, wurde er von vielen Seiten, besonders von seinen alten Feinden, den deutschen Republikanern in Paris, angegriffen; sogar die »Allgemeine Zeitung« druckte einen unfreundlichen Artikel, der ihn in den Verdacht brachte, französischen Staatsmännern, seinen Geldgebern, zu Munde geredet zu haben – vor allem Guizot; allerdings fügte die Redaktion die vielleicht gut gemeinte

Bemerkung hinzu, Heine habe eher für *das* Geld bekommen, was er *nicht* geschrieben habe. Heine verteidigte sich in einer Erklärung, die die »Allgemeine Zeitung« Mitte Mai, um die Zeit seines letzten Ausgangs druckte. Er schrieb, daß die Zeitung aus dem, was sie von ihm zwanzig Jahre *nicht* druckte (sprich: unterdrückte), eigentlich wissen müsse, daß er kein serviler Schriftsteller sei; er habe »das große Almosen, welches das französische Volk an so viele Tausende von Fremden spendet, die sich durch ihren Eifer für die Sache der Revolution in ihrer Heimat mehr oder weniger glorreich kompromittiert hatten und an dem gastlichen Herde Frankreichs eine Freistätte suchten« – er habe das Almosen angenommen, als ihn, den auf den Literaturmarkt angewiesenen freien Schriftsteller, das Bundestagsedikt als Autor *und* finanziell zu verderben versuchte. Das ist richtig, soweit damit die immer prekäre Lage des freien Autors angesprochen wurde; es ist nicht richtig, insofern das Edikt schon Jahre zurück lag und Heine im März 1840, als die Zahlungen begannen, gerade seine Korrespondenz für die »Allgemeine Zeitung« wieder aufgenommen hatte, mithin in den Listen des Außenministeriums, aus dessen Geheimfond die Gelder an ihn und andere bekannte Exilanten gingen, als Publizist und Korrespondent der Zeitung geführt wurde – Thiers, damals Premierminister, versprach sich schon etwas von Heine, und dieser wußte das. Er wehrte sich in seiner Erklärung auch nur gegen den Vorwurf, von Guizot bestochen zu sein, Thiers erwähnte er nicht: Er hatte ihn ja in seinen Artikeln gelobt, aber nur, wie er schon 1840 betonte, als Persönlichkeit und wegen seiner staatsmännischen Fähigkeiten; seine konkrete Politik hatte er sehr wohl kritisiert. Selbstverständlich hatte auch ein solches Lob eine gewisse politische Bedeutung, noch dazu aus seiner Feder, aber vergeben hatte er sich damit nichts, er war nie das Sprachrohr von Thiers, und als dieser im Oktober 1840 stürzte, die Pension aber weitergezahlt wurde, weil sie schon so etwas wie Tradition geworden war, mußte Heine überhaupt keine Konzessionen machen, solange er die französische Politik nicht übermäßig kritisierte, wozu er keinen Grund sah. Der Verlust der Pension und die Angriffe wurmten ihn so sehr, daß er 1854 noch einen zusätzlichen

Artikel, »Retrospektive Aufklärung«, in die »Lutetia« einrückte, wo er weitere Argumente vortrug: Im Februar 1848 habe eine Periode der Entzügelung aller politischen Leidenschaften begonnen, Schmähungen, Denunziationen, Aufruhrpredigten, Drohungen und Invektiven seien an der Tagesordnung gewesen, die ehrbarsten Leute seien der Korruption verdächtigt worden, es habe zwar keine Guillotine gegeben, die Köpfe abschnitt, aber eine Guizotine, womit man Leuten die Ehre abschnitt; er habe seine Pension auch als hohe Anerkennung seiner literarischen Reputation bekommen; er selber habe zahllosen Hilfsbedürftigen Geld gespendet, nur seien ihm Geldnöte niemals geglaubt worden; er habe Guizot ein einziges Mal, einen Monat nach der Übernahme des Ministeriums, getroffen, um sich zu bedanken; er habe sich entgegen allen deutschen Gerüchten niemals in Frankreich naturalisieren lassen:» Es war der närrische Hochmut des deutschen Dichters, der mich davon abhielt, auch nur pro forma ein Franzose zu sein. Es war eine ideale Grille, wovon ich mich nicht losmachen konnte.« Ungeachtet aller guten Gründe: Es bleibt ein gewisses Unbehagen, wenn von der französischen Staatspension die Rede ist, denn die bekannte Schwäche, Heines Abhängigkeit von nicht selbst verdientem Geld, brachte ihn, und sei es zu Unrecht, immer wieder in schiefes Licht. Übrigens schlugen alle Bemühungen fehl, ihm die Staatspension von den neuen Machthabern neu zu verschaffen; er mußte ohne diesen festen Posten in seinem Budget auskommen.

Späte Kämpfe

Heines Leben war Kampf und Streit, sie machten auch vor der Matratzengruft nicht halt, wie der Streit um die Jahrespension zeigt. Im Ankämpfen gegen die tödliche Krankheit, im Kampf um Klarheit in den revolutionären und nachrevolutionären Stürmen rang sich Heine zu einem neuen Gottesglauben durch, gab er endgültig den Glauben an die Menschengöttlichkeit auf und erklärte zum Irrtum, was er früher über den Tod des Deismus und über den Pantheismus geschrieben hatte. Seine religiöse Wende, seine theologische Revision, die nicht einfach als Kapitulation des Todkranken vor seinem Leiden zu deuten ist, obwohl die Krankheit die Wende befördert hat – wir müssen sie als ein unbestreitbares, unwiderlegliches, glaubwürdiges Faktum anerkennen, so sehr uns das bei diesem großen Spötter, Polemiker und Blasphemiker wundern mag. Es war Heine sehr ernst damit. Er hat die Umkehr in zahlreichen Werk-, Brief- und Gesprächsäußerungen dargestellt, und sie war etwas völlig anderes als die opportunistische Taufe von 1825. Heine erlebte sie zugleich als Demütigung und Hilfe: »Unsere Väter«, schrieb er Maximilian am 3. Mai 1849, »waren wackere Leute: sie demüthigten sich vor Gott und waren deßhalb so störrig und trotzig den Menschen, den irdischen Mächten gegenüber: ich dagegen, ich bot dem Himmel frech die Stirne und war demüthig und kriechend vor den Menschen – und deßwegen liege ich jetzt am Boden wie ein zertretener Wurm.« Daher ist in seinen Ansichten und Gedanken ebenfalls »eine FebruarRevoluzion« eingetreten, wie er Laube 1850 mitteilte; er hat das Dogma eines wirklichen, persönlichen Gottes, der außerhalb der Natur und des Menschengemüts ist, wieder hervorgezogen, er ist wieder zum demütigen Gottesglauben des gemeinen Mannes zurückgekehrt. Er stellt fest, daß ein ganz kleines bißchen Gott einem armen Menschen nicht schaden kann. In diesem Sinne macht er zwar nach eigenem Eingeständnis einen Rückschritt, aber der wiedergewonnene Gott ist eine Quelle seines Heils, ihm kann er nachts, wenn Mathilde schläft, seine Leiden vorklagen.

Heines religiöse Wandlung erscheint weniger überraschend, wenn wir uns erinnern, daß er nie Atheist war, daß er sich immer leidenschaftlich für religiöse Fragen interessierte und daß er politische Kämpfe oft religionspolitisch austrug: daher auch sein Hang zur Blasphemie. Die theologische Revision erfolgte in erklärter Abwendung von Hegel, von den gottlosen Selbstgöttern, den fanatischen »Mönchen des Atheismus« und den Kommunisten, deren gemeinsamer

Stammvater Hegel war: »Ich sah, wie Hegel mit seinem fast komisch ernsthaften Gesicht als Bruthenne auf den fatalen Eiern saß, und ich hörte sein Gackern«, heißt es in den »Geständnissen« (1854), einer Hauptquelle für seine religiöse Wende. Schon 1851, im Nachwort zum »Romanzero«, schrieb Heine mit fast brutaler Selbstkritik: »Ja, ich bin zurückgekehrt zu Gott, wie der verlorene Sohn, nachdem ich lange Zeit bei den Hegelianern die Schweine gehütet.« Die »magersten Spittelsuppen der christlichen Barmherzigkeit« erscheinen ihm jetzt immer noch erquicklicher für die verschmachtende Menschheit als »das gekochte graue Spinnweb der Hegelschen Dialektik«. Der selbst Verschmachtende, der da redet, will sogar ein unvollendetes Manuskript über die Hegelsche Philosophie ins Kaminfeuer geworfen haben – das ist eine echt Heinesche Erfindung, denn so weit geht die Revision in Wirklichkeit nicht, daß er dem zurückgewonnenen Glauben zuliebe Selbstverleugnung und Textvernichtung betreibt: Die »Irrtümer« über Religion und Philosophie aus früherer Zeit läßt er 1852 sogar neu drucken, obwohl er das angeblich lieber unterlassen hätte: »Das Wort gehört nicht mehr dem Sprecher, sobald es seiner Lippe entsprungen und gar durch die Presse vervielfältigt worden.« Was ihm jetzt als Irrtum erscheint, war damals notwendig und richtig, also ist es zumindest historisch wahr und wird deshalb nicht zurückgenommen.

Der Gott, zu dem Heine zurückkehrt, trägt Züge des jüdischen Väter-Gottes Jehovah, aber nicht ganz eindeutige Züge. Heine halte nachts, so erzählte Fanny Lewald im März 1848, lange Zwiesprache mit Jehovah, der aber sage ihm: »Sie dürfen Alles sein, lieber Doktor, was Sie wollen, Republikaner und Socialist, nur kein Atheist.« Spricht so der Gott der Juden mit einem Gläubigen? Am Ende der »Geständnisse« schreibt der Dichter: »Ach! der Spott Gottes lastet schwer auf mir. Der große Autor des Weltalls, der Aristophanes des Himmels, wollte dem kleinen irdischen, sogenannten deutschen Aristophanes recht grell dartun, wie die witzigsten Sarkasmen desselben nur armselige Spötterein gewesen sind im Vergleich mit den seinigen, und wie kläglich ich ihm nachstehen muß im Humor, in der kolossalen Spaßmacherei.« Spricht so der demütige Jude mit seinem Gotte, darf er ihn wirklich Aristophanes des Himmels und einen kolossalen Spaßmacher nennen? So haben die demütigen Väter doch wohl nicht mit ihrem Gotte reden dürfen.

Eindeutig ist aber, daß Heine eine neue, starke, zustimmende Einschätzung des Judentums überhaupt und seines Stifters Moses findet. Er, der sich sein Leben lang mit seinem Volk beschäftigt hat, der die Juden hart kritisierte, aber immer auch Solidarität mit bedrängten und verfolgten Juden übte, gelangt vielleicht erst jetzt zum *ganzen* Verständnis des Judentums. »Hegel ist bei mir sehr heruntergekommen und der alte Moses steht in Floribus«, schreibt Heine im schon zitierten Brief an Laube; in den »Geständnissen« setzt er Moses ein großes Denkmal, er nennt ihn eine Riesengestalt, die trotz ihrer »Befeindung der Kunst, dennoch selber ein großer Künstler war und den wahren Künstlergeist besaß«, indem er nämlich ein Gottesvolk schuf, das allen anderen Völkern Muster, der ganzen Menschheit Prototyp werden konnte, ein Volk, das stolz auf seine Freiheit und dem anzugehören er selbst stolz ist – ein Volk auch, das er schon früh als den Germanen verwandt empfand, er nannte die beiden Völker, denen er angehörte, die Völker der Sittlichkeit und bekräftigt das jetzt. Zugleich unterstreicht er seine lebenslange, nun aber erst ganz hervortretende Liebe zur Bibel: »Die Wiedererweckung meines religiösen Gefühls verdanke ich jenem heiligen Buche«, bekennt er und würdigt den Protestantismus jetzt vor allem wegen der Verdienste, die er sich durch die Auffindung und Verbreitung der Bibel erwarb. Von der Freiheitsliebe Israels, während ringsum bei allen Völkern, auch den philosophischen Griechen, Sklaverei herrschte, will er gar nicht reden, um die Bibel nicht bei den jetzigen Machthabern zu kompromittieren, Jesus und Moses aber gibt er radikal moderne, revolutionär-praktische Wesenszüge: »Es gibt wahrhaftig keinen Sozialisten, der terroristischer wäre als unser Herr und Heiland, und bereits Moses war ein solcher Sozialist, obgleich er, als ein praktischer Mann, bestehende Gebräuche, namentlich in bezug auf das Eigentum, nur umzumodeln versuchte.«

Sätze wie diese bezeugen, wie wenig Heine im Verlauf

seiner religiösen Umkehr zu Kreuze kroch. So offen und demütig er seine Revision bekannte, so entschieden protestierte er gegen die Annahme, er sei fromm, kirchenfromm, ein Frömmler oder gar katholisch geworden: »Glauben Sie nicht den umlaufenden Gerüchten«, schrieb er 1850 an Campe, »als sey ich ein frommes Lämmlein geworden. Die religiöse Umwälzung, die in mir sich ereignete, ist eine bloß geistige, mehr ein Akt meines Denkens als des seligen Empfindelns, und das Krankenbett hat durchaus wenig Antheil daran, wie ich mir fest bewußt bin.« Der Dichter, der die Kehrseiten aller Medaillen sah, der ideologische Festlegungen verweigerte, behielt auch nach der religiösen Wende die Freiheit seines kritischen Blick, selbst wenn er sich über den Anteil des Krankenbetts täuschte. Die Kritik an der Kirche, am Bündnis von Thron und Altar wurde nicht zurückgenommen, Heine verzichtete keineswegs auf die Kritik an den positiven Religionen, ja: er kritisierte auch seinen alt-neuen Gott, er lästerte sogar, nahm sich das Recht auf Ironie und Blasphemie, man lese nur die folgende Darstellung des Gewinns, den jemand aus dem neuen Gottesglauben zieht: »Die Unsterblichkeit der Seele, unsre Fortdauer nach dem Tode wird uns alsdann gleichsam mit in den Kauf gegeben, wie der schöne Markknochen, den der Fleischer, wenn er mit seinen Kunden zufrieden ist, ihnen unentgeltlich in den Korb schiebt. Ein solcher schöner Markknochen wird in der französischen Küchensprache la réjouissance genannt, und man kocht damit ganz vorzügliche Kraftbrühen, die für einen armen schmachtenden Kranken sehr stärkend und labend sind. Daß ich eine solche réjouissance nicht ablehnte und sie mir vielmehr mit Behagen zu Gemüte führte, wird jeder fühlende Mensch billigen.« Wortwahl und Metaphorik dieser Passage, mit ihrer Herkunft aus den Bereichen von Ökonomie, Küche und Genuß lassen den alten unbeugsamen Spötter erkennen, dem in einem bestimmten Sinne wirklich nichts heilig war – man wird das im Spätwerk, besonders in den späten Gedichten noch sehen. Und schon gar nicht gebrochen war Heines Artistentum, seine Hochschätzung der Dichtung als des höchsten Wertes. Das zeigt eine Briefstelle vom 5. November 1851 an Georg

Weerth, die sich auf das Nachwort zum »Romanzero« bezieht: »Leider habe ich weder Zeit noch Stimmung gehabt, darin auszusprechen, was ich eben darthun wollte, nämlich daß ich als Dichter sterbe, der weder Religion noch Philosophie braucht, und mit beiden nichts zu schaffen hat. Der Dichter versteht sehr gut das symbolische System der Religion und das abstracte Verstandeskauderwelsch der Philosophie, aber weder die Herren der Religion noch die der Philosophie werden jemals den Dichter verstehen, dessen Sprache ihnen immer spanisch vorkommen wird, wie dem Maßmann das Latein.«

Außer dem Kampf gegen den physischen Verfall und dem inneren Ringen um geistige Klarheit hatte Heine in seiner letzten Lebenszeit auch ganz handfeste Streitigkeiten und materielle Kämpfe zu bestehen. Da war, wie immer, der Kampf ums Geld, womit zugleich das Verhältnis zu den reichen Verwandten berührt ist. Es war nur äußerlich entspannt; Carl zahlte jedes Jahr zusätzliche Geldbeträge, aber offenbar auch wieder unter unerquicklichen Umständen, wozu vielleicht die Abkühlung zwischen Heine und Céciles Familie beitrug: »Mit den Geldesauszahlungen sind die widerwärtigsten *Messerchen* verbunden gewesen; er hat mir damit einige Stiche versetzt, die meinem jetzigen Zustand tödtlich seyn konnten«, berichtete Heine Maximilian am 3. Mai 1849 – die inneren Spannungen waren also nicht aufgehoben, Heine gab den Verwandten die Schuld an der Verschlimmerung seiner Krankheit, *unbedingt* mußte er der Familie die Unterdrückung der »Memoiren« verübeln: Im März 1850 verbrannte er anscheinend sogar Manuskripte, im Mai 1851 mit Sicherheit Briefe von Mutter und Schwester, damit nur ja kein falsches Wort zu den reichen Hamburgern drang – später bereute er die Verbrennung, die demütigend für ihn war. Mit Aktienspekulationen erschloß er sich aber neue Einnahmequellen; eine ganze Reihe seiner späten Briefe und der Schreiben an ihn enthalten Nachrichten mit genauen Zahlenangaben über den Ankauf und Verkauf von Wertpapieren, besonders von Eisenbahnaktien. Meistens war der Bankier Julius Homberg der Geschäftspartner, und Heine machte dabei offenbar gute Gewinne. Die hatte er sich auch von der Partnerschaft mit Ferdinand Friedland, dem Industrieritter, Lassalles Schwager, versprochen, und deswegen für 12 500 Francs Aktien des »Iris«-Gasbeleuchtungsunternehmens in Prag erworben. Das Geschäft warf aber keine Dividende ab, die Aktien sanken im Kurs – Heine wollte diese Verluste nicht tragen, er ignorierte das Verlustrisiko, das mit einem solchen Unternehmen verbunden war, er erwartete, daß ein Geschäft, an dem er sich beteiligte, Gewinn brachte; daher verlangte er in jahrelangen Bemühungen sein Geld von Friedland zurück, schaltete Heyman Lassal und seinen Bruder Gustav ein, warf Ferdinand Lassalle indirekt vor, ihn zu diesem schlechten Geschäft verleitet zu haben, und bekam sein Geld tatsächlich nach und nach zurück.

Heines erneuter Streit mit Campe hatte tiefere als finanzielle Ursachen. Er entzündete sich an unterschiedlichen Auffassungen über die geplante Gesamtausgabe. Heine forderte sie Mitte der vierziger Jahre immer wieder, Campe zögerte sie wegen der ungünstigen politischen Lage hinaus. Heine verstand dieses Zögern nicht und beschuldigte Campe, seinen Tod abwarten und damit publikatorische Reklame machen zu wollen. Campe war gekränkt, machte aber im Frühjahr 1848, durch die Revolution ermutigt, das Angebot, die Gesamtausgabe vorzubereiten. Nun war aber Heine böse: Als er Campe den Plan zur Gesamtausgabe schickte, war er noch arbeitsfähig, der Verleger jedoch ging nicht darauf ein; jetzt aber, als Heine wegen der schweren Lähmungen nicht arbeiten konnte, machte er ein Angebot; außerdem spielte Campe – jedenfalls ihm gegenüber – die Krankheit herunter und bekundete wenig Teilnahme: »Warum, während mir alle Freunde Zeichen der Theilnahme widmeten, obstinirten Sie, Campe, sich immer meinen Krankheitszustand zu ignoriren? Waren Sie immer sicher, daß ich der thätigen Hülfe in solchem Zustande nicht manchmal bedürftig? Und sagte Ihnen Ihr Gewissen nie, daß Sie dazu moralisch einigermaßen verpflichtet gewesen sein möchten, wenn auch keine merkantilische Obligatio zu erfüllen war?« Jetzt war Campe vollends böse, wozu auch die Tatsache beigetragen haben könnte, daß Heine zwar schon lange die Patenschaft für den

1846 geborenen Campe-Sohn Julius übernommen hatte, aber nicht nach Hamburg kam, so daß die Taufe am 2. Geburtstag des Jungen ohne ihn stattfinden mußte: Jedenfalls schwieg Campe vom 18. April 1848 an über drei Jahre lang, erfüllte seine Zahlungsverpflichtungen, beantwortete jedoch keinen der zahlreichen Briefe Heines; erst durch dessen Ankündigung, eine neue umfangreiche Lyrik-Sammlung herausgeben zu wollen, »die dritte Säule meines lyrischen Ruhmes« nach dem »Buch der Lieder« und den »Neuen Gedichten«, ließ Campe sich verlocken, sein Schweigen zu brechen. Nach der Aussöhnung teilte er Adolf Stahr die Gründe seines dreijährigen Verstummens mit: Er fürchtete, durch einen unvermeidlich scharfen Brief Heine in unberechenbar scharfer Weise zu kränken; stolz und schlechten Gewissens zugleich beharrte er auf seinem Recht, ein Sonderling zu sein, wenn er dazu Lust habe; Heine habe ihm Dinge gesagt, die ihn verdrießlich gemacht hätten; durch sein Schweigen habe er vielleicht ein paar Heine-Bücher verloren: »Aber ich trage zuviel Selbstgefühl, als daß ich mich zum Johann irgendeines Menschen herleihen möge.«

Anfang Februar 1851 besuchte Georg Weerth, ein großer Bewunderer Heines und selbst ein gewichtiger Autor, den Kranken in Paris. Er gewann rasch Heines volles Vertrauen und reiste als Vermittler zu Campe, der seinerseits im Juli 1851 nach Paris fuhr. Autor und Verleger versöhnten sich schnell, Campe kaufte sofort das neue Lyrik-Manuskript für 6000 Mark Banco, eine enorme Summe, über die Heine jubelte, auch wenn Campe damit alle Rechte am »Romanzero« erwarb.

Schon im Spätsommer 1852 brach aber neuer Streit zwischen Heine und Campe aus. Heine hatte seine Tagesberichte für die »Allgemeine Zeitung« aus den vierziger Jahren zur »Lutetia« umgearbeitet und bot sie Campe als Buch an. Campe lehnte zunächst ab – die Auseinandersetzung um die Publikation, um die Erweiterung von Heines ursprünglichem Plan zu den »Vermischten Schriften« (1854) und eine Briefschlacht um das Honorar endeten erst im Mai 1854, als Heine die Ausweitung der Veröffentlichung auf drei Bände vorschlug: endlich war Campe bereit, 6000 Mark Banco für die erste, weitere 2000 für die zweite Auflage zu zahlen. Der Briefwechsel um dieses Projekt dokumentiert Heines beinahe verzweifelten Kampf um ein Buch, von dem er vorhersah, daß es sein letztes sein würde. Groteskes Beiwerk des Streits, vielleicht auch Ausdruck von Heines Verzweiflung, war die Tatsache, daß er beide Brüder in die Auseinandersetzung einschaltete. Sie sollten bei Campe vermitteln und müssen das zugleich großspurig und tolpatschig getan haben, Gustav empörte den Verleger sogar durch die Feststellung, einen Vertrag könne man wechseln wie eine Krawatte. Heine schätzte seine Brüder durchaus, er war ihnen für ihre finanziellen Hilfen dankbar – aber die Idee, Gustav zu seinem Nachlaßverwalter einzusetzen, gab er bald wieder auf.

Wir werfen an dieser Stelle einen zusammenfassenden Blick auf Heines komplizierte dreißigjährige Beziehung zu seinem Verleger. Wir haben sein Verhältnis zu Campe, diese Mischung aus Stolz und Unterwürfigkeit, Aufbegehren und Nachgiebigkeit, massiver Verdächtigung und immer wiederkehrender Freundschaftsbekundung ins Grundmuster von Heines Verhalten zu lebenswichtigen Personen gestellt – jetzt sehen wir, daß sich Campe im Kampf mit seinem wichtigsten Autor, der sich seinen einzigen Klassiker nannte, ganz ähnlich verhielt wie dieser. Sie waren in einen Dauerkonflikt mit Rivalität und Kooperation, Eifersucht und Bündnis verwickelt, sie standen Schulter an Schulter und gerieten einander immer wieder auf offener Bühne in die Haare. Die Bühne aber war der kapitalistische Literaturmarkt, auf dem der freie Schriftsteller Geld und Ansehen erwerben, der Verleger sein Geschäft machen wollte – die Diskrepanz zwischen Freundschaft und Geschäft, auf die Campe seinen Autor immer wieder hinwies, wobei er ihn gleichzeitig seiner unverbrüchlichen Freundschaft versicherte, mußte zu unvermeidlichen Gegensätzen führen, in deren immer neu angefachtem Feuer die Kontrahenten abwechselnd auftrumpften und klein beigaben: Campe wollte eine Vielzahl progressiver, aber auch rentabler Autoren um seinen Verlag sammeln, Heine kritisierte, daß seine Feinde Börne, Gutzkow und Wihl bei Campe Einfluß hatten. Heine kämpfte ununterbrochen um bessere Honorare durch den »Knicker«

Campe, der sich unermüdlich und mit festen Zahlen abmühte, Heine begreiflich zu machen, daß der Autor auch die Verlagsinteressen, die Kalkulation, das buchhändlerische Risiko berücksichtigen müsse. Es ist außerordentlich schwer zu beurteilen, ob Campe wirklich ein Knicker, ob er gar Heines Ausbeuter war, der ihm zu wenig zahlte, weil er, nach des Dichters ironischer Bemerkung, die besten Bücher auch noch wohlfeiler haben wollte als die Konkurrenten, oder ob Heine, der zu seinen Lebzeiten 27623 Taler Honorar und Rente von Campe bekam, gut genug bezahlt war, da die meisten seiner Bücher doch keine hohen Auflagen erlebten, so gut bezahlt wie die bekanntesten Autoren-Zeitgenossen, und ob diese Einkünfte nur wegen seines und Mathildes aufwendigen Lebensstils, in der Spätzeit auch wegen der Krankheitskosten nicht ausreichten.

Sie stritten um alles. Heine versuchte möglichst viele Auflagen zu erreichen, Campe wollte die Gesamtkosten der Herstellung so niedrig wie möglich halten. Heine betrieb eine Politik der mehrfachen Ausnützung seiner Texte in Journalen, Zeitungen und Büchern, Campe sträubte sich gegen die Zumutung, schon Abgedrucktes nochmals in Buchform herausbringen zu sollen. Campe betrachtete genaueste Terminplanung als erforderlich, wenn man ein Buch günstig ans Publikum bringen wollte; er hielt Michaelis, also Ende September, für den besten Zeitpunkt, Heine aber unterlief und versäumte die von Campe angemahnten Termine ständig wegen Krankheit, Ablenkung und aus künstlerischen Gründen. Campe versuchte die Zensur zu unterlaufen und begriff wohl nie ganz, was das Schreiben mit der Schere im Kopf wirklich bedeutete, Heine beschuldigte den Verleger der zu großen Nachgiebigkeit vor der Zensur und gab ihm die Schuld an Textverstümmelungen und Verboten. Heines und Campes Kampf-Beziehung stand also dauernd auf Messers Schneide – und zerbrach doch nie, Campes Lieblingsbild von der literarischen Ehe, in der man sich, wie in der richtigen Ehe, liebe, doch auch grolle und schmolle, damit wieder neuer Platz für die Liebe geschaffen werde – dieses Bild, in das sich Heines Werke als die verschiedenartigen Kinder einordnen sollten, gab samt den superlativischen

Anreden wie »liebster Campe« die Wirklichkeit schließlich doch getreu wieder, und wie sehr Heine an Campe festhing, bezeugt gerade der Briefstrom, in dem sich der Kampf um die »Vermischten Schriften« abspielte.

Heine hatte in seinen letzten Lebensjahren auch Streit mit mehreren Komponisten. Die Auseinandersetzung mit Wagner führte er eher verdeckt – wir erinnern uns, daß er Wagners Talent nach dessen Pariser Mißerfolgen wohl geringer einschätzte als vorher und vermutlich auch über ihn spottete. Wagner seinerseits »verarbeitete« sein Pariser Scheitern unter anderem dadurch, daß er seinen jüdischen Pariser Protektoren – Heine, Meyerbeer, dem Musikverleger Schlesinger – die Niederlagen anlastete und einem immer schärferen Antisemitismus verfiel. Wagners Abwendung von Heine äußerte sich zunächst im Herunterspielen und schließlichen Verschweigen von Heines wichtigem Einfluß auf den »Fliegenden Holländer«: In der »Autobiographischen Skizze« von 1842 gab Wagner diesen Einfluß offen zu; in »Eine Mitteilung an seine Freunde« (1851) schmälerte er ihn bereits, in seiner Autobiographie »Mein Leben« (1866/67) erwähnte er Heine zwar mehrmals, unterschlug aber den »Holländer«-Einfluß des Dichters, und im Neudruck der »Autobiographischen Skizze« (1871) war Heines Behandlung des Stoffes nicht mehr von ihm erfunden, sondern einem holländischen Theaterstück entnommen. In seinem Pamphlet »Das Judentum in der Musik« (1851), einer der peinlichsten Schriften Wagners, schrieb er zweideutig: Heine sei ein sehr begabter dichterischer Jude gewesen, der Lüge und Heuchelei unserer sich poetisch gebenden Dichter entlarvt habe, er sei aber vom unerbittlichen Dämon der Verneinung vorangetrieben worden, bis er *sich selber* zum Dichter umlog und seine gedichteten Lügen von Komponisten in Lieder umgesetzt wurden – so verdrängte Wagner die Pariser Frustrationen, indem er sie auf Feindbilder projizierte, auch sein früherer Mäzen Meyerbeer kam dabei schlecht weg. Heine revanchierte sich für Wagners Äußerungen, die er sicher kannte, eher sanft: Im Gedicht »Jung-Katerverein für Poesie-Musik« (1854), das in den »Vermischten Schriften« erschien, spielte er ironisch auf Wagnersche Programmschriften wie »Das Kunstwerk der

Zukunft« an, ohne aber seinen Namen zu nennen (Liszt wurde dagegen direkt genannt!); ebenfalls 1854 fügte er dem Musikbericht der »Lutetia« vom 26. März eine kurze Bemerkung ein, die Wagners traurige Erfahrungen in Paris und dessen Rückkehr »nach dem deutschen Kartoffelland« verzeichnet – Heine nahm Wagner vielleicht nicht mehr ernst genug, um ihn scharf anzugreifen.

Offen und sehr unerfreulich war ein Streit, den Heine noch im Frühherbst 1855 mit dem in Wien lebenden Komponisten und Musikagenten Joseph Dessauer hatte. In zwei Artikeln der »Lutetia«, die er auf 1843 datierte, die jedoch mit Sicherheit erst für die Buchausgabe 1854 geschrieben wurden, griff Heine Dessauer, den er aus Paris kannte, auf zwei Ebenen an: Wegen seiner Prahlerei, daß er ein Intimverhältnis zu George Sand gehabt habe, und wegen seiner Talentlosigkeit als Musiker. Das satirische Porträt des Komponisten, den Heine in Anspielung auf den preußischen Feldherrn »den alten Dessauer« nennt, ist böse und geht sehr ins Persönliche. Dessauer rächte sich mit ähnlichen Mitteln: Er verbreitete, Heine sei ihn 1842 in Paris um 500 Francs angegangen und habe ihn, als er sich zu borgen weigerte, auf offener Straße mit seiner Feder bedroht; Dessauer stellte Heines Artikel also wie Racheakte dar. In den Streit schalteten sich auch Gustav Heine und der Schriftsteller Moritz Saphir ein, die beide Dessauer aus Wien kannten; Freunde des Musikers wiederum griffen Heine an, und George Sand, von der Heine behauptete, sie sei ihm schon lange feindselig gesinnt, gab eine Erklärung für Dessauer ab – Heines wichtigster Zeuge aber lehnte die Zeugenschaft ab, weil Heine ihm in einem Brief an Gustav, der zur Veröffentlichung bestimmt war und in dem der Dichter die Geld-Affäre entschieden bestritt, Aussagen unterstellt habe, die er so nicht gemacht habe: der Wiener Dichter Anastasius Grün alias Graf von Auersperg. Nach dieser Ablehnung wollte Heine in der Sache nichts mehr unternehmen, ein Prozeß fand erst nach seinem Tode statt – das Ganze mutet wie eines jener Unternehmen an, bei denen Heine sich mit unwürdigen Leuten einließ oder anlegte; das gilt auch dann, wenn man annimmt, daß er in Dessauer »einen musikalischen Kapitalisten« treffen wollte.

Heines Auseinandersetzung mit Meyerbeer endete erst mit seinem Tode, sie trägt beiderseits Züge von Maßlosigkeit, wobei man Meyerbeer zugute halten muß, daß er sich offenbar gern mit Heine ausgesöhnt hätte, und sei es aus Furcht: er hatte nämlich panische Angst, von Heine in den »Memoiren« rufschädigend porträtiert zu werden. Heine war jedoch zur Aussöhnung mit Meyerbeer nicht bereit: Der Komponist, so glaubte er, hatte ihm nicht genügend Gegendienste für seine journalistischen Lobeshymnen geleistet, im Gegenteil, er hatte ihm durch seinen Wortbruch bei den Lied-Vertonungen finanziellen Schaden zugefügt und ihn auch moralisch verletzt. Obendrein war Heine überzeugt, daß Meyerbeer inzwischen ein hochdotierter Lakai von Aristokratie und Bourgeoisie geworden war; er witterte in dem Komponisten den Anstifter aller gegen ihn gerichteten Intrigen; als er erfuhr, daß sich Meyerbeer Ende April 1855 in Hamburg aufgehalten hatte, war er überzeugt, daß Meyerbeer dort auch Carl getroffen hatte; nachgewiesen werden konnte dieses Zusammentreffen jedoch nicht. Heine griff Meyerbeer in seinem letzten Musikbericht »Spätere Note« (1847) nochmals an und schrieb einige Spott-Gedichte gegen den Komponisten, die sicher nicht zu seinen rühmlichsten Versen gehören. Der Streit wurde durch einen Verdacht angeschärft, über dessen Berechtigung schon die Zeitgenossen geteilter Meinung waren: 1854 glaubte Heine, der Choreograph Taglioni habe im Ballett »Satanella«, das in Berlin aufgeführt wurde, die zentrale Idee seines eigenen »Faust«-Balletts, den Teufel als Weib Mephistophela auftreten zu lassen, gestohlen und verwendet. Heine spannte den jungen Kölner Musikverleger Michael Schloss, dessen norwegische Frau Foscarina eine enthusiastische Verehrerin des Dichters war, für die gewünschte Genugtuung ein. Durch Schloss erfuhr er, daß auch Meyerbeer der Ansicht sei, dieses Ballett sei aus Heines Libretto hervorgegangen: »Ich will abwarten, ob Meyerbeer Herz genug hat, aus freyen Stücken in dieser Sache meine Interessen zu betreiben und in seiner Eigenschaft eines General-Intendanten aller königlichen Musik die an mir geübte Usurpazion gehörig zurechtzuweisen. Er hat alle Befugnisse dazu in seiner Machtvollkommenheit, und sein

Einfluß ist so groß, daß er nur zu befehlen hat, und das Unrecht wird redressirt.« Meyerbeer jedoch erklärte Schloss, er bedaure lebhaft, in dieser Angelegenheit gar nichts tun zu können, da er durchaus keine offizielle Stellung in Berlin einnehme: das war offener Hohn. Da aber Schloss riet, die Sache in Gottes Namen fahren zu lassen, Heines alter Berliner Bekannter Joseph Lehmann schrieb, rechtlich sei gegen den geistigen Raub nichts zu machen, weil Ballettmeister ihre Ideen immer aus anderen Werken schöpften, und Pückler sogar versicherte, er halte die Sache nicht für ein Plagiat, ließ Heine sie tatsächlich fahren. Die Beziehungen zwischen Heine und Meyerbeer waren endgültig zerstört, als die Buchausgabe der »Lutetia« mit den erwähnten späten Einschüben erschien; der Komponist fürchtete nun erst recht neue Angriffe Heines in den »Memoiren«.

Heine hatte auch mit einigen anderen Werken Ärger. Ende 1852 druckte der Pariser Verleger Lecou eine unberechtigte Ausgabe der »Tableaux de Voyage«, der drohende Rechtsstreit wurde erst durch das Eingreifen von Heines früherem französischen »Reisebilder«-Verleger Renduel verhindert. 1853 veröffentlichte der Berliner Verleger Hempel eine ebenfalls unautorisierte Rückübersetzung der »Götter im Exil«, die als »Les Dieus en Exil« in der »Revue des Deux Mondes« erschienen waren und großes Aufsehen erregten. Im September 1854 publizierte ausgerechnet die »Allgemeine Zeitung« eine unerlaubte Rückübersetzung der »Geständnisse«, die unter dem Titel »Aveux d' un Poète« ebenfalls in der »Revue« erschienen und ein starkes Echo fanden. Dem Raubdruck folgte am 27. September ein Schmähartikel aus der Feder eines Oskar Peschel, der drei Jahre zuvor noch sehr positiv über den »Romanzero« geschrieben hatte, nun aber mit antijüdischem Unterton über den »publizistischen Hanswurst« Heine und seine gesellschaftskritischen Schriften herfiel (der Artikel erschien während einer Abwesenheit Kolbs und ohne vorheriges Wissen Cottas, der darüber entsetzt war). Mitte 1855 schließlich begann der amerikanische Verleger Weik eine unautorisierte englischsprachige Heine-Ausgabe zu veröffentlichen – literatisches Gangstertum suchte aus seinen Werken Profit zu schlagen. Der

Eindruck drängt sich auf, als ziehe Heine, der Streiter und Spötter, sich solche Auseinandersetzungen zu, als locke er sie an. Klar ist sicher, daß diese späten Kämpfe Heines Ruhe störten, ihn Kraft kosteten, seine Krankheiten verschlimmerten, doch reicht diese Deutung nicht aus. Die späten Kämpfe *waren* eine Last, aber sie hielten Heine auch am Leben, durch sie war er, der Abgeschnittene, mit der Welt draußen verbunden, sie lenkten ihn ab von seinem Elend, wie seine Spöttereien den Freund Nerval im Leben hielten und von seinem Wahn ablenkten: wenn auch nicht für immer.

Späte Werke

»Ja, Heine lebt und schreibt noch immer. Sein Leib ist gebrochen, nicht sein Geist, der sich auf dem Krankenbett bis zu prometheischer Kraft und prometheischem Uebermuthe erhebt. Sein Arm ist lahm, nicht seine Satyre, die noch immer in ihrer sammtenen Pfote das furchtbare Messer führt, das so manchen Marsyas bei lebendigem Leibe geschunden; sein Körper ist abgemagert, aber nicht die Grazie in jeglicher Bewegung seines ewig jungen Geistes«, schrieb Alfred Meißner am 20. September 1850 in der »Deutschen Zeitung aus Böhmen«. Tatsächlich gibt es in Heines Leben, in dem so viel Überraschendes, Merkwürdiges, Beirrendes vorging, nichts Erstaunlicheres als diese außerordentliche Produktivität auf dem Krankenbett. Hier triumphiert ein unbeugsamer Kunstwille über die Leiden des Körpers, oder soll man sagen: Hier wird ein Zusammenhang zwischen Krankheit und künstlerischer Produktivität evident, der vielleicht für Heines gesamtes Werk besteht? »Nur zwey Tröstungen sind mir geblieben«, schrieb er am 30. April 1849 seinem Verleger, »und sitzen kosend an meinem Bette: meine französische Hausfrau und die deutsche Muse. Ich knittele sehr viel Verse, und es sind manche darunter, die wie Zauberweisen meine Schmerzen kirren, wenn ich sie für mich hin summe. Ein Poet ist und bleibt doch ein Narr!« Die Narretei war lebensverlängernd, die Gedichte, die Heine meinte, bildeten die dritte Säule seiner Lyrik, den »Romanzero«, den Campe im Juli 1851 kaufte und bereits im Oktober 1851 herausbrachte. Heine hatte wochenlang härteste Arbeit zu leisten, um den Band rasch zu vollenden, und war schließlich nicht recht zufrieden damit; er hatte aber keinen Grund zur Unzufriedenheit, denn die Verse, die er da »kaum leserlich mit Bleistift aufs Papier« gekritzelt hatte und die er »im wahrsten Sinn des Wortes mein versifizirtes Lebensblut« nannte, halten jeden Vergleich mit früheren Gedichten stand und nehmen überdies ganz neue Themen auf. Heines ursprünglicher Plan, die politisch-satirische Lyrik seit 1844 in den Band aufzunehmen, redete Campe ihm wegen der nachrevolutionären Verhältnisse in Deutschland aus; Heine zog auch das »Weber«-Lied zurück, das Buch blieb trotzdem brisant genug und provozierte Verbote. Werbung und Absatz aber waren so enorm wie Heines Honorar: Campe schrieb eigenhändig 250 Briefe an deutsche Buchhändler und machte zwischen Oktober und Dezember, also zu günstigen Terminen, vier Auflagen mit 21 000 Bänden, von denen mindestens 15 000 sofort abgesetzt wurden – das war Heines größter Verkaufserfolg bei Lebzeiten; er ist auch der nach seinem körperlichen Zusammenbruch gewandelten Einstellung von Teilen des deutschen Publikums zuzuschreiben, das die Berichte über seine Krankheit mit größtem Interesse las und dem Schwerkranken gegenüber so versöhnlich und kaufbereit war wie nie zuvor.

Der »Romanzero«, dessen Titel wohl von Campe stammt, hat drei Abteilungen: Historien, Lamentationen und Hebräische Melodien. Heine wollte auch in diesem Bande wieder eine möglichst breite Palette bieten, allerdings fehlen die berühmten kleinen Lieder fast ganz; statt dessen enthält der »Romanzero« zahlreiche lange, zumeist erzählende Gedichte. Die Historien kommen den Romanzen früherer Werkperioden noch am nächsten; freilich gibt es unter ihnen mehrere ganz untragische, ja heiter-spielerische. Wo Heine wirklich historische Stoffe aufgreift (er holt sie aus verschiedenen Ländern und mehreren Religionen), zeigt er vorwiegend düstere Ereignisse und Aspekte der Geschichte. Auffallend sind die häufig vorkommenden Königsstürze: Montezuma unterliegt Cortez, Karl I. von England ahnt, daß das Köhlerkind sein Henker werden wird, die von König Harold verlassene Geliebte Edith Schwanenhals sucht und findet den in der Schlacht bei Hastings Gefallenen auf dem blutigen Totenfeld, »Maria Antoinette« geht in der makabren Ballade gleichen Namens mit ihren ebenfalls guillotinierten Damen kopflos umher – der untergründig politische Gehalt solcher Historien ist evident. Daneben gibt es in dieser Abteilung Texte der absoluten Desillusionierung: Heine zeigt da Pißpott-Balladen-Liebe und den gestürzten Apollo-Gott als Spieler unter Amsterdamer Juden, mit Dirnen als Musen, es gibt »Zwei Ritter«, die Verspottung der polnischen Freiheitskämpfer-Schlachzizen »Crapülinski und Waschlapski,/Polen aus der Polackei«, eine Satire, die polnische Heine-Forscher dem einstigen Bewunderer polnischer Revolutionäre noch heute verübeln.

Die »Lamentationen« enthalten neben einer Gruppe sehr vermischter, qualitativ unterschiedlicher Gedichte eines der beiden Zentren des »Romanzero«: den zwanzigteiligen Zyklus »Lazarus«, den Beginn von Heines Leidens- und Todeslyrik. Der Tod ist allgegenwärtig in diesen Gedichten; er steckt schon in der sarkastischen Feststellung, wer nichts habe, könne sich begraben lassen; er erscheint als Liebestod, als gespenstisches Wühlen der Frau in der Asche einer vergangenen Liebe, als Sterben oder Nicht-Sterben auf deutscher Erde; er tritt als zwiespältige Vision vom Weltgericht auf, zwiespältig, weil die frommen Schäfchen in den Himmel kommen, die geilen Böcke aber in die Hölle – das Todesthema wird von Gedicht zu Gedicht mächtiger, so wie der Tod dem Dichter näher rückt: Der kleine Wilhelm taucht in Heines Erinnerung auf, wie er in der Düssel vor seinen Augen ertrank, und der Todkranke beneidet den früh Verstorbenen: »Bist früh entronnen, bist klug gewesen.« Auch die Sehnsucht nach einer allerletzten, lärmlosen Liebe zu einer blonden Geliebten steigt auf, eine Sehnsucht, die sich dem Dichter in seinem letzten Lebensjahr erfüllen wird. Er sieht Frau Sorge an seinem Bett sitzen, er hört sie schnupfen und sich schneuzen, er sieht sich selbst als Toten an seinem

Sterbetage, wo man ihm keine Messe singen, keinen Kadosch sagen wird, Mathilde wird vielleicht mit Pauline zum Friedhof gehen, sein Grab mit Immortellen schmücken, er ermahnt sie, im Fiaker heimzufahren, nicht zu Fuß zu gehen – das alles ist erschütternd und zugleich klar, kraftvoll und rein, herzzerbrechend und artistisch vollkommen. Auch mit dem Tod vor Augen, vom Tode dichtend, gelingt Heine die unnachahmliche Vereinigung von Privatem und Welthistorischem: Unmittelbar hintereinander stehen im »Lazarus«-Zyklus das Beschwörungsgedicht »An die Engel«, wo der Sterbende, da »der böse Thanatos« naht, in Versen voll wunderbarer Traurigkeit die Überirdischen anfleht, Mathilde, die ihm Weib und Kind zugleich war, zu beschützen, und das große Gedicht »Im Oktober 1849« auf die geschlagenen aufständischen Ungarn, die letzten Kämpfer der Revolution, mit höhnischen Seitenhieben auf Franz Liszt, dessen Säbel in der Kommode liegt. Die Trauer um die Gemordeten aber mündet in die wütende Anklage gegen die Sieger im deutschen Vaterland, dabei erinnert Heine der Untergang der Aufständischen an den Untergang der Nibelungen:

Es ist dasselbe Schicksal auch –
Wie stolz und frei die Fahnen fliegen,
Es muß der Held, nach altem Brauch,
Den tierisch rohen Mächten unterliegen.

Und diesmal hat der Ochse gar
Mit Bären einen Bund geschlossen –
Du fällst; doch tröste dich, Magyar,
Wir andern haben schlimmre Schmach genossen.

Anständge Bestien sind es doch,
Die ganz honett dich überwunden;
Doch wir geraten in das Joch
Von Wölfen, Schweinen und gemeinen Hunden.

Das heult und bellt und grunzt – ich kann
Ertragen kaum den Duft der Sieger.
Doch still, Poet, das greift dich an –
Du bist so krank, und schweigen wäre klüger.

Er schweigt aber nicht, er sucht der verzehrenden Sorge um Mathilde, sein dickes Kind, der fressenden Krankheit, dem drohenden Ende zu trotzen: Im vorletzten Gedicht, »Vermächtnis«, wünscht er seinen Feinden alle seine Plagen, Koliken und Knochendarre an den Hals, ihrem Andenken aber Vergessenheit, und dem Fallen des Vorhangs, dem Erlöschen der letzten Lampe im Theater, nämlich seiner Seele, stellt er im Schlußgedicht »Enfant perdu« das heroische Bild seiner selbst als des verlorenen Postens im Freiheitskriege entgegen, der dreißig Jahre treulich aushielt:

> Ein Posten ist vakant! – Die Wunden klaffen –
> Der eine fällt, die andern rücken nach –
> Doch fall ich unbesiegt, und meine Waffen
> Sind nicht gebrochen – Nur mein Herze brach.

Das Gedicht ist ein Beispiel für die bei Heine häufig vorkommende kriegerische Wortwahl und Metaphorik; Heine, der streitbare Kämpfer, hat nie gezögert, ein solches Vokabular zu verwenden – es ist nicht militärisch gemeint, aber ein Pazifist war dieser Dichter sicher nie.

Das zweite Zentrum des »Romanzero« ist das 284-Zeilen-Gedicht auf den großen jüdischen Dichter Jehuda ben Halevy (etwa 1075-1141) in den »Hebräischen Melodien«, deren Titel Heine von Byrons »Hebrew Melodies« (1815) übernahm. Es ist ein Biographie-Gedicht über den toledanischen Troubadour, dessen Geliebte keine Laura, sondern das zerstörte heilige Jerusalem war, wohin er erst im Alter gelangte und wo ihn ein Sarazene erstach. Es ist ein Poeten- und Poesie-Gedicht, das die Ausbildung eines jungen Juden zum Dichter seines verstreuten Volkes darstellt:

> Ja, er ward ein großer Dichter,
> Stern und Fackel seiner Zeit,
> Seines Volkes Licht und Leuchte,
> Eine wunderbare, große

> Feuersäule des Gesanges,
> Die der Schmerzenskarawane
> Israels vorangezogen
> In der Wüste des Exils.

Es ist ein poetologisches Programm-Gedicht, in dem Heine noch einmal im Medium des vierfüßigen reimlosen Trochäus sein artistisches Kunstprogramm zusammenfaßt:

> Wie im Leben, so im Dichten
> Ist das höchste Gut die Gnade –
> Wer sie hat, der kann nicht sündgen
> Nicht in Versen, nicht in Prosa.
>
> Solchen Dichter von der Gnade
> Gottes nennen wir Genie:
> Unverantwortlicher König
> Des Gedankenreiches ist er.
>
> Nur dem Gotte steht er Rede,
> Nicht dem Volke – In der Kunst,
> Wie im Leben, kann das Volk
> Töten uns, doch niemals richten. –

Es ist ein Identifikations-Gedicht des sterbenden Poeten Heine mit dem fernen Dichter seines Volkes, ein letztes großes Wunsch-Selbstporträt, vielleicht sein schönstes, weil es das Gedicht auf einen *jüdischen* Dichter ist, vielleicht auch *das* Werk, in dem er seinem verfolgten Volke so nahe stand wie nie zuvor und nie danach.

Nach dem »Romanzero« schrieb Heine noch weitere einhundert Gedichte. Sie bilden die vierte Säule seiner Lyrik, deren Bau er freilich nur noch beginnen konnte: Ein Drittel erschien als »Gedichte 1853 und 1854« in den »Vermischten Schriften«, zwei Drittel, von denen nur sechs zu Heines Lebzeiten einzeln gedruckt wurden, bilden den lyrischen Nachlaß. Auch die letzten einhundert Gedichte sind nach Thematik und Tonart gemischt, doch lassen sich mehrere stoffliche Schwerpunkte erkennen. Auffällig und thematisch übergreifend sind Tier-Gedichte; in einem Teil von ihnen verwendet Heine wie im »Atta Troll« die Tiermaskerade zur Versinnbildlichung menschlicher Verhältnisse und zur Zeitkritik. Auffällig sind drei lange Gedichte, die Heines pikanteste Lyrik-Texte darstellen, weswegen zwei von ihnen zu Lebzeiten des Dichters nicht publizierbar waren: Das früher erwähnte »Citronia«, in dem Heine sein Entzücken über die nackten Hinterteile seiner kleinen Mitschülerinnen in der Kinderschule Hindermans zeigt, und »Zur Teleologie«: Da preist das lyrische Ich, wie wunderbar zweckvoll Gott den menschlichen Leib eingerichtet habe, doch widerspricht ihm die blonde Teutelinde mit dem kessen Hinweis, wie wenig zweckvoll es sei, die menschlichen Sexualorgane zugleich für Liebe und Wasserlassen vorzusehen; nur mühevoll kann der Sprecher »Gottes Nützlichkeitssystem« mit dem Argument verteidigen, das Ökonomie-Problem des Herrn sei, daß die Maschinen wechselnd jeglichem Bedürfnis dienen sollten – mit der ironisch eingesetzten Maschinen-Metapher entlarvt der Verteidiger die Schwäche seiner Argumentation selbst. Von den drei pikanten Gedichten konnte Heine nur »Das Hohelied« drucken lassen; es ist ein Preis des Lebens, des Leibes, der Schönheit des weiblichen Körpers; es ist selbstverständlich vom Hohen Lied Salomonis abgeleitet, wirkt aber wie ein letztes Aufleuchten saint-simonistischer Körper-Begeisterung:

> O welche göttliche Idee
> Ist dieser Hals, der blanke,
> Worauf sich wiegt der kleine Kopf,
> Der lockige Hauptgedanke!
>
> Der Brüstchen Rosenknospen sind
> Epigrammatisch gefeilet;
> Unsäglich entzückend ist die Zäsur,
> Die streng den Busen teilet.
>
> Den plastischen Schöpfer offenbart
> Der Hüften Parallele;
> Der Zwischensatz mit dem Feigenblatt
> Ist auch eine schöne Stelle.

Das ist kein abstraktes Begriffspoem!
Das Lied hat Fleisch und Rippen,
Hat Hand und Fuß; es lacht und küßt
Mit schöngereimten Lippen.

Auch das lyrische Spätwerk Heines enthält Personen-Satiren. Dessauer wird als »Wanzerich« verspottet, Meyerbeer in zahlreichen Seitenhieben und einer Gruppe von Gedichten angegriffen – wir sagten schon, daß dies nicht die besten Gedichte Heines sind, der Wunsch, sich für wirkliche oder vermeintliche Schändlichkeiten zu rächen, drückt auf die dichterische Qualität der Texte, und das Namen-Spiel Meyerbeer/Beeren-Meyer wirkt eher banal; allerdings wird der Komponist immer auch als Spielmeister der Herrschenden, als Maestro der »Weltberühmtheitsclaque«vorgeführt. Ganz offenkundig ist der politische Kern der Personen-Satiren in den beiden Herwegh-Gedichten »Die Audienz«, den Spottversen auf Herweghs Besuch bei Friedrich Wilhelm IV. und die anschließende Ausweisung, sowie »Simplizissimus I.«, der Satire auf Herweghs dilettantischen 1848er »Feldzug«. Eine Gruppe weiterer Zeitgedichte, von denen einige schon in den vierziger Jahren entstanden, setzen die politische Poesie der »Neuen Gedichte« fort und zeigen, daß Februarrevolution und Gegenrevolution den politisch-satirischen Lyriker Heine nicht einfach stumm machten. Seine Deutschland-Satire ist ungebrochen aggressiv, witzig und künstlerisch anspruchsvoll. Sie trifft den deutschen Michel, der nach 1848 schnell wieder vor den Landesvätern duckte; sie geißelt in Gedichten wie »Kobes I.«, »König Langohr I.« und »Die Wahlesel« nachrevolutionären Monarchismus, schwächlichen Parlamentarismus und den aufkommenden deutschimperialen Nationalismus: Kobes I., den stockdummen Kölner Karnevalskaiser, unter dessen Regime – gezielte Umkehrung einer wichtigen Episode des »Wintermärchens« – die dort zerschmetterten heiligen drei Könige wieder auferstanden sind, gelüstet es schon nach Elsaß, Lothringen und Burgund – reales Vorbild des Kaisers Kobes war Jakob Venedey, der nach dem Abdruck des Gedichts in den »Vermischten Schriften« (1854) empört reagierte, Heine vor

Jahren geliehene fünfzig Francs zurückschickte und sieben Anti-Heine Gedichte veröffentlichte. Tatsächlich vertrat Venedey, obwohl er sich als Linksradikaler aufführte, nationalistische Forderungen wie die der Eindeutschung des Elsaß: Heine kannte seine Pappenheimer.

In seinen besten politischen Texten ist er denen, die ihn angriffen, wieder weit voraus. In der Ballade »Das Sklavenschiff« klagt Heine die Praktiken modernen Menschenhandels und – als einer der ersten Dichter der Weltliteratur – die Rassenverfolgung von Menschen anderer Hautfarbe an. Wieder stellt er dringlich die Frage nach dem »materiellen Wohlseyn« des Volkes: Noch immer gibt es viele arme Seelen, die widerstandslos und ausweglos im »Jammertal« (so ein Gedicht-Titel) ihrer eisigen Dachkammer verrecken und von den Behörden auch noch verhöhnt werden wie die Pariser Hungernden vom »Famillionär« der »Französischen Zustände«, schon aber erheben sich die Hungerleider zum Aufstand gegen die Reichen – Heine schildert ihren Vernichtungszug im Tier-Gedicht »Die Wanderratten«, einem seiner stärksten und ambivalentesten Zeitgedichte; es läßt den bekannten Horror des Dichters vor den schrecklichen Scharen erkennen, aber noch stärker ironisiert es die Furcht der Regierenden und Besitzenden um ihr Eigentum, Heine erklärt ihnen spöttisch, daß nur »Suppenlogik mit Knödelgründen«, nur »Argumente von Rinderbraten,/ Begleitet von Göttinger Wurst-Zitaten«, daß also nur Sattmachen den Hungrigen hilft, nicht aber Vertröstung aufs Jenseits. Schließlich kritisiert Heine in einigen Gedichten den Industrialismus und warnt, zum Teil in metaphorischer Verkleidung, vor den Folgen eines unkontrollierten industriell-ökonomischen Fortschritts: In »Pferd und Esel« fürchtet das Pferd, es werde durch das Eisenbahnwesen verdrängt werden und sein Futter verlieren; im Nachlaß-Gedicht »Lamentationen 9« bedauert der Dichter unter ironischen Hinweisen auf Eisenbahn und maschinisiertes Klaviervirtuosentum, daß er wegen Darre seines Rückgratmarks nicht mehr lange »in dergleichen Fortschrittswelt« verweilen kann; in »Lamentationen 14« beklagt er, daß die Erde entsetzlich ungesund sei, daß sie stinke und vergiftet werde, er lobt die klugen Sterne, die sich von dem tödlich-ungesunden Erdball fernhalten – man könnte diesen Text das erste ökologische Gedicht der deutschen Literatur nennen, Heine erweist sich, obwohl er die Segnungen der modernen Industrie und Ökonomie als unabdingbare Voraussetzungen für die globale Befreiung von Hunger und Elend ansieht, als erstaunlich weitblickender Warner vor Entwicklungen, deren Gefährlichkeit die Menschheit erst mehr als hundert Jahre nach seinem Tode zu erkennen begann.

Selbstverständlich sind Krankheit, Leiden, Sterben und Tod das gewichtigste Thema von Heines letzter Lyrik. Er hat in einer Reihe von Gedichten dem Tod ins Auge gesehen wie kaum ein anderer Dichter vor ihm; hart und genau, in manchmal schon prosaähnlichen Versen hat er noch einmal ein Tabu gebrochen, das Tabu der unerbittlichen, unromantischen, unverklärten Darstellung des Todes. Er selbst hat diese Gedichte der Agonie am besten charakterisiert: »Es ist eine Klage wie aus einem Grabe, da schreit ein Lebendigbegrabener durch die Nacht, oder gar eine Leiche, oder gar das Grab selbst. Ja ja, solche Töne hat die deutsche Lyrik noch nie vernommen und hat sie auch nicht vernehmen können, weil noch kein Dichter in solch einer Lage war.« Radikal privat, desillusionierend, antimetaphysisch, undogmatisch sind diese Gedichte, vor denen sogar der Heine-Hasser Karl Kraus den Hut ziehen mußte und mit denen Heine der realistischen Lyrik den Weg bahnte – Meißner, der die zitierte Charakteristik überlieferte, hat einen sehr bedenkenswerten Satz kommentierend hinzugefügt, der das Außerordentliche und Ungeheuerliche dieses Leidens und seiner Umsetzung in Poesie festhält: »Ich fühlte es tief: das schreckliche Krankenlager hatte seine Natur auf eine tragische Höhe gehoben, die ihm eigentlich gar nicht eigen war.« Auf diesem Lager steigt in seinen schlaflosen Stunden immer wieder die Erinnerung an Leben und Welt, an Liebe und Schönheit auf, die Erinnerung macht ihn bitter, er fühlt sich durch die Schönheit der Natur verhöhnt, weil er sie nicht mehr genießen kann: »O schöne Welt, du bist abscheulich.« Die Sorge, daß er Mathilde allein zurücklassen muß, quält ihn – einige Verse lassen ahnen, daß auch sie ihn manchmal – ungewollt – mit ihrem Flattersinn gequält hat und in solchen Stunden ein Kreuz für ihn war; insgesamt aber sehen wir gerade in den späten Gedichten das Bild jener Frau, die ihm Weib, Kind, Geliebte, Lamm zugleich war und ohne die er seinen Leiden längst ein Ende gesetzt hätte. In Gedichten voll düsterer Andeutung und schwarzer Wut zeigt er die »Magen und die Sippen«, also die reichen Verwandten, als die Schuldigen an seinem Zusammenbruch, Blutfreunde haben ihm den Tod gegeben, »Affrontenburg«, Salomons Haus in Ottensen erscheint als Ort schlimmster Demütigungen, der Alte als Wort-Verbieter, die Familie als ergebener Hofstaat – sie haben wie Verbrecher an ihm gehandelt, und doch wird er ihre Freveltaten nie verraten, man wird ihm noch als Toten die Zunge herausschneiden, damit er schweigt, der eine aber, »dunkler Hund im dunkeln Grabe«, wir wissen nicht genau, wen er meint, dieser eine wird mit Vergessenheit bestraft: »Nicht gedacht soll seiner werden!« Meint er den Vetter, sieht er ihn im Grabe der Vergessenheit? Man spürt jedenfalls, wie Heine die Unterwerfung unter den Willen der Verwandten, die Preisgabe der Memoiren quält.

Heines stärkste Erfahrung dieses jahrelangen Sterbens ist das langsame Kriechen der Zeit. Eine völlige Veränderung, ja Umkehrung seines Zeitgefühls ist eingetreten: Er, der so rasch, so nach allen Seiten hin, in ununterbrochenem Wechsel lebte, dem die Zeit schnell verging – er fühlt sie jetzt beinahe stillstehen. Er benutzt dafür den sehr alten Topos von der Schnecke, die dahinkriecht, langsam, aber doch noch in Bewegung, während er selbst ohne Bewegung in seinem Krankenzimmer liegt:

> Wie langsam kriechet sie dahin,
> Die Zeit, die schauderhafte Schnecke!
> Ich aber, ganz bewegungslos
> Blieb ich hier auf demselben Flecke.

Der Todkranke wünscht sich die Ruhe des Grabes und das Ende der Leiden, er wünscht sich sogar, nie geboren worden zu sein, und beginnt mit dem Herrn zu rechten: Gott ist inkonsequent, erst hat er den »fröhlichsten Dichter« geschaffen, nun raubt er ihm die gute Laune, der Schmerz verdumpft den heiteren Sinn, der Leidende wird am Ende noch katholisch, der beste der Humoristen geht verloren. Das ist ironisch gesagt; im Gedicht »Laß die heilgen Parabolen« aber fragt Heine bitterernst, warum der Gerechte sich blutend, elend, unter Kreuzlast hinschleppt, der Schlechte aber als Sieger auf hohem Roß trabt, ob der Herr vielleicht nicht allmächtig sei oder selber den Unfug treibe – wieder fragt man sich, ob der gläubige Jude so mit seinem Gott reden darf:

>   Also fragen wir beständig,
>   Bis man uns mit einer Handvoll
>   Erde endlich stopft die Mäuler –
>   Aber ist das eine Antwort?

Im fragmentarischen Versepos »Bimini« *gibt* Heine eine Antwort, wenn auch nicht auf die an Gott gerichteten Fragen. Noch einmal greift er ins romantische Repertoire und zum spanischen vierfüßigen Trochäus, noch einmal findet er seine bezwingende Leichtigkeit, als er den alternden Don Juan Ponce de Leon, einen Gefährten von Cortez, der sich sehnlichst seine Jugend zurückwünscht, mit anderen Alten und Gebrechlichen zur sagenhaften Insel Bimini segeln läßt, wo ein berühmtes Heilwasser die Menschen wieder jung und gesund machen soll. Ponce de Leon erreicht Bimini, wird aber nicht verjüngt, sondern noch viel älter und kränker, abgemergelt landet er und findet das heilsame Wasser:

>   Lethe heißt das gute Wasser!
>   Trink daraus, und du vergißt
>   All dein Leiden – ja, vergessen
>   Wirst du was du je gelitten –
>
>   Gutes Wasser! Gutes Land!
>   Wer dort angelangt, verläßt es
>   Nimmermehr – denn dieses Land
>   Ist das wahre Bimini.

Lethe ist im griechischen Mythos das Unterwelt-Gewässer, aus dem die Seelen der Toten Vergessen trinken: Heine hat seinen Tod angenommen. Im Gedicht »Der Scheidende« benutzt er zum letzten Mal die Theater-Metapher, der Vorhang fällt, das Stück ist aus, das deutsche Publikum geht gähnend nach Haus.

Was wir schon einige Male für Heines Lyrik und für frühere Prosawerke sagten, gilt auch für die späte Prosa: Heine möchte dem Publikum eine breite Skala seiner künstlerischen Möglichkeiten vorstellen. Seine Prosa-Libretti schrieb er für Lumleys Londoner Tanz-Theater, die Tanz-Poeme »Die Göttin Diana« und »Der Doktor Faust« wurden gut honoriert, aber nie aufgeführt, und Heine glaubt auch die Gründe dafür zu kennen: Der Ballettmeister, schreibt er in der einleitenden Bemerkung zum »Faust«-Libretto, »hielt es nämlich für eine gefährliche Neuerung, daß einmal ein Dichter das Libretto eines Balletts gedichtet hatte, während doch solche Produktion bisher immer nur von Tanzaffen seiner Art, in Kollaboration mit irgendeiner dürftigen Literatenseele, geliefert worden«.

Heine führt seinen Faust durch die von der Sage her bekannten Stationen: Studierzimmer, Fürstenhof, Helena, Bürgerwelt und Wunderdoktorei. Seine Neuerung ist der weibliche Teufel Mephistophela, die ihm Herzogin, Helena und Bürgertochter zuführt, sich aber nicht selbst mit ihm einläßt. Sie stürzt ihn am Ende ins Verderben und holt seine Seele – Heine greift nämlich in erklärtem Affront gegen Goethes Erlösungsapotheose auf den Faust des Volksbuchs zurück, den der Teufel holt: »Ich habe wenigstens einem Verdienste nachgestrebt«, heißt es im Erläuterungsbrief für Lumley, »dessen sich Goethe keineswegs rühmen darf: in seinem Faustgedichte nämlich vermissen wir durchgängig das treue Festhalten an der wirklichen Sage, die Ehrfurcht vor ihrem wahrhaftigen Geiste, die Pietät für ihre innere Seele, eine Pietät, die der Skeptiker des achtzehnten Jahrhunderts (und ein solcher blieb Goethe bis an sein seliges Ende) weder empfinden noch begreifen konnte! Er hat sich in dieser Beziehung einer Willkür schuldig gemacht, die auch ästhetisch verdammenswert war und die sich zuletzt an dem

Dichter selbst gerächt hat.« Heine argumentiert hier so pietätvoll gegenüber der alten Sage wie ein Romantiker und ignoriert die Modernität des Goetheschen Faust; als das ästhetisch Verdammenswerte, das sich am Dichter selbst rächte, betrachtet er »jenen lendenlahmen zweiten Teil« von Goethes »Faust«: »Das schauerliche Teufelsbündnis, das unsern Vätern so viel haarsträubendes Entsetzen einflößte, endigt wie eine frivole Farce – ich hätte fast gesagt wie ein Ballett.«

»Die Göttin Diana« steht in engem geistigen Zusammenhang mit Heines letztem Aufsatz über Mythologie, »Die Götter im Exil«; er nennt das Ballett sogar einen Nachtrag zu diesem. Heine greift mit diesem fragmentarischen Aufsatz, der zuerst am 1. April 1853 französisch in der »Revue des Deux Mondes« erschien, in Frankreich großes Aufsehen erregte und in die »Vermischten Schriften« einging, unter Verwendung erzählerischer Elemente ein schon früher behandeltes Thema auf: das Schicksal und die Verteufelung der griechischen Götter nach dem Sieg des Christentums. Er gibt diesem Thema eine kuriose Wendung: Die vertriebenen Heidengötter schlüpfen fern der Heimat in Rollen, die annähernd ihrem Charakter entsprechen und sie tarnen. Jupiter lebt als steinalter Greis auf der eisumschlossenen Kanincheninsel, Merkur ist holländischer Kaufmann und engagiert einen friesischen Fischer zum makabren Transport toter Seelen auf die weiße Insel, Apollo arbeitet als Hirt in Niederösterreich, wird jedoch erkannt und hingerichtet, Bacchus ist – welche Blasphemie! – sogar Superior eines Franziskanerklosters und feiert einmal im Jahr mit vielen Landsleuten ein geheimes Dionysos-Fest. Die exilierten Götter erscheinen zugleich verbürgerlicht und geheimnisvoll, komisch und bewundernswert, wo sie auftreten und einen Zipfel ihres Geheimnisses lüften, erregen sie Erstaunen, Furcht und Faszination, so auch die »Göttin Diana« im Ballett, die einen mittelalterlichen deutschen Ritter in ihren Liebesbann schlägt und nach manchen Verwicklungen im Venusberg mit ihm glücklich wird. Griechisches und deutsches Heidentum gehen hier inmitten einer christlichen Umwelt eine seltsam-skandalöse Verbindung ein, die alten

Götter leben untergründig weiter, fast wie die Elementargeister, über die Heine schon fünfzehn Jahre früher geschrieben hat.

Eine Hauptarbeit Heines galt in seiner letzten Schreibphase der Buchfassung der »Lutetia«-Artikel aus den vierziger Jahren, deren breitgefächerte Thematik wir schon vorgestellt haben. Im April 1851 bat Heine Kolb um Übersendung aller seiner Artikel aus der »Allgemeinen Zeitung«, auch, wenn möglich, der ungedruckten Texte; nach Anmahnung bei Kolb und Cotta erhielt er sie schließlich Anfang 1852. Er gab den Artikeln den Untertitel »Berichte über Politik, Kunst und Volksleben« und verstand dieses Buch als »Blüthe und Frucht, die ganze Ausbeute meiner Forschungen während einem Vierteljahrhundert in Paris«, als ein »Musterbuch«, eine »Chrestomathie guter publicistischer Prosa«. Er arbeitete um, ergänzte, strich und ersetzte, ließ aber den Kern der alten Texte unangetastet – merkwürdigerweise sind nicht alle feststellbaren Verstümmelungen, die »das Augsburgische Prokrustesbett«, also die Zensur durch Redaktion und Behörde, Heines Artikeln antat, beseitigt worden. So ist, aus ungeklärten Gründen, die nachweislich von Kolb stammende Formulierung, der Kommunismus sei ein *düsterer* Held, dem eine große, *wenn auch nur vorübergehende* Rolle beschieden sei, in der Buchausgabe stehengeblieben! Heine eignete »Lutetia« dem Fürsten Pückler-Muskau zu und dankte ihm so für seine unwandelbar gute Gesinnung und seine Hilfe im Erbschaftsstreit; er gab der französischen Ausgabe 1855 ein bedeutsames Vorwort bei, in dem er seine letzten Aussagen über den Kommunismus niederlegte, zu einer Zeit, als das Todesthema seine Lyrik beherrschte. Heine schrieb und bearbeitete sein längstes Prosa-Buch mit dem gewohnten hohen Kunstanspruch, die politischen Tagesberichte waren *Literatur*, eine grundsätzliche Trennung von Literatur und Publizistik erkannte Heine nicht an: »Das Ganze liest sich wie ein Roman, während es zugleich ein historisches Aktenstück ist, und mein prägnantester Styl sich darin kund gibt«, schrieb er Campe bei der Übersendung des Manuskripts; in einem anderen Brief sagte er: »Der Held meines Buches, der wahre Held desselben ist die sociale Bewegung.« Heines erklärte Absicht war es, die »artistische Ehre, die schöne Form« der Berichte wiederherzustellen, durch eine künstlerische Zusammenstellung aller Teile ein Ganzes zu schaffen – »Lutetia« sollte ein Produkt der Natur und der Kunst sein, zugleich daguerrotypisches Geschichtsbuch, in dem sich jeder Tag abkonterfeite, und Kunstprodukt, weil der ordnende Geist des Dichters diese Zusammenstellung geschaffen hat.

Die Daguerrotypie-Metapher ist hier ganz dynamisch zu verstehen: Nicht starre Fotos entstehen, sondern eine Serie hunderter, fast filmartig ablaufender Bilder, die die ungeheure Dynamik des Geschichtsprozesses, die enorme Beschleunigung und Vervielfältigung aller Vorgänge, Erscheinungen und Informationen ausdrücken, von der alle progressiven Autoren jener Zeit beeindruckt und beunruhigt sind – Lamartine hat schon 1849 erklärt, daß Geschichtsschreibung eigentlich nicht mehr möglich sei, weil die Geschwindigkeit der Zeit jede Distanz verzehre! Heine macht diesen Versuch mit Hilfe einer Schreibart, die den dargestellten Phänomenen soviel Gewicht gibt, daß sie die *Totalität* der in ununterbrochener Bewegung befindlichen Pariser Ereignisse und Erscheinungen zu fassen scheinen, obwohl er *objektiv* nicht *alles* wiedergeben kann. Den Eindruck von Totalität erreicht Heine dadurch, daß er die einzelnen Vorgänge, Erscheinungen und Informationen einander perspektivisch zuordnet, Oberflächen- und Tiefenstruktur, Tagesaktualität und historischen Prozeß ineinanderschiebt und auch hier ausdrücklich seine Subjektivität hervorhebt, die außerordentlich viel aufnehmen und wiedergeben kann. Heine gelangt nicht zu absoluten Befunden, seine Berichte sind nicht vorbehaltlos, das Dargestellte kann sich verändern, die Situationen bleiben offen – die »Lutetia«-Berichte *schweben,* sie sind zugleich vor- und nachrevolutionär, sie dokumentieren Übergänge und täuschen keine Allwissenheit vor. Das Gegenwärtige ist also vorübergehend und vergänglich, was die Stärke der Erfahrung übrigens nicht mindert; im Gegensatz zum *Rankeschen* Historismus, für den jede Epoche unmittelbar zu Gott ist, jedes Zeitalter seinen Wert in sich selbst hat, ohne Rücksicht darauf, was daraus hervorgeht, sind für Heine Gegenwart und Vergangenheit miteinander verknüpft (insofern ist Hegels Einfluß keineswegs aufgehoben!), er sucht die Gegenwart durch die Vergangenheit zu erklären und durch die Gegenwart zum eigentlichen Verständnis der Vergangenheit vorzudringen.

Von größter Wichtigkeit ist für ihn die Verknüpfung der Gegenwart mit dem Zukünftigen, das er zu prognostizieren versucht. Diese Prognosen werden aber oft durch Fragen eingeschränkt oder aufgehoben, Heine gibt nicht vor, absolute Gewißheit über künftige Entwicklungen zu haben – schon in den »Französischen Zuständen« hat er von »Tagesrätseln« geschrieben, welche die gegenwärtigen wie die zukünftigen Ereignisse uns aufgeben, und so behauptet er auch jetzt nicht, die absolute Kenntnis des Geschichtsverlaufs zu haben, ein Endziel der Geschichte angeben zu können, unabhängig davon, daß er sich die Emanzipation der Menschheit auch weiterhin wünscht.

Zwei zukunftsträchtige internationale Phänomene hat Heine mit starker, doch zwiespältiger Aufmerksamkeit und Einschätzung betrachtet: Kommunismus und Industrialismus. Wir haben schon gezeigt, daß er in den »Lutetia«-Artikeln für die »Allgemeine Zeitung« ein ebenso umfassendes wie widersprüchliches Bild des aufkommenden Kommunismus gab; in der Buchausgabe der »Lutetia« sagt er dazu sein letztes Wort. In der Zueignung an Pückler steht die Tier-Metapher von den furchtbarsten Krokodilen, zu denen er die revolutionären, gleichmacherischen Proletarier dämonisiert. In der Vorrede zur französischen Ausgabe des Buches – er nennt Paris dort »die geliebte Lutetia« und bittet sie, gelegentliche deutsche Bären-Plumpheiten über sie nicht als Schmähungen aufzufassen – malt er noch einmal die Schreckensvision des künftigen kommunistischen Sieges: Die Ikonoklasten werden alle Marmorbilder seiner geliebten Kunstwelt zerschlagen, Lilien und Rosen ausraufen, die müßigen Nachtigallen verjagen, aus seinem »Buch der Lieder« wird der Krautkrämer Tüten drehen, um den alten Weibern der Zukunft Kaffee und Schnupftabak hineinzuschütten – das ist nochmals, obgleich nicht ohne selbstironischen Unterton, das bekannte Schreckensbild. Noch deutlicher als früher spricht Heine mit zwei gegensätzlichen Stimmen über den Kommunismus, und die positive Stimme ist jetzt eine Doppelstimme. Die erste ist die der Logik: Wenn er, schreibt Heine, der Prämisse nicht widersprechen könne, daß alle Menschen das Recht auf Essen haben, so muß er sich allen Folgerungen daraus fügen und um des »materiellen Wohlseyns des Volkes«, um der Gerechtigkeit willen den erwähnten Krautkrämer segnen, der aus seinen Gedichten Tüten dreht. Die zweite Stimme *für* die Kommunisten ist die des Hasses gegen den gemeinsamen Feind, die Nationalisten. Die Kommunisten werden sie zertreten wie eine Kröte. »Aus Haß gegen die Nationalisten könnte ich schier die Kommunisten lieben«, zumal sie keine Religion heuchlerisch im Munde führen, sondern einer allgemeinen Völkerliebe, einem Weltbürgertum aller Menschen huldigen, das mit dem Grunddogma des Christentums übereinstimmt.

Zwiespältig, und zwar *zunehmend* zwiespältig ist, wie wir schon aus einigen Gedichten sahen, auch Heines Verhältnis zur modernen Industriegesellschaft, aber nicht aus romantischer, esoterischer Gegenwartsflucht: An sich faszinieren Heine die modernen technischen und ökonomischen Entwicklungen, er sieht in ihnen, wie die Saint-Simonisten, die Basis, das »materielle Wohlseyn des Volkes« zu gewinnen. Früh hat er den kapitalistischen Literaturmarkt betreten und spekuliert mit ertragreichen Industrieaktien – Heine läßt sich aber nicht, wie viele seiner Zeitgenossen, durch die scheinbar unbegrenzten Möglichkeiten der neuen Industriegesellschaft blenden, sondern kritisiert sie auch, und das ist nicht bloß Kapitalismus-Kritik, sondern Kritik am Industrialismus überhaupt. Heine verwendet diesen Begriff mehrmals, und zwar für die Gesamtheit der neuen technisch-industriellen Entwicklungen und ihrer Folgeerscheinungen. Heine hat die Industrie in ihrem Mutterland England kennengelernt und führt dessen entnervendes Fabrikwesen als Grund für den Verfall englischer Größe an. Er sieht, daß in Frankreich, vor allem bei der Bourgeoisie, auch bei den reichen Juden, das Geld der Gott des Tages, die Industrie die herrschende Religion wird, daß ein Kult der materiellen Interessen einen Zustand der gesellschaftlichen Zersplitterung herbeigeführt hat, daß sich über Napoleons Grab eine industrielle Bürgerwelt erhebt, die ganz andere Ideale als den Kaiser hat, daß die Gewinnsucht sich gewaltig ausbreitet, so sehr, daß sich jene Hochgefühle, auch die patriotischen, »die der regierende Industrialismus vertreibe und verhöhne«, wohl gar in die Armee flüchten müßten. In einem großen, äußerlich positiven Porträt Rothschilds läßt Heine untergründig spüren, daß der Finanzherr als Hauptdirigent der Industrie-Ordnung deren schlimme Folgen mitzuverantworten hat – Zerstörungen, die auch die Künste nicht verschonen; vom technisierten Klaviervirtuosentum als Ausdruck des Maschinenwesens war schon die Rede, Heine vermutet angesichts der Gemäldeausstellung von 1843 obendrein, daß der Geist der Bourgeoisie und des Industrialismus auch in die bildenden Künste eingedrungen ist, und zwar so sehr, »daß allen heutigen Gemälden das Wappen dieser Herrschaft aufgedrückt ist«.

Das Eisenbahnwesen sieht der Dichter als Prototyp der zwiespältigen technisch-industriellen Entwicklung. Zwar weist er Cotta noch 1852 darauf hin, welchen großen Nutzen die neue Straßburger Bahnlinie den literarischen Institutionen des Verlegers bringen könne, doch sind ihm schon Jahre vorher die praktischen und die moralischen Gefahren des neuen Verkehrsmittels aufgegangen: Die Versailler Eisenbahn hat eine Brandkatastrophe erlebt, der Eisenbahn-Boom hat allerlei neureiche Lumpen und Profiteure hervorgebracht, auch bringt das neue Verkehrsmittel unabsehbare Veränderungen unserer gesamten Lebensweise mit sich: Aus Anlaß der Eröffnung zweier neuer Linien nach Orléans und Rouen »erfaßt den Denker ein unheimliches Grauen, wie wir es immer empfinden, wenn das Ungeheuerste, das Unerhörteste geschieht, dessen Folgen unabsehbar und unberechenbar sind. Wir merken bloß, daß unsre ganze Existenz in neue Gleise fortgerissen, fortgeschleudert wird, daß neue Verhältnisse, Freuden und Drangsale uns erwarten, und das Unbekannte übt seinen schauerlichen Reiz, verlockend und zugleich beängstigend«. Zwar nimmt Heine Goethes berühmten Satz auf, es beginne ein neuer Abschnitt der Weltgeschichte, und seine Generation dürfe sich rühmen, dabei gewesen zu sein, dann aber beschreibt er mit hellseherischer

Präzision, die über Kapitalismus-Kritik weit hinausgeht, die existentiellen Erschütterungen menschlichen Grundbefindens durch immer schnellere Maschinen: »Sogar die Elementarbegriffe von Zeit und Raum sind schwankend geworden. Durch die Eisenbahnen wird der Raum getötet, und es bleibt uns nur noch die Zeit übrig. Hätten wir nur Geld genug, um auch letztere anständig zu töten!« Fast scheint es, als ahne der Dichter hier die Vernichtung der Zeit durch die Urenkel der Eisenbahnkönige schon voraus – daß er auch die Umweltzerstörungen durch die Industriegesellschaft kommen sah, wurde schon beim ökologischen Gedicht »Lamentationen 14« gesagt; einer von Julia überlieferten Äußerung entnehmen wir, daß Heine sogar einen Zusammenhang zwischen der zunehmenden Pariser Luftverschmutzung und seinem Husten sah: »Die Luft, die man hier atmet, ist verseucht, das Leben ist abgehetzt«; freilich kann er sich auch jetzt nicht entschließen, die Metropole und ihren »stinkenden Dunst« aufzugeben, dem er seinen Husten verdankt: Das geistige Klima von Paris kann ihm kein noch so gutes Naturklima ersetzen.

Die letzte Säule in Heines komplexem Spätwerk bilden »Geständnisse« und »Memoiren«: eine schöne, reich ornamentierte, aber trümmerhafte Säule. Seit 1823 hat der Dichter immer wieder Pläne zu Bekenntnissen und Memoiren erwähnt – Bekenntnissen, die Autobiographie, Memoiren, die kritische Berichte über Zeit und Zeitgenossen geben sollen. Eine scharfe begriffliche Trennung zwischen beiden Formen der Erinnerungs-Literatur ist, wie die beiden überlieferten Texte zeigen, bei Heine unmöglich, denn er vermischt sie absichtlich; so entsteht eine reizvolle Spannung zwischen der Schilderung von Zeitalter und Zeitgenossen und der Künstler-Autobiographie, die eine innere Entwicklung darstellt. Heine hat zahlreiche Ansätze zu Lebenserinnerungen gemacht: Das »Buch Le Grand« enthält offensichtlich 1824/25 verfaßte autobiographische Texte – Heines Behauptung von 1838, daß im Falle seines Todes »doch schon 4 Bände Lebensbeschreibung oder Memoiren« von ihm übrig blieben, klingt allerdings wie eine Übertreibung, es sei denn, er habe alle »Reisebilder« in den Memoiren-Komplex einfügen wollen. Wir werden nie erfahren, wieviele Seiten Text Heine wirklich *geschrieben* hat, denn über keines seiner Werke hat er so viele Fiktionen verbreitet wie über die Erinnerungen. Auf jeden Fall hat der Dichter Informationen über seine Lebenserinnerungen zu verschiedenen Zeiten und unterschiedlichen Zwecken eingesetzt: um Campes Neugier zu wecken, um die Gesamtausgabe vielfältiger und interessanter zu machen, um Salomon und seine Familie unter Druck zu setzen, um seine finanziellen Wünsche bei den reichen Hamburgern durchzusetzen, um mit dem restaurativen Deutschland und seinen dortigen Feinden abzurechnen – noch 1854 soll er Meißner ein Kästchen gezeigt haben, in dem er seine Memoiren aufbewahrte: »Darin sammle ich seit Jahren frazzenhafte Portraits, abschreckende Silhouetten«, soll er gesagt haben, »manche wissen von dem Kästchen und zittern, daß ich es öffne... In diesem Kästchen liegt ein hoher, keineswegs der letzte meiner Triumphe.«

»Geständnisse« und »Memoiren«, die beiden überlieferten Texte, stellen sicher nur einen kleinen Teil des geplanten, wenn auch nicht des ausgeführten Erinnerungswerks dar. Neueste Untersuchungen, besonders die Auswertung der »Memoiren«-Handschrift in der Pariser Bibliothèque Nationale, haben ergeben, daß beide Prosastücke eng zusammengehören und zwischen dem Sommer 1853 und dem Frühjahr 1854 geschrieben wurden. Die Verstümmelung des »Memoiren«-Manuskripts – es fehlen die Seiten 1 bis 31 – gehen nicht, wie lange vermutet wurde, auf Maximilians posthume Familien-Zensur zurück, sondern auf den Dichter selbst: Er hat die weggeschnittenen Teile in die »Geständnisse« eingearbeitet. Heines eigene, von der Forschung lange Zeit weitergetragene Argumente für die Vernichtung der Memoiren oder ihre Auslieferung an die Familie sind offenbar ebenfalls Fiktionen – ich deute sie auch als Teil seiner Rache an der Familie, die ihn zwang, eines seiner liebsten und wahrscheinlich bedeutendsten Projekte aufzugeben.

Die »Geständnisse« selbst sind eine Mischung aus Autobiographie und Memoiren, wobei deutlich zwei Hauptteile zu unterscheiden sind: eine nochmalige Auseinandersetzung mit Madame de Staël und ihrem Deutschland-Buch und die schon geschilderte religiöse Wende samt Heines Abkehr von Hegel. Beinahe schroff, mit bösen, persönlichen, auch ihr Geschlecht treffenden Invektiven präsentiert Heine die Schriftstellerin als Vertreterin des alten, reaktionären, feudal-aristokratischen Frankreich, den Kaiser dagegen, wie schon in früheren Werken, als Exponenten des jungen, fortschrittlichen Frankreich. Heine würdigt zwar die Verdienste und die Genialität der berühmten Französin, bezeichnet seine Auseinandersetzung mit ihr jetzt aber als eine Art Krieg und stellt sie als Bannerträgerin des Spiritualismus vor, die unter dem Einfluß Schlegels, der Romantik und der idealistischen Philosophie ein schwärmerisches Zerrbild von Deutschland gegeben hat: »Die gute Dame sah bei uns nur was sie sehen wollte: ein nebelhaftes Geisterland, wo die Menschen ohne Leiber, ganz Tugend, über Schneegefilde wandeln, und sich nur von Moral und Metaphysik unterhalten«, schreibt Heine höhnisch und fährt kurz danach fort: »Sie sieht überall deutschen Spiritualismus, sie preist unsre Ehrlichkeit, unsre Tugend, unsre Geistesbildung – sie sieht nicht unsre Zuchthäuser, unsre Bordelle, unsre Kasernen.«

Sicher gehört das »Memoiren«-Fragment, das erst 1884, nach Mathildes Tod, gedruckt werden konnte, zu Heines gelungensten Prosawerken. Es sind vor allem der Glanz der Sprache, die Farbigkeit, der souveräne Witz, die brillante Verarbeitung schauerromantischer Elemente, die plastischen Personen-Porträts und die Leichtigkeit, die dieses Fragment auszeichnen.

Heine brach die Memoiren-Arbeit auch deswegen ab, weil er an der zweiten französischen Gesamt-Ausgabe seiner Werke mitarbeitete, die im Verlag Michel Lévy Frères herauskommen sollte. Sowohl für sein Ansehen in Frankreich als auch wegen seiner finanziellen Lage war diese Arbeit wichtig, obgleich zeitraubend, denn er mußte sich ständig mit Verlag und Übersetzern beraten, vorhandene Texte umarbeiten und ergänzen, Lücken der Übersetzungen schließen. Das alles war strapaziös für einen Schwerkranken, Heine unterzog sich solchen Pflichten aber stets mit der größten Sorgfalt – außerdem half ihm die Kunst-Arbeit ja immer wieder, sein körperliches Elend zu bewältigen, indem sie ihn ablenkte: »Eine seiner Tröstungen bestand darin«, berichtete Saint-René Taillandier, neben Nerval Heines wichtigster Übersetzer der Spätzeit, »letzte Hand an die französische Ausgabe seiner Werke zu legen.« Eine zweite Tröstung war das Aufsehen, daß alle späten französischen Veröffentlichungen seiner Werke – »Les Dieux en Exile«, »Lutèce«, »Aveux d'un Poète«, »Poêmes et Légendes« (die Prosafassungen seiner Gedichte) und die Neuausgabe von »De l'Allemagne« – bei Publikum und Presse hervorriefen. Diese Publikationen sicherten Heines Ruhm in Frankreich endgültig, auch die späten Kämpfe fanden jetzt ihren Lohn. Stolz meldete der Dichter am 17. August 1855 dem Bruder Gustav: »Meine französischen Bücher machen einen Weltlerm!«

Die Erwähnung von Heines Sorgfalt bei Manuskript-Arbeiten legt es nahe, die Betrachtung seiner Spätwerke mit einer allgemeinen Überlegung zu seiner Arbeitsweise zu beschließen, die mittlerweile an Hand ausgewählter Manuskripte ausgezeichnet untersucht ist. Schon Zeitgenossen Heines, die Arbeitsmanuskripte sehen durften, fiel auf, daß die Leichtigkeit der endgültigen Textfassungen in scharfem Gegensatz zu den gehäuften Streichungen und Verbesserungen in den Handschriften stand, für die Heine übrigens bevorzugt Flügelfedern von Raben, Gänsen und Schwänen verwendete; er schnitt sie selbst zu und wechselte sie beim Schreiben häufig aus. Der Schreibvorgang war bei Heine spannungsgeladen und energisch, auch schnell; kaum ein Satz war am Anfang der Niederschrift schon gedanklich beendet, er entwickelte sich gewöhnlich erst beim Schreiben, auf dem Papier, was zu einer ungewöhnlichen Fülle von Sofortkorrekturen führte. Oft schrieb Heine Wörter nicht zu Ende, weil er neue Varianten fand, die Textentwicklung ist sowohl vibrierend sensibel als auch sehr rasch; Heine arbeitete oft unter einem Sturm von Einfällen, was die enorm kurze Entstehungszeit einiger Hauptwerke – »Ideen. Das Buch Le Grand«, »Wintermärchen« –, aber auch die Tatsache erklärt, daß nur zwei bis drei Prozent aller Sätze Heines korrekturfrei in den untersuchten Handschriften stehen, weil er in immer neuen Anläufen immer neue Ansätze durchspielte. Erst nach diesem Primärstadium des Schreibens, das auch in der Matratzengruft das Diktieren von Manuskripten ausschloß, folgte das eigentliche Feilen, die Bändigung des Wirbels von Einfällen durch sorgsame intellektuelle Kontrolle, ein Vorgang, der Veränderungen bis in die letzten Druckphasen der Bücher einschloß. Die Schreibweise Heines ist ein vollkommener und getreuer Ausdruck seiner vielspältigen Dichterpersönlichkeit.

Das letzte Jahr

Ende August 1854 zogen Heine und Mathilde nach Batignolles, einem Außenbezirk von Paris. Der Umzug erwies sich schon nach wenigen Tagen als Fehler: Zwar hatte das Haus einen schönen Garten mit schönen großen Bäumen, wo Heine erstmals wieder unter freiem Himmel sitzen konnte, doch mußte er fürchten, daß die Wohnung im Winter zu kalt und feucht sein würde. Deshalb mietete Mathilde Mitte September in einem Obergeschoß des Hauses 3, Avenue Matignon, Ecke Champs-Elysées, eine andere Wohnung, die sie am 6. November 1854 bezogen: Hier starb Heine, hier erinnert eine Gedenktafel an ihn. Die Wohnung gefiel ihm sehr gut; sie hatte einen Balkon vor allen Fenstern, wo man den Kranken hinbetten konnte und von wo aus er durch das Opernglas die Straße beobachten konnte – er scheint aber nur einmal unter einer Art Zelt draußen gewesen zu sein, wie Gustav Heine und Henri Julia, Mathildes späterer Anwalt und Vertrauter, übereinstimmend berichteten. Heine lebte abgeschirmt gegen Lärm und helles Licht; neben seinem Bett stand der kleine Tisch, den er nicht entbehren konnte und wo er wohl auch seine Aktien aufbewahrte. »Der kleine Tisch war heilig«, schrieb Julia in seinen Erinnerungen an Heine. »Niemand durfte darangehen. Nur der Dichter durfte hier mit seinen schwachen Fingern nach Belieben suchen. Der Tisch blieb immer an seinem Platz.«

Besucher waren die einzigen Menschen, die Leben zu ihm

brachten, die einzigen, die uns Berichte über sein letztes Jahr gaben und ihn teilweise mit Akribie schilderten: wir sollten uns an dieses Material halten und uns nichts auszumalen suchen. »Kränker konnte er nicht mehr aussehen«, schrieb die Übersetzerin Lucie Duff-Gordon, die Tochter von Heines englischen Bekannten Sarah Austin, nach einem Besuch im Spätsommer 1855, »er glich schon einem Toten und war abgezehrt wie ein Schatten. Als ich ihn küßte, fühlte sich sein Bart an wie Daunen oder Kinderhaar, so zart war er, und sein Gesicht war fast schön geworden von Schmerzen und Leiden«. Andere Besucher schilderten ein neues Krankheitssymptom: einen furchtbaren Krampfhusten, der ihn überfiel; Gustav berichtete von Störungen der Mahlzeiten durch die Krankheit, Heine konnte dann sein Mittagsmahl nicht zur gewohnten Zeit um sechs Uhr abends einnehmen, sondern mußte es aufschieben, manchmal bis zwölf oder sogar zwei Uhr nachts, die Köchin stellte das Essen bereit, damit es ihm die Wärterin vorsetzen konnte, wenn er es verlangte. Einige Besucher haben die eigenartige Schönheit seiner Hände in Erinnerung behalten, so der Dichter Theophile Gautier, der im Januar 1856 das letzte Mal bei ihm war: »Als sich mein Auge an das Halbdunkel, das ihn umgab, gewöhnt hatte, denn das helle Tageslicht würde sein fast blindes Auge geschmerzt haben, entdeckte ich einen Fauteuil neben seinem Krankenlager und ließ mich nieder. Mühsam streckte mir der Dichter eine zarte, gebrechliche, matte Hand entgegen, die so weiß war wie eine Hostie, eine Krankenhand, die seit Jahren niemals mehr an der frischen Luft gewesen oder eine Feder berührt hatte; nie war eine knöcherne Totenhand mit einer zarteren, geschmeidigeren, samtartigeren und glatteren Haut bedeckt. Blutwärme brachte nur noch das Fieber in diese Hand hinein, und doch, als ich sie berührte, erschauerte ich, als wenn ich eine Totenhand gefaßt hielte.« Wie Lucie Duff-Gordon, hob auch der Schriftsteller Emile Montégut die Schönheit von Heines Gesicht hervor, schrieb aber zugleich, daß sonst nichts mehr von dem Apoll Heine übrig war, den Gautier einst geschildert habe. Für jede Schmähung auf das Nazarenertum habe die Krankheit schreckliche Rache genommen, von einem Hellenen sei keine Spur mehr an dem

Todkranken zu finden gewesen. Die erhaltenen späten Porträts bestätigen das mit dem schmalen Kopf, dem dichten Haar und dem Bart, den Heine seit etwa 1847 trug – Heine mochte diese Bilder übrigens nicht sonderlich, über eine Vignette in der »Revue des Deux Mondes«, die ihn abgezehrt, mit gesenktem Kopf wie ein Christusbild darstellte, sagte er zu Gautier, sie habe den guten Leuten schon allzu viel Mitleid erpreßt, und dieses öffentliche Mitleid verabscheute er: »Ich bin nicht für die gar zu ähnlichen Porträts, mein Bild soll etwas geschmeichelt sein wie das schöner Frauen.« Auch in schlimmen Zuständen vermochte sich Heine selbst zu ironisieren, sogar im Hinblick auf seine tödliche Krankheit; so sagte er am 24. August 1855 zu Dr. Schlesinger, einem Pariser Arzt, der nicht mit dem gleichnamigen Musikverleger zu verwechseln ist: »Doktor, Sie kennen die Nerven im allgemeinen, aber die meinigen sind so ganz besonders merkwürdig elender Natur, daß ich überzeugt bin, sie würden in der Exposition die große goldene Medaille für Schmerz und Elend erhalten.«

Von der Krankheit unbeirrt, ja vielleicht durch sie angetrieben, besorgte Heine seine Geldangelegenheiten. Bis in die letzten Lebenswochen reicht seine ständige Korrespondenz mit dem Bankier Homberg, und er scheute sich nicht, reichen Leuten Bittbriefe wegen der Beteiligung an Aktiengeschäften zu schreiben. Dabei traf er nicht überall auf Wohlwollen: Der Bankier Péreire, den er um Teilhabe an Spekulationen mit österreichischen Eisenbahnaktien bat, beleidigte ihn, indem er ihm nur 20 statt der erbetenen 100 Aktien schickte. Das Haus Rothschild aber war großzügig, obwohl Heine den Baron James in der »Lutèce« kritisiert hatte, wofür sich der Dichter allerdings bei Betty Rothschild entschuldigte. Gegenüber dem Bankier tat er das vorbeugend in einem Bittschreiben vom 13. Januar 1855, das nur als Entwurf überliefert ist: Heine ersuchte darin um Beteiligung an einer Börsenspekulation und schrieb: »Ich bin krank wie ein Hund, arbeite wie ein Pferd, und bin arm wie eine Kirchenmaus.« Die beiden ersten Sätze beschrieben die Wahrheit, der dritte war ein Appell an den sehr reichen Juden Rothschild, den vergleichsweise armen, leidenden Juden

Heine zu unterstützen, wie es jüdischer Brauch war. Es ist nicht sicher, ob dieser Brief wirklich abgeschickt wurde; ganz sicher aber hatte Heine am 16. Dezember 1855 mit einer Bitte beim Wiener Bruder des Pariser Bankiers, Anselm de Rothschild, Erfolg; der Angesprochene reagierte schon am Heiligen Abend mit einem Angebot, das dem Dichter Anfang 1856 4000 Francs einbrachte.

Heines Bemühungen um finanzielle Hilfe galten vor allem Mathilde. Die Sorge um sie kommt auch in seinen Testamenten zum Ausdruck, in denen er stark untertreibend darauf beharrte, daß er bei seinem Tod nur wenig hinterlassen könne – das ist wohl als moralischer Appell an Campe und Carl zu verstehen, deren Renten Mathildes Unterhalt nach seinem Tod ja hauptsächlich sichern sollten; noch in einem letzten, fragmentarischen Testamentsentwurf vom 7. Februar 1856 beschwor er den Vetter, sein Pensionsversprechen für Mathilde zu halten. Es fällt auf, wenn man Heines letztes Lebensjahr überblickt, wie wenige Äußerungen über Mathildes Schicksal, über die Last, die sie mit ihrem todkranken Mann zu tragen hatte, überliefert sind; außer Cardine Jaubert, die Mathildes Einsamkeit erwähnte, scheint sich niemand darüber ernsthafte Gedanken gemacht zu haben. Campe, der allerdings aus noch darzustellenden Gründen zornig auf Heine war, nannte Mathilde bei seinem letzten Besuch im April 1855 eine dicke wabblige Person, die sich zierte, ihn zu begrüßen. Nur Laube beurteilte sie 1868, auf seinen letzten Besuch von 1855 zurückblickend, so günstig wie früher: Sie sei gut, leicht in der Sorge, treu in der freundlichen Ausdauer, ein unerschöpflicher Schatz für Heine. Laube hätte auch nichts »gegen die unsentimentale, fast lebenslustige Stimmung im Hause des unerbittlichen Absterbens« einwenden mögen, wenn ihn nicht das gestört hätte, was der Todkranke seinen entsetzlichen Leiden entgegenzusetzen versuchte: seine geistige Wachheit, seine Heiterkeit, seinen ungebrochenen Witz. Laube nannte das »die frechsten Geistessprünge« und empfand es wegen des Absterbens, des völligen Verfalls als eine peinliche »Störung des harmonischen Gleichgewichts, welche ein jedes Menschenwesen braucht«. Begriff er nicht, daß der Sterbende eben diese frechsten Geistessprünge zur Wahrung seines Gleichgewichts brauchte?

Für den in der Matratzengruft begrabenen Dichter waren Besucher sehnsüchtig erwartete und freudig begrüßte Boten aus der für ihn verlorenen Lebenswelt draußen. Außer den »Arbeits-Besuchern« wie Nerval und Taillandier waren ihm besonders überraschend auftauchende Bekannte aus glücklicheren Zeiten willkommen. Gautier und Meißner haben berichtet, wie begeistert Heine einen Besuch von Berlioz aufnahm: Daß Berlioz ihn besuche, zeige, daß dieser doch immer originell bleibe. Ebenso enthusiastisch begrüßte er im Juni das Ehepaar Zunz, nannte beide die einzigen, die ihm geblieben seien aus einstmals glücklicher Zeit, sprach mit Zunz über jüdische Dichtung, über die Kabbala und soll dazwischen, sicher scherzhaft, sogar gemauschelt und Hebräisch gesprochen haben. Adelheid Zunz berichtete von diesem Besuch, sie habe abwechselnd weinen müssen, wenn der Dichter sein Elend beklagte, und lachen, wenn »wieder die ewig beißende, witzige Laune durchbrach, daß wir im Chorus lachen mußten«.

Am meisten freute sich Heine über den Besuch seiner Geschwister Charlotte und Gustav. Besonders das Wiedersehen mit der Schwester, die er trotz ihrer Schwächen sehr liebte, rührte ihn tief – kaum hatte Gustav seinen Besuch angekündigt, beschwor ihn der Dichter, Charlotte mitzubringen, die dann auch fast einen Monat in Paris blieb. Während der ganzen Fahrt bereitete Gustav die Schwester, die Heine seit Oktober 1844 nicht gesehen hatte, auf den furchtbaren Zustand des Kranken vor. Heine empfing sie erschüttert – sie hat die Wiederbegegnung Jahrzehnte später mit mancherlei Stilisierung geschildert, der Inhalt der folgenden Sätze ist aber glaubwürdig: »Seine Freude, mich wiederzusehen, war unbeschreiblich, und durfte ich außer der Tischzeit sein Bett bis Abends spät nicht verlassen. Nach den bisherigen Berichten, welche ich über die Krankheit meines Bruders erfahren, fürchtete ich, daß der erste Anblick seiner Leiden mich tief erschüttern würde, aber da ich nur den Kopf sah, welcher, von wunderbarer verklärter Schönheit, mich anlächelte, konnte ich mich ganz der ersten Freude des Wiedersehens hingeben. – Als jedoch gegen Nachmittag die Wärterin meinen Bruder auf den Armen nach einer Chaiselongue trug, um das Bett aufzumachen, und ich den zusammengeschrumpften Körper, an dem die Beine leblos herabhingen, erblickte, mußte ich alle meine Kräfte zusammennehmen, um ruhig diesen schrecklichen Anblick zu ertragen.« Ob Charlotte sich tatsächlich so gut mit Mathilde vertrug, wie sie erzählte, ob wirklich zwischen Gustav und Mathilde Spannungen bestanden, weil er kein Französisch sprach und Heines Liebesehe als großes Unglück, als die Quelle seines Ungemachs und seines Leidens ansah, bleibe dahingestellt – Gustav seinerseits hob die Anhänglichkeit des Dichters an Charlotte, an seine Mutter, an Maximilian und seine Nichten hervor; einleuchtend ist aus Gustavs Sicht dieses literarisch nicht sonderlich talentierten oder weitsichtigen Bruders, die Irritation über Heines neueste Werke, in denen er angeblich »ohne Rücksicht auf gewöhnliche Lebensklugheit« sprach; die sieben Jahre körperlichen Elends, meinte Gustav, hätten Heine der Außenwelt entfremdet, der Gang und Wandel der irdischen Dinge sei ihm anscheinend gänzlich unbekannt, er habe sich auf seinem Schmerzenslager eine ganz neue Welt geschaffen. Beide Geschwister sahen Heine zum letzten Mal; Gustav reiste Mitte November, Charlotte Anfang Dezember 1855 ab, beide in der durch Dr. Gruby bestärkten Überzeugung, Heine werde noch mehrere Jahre leben – wir wissen nicht, ob der Arzt die Geschwister beruhigen wollte oder ob er sich schlicht getäuscht hat.

Wann immer die Krankheit es zuließ, arbeitete Heine am Spätwerk, an den Übersetzungen und unterhielt seine Korrespondenz; aus der Zeit von Anfang Januar 1855 bis zum Tode sind immerhin an die 130 Briefe, Briefentwürfe, Brieffragmente, Inhaltsangaben von Briefen sowie Widmungen und über einhundert an Heine gerichtete Schreiben erhalten, darunter mehrere Doppelbriefe von Mutter und Schwester. Schon seit Jahren beschäftigte Heine wegen seines Augenleidens Sekretäre, darunter den später als Essayisten bekannt gewordenen Karl Hillebrand; er hatte auch mehrere Vorleserinnen und Vorleser. Die Arbeit der Sekretäre war genau umrissen. Heine diktierte niemals Werkmanuskripte, die schrieb er alle selbst, und die Sekretäre stellten die Reinschriften her. Dagegen diktierte Heine seit 1848 etwa 95 Prozent aller Briefe, zunächst in eine Kladde ähnlich einem Werkmanuskript, der Sekretär fertigte auch davon eine Reinschrift an, die Heine unterzeichnete. Das Verhältnis zu Heines letztem Sekretär, Richard Reinhardt, endete in Streit. Reinhardt hatte längere Zeit eine Vertrauensstellung; er gab Campe eigene Berichte über Heines Gesundheitszustand und Informationen aus der Werkstatt des Dichters, und er übersetzte »Lutetia« ins Französische. »Lutèce« erschien am 13. April 1855, unbegreiflicherweise ohne jeden Hinweis auf Reinhardt als Übersetzer. Am 27. Mai protestierte Reinhardt in einem langen Brief gegen diese Unterlassung und Heines angeblichen Versuch, vor der Öffentlichkeit selbst als Übersetzer zu erscheinen. Reinhardt drohte seine Stellung zu kündigen, es sei denn, Heine übertrüge ihm, sozusagen als Wiedergutmachung, die Herausgabe der »Memoiren« und die Verwaltung des gesamten Nachlasses. Das war fast eine Erpressung, auf die Heine nicht einging, er entließ Reinhardt am 29. Mai. Zweifellos hat er dem *Übersetzer* Reinhardt unrecht getan, und es ist nicht klar, ob das aus dem vom Sekretär vermuteten Grunde geschah. Ebenso unklar ist freilich auf den ersten Blick, warum Reinhardt so spät protestierte – daß er es mündlich schon monatelang getan habe, behauptete er in seinem Brief. Es gibt aber eine Erklärung für sein Verhalten: Eine Woche nach dem Erscheinen von »Lutèce« kam Campe nach Paris, um den Verlagsvertrag von 1843 zur präzisieren und Heine auch mündlich vor der illegalen Ausgabe seiner Werke durch den amerikanischen Verleger Weik zu warnen. Reinhardt führte die Verhandlungen, kritisierte Campes neuen Vertragsentwurf und verhinderte offensichtlich, daß der Verleger mehr als einmal mit Heine zusammentraf. Ebenso offensichtlich nutzte Reinhardt Heines schlechten Gesundheitszustand, um seine Position als unentbehrlicher Helfer zu stärken – da konnte er nicht gleichzeitig zu heftig gegen die Nichterwähnung seines Namens protestieren. Er ertrug sie so lange, bis klar wurde, daß Heine, obwohl er nicht ernsthaft an einer Vertragsänderung interessiert war und Reinhardt den Verleger vielleicht sogar mit seinem Einverständnis hinhielt, trotzdem nicht mit Campe, sondern eher mit ihm, Reinhardt, brechen würde. Charlotte meldete ihrem Bruder am 10. Mai 1855, daß Campe wütend aus Paris zurückgekommen sei, und meinte sogar vergnügt, Heine habe seinen Verleger in Paris aus Diplomatie so behandelt. In diesem Augenblick begriff Heine, daß seine Beziehung zu Campe wirklich gefährdet war, und gab Reinhardt den Laufpaß – da dieser seinerseits bei allen Vorwürfen gegen Heine sein eigenes Verhalten zu Campe nicht erwähnte, dürfte er dem Verleger gegenüber eigenmächtiger gehandelt haben, als es ihm zukam.

Wenige Wochen danach, am 16. Juni, bittet eine junge Verehrerin den Dichter um die Erlaubnis eines Besuches. Sie wird kurz danach empfangen und zum Wiederkommen eingeladen. Sie hält die Einladung für eine Höflichkeit und kommt nicht; da schreibt ihr der Dichter am 20. Juni eine dringliche Einladung, nennt sie »sehr liebenswürdige und charmante Person« und sagt, er bilde sich ein, daß ihn eine gute Fee in trüber Stunde besuche. Die junge Frau schickt ihm zwei Tage später (nie gedruckte) Übersetzungen seiner Gedichte und kommt von nun an bis zu seinem Tode oft zu ihm. Sie heißt Elise Krinitz, aber der Dichter nennt sie nach ihrem Petschaft »Mouche«, die Fliege. In ihren stark stilisierten, unter dem Pseudonym Camilla Selden veröffentlichten Erinnerungen an Heine – »Heinrich Heine's letzte Tage« – gibt sie ihren ersten Eindruck von dem verehrten Dichter eindrucksvoll wieder: »Ich glaubte einen Christuskopf vor mir zu sehen, über dessen Gesicht Mephistos Lächeln glitt.« Elise Krinitz, Heines letzte Liebe, ist 1828 in Prag geboren, vielleicht als uneheliches Kind eines Adligen. Geburts- und Taufnamen sind bis heute nicht geklärt, sie lebte und schrieb später unter mehreren Namen. Niemand weiß, wie sie zu ihren Adoptiveltern Adolf und Emilie Krinitz kam, die 1824 nach dem Bankrott des Bankiers Krinitz von Leipzig nach Paris übergesiedelt waren. Elise Krinitz führt ein bewegtes, abenteuerliches Leben, ihr Lebenslauf ist voller Gerüchte und so vernebelt wie ihre Herkunft: sie hatte wohl ein kurzes Liebesverhältnis zu Meißner, von einer Ehe in London ist die

Rede und daß ihr Ehemann sie, um sie loszuwerden, in ein Irrenhaus steckte, aus dem sie nur mit Hilfe eines redlichen Arztes herauskam; sie verachtet die bürgerlichen Moralkonventionen, für sie ist nach ihrer eigenen Aussage der Begriff der Tugend ein »nur auf einfältige Menschen berechneter Schwindel«.

Die Mouche liest Heine oft vor und erledigt kleinere Sekretärsarbeiten, wobei er ihre schlecht geschriebenen Großbuchstaben tadelt. Sie kommt, wann immer er es will; manchmal muß er ihr wegen zu schlimmer Krankheitszustände absagen, was sie ihm nie verübelt. Zwischendurch macht sie eine Kur in Wildbad, im Oktober ist sie einige Tage grippekrank – das ist eine harte Wartezeit für Heine. Sie lernt Charlotte und Gustav kennen und behauptet, daß Heines Geschwister ihr dankbar für die Besuche gewesen seien. Sie schildert den Doktor Löwe, einen alten, halb gelähmten Juden, der eine Art Hauspolizei bei den Heines spielt und von Heines Wohltaten lebt. Sie schildert Mathilde ausgesprochen freundlich als »eine brünette, ziemlich starke Dame..., welche harmlos-vergnügt aussah und sich, nach ihrer frischen, gesunden Gesichtsfarbe zu schließen, viel im Freien bewegte«. Mathilde ist selbstverständlich eifersüchtig auf die siebenundzwanzigjährige Fremde, ist aber klug genug, sie zu dulden. Der Dichter erzählt ihr viel, vor allem aus seiner Kindheit; er schildert ihr zwei makabre Träume, den einen von seinem Vater, der sich in einen blätterlosen bereiften Baum mit Fingern aus trockenen Reisern verwandelt, als er ihm die Hand küssen will, den anderen, der ihm den Stoff zum späten Gedicht »Es träumte mir von einer Sommernacht« gibt.

Heine schreibt der Mouche kurze, sehnsüchtige, leidenschaftliche, schmeichelnde, über sein Elend klagende Briefe, in denen er sie abwechselnd siezt und duzt: »Ein Todter, lechzend nach den lebendigsten Lebensgenüssen« ist er im Brief vom 20. Juli, Ende September schreibt er schon: »Ich liebe Sie mit todtkranker, innigster Zärtlichkeit«, im Neujahrsbrief 1856, mit dem er ihr, solche Konventionen verteidigend, eine Schachtel Schokolade schickt, nennt er sich in Anspielung auf den schon früher erwähnten, ins grasfressende Elend gestürzten biblischen König »Nebukatnetzar II ehemaliger königl Preuß Atheist jetzt aber Lotosblumen Anbeter«. Lotosblume ist der schönste, innigste und tiefgründigste Kosename, den er ihr gibt und der auch in den Gedichten an die Mouche vorkommt: Die Lotosblume ist in Indien und Ägypten heilig, der Schöpfer der Welt ruht nach indischer Vorstellung auf einer Lotosblume, in Ägypten versinnbildlicht sie den lebenspendenden Nil. Etliche Briefe Heines an die Mouche enthalten Absagen ihrer Besuche, wobei er auch die Metapher benutzt, daß heute keine Schule sei – sie ist *auch* sein Kind, seine Schülerin, die ihn unendlich glücklich und gleichzeitig tieftraurig macht, weil über festes Händehalten hinaus nichts zwischen ihnen sein kann:

> Worte! Worte! keine Taten!
> Niemals Fleisch, geliebte Puppe,
> Immer Geist und keinen Braten,
> Keine Knödel in der Suppe.

Elise Krinitz hat sich in ihren Erinnerungen zur geistig ebenbürtigen Partnerin Heines hochstilisiert: Das war sie sicher nicht, dagegen sprechen auch die Briefe; sie war keine Rahel, keine Belgiojoso, keine George Sand für Heine. Sie war aber auch nicht bloß eine Puppe, mit der er spielte, wie sie Meißner am 2. März 1856 etwas unmutig schrieb, sie war eine intelligente und geheimnisvolle junge Frau, die mehrere Sprachen sprach und Heines Dichtung liebte – daß zwischen ihnen, wie sie an einer Stelle sagt, eine gegenseitige, völlig aufrichtige Herzlichkeit herrschte, ist nicht zu bezweifeln. Was Heine für sie empfand, steht in einigen der schönsten späten Gedichte: Da will er lieber mit glühenden Zangen gekniffen, mit Ruten gepeitscht oder gestäupt sein, nur warten lassen soll sie ihn nicht; da klagt er:

> Die Lotosblume erschließet
> Ihr Kelchlein im Mondenlicht,
> Doch statt des befruchtenden Lebens
> Empfängt sie nur sein Gedicht.

Im schon erwähnten Traumgedicht »Es träumte mir von einer Sommernacht«, dem längsten, das er über die Liebe zu ihr schrieb, malt Heine auf dem Hintergrund einer nächtlichen Kulisse mit Renaissance-Ruinen, Götter-Reliefs, einem Marmorsarg, in dem »ein toter Mann mit leidend sanften Mienen« liegt, das geheimnisvolle Bild ihrer Liebe: Er selber ist der tote Mann, sie eine schwefelgelbe und violette Blume, die an seinem Haupt steht, sich niederbeugt und ihn küßt:

> Was wir gesprochen, frag es niemals, ach!
> Den Glühwurm frag, was er dem Grase glimmert,
> Die Welle frage, was sie rauscht im Bach,
> Den Westwind frage, was er weht und wimmert.
>
> Frag, was er strahlet, den Karfunkelstein,
> Frag, was sie duften, Nachtviol und Rosen,
> Doch frage nie, wovon im Mondenschein
> Die Marterblume und ihr Toter kosen.

Die Mouche hat Heine kurz vor seinem Tod noch einmal besucht, nachdem sie mehrere Tage wegen eines bösen Katarrhs ausgeblieben ist; er hat entsetzlich unter dem Warten gelitten. Sie hat ihn auch am 16. Februar 1856 besuchen wollen, ist aber nicht gekommen, man weiß nicht, warum: sie hat Heine nicht mehr wiedergesehen, auch wenn sie in ihren Erinnerungen behauptet, an seinem Totenbett gestanden zu haben.

Es gibt einen kurzen Gruß Heines an Alexander von Humboldt, der noch erschütternder ist als die Berichte von seinen letzten Stunden und von seinem Tod; es ist nur dieser eine Satz: »Dem großen Alexandros sendet seinen letzten Gruß der sterbende H. Heine.« Es gibt aber auch eine Anekdote aus den letzten Tagen, die selbst dann erzählt werden muß, wenn ihre Echtheit nicht überprüfbar ist: Sie enthält den ganzen Heine. Wir zitieren sie in der von Meißner überlieferten Fassung: »Einige Stunden vor seinem Ende stürzte ein Bekannter in sein Zimmer, um ihn noch zu sehen. Gleich nach seinem Eintreten richtete er an Heine die

Frage, wie er mit Gott stehe. Heine erwiderte lächelnd: ›Seien Sie ruhig, Dieu me pardonnera, c'est son metier.‹«

Sicher ist, daß Heine trotz größter Beschwerden bis in die letzten Lebensstunden zu arbeiten versuchte. Seine Pflegerin Catherine Bourlois berichtete, er habe am 13. Februar volle sechs Stunden gearbeitet. Am 14. Februar setzten starke Brechanfälle ein, die durch ständige Einnahme starker Drogen verursacht waren. Am 16. Februar besuchte Dr. Gruby den Kranken, konnte ihm aber nur kurze Linderung verschaffen. Die Pflegerin erzählte auch, daß Heine noch am Nachmittag dieses Tages habe schreiben wollen, »Papier-Bleistift« seien seine letzten Worte gewesen.

Heinrich Heine war offenbar bis zuletzt bei vollem Bewußtsein. Er starb am 17. Februar 1856, morgens 5 Uhr. Dr. Gruby schrieb in einer kurzen Nachricht an Maximilian, daß sein Bruder infolge von Schwäche gestorben sei. Am 19. Februar nahm der Gipsformer Fontana Heine die Totenmaske ab, am 20. Februar wurde der Dichter nach seinem eigenen Wunsch auf dem Montmartre-Friedhof beigesetzt, an die hundert Trauernde folgten dem Sarg, unter ihnen Dumas, Gautier, Weill, Mignet und Reinhardt. Es war ein einfaches Begräbnis, wie Heine es schon im Testament vom 27. September 1847 angeordnet hatte: »Ich verordne, daß mein Leichenbegängnis so einfach sei und so wenig kostspielig, wie das des geringsten Mannes im Volke.« Im Jahre 1901 erhielt sein Grabdenkmal die heutige Gestalt mit der eindrucksvollen Porträt-Büste. Auf der Grabeinfassung steht Heines Gedicht »Wo?« eingemeißelt:

> Wo wird einst des Wandermüden
> Letzte Ruhestätte sein?
> Unter Palmen in dem Süden?
> Unter Linden an dem Rhein?
>
> Werd ich wo in einer Wüste
> Eingescharrt von fremder Hand?
> Oder ruh ich an der Küste
> Eines Meeres in dem Sand?

Immerhin! Mich wird umgeben
Gotteshimmel, dort wie hier,
Und als Totenlampen schweben
Nachts die Sterne über mir.

Epilog

Der Volksmund könnte sagen: Er fand auch im Grabe keine Ruhe. Nach Heines Tod begann eine Serie von Familienaktivitäten, gab es Äußerungen und Publikationen, die man wegen ihrer zahlreichen Irrtümer, Verfälschungen und Spekulationen nur mit größter Vorsicht verwenden kann. *Kurz* nach Heines Tod begann ein jahrelanges Gerangel um seinen Nachlaß. Campe wollte für die geplante Gesamtausgabe die unveröffentlichten Gedichte haben, Mathilde wollte, angetrieben durch Julia, so viel Geld wie möglich herausschlagen. Sie übergab Julia die Hauptmasse der Manuskripte; um einen höheren Preis zu erzielen, teilte er die Texte auf. Da aber weder er noch Mathilde Deutsch sprachen, konnte Julia die Texte nur in Lyrik und Prosa unterscheiden und suchte jemanden, der einen Gedichtband zusammenstellen konnte. Meißner, der seit dem 13. April 1856 in Paris war, und zwar auch, um in Campes Auftrag zu verhandeln, ordnete mit Julia den Nachlaß. Mathilde gestattete Meißner, einen Lyrikband vorzubereiten, doch verweigerte Julia die Herausgabe der Handschriften an Campe. Meißner traf eine ihm druckbar erscheinende Auswahl, ließ aber die Gedichte an die Mouche weg, vermutlich aus persönlichen Gründen. Julia ließ die Gedichte abschreiben, doch nahm Campe keine Abschriften an – schon die Handschriften waren schwer zu lesen, also waren Kopien erst recht unzuverlässig. In der ersten Gesamtausgabe, die ab 1861 erschien, ließen Campe und der Herausgeber Strodtmann den Nachlaß notgedrungen weg. Einen Teil der Gedichte verkaufte Julia an Christian Schad, der sie 1857 in seinem »Deutschen Musenalmanach« abdruckte; aus Furcht vor Campes Eingreifen unterblieben weitere Veröffentlichungen. Mathilde und Julia ging es vor allem um eine hohe Geldsumme – sie planten sogar, die Manuskripte als staatsgefährdend an eine Regierung zu verkaufen, die damit ihrerseits die Verhinderung der Publikation hätte erkaufen können. Einige Briefe Mathildes aus den Jahren 1864/65 zeigen, daß Ferdinand Friedland als Vermittler auftrat und sie selbst den österreichischen Botschafter in

Frankreich, den Fürsten von Metternich, für den Plan gewinnen konnte. Metternich setzte sich bei seiner Regierung für den Ankauf des Nachlasses ein, doch lehnte das Staatsministerium ab. 1868 scheiterte auch ein Versuch Friedlands, die Manuskripte an die preußische Regierung zu verkaufen. Nach einer Verstimmung zwischen Mathilde und Julia verkaufte sie den literarischen Nachlaß 1869 für 10000 Francs an Campe, behielt aber die »Memoiren«. Strodtmann gab den Nachlaßband sofort heraus, und zwar mit mehreren Korrekturen, sprich: Verfälschungen. Nach Mathildes Tod 1883 verkaufte Julia die »Memoiren« an Campes Beauftragten Eduard Engel, so daß sie zusammen mit mehreren Gedichten im zweiten Nachtragsband der Gesamtausgabe erscheinen konnten.

So wie der Kampf um Manuskripte und Veröffentlichungen, setzte sich auch die »feindliche Wirkungsgeschichte« gegen Heine nach seinem Tode fort. Über Jahrzehnte hinweg wurden die bekannten Urteilsklischees und Argumente weitergetragen; die Geschichte der Heine-Rezeption seit 1856 ist also zunächst einmal eine Verleumdungsgeschichte, was angesichts der Verhältnisse im Deutschen Kaiserreich nach 1871 nicht verwunderlich ist: Heine wurde gehaßt, so wie er *diese* Realisierung der nationalen Einheit gehaßt hätte. Auffällig ist in diesem Zeitraum auch die Zunahme antisemitischer Angriffe auf den Dichter und sein Werk. In den Kämpfen um deutsche Heine-Denkmäler spiegelt sich die Feindseligkeit gegen Heine wider – Max Brod bemerkte denn auch, daß die Geschichte der Heine-Denkmäler in Deutschland wie ein von Heine selbst gedichtetes Nachtragskapitel zum »Wintermärchen« wirke. An Heine schieden sich die Geister, und die Scheidung erfolgte keineswegs schematisch nach »Konservativen« und »Progressiven«. So stehen zwei eingefleischte Heine-Gegner wie der seinerzeit einflußreiche Historiker Heinrich von Treitschke und Karl Kraus in sehr verschiedenen politischen Lagern und tragen doch teilweise dieselben »Gründe« gegen Heine vor.

Nur widerwillig gesteht Treitschke dem Dichter gewisse Qualitäten zu: Heine ist weltklug und ein Künstler mit feinem und sicherem Sprachgefühl; einige seiner Gedichte stehen den besten Werken der deutschen Romantik nicht nach. Treitschke billigt Heine auch gewisse Kenntnisse der deutschen Religion, Philosophie und Literatur zu, er lobt die »Harzreise«, die »Nordsee«-Gedichte und die formale Leichtigkeit des »Wintermärchens«, dessen Inhalt er als Bewunderer Preußens selbstverständlich ablehnt; und Treitschke respektiert Heines Standhaftigkeit in der »Matratzengruft«. Neben diesen Anerkennungen stehen aber schwerste Vorwürfe gegen Heines Charakter, das Werk und die politische Haltung des Dichters: Heine ist witzig ohne Überzeugung, charakterlos, seelenlos, ungezogen, niederträchtig, frech, unzüchtig und unwahr in seinen Empfindungen. Unter seinen Händen wird alles unrein, er ist ein empfänglicher, aber unselbständiger Geist, der in Paris allen verworrenen Gedanken der »altersschwachen, epigonenhaften« französischen Romantik erlag. Als Dichter fehlt ihm die Gabe der Architektonik: »Denn die künstlerische Composition großen Stils gelingt meist nur der massiven Kraft der Arier.« Heines Ich drängt sich überall anmaßend und gefallsüchtig vor, er hat sich die besten Arbeiten mit Lästerungen und Zoten verdorben und ist, an Aristophanes gemessen, nur ein kleinerer Geist. Er hat mit seinem Feuilletonstil, der Treitschke offensichtlich stark irritiert, die Schranken ganz zerstört, die Poesie und Prosa angeblich ewig trennen werden. Treitschkes Unverständnis für die Neuartigkeit von Heines Prosa zeigt sich in Sätzen wie diesem: »Er behing den nüchternen Stoff seiner Kunsturtheile und Stimmungsberichte, seiner literarischen und politischen Erörterungen mit allerhand Flittern und Floskeln, die nicht poetisch waren aber poetisch wirken sollten.«

Der Nationalist und Antisemit Treitschke verknüpft seine Kritik am *Werk* des Dichters auf für die Wilhelminische Zeit typische Weise immer mit Heines politischer Einstellung und seiner jüdischen Herkunft. Heine ist in Treitschkes Augen ein verblendeter Preußenhasser, der nur hohles politisches Geschwätz hervorbrachte, sich als politischer Flüchtling gebärdete und weinerlich von seinem Exil sprach, obwohl ihn doch nur seine Genußsucht und seine französischen Neigungen in Paris festhielten. In seinem Haß gegen Heine scheut

Treitschke auch Lügen nicht. Er hat genau gewußt, daß die Bücher Heines in Preußen verboten waren und Haftbefehl gegen den Dichter vorlag; trotzdem behauptet Treitschke: »Er spielte von früh auf den politischen Märtyrer, obgleich ihm noch Niemand ein Haar krümmte und die vereinzelten Verbote seiner Schriften nur die gewöhnliche Wirkung hatten, den Absatz der Bücher zu vermehren.« Der Franzosenhasser Treitschke nennt Heine einen entlarvten Söldling Frankreichs, den die Pariser Freunde sich durch Schmeicheleien warmhielten, »denn so unterthänig hatte ihnen noch nie ein Ausländer den Staub von den Schuhen geküßt«. Treitschke weiß selbstverständlich, daß er lügt, verzerrt, verstümmelt, Zitate gezielt aus dem Zusammenhang reißt und verleumdet, aber dieses Wissen führt ihn nicht zur ruhigen und rationalen Überprüfung seiner »Argumente« und »Beweise«, er erliegt immer wieder seinen nationalistischen und antifranzösischen Vorurteilen, die obendrein rassistisch eingefärbt sind: Heine ist Jude, das genügt, ihn zu verurteilen; die Nazis werden diese Lektion lernen: »Mit Börne und Heine, mit dem Einbruch des Judentums, kündigte sich eine neue literarische Epoche an, die zum Glück nicht lange währen sollte, die häßlichste und unfruchtbarste Zeit unserer neuen Literaturgeschichte. Seit Lessings Tagen hat keine deutsche Dichterschule so viel Unfrieden gesät und so wenig Dauerndes geschaffen wie die radicale Feuilleton-Poesie der dreißiger Jahre.« Abgesehen von den literarhistorischen Fehlurteilen und dem bezeichnenden Ausfall gegen Heines Vorbild Lessing: Hier wird schon das Holz zusammengetragen, mit dem siebzig Jahre später die Scheiterhaufen für die Bücher der »Orientalen« angezündet werden; Heines Preußen-Satire der »Zeitgedichte« wird als »das blödsinnige Wuthgeheul jüdischen Hasses« diffamiert, und sogar der späten Leidens- und Todeslyrik wird vorgehalten, daß Heine in ihr die Qualen der Matratzengruft mit orientalischem Marktgeschrei verkündige.

Wir haben Treitschkes Heine-Verleumdungen so ausführlich dargestellt, weil seine Bücher geradezu einen Katalog der Heine-Schmähungen enthalten, wie sie für das späte 19. Jahrhundert kennzeichnend sind. Antisemitische Töne schlägt ein Heine-Feind wie Karl Kraus gewiß nicht an, damit träfe er sich ja selbst. Andere Vernichtungsurteile über Heine sind aber genauso schlimm wie die Treitschkes und anderer Gegner Heines: »Ohne Heine kein Feuilleton. Das ist die Franzosenkrankheit, die er uns eingeschleppt hat. Wie leicht wird man krank in Paris! Wie lockert sich die Moral des deutschen Sprachgefühls! Die französische gibt sich jedem Filou hin. Vor der deutschen Sprache muß einer schon ein ganzer Kerl sein, um sie herumzukriegen, und dann macht sie ihm erst die Hölle heiß. Bei der französischen aber geht es glatt, mit jenem vollkommenen Mangel an Hemmung, der die Vollkommenheit einer Frau und der Mangel einer Sprache ist.« Was in diesen wenigen Sätzen mit ihrem chauvinistischen Unterton über französische Sprache, französische Schriftsteller und Frauen an Borniertheiten gesagt wird, nur um Heine herunterzumachen, erscheint kaum glaublich bei einem so klugen Mann wie Karl Kraus. Wahrscheinlich ist da unbewußter Neid, vielleicht auch »jüdischer Selbsthaß« im Spiel; jedenfalls hat sich Kraus sowenig in der Kontrolle wie Treitschke; wenn er über Heine spricht, gehen ihm die Pferde durch, und das hat ganz handfeste Folgen: Elias Canetti, längere Zeit ein bedingungsloser Anhänger von Kraus, hat in seinem autobiographischen Buch »Die Fackel im Ohr« das fast terroristische Anti-Heine-Regime geschildert, das Kraus über seine Jünger ausübte! Wir wollen nicht ungerecht sein: In ihrem Kern ist die Kraussche Kritik an Heine als Sprachkritik beabsichtigt. Kraus sieht in Heine den Schöpfer eines Feuilletonismus, der inzwischen Zeitungen und Journalisten beherrscht. Er möchte Heine über Generationen hinweg für die tatsächlichen oder angeblichen Folgen seiner Sprach-Leichtigkeit verantwortlich machen: Heine habe nämlich »der deutschen Sprache so sehr das Mieder gelockert..., daß heute alle Kommis an ihren Brüsten fingern können«, Heine habe den großen sprachschwindlerischen Trick erfunden, der danach von allen deutschen Feuilletonisten imitiert worden sei. Sein berechtigter Zorn auf das Zeitungswesen macht Kraus blind für die sprach*schöpferischen* Leistungen von Heines Prosa, die ja mit dem Begriff Feuilletonismus nur völlig unzureichend charakterisiert ist – so blind, daß er sich gar nicht fragt, ob die deutsche Prosa-Sprache zu Heines Zeit das, was Kraus Lockerung nannte, vielleicht bitter nötig hatte!

Für die posthume Heine-Bewunderung stehen hier zwei Männer, die zwar fast gleichaltrig sind, aber nach ihrer politischen Einstellung nichts miteinander zu tun haben: der Anti-Sozialist Friedrich Nietzsche (geboren 1844) und der Sozialist Franz Mehring (geboren 1846). Sie sind einig über Heines dichterischen Rang, den ihm Kraus, mit Ausnahme der späten Gedichte, abspricht. Kraus trägt schwer an Nietzsches Heine-Bewunderung. Er sucht verzweifelt nach Erklärungen dafür und behauptet, Nietzsche habe, als er Heine in »Ecce homo« lobte, »den Kleinheitswahn« gehabt, ihn habe nur ein Haß gegen Deutschland, der jeden Bundesgenossen annehme, zu Heine gezogen. Anders gesagt: Kraus erklärt Nietzsche für nicht ganz zurechnungsfähig, wenn dieser Heine lobt – nur kann man mit solchen Unterstellungen Nietzsches Urteil nicht auslöschen: »Den höchsten Begriff vom Lyriker hat mir *Heinrich Heine* gegeben. Ich suche umsonst in allen Reichen der Jahrtausende nach einer gleich süßen und leidenschaftlichen Musik. Er besaß jene göttliche Bosheit, ohne die ich mir das Vollkommene nicht zu denken vermag – ich schätze den Wert von Menschen, von Rassen danach ab, wie notwendig sie den Gott nicht abgetrennt vom Satyr zu verstehen wissen. – Und wie er das Deutsche handhabt! Man wird einmal sagen, daß Heine und ich bei weitem die ersten Artisten der deutschen Sprache gewesen sind – in einer unausrechenbaren Entfernung von allem, was bloße Deutsche mit ihr gemacht haben.«

Nietzsches Äußerung beschreibt eine Wahlverwandtschaft, eine Übereinstimmung der Geister, die über den Bereich von Lyrik und Artistik hinausgeht. Zentrale Wertvorstellungen Nietzsches sind von Heine angeregt und beeinflußt: der Gegensatz von Hellenen und Nazarenern, die Idee der Menschengöttlichkeit, der Wunsch nach Abschaffung der Sünde und das Lob des Körpers kehren abgewandelt und weitergedacht im Werk des Philosophen wieder. Nicht nur Heines Artistentum, auch seine Utopie hat Nietzsche stark beeindruckt.

Heines sozialistische Sympathien hat Nietzsche allerdings nicht geteilt. Diese würdigt Mehring. Er versteht, verteidigt und schätzt Heine aus der Sicht der fortschrittlichen Arbeiterklasse des ausgehenden 19. Jahrhunderts. Mehring spricht allen, die den *Revolutionär* Heine verleugnen, das Recht ab, mit dem *Dichter* zu prahlen. Das darf er sagen, weil er Heine im Namen der Arbeiterklasse gerade *nicht* in ein Parteiprogramm sperren möchte, wie wir schon einer früher zitierten Äußerung im Kapitel über Heine und Marx entnahmen. Mit dieser Freiheit, dieser Großzügigkeit und diesem Verständnis für den Dichter im Rücken verspottet Mehring 1894 die Auseinandersetzungen um ein Heine-Denkmal, das damals in Düsseldorf oder Mainz errichtet werden sollte – verspottet die antisemitischen Gegner, verspottet den Grafen Herbert von Bismarck, der die Kaiserin Elisabeth von Österreich, eine große Heine-Enthusiastin, zur Aufgabe ihres Protektorats über das Denkmalsprojekt bewog, verspottet aber auch gewisse Befürworter des Plans, »die Organe der Börsendemokratie und des Geldjudenthums«, die Heine das Denkmal bestimmt nicht wegen seiner revolutionären Ideen setzen wollen. Das einzige Denkmal, das die Arbeiterklasse errichten kann, ist nach Mehrings Ansicht eine historisch-kritische Ausgabe seiner Werke, eine Ausgabe allerdings, »die nach Ausscheidung alles Abgestorbenen und Todtgeborenen der Arbeiterklasse das ganze Verständnis des Genius, des Kämpfers, des Märtyrers erschlösse«. Was immer die dubiose Formulierung vom Ausscheiden meinen sollte – die heutigen sozialistischen Herausgeber von Heines Werken scheiden zum Glück *nichts* aus und geben den *ganzen* Heine.

Treitschke und Kraus, Nietzsche und Mehring repräsentieren die gespaltene Heine-Rezeption nach dem Tode des Dichters, die bis tief ins 20. Jahrhundert und vielleicht bis heute anhält. Die Verdammung Heines als Jude, Franzosenfreund und vaterlandsloser Geselle fand in der Bücherverbrennung 1933 und der nationalsozialistischen Hetze gegen Heine ihren Höhepunkt; dabei spielte sein künstlerischer Rang gar keine Rolle mehr. Die Ausrottung der Persönlichkeit und des Werkes aus der deutschen Literatur, die dazu führte, daß nach 1933 in Schulliederbüchern Heines »Loreley« zum Volkslied mit unbekanntem Verfasser umgelogen wurde, war lange vorbereitet. Schon 1906 schrieb der Blut- und-Boden-Barde Adolf Bartels, der ohne sein Pamphlet in der deutschen Literaturgeschichte heute vergessen wäre, ein ganzes Buch gegen den Dichter: »Heinrich Heine. Auch ein Denkmal«. Das Machwerk ist eine Anthologie sämtlicher Schmähungen gegen Heine, es führt ihn als Lumpen und Canaille vor, seine angebliche Wut gegen fast alles auf der Welt nennt Bartels »die des tollen Hundes« – der Leser soll wohl folgern, daß man tolle Hunde totschlägt. Bartels nennt Heine auch einen »nationalen Schädling«; da ist die Nazi- Formel vom Volksschädling schon vorgeprägt. Das Buch von Bartels ist eine der wüstesten anisemitischen Hetzschrif- ten der Geschichte, und das ganze Gebäude von »Argumen- ten«, das der Hetzer aufrichtet, verdeckt nicht das *einzige* wirkliche Motiv für seinen Ruf »Zu Boden mit Heine«: Er ist Jude, das genügt.

Dreißig Jahre nach Bartels spricht ein Herr M. B. in der offiziellen SS-Zeitung »Das Schwarze Korps« das Verdikt offen aus: »Wenn wir Heinrich Heine ablehnen, dann ge- schieht das nicht, weil wir jede Zeile, die er schrieb, für schlecht halten. Nein, gewiß nicht! Heine hat Verse geschrie- ben, die echt und tiefempfunden *wirken;* er hat Kritiken geschrieben, deren Stil man bezaubernd finden kann. Es kommt hier auf die Einzelheiten des Streites über den Wert der Heineschen Werke gar nicht an. *Entscheidend ist ausschließ- lich, daß dieser Mann Jude war und daher nicht in den Raum unserer deuschen Literatur gehört.*« Wir können uns über solche völker- mörderischen Urteile nicht mit dem Gedanken trösten, daß Heine der Haß der »bloßen Deutschen« ehre. Die Verbren- nung seiner Bücher war ja nur das Vorspiel zum Genozid an Europas Juden, was der Dichter schon 1822 im »Almansor« vorausgesagt hatte:

»Das war ein Vorspiel nur, dort wo man Bücher
Verbrennt, verbrennt man auch am Ende Menschen.«

Die feindliche Wirkungsgeschichte gegen Heine endete auf deutschem Boden auch nach dem Völkermord nicht. Für die

Schwierigkeiten, die der westliche Teil des Vaterlandes mit Heinrich Heine hat, steht exemplarisch das nach langem Streit gefällte Mehrheits-Votum der maßgebenden Gremien, der Düsseldorfer Universität nicht den Namen Heines zu geben. Dieser Selbstdiffamierung der Hochschule von Heines Geburtsstadt kann man selbstverständlich entgegenhalten, daß diese Universität den großen Namen gar nicht *verdient* habe – schlimm ist aber doch, daß der letzten Endes ohnmächtige Protest von Intellektuellen und Bürgerinitiativen schnell verhallte und keine breite Öffentlichkeit im Land der Dichter und Denker einen Sturm der Entrüstung entfachte. Es hat sich außerdem im Zusammenhang mit Heinrich Heine ein in der langen Geschichte der Lebensbeschreibungen *einmaliger* Vorgang abgespielt: 1974 erschien eine später auch als Taschenbuch verbreitete Heine-Biographie, deren Verfasser zwar den *Dichter* Heine schätzt und seine Werke eingehend analysiert, den *Menschen* Heine dagegen mit allen möglichen Verleumdungen heruntermacht *und sein Buch mit vier großen Warnungen vor Heine beendet – der Biograph schlägt auf seinen eigenen Helden ein!*

»Die Wunde Heine« ist also noch immer offen, und Theodor W. Adorno, der diese vieldeutige Metapher prägte, möchte sie wohl auch offen halten: Er bezeichnet nämlich *Heines Lyrik* als diese Wunde, weil seine Gedichte so spontan und unvermittelt erscheinen, aber im sich entwickelnden Kapitalismus gleichzeitig stark vermittelt und verdinglicht sind, ohne daß Heine diesen Zwiespalt, diesen Verlust im Gedicht ausdrücklich festgemacht habe – wie etwa Baudelaire. Adorno *meint* das nicht negativ, es irritiert aber, daß er die negativ *klingende* Metapher verwendet und pauschal von Heines Lyrik spricht, als sei da kein Unterschied zwischen den kleinen Liedern und den Zeitgedichten, den Romanzen und den Gedichten vom Tode.

Gleichzeitig mit der Verleumdungsgeschichte verläuft die weltweite positive Würdigung Heinrich Heines. Seit Strodtmanns Biographie (1867) gibt es eine Heine-Philologie, die sich große Verdienste um den Dichter und sein Werk erworben hat. Die Zahl ihrer Publikationen ist unüberschaubar und beinahe beängstigend – in einem Forschungsbericht für die

Zeit zwischen 1945 und 1975 sind 8000 Veröffentlichungen von und über Heine festgestellt worden, und die Heine-Forschung blüht auch in europafernen Ländern wie Japan. In beiden deutschen Staaten blüht sie ebenfalls, wobei die DDR trotz Heines zwiespältiger Urteile über den Kommunismus von vornherein insgesamt unbefangener an den Dichter und sein diffiziles Werk heranging, ja, es für sich beanspruchte. Der Plan einer gesamtdeutschen historisch-kritischen Ausgabe ist gescheitert; nun entsteht in Düsseldorf, betreut von Heines Verlag Hoffmann und Campe, der auch die »Heine-Studien«, wichtige Werke der Sekundärliteratur, veröffentlicht, die Düsseldorfer Heine-Ausgabe (DHA) und in Weimar, ediert von den Nationalen Forschungs- und Gedenkstätten der klassischen deutschen Literatur und dem Centre National de la Recherche Scientifique in Paris, die Heine-Säkular-Ausgabe (HSA), die als Novum eine vollständige kommentierte Ausgabe aller Briefe *an* Heine enthält. Beide Ausgaben werden von ausgezeichneten Fachleuten bearbeitet und sind beim Abschluß dieser Biographie noch unvollendet.

Es ehrt Heines Vaterstadt, daß Bürger und Behörden das Andenken des Dichters schon im vorigen Jahrhundert gepflegt und auch über die Nazizeit hinweg gerettet haben. Die wichtigste Einrichtung ist das vorzüglich ausgestattete und geleitete Heinrich-Heine-Institut in der Bilker Straße 14, das mit seiner ständigen Ausstellung als Museum allen Interessenten zugänglich ist. Die bedeutsame Sammlung Schocken gelangte allerdings nicht dorthin, sondern dank der Initiative von Pierre Grappin und durch das persönliche Eingreifen de Gaulles in die Bibliothèque Nationale.

Neben der wissenschaftlichen Arbeit an Heines Werk steht, unabhängig von ihr, die weltweite Rezeption Heines durch seine Leser. Vielleicht ist kein deutscher Dichter so oft übersetzt worden wie er. Der Heine-Forscher Hermann Hüffer stellte schon 1906, im Erscheinungsjahr des Pamphlets von Bartels und auf dem Höhepunkt der Wilhelminischen Ära, mit Genugtuung fest, daß außer Goethe wohl kein deutscher Dichter bei fremden Nationen so viele Freunde habe wie Heine und die Franzosen ihn beinahe als einen der

Ihrigen betrachteten; Heine teile freilich auch darin Byrons Schicksal, daß er im Ausland viel öfter einer rückhaltlosen Bewunderung und wohl nie einem so vehementen Tadel begegne wie in der Heimat. An dieser internationalen Popularität Heines hat sich nichts geändert, und schon mancher Deutsche wird in einem anderen Land beschämt worden sein, wie sehr man Heine dort liebt, wie gut man ihn kennt und wie kenntnisreich man ihn zitiert – der Verfasser dieser Biographie hat das zum Beispiel in der Sowjetunion erlebt. Jeden Tag lesen zahlreiche Menschen auf der Welt Heinrich Heine, lesen ihn unbekümmert um Forschungsresultate und wissenschaftliche Rezeption, lesen ihn, wie jeder Mensch zu lesen das Recht hat: die Lektüre wird zur – vielleicht manchmal unreflektierten, naiven, aber erlebten – existentiellen Erfahrung. Da mag auch Verkennung und Einseitigkeit im Spiel sein, weil Millionen von Lesern vor allem zu den Liebesgedichten greifen und weniger zum Prosawerk – doch wer will das tadeln? Heine hat, um sich von den Fachphilosophen abzugrenzen und die deutsche Philosophie volkstümlich darzustellen, zugespitzt und herausfordernd geschrieben, er sei selber Volk. *Diese* Volkstümlichkeit hat er mit seinen Überlegungen zur deutschen Religion und Philosophie sicher nicht erreicht, dazu ist ihr Gegenstand zu schwierig – mit seinen Gedichten aber ist er für Millionen Leser in aller Welt »Volk« geworden: Sie verstehen ihn und erkennen sich in ihm.

So ist Heinrich Heine, dem Vielspältigen, Zerrissenen und Umstrittenen, dem großen Dichter, dem Propheten und Schmerzensmann, die höchste Form des Weiterlebens zuteil geworden: die Unsterblichkeit im Werk. Sie wird nur demjenigen geschenkt, dessen Leben und Werk von jenem Geheimnis bestimmt wird, auf das Heine an etlichen Stellen vielgesichtig und vieldeutig anspielt, als spreche er vom Heiligsten, das er kenne und besitze: Wenn er, beispielsweise, über den Maler Jan Steen schreibt, dieser habe »oft mit einem einzigen Pinselstrich die tiefsten Geheimnisse seiner Seele« ausgedrückt, wenn er der stummen Madame im »Buch Le Grand« erklärt, er werde das Geheimnis seiner unglücklichen Liebe niemandem offenbaren, wenn er dem alten Eidechs, dem hieroglyphenhäutigen Naturphilosophen in der »Stadt Lucca« verspricht, er werde die ihm anvertrauten Geheimnisse nicht enthüllen, wenn das Meer seine Geheimnisse offenbart und einem »das große Welterlösungswort ins Herz« flüstert, wie es in der Vorrede zum »Salon I« heißt, wenn Heine von den greisen Menschen in Westfalen spricht, »die noch immer wissen, wo die alten Götterbilder verborgen liegen«, oder wenn er das Schulgeheimnis der deutschen Philosophie ausgeplaudert hat, »das, eingewickelt in scholastische Formeln, nur den Eingeweihten der ersten Klasse bekannt war«.

Das Schlüsselwort »Geheimnis« verweist auf einen Grundzug in Heines Leben, der am Schluß dieser Biographie stehen soll: seine Einsamkeit. Es ist die Einsamkeit des außerordentlichen Menschen in schwierigen Zeiten. Es ist auch die Einsamkeit des ersten modernen deutschen Intellektuellen, der, ausgestattet mit allen möglichen Talenten, Idiosynkrasien und Gefährdungen, befremdet und lustvoll, neugierig und erschreckt in die vorgefundene Welt blickt, sich seinen Reim darauf macht und mit dem Reim eben diese Welt entzückt, erschreckt und befremdet, der die Welt, wie einst Atlas, auf seine Schultern lädt und doch nichts anderes hat sein wollen als ein deutscher Dichter, wie er schon 1824 stolz schrieb:

> Ich bin ein deutscher Dichter,
> Bekannt im deutschen Land;
> Nennt man die besten Namen,
> So wird auch der meine genannt.

Anhang

Anmerkungen

Bücher und Aufsätze *mit Siglen* wurden in mehreren Teilen der Biographie herangezogen; Quellen, die nur in einem Unterkapitel benötigt wurden, erscheinen in den Anmerkungen zum jeweiligen Kapitel. Der Versuch, alle benutzte, doch nicht zitierte Sekundärliteratur hier aufzuführen, hätte den Rahmen dieser Biographie gesprengt; es wurde eine Auswahl getroffen.

Siglen

1. Werkausgaben

BÖ: Ludwig Börne: *Sämtliche Schriften*. Neu bearbeitet und herausgegeben von Inge und Peter Rippmann. Bd. I-V. Düsseldorf, 1964 ff.
DHA: Heinrich Heine: *Historisch-kritische Gesamtausgabe der Werke,* herausgegeben von Manfred Windfuhr (Düsseldorfer Heine-Ausgabe), 1973 ff. (bei Erscheinen dieser Biographie noch nicht abgeschlossen).
HH: Heinrich Heine: *Sämtliche Schriften*. Bd. I-VI/2. Herausgegeben von Klaus Briegleb. München 1968 ff.
HSA: Heinrich Heine: *Säkularausgabe. Werke. Briefwechsel. Lebenszeugnisse.* Herausgegeben von den Nationalen Forschungs- und Gedenkstätten der klassischen deutschen Literatur in Weimar und dem Centre National de la Recherche Scientifique in Paris. Berlin/Paris 1970 ff. (bei Erscheinen dieser Biographie noch nicht abgeschlossen).
PT: *August Graf von Platens sämtliche Werke in zwölf Bänden*. Historisch-kritische Ausgabe mit Einschluß des handschriftlichen Nachlasses. Herausgegeben von Max Koch und Erich Petzet. Leipzig, o. J.

2. Briefe, Dokumente, Sammlungen

BF: Heinrich Heine: *Briefe*. Erste Ausgabe nach den Handschriften. Herausgegeben und eingeleitet von Friedrich Hirth. Bd. I-VI. Mainz und Berlin, 1949/50.
DD: *Dichter über ihre Dichtungen: Heinrich Heine,* Bd. 1-3. Herausgegeben von Norbert Altenhofer. München 1971.
GE: *Heinrich Heines Werk im Urteil seiner Zeitgenossen*. Herausgegeben von Eberhard Galley und Alfred Estermann. Bd. 1: 1821 bis 1831. Hamburg 1981.
HOU: *Gespräche mit Heine*. Zum ersten Mal gesammelt und herausgegeben von H. H. Houben. Frankfurt/Main 1926.
HSA: Heinrich Heine: Säkularausgabe wie unter 1. Band 20-27K und ein Registerband bringen Heines Briefe 1815–1856 und Briefe an Heine 1823 bis 1856.

JD: *Das Junge Deutschland*. Texte und Dokumente. Herausgegeben von Jost Hermand. Stuttgart 1979.
KL: *Heine in Deutschland*. Dokumente seiner Rezeption 1834–1956. Mit einer Einleitung herausgegeben von Karl Theodor Kleinknecht. Tübingen 1976.
M I: Fritz Mende: *Heinrich Heine: Chronik seines Lebens und Werkes*. Zweite, bearbeitete und erweiterte Ausgabe. Berlin 1981.
MEI: *Heinrich Heine*. Erinnerungen von Alfred Meißner. Zweite unveränderte Auflage. Hamburg 1856.
PL: *Poetischer und litterarischer Nachlaß des Grafen August von Platen*. Gesammelt und herausgegeben von Johannes Minckwitz. 2. Bd., darin Platens Briefe. Leipzig 1852.
W I: *Begegnungen mit Heine*. Berichte der Zeitgenossen 1797–1846. Herausgegeben von Michael Werner. Hamburg 1973.
W II: dasselbe 1847–1856. Hamburg 1973.
VM: *Der deutsche Vormärz*. Texte und Dokumente. Herausgegeben von Jost Hermand. Stuttgart 1978.

3. Sekundärliteratur

BE: Alex Bein: *Heinrich Heine, der »Schamlose«*; in: JB 1978, 152 ff.
BFK: Louis Bergeron/Francois Furet/Reinhart Koselleck: *Das Zeitalter der europäischen Revolution*. 13. Auflage, Frankfurt 1982.
BR: Max Brod: *Heinrich Heine*. Amsterdam 1935.
BRU: *Heinrich Heine*. Epoche – Werk – Wirkung. Herausgegeben von Jürgen Brummack. München 1980.
BU: Eliza Marian Butler: *Heinrich Heine*. A Biography. London 1956.
BZ: Albrecht Betz: *Ästhetik und Politik*. Heinrich Heines Prosa. München 1971.
CL: Herbert Clasen: *Heinrich Heines Romantikkritik*. Hamburg 1979.
DVjs: Deutsche Vierteljahrsschrift für Literaturwissenschaft und Geistesgeschichte.
F: Karl-Heinz Fingerhut: *Standortbestimmungen*. Vier Untersuchungen zu Heinrich Heine. Heidenheim 1971.
GN: Martin Greiner: *Zwischen Biedermeier und Bourgeoisie*. Ein Kapitel deutscher Literaturgeschichte. Göttingen 1953.
GR: Pierre Grappin: *Heines lyrische Anfänge*; in: IHK: 50 ff.
HER: Jost Hermand: *Der frühe Heine*. Ein Kommentar zu den »Reisebildern«. München 1976.
HF: Laura Hofrichter: *Heinrich Heine*. Biographie seiner Dichtung. Göttingen 1966.
IHK: Internationaler Heine-Kongreß Düsseldorf 1972. Referate und Diskussionen. Hamburg 1973.
JB: *Heine-Jahrbuch*. Herausgegeben vom Heinrich-Heine-Institut Düsseldorf in Verbindung mit der Heinrich-Heine-Gesellschaft. Hamburg, 1962 ff.
KA: Walter Kanowsky: *Vernunft und Geschichte*. Heinrich Heines Studium als Grundlegung seiner Welt- und Kunstanschauung. Bonn 1975.
KI: Hartmut Kircher: *Heinrich Heine und das Judentum*. Bonn 1973.

KM: Hans Kaufmann: *Heinrich Heine*. Geistige Entwicklung und künstlerisches Werk. 3. Auflage. Berlin 1976.
KR: Joseph A. Kruse: *Heines Hamburger Zeit*. Hamburg 1972.
KU: Wolfgang Kuttenkeuler: *Heinrich Heine*. Theorie und Kritik der Literatur. Stuttgart 1972.
KUR: Paul Konrad Kurz: *Künstler, Tribun, Apostel*. Heinrich Heines Auffassung vom Beruf des Dichters. München 1967.
L: Rudolf Walter Leonhardt: *Das Weib, das ich geliebet hab*. Heines Mädchen und Frauen. Hamburg 1975.
M II: Fritz Mende: *Heinrich Heine: Studien zu seinem Leben und Werk*. Berlin 1983.
MY I: Hans Mayer: *Von Lessing bis Thomas Mann*. Wandlungen der bürgerlichen Literatur in Deutschland. Pfullingen 1959.
MY II: Hans Mayer: *Außenseiter*. Frankfurt 1981.
N: Thomas Nipperdey: *Deutsche Geschichte 1800–1866*. Bürgerwelt und starker Staat. München 1983.
OE: Norbert Oellers: *Die zerstrittenen Dioskuren*. In: ZfdPh. 91.
P: Klaus Pabel: *Heines »Reisebilder«*. Ästhetisches Bedürfnis und politisches Interesse am Ende der Kunstperiode. München 1977.
PR: Wolfgang Preisendanz: *Heinrich Heine*. Werkstrukturen und Epochenbezüge. München 1973.
RA: Fritz J. Raddatz: *Heine. Ein deutsches Märchen*. Essay. Frankfurt 1979.
RR: Marcel Reich-Ranicki: *Über Ruhestörer*. Juden in der deutschen Literatur. München 1973.
RE: Nigel Reeves: *Heinrich Heine*. Poetry and Politics. Oxford 1974.
RO: William Rose: *The Early Love Poetry of Heinrich Heine*. An Inquiry into Poetic Inspiration. Oxford 1962.
S: Friedrich Sengle: *Biedermeierzeit*. Deutsche Literatur im Spannungsfeld zwischen Restauration und Revolution 1815–1848. 3 Bde., Stuttgart 1971–80.
SC: Herbert Scurla: *Begegnungen mit Rahel*. Der Salon der Rahel Levin. Berlin 1962.
SH: *Der späte Heine. 1848–1856*. Literatur – Politik – Religion. Herausgegeben von Wilhelm Gössmann und Joseph A. Kruse. Hamburg 1982.
SM: Jeffrey L. Sammons: *Heinrich Heine*. A Modern Biography. Princeton 1979.
SO: Adolf Strodtmann: *H. Heines Leben und Werke*. 2. Bde., Berlin/Wien/New York 1867.
ST: Dolf Sternberger: *Heinrich Heine und die Abschaffung der Sünde*. Frankfurt 1976.
W III: Michael Werner: *Genius und Geldsack*. Zum Problem des Schriftstellerberufs bei Heinrich Heine. Hamburg 1978.
WIN: Manfred Windfuhr: *Heinrich Heine*. Revolution und Reflexion. 2. Aufl., Stuttgart 1976.
ZfdPh 91: Zeitschrift für deutsche Philologie 91. Sonderheft Heinrich Heine, 1972.
Z: Edda Ziegler: *Julius Campe – Der Verleger Heinrich Heines*. Hamburg 1976.

Prolog

7 ff. »Memoire«: HSA 22, 202 ff, alle Zitate daraus dort. – *9* Lebzeiten: RR, 58. – einheitlicher: HH IV, 899. – feindliche: HH V, 574. – *10* garstige: GE, 87. – Jüngling: GE, 271. – Geniefresser: GE, 231. – ironisiren: GE, 372. – *11* Verbrennt: GE, 279. – Fäulniß: GE, 549. – *12* Verwilderung: GE: 213. – verscharrt: HH IV, 108. – *13* Schamlosigkeit: BE, 155. – Ich zeige: HSA 21, 102. – fortgerissen: BR, 297. – philisterhaft: HOU, 577. – Taubenherz: W I, 143. – *14* eigenen Worte: HSA 20, 96. – Rollenbildern: ST, 407. – cross-talk: SM 337. – Gab es: KL 5. – *15* Ich verstelle: HH II, 289. – *16* Gemüt foltern; HOU 31. – ohne Unterstützung: s. E. Galley: Dichtung als Provokation. Heine und seine Kritiker (1821–1856), in: JB 1979, 118 ff. – es war groß: HW IV, 138. – Bekümmernisse: HSA 21, 222. – *18* Taillandier: HSA 23, 146. – Was das Datum: HSA 23, 289/90. – *19* Gewerbe: HH VI/I, 589/90. – Haarüh: HOU 803. – französischen Ohren: alle Zitate der Namen HH VI/1, 588. – Wörterbuch: DHA XV, 1229. – haine: HOU 554. – *20* Heines Aussehen: HOU 59. – Es liegt: HSA 20, 101. – hauptsächlichsten: BF I, 264. – *21* Kranke Menschen: HH II, 371. – Jude: RR 21. – Dein Großvater: HH VI/1, 576. – Kaum hatte: HH VI/1, 576/77 – *22* Hier üben: HH IV, 40. – ein Jude: GE 576/77. – Wenn Geister: HH IV, 660. – *23* abzuwaschende: HSA 20, 265. – ereifert: HH IV, 654. – Ausstoßung: HH IV, 680. – völlig emanzipiert: BE 160. – *24* Viel-Spältigkeit: BE 152. – Stockungen: HOU 343. – großer Geist: HH III, 854. – *25* Fee: JB 1968, 32. – Weltriß: HH II, 405. – *26* Gleichgewichts: KU 54. – Stühlen: RR 66. – *27* assoziativ: BE 158. – meine poetischen: HH I, 11. – Auch war ich: HH IV, 91. – Ich kam immer: HSA 23, 24. – Merkwürdig: W I, 145.

I. Kapitel: 1797–1819

Eine aufstrebende Familie

32 Stammburg: HH IV, 620. – schöne Wiege: DHA I, 59. – *33* Erhaltene Briefe: DHA XV, 1217. – *34* Heftige: zit. Adolf Strodtmann: Dichterprofile. Literaturbilder aus dem neunzehnten Jahrhundert. Bd. 1. Stuttgart 1879, S. 228/29. – *35* Veit: Philipp F. Veit: Die Rätsel um Heines Geburt, JB 1962, 14 ff. – *36* Spöttereien: HH VI/1, 610. – *37* Ihre Vernunft: HH VI/1, 562. – *38* Angst: HH VI/1, 562/63. – Erziehungswesen: HH VI/1, 562. – *39* goldensten: HH VI/1, 560. – Sie beschloß: HH VI/1, 560. – gehorsam: HH VI/1, 559. – Diese Familie: MY I, 276. – *40* Oberleitung: HH VI/1, 562. – *41* Kosenamen bei KR 66/67. – Im tollen Wahn: DHA I, 116. – *42* treueste Liebe: L 23. – Polarität: GN 125 ff. – große Nation: HOU 808. – verdammt: HSA 21, 121. – *43* teurer Leser: HH VI/1, 609. – von allen

550

Menschen: HH VI/1, 586. – *44* Den Garden: HH VI/1, 583. – *45* grenzenlose: HH VI/1, 582. – Damenmann: SM 22. – Schönheit: HH VI/1, 579. – weich: HH VI/1, 579. – keinen Charakter: HH VI/1, 580. – *46* vornehme Hand: HH VI/1, 586. – Lebenslust: HH VI/1, 583/84. – zu Düsseldorf: HH VI/1, 585. – witterte: HH VI/1, 584. – Tätigkeit: HH VI, 587. – *47* Rosenthal: Heinrich Heine als Jude. Frankfurt 1973, S. 85. – großes Kind: HH VI/1, 584.

Kinderzeit, Traumzeit

47 dieses Elend: HH II, 308. – *49* Mein Bruder: W I, 23. – neuropathische: Arthur Stern: Heinrich Heines Krankheit und seine Ärzte. JB 1964, 64. – *50* riß: HH II, 261. – »Citronia«-Stellen: HH VI/1, 315. – S. Rahmer: Heinrich Heines Krankheit und Leidensgeschichte. Eine kritische Studie. Berlin 1901. – *52* Urteilsfähigkeit: Gerhard Söhn: Heinrich Heine in seiner Vaterstadt Düsseldorf. Düsseldorf 1966, 31. – *53* gehäbige: HH VI/1, 566/67. – *54* War aber: HH VI/1, 567. – Asket: HH VI/1, 567. – rastlosem: HH VI/1, 568. – staubige: HH VI/1, 569. – Weltkugeln: HH VI/1, 570. – Fund: HH VI/1, 571. – *55* Doppelleben: Ludwig Rosenthal: Die Beziehungen des Chevalier van Geldern zu regierenden Fürstenhäusern, hohen Staatsbeamten und anderen Standespersonen. JB 1975, 116. – *56* Beitrag: Rosenthal a.a.O., 145. – *57* Übermut: HH VI/1, 572. – Alles, was: HH VI/1, 573. – *58* wunderliche: HH VI/1, 574. – mutig: HH VI/1, 573. – Charlatan: HH VI/1, 573. – *59* Hühnerwinkel: HH II, 261. – Rheinlandschaft: GR 71 ff. – *60* Französischen HH IV, 588. – Seid ruhig: HH IV, 574. – *61* Müller: HOU 409. – Das Licht: HH II, 257/58. – *62* Ja, Madame: HH II, 260. – sehr schön: HH II, 261. – Stadt selbst: HH II, 103. – Witz, Satire: WIN 8. – Künzel: WI 366/67. – Schücking: HOU 498. – rheinisch-heitere: GR 72. – *63* Wortgutes: Rutger Booß: Dialekteigentümlichkeiten bei Heine. IHK 514ff. – Nachbars-Pitter: HH II, 265.

Napoleon, Schallmayer und das rote Sefchen

64–67 siehe auch: dtv-Atlas der Weltgeschichte, Bd. 2, München 1966, 23 ff.. – Ich bitte: HH II, 374/75. – *65* Menschenrechte: KA 262. – *66* Nationalgefühl: BFK, 53. – Modell: BFK, 11. – *67* Am Anfang: N 11. – Institution: N 56. – *69* Weltseele: G. W. F. Hegel: Recht – Staat – Geschichte. Stuttgart 1970, 36. – *73* Ausgleichsobjekt: HF 11. – *74* geplagte: HH II, 262/63. – Vivat: HH II, 265. – *75* Lieblingsmodell: RA 63. – wie ward: HH II, 274/75. – *76* Siebenmeilenstiefel: HH 275. – *77* Den andern Tag: HH II, 266. – ich einst: HH II, 113. – *78* zu Schallmayer: DHA XV, 537ff. – *79* hellem Kopf: DHA XV, 538. – spätaufklärerischen: WIN 4. – Müller: HOU 410. – *80* Katholische Priester: HH VI/1, 493. – *81* sechsmal: HH II, 270. – Abhub: HH VI/1, 558. – Ich hätte: HH VI/1, 559. – Formkunst: WIN 4/5. – *82/83* erste Buch, Vögel: HH II, 522 und HH IV, 151. – *83* Sie wußte: HH VI/1, 601. – *84* Jene Frau: HH VI/1, 597. – Unehrlichkeit: HH VI/1, 603. – aufgeschossen: HH VI/1, 600. – Korsett: HH VI/1, 601. – Otilje: E. Galley:

Das rote Sefchen und ihr Lied von der Otilje. JB 1975, 77 ff. – *85* Ich küßte: HH VI/1, 608. – E. Bühler/G. Hövelmann: Harry Heine und Josefa Edel. JB 1978, 219 ff.

Schöne Wiege meiner Leiden

86 neuesten Forschung: K. H. S. Schulte: Das letzte Jahr von Heinrich Heines Vater in Düsseldorf. JB 1974, 105 ff. – *88* Ich lernte: HH VI/1, 561. – verludertes: HSA 20, 18. – *89* ungeheure: HSA 20, 21. – *89* mit Stolz: Joseph Mendelssohn: Salomon Heine. Blätter der Würdigung und Erinnerung für seine Freunde und Verehrer. Hamburg 1845, 7. – *90* Mein Oheim: HSA 20, 22. – Der Neffe: HSA 20, 22. – *92* Hartes: HSA, 22, 150. – Wörtlein, blaue Augen: HSA 20, 17. – *93* im Begriff: HSA 20, 301/30. – dumm und fade: HSA 20, 302. – Brod: BR 57 ff. – *94* Heine interpretierte: WIN 24. – Gesicherte Daten: L 39. – Erlebnishorizont: F 12 ff. – unerwiderten: SM 43. – beziehen sollen: RO, der ganze Text. – Zehn-Wochen-Flirt: RA 13. – *95* infatuation: SM 46. – Veit: Philipp F. Veit: Heine and his Cousins. Germanic Review 47/1972, 20-40. – Endlich kam sie: Paul Beyer: Der junge Heine. Berlin 1911, 32. – In ihrer Nähe: HSA 20, 20. – *96* Wir litten: HOU 376. – *98* so bitter: HSA 20, 21. – isolirt: HSA 20, 22. – Wahr ist: HSA 20, 18. – Schacherstadt: HSA 20, 21. – schädlich: HSA 20, 21. – *99* Kircher: KI 101. – *101* Wiege: DHA I, 58-60. – müssen scheiden: DHA I, 59. – *102* Honig: HSA 20, 21.

II. Kapitel: 1819–1825

Das Bonner Jahr

107 Sprachkenntniß: DHA VI, 817. – *108* geistiger: KA 2. – keinen Lehrer: KA 5/6. – *110* Lausch' ich: DHA I, 456. – Lebehoch: W I, 37. – Burschenschaften s. E. Galley: Heine und die Burschenschaft. JB 1972, 66 ff. – Trinkgelagen: KA 9. – M. Windfuhr: Heinrich Heine zwischen den progressiven Gruppen seiner Zeit, in: ZfdPh 91, 3 ff. – *111* Sieh nun: DHA I, 442. – *112* Weltanschauung: KA Vorbemerkung. – *113* sieben Jahren: VI/1, 561. – Wenn Hundeshagen: HSA 20, 31. – *114* Wie schön: HH III, 97. – *115* ungeformte: KUR 21. – *116* Koloß: HOU 68. – mit Ausnahme: HH III, 418. – Herr A. W.: HH III, 418. – *117* kleine Jude: HOU 17. – *118* Allmählich: HOU 21. – *119* Je öfter: HSA 20, 25. – Unfruchtbarkeit: HSA 20, 25. – schöner Busen: HSA 20, 25. – *trauriges:* HSA 20, 26. – Freundschaften: HSA 20, 26. – Friz: HSA 20, 26. – *120* daß gedachter: Akten über die Krankheit von Heinrich Heines Vater, in: Mitt. d. wiss. Ges. f. Lit. u. Theat., Kiel, Jg. 6, 1928, H. 1, 2-5; dort auch weitere Zitate.

Konfrontation

121 östreichischen: HH II, 9. – *122* Familie *Schmerz* etc.: HSA 20, 28. – patente: HSA 20, 33. – ochsen: HSA 20, 28. – In Göttingen: KA 114. – *123* Seit je: SO I, 103. – *124* Schweinerey (zweimal): W I, 44. – geschärfter: W I, 48. – hohen Rang: SM 74. – *125* Heine wurde: HOU 26. – christlich-teutschen: Galley a.a.O., 71. – *126* erotische: HSA 20, 32. – leidige: HSA 20, 32. – zierlichen: HSA 20, 38. – Wenn das Stück: HSA 20, 29. – strenge: HSA 20, 36. – *127* In diesem Stück: HSA 20, 29. – vorausgewußt: HSA 20, 39. – Willen: HSA 20, 39. – hübsche: HSA 20, 40. – Ich lache: HSA 20, 40. – meine Familie: HSA 20, 41. – *129* nationaler Bundesstaat: BFK 210. – *131* Pauperismus: S 19. – neue Gesellschaft: S 24. – *132* unbewußten: S 9. – *133* drapierten: N 132. – *134* gewaltige: S 8. – Das Gefühl: S 30.

Berlin

Zu Berlin: Joachim Krüger »Heine und Berlin«, Berlin 1956. – *137* Hier ist (3 Stellen): HSA 20, 46, 52, 55. – *138* Lesewelt: zit. P. 66. – Leuchten: DHA VI, 433. – *139* rechtliche: zit. I. Freund: Die Emanzipation der Juden in Preußen unter besonderer Berücksichtigung des Gesetzes vom 11. 3. 1812. Berlin 1913, 233/34. – Bauern: P 62. – *140* Jetzt will: HH II, 10. – neu, schön: HH II, 19. – la capitale: HH II, 24. – Parteikampf: HH II, 29. – *141* ungemein viel: HH II, 43. – ihren Salon: dazu KU 47. – *142* Privathäuser: SC 469. – Kollektiv: Hannah Arendt: Rahel Varnhagen. Lebensgeschichte einer deutschen Jüdin aus der Romantik. München 1981, 202. – geistreichste: HSA 20, 66. – *143* Parvenu: Arendt a.a.O., 187. – fein: HOU 38. – kein Brentano: HOU 54/55. – Ernst: HOU 54. – wesentlich: HOU 54. – *144* aufrichtigster: BU 23. – schwindelnder: HOU 54. – Ihr Geist: HSA 20, 77. – *145* vorschwebt: HSA 20, 94. – auf den: HSA 20, 57/58. – Mit Byron: HSA 20, 57/58. – Ausstellung: HOU 33. – *146* Das Gedicht: DHA I, 188. – Aber alle: HW VI/1, 565. – *147* Wiege: HSA 20, 222. – Gemüth: HSA 20, 79. – ein jüdischer: Briegleb in HH I, 817. – Kampf dem: HSA 20, 62. – *148* Er liebte: HH V, 197. – *149* Aussatz: HH V, 197. – Die Sterne: HOU 485. – diesem Manne: HOU 485. – Ich hielt: HH V, 197. – *150* Empfindlichkeit: RE 132/33. – eine Verbindung: zit. KI 54/55. – im offenen: zit. KI 55. – Prinzip: zit. KI 55. – *151* Also ist: zit. KI 56. – umzusetzen: KI 111/12. – *152* Mehr noch: HH V, 182. – Wie dürfte: HH V, 179. – Das tätigste: HH V, 180. – *153* Ausbeute: HH V, 179. – ungenießbar: HSA 20, 102. – Corruptheit: HSA 20, 103. – Bart: HSA 20, 72. – überall: HSA 20, 96. – *154* die Rechte: HSA 20, 107. – der geborene: HSA 20, 107. – die zuerst: HSA 20, 107. – schmutzige: HSA 20, 72. – Dresden: HSA 20, 56. – *155* Menschen in Polen: HSA 20, 57. – *156* mich lobt: HSA 20, 57. – wahre Dichter: HSA 20, 61. – Der ächte: HSA 20, 82. – O Christian: HSA 20, 50. – Des Tags: HSA 20, 50. – Wasser: HSA 20, 69. – Wenn Heine: HOU 39. – *157* Ein trüber: HSA 20, 70. – Mein Lottchen: HSA 20, 70. – Krank, isolirt: HSA 20, 69. – Aergerliche Stürme: HSA 20, 75. – Memoiren: HSA 20, 73.

158 Gerhard Storz: Heinrich Heines lyrische Dichtung. Stuttgart 1971, 31. – *159* überfallen: Grappin in DHA I/2, 649. – dichtungskritisch: Martina Wagner in JB 1983, 179ff. – Kaufgeld: DHA I/1, 34. – *160* schildert: KM 167. – Morgens: DHA I/1, 54. – ich *muß*: HSA 20, 22. – *161* Einsam: DHA I/1, 431. – behauptet: HF 45. – alle Schauer: zit. DHA I/2, 690. – *162* Werkeltagskleide: DHA I/1, 72. – Katharina Mommsen: Heines lyrische Anfänge im Schatten der Karlsbader Beschlüsse; in Wissen und Erfahrungen. Werkbegriff und Interpretation heute. Tübingen 1976, 453-473. – *163* Pöbelsprache: GE 103. – Charaktermasken: DHA I/1, 120. – Und wenn: DAH I/1, 122. – *164* sanften: DHA I/1, 126. – Ich möchte: DHA I/1, 128. – herrlichen: PT 10, 164/65. – Ja dieser Mann: HSA 20, 163. – *164/65* Eitelkeit, Original: DD I, 30. – Gertrud Waseem: Das kontrollierte Herz. Die Darstellung der Liebe in Heines »Buch der Lieder«. Bonn 1976, 73. – *166* Schmerzen: DAH I/1, 167. – maliziös-sentimentale: HSA 20, 61. – Abkehr: HF 38. – Gimpel: DHA I/1, 186. – *167* Ihren Liedern, hingegen: HSA 20, 250. – *168* Die Kluft: M. Windfuhr: Heine und der Petrarkismus. Zur Konzeption seiner Liebeslyrik; in: Jb. d. dt. Schiller-Ges. 10 (1966), 266-85. – Leserschaft: BRU 89/90. – *169* elend: DHA I/1, 150. – seinem Thema: BRU 99/100. – *170* Grimm: GE 36. – Dieses Buch: GE 37/38. – *171* fesselt: GE 110. – undramatische: GE 201. – *172* Am Herde: HH I, 340. – *173* Liebenswürdigkeit: HER 34. – Börse: HH II, 12. – Hochverrat: HER 31. – *175* Weichsel-Aphrodite: HH II, 82. – Partei: P 96.

Dr. jur. Heinrich Heine

176 Schlag: HSA 20, 72. – Residenz: HSA 20, 110. – Bildung: HSA 20, 120. – Biedermeier: siehe Josef A. Kruse: Ein geistliches Jahr. Heinrich Heine in Lüneburg: Lüneburger Blätter 21/22, 1970/71, 21ff. – besonders stark: Briegleb in HH I, 641. – *177* Elisium: HSA 20, 108. – Eitermaterie: HSA 20, 192. – Hundepack: HSA 20, 98. – anzuwenden: HSA 20, 109. – Leidenschaft: HSA 20, 104. – Thorheit: HSA 20, 106. – Rabinenthum: HSA 20, 122. – *178* Aber eben: HSA 20, 122. – Seebad: HSA 20, 109. – Posa: HSA 20, 132. – Altdeutschen: HSA 20, 100. – drangvolles: HSA 20, 124. – *179* bloß mahl: HSA 20, 125. – Kerl: HSA 20, 167. – *180* Kopfkissen: HSA 20, 145. – Justinean: HSA 20, 148. – unausstehlich: HSA 20, 151/52. – Muse: HSA 20, 154. – Verzweifelnder: HSA 20, 176. – Verfluchtes: HSA 20, 147. – kein Gesicht: HSA 20, 166. – *181* Köchinn: HSA 20, 145. – *182* Wer Heine kennt: HOU 93/94. – *183* überein: HSA 20, 162. – berühmteste: SM 98. – Touren: HSA 20, 180. – beschwerlich: HSA 20, 175. – ein Bild: HSA 20, 199. – Auge: HSA 20, 199. – Besorgnis: HSA 20, 199. – *184* Maritus: KA 343. – Kutschenpferd: HSA 20, 206. – anziehende: JB 1968, 12ff (Franz Finke). – *185* grösten Männer: HSA 20, 206. – Epoche: zit. N 514. – *186* Taufzettel: HH VI/1, 622. – Maaßen: HSA 20, 206/07. – meiner Familie: HSA 20, 113. – *187* Sein Gesicht: W I, 132/33. – verhaßt: HSA 20,

234. – *188* Bewältigung: HH VI/2, 296. – Gesellschaft: DHA I/1, 273. – *190* Mir träumt': DHA I/1, 279. – gleichgeboren: DHA I/1, 342.

III. Kapitel: 1825–1831

Nach Norden

193 Privateitelkeit: HSA 20, 215. – Wellengeräusch: HSA 20, 253. – hohe: HH II, 225. – Ich liebe: HH II, 224. – Natureindrücke: HSA 20, 266. – *194* Es wüthet: DHA I/1, 379. – kolossale: GE 215. – Wer kannte: HOU 758. – Hofdichter: HSA 20, 254. – *195* dieser Tage: HSA 20, 237. – *196* Feinde: HSA, 20, 263. – gnädig: HSA 20, 234. – Parasiten: BU 46. – *197* Geschwistern: zit. Z 59. – Ziegler: Z 63. – gedrungene: zit. Z 67. – *198* achtbare: zit. Z 67. – Verlagsgeschichte: G. Ueding: Hoffmann und Campe. Ein deutscher Verlag. Hamburg 1981, 286. – *199* Werthloses: WI, 136. – Lerm: HSA 20, 267. – Zur Englandreise siehe Gerhard Weiß: Heines Englandaufenthalt (1827); in JB 1963, 3 ff. – Klugheitsgesetz: HSA 20, 287. – Poesie: BZ 30. – *200* London hat: HSA 20, 284. – Merkwürdigste: HH II, 538. – Dummkopf: HH, 562. – Laster: HH II, 543. – *201* Überreichtum: HH II, 547. – Der Minister: HH II, 562. – *202* lasterhaften: HH II, 547. – 60 000: HSA 20, 288. – lebendig: HSA 20, 292. – gute Onkel: HOU 111. – Weißt du: HOU 112. – *203* Ausbeute: HSA 20, 301. – krank: HSA 20, 289/90. – fürchterlich: HSA 20, 285. – *204* verdenken: HSA 20, 287. – serviler: HSA 20, 289. – Anhang: HSA 20, 291. – *205* Uebermuth: HSA 20, 298. – ein Held: HSA 20, 299.

Nach Süden

dumm und fade: HSA 20, 302. – *206* gute Frau: HSA 20, 302. – wunderschön: HSA 20, 303. – empfing: HH IV, 13. – *207* horchte: HH IV, 14. – vergnügt: HH IV, 20/21. – Beharrnis: HH IV, 32. – drei Tage: HH IV, 34. – das Verhältnis zu Börne: OE ganz. – *208* Schon damals: HH IV, 33 – inseparable: HSA 20, 307. – Mein Herz: HSA 20, 308. – *209* Brust: HSA 20, 316. – Gott lob: HSA 20, 309. – frey: HSA 20, 309. – *210* ennuyant: HSA 20, 329. – erbärmlich: HSA 20, 331. – liberalen: GE 301. – umlagert: HSA 20, 319. – *211* Kleingeisterey: HSA 20, 331. – abgeschieden: HSA 20, 319. – Foyer: HSA 20, 341. – *212* wunderschöne: HSA 20, 322. – gräßlich: HSA 20, 329. – mauvais: HSA 20, 322. – Privatliebenswürdigkeit: HSA 20, 322. – Achtung: W I 162. – *213* Meine Freunde: HSA 20, 311/12. – ohne Recht: HSA 20, 322. – Vielleicht eben: HSA 20, 322. – In Deutschland: HSA 20, 322. – *214* die zwey: HSA 20, 331. – Verfasser: HSA 20, 334. – Anstellungsgesuch: BF IV, 196. – Zur Italienreise siehe M. Werner: Heines »Reise von München nach Genua« im Lichte ihrer Quellen. JB 1975, 24 ff. – *216* Langweiligeres: HH II, 426. – blöde: HH II, 331. – Tiroler: HH II, 337. – bunte Gewalt: HH II, 359. – spazieren: HH II, 365. – Angst: HH II, 363. – Ferne: HH II, 373. – *217* göttlichste: HSA II, 344. – Boudoir: HSA 20, 344. – *218* Mangel: HSA 20, 339. – *219* Staatsmann: HSA 20, 346. – Gesinnung: HSA 20, 350. – in Europa: HSA 20, 351. – Mein Oheim: HSA 20, 324. – *220* Brief vom 15. September: HSA 20, 341-43.

Der Streit mit Platen

Zum Streitverlauf siehe Rudolf Schlösser: August Graf von Platen. Ein Bild seines geistigen Entwicklungsganges und seines dichterischen Schaffens. Bd. 2, 194ff. München, 1913. – Alter Dichter: HH, 242. – *222* ächt: PL II, 99/100. – schamlose: PL II, 145. – drei Monaten: PL 145. – Seufzen: HSA 20, 331. – *223* schülerhaft: PT 10, 95. – herrliche etc.: PT 10, 164/65. – *224* Bauchphantasten: PT 4, 227/28. – Witzling: PT 4, 227. – abermals: MY II, 207. – Ingrediens: PL 100. – Aggressivität: H.J. Teuchert: August Graf von Platen in Deutschland. Zur Rezeption eines umstrittenen Autors. Bonn 1980, 26. – seinen Leuten: HSA 20, 367. – *225* aristophanische: Karl Immermann: Werke in fünf Bänden. Bd. 1. Frankfurt, 1971, 638. – hinrichten: Immermann, a.a.O., 640. – So glatt: Immermann, a.a.O., 645. – klar geworden: BF IV, 211. – *226* Richter: HSA 20, 366. – Naturlaute: HH II, 454. – einsaitiges: HH II, 455. – nachrechnen: HH II, 446. – bittere: HH II, 454. – *227* Troubadour: HH II, 466. – Phantasie: HH II, 467. – Gefühle: HH II, 459. – Adelsdiplome: HH II, 458. – Kyrie: HH II, 463. – Vielleicht aber: HH II, 459. – *228* schroffe: HH II, 457. – Weiber: HH II, 443. – unverschämten: Die Tagebücher des Grafen August von Platen. Bd. 2, Stuttgart 1900, 919. – Meine Gleichgültigkeit: Schlösser a.a.O., 228/29. – *229* verrufen: GE 395. – Frechheit: GE 385. – *230* Replik: HSA 24, 53. – Freudenjungen: HSA 20, 378. – Groll: HSA 20, 373. – Kartoffelkrieg: HSA 20, 385. – Knoblauchessen: HOU 171. – Just Wolfgang: HSA 20, 427. – infamen: HSA 24, 96. – *231* Parteisache: HOU 344. – Begabter: Teuchert a.a.O., 39. – Außenseiter: MY II, 207. – Outsider: MY II 218. – *232* Wahl: Thomas Mann: Schriften und Reden zur Literatur, Kunst und Philosophie. Bd. 2, Frankfurt 1968, 39. – Gefühlsgehalt: ebenso. – kalter Rache: RA 23. – *233* Männlichkeit: MY II, 222. – politischer Dichter: Mann a.a.O., 42. – *234* Konflikt: Hans Horst Lewald: Platens geistiges Bild. Essen 1958 (Diss. Köln), 1. – *235* Feuerköpfe: Teuchert, a.a.O., 32.

Die neue Prosa

236 höchsten: zit. Willfried Maier: Leben, Tat und Reflexion. Untersuchungen zu Heinrich Heines Ästhetik. Bonn 1969, 33. – das Göttliche: Maier, a.a.O., 34. – Versinnlichung: Maier, a.a.O., 35. – Zentrum: PR 24. – Die Poesie: HH III, 552. – selbsttrunkenste: HH III, 72/73. – *237* Rollen und Masken: Norbert Altenhofer: Harzreise in die Zeit. Zum Funktionszusammenhang von Traum, Witz und Zensur in Heines früher Prosa. Düsseldorf

1972, 8. – Virtuosität: BZ 41. – Erneuerung: KM 156. – *238* Spießer: HER 11. – Emanzipation siehe BRU 122. – *239* Textkomplexe: Götz Großklaus: Textstruktur und Textgeschichte. Die »Reisebilder« Heinrich Heines, Frankfurt 1973. – Perspektiven: Edward A. Zlotkowski: Heinrich Heines Reisebilder. The Tendency of the Text and the Identity of the Age. Bonn 1980, 2. – Stilprinzip: KU 64. – *240* Studenten: HH II, 104. – kärglich: HH II, 162. – Lappenwerk: HSA 20, 184. – *241* Lyrikeinlagen siehe M. Link: Der Reisebericht als literarische Kunstform von Goethe bis Heine. Diss. Köln 1963, 133. – *242* Lebensstörung: HH II, 216. – ein Volk: HH II, 229. – Riesenspinne, Kreuzspinne: HH II, 215. – Man schickt: HH II, 230. – »Tugendpöbel«: HH II, 219. – *243* Krebssuppe: HH II, 262. – blutigen: HH II 282. – Pathetischen: HH II, 282. – Ich hab: HH II, 300. – *244* Alles, was: HH II, 298. – liebenswürdig: HH II, 248/50. – Güter höchstes: HH II, 253. – *245* Zahnweh: HH II, 308. – Kapiteln: HH II, 284. – Erich Löwenthal: Studien zu Heines »Reisebildern«. Berlin/Leipzig 1922. – Zensoren: HH II, 283. – *246* Adler: HH II, 329. – Hier tat: HH II, 375. – Gewand: HH II, 375. – große Aufgabe: HH II 376/77. – *247* Elend: HH II, 421. – *248* Wahnsinnigster, Tollhäuser: HH II, 394. – das Herz: HH II, 405. – wohlfeilen: HH II, 407. – *249* Da plötzlich: HH II, 492. – Spuren: HH II, 490. – O! es: HH II, 491. – Pfaffe: HH II, 486. – protestantische: HH II, 486. – Scheinheiligkeit: HH II, 485. – schöne, selige: HH II, 496. – *250* vielleicht nötig: HH II, 493. – am meisten: HH II, 499/500. – nie schlimmer: HH II, 517. – Überzeugung: HH II, 516. – grauenhaften: HH II, 527. – *251* Ich kann: HH II, 529. – *252* Freiheitsmut: HH II, 603. – Unsichtbar: HH II, 603. – Denn du: HH II, 604. – Ach!: HH II, 605. – Königsleutnant: HER 105. – wollte wissen: HH II, 367. – *253* grotesken: M. Werner a.a.O., 36. – Der junge Heine und Goethe; nachgewiesen: Ulrich Maché in: JB 1965, 44 ff. – *254* vielen Zügen: HSA 20, 199/200. – wehmütiges: HSA 20, 205. – Wolfgang: HSA 20, 204. – Selbstreflexion: H. Koopmann: Heine in Weimar. Zur Problematik seiner Beziehungen zur Kunstperiode; in ZfdPh 91, 46 ff. – *255* einzigartige: M II, 100. – Goethentum etc.: HH I, 455. – Repräsentanten: M II, 99. – Aristokratenknecht: HSA 20, 302.

Der Weg nach Paris

256 Erscheinungsform: Z 106. – Galley: JB 1979, 120. – *257* Industriellen, Verschmähen: GE 503. – trübsinnig: HSA 20, 367. – trüben Tage: HH III, 287. – *258* Einfluß: W II, 489. – eiteln Mann: HSA 20, 354. – *259* Robinson: HSA 20, 359. – Zwey besten: HSA 20, 358. – *260* vornehm: HOU 102. – Die Unruhe: W I, 217. – Ich sah: W I, 217. – Der und: W I, 218. – *261* Zeitgenossen: KR 11. – Schuft: HSA 20, 378. – *262* kein Talent: HSA 20, 394. – Ahrens: KR 141/42. – Vaterstadt: HH I, 509. – Banko: HH I, 508. – *263* Splitterrichterei: HOU 772. – im Grunde: HOU 772. – Gesundheit: HSA 20, 391. – Der Doktor: HOU 758. – *264* meine Plage: HSA 20, 417. – trübe Stimmung: HSA 20, 415. – armen Leute: HH IV, 54. – in Gegenwart: W I, 203. – *265* Aber, ohne: HOU 149. – Canaille: HOU 170. – Lieber Onkel: HOU 184. – *266* Schuft, Arien: HSA 20, 425. – Streben,

Schritte: HSA 20, 428. – Namen, Feder: HSA 20, 429. – Glauben Sie: HSA 24, 72. – *267* Kämpe: HH II, 661. – siegreichen: HH II 663. – Berlin: HH II, 667. – *268* Saint-Simon: W. Vordtriede: Der Berliner Saint-Simonismus; in: JB 1975, 93 ff. – E. M. Butler: The Saint-Simonian Religion in Germany. A Study of the Young German Movement. Cambridge 1926. – Ach, vor: HSA 21, 20/21.

IV. Kapitel: 1831–1843

Wie ein Fisch im Wasser

271 Paris: zu Heines französischer Zeit siehe: Joseph Dresch: Heine à Paris (1831–1856), Paris 1956; Heine in Paris, hg. von Joseph A. Kruse u. Michael Werner, Düsseldorf 1981; Françoise Bech: Heines Pariser Exil zwischen Spätromantik und Wirklichkeit. Kunst und Politik. Frankfurt/Bern/New York 1983. – Spitze: HSA 21, 20. – folgende Angaben nach M. Werner in: Heine in Paris, 51 ff. – zwanzig: HH VI/1, 460. – *272* Pavillon: W I, 229/30. – *273* fleißiger: HSA 21, 39. – ertrinke: HSA 21, 21. – Hab' ich: HSA 24, 108. – erlebe: HSA 21, 39. – Fisch: HSA 21, 40. – Es geht: HSA 21, 58. – Ich zieh: HSA 21, 80. – Ehrenbezeugungen: HSA 21, 83. – gesünder: HSA 21, 133. – *274* Wir hatten: HOU 262. – Wohnungen: zusammengestellt bei M I, 353. – intellektuell: Dresch a.a.O., 9. – enfant: Bech a.a.O., 55. – inneres Sein: W I, 508. – *277* Audebrand bei Dresch a.a.O., 43. – *278* bey der: HSA 21, 33. – Dankbrief: HSA 24,153.– *279* faul: HSA 21, 37. – völligste: HSA 24, 356. – von Europa: HH III, 91. – beste Blatt: HSA 21, 25. – Endlich aber: F. v. Gentz: Schriften, hg. v. G. Schlesier, Bd. V: Ungedruckte Denkschriften. Tagebücher und Briefe. Mannheim 1840, 213 ff. – *282* umgeben: HSA 21, 20. – Untersuchung: Jacques Grandjonc: Die deutschen Emigranten in Paris. Ihr Verhältnis zu Heinrich Heine; in: IHK, 165 ff. – *283* Lockvogel: HSA 21, 31. – *für* sie: HSA 21, 28. – Metternich: HOU 230. – Schuft: HSA 21, 43. – Germania: HSA 21, 103. – *284* gefällt: BÖ V, 11. – lüderlich: BÖ V, 12. – Straßendirnen: BÖ V, 36. – sein Charakter: BÖ V, 51/52. – zerrissen: BÖ V, 57. – *285* Lümpchen: BÖ V, 118. – Aristokrat: BÖ V, 121. – Zuträger: BÖ V, 173. – chemisch: BÖ V, 68. – fliegenartige: BÖ III, 809. – *286* Verrückten: HSA 21, 57. – Schufte: HSA 21, 59. – Was habe: HOU 209. – Es thut: HSA 24, 157. – *287* Jeffrey L. Sammons: Heinrich Heine. The Elusive Poet. New Haven/London 1969. – Börne forderte: Ludwig Marcuse: Ludwig Börne. Aus der Frühzeit der deutschen Demokratie. Zürich 1977, 45. – ganz Politiker: Marcuse a.a.O., 51. – assoziierte: Marcuse a.a.O., 98. – schwanger: HH IV 64. – *288* betreffen weder, bisherige: HSA 21, 56. – Absolutheitsanspruch: OE 81. – Claude: Bech a.a.O., 81; auch G. Stavenhagen in: Handwörterbuch d. Sozialwiss., Bd. 9, 79 ff., Stuttgart/Tübingen/Göttingen 1956. – *291* heiligen Gefühlen: HSA 20, 435. – *292* Vertretern: F. Hirth: Heinrich Heine und seine

französischen Freunde. Mainz 1949, 31/32. – Was mich: HSA 21, 37.
– *293* Vergöttlichung: ST 10ff. – ganz eigene: ST 23. – Demokratie: HH III,
570. – Vernichtet: DHA II, 34. – *294* Und Gott: HH IV, 325. – Dieu: ST 86.
– schmächtigen: HH IV, 33.

Frankreich und Deutschland

294 jenem Journale: HSA 21, 51/52. – *295* zweitrangig: siehe Irmgard
Zepf: Denkbilder. Heinrich Heines Gemäldeberichte. München 1980, 10. –
Da standen: HH III, 29. – *296* Gasenvenus: HH II, 40. – Auf keinem: HH III,
40/41. – Schreibart: PR 22ff. – Gemüt: HH III, 44. – Supernaturalist: HH III,
46. – zu Heines Kunstbegriff siehe E. Girndt: Heines Kunstbegriff in
»Französische Maler« von 1831; in: JB 1970, 70ff. – *297* jetzige Kunst: HH
III, 72. – Nie ist: HH III, 92. – *298* Hegel: HH III, 97. – So lassen: HH III,
91. – eines Tages: HH III, 105. – *299* das leidenschaftliche, rettet: HSA 21,
59. – Wahrlich: HSA 21, 59. – Werkstätten: HH III, 164. – murrte: HH III,
176. – *300* Justemillionär: HH III, 151. – eigentlich Frankreich: HH III, 133.
– schauerliche: HH III, 141. – *301* England müßte: HH III, 136. – glaube
nicht: HH III, 210. – der reinste: HH III, 118. – *302* Zauberwort: HH III,
119. – hat vergessen: HH III, 109. – im Glanze: HH III, 157. – *303* Thron:
HH III, 279. – hinausgeschmissen: HH III, 346. – Natürlichkeitssystem: HH
III, 315. – andere Welt: HH III, 315/316. – *304* Weder der: HH III, 317. –
soziologischen: WIN 143. – War wirklich: HH III, 309. – Zu den Essays siehe
Peter Bürger: Der Essay bei Heinrich Heine. Diss. München 1959.
– *305* Unbefangenheit: zit. Joseph A. Kruse: »Die Romantische Schule«;
in: IHK, 451. – 230: Kruse a.a.O., 455. – Standortbestimmung: Karl-Heinz
Hahn: Zwischen Tradition und Moderne. Zu Heinrich Heines Essay »Die
Romantische Schule«; in: IHK, 422. – nichts anderes: HH III, 361. –
Literaturgeschichte: HH III, 372. – Stifter: HH III, 371. – *306* triumphierte:
HH III, 380. – Brümaire: HH III, 389. – zieren: HH III, 395. – *307* jetzt
Ruhe: HH III, 424. – korrespondierendes: HH III, 448. – diesen Liedern: HH
III, 450. – von Stein: HH III, 455. – romantische Formelemente: CL 225ff.
– *308* keinen Unterschied: HH III, 468. – programmatische: siehe Rainer
Rosenberg: Heinrich Heine. Das Programm einer politischen Literatur.
Weimarer Beiträge 18, 1972, 104-32. – *309* bin Volk: HH III, 515. – wovon
die: HH III, 533. – *310* Schon hier: HH III, 519. – Eisleben: HH III, 547. –
Hymne: HH III, 547. – neue Ordnung: HH III, 551. – Hegels Idee: siehe M.
Windfuhr: Heine und Hegel. Rezeption und Produktion; in: IHK, 270.
– *319* Schulgeheimnis: HH VI/1, 466. – dazu auch Wolfgang Harich:
Heinrich Heine und das Schulgeheimnis der deutschen Philosophie, in: Sinn
und Form 8/1956, 27-59. – Ehre: HH III, 554. – Rechenkasten: HH III, 557.
– *312* Wir kämpfen: HH III, 570. – geistige Revolution: HH III, 590. – das
Schwert: HH III, 594. – Sonderbarer: HH III, 595. – *313* Zweifel: HH III,
602. – die Lehre: HH III, 620. – Riese: HH III, 620. – tatsächlich: Hahn
a.a.O., 443. – Schelling siehe M. Frank: Heine und Schelling; in: IHK 281ff.
– *314* strebte: Kant siehe R. Malter: Heine und Kant; in: JB 1979, 35ff. – in
Kant: HH III, 635. – der größte: HH III, 633. – beendigt: HH III, 636. – Der

Gedanke: HH III, 639. – Wenn Ihr: HH II, 639/40. – *315* Es galt: HH III, 685. – *316* Dein schöner: HH III, 698. – Association: SO II, 304. – Die Dinge: SO II, 319.

Mathilde

318 Periode: HSA 21, 107. – Thor: HSA 21, 114. – Jetzt, dank: HSA 21, 114. – *319* Ihr Herz: HSA 21, 81/82. – verdammt: HSA 21, 121. – *320* Ich liebe: HSA 21, 288. – *321* Vielleicht kennt: W I, 384. – Embonpoint: HOU 481. – ein junges: HOU 347. – Stirn: W I, 384. – *322* schwachen Kopf: HSA 22, 26. – Natürliches: HOU 591. – Verbrengerin(n): HSA 22, 94 und andere Stellen. – beständige: HSA 21, 154. – dies tolle: HSA 21, 220. – Hausvesuv: HSA 22, 155. – Wildkatze: HOU 329. – Mathilde war: HOU 328/29. – *323* durch gut: L 142. – Verbrechen: HSA 25, 112. – zweier Kinder: Ludwig Marcuse: Heinrich Heine in Selbstzeugnissen und Bilddokumenten. Hamburg 1960, 94. – Repräsentanz: W III, 53. – *324* Ehestand: HSA 21, 377. – spießbürgerlich: HSA 21, 419. – auflösbare: W I, 357. – Hauskreuz: HSA 21, 212. – schätzt: W III, 119. – *325* ausstach: HOU 357/58. – Zwerg: HOU 374. – eingezogen: HSA 21, 239. – Duell: HSA 21, 427. – Leider aber: HSA 22, 21. – wälzte: HOU 395. – *326* Pariserin: HOU 380. – dich nie: W I, 331. – sehr glücklich: HSA 21, 178. – Leidenschaftlichkeit: HSA 21, 236/237. – *327* größte Freude: HOU 347. – Werwölfe: BF II, 545. – unfehlbar: BF II, 533. – *328* Du weißt: BF II, 545. – Wahnsinn: BF II, 534. – Liebeswahnsinn: HH IV, 543. – Genau: HH IV, 542. – *329* großer Poet: HOU 352. – geistreicher: HOU 263. *330* o Lamm: HH VI/1, 339.

Feinde und Freunde

331 Zum Jungen Deutschland siehe: H. Koopmann: Das Junge Deutschland. Analyse seines Selbstverständnisses. Stuttgart 1970. – Walter Dietze: Junges Deutschland und deutsche Klassik. Zur Ästhetik und Literaturtheorie des Vormärz. Berlin 1957. – H. H. Houben: Jungdeutscher Sturm und Drang. Ergebnisse und Studien. Leipzig 1911. – Das Junge Deutschland. Texte und Dokumente, hg. v. J. Hermand. Stuttgart 1966 (JD). – Ihrem Genius: HSA 24, 334. – *332* Sünde neben: zit. Wulf Wülfing: Junges Deutschland. Texte-Kontexte, Abbildungen, Kommentare. München 1978, 64. – Unzucht: zit. Wülfing 64/65. – Schule: zit. Wülfing 65. – Nun zog: KL 8. – ebenso frivole: KL. 10. – *333* unsittlicher: zit. Wülfing 75. – *334* belletristischen: JD 331. – Sämtliche: JD 331. – Maßregeln: JD 332. – *335* Ich spüre: JD 16. – wankt: DHA II, 414. – *336* Verfolgung: HSA 21, 132. – *337* angeklagt, freies Wort: HSA 21, 134/35. – Perücken: HSA 21, 138. – kindlich: HSA 21, 138. – Bis zu: HSA 24, 388. – Farce: HSA 24, 409. – *338* Ich werde: HSA 21, 144. – Sie kennen: HSA 21, 172. – *339* äußerst: HH V, 27. – Wetter: HH V, 30. – Sein Wort: HH V, 30. – *340* jahrelang: HH V, 31. – kein Westfale: HH V, 36. – Wer je: HH V, 40/41. – *341* eine Reihe: HSA 21, 175. – Untersuchungen: M. Werner: Heines französische

Staatspension; in: JB 1977, 134ff. – *342* »Pariser«: siehe Guido Ros: Heinrich Heine und die »Pariser Zeitung« von 1838; in: Publizistik 15/1970. – eingetreten: HSA 21, 251. – Der Beschluß: HSA 25, 122. – Urtheil, Finanzen: HSA 21, 263. – Ich möchte: HSA 22, 92. – *343* Gewürm: HSA 21, 222. – *344* Daß aber: HSA 21, 227. – in *Worten*: HSA 21, 227. – ungerechteste: HSA 21, 223. – regaliren: HSA 21, 223. – eigenthümlich: HSA 25, 66. – Ergebenheit, Sagen Sie: HSA 21, 229. – Unstern: HSA 25, 94. – *345* Ambassadeur, Pourparlers: HSA 25, 171. – Lege zurück: HSA 25, 181. – *346* berechtigt: Fritz J. Raddatz: Von Geist und Geld. Heinrich Heine und sein Onkel, der Bankier Salomon. Köln 1980, 33. – Chiffre: Raddatz a.a.O., 55. – geschätzt: Raddatz a.a.O., 58. – Anhängsel: Raddatz a.a.O., 73. – Er, der: W I, 233. – Theoretisch: W I, 234. – *347* Musiker als: Gerd Hoffmann: Über Heines Beziehungen zur Musik und zu˜ Musikern; in: Aufbau 12, 1956, H.2, 127. – letzte Wort: HH V, 357. – Universalsprache: Hoffmann a.a.O., 128. – Referent: über Heine als Musikkritiker siehe Michael Mann: Heinrich Heines Musikkritiken. Hamburg 1972. – *348* Religion: HH III, 341. – mehr sozial: HH III, 335. – *349* Bad: HSA 25, 221. – ist Chopin: HH III, 352/53. – Ja, dem: HH III, 353. – Zu Heine und Chopin auch: Paul Dietzsch: Heine und Chopin; in: Neue Zs. f. Musik, 84 (1917), Nr. 15 und 16. – *350* Modulationen: dtv-Lexikon 3, 133. München 1972. – verschrobenem: HH III, 351. – Lamennais: HH III, 351. – *351* Offen gesagt: HSA 25, 133. – *352* erfundene: zit. Lothar Prox: Wagner und Heine; in: DVjs 46, 1972, 685. – nie wieder: Martin Gregor-Dellin: Richard Wagner. Sein Leben, sein Werk, sein Jahrhundert. München/Zürich 1980, 152. – *353* König: HSA 25, 16. – *354* das Beste: HSA 21, 241. – zu Nerval siehe: Norma Rinsler: Gérard de Nerval and Heinrich Heine; in: Revue de littérature Comparée, 33. Paris 1959, 94ff. – Fratze: HOU 376. – der einzige: HOU 697. – ein Freund: HOU 971. – *355* betäubte: HOU 376. – muß geschehen: HSA 25, 174. – Auffassung: S. Grubačić: Heines Erzählprosa. Stuttgart 1975, 7. – *356* Mein Vater: HH I, 504. – durchschauerte: HH I, 516. – Freude: HH I, 540. – *357* Töne: HH I, 581/82. – *358* Sie tanzte: HH I, 593. – Irrformen: W I, 200. – Vollkommenheit: HH I, 589. – *359* Klassikers: HH IV, 649. – *360* Klatsch-Artikel: W I, 360–66. – Gutzkow: siehe dazu Eberhard Galley: Heine im literarischen Streit mit Gutzkow; in: JB 1966, 3ff. – Futter: HSA 21, 292. – *361* kein Zensor: HH V, 77. – unedel: Galley a.a.O., auch in: Heinrich Heine, Wege der Forschung, Bd. CCLXXXIX. Hg. v. Helmut Koopmann, 183.

Poesie und Politik

362 Begräbniß: HSA 25, 26. – kanonisirt: HSA 21, 221. – zur Börne-Denkschrift siehe auch: Brieglebs ausführlicher Kommentar in HH IV, 651ff. – H. Kaufmann: Die Denkschrift »Ludwig Börne« und ihre Stellung in Heines Werk; in: IHK 178ff. – Inge Rippmann: Heines Denkschrift über Börne. Ein Doppelporträt; in: JB 1973, 41ff. – *363* Sturm: HSA 21, 322. – Börnes Freund: HH IV, 101. – liefre: HH IV, 128. – Weltpsycholog: siehe Thomas Mann: Miszellen. (Das essayistische Werk) Frankfurt 1968, 19.

– *364* Berg: HOU 344. – Ja, dieser: HH IV, 113/14. – jesuitische: HH IV, 115. – Wirbel: HH IV, 26. – Genie: HH IV, 102. – *365* Einfluß: siehe Paul Santkin: Ludwig Börnes Einfluß auf Heinrich Heine. Diss. Bonn 1913. – herrschte: HH IV, 93. – Gesichte: HH IV, 93. – *366* Mitleid: HH IV, 78. – Unglück: HH IV, 78. – Polizeiaktuar: HH IV, 66/67. – Wer löst: HH IV, 76. – *367* Richelieu: HH IV, 29. – Elemente: HH IV, 30. – *368* ascetischen: HH IV, 18. – versöhnungsvoll: HH IV, 47. – Vermischung: HH IV, 47. – Altes Wissen: BÖ I, 711/12. – *369* sehr weit: HH IV, 47. – Ich durfte: HH IV, 35. – Quälen: HH IV, 49. – *370* glänzender: HH IV, 125/26. – Mürrisch: HH IV, 126. – Am Ende: HH IV, 127. – Dämmerung: HH IV, 141. – *371* Waldfrauen: HH IV, 143. – Immoralität: HH IV, 96. – Aber Madame: HH IV, 97. – *372* Wenn ich: HOU 344. – *373* mehr Muth: HSA 21, 423. – *374* heurathete: HSA 21, 423/24. – Göthe: HSA 25, 339. – wichtigste: HH V, 347. – *376* Vormärz: siehe dazu VM ganz; W. W. Behrens: Der literarische Vormärz 1830–1847. München 1973. R. G. Hooton: Heinrich Heine und der Vormärz. Meisenheim 1978. – Dingelstedt siehe H. P. Bayerdörfer: Laudatio auf einen Nachtwächter. Marginalien zum Verhältnis von Heine und Dingelstedt; in: JB 1976, 75ff. – *378* spottschlecht: HSA 22, 19. – zu Atta Troll siehe: Winfried Woesler: Heines Tanzbär. Historisch-literarische Untersuchungen zum »Atta Troll«. Hamburg 1978. – F. Sengle: »Atta Troll«. Heinrich Heines schwierige Lage zwischen Revolution und Tradition; in: IHK 23ff. – *379* Versepen: Woesler a.a.O., 97ff. – Spiegel: HH IV, 495/96. – Ich schrieb: HH IV, 495. – *381* Waldlied: HH IV, 570. – Enthusiasmusdunst: HH IV, 494. – unveräußerliche: HH IV, 495. – Traum: HH IV, 501/02. – *382* Tendenzbär: HH IV, 563. – anbeträfe: HH IV, 525. – Stammes: HH IV, 531. – *383* Gütern: HH IV, 518. – Rückzugsgefecht: KM 250. – *384* schönster: HSA 21, 219. – 10 Tagen: HSA 22, 50/51.

V. Kapitel: 1843–1848

Deutschland Deutschland

389 entschlossen: HSA 22, 69. – durch Alter: BF II, 477. – *390* wechselseitig: HSA 22, 91. – Schwindel: HSA 26, 79. – höchsten Orten: HSA 26, 80. – freut es: HSA 26, 81. – Litteraturpöbel: HSA 26, 80. – *391* Gratification: HSA 26, 86. – Nun erschien: W I 535. – Nest: BF II, 476. – aufgeführt: HSA 26, 87. – Deine Einnahmen: BF II, 490. – *392* Wicht: BF II, 490. – ungern: HSA 22, 92. – *393* Abreise: BF II, 529. – Bin ¼: HSA 22, 125. – Consultation: HSA 22, 128. – das Opus: HSA 22, 126. – *394* Liste: DHA II, 259-61. – bereite mich: HSA 22, 130. – *396* Gliedermassen: DHA II, 42. – liederliche: in Elisabeth Gentons Kommentar zu DHA II, 411ff. – Prophet: DHA II, 416. – Unsittliches: DHA II, 421. – *397* zeitlich, geographisch: DHA II, 388. – vornehme: HSA 21, 292. – *398* Buße: DHA II, 88. – *399* O, Deutschland: DHA II, 80. – kommende Revolution: siehe Georg

Lukács: Heine und die ideologische Vorbereitung der 48er Revolution; in: Geist und Zeit, 1956, 319ff. – zu den Zeitgedichten siehe Walter Hinck: Ironie im Zeitgedicht Heines. Zur Theorie der politischen Lyrik; in: IHK 81ff. – Siegbert Prawer: Heines satirische Versdichtung; in: Der Berliner Germanistentag 1968. Vorträge und Berichte, 179ff. – Luther: DHA II, 143. – *400* Wechselbalg: DHA II, 122. – Wir nennen: DHA II, 126. – *401* Ich ward: DHA II, 148. – *402* neuen Genossen: DHA II, 117. – nach droben: DHA II, 128. – Gottlob: DHA II, 130. – *403* Das Schiffchen: DHA II, 150. – poetologischen: F 34ff. – Kutter: DHA II, 149. – *404* Blase: DHA II, 120. – Abfassung: HSA 22, 100. – humoristisches: HSA 22, 96. – politisch romantisch: HSA 22, 100. – *405* romantischer Motive: CL 225ff. – Ein anderer: HH IV, 629. – hehres: HH IV, 630. – *405/06* so Eine, Hammonia: HH IV, 631. – schneidet: HH IV, 641. – Entsetzlich: HH IV, 639. – zwitscherndes: HH IV, 580. – *407* hölzern: HH IV, 581. – Nationalität: HH IV, 601. – *408* Herr Rotbart: HH IV, 615. – *409* Das Mittelalter: HH IV, 617. – *410* der Richter: HH IV, 591. – Skelette: HH IV, 595. – Nichtvollendung: HH IV, 585. – Kavallerie: HH IV, 595. – *411* Sie sang: HH IV, 577. – Ein neues: HH IV, 578. – den Gott: HH IV, 575. – *412* Pflanzt: HH IV, 574. – Sendung: HH IV, 575. – neuern Gedichte: HSA 26, 117. – Die Censur: HSA 26, 114. – Urtheil: HSA 26, 115. – *413* Schufte: HSA 26, 117. – Ich weiß: HSA 20, 148.

Die neuen Genossen

414 Siehe dazu: Leo Kreutzer: Heine und der Kommunismus. Göttingen 1970. – Jean Pierre Lefebvre: Marx und Heine; in: Heinrich Heine: Streitbarer Humanist und volksverbundener Dichter. Weimar 1972, 41ff. – Peter Demetz: Marx, Engels und die Dichter. Stuttgart, 1959. – S. S. Prawer: Karl Marx and World Literature. Oxford/New York/Melbourne 1978. – zwei Nationen: HH I, 353. – *415* alles still: HH V, 425. – festen Überzeugung: HH V, 374. – Universalsprache: HH V, 375. – *416* geheime Name: HH V, 405. – Weltrevolution: HH V, 406. – Gräul: HSA 21, 392. – blödsinnigen: HH V, 337. – Hirte: HH V, 407. – Juchten: HH V, 407. – *418* In Deutschland: Karl Marx: Die Frühschriften. Von 1837 bis zum Manifest der Kommunistischen Partei 1848. Hg. v. S. Landshut. Stuttgart 1971, XXI. – angefüllt: Richard Friedenthal: »Karl Marx. Sein Leben und seine Zeit«. München/Zürich 1981. – Emancipation: in »Deutsch-französische Jahrbücher«, Paris 1844, 85. – wenige Zeichen: HSA 22, 131. – *419* Von Allem: HSA 26, 127. – Gedichtchen: HOU 450/51. – zu Ruge siehe F. Mende »Heine und Ruge«; in: M II, 148ff. – *420* Früheren: Karl Grün: Die soziale Bewegung in Frankreich und Belgien. Darmstadt 1845, 117. – hervorragendste: Lefebvre a.a.O., 54. – »Vorwärts!« siehe W. Bellmann: Heinrich Heine und der Pariser »Vorwärts!«, JB 1983, 70ff. – *421* Schickung: HOU 453. – Der Haß: HSA 22, 141. – *422* Coterie: HSA 26, 93. – Weitling siehe Werner Bellmann: Heines Begegnung mit dem Schneider Weitling, JB 1981, 158ff. – Saumensch: Karl Marx/Friedrich Engels: Über Kunst und Literatur, Bd. 2, Berlin 1968, 237. – *423* Opium: WIN 222. – streitbare: Lefebvre a.a.O., 60. – *424* natürliche Erscheinung: HH V, 198. – *425* kein Politiker: KL 95. – rein äußerlich: W I, 551. – Parteimitführung: HH IV, 1014. – *426* lieben Gott, verstocktern: HH III, 510. – geheimen Führer M II, 85. – *427* Scheermesser: HOU 830. – *428* tieferen Ursachen: siehe auch Christoph Trilse: Rezension von Heinz Becker »Der Fall Heine – Meyerbeer«, Weimarer Beiträge 7/1961, 178-84; Beckers Buch Berlin 1958. – Schriftsteller: HH V, 539. – *429* Verehrer: HH V, 362/63. – Ja, in: HH V, 364. – Attila: HSA 10, 231. – Liszt hat: HSA 22, 107. – *430* Ueberhandnehmen: HSA 10, 186.

Der Erbschaftsstreit

Dazu Ludwig Rosenthal: Heinrich Heines Erbschaftsstreit. Hintergründe, Verlauf, Folgen. Bonn 1982. – Dieser Mann: HSA 22, 150. – Verfügungen: HSA 22, 150. – *431* wahrer Freund: HSA 26, 124. – Nie würden: HSA 26, 124. – *432* 140000: W III, 125/26. – sogenannte: Rosenthal a.a.O., 7. – *433* So viel: HSA 22, 151. – *434* Meine hiesigen: HSA 22, 154. – Wahrlich: HSA 22, 164. – *435* der alte: HSA 26, 138. – noch einigermaßen: HSA 26, 138. – loyaler: HSA 26, 139. – Anfalle: HSA 26, 139. – schriftliche Erklärung: HSA 26, 139. – Fehlbitte: HSA 22, 178. – *436* Industrieritter: Hans Peter Bleuel: Ferdinand Lassalle oder der Kampf wider die verdammte Bedürfnislosigkeit. Frankfurt 1982, 118. – verwöhntes: Bleuel a.a.O., 28/29. – Jünglinge: HSA 22, 180. – Kommunismus: siehe Shlomo Na'aman: Heinrich Heine als zentrales Problem einer Lasalle-Biographie; in: JB 1968, 18ff. – *437* ausgezeichnetsten: HSA 22, 180. – Vereinigung, Vielseitigkeit: HSA 22, 180. – *438* Herr Lasalle: HSA 22, 180/81. – ein Scherz: Bleuel a.a.O., 127/28. – *439* Geburtsaristokratie: HSA 22, 192/93. – hohen Einfluß: HSA 22, 183. – *440* Wärme: HSA 26, 142/43. – Dr. Heine: HSA 22, 199. – des Genius: HSA 22, 208. – *442* Ich höre: HSA 26, 166. – *443* falsche Nachricht: HSA 22, 225. – Wahrlich: HSA 22, 224. – Vertrauen: HSA 22, 232. – *445* Höfling: HSA 22, 160. – *446* Zigarren: HSA 22, 160.

Selbstporträt mit Hintergrund

447 Dazu Fritz Mende: Heines literarisches Persönlichkeitsideal; in: M II, 33. – *449* Des Lobes: HH V, 48/49. – Bleibt nur: HH II, 350/51. – *450* Laß bluten: HH VI/1, 189. – *451* hartherzig: HH V, 48. – *452* Kniff: HSA 20, 68/69. – Geld ist: HSA 22, 19. – *453* kein Unrecht: HSA 23, 261. – *454* Charakter hat: HH IV, 130. – Junggesellen-Komfort: W III, 50. – *455* Weihnachtsgeschenk: HSA 22, 267. – größten Dichter: HOU 537. – *457* ganze Kapital: HSA 23, 162. – zum Pariser Alltag insgesamt: W III.

VI. Kapitel 1848-1856

Revolution und Krankheit

463 Dazu Gilbert Ziebura: Frankreich von der Großen Revolution bis zum Sturz Napoleons III. 1789-1870; in: Handbuch der Europäischen Geschichte, Bd. 5, Stuttgart 1981, 269ff. – Wolfgang Stump: Heines journalistische und literarische Texte zur Februar-Revolution 1848 in Frankreich; in: SH, 97ff. – Michael Werner: Heine und die französische Revolution von 1848. – *464* Kleinbürgertum, Reformfeindlichkeit: Ziebura a.a.O., 281. – *465* Weltanschauung, paupérisme: Ziebura a.a.O., 291ff. – *466* Spektakel: HSA 22, 270. – Die Wahl: HH V, 214/15. – *467* kondemniert: HH V, 210. – Bacchantenzüge: HH V, 212. – untersten Schichten: HH V, 213. – Gamin: HH V, 214. – *468* schrecklichen Tage: HSA 22, 285. – Zeitereignisse: HSA 22, 287. – Des lampions: HSA 22, 295. – seinen Begriff: SH 120ff. – *469* Erwählte: HH VI/1, 504. – Gonfaloniere, Fahnenjunker: HH VI/1, 502. – Verbrechen: HH VI/1, 505. – Glückstopf: HH VI/1, 505. – *470* verspottete: dazu und zur deutschen Revolution Walter Grab: Heine und die deutsche Revolution von 1848; in: SH 147ff. – Verrath: HSA 23, 63. – *471* zu Heine und Napoleon: Paul Holzhausen: Heine und Napoleon I., Frankfurt 1903; Volkmar Hansen: Johannes der Täufer. Heines bedingter Bonapartismus; in: SH, 69ff. – Schablone: W II, 126. – Leib: HSA 23, 97. – *472* vernarben: HH VI/1, 509. – Belagerungszustand, Geistesverkehr: HH VI/1, 512. – mein Herz: HSA 23, 181. – *473* ihr Johannes: Hansen a.a.O., 89. – Mai 1848: HH VI/1, 184. – Klage: W II, 115. – *474* zur Krankheit: Arthur Stern: Heinrich Heines Krankheit und seine Ärzte; in: JB 1964, 63ff. – *475* Rückenmarkdarre: HOU 729. – zwey Schritte: HSA 22, 269. – *477* Schadewaldt: WIN 109. – Dissertation: Hugo Reifenberg: Über die Krankheit Heines unter Zugrundelegung eines ähnlichen Falls. Diss. Köln 1922. – welcher Undank: W II, 396. – *478* Nervenarzt: Stern a.a.O., 78. – Paralyse: Stern a.a.O., 76. – Neurologe: Kurt Kolle: Die Krankheit von Heinrich Heine; in: Der Hautarzt; Berlin 1964, Jg. 15, 162ff. – *479* Gran, Betäubniß: HSA 23, 19. – Dieser lebendige: HSA 22, 294. – *480* Morgens nahm: HOU 839/40. – *481* Mein System: HSA 23, 363/64. – *482* Almosen: HH V, 107. – zur Pension: M. Werner: Heines französische Staatspension; in: JB 1979, 134ff. – *483* Hochmut: HH V, 478.

Späte Kämpfe

483 Zur religiösen Wende siehe Wilhelm Gössmann: Die theologische Revision Heines in der Spätzeit; in: IHK, 320ff.; Louis Cuby: Die theologische Revision in Heines Spätzeit; in: IHK 336ff. – *484* Unsere Väter: HSA 22, 316. – Februar Revoluzion: HSA 23, 24. – Mönchen: HH VI/1, 466. – *485* Gackern: HH VI/1, 471. – Ja, ich: HH VI/1, 182. – Spittelsuppen, Spinnweb: HH VI/1, 476. – Wort gehört: HH III, 509. – Sie dürfen: W II, 112. – Spott: HH VI/1, 499. – *486* zustimmende: siehe S. S. Prawer: Heine's

Jewish Comedy. Oxford 1983, 531ff. – Hegel: HSA 23, 24. – Befeindung: HH VI/1, 481. – Wiedererweckung: HH VI/1, 479/80. – keinen Sozialisten: HH VI/1, 487. – *487* Glauben Sie: HSA 23, 43. – Unsterblichkeit: HH VI/1, 183. – *488* Leider: HSA 23, 147/48. – Geldesauszahlungen: HSA 22, 315. – *489* Theilnahme: HSA 22, 272. – *490* dritte Säule: HSA, 23, 52. – ich trage: zit. Frauke Bartelt: Entstehung und zeitgenössische Aufnahme des »Romanzero« von Heinrich Heine. Diss. Kiel, 1973, 7/8. – *493* sehr gegabter: zit. Gregor-Dellin a.a.O., 313. – *494* Kartoffelland: HH V, 443. – Kapitalisten: HH V, 118. – *495* abwarten: HSA 23, 332. – *496* Hanswurst: BF VI, 191.

Späte Werke

497 Heine lebt: zit. Bartelt a.a.O., 6. – Tröstungen: HSA 22, 314. – *498* Bleistift, Lebensblut: HSA 22, 322. – *499* Polackei: HH VI/1, 37. – Bist früh: HH VI/1, 108. – *500* Thanatos: HH VI/1, 115. – dasselbe Schicksal: HH VI/1, 117/18. – *501* vakant: HH VI/1, 120. – großer Dichter: HH VI/1, 134. – *502* Wie im Leben: HH VI/1, 135. – *503* Nützlichkeitssystem: HH VI/1, 304. – göttliche Idee: HH VI/1, 313. – *505* Suppenlogik: VI/1, 307. – Fortschrittswelt: HH VI/1, 327. – *506* da schreit: MEI 200. – tragische Höhe: MEI 200/01. – O schöne: HH VI/1, 190. – *507* Magen: HH VI/1, 322. – dunkler Hund: HH VI/1, 324. – Nicht gedacht: HH VI/1, 324. – langsam: HH VI/1, 202. – fröhlichsten: HH VI/1, 332. – *508* Also Fragen: HH VI/1, 202. – Lethe: HH VI/1, 266. – *509* gefährliche: HH VI/1, 353. – *510* Teufelsbündnis: HH VI/1, 374. – *511* Blüthe: HSA 23, 210. – Musterbuch: HSA 23, 223. – Chrestomathie: HSA 23, 210. – Prokrustesbett: HH V, 235; siehe dazu M. Werner: Das Augsburgische Prokrustesbett. Heines Berichte aus Paris 1840–1847 (Lutetia) und die Zensur; in: Cahier Heine. Paris 1975, 42ff. – Das Ganze: HSA 23, 342. – Der Held: HSA 23, 230. – *512* artistische: HH V, 236. – Natur: HH V, 239. – Geschichtsbuch: HH V, 239. – Metapher: PR 73ff. – Lamartine: PR 95. – Oberflächen-: PR 86. – Tagesrätseln: PR 81. – *513* geliebte: HH V, 227. – *514* Aus Haß: H V, 233. – *515* Industrialismus: HH V, 386. – heutigen Gemälden: HH V, 481. – den Denker: HH V, 448/49. – *516* Elementarbegriffe: HH V, 449. – zu »Memoiren« siehe Gerd Heinemann: Memoiren – Stufen eines Lebensthemas; in: SH 25ff. – *517* Zwecken: Heinemann a.a.O., 29. – sammle ich: MEI 211. – *518* gute Dame: HH VI/1, 452. – Spiritualismus: HH VI/1, 453. – *519* Tröstungen: W II, 391. – Weltlerm: HSA 23, 449. – untersucht: Erhard Weidl: Heinrich Heines Arbeitsweise. Kreativität der Veränderung. Hamburg 1974.

Das letzte Jahr

520 heilig: W II, 379. – *521* aussehen: HOU 936. – mein Auge: HOU 978. – *522* ähnlichen: HOU 978. – Sie kennen: HOU 930. – Hund: HSA 23, 406. – *523* unsentimentale: W II, 404. – Geistessprünge: W II, 405. – beißende:

W II, 396. – *524* Seine Freude: W II, 453. – *525* ohne Rücksicht: HOU 957. – *526* 95 Prozent: Weidl a.a.O., 44. – *527* liebenswürdige: HSA 23, 427. – Christuskopf: Camilla Selden: Heinrich Heines letzte Tage, Jena 1884, II. – *528* Schwindel: L 165. – brünette: Selden a.a.O., 4. – Lebensgenüssen: HSA 23, 435. – Zärtlichkeit: HSA 23, 456. – Atheist: HSA 23, 476 – *529* Worte! Worte!: HH VI/1, 343. – keine Rahel: L 160. – Puppe: L 159. – Die Lotosblume: HH VI/1, 343. – *530* sanften Mienen: HH VI/1, 345. – Was wir: HH VI/1, 348. – Alexandros: HSA 23, 482. – Einige Stunden: HOU 984. – *531* Papier – Bleistift: HOU 986. – Ich verordne: HH VI/1, 535. – Wo wird: HH IV, 483.

Epilog

533 Zum Nachlaß: Werner Noethlich: Was geschah mit Heines Nachlaß: JB 1966, 107ff. – *534* Heine-Denkmäler: BR 250. – Treitschke: KL 57ff. – *535* altersschwachen: KL 65. – Composition: KL 61. – behing: KL 67. – *536* Er spielte: KL 60. – unterthänig: KL 62. – Mit Börne: KL 61. – Kraus: KL 124ff. – *537* Ohne Heine: KL 126. – Mieder: KL 129. – *538* nötig: RR 61. – Kleinheitswahn: KL 134. – höchsten Begriff: Friedrich Nietzsche: Werke Bd. IV, München 1980, 1088/1089. – Wertvorstellungen: ST 301ff. – *539* Mehring: KL 91ff. – Organe: KL 91. – Ausscheidung: KL 96. – *540* tollen Hundes: KL 120. – Schädling: KL 120. – Zu Boden: KL XIV. – Wenn wir Heine: KL 145. – Bücher verbrennt: HH I, 284/85. – *541* Adorno: KL 156ff. – Forschungsbericht: J. Hermand: Streitobjekt Heine. Ein Forschungsbericht. 1945–1975. Frankfurt 1975, 11. – *543* Pinselstrich: HH I, 541. – *544* Welterlösungswort: HH III, 17. – alten Götterbildern: HH III, 645. – eingewickelt: HH VI/1, 466. – deutscher Dichter: DHA I, 223.

Namenverzeichnis

Der Index enthält Personennamen aus Text und Anhang. Verfasser, deren Bücher und Aufsätze eine *Sigle* haben, erscheinen in bezug auf den Anhang nur einmal.

Adorno, Theodor W. 541
Agoult, Marie-Catherine-Sophie d' 350
Ahrens, Peter 262
Albert (Pariser Arbeiter) 464
Alexis, Willibald 10, 142
Altenhofer, Norbert 237, 547, 556
Ancillon, Friedrich 339
Andersen, Hans Christian 275, 353, 402
Anderten, Carolina Augusta v. 193
Andree, Karl 392
Arendt, Hannah 142–144, 553
Aristophanes 148, 221, 226, 406, 485/6, 535
Armin der Cherusker 407
Arnault, Alice 459
Arnault, Elise 324, 458/9
Arndt, Ernst Moritz 108/9, 113–115, 131, 377, 403, 470
Arnim, Achim v. 258, 307/8
Arnim, Bettina v., geb. Brentano 136, 148, 258
Ascher, Saul 241
Assing, David 261
Assing, Rosa Maria 179, 261, 263
Asthöver, Hermann Josef 78
Audebrand, Philibert 275, 277, 481
Austin, Sarah 275, 521

Baader, Franz Xaver 223
Babeuf, François 64, 423/4, 426
Bakunin, Michael 418
Balzac, Honoré de 275, 353, 380
Barbarossa, Friedrich I., dt. Kaiser 405, 408/9
Barbey d'Aurevilly, Jules 275
Bartels, Adolf 540, 542
Bartelt, Frauke 566

Batteux, Charles 81
Baudelaire, Charles 541
Bauer, Anton 179, 181, 240
Bauer, Bruno 426
Bayerdörfer, Hans Peter 562
Bazard, Amand 276, 290–292
Bech, Françoise 274, 558
Becker, Heinz 564
Becker, Niklas 376
Beer, Michael 142, 147, 212, 214, 229, 349
Beethoven, Ludwig van 348
Behrens, Leffmann 32
Behrens, Wolfgang W. 562
Bein, Alex 13, 23/4, 548
Belgiojoso-Trivulzio, Cristina, principessa di 319, 354, 448, 481, 529
Bellini, Vincenzo 275
Bellmann, Werner 563
Benecke, Georg Friedrich 123
Béranger, Pierre-Jean de 275, 481
Bergeron, Louis 66, 548
Berlioz, Hector 275, 303, 481, 524
Bernays, Karl Ludwig 420
Betz, Albrecht 548
Beughem, Fritz v. 111, 119, 121
Beugnot, Jacques-Claude, Graf 74
Beurmann, Eduard 282
Beyer, Paul 95, 552
Birch-Pfeiffer, Charlotte 407
Bismarck, Herbert, Graf v. 539
Blanc, Louis 416, 464, 469
Blaze de Bury, Henri 308
Bleuel, Hans Peter 436, 564
Blücher, Gebhard Leberecht, Fürst v. Wahlstatt 90
Bodelschwingh-Velmede, Ernst v. 439/40

Bölling, Ludwig Reinhold 117
Börne, Ludwig 8, 11–14, 16, 19, 21/2, 70, 88, 206–210, 228, 233, 246, 265, 278, 282–289, 292–294, 332/3, 336, 355, 357, 360, 362–374, 393, 411, 419/20, 423, 437, 449, 451–453, 491, 536
Börnstein, Heinrich 395, 420
Bohain, Victor 276
Bonitz (Superintendent in Langensalza) 187
Booß, Rutger 551
Bopp, Franz 148
Bornstedt, Adalbert v. 282, 421
Boucher, Alexandre-Jean 140
Bourlois, Catherine 531
Bouterwek, Friedrich 179
Braunhardt, Levin 151
Brentano, Clemens 143, 307
Breza, Eugen v. 138, 154/5, 353, 458
Briegleb, Klaus 9, 23, 188, 359, 425, 547, 561
Brisbane, Albert 259
Brockhaus, Friedrich 138, 229
Brockhaus, Friedrich Arnold 126, 138
Brod, Max 13, 35, 93, 534, 548
Brodhag, Johann Ludwig Friedrich 341
Brougham, Henry, Baron 200
Brummack, Jürgen 169, 548
Brutus, Marcus Junius 400
Büchner, Georg 24
Bühler, Hans-Eugen 85, 551
Bürger, Gottfried August 159, 184
Bürger, Peter 559
Buloz, François 276
Buonarotti, Filippo Michele 423
Butler, Eliza Marian 144, 196, 548, 558
Byron, George Noel Gordon, Lord 94, 115, 118/9, 134, 145, 162, 164/5, 248, 501, 543

Cagliostro, Alexander Graf v. 55
Calderon de la Barca, Pedro 115

Campe, August 197
Campe, Friedrich Napoleon 276
Campe, Heinrich Julius 490
Campe, Julius 19, 41, 92, 99, 165, 169, 196–199, 202, 204/5, 209, 211/2, 214, 225/6, 235, 244, 256/7, 260–262, 265/6, 274, 276, 280/1, 298, 315, 318, 322, 334, 336–338, 340–342, 353, 355, 359–361, 363, 372/3, 376, 378, 383/4, 390–395, 401, 404, 412, 422, 433–435, 443, 445, 468/9, 474, 481, 487, 489–493, 497, 498, 511, 517, 523, 526/7, 533/4
Canetti, Elias 537
Canning, George 200, 250, 301
Carlyle, Thomas 418
Carriere, Moritz 427
Casanova, Giovanno Giacomo 55
Cervantes Saavedra, Miguel de 115, 355, 455
Chamisso, Adalbert v. 142, 147, 258, 261
Charles X., König v. Frankreich 264
Chasles, Philarète 272, 275
Chevalier, Michel 272, 291/2
Chopin, Frédéric 275, 303, 320, 349–351, 451, 479
Christian, Johann 266
Christiani, Charlotte, geb. Heine 278
Christiani, Rudolf 176, 183/4, 209, 278, 392
Clasen, Herbert 548
Clairmont, Kitty 202
Cobbett, William 200
Cohn, Dr. (Arzt Samson Heines) 120
Coleridge, Samuel Taylor 119
Cornelius, Lambert 52
Cornelius, Peter 52, 212
Cortez, Hernando 499, 508
Coste, Jacques 278
Cotta, Elisabeth v. 209
Cotta, Johann Friedrich v. 204, 209/10, 212, 214, 219, 222, 224/5, 235, 256, 279, 283

Cotta, Johann Georg v. 342, 357, 376, 384, 496, 511, 515
Cousin, Victor 275
Creizenach, Theodor 425
Cuby, Louis 565
Culemann, Carl Friedrich 184
Custine, Astolphe, Marquis de 275

Dante Alighieri 115, 407
Danton, Georges-Jacques 278
Daulnoy, Jean-Baptiste 80/1, 116
Daumer, Georg Friedrich 426
Decamps, Alexandre-Gabriel 296
Delacroix, Ferdinand-Victor-Eugène 295/6
Delaroche, Paul 296
Demetz, Peter 563
Demuth, Helene 419
Descartes, René 311
Dessauer, Joseph 494, 504
Detmold, Adolph Julius 325
Detmold, Johann Hermann 208, 279, 353, 362, 384, 390, 392/3, 434
Devrient, Therese 231, 265
Dickerscheid, Bernard 21, 50/1, 77
Diderot, Denis 82
Dieffenbach, Johann Friedrich 117, 439
Diepenbrock-Grüter, Ludwig, Frh. v. 13, 27, 180, 209
Dietze, Walter 560
Dietzsch, Paul 561
Dingelstedt, Franz, Frh. v. 274, 376/7, 393, 403
Döllinger, Ignaz v. 10, 210, 218, 222/3
Donndorf, Maximilian 282, 292
Droste-Hülshoff, Annette v. 31
Duff-Gordon, Lucie 521
Dumas, Alexandre 275, 479, 481, 531
Dümmler, Friedrich Heinrich Georg Ferdinand 155

Edel, Heinrich 85
Edel, Hendrina 85
Edel, Elisabetha Wilhelmina Josepha (das rote Sefchen) 83–86, 459
Edel, Peter Wilhelm 85
Eichendorff, Joseph Frh. v. 308
Eisner, Fritz H. 25
Elisabeth, Kaiserin v. Österreich 539
Elssler (Elßler), Fanny 370
Elster, Ernst 93, 177
Embden, Charlotte, geb. Heine 17/8, 37, 40, 49, 50, 53, 91, 119, 157, 176, 188, 195/6, 203, 264, 278, 322/3, 373, 384, 393, 405, 430/1, 445, 481, 488, 524/5, 527/8
Embden, Ludwig v. 37
Embden, Moritz 157, 176, 195, 203, 392/3
Enfantin, Prosper 291/2, 294, 316
Engel, Eduard 534
Engels, Friedrich 311, 377, 396, 418, 420/1, 424, 563
Érard, Pierre 429
Ernst August v. Cumberland, König v. Hannover 33, 406
Escudier, Léon 428, 435
Estermann, Alfred 9, 170, 256, 547

Falkenberg, Heinrich 117
Faultrier, Louis-Grégoire 466
Feuerbach, Ludwig 426
Fichte, Johann Gottlieb 68, 313/4
Fingerhut, Karl-Heinz 94, 548
Finke, Franz 184, 554
Flader, Maria Katharina 49, 84
Fontana, Joseph 531
Fontane, Theodor 45
Fould, Achille 279, 431, 434, 444/5, 488
Fould, Bênoit 279, 431, 434, 444/5, 488
Fouqué, Friedrich de la Motte 142, 147, 161, 179, 308
Frank, Manfred 559
Franz II., dt. Kaiser 68
Freiligrath, Ferdinand 377, 380, 403
Freund, Ismar 553
Friedenthal, Richard 418, 563
Friedland, Ferdinand 436, 443, 481, 489, 533/4
Friedland, Friederike 436, 481

Friedländer, Amalie, geb. Heine 15, 42, 78, 83, 89, 91, 92–98, 127, 160, 167, 169, 205/6
Friedländer, Jonathan 93, 127, 206
Friedrich II., König v. Preußen 140, 400
Friedrich Wilhelm III., König v. Preußen 129, 131, 138, 140, 297, 337
Friedrich Wilhelm IV., König v. Preußen 131, 136, 376/7, 394, 401, 407, 421, 439, 504
Fugger-Hoheneck, Friedrich, Graf v. 211, 222
Furet, François 548
Furtado, Elie 279, 431, 434, 442, 444, 488
Furtado, Rose, geb. Fould 279, 431, 434, 444/5, 488

Galley, Eberhard 9, 82, 84/5, 125, 170, 256/7, 547, 550/1, 557, 561
Gans, Edel 32
Gans, Eduard 144, 148, 150–152, 187, 258, 333, 417
Gathy, August 257
Gauger, Paul 298
Gaulle, Charles de 542
Gautier, Theophile 275, 354, 381, 521/2, 524, 531
Geibel, Emanuel 417
Geldern, Gottschalk van 34, 54
Geldern, Joseph van 34
Geldern, Joseph Jakob (Juspa) van 33
Geldern, Lazarus van 34, 55
Geldern, Sara van, geb. Bock 54
Geldern, Simon van, Heines Großonkel 38, 54–58, 478
Geldern, Simon van, Heines Onkel 53/4, 100
Genton, Elisabeth 563
Gentz, Friedrich v. 129, 141–143, 279/80, 297, 558
Geppert, August Theodor 184
Girndt, Eberhardt 559
Gluck, Christoph Willibald, Ritter v. 348

Gneisenau, Neidhardt Graf v. 68
Göchin (Scharfrichterswitwe) 84/5
Görres, Joseph 136, 223
Gössmann, Wilhelm 549, 565
Goethe, Johann Wolfgang v. 25, 69, 115, 123, 130, 141, 143/4, 155, 179, 183–185, 190, 194, 206, 215, 218, 221, 227, 230/1, 236, 240, 242, 245, 252–255, 258/9, 306, 335, 350, 354, 368, 374, 379, 403, 417, 454, 457, 509/10, 515, 542
Goldschmidt, Benny 203
Gotthelf, Jeremias 31
Gouin, Alexandre 428
Grab, Walter 470, 565
Grabbe, Christian Dietrich 146/7
Grandjonc, Jacques 282, 558
Grappin, Pierre 60, 72, 94, 125, 164, 542, 548, 554
Grégoire, Henri 56
Gregor-Dellin, Martin 352, 561
Greiner, Martin 42, 548
Grenier, Edouard 321, 451
Grillparzer, Franz 142, 172, 326, 343
Grimm, Gottlob Christian 186/7
Grimm, Jakob 206, 315
Grimm, Ludwig Emil 183, 206
Grimm, Wilhelm 206, 315
Großklaus, Götz 239, 557
Grubačić, Slobodan 355, 561
Gruby, David 476, 479, 525, 531
Grün, Anastasius (Pseud. f. Auersperg, Anton Alexander, Graf v.) 324, 494
Grün, Karl Theodor Ferdinand 8, 417, 563
Gubitz, Friedrich Wilhelm 142, 146/7, 154
Guizot, François-Pierre-Guillaume 276, 374, 383, 463, 481–483
Gumpel, Lazarus 247
Gutzkow, Karl 261, 305, 331, 333–335, 337, 340, 359–362, 372, 381, 395–397, 447, 491

Hahn, Karl-Heinz 559

Halévy, Jacques-Fromental-
 Elie 275
Halevy, Jehuda ben Samuel 501/2
Halle, Adolf 98, 220, 431, 434
Halle, Therese, geb. Heine 90, 92,
 97, 177, 220, 345, 431, 481
Haller, Albrecht v. 82, 122
Hamberg, Anton 373
Hansen, Volkmar 565
Hardenberg, Karl August Fürst
 v. 68, 143
Harich, Wolfgang 425, 559
Harold II., König v. England 499
Hasse, Johann Christian 148
Hatzfeld-Wildenburg, Edmund,
 Graf v. 441
Hatzfeld-Wildenburg, Sophie,
 Gräfin v. 441
Hauser, Kaspar 40
Hebbel, Friedrich 385
Heckscher, Marcus Abraham 88,
 90, 100
Hegel, Georg Wilhelm Friedrich 68/9, 112, 133, 137, 141–143,
 148–150, 152, 185, 236, 243, 289,
 298, 307, 309/10, 313/4, 359, 377,
 417, 425/6, 471, 484/5, 513, 518,
 551
Heideloff, Karl 280
Heine, Armand Jakob 33
Heine, Bernhard 443
Heine, Betty (Peira), geb. van Geldern 17–19, 31, 33–43, 45/6, 48,
 50/1, 53/4, 70, 78/9, 86, 92, 100,
 107, 112, 163, 176, 202, 219, 253,
 257, 268, 273, 278, 322, 325, 341,
 384, 389, 392, 405, 455, 466, 468,
 481, 488, 525
Heine, Betty, geb. Goldschmidt 90, 343
Heine, Carl 7, 8, 33, 90, 93, 278/9,
 343, 345, 392/3, 431–435, 438–
 449, 488, 495, 507, 523
Heine, Cécile, geb. Furtado 33,
 279, 345, 434, 444/5
Heine, David Simon 32
Heine, Fanny 90
Heine, Friederike 90, 95

Heine, Gustav 18/9, 37, 72, 457,
 481, 489, 491, 494, 519/20, 524,
 528
Heine, Henry 33, 87, 267
Heine, Hermann 90
Heine, Heymann 21, 32
Heine, Isaak, Heines Urgroßvater 31–33
Heine, Isaak, Heines Onkel 33, 278
Heine, Mathe Eva, geb. Popert 32
Heine, Mathilde (Creszentia, geb.
 Mirat) 15, 42/3, 52, 92, 169, 272,
 274, 316–331, 345, 348, 360, 373/
 4, 385, 391–394, 422, 432/3, 435/6,
 444/5, 447/8, 451/2, 455–459, 473,
 480/1, 484, 492, 497, 500/1, 506,
 520, 523, 525, 528, 533/4
Heine, Maximilian 16, 18, 37, 48,
 52, 72, 183, 202, 208, 212, 215,
 273, 323, 341, 344/5, 432, 479,
 484, 488, 491, 517, 525, 531
Heine, Michel 33
Heine, Salomon, Heines Urgroßonkel 32
Heine, Salomon, Heines Onkel 7,
 23, 33, 38, 45, 46, 87–93, 95, 97–
 100, 107, 112, 120/1, 128, 158,
 169, 176–179, 186, 196, 202/3,
 205, 219/20, 247, 257, 263, 265/6,
 279, 322, 341, 343–346, 360, 374,
 383/4, 389–93, 405, 430–435, 441/
 2, 444–446, 507, 517
Heine, Samson 17, 21, 31–39, 43–
 47, 59, 61, 68, 70, 86–88, 90, 95,
 97, 99, 100, 120/1, 127/8, 132, 176,
 206, 217, 219, 257, 343, 478
Heinemann, Gerd 33, 517, 566
Hempel, Gustav 496
Hengstenberg, Ernst Wilhelm 333,
 407, 426
Hensel, Wilhelm 258
Herder, Johann Gottfried 82, 161,
 380
Herloßsohn, Karl 229
Hermand, Jost 173, 238, 252, 548,
 560, 567
Herwegh, Georg 234, 377/8, 393,
 403, 420, 470, 504

Herz, Henriette 141
Heß, Moses 377, 420
Hesse, Hartwig 261, 267, 290/1
Heyne, Christian Gottlob 122
Hillebrand, Karl 525
Hiller, Ferdinand 272, 275, 279, 346/7, 481
Hinck, Walter 563
Hindermans, Leiterin einer Kinderschule 50
Hirsch, Aaron 88, 100
Hirth, Friedrich 120, 177, 274, 292, 320, 344, 354, 547, 558
Hölderlin, Friedrich 194
Hövelmann, Gregor 85, 552
Hofer, Andreas 216
Hoffmann, August Heinrich v. Fallersleben 117, 376–378, 393
Hoffmann, Ernst Theodor Amadeus 137, 147, 173, 184, 307, 352
Hoffmann, Friedrich Ludwig 405
Hoffmann, Gerd 561
Hofrichter, Laura 548
Hohenhausen, Elise v. 141, 145, 170
Hohenhausen, Friederike v. 145
Holzhausen, Paul 565
Homberg, Julius 488, 522
Homer 62, 88, 193
Hompesch, Johann Wilhelm 79
Hooton, Richard Gary 562
Houben, Heinrich Hubert 339, 547, 560
Hüffer, Hermann 542
Hüllmann, Karl Dietrich 113/4
Hugo, Gustav 113, 180, 184/5, 241
Hugo, Victor 275/6, 375, 472
Humboldt, Alexander v. 141/2, 390, 403, 439, 440, 530
Humboldt, Wilhelm v. 68, 129, 141, 403
Hundeshagen, Helferich Bernhard 113/4, 155

Immermann, Karl Leberecht 132, 134, 145–147, 164, 167/8, 170, 178, 183, 195, 199, 216, 221–223, 225, 227, 229/30, 246, 257, 261, 276, 283, 335, 379, 452, 556

Jacob Israel, Hendelche 34, 36
Jahn, Friedrich Ludwig 108, 131, 377, 407, 470
Janin, Jules 275
Jaubert, Caroline 330, 474, 479, 481, 523
Jean Paul 141, 308, 454
Jesus Christus 249/50, 305, 309, 311, 324, 486
Joesten, Andreas 117
Johann Wilhelm, Kurfürst v. d. Pfalz 33, 59
Johanna, die Heilige 66
Johannes der Täufer 473
Julia, Henri 516, 520, 533/4

Kanowsky, Walter 112–114, 125, 548
Kant, Immanuel 79, 267, 312/3
Karl I., König v. England 499
Karl II., Herzog v. Braunschweig 212/3
Karl V., dt. Kaiser 66, 252
Karl der Große 406
Karpeles, Gustav 151
Kaufmann, Hans 160, 237, 369, 383, 549, 561
Kean, Edmund 201
Kepler, Johannes 359
Kerner, Justinus 359
Kietz, Ernst 477
Kind, Johann Friedrich 223
Kircher, Hartmut 99, 548
Kleinknecht, Karl Theodor 548
Kleist, Heinrich v. 141
Klingemann, Ernst August Friedrich 172
Klopstock, Friedrich Gottlieb 102, 194, 406
Koch, Max 547
Köchy, Karl 146, 170
König, Friedrich 71
Körner, Theodor 174
Kolb, Gustav 211/2, 219, 280, 375/6, 422, 471/2, 475, 496, 511
Kolle, Kurt 478, 565
Kolloff, Eduard 373

573

Koppmann, Helmut 254, 557, 560, 561
Kortüm, Karl Wilhelm 82
Koselleck, Reinhart 129, 548
Kotzebue, August v. 107, 109
Kratz, Ernst 10
Kraus, Karl 161, 506, 534, 537–539
Krause (Universitätsrichter) 149
Kreutzer, Leo 423, 563
Krinitz, Adolf 527
Krinitz, Elise (Camilla Selden) 452, 527–530, 533
Krinitz, Emilie 527
Krüger, Joachim 553
Kruse, Joseph A. 94, 100, 102, 549, 554, 558/9
Kühne, Gustav 335
Künzel, Heinrich 62/3
Kugler, Franz 258
Kunz v. der Rosen 252
Kurz, Paul Konrad 115, 549
Kuttenkeuler, Wolfgang 25, 239, 549

Lafayette, Marie-Joseph Motier de 301/2, 319
Lafontaine, Jean de 82
Lagrange, Adelaide-Edouard de 275
Lamartine, Alphonse de 275, 463, 466/7, 469, 470, 512
Lamennais, Félicité-Robert 350, 416
Lassal, Heymann 436, 489
Lassalle, Ferdinand 8, 149, 396, 436–441, 451/2, 477, 481, 489
Laube, Heinrich 13, 19, 24, 43, 136, 197, 279, 288, 319, 321, 325/6, 329, 331, 333, 335/6, 338/9, 351, 353, 364, 372, 378, 384, 390, 397, 401, 413, 434, 443, 447, 470, 477, 484, 523
Laube, Iduna 325, 353
Laura (Petrarcas Idol) 168, 398, 501
Lecou, Victor 496
Lefebvre, Jean Pierre 563
Lehmann, Joseph 20, 147, 170, 203, 258, 496

Leibniz, Gottfried Wilhelm 312, 314
Lenz, Siegfried 198
Lenzen, Theodor Joseph 44
Leonhardt, Rudolf Walter 41/2, 94, 125, 549
Leroux, Pierre 276, 416
Lessing, Gotthold Ephraim 82, 140, 174, 312, 349, 451, 455, 536
Lessore, Emile-Robert 296
Leutner, Caroline 155
Lévy, Michel 518
Lewald, August 260/1, 274, 279, 303, 318, 325, 329, 331, 341/2, 352/3, 481
Lewald, Fanny 93, 263, 459, 481, 485
Lewald, Hans Horst 234, 556
Lichtenberg, Georg Christoph 122, 125
Lindner, Friedrich Ludwig 209, 212, 213
Link, Manfred 241, 557
Liszt, Franz 275, 303, 320, 347, 350/1, 429/30, 479, 494, 500
Lochner, Stefan 160
Locke, John 311
Loëve-Veimars, François-Adolphe 275, 352
Löwe, Dr. 528
Löwenthal, Erich 245, 557
Löwenthal, Karl Zacharias 331, 333/4
Louis Philippe I., König v. Frankreich 264, 274, 297, 300, 302–304, 353, 365, 374, 424, 429, 437, 463/4, 467, 469, 471/2
Ludwig I., König v. Bayern 210, 214/5, 218/9, 231, 399–401, 420
Ludwig XIV., König v. Frankreich 272
Lukács, Georg 399, 563
Lumley, Benjamin 447/8, 509
Luther, Martin 115, 290, 310, 337, 399, 403
Lyser, Johann Peter Theodor 10, 229, 261

Maché, Ulrich 253, 557
Mackeldey, Ferdinand 113
Mahomet 22
Maier, Willfried 236, 556
Maitland, Frederick Lewis 242
Malibran (Schauspielerin) 284
Malter, Rudolf 559
Mann, Michael 347, 561
Mann, Thomas 25, 232, 234, 238, 363, 556, 561
Marcuse, Ludwig 287, 323, 371, 558, 560
Marcus (Markus), Ludwig 151/2, 415
Marianne, die schöne, Gastwirtin 262
Marie Antoinette, Königin v. Frankreich 499
Marmier, Xavier 275
Marx, Eleanor 419, 423
Marx, Jenny, Frau v. Karl Marx 417, 419
Marx, Jenny, Tochter von beiden 419
Marx, Karl 72, 377/8, 385, 392, 394/5, 402, 414, 416-427, 430, 436-438, 477, 481, 539, 564
Marx, Karl Friedrich Heinrich 181
Maßmann, Hans Ferdinand 124, 212, 401, 407, 488
Maurel (Mathilde Heines Tante) 317
Maurer, Friedrich 147, 155
Maus, Leibgardist in Wien 55
Maximilian Joseph IV., Kurfürst v. Bayern 73
Mayer, Hans 39, 63, 224, 231, 549
Mayer, Karl 359
Mehring, Franz 234, 425, 538/9
Meißner, Alfred 447, 455, 459, 468, 481, 497, 506, 517, 524, 527, 529/30, 548
Meister, Georg Jakob Friedrich 179
Mende, Fritz 94, 99, 255, 274, 481, 548, 549, 563/4
Mendelssohn, Joseph 89, 552
Mendelssohn-Bartholdy, Fanny 258

Mendelssohn-Bartholdy, Felix 258
Menzel, Wolfgang 21/2, 117, 136, 207-210, 213, 225, 229, 232/3, 236, 331-333, 336, 339/40
Merckel, Friedrich 196/7, 199, 200, 205, 261, 273, 279, 352
Methfessel, Albert 261
Metternich, Clemens Lothar Wenzel, Fürst v. 129, 131, 142, 274, 283, 316, 319, 332, 341, 465
Metternich, Richard, Fürst v. 534
Meyer, Eduard 11, 22
Meyer, Ferdinand 264
Meyer, Heinrich 306
Meyerbeer, Giacomo 13, 142, 258, 275, 283, 303, 325/6, 343, 345/6, 348/9, 374, 421, 427-429, 433-435, 440-442, 445, 493, 495/6, 504
Michaelis, Gastwirt 121
Michelet, Jules 276, 375
Mignet, François-Auguste 276, 375, 531
Minckwitz, Johannes 548
Mirabeau, Honoré-Gabriel-Victor de Riquetti, comte 56
Mithridates 451
Mittermaier, Joseph Anton 108
Molière (Jean Baptiste Poquelin) 82
Moltke, Magnus Graf v. 267
Mommsen, Katharina 162, 554
Monheim, Johann 78
Montégut, Emile 521
Montezuma, König der Azteken 499
Morgan, Sydney, Lady 245
Moscheles, Charlotte 203
Moscheles, Ignaz 203
Moser, Moses 150, 152/3, 177/8, 180, 185-187, 203/4, 209, 229, 258, 279, 341, 352
Moses 486
Mozart, Wolfgang Amadeus 348, 350
Müller, Adam 141
Müller, Wilhelm 155, 167
Müller v. Königswinter, Wolfgang 61, 79

Müllner, Adolf 96, 155, 170, 172, 183
Münster-Ledenburg, Ernst, Reichsgraf zu 213
Müntzer, Thomas 414
Mundt, Theodor 261, 331, 333–335
Murat, Joachim 73
Musset, Alfred de 275, 319/20, 380

Na'aman, Shlomo 564
Napoleon I., Kaiser v. Frankreich 35, 39, 42, 44, 60, 64–70, 73–77, 83, 87, 108, 116, 128–130, 148, 162, 184, 200, 208, 217, 242/3, 246, 251, 287, 297, 302, 304, 313/4, 375, 467, 469, 471/2, 515, 518
Napoleon III., Kaiser v. Frankreich 375, 464/5, 471–73
Napoléon-Louis 74
Nebukadnezar II., König v. Babylon 426, 529
Nerval, Gérard de 82, 96, 275, 354/5, 481, 497, 519, 524
Neunzig, Joseph 48/9, 107, 117
Niebuhr, Barthold Georg 68
Niederkirchner, Wirt 216
Niethammer, Friedrich Immanuel 69
Nietzsche, Friedrich 538/9, 567
Nikolaus I., Zar v. Rußland 258, 267
Nipperdey, Thomas 67/8, 549
Nisard, Charles 275
Noé, Karl 286
Noethlich, Werner 567
Novalis (Friedrich v. Hardenberg) 307

Oellers, Norbert 208, 549
Oesterley, Ferdinand 180–182, 206
Olivier, Caroline 326
Oppenheim, Moritz Daniel 268
Orléans, Ferdinand, duc de 353, 374
Ovid 88

Pabel, Klaus 173, 549

Paganini, Niccolò 261, 347, 357
Paracelsus 314
Pariset, Madame 456
Peche, Therese 261
Pecht, Friedrich 325
Pelmann, Anton 117
Péreire, Emile 522
Périer, Casimir 300/1
Peschel, Oskar Ferdinand 496
Peters, Adolf 180
Petrarca, Francesco 164, 168/9
Petronius Arbiter 228, 233
Petzet, Erich 547
Pfizer, Gustav 359
Pharnaces 451
Pierer, August 281
Platen-Hallermünde, August Graf v. 164, 199, 210/1, 218–236, 247, 260, 262, 265, 367, 369, 371, 452
Poe, Edgar Allan 359
Ponce de Leon, Juan 508
Popert, Meyer Samson 32
Prawer, Siegbert 563, 565
Preisendanz, Wolfgang 549
Proudhon, Pierre-Joseph 418
Prox, Lothar 352, 561
Pückler-Muskau, Hermann, Fürst v. 136, 335, 338, 353, 415, 438–440, 481, 496, 511, 513

Quinet, Edgar 275, 375

Raabski, Idzi Stefan 10, 175
Racine, Jean Baptiste 83
Raddatz, Fritz J. 95, 232, 346, 549, 561
Radlof, Johann Gottlieb 113
Raffael (Raffaelo Santi) 349/50, 356
Rahmer, S. 50, 551
Ranke, Leopold v. 115, 185, 513
Rathgen, Advokat 120
Raumer, Karl Otto v. 180
Raupach, Ernst 303
Reeves, Nigel 150, 549
Reich-Ranicki, Marcel 9, 26, 549
Reichmann, Friedrich 216
Reifenberg, Hugo 477, 565
Reinhardt, Richard 479, 526/7, 531

Renduel, Eugène 276, 496
Richelieu, Armand-Jean du Plessis, duc de 367
Rießer (Riesser), Gabriel 23, 431
Rindskopf, Nehm Beer 88
Rinsler, Norma 561
Rintelsohn, David 101
Rintelsohn, Hein Hertz 51
Rippmann, Inge 547, 561
Rippmann, Peter 547
Robert, Friederike 142, 163, 178, 258/9, 320/1
Robert, Louis-Léopold 296
Robert, Ludwig 142, 178, 194, 258
Robespierre, Maximilien 234, 312, 365, 367
Rocca, Maria della, geb. Embden 37
Rochow, Gustav Adolf Rochus v. 337
Roersch, Franz Joseph 117
Ros, Guido 561
Rose, William 95, 177, 549
Rosenberg, Rainer 308, 559
Rosenthal, Ludwig 47, 55, 57, 551, 564
Rossini, Gioacchino 217, 348
Rothschild, Anselm Salomon v. 439, 523
Rothschild, Betty de 289, 343, 439, 522
Rothschild, James Meyer de 279, 289, 343/4, 375, 439, 448, 515, 522
Rothschild, Nathan Meyer v. 202/3, 439
Rousseau, Jean-Jacques 38, 121
Rousseau, Johann Baptist 117, 170, 178
Rückert, Friedrich 221
Ruge, Arnold 311, 377, 395/6, 418–420, 422, 426
Rumohr, Karl v. 218, 222
Runkel, Achilles Mathias 261

Sainte-Beuve, Charles-Augustin 275
Saint-Just, Louis-Antoine de 234, 312
Saint-Simon, Claude Henri de Rouvroy, comte de 289/90, 415
Sammons, Jeffrey L. 14, 45, 52, 94/5, 124, 183, 257, 287, 549, 558
Sand, George (Pseud. f. Dudevant, Lucile-Aurore) 275, 320/1, 349, 354, 375, 380, 494, 529
Sand, Karl 107, 110, 130
Santkin, Paul 562
Saphir, Moritz 494
Sartorius, Georg 123, 179, 186, 206
Savigny, Friedrich Karl v. 68, 113, 148/9, 249
Schad, Christian 533
Schadewaldt, Hans 477
Schallmayer, Ägidius Jakob 36, 78–80
Scheffer, Ary 296
Scheible, Johannes 341
Schelling, Friedrich Wilhelm Joseph 222, 307, 313/4, 407
Schenk, Eduard v. 211, 213/4, 217–219
Scheuer, Judah Löb 18
Schiff, David Hermann 99, 147, 156, 260
Schiller, Friedrich v. 82, 230, 244, 306, 359, 403, 455
Schilling, August Wilhelm Heinrich v. 147
Schinkel, Karl Friedrich 139
Schlegel, August Wilhelm v. 81, 108, 113–119, 123, 127, 148, 161, 163, 300, 306/7, 380, 417, 518
Schlegel, Friedrich 306/7
Schleiermacher, Friedrich Ernst Daniel 68, 115, 138, 141/2, 170, 298
Schlesier, Gustav 335, 339, 558
Schlesinger, Joseph od. Moritz 522
Schlesinger, Maurice-Adolphe 493
Schlösser, Rudolf 556
Schlözer, August Ludwig 122
Schloss, Foscarina 495
Schloss, Michael 495/6
Schmalz, Theodor Anton Heinrich 148
Schmidt-Weißenfels, Eduard 354

Schnetz, Jean-Victor 296
Schöll (Zensor) 138
Schocken, Salman 542
Schottky, Julius Maximilian 154/5
Schram, Joseph 80
Schröder, Elisabeth 264
Schubert, Franz 31
Schuckmann, Friedrich Frh. v. 139
Schücking, Levin 62, 322, 447
Schulte, Klaus H. S. 86, 552
Schultz, Heinrich 118, 121
Schumann, Robert 212
Schuster, Theodor 373
Schwab, Gustav 359
Schwanenhals, Edith 499
Scott, Walter 242, 251
Scribe, Augustin-Eugène 275
Scurla, Herbert 142, 549
Seneca, Lucius Annaeus 407
Sengle, Friedrich 131/2, 134, 549, 562
Sethe, Christian 78, 88, 90, 92, 95/6, 98, 117/8, 121, 150, 156/7, 159/60, 163/4, 193, 352, 389
Shakespeare, William 82, 115, 147, 201, 355, 368, 379, 405, 417
Sichel, Julius 475, 479
Siebert, Clara 264
Simon Heinrich, Graf v. Detmold 32
Söhn, Gerhard 52, 551
Solms-Lich, Henriette Sophie, Fürstin 193
Sophokles 402
Specht, Pierre-Alexandre 275/6
Spinoza, Baruch 311–313
Spitta, Philipp 123
Spontini, Gasparo 140, 173/4, 428
Staël-Holstein, Germaine de 65, 300, 304, 517
Stahr, Adolf 263, 481, 490
Stavenhagen, Gerhard 558
Steen, Jan 205, 357, 543
Stein, Karl, Reichsfrh. vom u. zum 68
Steinmann, Friedrich Arnold 77, 117, 121, 157

Stephani, Maximin Joseph (Pseud. f. Johann Heinrich Wilhelm Grabau) 339
Stern, Arthur 478, 551, 565
Sternberger, Dolf 293, 549
Sterne, Lawrence 239, 455
Stieglitz, Charlotte 259
Stieglitz, Heinrich 259, 335
Storz, Gerhard 158, 554
Straube, Heinrich 123, 127, 183
Strauß, David Friedrich 311
Strauß, Jeanette, geb. Wohl 207/8, 284/5, 371, 453
Strauß, Salomon 371, 373, 453
Strodtmann, Adolf 123, 198, 316, 533/4, 541, 549, 550
Stump, Wolfgang 565
Sue, Eugène 275

Tacitus, Publius Cornelius 113
Taglioni, Philippe 495
Taillandier, Saint-René 18, 519, 524
Teuchert, Hans-Joachim 224, 235, 556
Thiers, Adolphe 274, 276, 283, 353, 374, 383, 463, 482
Thoranc, Graf 252
Tieck, Ludwig 141, 147, 155, 194, 307, 401
Tjutschew, Fjodor 212, 219, 261
Treitschke, Heinrich v. 534–537, 539
Treuenthal, Pauline 324, 457, 500
Trilse, Christoph 564
Trott, v. (Gesandter) 335
Trummer, Karl 99, 103
Tzschoppe, Gustav Adolf 331, 338

Uechtritz, Friedrich v. 146
Ueding, Gert 197, 555
Uhland, Ludwig 155, 308, 359
Ungern-Sternberg, Alexander Frh. v. 335
Untzer, Gustav Friedrich v. 102
Uz, Johann Peter 82

Vaerst, Friedrich Christian Eugen v. 362
Vahrenkampf (Leiter einer Handelsschule) 88, 200
Vallender, Johann Adam 124
Varus, Publius Quinctilius 407
Varnhagen v. Ense, Karl August 8, 9, 12, 93, 141–146, 149, 179, 182, 193–195, 203/4, 206, 208/9, 213, 229/30, 254, 258/9, 262, 265–268, 273, 279, 282, 292, 333, 335, 342, 352, 390, 412/3, 427, 437/8, 440
Varnhagen v. Ense, Rahel 14, 27, 77, 141–146, 148, 179, 206, 219, 253, 258/9, 268, 278/9, 529
Veit, Moritz 147, 229
Veit, Philipp F. 35, 95, 177, 550, 552
Venedey, Jakob 283, 470, 504/5
Vernet, Horace 296
Véron, Louis-Désiré 468
Vieweg, Friedrich 207
Vigny, Alfred de 275
Voltaire (François-Marie Arouet) 55, 83, 247, 455
Vordtriede, Werner 268, 558

Wadepuhl, Walter 197
Wagner, Martina 159, 554
Wagner, Minna 325
Wagner, Richard 238, 275, 325, 351, 373, 493/4
Waseem, Gertrud 165, 554
Weber, Carl Maria v. 140/1, 174
Wedekind, Eduard 20, 116, 164, 181, 396
Weerth, Georg 377, 481, 487/8, 490
Weidl, Erhard 519, 567
Weik, Joseph 496, 526
Weill, Alexander 321, 323, 325–327, 329, 431, 476, 531
Weiß, Gerhard 555
Weitling, Wilhelm 394, 422
Welcker, Karl Theodor 108, 113

Wellington, Arthur Wellesley, Duke of 200, 251, 469
Werner, Michael 324, 341, 457, 548/9, 555, 558, 560, 565/6
Werner, Zacharias 308
Wertheim, Leopold 371, 476, 479/80
Werther, Wilhelm, Frh. v. 342
Wesselhöft, Robert 267
Wiebel, Wilhelm 124
Wieland, Christoph Martin 184
Wienbarg, Ludolf 261, 331, 333, 335, 396, 455
Wihl, Ludwig 360/1, 491
Wilhelm, Herzog v. Bayern 73
Wille, François 260, 391, 405
Windfuhr, Manfred 62, 80/1, 94, 125/6, 168, 172, 547, 549, 552, 559
Wit, Johann (Wit v. Dörring) 14, 209, 212/3, 258
Wittgenstein, Wilhelm Ludwig, Fürst zu Sayn 332
Wizewsky, Fritz v. 49, 50, 245, 497
Woesler, Winfried 562
Wohlwill, Immanuel 151, 157
Wolf, Friedrich August 148
Wolfrum, Hermann 283
Wülfing, Wulf 560
Wünneberg, Ferdinand Ignaz 102
Wundermann, Gottlieb Augustin 121
Wurm, Christian Friedrich 260

Zepf, Irmgard 295, 559
Ziebura, Gilbert 565
Ziegler, Edda 197, 549
Zimmermann, Friedrich Gottlieb 199, 260
Zippel, Heines Düsseldorfer Hausangestellte 49, 85
Zlotkowski, Edward A. 239, 557
Zunz, Adelheid 481
Zunz, Leopold 150–153, 258, 481, 524

Der Verfasser dankt
Pierre Grappin und Michael Werner (Paris) für ihre Hilfe in der französischen Hauptstadt; Karl-Heinz Hahn, Renate Francke und Christa Stöcker vom Goethe-Schiller-Archiv (Weimar) für ihre großzügige Unterstützung im dortigen Archiv; ganz besonders Fritz Mende (Weimar) für unermüdliche Hilfe und wertvolle Ratschläge; dem Gustav Kiepenheuer Verlag (Leipzig/ Weimar) für freundliche organisatorische Unterstützung; Joseph A. Kruse und seinen Mitarbeitern für ihre Hilfe im Heinrich-Heine-Institut Düsseldorf; Volkmar Hansen (Düsseldorf) für wichtige Hinweise; Wolf Brümmel vom Hoffmann und Campe Verlag für mehrfache Hilfeleistung; Hans Horst Lewald (Bielefeld), der seine Dissertation über Platen zur Verfügung stellte; Reinhold Pieper (Bielefeld) für mehrere Übersetzungen aus dem Französischen und dem Lateinischen; Dorothea Kleßmann, Irma Rüthing, Regine Sobotta, Helga und Neithard Bulst, Karl Barnard, Peter Bornhöft, Lutz Brade, Gerhard Maas und Rolf Requate (Bielefeld) für Detail-Hilfen; Helga Halvé, Walter Neumann, Klaus Myssok und Klaus Radtke (Bielefeld) für bibliothekarische Unterstützung und Michael Krüger für Kooperation, Lektorat, Rat und große Geduld.

Heinrich Heine

»Heine wirkt jetzt mit einem Mal wieder frisch wie am ersten Tag – ein unstreitbares Verdienst des Herausgebers. Wie Briegleb mit Heine umgeht, das sieht auf eine so geniale Weise selbstverständlich und einleuchtend (wenn auch keineswegs einfach) aus, daß man sich fragt, wie man Heine jemals habe anders edieren können.«

Frankfurter Allgemeine Zeitung

**Heinrich Heine
Sämtliche Schriften**
Herausgegeben von Klaus Briegleb.
1968 ff. Sechs in sieben Dünndruckbänden. Leinen.

bei Hanser

rowohlts bildmonographien

Bernhard Jendricke
Alfred Andersch (395)

Erling Nielsen
Hans Christian Andersen (5)

Helene M. Kastinger Riley
Achim von Arnim (277)

Helmut Hirsch
Bettine von Arnim (369)

Gaëtan Picon
Honoré de Balzac (30)

Pascal Pia
Charles Baudelaire (7)

Christiane Zehl Romero
Simone de Beauvoir (260)

Klaus Birkenhauer
Samuel Beckett (176)

Bernd Witte
Walter Benjamin (341)

Walter Lennig
Gottfried Benn (71)

Klaus Schröter
Heinrich Böll (310)

Peter Rühmkorf
Wolfgang Borchert (58)

Marianne Kesting
Bertolt Brecht (37)

Thema Literatur

Ernst Johann
Georg Büchner (18)

Joseph Kraus
Wilhelm Busch (163)

Hartmut Müller
Lord Byron (297)

Morvan Lebesque
Albert Camus (50)

J. Rives Childs
Giacomo Casanova de Seingalt (48)

Elsbeth Wolffheim
Anton Cechov (307)

Anton Dieterich
Miguel de Cervantes (324)

Peter Berglar
Matthias Claudius (192)

Peter Nicolaisen
Joseph Conrad (384)

Kurt Leonhard
Dante Alighieri (167)

Johann Schmidt
Charles Dickens (262)

Klaus Schröter
Alfred Döblin (266)

Janko Lavrin
Fjodor M. Dostojevskij (88)

Peter Berglar
Annette von Droste-Hülshoff (130)

Heinrich Goertz
Friedrich Dürrenmatt (380)

Paul Stöcklein
Joseph von Eichendorff (84)

Johannes Kleinstück
T.S. Eliot (119)

Jürgen Manthey
Hans Fallada (78)

Peter Nicolaisen
William Faulkner (300)

Reinhold Jaretzky
Lion Feuchtwanger (334)

C 2058/7

rowohlts bildmonographien

Jean de la Varende
Gustave Flaubert (20)

Helmuth Nürnberger
Theodor Fontane (145)

Volker Hage
Max Frisch (321)

Franz Schonauer
Stefan George (44)

Claude Martin
André Gide (89)

Peter Boerner
Johann Wolfgang von Goethe (100)

Rolf-Dietrich Keil
Nikolai W. Gogol (342)

Nina Gourfinkel
Maxim Gorki (9)

Georg Bollenbeck
Oskar Maria Graf (337)

Heinrich Vormweg
Günter Grass (359)

Hermann Gerstner
Brüder Grimm (201)

Curt Hohoff
Johann Jakob Christoph von Grimmelshausen (267)

Martin Beheim-Schwarzbach
Knut Hamsun (3)

Kurt Lothar Tank
Gerhart Hauptmann (27)

Hayo Matthiesen
Friedrich Hebbel (160)

Detlef Brennecke
Sven Hedin (355)

Ludwig Marcuse
Heinrich Heine (41)

Georges-Albert Astre
Ernest Hemingway (73)

Bernhard Zeller
Hermann Hesse (85)

Ulrich Häussermann
Friedrich Hölderlin (53)

Gabrielle Wittkop-Ménardeau
E.T.A. Hoffmann (113)

Werner Volke
Hugo von Hofmannsthal (127)

Herbert Bannert
Homer (272)

Dieter Hildebrandt
Ödön von Horváth (231)

Theo Schumacher
Aldous Huxley (368)

Gerd Enno Rieger
Henrik Ibsen (295)

Francois Bondy
Eugène Ionesco (223)

Jean Paris
James Joyce (40)

Luiselotte Enderle
Erich Kästner (120)

Klaus Wagenbach
Franz Kafka (91)

Bernd Breitenbruch
Gottfried Keller (136)

Thema Literatur

C 2058/7 a

rowohlts bildmonographien

Thema Literatur

C 2058/7 b

Adolf Stock
Heinar Kipphardt (364)

Curt Hohoff
Heinrich von Kleist (1)

Paul Schick
Karl Kraus (111)

Erika Klüsener
Else Lasker-Schüler (283)

Richard Aldington
David Herbert Lawrence (51)

Curt Hohoff
Jakob Michael Reinhold Lenz (259)

Wolfgang Drews
Gotthold Ephraim Lessing (75)

Wolfgang Promies
Georg Christoph Lichtenberg (90)

Sybil Gräfin Schönfelt
Astrid Lindgren (371)

Thomas Ayck
Jack London (244)

Heribert Hoven
Malcolm Lowry (414)

Klaus Schröter
Heinrich Mann (125)

Uwe Naumann
Klaus Mann (332)

Klaus Schröter
Thomas Mann (93)

David A. Jackson
Conrad Ferdinand Meyer (238)

Walter Schmiele
Henry Miller (61)

Hans Egon Holthusen
Eduard Mörike (175)

Friedrich Hartau
Molière (245)

Martin Beheim-Schwarzbach
Christian Morgenstern (97)

Wilfried Berghahn
Robert Musil (81)

Donald E. Morton
Vladimir Nabokov (328)

Otto Basil
Johann Nestroy (132)

Gerhard Schulz
Novalis (154)

Karen Baasch/Helmuth Nürnberger
Oswald von Wolkenstein (360)

Hanns-Josef Ortheil
Jean Paul (329)

Walter Lennig
Edgar Allen Poe (32)

Claude Mauriac
Marcel Proust (15)

Gudrun Ziegler
Alexander S. Puschkin (279)

Hans Oppermann
Wilhelm Raabe (165)

Michael Töteberg
Fritz Reuter (271)

Hans Egon Holthusen
Rainer Maria Rilke (22)

rowohlts bildmonographien

Yves Bonnefoy
Arthur Rimbaud (65)

Herbert Günther
Joachim Ringelnatz (96)

Helmuth Nürnberger
Joseph Roth (301)

Paul Mayer
Ernst Rowohlt (139)

Walter Lennig
Marquis de Sade (108)

Luc Estang
Antoine de Saint-Exupréry (4)

Renate Wiggershaus
George Sand (309)

Marion Giebel
Sappho (291)

Walter Biemel
Jean-Paul Sartre (87)

Friedrich Burschell
Friedrich Schiller (14)

Ernst Behler
Friedrich Schlegel (123)

Hartmut Scheible
Arthur Schnitzler (235)

Jean Paris
William Shakespeare (2)

Thema Literatur

Hermann Stresau
George Bernhard Shaw (59)

Manfred Linke
Carl Sternheim (278)

Urban Roedl
Adalbert Stifter (86)

Hartmut Vincon
Theodor Storm (186)

Justus Franz Wittkop
Jonathan Swift (242)

Fritz Heinle
Ludwig Thoma (80)

Wolfgang Rothe
Ernst Toller (312)

Janko Lavrin
Leo Tolstoj (57)

Otto Basil
Georg Trakl (106)

Tschechow
(siehe Cechov)

Klaus-Peter Schulz
Kurt Tucholsky (31)

Thomas Ayck
Mark Twain (211)

Volker Dehs
Jules Verne (358)

Hans-Uwe Rump
Walther von der Vogelweide (209)

Günter Seehaus
Frank Wedekind (213)

Jochen Vogt
Peter Weiss
(367) Juni '87

Peter Funke
Oscar Wilde (148)

Werner Waldmann
Virginia Woolf (323)

Marc Bernard
Émile Zola (24)

Thomas Ayck
Carl Zuckmayer (256)

bildmono rororo graphien

C 2058/7 c

rowohlts bildmonographien

Gösta v. Uexküll
Konrad Adenauer (234)

Gerhard Wirth
Alexander der Große (203)

Bernd Rill
Kemal Atatürk (346)

Marion Giebel
Augustus (327)

Justus Franz Wittkop
Michail A. Bakunin (218)

Helmut Hirsch
August Bebel (196)

Wilhelm Mommsen
Otto von Bismarck (122)

Carola Stern
Willy Brandt (232)

Hans Oppermann
Julius Caesar (135)

Reinhold Neumann-Hoditz
Nikita S. Chruschtschow (289)

Sebastian Haffner
Winston Churchill (129)

Reinhold Neumann-Hoditz
Dschingis Khan (345)

Jürgen Miermeister
Rudi Dutschke (349)

Hermann Alexander Schlögl
Echnaton (350)

Herbert Nette
Elisabeth I. (311)

Georg Holmsten
Friedrich II. (159)

Herbert Nette
Friedrich II. von Hohenstaufen (222)

Heino Rau
Mahatma Gandhi (172)

Elmar May
Che Guevara (207)

Helmut Presser
Johannes Gutenberg (134)

Harald Steffahn
Adolf Hitler (316)

Peter Berglar
Wilhelm von Humboldt (161)

Herbert Nette
Jeanne d'Arc (253)

Wolfgang Braunfels
Karl der Große (187)

Herbert Nette
Karl V. (280)

Reinhold Neumann-Hoditz
Katharina II. die Große (392)

Gösta v. Uexküll
Ferdinand Lassalle (212)

Hermann Weber
Lenin (168)

Bernd-Rüdiger Schwesig
Ludwig XIV. (352)

Helmut Hirsch
Rosa Luxemburg (158)

Edmond Barincou
Niccolò Machiavelli (17)

Thema Geschichte

C 2053/9

rowohlts bildmonographien

Tilemann Grimm
Mao Tse-tung (141)

Peter Berglar
Maria Theresia (286)

Friedrich Hartau
Clemens Fürst von Metternich (250)

Hans Peter Heinrich
Thomas Morus (331)

Giovanni de Luna
Benito Mussolini (270)

André Maurois
Napoleon (112)

Reinhold Neumann-Hoditz
Peter der Große (314)

Heinrich G. Ritzel
Kurt Schumacher (184)

Maximilian Rubel
Josef W. Stalin (224)

G. Prunkle und A. Rühle
Josip Broz-Tito (199)

Harry Wilde
Leo Trotzki (157)

Friedrich Hartau
Wilhelm II. (264)

Thema Geschichte

C 2053/9 a

Sprich, Erinnerung, sprich

Hans Eppendorfer
Der Magnolienkaiser (5939)

Ida Ehre
Gott hat einen größeren Kopf mein Kind ... (12160)

Graham Greene
Fluchtwege (5285)

George Grosz
Ein kleines Ja und ein großes Nein (1759)

Zarah Leander
Ein Kultbuch von Paul Seiler (5497)

Henry Miller
Die Welt des D. H. Lawrence (5140)

Axel Madsen
Jean-Paul Sartre und Simone de Beauvoir (4921)

Edith Piaf
Mein Leben (859)

Jean-Paul Sartre
Sartre über Sartre (4040)

Irving Stone
Vincent van Gogh (1099)

ro ro ro

C 2142/6